國家社科基金重大委托項目“《子海》整理與研究”成果
山東省社科規劃重大委托項目成果

子海精華編

主编 王承略 聶濟冬

孔子集語集校

[清] 孫星衍 輯 孔德凌 包海英 集校

山東人民出版社·濟南
國家一級出版社 全國百佳圖書出版單位

圖書在版編目（CIP）數據

孔子集語集校/（清）孫星衍輯；孔德凌，包海英集校. --濟南：山東人民出版社，2018.2
（子海精華編/王承略，聶濟冬主編）
ISBN 978-7-209-11177-5

Ⅰ. ①孔… Ⅱ. ①孫… ②張… ③包… Ⅲ. ①孔丘（前551—前479）—語録 Ⅳ. ①B222.21

中國版本圖書館CIP數據核字(2017)第300824號

責任編輯：劉　晨　李　濤
封面設計：武　斌

孔子集語集校
［清］孫星衍 輯　孔德凌　包海英 集校

主管部門　山東出版傳媒股份有限公司
出版發行　山東人民出版社
社　　址　濟南市英雄山路165號
郵　　編　250002
電　　話　總編室（0531）82098914
　　　　　市場部（0531）82098027
網　　址　http://www.sd-book.com.cn
印　　裝　山東臨沂新華印刷物流集團有限責任公司
經　　銷　新華書店

規　　格　32開（148mm×210mm）
印　　張　17.5
字　　數　390千字
版　　次　2018年2月第1版
印　　次　2018年2月第1次
ISBN 978-7-209-11177-5
定　　價　126.00圓

國家社科基金重大委托項目“《子海》整理與研究”成果之一

《子海精華編》

審稿專家：周立昇　鄭慶篤　王洲明　吴慶峰　林開甲　張崇琛

徐有富　鄭傑文　唐子恒　晁岳佩

執行主編：王承略　聶濟冬

執行編纂（按姓氏筆畫排列）：

王成厚　王　娜　尹思琦　曲娟娟　李　兵　宋恩來

苗　露　柏　雲　柳湘瑜　張雨霏　賈　兵　蘇運蕾

編　　務：張　櫻　劉　端　孫紅苑　沈　虎

本書審稿專家：鄭慶篤

《子海精華編》出版説明

“子海”，即“子書淵海”的簡稱。“《子海》整理與研究”課題係國家社科基金重大委托項目、山東省社科規劃重大委托項目。該課題分《珍本編》《精華編》《研究編》《翻譯編》四個版塊，力圖把子部珍稀文獻、精華文獻進行深層次的整理、研究和譯介，挖掘子部文獻的價值，促進子學研究的發展。

山東大學向來以文史見長。古籍整理與子學研究，是其中的傳統研究方向。“《子海》整理與研究”，是在山東大學前輩學者高亨先生積三十年之力陸續做成的《先秦諸子研究文獻目録》的基础上，由已故著名古籍整理與研究專家董治安先生參與策劃、設計的大型綜合研究課題。課題立項後，得到了宣传部、教育部、財政部、山東省政府和山東大學的大力支持，學界同仁踴躍參與。《精華編》的整理研究團隊近两百人，來自海内外四十八所高校和研究機構。在組織管理上，《精華編》努力探索傳統文化研究協同創新的新體制、新機制，現已呈現出活力和實效。

華夏文明是由多元文化構築而成的。中國古代子部典籍，以歷代士人個性化作品的形式,系統性地展示了華夏民族的世界觀和方法論,立體性地反映了中華民族對世界文明發展的貢獻。其中,無論是宏篇大論,還是叢殘小語,都激蕩着歷史的聲音,閃爍着智慧的光芒,構成中國古代思想、藝術、科技和生活方式的主體内容。《精華編》通過對子部最优秀的典籍的整理,一方面擷英取粹,爲華夏文明的傳播提供可靠的資源和文本;另一方面以古鑒今,爲當下社會的發展提供智力支持和精神支撑。並希望進而梳理中華傳統文化的多元結構,繼承中華優秀傳統文化的一貫文脈。

根據漢代以後子學發展和子部典籍的實際情況,參照官私目録的分類與著録,《精華編》選取先秦諸子、儒學、兵家、法家、農家、醫家、曆算、術數、藝術、雜家、小説家、譜録、釋道、類書等十四個類目的要籍幾百種,編爲目録,作爲整理的依據,而在成果展現上則不出現具體的類目。爲統一體例,便於工作,《精華編》編有詳細的《整理細則》,并有簡明的《整理要則》,供整理者遵循使用。

《精華編》整理原則是,對每種子書的整理,突出學術性、資料性和創新性,力求吸納已有的整理成果,推出更具參考價值、更方便閲讀的整理文本。所采用的整理方式,大體有三種:一、部頭較大且前人未曾整理者,采用標點、校勘的方式整理;二、前人曾經標點、校勘者,或采用抽换更好或别具學術特色底本的方式整理,或采用集校、集注的方式整理,或采用校箋、疏證的方式整理,或綜合使用以上方式;三、前人已有較好的注本者,則采用集注、彙評、補正等方式整理。

《精華編》采用五次校審、遞進推動的管理程式,即:一、初校全稿。子海編纂中心組織碩、博研究生,修改文稿錯别字,規範異體字,調整格式,發現並標明校點中的不妥之處。二、初審文稿。子海編纂中心的編纂人員根據情況,解決初校時發現的問題,並判斷書稿的整體質量。三、匿名評審。聘請資深教授通審全稿,全面進行學術把關,消滅硬傷,寫出審稿意見。四、修改文稿。子海編纂中心及時把專家審稿意見反饋给整理者。整理者根據審稿意見修改,做出新文稿。五、終審文稿。待新文稿返回子海編纂中心後,總編纂做最後的學術質量把關。五步程序完成後,將文稿交付出版社。

五次校審的目的是爲了保證學術質量,提高整理水平,減少錯訛硬傷。但校書如掃塵埃落葉,隨掃隨有,《精華編》雖經多道程序嚴加把關,仍難免有錯,懇請方家不吝指教。子海編纂中心將及時總結經驗,吸取教訓,把工作做得更好,以實現課題設計的初衷。

目録

整理說明

一、孫星衍生平和主要著述

孫星衍，字伯淵，一字淵如，號季仇、微隱、芳茂山人，江蘇陽湖（今江蘇常州）人。生于乾隆十八年（1753），卒于嘉慶二十三年（1818）。少時即有诗名，曾被袁枚稱爲“天下奇才”。乾隆五十二年（1787）進士，授翰林院編修，充三通館校理。乾隆六十年（1795）授山東兗沂曹濟道，次年補山東督糧道。嘉慶四年（1799），丁母憂歸里，被浙江巡撫阮元聘爲“詁經精舍”教習。嘉慶十二年（1807）任山東布政使。清廉有政聲。嘉慶十六年（1811），在任代山東布政使時，稱病請假回鄉。三年後客居揚州，參與校《全唐文》。嘉慶二十一年（1816），主講南京鍾山書院。嘉慶二十三年（1818）正月病逝，年六十有六。《清史稿》有其傳。

孫星衍生平精研經史音訓之學，旁及諸子百家，博極群書，勤於著述，精於校勘，是清朝著名的考據學家、金石學家、訓詁學家、藏書家，乾嘉學派（古文經學派）的重要代表人物之一，其著有《尚書古今文注疏》《周易集解》《寰宇訪碑録》《孫氏家藏書目録内外篇》《芳茂山人詩録》等多種文集。孫星衍輯刊文獻頗多，嘉慶中刻有《岱南閣叢书》，主要收集孫氏自著的诗文集和校訂的《古文尚書》《孫子》和地理、刑律等古籍。孫星衍還輯刻有《平津館叢書》，共十集三十二种，首刊於嘉慶二十年，收有諸子雜史，内容繁博，底本精良，且經過孫氏本人或通人校讎，故《續修四庫全書總目提要》贊曰："周秦諸子，凡有疑似之處，有此校録，均可应刃而解。"孫氏輯本《孔子集語》即收入此書。

二、《孔子集語》主要内容與學術價值

《論語》係語録體的師生問答，言簡意賅，寓意深邃。然孔子生平之語言行事，並未全備，難免掛一漏萬，散見於其他文獻者所在多有。宋朝薛據輯有兩卷本《孔子集語》，惜缺漏較多，尚不完善。有鑒於此，孫星衍於晚年引疾歸田之後，與其族弟孫星海、侄婿龔慶三人共同檢閲群籍，從八十三種典籍之中采輯孔子言行記録凡八百一十三條，但不包含《易十翼》《禮小戴記》《春秋左氏傳》《孝經》《論語》《孟子》《孔子家語》《孔叢子》《史記·孔子世家》《史記·仲尼弟子列傳》這些常見文獻。其後模仿《説苑》體裁依類編排，凡十四篇十七卷，仍舊沿用宋朝薛據書名，命名爲《孔子集語》。其中前十篇《勸學》《孝本》《五性》《六藝》《主德》《臣術》《交道》《論人》《論政》《博物》反映了孔子的一些基本思想，後四篇《事譜》《雜事》《遺讖》《寓言》則輯録孔子生平事迹以及寓言、傳説、故事等。其初稿纂成之後，孫星衍曾請著名學者嚴可均進行審校，前後歷時六年成書。

孫氏輯本雖然是在宋朝薛據兩卷本《孔子集語》基礎上編纂而成，但是青出於藍而勝於藍，其勝出之處有四：其一，

孫氏探賾索隱，搜羅宏富，從諸多典籍中采集條目多達八百一十三條，多出薛本六七倍；其二，孫氏取舍得當，其輯本所采條目“皆儒者立身行政之要義”，並且頗多叙事情節，使孔子其人其事其思想哲學，更加丰滿生動，比薛本更有資料價值和閱讀趣味；其三，孫氏重視材料的歸類排列，並且詳細標示出每條材料的出處，其輯本的編輯質量勝於薛本；其四，孫氏輯本對所編輯的文字進行了細緻的校勘，並且對疑文脱句加上校語，因此其輯本的文獻價值和學術價值更高。

三、《孔子集語》的版本源流及本書的底本與校本

孫氏輯本《孔子集語》首刊於嘉慶二十年，收入孫星衍所刊刻的《平津館叢書》，扉頁題“冶城山館藏版”。此版刊刻時將所輯文字的出處以陰刻白文置於段首，以篇爲段，如有彼此互見的文字，即置首條於頂，其餘低置一格，列於其後。此版嚴可均《序》置於書首，次及《孔子集語表》，次及《篇目》、正文，每半頁十一行，行二十字。因該版爲孫星衍組織編撰刻印，故通稱“陽湖孫氏本”，又因收入《平津館叢書》，亦稱“平津館原本”。此本後來被收入《續修四庫全書》。今所整理《孔子集語集校》，所據底本爲《續修四庫全書》中收入的《孔子集語》，也即孫星衍生前付梓刊行的家刻本嘉慶二十年冶城山館本，此乃存世最早最完善的刊本。

光緒三年浙江書局據平津館原本重新校刻《孔子集語》，收入《二十二子》，通稱“二十二子本”或“浙江書局本”。此版刊刻時將所輯文字出處以陽刻置於段首，加方括號以示區别，全書除卷十四至卷十七外，各卷卷首下均注明“平津館原

本”，全書每半頁九行，行二十一字，篇章順序與原本相同。各卷卷末均署有總校和分校者姓名，總校者爲王詒壽，分校者卷一、卷二、卷三、卷四、卷五、卷八爲陳謨、汪學瀚，卷六、卷七爲沈琮寶、陳其榮，卷九爲章乃錫、陳謨，卷十、卷十一、卷十二、卷十三爲張景雲、金肇麒，卷十四、卷十五、卷十六、卷十七爲王彦起、陳銛。今所整理《孔子集語集校》，即以《二十二子》中收入的《孔子集語》爲校本。

光緒十年，江蘇吴縣朱記榮重新校刻《平津館叢書》，此版每半頁十一行，行二十字，與原本同，但在編排上把《孔子集語表》放在了《篇目》之後。由於是重校本，而扉頁題有“光緒乙酉夏白堤八字橋朱氏槐廬家塾珍藏”，每卷末題“光緒歲在閼逢涒灘國子監肄業生吴縣朱記榮校刊”或“吴縣朱記榮校刊”，所以此本又稱“重校平津館叢書本”或“朱氏槐廬本”。據筆者考察，朱本其實並未做出多少校改，也未曾糾正平津館原本的衍損之處，反而在重刻時又增加了些許錯誤，例如卷三《五性》所輯《韓詩外傳二》“《易》曰‘艮其限，列其膑，厲薰心’，《詩》曰‘吁嗟女兮，無與士耽’，皆防邪禁佚，調和心志”，此句“邪”字因形近而誤作“耶”。又如卷三《五性》所輯《列子·仲尼》“子夏避席而問曰‘然則四子者何爲事夫子’”，句中的“問”因形近而誤作“聞”。再如卷四《六藝》所輯《大戴禮·易本命》“故狗三月而生”，句中的“三月”因形近而誤作“二月”。此例尚多，兹不贅舉。

依據陽湖孫氏本校刊的《孔子集語》尚有多種，例如收入《二十二子》和《二十五子彙函》的光緒十九年上海鴻文書局刊本，收入《子書二十二種》《子書二十三種》和《子書二十八種》的光緒二十三年上海文瑞樓刊本，收入《三十六子全書》的民國十二年上海掃葉山房石印本等。

孫氏《孔子集語》輯録群籍而成，然其所采録亦有遺珠之憾。此後王仁俊撰《孔子集語補遺》增補七十七條，李滋然撰《孔子集語補遺商正》補充八十九條。今據國家圖書館所藏清光绪三十二年（1906）吴縣王仁俊正學堂刊本《孔子集語補遺》、清光绪年間鉛印本《李氏三種》中《孔子集語補遺商正》一卷，還其舊有面目，以附録一、附録二的形式分别列在本書正文之後。筆者據目前已經出版的九册《上海博物館藏戰國楚竹書》，對《孔子集語》進行增補，今以附録三的形式列在本書正文之後。郭沂先生曾以孫書未收的文獻資料《左傳》《孝經》（附《古文孝經》）、《易傳》、出土文獻馬王堆帛書（《易傳》《二三子》《易之義》《要》《繆和》《昭力》）、出土文獻定縣八角廊竹簡《儒家者言》《孟子》《禮記》《史記・孔子世家》《史記・仲尼弟子列傳》等九种予以增補成《孔子集語校補》一書，收録廣泛，頗有學術參考價值。

對於孫氏輯録的首條文獻，本書以首行空兩格、餘行頂格的格式排列，其餘重出文獻以首行空四格、餘行空兩格的格式排列。關於本書的校語，原則上是在底本有誤、校本不誤時改字並出校。今所整理《孔子集語集校》參考校本和校文如下：《四庫全書》《四部叢刊》《叢書集成》《十三经注疏》《諸子集成》《二十二子》《中華書局》本《二十四史》；此外，本書還參考了孫氏《孔子集語》校語、王仁俊《孔子集語補遺》校語、李滋然《孔子集語補遺商正》校語、郭沂《孔子集語校補》校語、《詩經要籍集成》影印明《漢魏叢書》本《韓詩外傳》、岳麓書社本《韓詩外傳》、屈守元《韓詩外傳箋疏》、段玉裁《説文解字注》、藝文印書館影印盧文弨《群書拾補》、洪頤煊《讀書叢録》、孫詒讓《札迻》、俞樾《諸子平議》、于鬯《香草續校書》、陶鴻慶《讀諸子札記》、王重民《列子校釋》、于省吾《列子新證》、陶光《列子校釋》、任大椿《列子釋文考異》、王叔岷《列子補正》、楊伯峻《列子集釋》等。值得一提的是，筆者輯佚部分多據武漢大學簡帛研究中心簡帛網站、復旦大學出土文獻與古文字研究中心網站、孔子2000網站相關文章進行注釋和校勘、隸定，特此致謝！

本人於2016年4月定稿交稿之後，忽聞郭沂先生《孔子集語校注》已於2017年4月出版，并且在其原著《孔子集語校補》的基礎上，補入輯佚的上博簡、郭店簡、阜陽簡。本書亦有本人輯佚的上博簡，書稿已成，不復更改，特此説明。

《孔子集語》序

嚴可均

《孔子集語》者，陽湖孫觀察星衍字伯淵所撰也。孔子修百王之道以詔來者，六經而外，傳記百家所載微言大義足以羽儀經業、導揚儒風者，往往而有。其纂輯成書者，梁武帝《孔子正言》二十卷、王勃《次論語》十卷，皆不存。見存楊簡《先聖大訓》十卷、[1] 薛據《孔子集語》二卷、潘士達《論語外篇》二十卷，[2] 而薛書最顯，不免罣漏。近人曹廷棟又爲《孔子逸語》十卷，援稽失實，不足論。

嘉慶辛未歲，觀察引疾歸田，惜儒書之闕失，乃博搜群籍，綜核異同，增多薛書六七倍，而仍名之爲《孔子集語》者，識所緣起也。其纂輯大例：《易十翼》《禮小戴記》《春秋左氏傳》《孝經》《論語》《孟子》，舉世誦習，不載；《家語》《孔叢子》有成書專行，不載；《史記・孔子世家》《弟子傳》易檢，亦不載。其餘群經傳注、秘緯、諸史、諸子以及唐宋人類書，巨篇隻句畢登，無所去取，皆明言出處篇卷。或疑文脱句，酌加按語；或一事而彼此互見，且五六見，得失短長，可互證得之。

---

① “十卷”，郭沂曰：“當爲六卷。”

② “二十卷”，郭沂曰：“當爲四卷。”

逾年，初稿成。又二年，屬其友人烏程嚴可均，略仿《説苑》體裁，理而董之。覆檢群書，是正訛字，更移次第，增益闕遺，爲十四篇：《勸學》第一，《孝本》第二，《五性》第三，《六藝》第四，《主德》第五，《臣術》第六，《交道》第七，《論人》第八，《論政》第九，《博物》第十，《事譜》第十一，《雜事》第十二，《遺讖》第十三，《寓言》第十四。篇各爲卷。《六藝》《事譜》《寓言》卷大，分爲上下，以十四篇爲十七卷。《勸學》等篇與正經相表裏，《遺讖》不醇，《寓言》蓋依托。乃雕版於金陵，公諸後世，而嚴可均爲之序。

《孔子集語》表

孫星衍

山東督糧道臣孫星衍稽首頓首上言：臣所撰《孔子集語》十四篇成，謹奉表上進者，伏以黄顓授道，丹書備北面之儀；河洛浮圖，元扈有東巡之典。蓋折衷俟諸至聖，而稽古所以同天。欽惟我皇上雅咏宗經，臨雍尊聖，如天蕩蕩，堯本難名，猶日孜孜，禹思聞善，芻蕘之所必采，謨訓況有明徵。昔在孔子，微言大義，史氏有將絶之虞；性道文章，及門有難聞之嘆。故《易翼》《麟書》而外，緯候載其遺言；《孝經》《論語》之餘，子史傳其佚説。“吾無隱爾”，絶賢哲之贊詞；“天何言哉”，托素王之眇論。而籍亡七國，書散嬴秦，畏鑽仰之高堅，孰網羅其放失？

臣拜恩綉斧，承乏奎婁，慕禮器而升堂，歷歲時以載筆，識大識小，一話一言，靡不綜其異同，徵其典據。撞鐘以莛，冀有餘音；集腋成裘，多存粹白。其六經所載，謹避雷同；三豖傳訛，悉加讎正。或有寓言依托、小説流傳，恐魚目之混珠，窺豹斑而撥霧。醇疵不雜，仿晏嬰内外之編；事類相從，比《説苑》區分之目。視宋臣薛據之帙，采獲加多；勘曹氏廷棟之書，增删期當。昔《方言》屬草，有子駿之旁求；封禪留書，因所忠而奏上。臣職容專達，病久罷閒，附闕里之上公，述聖門之祖德，恭呈乙覽，或爲座側之資；廣布儒林，聊比壁中之簡。臣無任屏營惶恐，瞻天望闕，踴躍歡忭，謹因衍聖公臣慶鎔，奉表恭進以聞。

《孔子集語》附記

孫星衍

星衍自嘉慶辛未歲九月歸田，卧疴多暇，輒理舊業，因屬族弟星海、侄婿龔慶檢閲子史，采録宣聖遺言，比之宋人薛據、近人曹廷棟所輯，計且三倍。乃取劉向編列《説苑》《新序》之例，各爲篇目，以類相從。又以《莊》《列》小説近于依托之詞，别爲《雜事》《遺讖》《寓言》，附于末卷。質之吾友顧文學廣圻、嚴孝廉可均，頗有增改。閲六年而始成書，將寄曲阜孔上公慶鎔，俟時呈御，故擬表冠諸簡端。嘗見宋、明人格言，世多輯録刊刻者，先聖遺訓豈可任其放失？所列篇目皆儒者立身行政之要義，不敢雜以墨家、釋氏之旨也。願與學者勉之。孫星衍謹記。

卷　一

山東督糧道臣孫星衍　撰

勸學一

《尚書大傳·略説》：子曰："君子不可以不學，見人不可以不飭。不飭無貌，無貌不敬，不敬無禮，無禮不立。夫遠而有光者，飭也；近而逾明者，學也。譬之如圩邪，[1] 水潦集焉，菅蒲生焉。從上觀之，誰知其非源水也！"

《大戴禮·勸學》：孔子曰："野哉！[2] 君子不可以不學，見人不可以不飾。不飾無貌，無貌不敬，不敬無禮，無禮不立。夫遠而有光者，飾也；近而逾明者，學也。譬之如洿邪，水潦灟焉，莞蒲生焉。從上觀之，誰知其非源泉也！"

《説苑·建本》：孔子曰："鯉，君子不可以不學，見人不可以不飾。不飾則無根，無根則失理，失理則不忠，不忠則失禮，失禮則不立。夫遠而有光者，飾也；近而逾明者，學也。譬之如污池，水潦注焉，菅蒲生之。從上觀

---

① "如圩",《四部叢刊》本《尚書大傳》無"如"字。郭沂曰:"《叢書集成》本無'如'字。'圩'字《四庫全書》本作'污',是也。"

② "野",原注:"'野'字,《説苑》作'鯉',形相近,疑當作'鯉'。"

之，知其非源也。"

《韓詩外傳》一：孔子曰："君子有三憂：弗知，可無憂與？知而不學，可無憂與？學而不行，可無憂與？"

《韓詩外傳》六：子曰："不學而好思，雖知不廣矣；學而慢其身，雖學不尊矣；不以誠立，雖立不久矣；誠未著而好言，雖言不信矣。美材也，而不聞君子之道，隱小物以害大物者，災必及身矣。"①

《韓詩外傳》六：孔子曰："可與言終日而不倦者，其惟學乎！其身體不足觀也，勇力不足憚也，族姓不足稱也，宗祖不足道也，而可以聞於四方而昭於諸侯者，② 其惟學乎！"

《説苑·建本》：孔子曰："可以與人終日而不倦者，其惟學乎！其身體不足觀也，③ 其勇力不足憚也，其先祖不足稱也，其族姓不足道也，然而可以開四方而昭於諸侯者，其惟學乎！"

《韓詩外傳》八：孔子燕居，子貢攝齊而前曰："弟子事夫子有年矣，才竭而智罷，倦於學問，④ 不能復進，⑤ 請一休

---

① "及"下，岳麓書社本《韓詩外傳》有"其"字。

② 上"而"字之上，岳麓書社本《韓詩外傳》有"然"字。

③ "身"，原注："一作'容'。"

④ "倦"，原作"振"，據《四庫全書》本、《四部叢刊》本、《詩經要籍集成》影印明《漢魏叢書》本（以下簡稱明本）、岳麓書社本《韓詩外傳》改。郭沂曰："《集釋》《今注》皆作'倦'字，與下文《列子·天瑞》同，是也。"

⑤ "能"，原作"敢"，據《四庫全書》本、《四部叢刊》本、明本、岳麓書社本《韓詩外傳》改。

焉。”孔子曰：“賜也欲焉休乎？”曰：“賜欲休於事君。”孔子曰：“《詩》云：‘夙夜匪懈，以事一人。’爲之若此，其不易也，若之何其休也？”曰：“賜欲休於事父。”①孔子曰：“《詩》云：‘孝子不匱，永錫爾類。’爲之若此，其不易也，如之何其休也？”曰：“賜欲休於事兄弟。”孔子曰：“《詩》云：‘妻子好合，如鼓瑟琴。兄弟既翕，和樂且耽。’爲之若此，其不易也，如之何其休也？”曰：“賜欲休於耕田。”孔子曰：“《詩》云：‘晝爾于茅，宵爾索綯。亟其乘屋，其始播百穀。’爲之若此，其不易也，若之何其休也？”子貢曰：“君子亦有休乎？”孔子曰：“闔棺兮乃止播兮，②不知其時之易遷兮。此之謂君子所休也。”③

《荀子·大略》：子貢問於孔子曰：“賜倦於學矣，願息事君。”孔子曰：“《詩》云：‘温恭朝夕，執事有恪。’事君難，事君焉可息哉？”“然則賜願息事親。”孔子曰：“《詩》云：‘孝子不匱，永錫爾類。’事親難，事親焉可息哉？”“然則賜願息於妻子。”孔子曰：“《詩》云：‘刑于寡妻，至于兄弟，以御于家邦。’妻子難，妻子焉可息哉？”“然則賜願息於朋友。”孔子曰：“《詩》云：‘朋友攸攝，攝以威儀。’朋友難，朋友焉可息哉？”“然則賜願息耕。”孔子曰：“《詩》云：‘晝爾于茅，宵爾索綯。亟其乘

① “父”下，當據岳麓書社本《韓詩外傳》補“母”字。

② “兮”，原注：“本多作‘耳’，今從楊本。”《四庫全書》本、《四部叢刊》本、明本《韓詩外傳》作“耳”。

③ “此之謂君子所休也”，岳麓書社本《韓詩外傳》作“故學而不已闔棺乃止”九字。

屋，其始播百穀。’耕難，耕焉可息哉?”“然則賜無息者乎?”孔子曰:“望其壙，皋如也，嵮如也，鬲如也，此則知所息矣。”子貢曰:“大哉死乎！君子息焉，小人休焉。”

《列子·天瑞》:子貢倦於學，告仲尼曰:①“願有所息。”仲尼曰:“生無所息。”子貢曰:“然則賜息無所乎?”② 仲尼曰:“有焉耳！望其壙，睪如也，宰如也，墳如也，鬲如也，③ 則知所息矣。”子貢曰:“大哉死乎！君子息焉，小人伏焉。”④ 仲尼曰:“賜，汝知之矣。人胥知生之樂，未知生之苦；知老之憊，未知老之佚；知死之惡，未知死之息也。”

---

① “告”,王叔岷《列子補正》曰:“案《錦綉萬花谷前集》二十、《合璧事類前集》四三引‘告’下並有‘於’字(《合璧事類前集》六七引亦有‘於’字,惟誤爲《荀子》文),文意較完。《荀子·大略》篇、《家語·困誓》篇並作‘問於孔子曰’,亦有‘於’字。”

② “息無所”,王叔岷《列子補正》曰:“案‘息无所’疑原作‘无所息’,即本上文‘生无所息’而言。今本‘息’字誤錯在‘无所’上。《家語·困誓》篇作‘然則賜將無所息者也’,可爲旁證。”

③ “睪如也宰如也墳如也鬲如也”,王叔岷《列子補正》曰:“《釋文》:‘睪音皋。’案《荀子·大略》篇‘睪’正作‘皋’,‘墳’作‘嵮’,注:‘皋當爲宰。宰,冢也。嵮與填同,謂土填塞也。鬲謂隔絶於上。《列子》作‘宰如’‘墳如’。’楊倞所見此文蓋無‘睪如也’三字。‘睪如也’即‘宰如也’,不當重舉。今本有此三字,疑後人據《家語·困誓》篇妄加也。《家語》‘墳’作‘填’,‘鬲’作‘隔’,注‘言其隔而不得復相從也’,此文注‘見其墳壤鬲異’,亦以‘鬲’爲‘隔’,並誤。‘鬲’當爲‘鼎鬲’字,《釋文》‘鬲音歷,形如鼎。又音隔’,謂‘形如鼎’是也,‘音隔’亦誤。”陶光《列子校釋》曰:“光按此文當芟除‘宰如也’一句。‘睪’字始壞爛爲‘宰’字,讀者或記異文‘睪如也’一句於側,因闌入正文耳。《荀子》作‘皋如也,嵮如也,鬲如也’,‘皋’‘睪’古同字;《家語》作‘望其廣則睪如也,視其高則嵮如也,察其從則隔如也’,文雖小異,而俱三句並列,無‘宰如’之語,是其明證。”

④ “伏焉”,王叔岷《列子補正》曰:“《釋文》:‘伏焉,荀卿作休焉。’案《家語·困誓》篇亦作‘休焉’。‘息’‘休’互文,‘休’猶‘息’也。‘伏’疑‘休’之誤,注同(下文‘仁者息焉,不仁者伏焉’疑亦‘休’之誤)。”

《大戴禮·勸學》：孔子曰："吾嘗終日思矣，不如須臾之所學；吾嘗跂而望之，不如升高而博見也。升高而招，非臂之長也，而見者遠；順風而呼，非聲加疾也，而聞者著。假車馬者，非利足也，而致千里；假舟楫者，非能水也，而絶江海。君子之性非異也，而善假於物也。"

《荀子·宥坐》：孔子曰："吾有耻也，吾有鄙也，吾有殆也。幼不能強學，老無以教之，吾耻之；去其故鄉，事君而達，卒遇故人，曾無舊言，吾鄙之；與小人處者，吾殆之也。"

《荀子·宥坐》：孔子曰："如垤而進，吾與之；如丘而止，吾已矣。"今學曾未如肬贅，則具然欲爲人師。

《荀子·宥坐》：子貢觀於魯廟之北堂，出而問於孔子曰："鄉者，賜觀於太廟之北堂，吾亦未輟，還復瞻被九蓋皆繼，彼有説邪？匠過絶邪？"孔子曰："太廟之堂亦嘗有説，官致良工，因麗節文，非無良材也，蓋曰貴文也。"

《荀子·子道》：子路問於孔子曰："君子亦有憂乎？"孔子曰："君子，其未得也，則樂其意；既已得之，又樂其治，是以有終身之樂，無一日之憂。小人，① 其未得也，則憂不得；既已得之，又恐失之，是以有終身之憂，無一日之樂也。"

《説苑·雜言》：子路問孔子曰："君子亦有憂乎？"孔子曰："無也。君子之修其行，未得，則樂其意；既已得，又樂其知，是以有終身之樂，無一日之憂。小人則不然，其未之得，則憂不得；既已得之，又恐失之，是以有

---

① "人"下，據《諸子集成》本、《二十二子》本《荀子》當補"者"字。

終日之憂,[①] 無一日之樂。"

《荀子·法行》:孔子曰:"君子有三思,而不可不思也:少而不學,長無能也;老而不教,死無思也;有而不施,窮無與也。是故君子少思長,則學;老思死,則教;有思窮,則施。"[②]

《御覽》六百七引《慎子》:[③] 孔子曰:"丘少而好學,晚而聞道,此以博矣。"

《群書治要》《尸子·勸學》:夫子曰:"車,唯恐地之不堅也;舟,唯恐水之不深也。有其器,則以人之難爲易;夫道,以人之難爲易也。"

《群書治要》《尸子·處道》:孔子曰:"欲知則問,欲能則學,欲給則豫,欲善則肆。國亂,則擇其邪人去之,則國治矣;胸中亂,則擇其邪欲而去,[④] 則德正矣。"

《意林》一引《尸子》:孔子云:"誦詩讀書,與古人居;讀書誦詩,[⑤] 與古人謀。"

《莊子·雜篇·讓王》:孔子謂顏回曰:"回!來。家貧居卑,胡不仕乎?"顏回對曰:"不願仕。回有郭外之田五十畝,足以給飦粥;郭内之田十畝,足以爲絲麻;鼓琴,足以自娱;

---

① "日",郭沂曰:"《百子》本、《簡釋》本皆作'身',與上文《荀子·子道》同,是也。"

② "施"下,據《諸子集成》《二十二子》本《荀子》當補"也"字。

③ "慎子",原注:"按薛據《孔子集語》、馬驌《繹史》八十六、曹廷棟《孔子逸語》皆引作'申子',誤。"

④ "去"下,郭沂曰:"《四部叢刊》本《群書治要》《百子》本《尸子》'去'後皆有'之'字,是也。"

⑤ "讀書誦詩",據《四庫全書》本、《四部叢刊》本《意林》當作"讀詩誦書"。

所學夫子之道者，足以自樂也。回不願仕。”孔子愀然變容曰：“善哉！回之意。丘聞之：知足者，不以利自纍也；審自得者，失之而不懼；行修於内者，無位而不怍。丘誦之久矣，今於回而後見之，是丘之得也。”

《吕氏春秋·季春紀·尊師》：① 子貢問孔子曰：“後世將何以稱夫子？”孔子曰：“吾何足以稱哉？勿已者，則好學而不厭，好教而不倦，其惟此邪？”

《淮南子·要略》：孔子修成、康之道，述周公之訓，以教七十子。使服其衣冠，修其篇籍，故儒者之學生焉。

《説苑·建本》：孔子謂子路曰：“汝何好？”子路曰：“好長劍。”孔子曰：“非此之問也。請以汝之所能，加之以學，豈可及哉！”子路曰：“學亦有益乎？”孔子曰：“夫人君無諫臣則失政，士無教友則失德。狂馬不釋其策，操弓不返於檠。木受繩則直，人受諫則聖。受學重問，孰不順成；毁仁惡士，且近於刑。君子不可以不學。”子路曰：“南山有竹，弗揉自直，斬而射之，通於犀革。又何學爲乎？”孔子曰：“括而羽之，鏃而砥礪之，其入不益深乎？”子路拜曰：“敬受教哉！”

《説苑·建本》：子路問於孔子曰：“請釋古之學，而行由之意，可乎？”孔子曰：“不可。昔者，東夷慕諸夏之義，有女，其夫死，爲之内私婿，終身不嫁。不嫁則不嫁矣，然非貞節之義也。蒼梧之弟，娶妻而美好，請與兄易。忠則忠矣，然非禮也。今子欲釋古之學，而行子之意，庸知子用非爲是，用是爲非乎？不順其初，雖欲悔之，難哉！”

---

① “季春”，當從《諸子集成》本、《四部叢刊》本、《二十二子》本《吕氏春秋》作“孟夏”。

《説苑·貴德》：子路持劍，孔子問曰："由安用此乎？"子路曰："善古者固以善之，不善古者固以自衛。"孔子曰："君子以忠爲質，以仁爲衛，不出環堵之内，而聞千里之外。不善以忠化，寇暴以仁圍，何必持劍乎？"子路曰："由也請攝齊以事先生矣。"

《中論·治學》：孔子曰："弗學何以行？弗思何以得？小子勉之，斯可以爲人師矣。"

《中論·修本》：孔子曰："弟子勉之！汝毋自舍，人猶舍汝，況自舍乎？人違汝其遠矣。"

《中論·修本》：孔子謂子張曰："師，吾欲聞彼將以改此也。聞彼而不改此，雖聞何益？"

《中論·修本》：孔子曰："小人何以壽爲？一日之不能善矣，久惡，惡之甚也。"

卷　二

山東督糧道臣孫星衍　撰

孝本二

《尚書大傳》：孔子對子張曰：[①]“男子三十而娶，女子二十而嫁。女二十而通織紝績紡之事、黼黻文章之美。不若是，則上無以孝於舅姑，下無以事夫養子也。舜，父頑母嚚，不見室家之端，故謂之鰥。”

《尚書大傳》：《書》曰：“高宗梁闇，三年不言。”何爲梁闇也？傳曰：高宗居凶廬，[②] 三年不言，[③] 此之謂梁闇。子張曰：“何爲也？”孔子曰：“古者君薨，世子聽於冢宰三年，[④] 不敢服先王之服、履先王之位而聽焉。以民臣之義，則不可一日無君矣；不可一日無君，猶不可一日無天也。以孝子之隱乎，則孝子三年弗居矣。故曰：‘義者，彼也；隱者，此也。’遠彼而近此，則孝子之道備矣。”

《韓詩外傳》八：曾子有過，曾晳引杖擊之。仆地，有間

---

① “孔子對子張曰”，原注：“《通典》五十九作‘孔子曰’。”

② “凶”，郭沂曰：“《叢刊》《集成》本皆作‘倚’。”

③ “三年不言”下，郭沂曰：“《叢刊》《集成》本‘三年不言’後有‘百官總己以聽于冢宰，而莫之違’十三字，當補。”

④ “世子”，郭沂曰：“《叢刊》《集成》本皆作‘王世子’。”

乃蘇，起曰："先生得無病乎？"魯人賢曾子，以告夫子。夫子告門人："參來！勿内也。"曾子自以無罪，使人謝夫子。夫子曰：① "汝不聞昔者舜爲人子乎？小箠則待笞，大杖則逃。索而使之，未嘗不在側；索而殺之，未嘗可得。今汝委身以待暴怒，拱立不去，非王者之民，② 其罪何如？"

《説苑·建本》：曾子芸瓜而誤斬其根。曾晳怒，援大杖擊之。曾子仆地，有頃蘇，蹷然而起，進曰："曩者參得罪於大人，大人用力教參，得無疾乎？"退屏，鼓琴而歌，欲令曾晳聽其歌聲，令知其平也。孔子聞之，告門人曰："參來，勿内也。"曾子自以無罪，使人謝孔子。孔子曰："汝聞瞽瞍有子，③ 名曰舜。舜之事父也，索而使之，未嘗不在側；求而殺之，未嘗可得。小箠則待，大箠則走，以逃暴怒也。今子委身以待暴怒，立體而不去，殺身以陷父不義。不孝孰是大乎？汝非天子之民邪？殺天子之民，罪奚如？"

《韓詩外傳》九：孔子行，聞哭聲甚悲。孔子曰："驅驅，④ 前有賢者。"至，則皋魚也。被褐擁鐮，哭於道傍。孔

---

① "來"下，屈守元《韓詩外傳箋疏》曰："周云：‘"來"下，《家語·六本》有"勿内也，曾子自以爲無罪，使人请於夫子，子曰"十八字。《説苑》亦然。疑此文脱。’趙本作‘參來！勿内也。曾子自以無罪，使人謝夫子。夫子曰’，云：‘以上十七字，本皆脱，據《説苑·建本》篇補。’"今從。

② "非王者之民"，郭沂曰："《集釋》《今注》皆作‘汝非王者之民邪？殺王者之民’，是也。"

③ "聞"，原注："《御覽》四百十三引作‘不聞’。"

④ "驅驅"，原注："《御覽》四百八十七引作‘驅之’。"

子辟車，與之言曰："子非有喪，何哭之悲也?"皋魚曰："吾失之三矣：少而學，游諸侯，[1] 以後吾親，[2] 失之一也；高尚吾志，閑吾事君，[3] 失之二也；與友厚而小絶之，[4] 失之三也。樹欲靜而風不止，子欲養而親不待也。往而不可追者，年也；去而不可得見者，親也。[5] 吾請從此辭矣。"[6] 立槁而死。孔子曰："弟子誡之，足以識矣。"於是門人辭歸而養親者十有三人。

《説苑・敬慎》：孔子行游，中路聞哭者聲，其音甚悲。孔子曰："驅之！驅之！前有異人音。"少進，見之，丘吾子也，擁鐮帶索而哭。孔子辟車而下，問曰："夫子非有喪也，何哭之悲也?"丘吾子對曰："吾有三失。"孔子曰："願聞三失。"丘吾子對曰：[7]"吾少好學問，周遍天下，還後，吾親亡，一失也；事君奢驕，諫不遂，是二失也；厚交友而後絶，三失也。樹欲靜乎風不定，子欲養乎親不待。往而不來者，年也；不可得再見者，親也。請

① "少而學游諸侯"，原注："《文選・長笛賦》注引作'吾少好學，周流諸侯'，《御覽》四百八十七同。"

② "後"，原注："薛編引作'歿'。"

③ "閑吾事君"，原注："《文選》注作'不事庸君'，下有'而晚事無成'一句。"

④ "與友厚而小絶之"，原注："《文選》注作'少擇交游，寡親友而老無所托'。"

⑤ "往而不可追者年也去而不可得見者親也"，原注："舊脱'不可追者年也去而'八字，據《御覽》補。《文選》注作'往而不可反者，年也；逝而不可追者，親也'，《後漢書・桓榮傳》所引略同。"

⑥ "請從"，原注："'請從'，《文選》注作'於是。"

⑦ "對"，據《四庫全書》《四部叢刊》本《説苑》當删。郭沂曰："《百子》本、《今注》皆無'對'字，蓋孫氏因上而衍。"

從此辭。”則自刎而死。孔子曰：“弟子記之，此足以爲戒也。”於是弟子歸養親者十三人。

《韓詩外傳》十：太王亶父有子曰太伯、仲雍、季歷。歷有子，曰昌。太伯知太王賢昌，而欲季爲後也。太伯去之吴。太王將死，謂曰：“我死，汝往讓兩兄，彼即不來，汝有義而安。”太王薨，季之吴，告伯、仲，伯、仲從季而歸。群臣欲伯之立季，季又讓。伯謂仲曰：“今群臣欲我立季，季又讓，何以處之？”仲曰：“刑有所謂矣，要於扶微者，可以立季。”季遂立，而養文王，文王果受命而王。孔子曰：“太伯獨見，王季獨知，伯見父志，季知父心，故太王、太伯、王季，可謂見始知終而能承志矣。”

《大戴禮·曾子立孝》：子曰：“可入也，吾任其過；不可入也，[①] 吾辭其罪。《詩》云‘有子七人，莫慰母心’，子之辭也。‘夙興夜寐，無忝爾所生’，言不自舍也。不耻其親，君子之孝也。”

《大戴禮·曾子大孝》：樂正子春下堂而傷其足，傷瘳，數月不出，猶有憂色。門弟子問曰：“夫子傷足瘳矣，數月不出，猶有憂色，何也？”樂正子春曰：“善，如爾之問也。吾聞之曾子，曾子聞諸夫子曰：‘天之所生，地之所養，人爲大矣。父母全而生之，子全而歸之，可謂孝矣；不虧其體，可謂全矣。’故君子頃步之不敢忘也。今予忘夫孝之道矣，予是以有憂色。”

---

① “可入也吾任其過不可入也”，原作“可人也，吾任其過；不可人也”，據《叢書集成》本《大戴禮記》改。

《吕氏春秋·孝行覽》：樂正子春下堂而傷足，瘳而數月不出，猶有憂色。門人問之曰："夫子下堂而傷足，瘳而數月不出，猶有憂色，敢問其故？"樂正子春曰："善乎而問之！吾聞之曾子，曾子聞之仲尼：'父母全而生之，子全而歸之，不虧其身，不損其形，可謂孝矣。'君子無行，咫步而忘之。余忘孝道，是以憂。"

《大戴禮·曾子大孝》：夫子曰："伐一木，殺一獸，不以其時，非孝也。"

《荀子·子道》：魯哀公問於孔子曰："子從父命，孝乎？臣從君命，貞乎？"三問，孔子不對。孔子趨出，以語子貢曰："鄉者君問丘曰：①'子從父命，孝乎？臣從君命，貞乎？'三問而丘不對，賜以爲何如？"子貢曰："子從父命，孝矣；臣從君命，貞矣。夫子有奚對焉？"孔子曰："小人哉！賜不識也。昔萬乘之國有爭臣四人，則封疆不削；千乘之國有爭臣三人，則社稷不危；百乘之家有爭臣二人，則宗廟不毁。父有爭子，不行無禮；士有爭友，不爲不義。故子從父，奚子孝？臣從君，奚臣貞？審其所以從之之謂孝、之謂貞也。"②

《荀子·子道》：子路問於孔子曰："有人於此，夙興夜寐，耕耘樹藝，手足胼胝，以養其親，然而無孝之名，何也？"孔子曰："意者身不敬與？辭不遜與？色不順與？古之人有言

① "丘"下，據《諸子集成》本、《二十二子》本《荀子》當補"也"字。

② "爭臣四人""爭臣三人""爭臣二人""審其所以從之，之謂孝、之謂貞也"，《諸子集成》本《荀子集解》王先謙引盧文弨曰："《家語·三恕》篇'四人'作'七人'，'三人'作'五人'，'二人'作'三人'，末句作'夫能審其所從，之謂孝、之謂貞也'。"

曰：‘衣與繆與，不女聊。’① 今夙興夜寐，耕耘樹藝，手足胼胝，以養其親，無此三者，則何以爲而無孝之名也？”② 孔子曰：“由志之，吾語汝。雖有國士之力，不能自舉其身，非無力也，勢不可也。故入而行不修，身之罪也；出而名不彰，友之過也。故君子入則篤行，出則友賢，何爲而無孝之名也？”

《韓詩外傳》九：子路曰：“有人於斯，夙興夜寐，手足胼胝而面目黧黑，樹藝五穀，以事其親，而無孝子之名者，何也？”孔子曰：“吾意者：身未敬邪？色不順邪？辭不遜邪？古人有言曰：‘衣歟食歟，曾不爾即。’”③ “子勞以事其親，無此三者，何爲無孝之名？意者所友非仁人邪？”“坐！語汝。雖有國士之力，不能自舉其身，非無力也，勢不便也。是以君子入則篤孝，出則友賢，何爲其無孝子之名？”

《莊子·寓言》：曾子再仕而心再化，曰：“吾及親仕，三釜而心樂；後仕三千鍾，不洎，④ 吾心悲。”弟子問於仲尼曰：“若參者，可謂無所縣其罪乎？”曰：“既已縣矣。夫無所縣

① “衣與繆與不女聊”，《荀子集解》楊倞注引作“衣予教予”，曰：“今《外傳》九作‘衣歟食歟，曾不爾即’，‘即’疑‘聊’之訛。此云‘教予’，疑是‘饮予’之訛。今《家語·困誓》篇作‘人與己與，不女欺與’，與此所引亦不同。”

② “以”，《諸子集成》本《荀子集解》王先謙引王念孫曰：“‘以’字衍。《韓詩外傳》無‘以’字，下文‘何爲而無孝之名也’亦無‘以’字。又案《外傳》此句下有‘意者所友非仁人邪’一句，玩本書亦似當有此句，下文‘雖有國士之力也’四句正承此句而言。……若無此句，則與下文不相應矣。”

③ “衣歟食歟曾不爾即”，原注：“《荀子》楊倞注引此作‘衣予教予’。”

④ “不”上，據《諸子集成》本《莊子集解》《莊子集釋》當補“而”字。

者，可以有哀乎？彼視三釜、三千鍾，如觀雀蚊虻相過乎前也。”

《韓非子·五蠹》：魯人從君戰，三戰三北。仲尼問其故，對曰：“吾有老父，身死莫之養也。”仲尼以爲孝，舉而上之。

《吕氏春秋·仲冬紀·當務》：楚有直躬者，其父竊羊而謁之上。上執而將誅之，直躬者請代之。將誅矣，告吏曰：“父竊羊而謁之，不亦信乎？父誅而代之，不亦孝乎？信且孝而誅之，國將有不誅者乎？”荆王聞之，乃不誅也。孔子聞之，曰：“異哉！直躬之爲信也，一父而載取名焉。”

《新序·雜事》一：昔者，舜自耕稼陶漁而躬孝友。父瞽瞍頑、母嚚及弟象傲皆下愚不移，舜盡孝道以供養瞽瞍。瞽瞍與象爲浚井塗廩之謀，欲以殺舜。舜孝益篤，出田則號泣，年五十猶嬰兒慕，可謂至孝矣。故耕於歷山，歷山之耕者讓畔；陶於河濱，河濱之陶者器不苦窳；漁於雷澤，雷澤之漁者分均。及立爲天子，天下化之，蠻夷率服。北發渠搜，南撫交阯，莫不慕義，麟鳳在郊。故孔子曰：“孝弟之至，通於神明，光於四海，舜之謂也。”孔子在州里，篤行孝道，居於闕黨，闕黨之子弟畋漁，分有親者得多，孝以化之也。是以七十二子自遠方至，服從其德。

《説苑·建本》：孔子曰：“行身有六本，本立焉，然後爲君子。立體有義矣，而孝爲本；處喪有禮矣，而哀爲本；戰陣有隊矣，而勇爲本；治政有理矣，而能爲本；居國有禮矣，而嗣爲本；生財有時矣，而力爲本。”

《説苑·建本》：夫子亦云：“人之行，莫大於孝。”

《説苑·權謀》：魯公索氏將祭而亡其牲，孔子聞之曰：“公索氏比及三年必亡矣。”後一年而亡。弟子問曰：“昔公索氏亡牲，夫子曰：‘比及三年必亡矣。’今期年而亡，夫子何以知其將亡也?”孔子曰：“祭之爲言索也。索也者，盡也，乃孝子所以自盡於親也。至祭而亡其牲，則餘所亡者多矣。吾以此知其將亡也。”

《説苑·辨物》：子貢問孔子：“死人有知無知也?”孔子曰：“吾欲言死者有知也，恐孝子順孫妨生以送死也；欲言無知，恐不孝子孫棄不葬也。賜欲知死人有知將無知也，死徐自知之，猶未晚也。”

《説苑·反質》：魯有儉者，瓦鬲煮食，食之而美，盛之土鉶之器，以進孔子。孔子受之，歡然而悦，如受大牢之饋。弟子曰：“瓦甂，陋器也；煮食，薄膳也，而先生何喜如此乎?”孔子曰：“吾聞好諫者思其君，食美者念其親。吾非以饌爲厚也，以其食美而思我親也。”

《搜神記》：曾子從仲尼在楚而心動，辭歸問母。母曰：“思爾嚙指。”孔子聞之曰:①“曾參之孝,② 精感萬里。”

《御覽》四百十三引《師覺授孝子傳》：老萊子者，楚人，行年七十，父母俱存。至孝蒸蒸，常著班斕之衣，爲親取飲，上堂脚跌，恐傷父母之心，僵仆爲嬰兒啼。孔子曰：“父母老，常言不稱老，爲其傷老也。若老萊子，可謂不失孺子之心矣!”

《御覽》四百八十二引《師覺授孝子傳》：仲子崔者，仲由之子也。初，子路仕衛，赴蒯聵之亂，衛人狐黶時守門,③殺子路。子崔既長，告孔子，欲報父讎。夫子曰：“行矣!”子

---

① “聞之”二字,據《四庫全書》本《搜神記》當删。郭沂曰:“中華書局《搜神記》《百子》本《搜神記》均無。”

② “曾參之孝”,原注:“《曾子》外篇《齊家》引作‘參之至誠’。”

③ “狐黶”,原注:“三百五十二引作‘子黶’。”

崔即行。鱀知之，曰："夫君子不掩人之不備，須後日，於城西決戰。"① 其日，鱀持蒲弓木戟，而與子崔戰而死。②

《亢倉子·訓道》：閔子騫問仲尼："道之與孝，相去奚若？"仲尼曰："道者，自然之妙用；孝者，人道之至德。夫其包運天地，發育萬物，曲成萬類，布丕性壽。其功至實，而不爲物府，不爲事官，無爲功尸。捫求視聽，莫得而有，字之曰道；用之於人，字之曰孝。孝者，善事父母之名也。夫善事父母，敬順爲本，意以承之，順承顔色，無所不至。發一言，舉一意，不敢忘父母；營一手，措一足，不敢忘父母。事君不敢不忠，朋友不敢不信，臨下不敢不敬，向善不敢不勤。雖居獨室之中，亦不敢懈其誠。此之謂全孝。故至誠之至，通乎神明，光于四海，有感必應，善事父母之所致也。昔者虞舜，其大孝矣！庶母惑父，屢憎害之。舜心益恭，懼而無怨。謀使浚井，下土實之。于時天休震動，神明駭赫，導穴而出，奉養滋謹。由是元德茂盛，爲天下君，善事父母之所致也。文王之爲太子也，其大孝矣！朝夕必至乎寢門之外，問寺人曰：'兹日安否如何？'曰：'安。'太子温然喜色。小不安節，太子色憂滿容。朝夕食上，太子必視寒煖之節；食下，必知膳羞所進，然後退。寺人言疾，太子肅冠而齋，膳宰之饌，必敬視之；湯液之貢，必親嘗之。嘗饌善，則太子亦能食；嘗饌寡，太子亦不能飽。以至于復初，然後亦復初。君后有過，怡聲以諷；君后所愛，雖小物必嚴龔。是故孝成於身，道洽天下。《雅》曰

① "子不掩人之不備須後日於城西"，原注："'曰夫君'下十三字從三百五十二補。"

② "而"，郭沂曰："中華書局《太平御覽》無'而'字。"

‘文王陟降，在帝左右’，言文王靜作進退，天必贊之，故紂不能害。夢啓之壽，卜世三十，卜年七百，天所命也，善事父母之所致也。”閔子騫曰：“善事父母之道，既幸聞矣。敢問教子之義？”仲尼曰：“凡三王教子，必視禮樂。樂所以修内，禮所以修外，禮樂交修，則德容發輝于貌，故能温恭而文明。夫爲人臣者，殺其身有益於君則爲之，況利其身以善其君乎？是故擇建忠良貞正之士爲之師傅，欲其知父子、君臣、長幼之道。夫知爲人子，然後可以爲人父；知爲人臣，然後可以爲人君；知事人，然後能使人。此三王教子之義也。”閔子騫退而事之於家，三年無間於父母昆弟之言；① 交游稱其信，鄉黨稱其仁，宗族稱其弟；德行之聲溢于天下，此善事父母之所致也。

① “年”下，據《四庫全書》本《亢倉子》當補“人”字。郭沂曰：“《百子》《集成》本‘年’下皆有‘人’字，是也。”

卷　三

山東督糧道臣孫星衍　撰

五性三

《御覽》四百十九引《尚書大傳》：子張曰："仁者何樂於山也?"孔子曰："夫山者嵬然高,① 嵬然高則何樂焉? 山，草木生焉，鳥獸蕃焉，財用殖焉，生財用而無私爲，四方皆伐焉，每無私予焉。② 出雲風,③ 以通乎天地之間，陰陽和合，雨露之澤，萬物以成，百姓以饗。此仁者之所以樂於山者也。"④

《韓詩外傳》一：哀公問孔子曰："有智，壽乎?"孔子曰："然。人有三死而非命也者，自取之也。居處不理，飲食不節，勞過者，病共殺之；居下而好干上，嗜欲無厭，求索不止者，刑共殺之；少以敵衆，弱以侮強，忿不量力者，兵共殺之。故有三死而非命者，自取之也。"

---

① "嵬",原注:"'嵬',當爲'㠑'字,從卩,《御覽》三十八引作'夫山者嵬嵬然'。"

② "生財用而無私爲四方皆伐焉每無私予焉",原注:"《文選·頭陀寺碑》注引作'生財用而無私爲焉,四方皆伐無私與焉'。"

③ "風",原注:"《御覽》三十八引作'雨'。"

④ "以",《四庫全書》本《御覽》無。

《説苑·雜言》：魯哀公問於孔子曰："有智者，壽乎？"孔子曰："然。人有三死而非命也者，人自取之。夫寢處不時，飲食不節，佚勞過度者，疾共殺之；居下位而上忤其君，嗜欲無厭而求不止者，刑共殺之；少以犯衆，弱以侮強，忿怒不量力者，兵共殺之。此三死者，非命也，人自取之。"

《韓詩外傳》二：孔子曰："口欲味，心欲佚，教之以仁；心欲兵，身惡勞，教之以恭；好辯論而畏懼，教之以勇；目好色，耳好聲，教之以義。《易》曰'艮其限，列其胂，厲薰心'，①《詩》曰'吁嗟女兮，無與士耽'，皆防耶禁佚，調和心志。"

《韓詩外傳》五：孔子曰："夫談説之術，齊莊以立之，②端誠以處之，堅強以待之，③辟稱以喻之，分以明之，④歡忻芬芳以送之，⑤寶之珍之，貴之神之。如是，則説恒無不行矣。⑥夫是之謂能貴其所貴。若夫無類之説，不形之行，不贊之辭，君子慎之！"

《大戴禮·保傅》：孔子曰："少成若天性，習貫之爲常。"

---

① "厲"，明本《韓詩外傳》作"危"。

② "孔子曰夫談説之術齊莊以立之"，原注："《荀子·非相篇》不云'孔子曰'，作'矜莊以莅之'。"

③ "待"，原注："'待'，《荀子》作'持'。"

④ "辟稱以喻之分以明之"，原注："二句《荀子》作'分别以喻之，譬稱以明之'。"

⑤ "歡忻芬芳"，原注："《荀子》作'欣驩芬薌'。"

⑥ "則説恒無不行矣"，原注："《荀子》作'則説常無不受。雖不説人，人莫不貴'。"

《賈子新書·保傅》：孔子曰："少成若天性，習貫如自然。"

《大戴禮記·勸學》：子貢曰："君子見大川必觀，何也？"孔子曰："夫水者，君子比德焉。遍與之而無私，似德；所及者生，所不及者死，似仁；其流行痺下，倨句皆循其理，似義；其赴百仞之溪不疑，似勇；淺者流行深淵不測，似智；弱約危通，似察；受惡不讓，似包；蒙不清以入，[①] 鮮潔以出，似善化；以注量必平，[②] 似正；盈不求概，似度；[③] 萬折必以東，[④] 似意。是以君子見大川必觀焉。"[⑤]

《荀子·宥坐》：孔子觀於東流之水，子貢問於孔子曰："君子之所以見大水必觀焉者，何也？"[⑥] 孔子曰："夫水大遍與諸生而無爲也，[⑦] 似德；其流也埤下，裾拘

① "包蒙"，原作"真苞裹"，郭沂曰"《解詁》《今注》'真'字皆作'貞'"，據《叢書集成》本《大戴禮記》改。盧辯注曰："按各本訛作'苞裹'，上又衍'貞'字，今據《説苑》訂正。""裹"，原注："一作'裹'。"

② "以注"，原作"必出"，據《叢書集成》本《大戴禮記》改。

③ "度"，據《叢書集成》本《大戴禮記》補。盧辯注曰："案各本脱'度'字，今據《説苑》訂正。"

④ "萬折必以東"，原作"厲折必以東西"，據《叢書集成》本《大戴禮記》改、删。盧辯注曰："'萬'，各本訛作'厲'，因上'度'字誤脱，成一字耳。'東'下各本衍'西'字。今並從《荀子》及《説苑》。""西"，原注："一作'也'。"

⑤ "君子"，據《叢書集成》本《大戴禮記》補。盧辯注曰："案各本脱'君子'二字，今從高安本。"

⑥ "何也"，原注："'何也'，一作'是何'。"

⑦ "大"，《諸子集成》本《荀子集解》王先謙引王念孫曰："案'遍與'上不當有'大'字，蓋涉上文'大水'而衍。據楊注云'遍與諸生，謂水能遍生萬物'，則無'大'字明矣。《初學記·地部》中引此無'大'字，《大戴記·勸學》篇、《説苑·雜言》篇、《家語·三恕》篇並同。"

必循其理，似義；其洸洸乎不淈盡，[1] 似道；若有決行之，其應佚若聲響，[2] 其赴百仞之谷不懼，似勇；主量必平，似法；盈不求概，似正；淖約微達，似察；以出以入，就鮮潔，[3] 似善化；其萬折也必東，似志。是故君子見大水必觀焉。"

《説苑·雜言》：子貢問曰："君子見大水必觀焉，何也？"孔子曰："夫水者，君子比德焉。遍予而無私，似德；所及者生，似仁；其流卑下，句倨皆循其理，似義；淺者流行，深者不測，似智；其赴百仞之谷不疑，似勇；綿弱而微達，似察；受惡不讓，似包；蒙不清以入，鮮潔以出，似善化；至量必平，似正；盈不求概，似度；其萬折必東，似意。是以君子見大水必觀焉爾也。"[4]

《後漢書·李固傳》固奏記：孔子曰："智者見變思刑，愚者睹怪諱名。"

《荀子·仲尼》：孔子曰："巧而好度，必節；勇而好同，必勝；知而好謙，[5] 必賢。"

《説苑·雜言》：孔子曰："巧而好度，必工；勇而好

---

① "洸洸"，《諸子集成》本《荀子集解》王先謙曰："王念孫曰：'洸洸'當從《家語》作'浩浩'，字之誤也。《王制》曰'有余曰浩'，故曰'浩浩不屈盡'，《初學記》引《荀子》正作'浩浩'，則所見本尚未誤。《太平御覽·地部》二十三同。先謙案《説文》'洸，水涌光也'，作'洸洸'義通，似不必改作'浩浩'。"

② "嚮"，郭沂曰："《簡釋》《百子》本'嚮'皆作'響'。"

③ "就"上，原注："一本'就'上有'以'字。"

④ "必"，郭沂曰："《今注》《百子》本皆無'必'字，蓋爲孫氏依《荀子》補。"

⑤ "謙"，原注："一作'謀'。"

同，必勝；知而好謀，必成。愚者反是。夫處重擅寵，專事妒賢，愚者之情也。志驕傲而輕舊怨，是以尊位則必危，任重則必崩，擅寵則必辱。”

《荀子·儒效》：孔子曰：“周公其盛乎！身貴而愈恭，家富而愈儉，勝敵而愈戒。”

《荀子·王霸》：孔子曰：“知者之知，固以多矣，有以守少，能無察乎！愚者之知，固以少矣，有以守多，能無狂乎！”

《荀子·子道》：子路盛服見孔子，孔子曰：“由，是裾裾何也？昔者江出於岷山，其始出也，其源可以濫觴，及其至江之津也，不放舟，不避風，則不可涉也，非維下流水多邪？今汝服既盛，顔色充盈，天下且孰肯諫汝矣？由！”子路趨而出，改服而入，蓋猶若也。孔子曰：“志之，吾語汝。奮於言者華，奮於行者伐，[①] 色知而有能者，小人也。故君子知之曰知之，不知曰不知，言之要也；能之曰能之，不能曰不能，行之至也。言要則知，行至則仁。既知且仁，夫惡有不足矣哉？”

《韓詩外傳》三：傳曰：子路盛服以見孔子，孔子曰：“由，疏疏者何也？昔者江於濆，[②] 其始出也，不足

---

① “奮於言者華奮於行者伐”，《諸子集成》本《荀子集解》王先謙引俞樾曰：“《韓詩外傳》作‘慎於言者不譁，慎於行者不伐’，當從之。‘華’即‘譁’之省文，‘奮’字皆‘昚’字之誤，乃古文‘慎’字也。‘昚’誤爲‘奮’，則奮於言行不能謂之不華、不伐矣，於是又删去兩‘不’字耳。”

② “江於濆”，郭沂曰：“《集釋》‘江’下有‘出’字，是也。《集釋》《今注》‘濆’皆作‘汶’。”

濫觴，[1] 及其至乎江之津也，不方舟，不避風，不可渡也，非其衆川之多歟？今汝衣服其盛，顔色充滿，天下有誰加汝哉！”子路趨出，改服而入，蓋攝如也。[2] 孔子曰：“由志之，吾語汝。夫慎於言者不譁，慎於行者不伐，色知而有長者，小人也。故君子知之爲知之，不知爲不知，言之要也；能之爲能之，不能爲不能，行之要也。言要則知，行要則仁。既知且仁，又何加哉？”

《説苑·雜言》：子路盛服而見孔子，孔子曰：“由，是襜襜者何也？昔者江水出於岷山，其始也大，足以濫觴，及至江之津也，不方舟，不避風，不可渡也，非唯下流衆川之多乎？今若衣服甚盛，顔色充盈，天下誰肯加若者哉？”子路趨而出，改服而入，蓋自如也。孔子曰：“由記之，吾語若。賁於言者，華也；奮於行者，伐也。夫色智而有能者，小人也。故君子知之爲知之，不知爲不知，言之要也；能之爲能，不能爲不能，行之至也。言要則知，行要則仁。既知且仁，夫有何加矣哉？由！”

《荀子·子道》：子路入，子曰：“由，知者若何？仁者若何？”子路對曰：“知者使人知己，仁者使人愛己。”子曰：“可謂士矣。”子貢入，子曰：“賜，知者若何？仁者若何？”子貢對曰：“知者知人，仁者愛人。”子曰：“可謂士君子矣。”顔淵入，子曰：“回，知者若何？仁者若何？”顔淵對曰：“知

① “足”下，據《四庫全書》本、《四部叢刊》本《韓詩外傳》當補“以”字。郭沂曰：“《集釋》《今注》‘足’下有‘以’。”

② “攝”，原注：“毛本作‘揖’。”《四部叢刊》本《韓詩外傳》作“揖”。

者自知，仁者自愛。”子曰：“可謂明君子矣。”

《荀子·法行》：子貢問於孔子曰：“君子之所以貴玉而賤珉者，何也？爲夫玉之少而珉之多邪？”孔子曰：“惡！賜，是何言也！夫君子豈多而賤之、少而貴之哉？夫玉者，君子比德焉。温潤而澤，仁也；縝栗而理，[①] 知也；堅剛而不屈，義也；廉而不劌，行也；折而不橈，勇也；瑕適並見，情也。扣之，其聲清揚而遠聞，其止輟然辭也。故雖有珉之雕雕，不若玉之章章。《詩》曰‘言念君子，温其如玉’，此之謂也。”

《列子·仲尼》：子夏問孔子曰：“顔回之爲人奚若？”子曰：“回之仁賢於丘也。”曰：“子貢之爲人奚若？”子曰：“賜之辨賢於丘也。[②]”曰：“子路之爲人奚若？”子曰：“由之勇賢於丘也。”曰：“子張之爲人奚若？”子曰：“師之莊賢於丘也。”子夏避席而問曰：“然則四子者何爲事夫子？”曰：“居，吾語汝。夫回能仁而不能反，賜能辨而不能訥，由能勇而不能怯，師能莊而不能同。兼四子之有以易吾，吾弗許也。此其所以事吾而不貳也。”

《淮南子·人間訓》：人或問孔子曰：“顔回何如人也？”曰：“仁人也，丘弗如也。”“子貢何如人也？”曰：“辯人也，丘弗如也。”“子路何如人也？”曰：“勇人也，

---

① “縝”，據《諸子集成》本《荀子集解》當删。王先謙曰：“謝本從盧校‘栗’上有‘縝’字，王引之曰：吕本作‘栗而理，知也’。钱本及元刻依《聘義》于‘栗’上增‘縝’字，而盧本從之誤也。楊注但釋‘栗’‘理’二字，而不釋‘縝’字，則正文之無‘縝’字甚明。……先謙案王説是，今從吕本删。”

② “辨”，原作“辯”，據上海古籍出版社 1986 年出版的影印光緒三年浙江書局影印平津館原本《二十二子》中《孔子集語》本（以下簡稱《二十二子》本）、《列子·仲尼》篇改。

丘弗如也。”賓曰：“三人皆賢賢，①而爲夫子役，何也？”孔子曰：“丘能仁且忍，辯且訥，勇且怯。以三子之能，易丘一道，丘弗爲也。”孔子知所施之也。

《説苑·雜言》：子夏問仲尼曰：“顔淵之爲人也何若？”曰：“回之信賢於丘也。”曰：“子貢之爲人也何若？”曰：“賜之敏賢於丘也。”曰：“子路之爲人也何若？”曰：“由之勇賢於丘也。”曰：“子張之爲人何若？”曰：“師之莊賢於丘也。”於是子夏避席而問曰：“然則四者何爲事先生？”曰：“坐，吾語汝。回能信而不能反，賜能敏而不能屈，由能勇而不能怯，師能莊而不能同。兼此四者，②丘不爲也。”

《論衡·定賢》：或問於孔子曰：“顔淵何人也？”曰：“仁人也，丘不如也。”“子貢何人也？”曰：“辯人也，丘弗如也。”“子路何人也？”曰：“勇人也，丘弗如也。”客曰：“三子者，皆賢於夫子，而爲夫子服役，何也？”孔子曰：“丘能仁且忍，辯且詘，勇且怯。以三子之能，易丘之道，弗爲也。”

《御覽》八百三十引《尸子》：孔子曰：“詘寸而信尺，小枉而大直，吾弗爲也。”③

《法言》五百宋咸注：孔子曰：“君子之行己，可以

---

① “三人皆賢賢”，原注：“一本作‘三人皆賢夫子’。”

② “四”下，《四部叢刊》本《説苑》有“子”字。

③ “吾弗爲也”，原注：“一作‘吾爲之也’。”

詘則詘，可以伸則伸。”

《吕氏春秋·孟冬紀·異用》：孔子之弟子從遠方來者，孔子荷杖而問之曰：“子之公不有恙乎？”搏杖而揖之，問曰：“子之父母不有恙乎？”置杖而問曰：“子之兄弟不有恙乎？”杙步而倍之，問曰：“子之妻子不有恙乎？”①

《賈子·容經》：子贛由其家來謁於孔子，孔子正顔，舉杖磬折而立，曰：“子之大親毋乃不寧乎？”放杖而立，曰：“子之兄弟亦得無恙乎？”曳杖倍下行，曰：“妻子家中得無病乎？”故身之倨佝，手之高下，顔色聲氣，各有宜稱，所以明尊卑、别疏戚也。

《淮南子·繆稱訓》：夫子見禾之三變也，滔滔然曰：“狐鄉丘而死，我其首禾焉。”②

薛據《孔子集語》引《新序》：孔子謂曾子曰：“君子不以利害義，則耻辱安從生哉？官怠於宦成，病加於少愈，禍生於怠惰，孝衰於妻子。察此四者，慎終如始。”③

---

① “子之公不有恙乎搏杖而揖之問曰子之父母不有恙乎置杖而問曰子之兄弟不有恙乎杙步而倍之問曰子之妻子不有恙乎”，原注：“《御覽》七百十‘公’作‘父’，下無‘父’字，‘搏杖’作‘持杖’，‘杙步而倍之’作‘杖步而倚之’。《廣韻》‘杖’字下引云‘孔子見弟子抱杖而問其父母，拄杖而問其兄弟，曳杖而問其妻子，尊卑之差也’，蓋約此文。”

② “焉”，郭沂曰：“《百子》本、《諸子集成》本‘焉’皆作‘乎’。”

③ “孔子謂曾子”至“慎終如始”條，原注：“按今《新序》缺此文。《鄧析子》云‘患生於官成，病始於少瘳，禍生於懈慢，孝衰於妻子。此四者，慎終如始也’，與此小異。”

《説苑·君道》：魯哀公問於孔子曰："吾聞君子不博，有之乎？"孔子對曰："有之。"哀公曰："何爲其不博也？"孔子對曰："爲其有二乘。"哀公曰："有二乘，則何爲不博也？"孔子對曰："爲行惡道也。"哀公懼焉，有間，曰："若是乎，君子之惡惡道之甚也。"孔子對曰："惡惡道不能甚，則其好善道亦不能甚；好善道不能甚，則百姓之親之也亦不能甚。《詩》云：'未見君子，憂心惙惙。亦既見止，亦既覯止，我心則説。'《詩》之好善道之甚也如此。"哀公曰："善哉！吾聞君子成人之美，不成人之惡。微孔子，吾焉聞斯言也哉？"

《説苑·敬慎》：顔回將西游，問於孔子曰："何以爲身？"孔子曰："恭敬忠信，可以爲身。恭則免於衆，敬則人愛之，忠則人與之，信則人恃之。人所愛，人所與，人所恃，必免於患矣，可以臨國家，何況於身乎？"

《説苑·雜言》：子路將行，辭於仲尼。曰："贈汝以車乎？以言乎？"子路曰："請以言。"仲尼曰："不強不遠，不勞無功，不忠無親，不信無復，不恭無禮。慎此五者，可以長久矣。"

《説苑·雜言》：孔子曰："中人之情，有餘則侈，不足則儉，無禁則淫，無度則失，縱欲則敗。飲食有量，衣服有節，宫室有度，畜聚有數，車器有限，以防亂之源也。故夫度量不可不明也，善欲不可不聽也。"

《説苑·雜言》：孔子曰："君子終日言不遺己之憂，① 終日行不遺己之患，唯智者有之。故恐懼所以除患也，恭敬所以

① "君子"，郭沂曰："《今注》《百子》本皆無'君子'二字。"

越難也。終身爲之，一言敗之，可不慎乎！”①

《説苑・辨物》：顔淵問於仲尼曰：“成人之行何若？”子曰：“成人之行，達乎情性之理，通乎物類之變，知幽明之故，睹游氣之源。若此，而可謂成人。既知天道，行躬以仁義，飭身以禮樂。夫仁義禮樂，成人之行也；窮神知化，德之盛也。”

《潛夫論・浮侈》：孔子曰：“多貨財傷于德，弊則没禮。”②

《中論・貴驗》：孔子曰：“欲人之信己也，則微言而篤行之，篤行之則用日久，用日久則事著明，事著明則有目莫不見也，③ 有耳莫不聞也，其可誣哉！”

《中論・貴言》：孔子曰：“惟君子然後能貴其言，貴其色，小人能乎哉？”

《中論・覈辯》：孔子曰：“小人毁訾以爲辯，絞急以爲智，不遜以爲勇。”

---

① “終身爲之”，原注：“按薛據《集語》引此云見《韓詩外傳》，‘終身爲之’作‘終日爲之’，今《外傳》無此條。”

② “多貨財傷于德弊則没禮”，原注：“疑作‘多貨則傷于德，多幣則没禮’。”

③ “目”下，郭沂曰：“《百子》本、《四庫》本‘目’下有‘者’字，下文‘有耳’同。”

卷　四

山東督糧道臣孫星衍　撰

六藝四上

《周易乾坤鑿度》：仲尼，魯人。生不知《易》本，偶筮其命，得旅，請益於商瞿氏。曰："子有聖智而無位。"孔子泣而曰："天也！命也！鳳鳥不來，河無圖至。嗚呼！天命之也。"嘆訖而後息志，停讀《禮》，止史削。五十究《易》，作《十翼》，明也，明《易》幾教。若曰："終日而作，思之於古聖，頤師於姬昌，法旦。"作《九問》《十惡》《七正》《八嘆》、上下《繫辭》《大道》《大數》《大法》《大義》。《易》書中爲通聖之問，明者以爲聖賢矣。孔子曰："吾以觀之曰：仁者見爲仁幾之文，智者見爲智幾之文，[①] 聖者見爲通神之文。仁者見之爲之仁，智者見之爲之智，隨仁智也。"

《周易乾鑿度》：孔子曰："易者，易也，變易也，不易也。管三成爲道德苞籥。[②] 易者，以言其德也，通情無門，藏神無内也。光明四通，佼易立節。天地爛明，日月星辰布設，

---

① "文"，原作"問"，據《四庫全書》本《周易乾坤鑿度》改。

② "管三成爲道德"，原作"管三成德爲道"，據《四庫全書》本《周易乾鑿度》改。

八卦錯序，律歷調列，五緯順軌，四時和，粟孳結。① 四瀆通情，優游信潔，根著浮流，氣更相實，虚无感動，清淨昭哲，移物致耀，至誠專密，不煩不撓，② 淡泊不失。此其易也。變易也者，其氣也，天地不變，不能通氣。五行迭終，四時更廢。君臣取象，變節相和，能消者息，必專者敗。君臣不變，不能成朝，紂行酷虐，天地反，文王下吕，九尾見；夫婦不變，不能成家，妲己擅寵，殷以之破，大任順季，享國七百。此其變易也。不易也者，其位也，天在上，地在下，君南面，臣北面，父坐，子伏。此其不易也。故易者，天地之道也，乾坤之德，萬物之寶。至哉易！一元以爲元紀。"

《周易乾鑿度》：孔子曰："方上古之時，人民無別，群物無殊，未有衣食器用之利。於是伏羲乃仰觀象於天，俯觀法於地，中觀萬物之宜，始作八卦，以通神明之德，以類萬物之情。故易者，所以經天地、③ 理人倫而明王道。是故八卦以建，五氣以立，五常以之行；象法乾坤，順陰陽，以正君臣父子夫婦之義；度時制宜，作網罟，以畋以漁，以贍人用。於是人民乃治，君親以尊，臣子以順，群生和洽，各安其性，八卦之用。伏羲氏之王天下也，始作八卦，結繩而爲網罟，以畋以漁。蓋取諸離，質者無文，以天言，此易之意。夫八卦之變，象感在人。文王因性情之宜，爲之節文。"

《周易乾鑿度》：孔子曰："易始於太極，太極分而爲二，故生天地；天地有春秋冬夏之節，故生四時；四時各有陰陽剛

① "粟"，原作"栗"，據《四庫全書》本《周易乾鑿度》改。
② "撓"，原作"橈"，據《四庫全書》本《周易乾鑿度》改。
③ "經"，原作"繼"，據《四庫全書》本《周易乾鑿度》改。

柔之分，故生八卦。八卦成列，天地之道立，雷風水火山澤之象定矣。其布散用事也，震生物於東方，位在二月；巽散之於東南，位在四月；離長之於南方，位在五月；坤養之於西南方，位在六月；兑收之於西方，位在八月；乾制之於西北方，位在十月；坎藏之於北方，位在十一月；艮終始之於東北方，位在十二月。八卦之氣終，則四正四維之分明，生長收藏之道備，陰陽之體定，神明之德通，而萬物各以其類成矣，皆易之所包也。① 至矣哉！易之德也。"

《周易乾鑿度》：孔子曰："歲三百六十日而天氣周，八卦用事各四十五日，方備歲焉，故艮漸正月，巽漸三月，坤漸七月，乾漸九月，而各以卦之所言爲月也。乾者，天也，終而爲萬物始；北方，萬物所始也，故乾位在於十月。艮者，止物者也，故在四時之終，位在十二月。巽者，陰始順陽者也，陽始壯於東南方，故位在四月。坤者，地之道也，形正六月，四維正紀，經緯仲，序度畢矣。"

《周易乾鑿度》：孔子曰："乾坤，陰陽之主也。陽始於亥，形於丑，乾位在西北，陽祖微據始也。陰始於巳，形於未，據正立位，故坤位在西南，陰之正也。君道倡始，臣道終正，是以乾位在亥，坤位在未，所以明陰陽之職，定君臣之位也。"

《周易乾鑿度》：孔子曰："八卦之序成立，則五氣變形。故人生而應八卦之體，得五氣以爲五常，仁義禮智信是也。夫萬物始出於震，震，東方之卦也，陽氣始生，受形之道也，故東方爲仁；成於離，離，南方之卦也，陽得正於上，陰得正於

① "包"，原作"苞"，據《四庫全書》本《周易乾鑿度》改。

下，尊卑之象定，禮之序也，故南方爲禮；入於兑，兑，西方之卦也，陰用事而萬物得其宜，義之理也，故西方爲義；漸於坎，坎，北方之卦也，陰氣形盛，陰陽氣含閉，信之類也，故北方爲信。夫四方之義，皆統於中央，故乾坤艮巽，位在四維，中央所以繩四方行也，智之決也，故中央爲智。故道興於仁，立於禮，理於義，定於信，成於智。五者，道德之分，天人之際也，聖人所以通天意、理人倫而明至道也。"

《周易乾鑿度》：孔子曰："陽三陰四，位之正也，故易卦六十四，分而爲上下，象陰陽也。夫陽道純而奇，① 故上篇三十，所以象陽也；陰道不純而偶，故下篇三十四，所以法陰也。乾坤者，陰陽之根本，萬物之祖宗也。爲上篇始者，尊之也。離爲日，坎爲月，日月之道，陰陽之經，所以終始萬物，故以坎離爲終。咸恒者，男女之始，夫婦之道也。人道之興，必由夫婦，所以奉承祖宗，爲天地主也。故爲下篇始者，貴之也。既濟未濟爲最終者，所以明戒慎而存王道。"

《京氏易傳》下：孔子曰："陽三陰四，位之正也。三者，東方之數，東方，日之所出；又圓者，徑一而開三也。四者，西方之數，西方，日之所入；又方者，徑一而取四也。言日月終天之道，故易卦六十四，分上下，象陰陽也。奇耦之數，取之於乾坤。乾坤者，陰陽之根本。坎離者，陰陽之性命。分四營而成易，十有八變而成卦。卦象定，吉凶明，得失降，五行分。四象順則吉，逆則凶，

① "純"，原作"統"，據《四庫全書》本《周易乾鑿度》及下文"陰道不純而偶"改。

故曰吉凶悔吝生乎動，又曰明得失於四序，運機布度，其氣轉易，主者亦當則天而行，① 與時消息，安而不忘亡，將以順性命之理，極蓍龜之源，重三成六，能事畢矣。分天地乾坤之象，益之以甲乙壬癸，震巽之象配庚辛，坎離之象配戊己，艮兑之象配丙丁，八卦分陰陽六位五行，光明四通，變易立節。天地若不變易，不能通氣。五行迭終，四時更廢，變動不居，周流六虚，上下無常，剛柔相易，不可以爲典要。惟變所適，吉凶共列于位，進退明乎機要，易之變化六爻，不可據以隨時所占。"

《周易乾鑿度》：孔子曰："泰者，天地交通，陰陽用事，長養萬物也；否者，天地不交通，陰陽不用事，止萬物之長也。上經象陽，故以乾爲首，坤爲次，先泰而後否。損者陰用事，澤損山而萬物損也，下損以事其上；益者陽用事，而雷風益萬物也，上自損以益下。下經以法陰，故以咸爲始，恒爲次，先損而後益，各順其類也。"

《周易乾鑿度》：孔子曰："升者，十二月之卦也。陽氣升上，陰氣欲承，萬物始進。譬猶文王之修積道德，弘開基業，② 始即升平之路。當此時也，鄰國被化，岐民和洽，是以六四蒙澤而承吉，九三可處王位，享于岐山，爲報德也。明陰以顯陽之化，民臣之順德也，故言无咎。"

《周易乾鑿度》：孔子曰："益之六二，或益之十朋之龜，

---

① "主"，《四庫全書》本《京氏易傳》作"王"。

② "弘"，原作"宏"，《四庫全書》本《周易乾鑿度》作"弘"，避乾隆弘曆諱，今改正。下同。

弗克違，永貞吉，王用享于帝，吉。益者，正月之卦也。天氣下施，萬物皆益，言王者之法天地，施政教，而天下被陽德，蒙王化，如美寶，莫能違害。永貞其道，咸受吉化，德施四海，能繼天道也。王用享于帝者，言祭天也，三王之郊，一用夏正，天氣三微而成一著，三著而成一體，方知此之時，天地交，萬物通，故泰益之卦，皆夏之正也，此四時之正，不易之道也。故三王之郊，一用夏正，所以順四時，法天地之道也。”

《周易乾鑿度》：孔子曰：“隨上六，拘繫之，乃從維之。王用享于西山，隨者二月之卦，隨德施行，藩決難解，萬物隨陽而出，故上六欲待九五拘繫之，[①] 維持之，明被陽化而陰欲隨之也。[②] 譬猶文王之崇至德，顯中和之美，拘民以禮，係民以義。當此之時，仁恩所加，靡不隨從，咸悦其德，得用道之王，故言王用享于西山。”

《周易乾鑿度》：孔子曰：“陽消陰言夬，陰消陽言剥者，萬物之祖也。斷制除害，全物爲務，夬之爲言決也。當三月之時，陽盛息消，夬陰之氣，萬物畢生，靡不蒙化。譬猶王者之崇至德，奉承天命，伐決小人，以安百姓，故謂之決。夫陰傷害爲行，故剥之爲行剥也。當九月之時，陽氣衰消，而陰終不能盡陽，小人不能決君子也，謂之剥，言不安而已。是以夬之九五言決，小人剥之，六五言盛殺萬物，皆剥墮落。譬猶君子之道衰，小人之道盛，侵害之行興，安全之道廢，陰貫魚而欲承君子也。”

《周易乾鑿度》：孔子曰：“易有六位三才，天地人道之分

---

① “待”，原脱，據《四庫全書》本《周易乾鑿度》補。

② “欲隨”，原作“隨從”，據《四庫全書》本《周易乾鑿度》改。

際也。三才之道，天、地、人也。天有陰陽，地有柔剛，人有仁義。法此三者，故生六位。六位之變，陽爻者，制於天也；陰爻者，繫於地也。天動而施曰仁，地靜而理曰義；仁成而上，義成而下；上者專制，下者順從，正形於人，則道德立而尊卑定矣。此天地人道之分際也。天地之氣，必有終始，六位之設，皆由上下，故易始於一，分於二，通於三，■於四，①盛於五，終於上。初爲元士，二爲大夫，三爲三公，四爲諸侯，五爲天子，上爲宗廟。凡此六者，陰陽所以進退，君臣所以升降，萬人所以爲象則也。故陰陽有盛衰，人道有得失，聖人因其象，隨其變，爲之設卦。方盛則托吉，將衰則寄凶。陰陽不正，皆爲失位；其應實而有之，皆失義。善雖微細，必見吉端；惡雖纖芥，② 必有悔吝。所以極天地之變，盡萬物之情，明王事也。丘繫之曰：立象以盡意，設卦以盡情僞，繫辭焉以盡其言。”

《周易乾鑿度》：孔子曰：“易六位正，王度見矣。”

《周易乾鑿度》：孔子曰：“易有君人五號也：帝者，天稱也；王者，美行也；天子者，爵號也；大君者，與上行異也；大人者，聖明德備也。變文以著名，題德以別操。王者，天下所歸往。《易》曰：‘在師中，吉，无咎。王三錫命。師者，衆也。’言有盛德，行中和，順民心，天下歸往之，莫不美命爲王也。行師以除民害，賜命以長，世德之盛。天子者，繼天理物，改一統，各得其宜，父天母地，以養萬民，至尊之號

① “■”，原文闕，今保存底本原貌。

② “芥”，原作“介”，據《四庫全書》本《周易乾鑿度》改。

也。《易》曰：‘公用亨于天子。’① 大君者，君人之盛者也。《易》曰：‘知臨，大君之宜，吉。’臨者，大也，陽氣在内，中和之盛，應于盛位，浸大之化，行于萬民，故言宜處王位，施大化，爲大君矣。臣民欲被化之詞也。大人者，聖人之在位者也。夫大人者，與天地合其德。《易》曰：‘見龍在田，利見大人。’又曰：‘飛龍在天，利見大人。’言德化施行，天地之和，故曰大人。”

《周易乾鑿度》：孔子曰：“既濟九三，高宗伐鬼方，三年克之。② 高宗者，武丁也，湯之後有德之君也。九月之時，陽失正位，盛德既衰，而九三得正，下陰能終其道，濟成萬物，猶殷道中衰，王道陵遲。至於高宗，内理其國，以得民心，扶救衰微，伐征遠方，三年而惡消滅，成王道。③ 殷人高而宗之，文王挺以校易，勸德也。”

《周易乾鑿度》：孔子曰：“易本陰陽，以譬於物也。掇序帝乙、箕子、高宗著德，易者所以昭天道、定王業也。上術先聖，考諸近世，采美善以見王事，言帝乙、箕子、高宗明有法也。美帝乙之嫁妹，順天地之道，以立嫁娶之義，義立則妃匹正，妃匹正則王化全。”

《周易乾鑿度》：孔子曰：“泰者，正月之卦也，陽氣始通，陰道執順，故因此以見湯之嫁妹，能順天地之道、立教戒之義也。至於歸妹，八月卦也，陽氣歸下，陰氣方盛，故復以見湯妹之嫁，以天子貴妹而能自卑，順從變節而欲承陽者，以

① “亨”，原作“享”，據《四庫全書》本《周易乾鑿度》《十三经注疏》本《周易正义》改。

② “克”，《四庫全書》本《周易乾鑿度》作“剋”。

③ “成王道”，原作“王道成”，據《四庫全書》本《周易乾鑿度》改。

執湯之戒。是以因時變一用，見帝乙之道，所以彰湯之美，明陰陽之義也。”孔子曰：“自成湯至帝乙。帝乙，湯之玄孫之孫也。① 此帝乙，即湯也。殷録質，以生日爲名，順天性也。玄孫之孫，外絶恩矣。同以乙日生，疏可同名。湯以乙生，嫁妹，本天地，正夫婦。夫婦正，王道興矣。故曰：‘《易》之帝乙爲成湯，《書》之帝乙六世王，同名不害以明功。’”

《周易乾鑿度》：孔子曰：“紱者，所以别尊卑、彰有德也，故朱赤者，盛色也。是以聖人法以爲紱服，欲百世不易也。故困九五，文王爲紂三公，故言‘困于赤紱’也；至于九二，周將王，故言‘朱紱方來’，不易之法也。”

《周易乾鑿度》：孔子曰：“《易》天子、三公、諸侯紱服，皆同色。困九二，困于酒食，朱紱方來；九五，劓刖，困于赤茀。夫困之九二，有中和，居亂世，交於小人；困於酒食者，困於禄也。朱茀者，天子賜大夫之服，而有九二，大人之行，將賜之朱茀，其位在二，故以大夫言之。至於九五，劓刖者不安也，文王在諸侯之位，上困於紂也，故曰‘劓刖，困于赤茀’。夫執中和，順時變，所以全王德、通至美也，乃徐有說。丘記彖曰：困而不失其所，亨。貞，大人吉，以剛中也。文王因陰陽，定消息，立乾坤，統天地。夫有形者生於無形，則乾坤安從生？故曰：有太易，有太初，有太始，有太素。太易者，未見氣；太初者，氣之始；太始者，形之始；太素者，質之始。氣形質具而未相離，故曰渾淪。言萬物相渾淪而未相離，視之不見，聽之不聞，循之不得，故曰易也。易無形埒也，易變而爲一，一變而爲七，七變而爲九。九者，氣變之究

① “玄”，原作“元”，避清康熙玄燁諱，今改正。下同。

也，乃復變而爲一。一者，形變之始，清輕上爲天，濁重下爲地。物有始，有壯，有究，故三畫而成乾，乾坤相並俱生。物有陰陽，因而重之，故六畫而成卦。卦者，挂也，挂萬物，視而見之，故三畫已下爲地，四畫已上爲天。物感以動，類相應也，陽氣從下生，① 動於地之下，② 則應於天之下；動於地之中，則應於天之中；動於地之上，則應於天之上。故初以四，二以五，三以上，此謂之應。陽動而進，陰動而退，故陽以七、陰以八，爲彖易，一陰一陽，合而爲十五之謂道。陽變七之九，陰變八之六，亦合於十五，則彖變之數若一。陽動而進，變七之九，象其氣之息也；陰動而退，變八之六，象其氣之消也。故太一取其數以行九宫，四正四維，皆合於十五。五音、六律、七宿，由此作焉。八卦之生物也，畫六爻之移氣，周而從卦。八卦數二十四，以生陰陽，衍之，皆合之於度量。陽析九，陰析六，陰陽之析，各百九十二，以四時乘之，八而周，三十二而大周，三百八十四爻，萬一千五百二十析也。故卦當歲，爻當月，析當日，大衍之數，必五十以成變化而行鬼神也。故曰：日十者，五音也；辰十二者，六律也；星二十八者，七宿也。凡五十，所以大閡物而出之者，故六十四卦、三百八十四爻，戒各有所繫焉。故陽唱而陰和，男行而女隨，天道左旋，地道右遷，二卦十二爻而期一歲。乾，陽也；坤，陰也。並治而交錯行。乾貞於十一月子，左行，陽時六；坤貞於六月未，右行，陰時六。以奉順成其歲，歲終次從於屯蒙。屯蒙主歲，屯爲陽，貞於十二月丑，其爻左行，以閒時而治六

① “陽”，原作“易”，據《四庫全書》本《周易乾鑿度》改。

② “動”上，原衍“故”字，據《四庫全書》本《周易乾鑿度》删。

辰；蒙爲陰，貞於正月寅，其爻右行，亦閒時而治六辰。歲終則從其次卦。陽卦以其辰爲貞，丑與左行，間辰而治六辰。陰卦與陽卦同位者，退一辰以爲貞，其爻右行，間辰而治六辰。泰否之卦，獨各貞其辰，共北辰，左行相隨也。中孚爲陽，貞於十一月子；小過爲陰，貞於六月未，法於乾坤，三十二歲期而周。六十四卦，三百八十四爻，萬一千五百二十析，復從於貞，歷以三百六十五日四分度之一爲一歲，易以三百六十析當期之日，此律歷數也。五歲再閏，故再扐而後卦，以應律歷之數，故乾坤氣合戌亥，音受二子之節，① 陽生秀白之州，載鍾名太一之精也，其帝一世，紀録事，明期推移，不奪而消焉。"

《周易乾鑿度》：孔子曰："三萬一千九百二十歲，《録》《圖》受命，易姓三十二紀。② 德有七，其三法天，其四法地。五王有三十五半。聖人君子消息，卦純者爲帝，不純者爲王。六子上不及帝，下有過王，故六子雖純，不爲乾坤。"

《周易坤靈圖》：③ 丘序曰："天經曰：乾，元亨利貞。④ 爻曰：'飛龍在天，利見大人。'故德配天地，天地不私公位，稱之曰帝。故堯天之精陽，萬物莫不從者。故乾居西北，乾用事，萬物蟄伏。致乎萬物蟄伏，故能致乎萬人之化。經曰用九。經曰：'震下乾上，无妄。'天精起，帝必有洪水之災。天生聖人，使殺之，故言乃統天也。丘括義，因象助類，辭曰：'天無雲而雷，先王以茂對時育萬物。'經曰乾下艮上，大畜，

---

① "音"，疑當作"陰"，"陰受二子之節"與下文"陽生秀白之州"相對成文。

② "三十二紀"，原注："一本作'四十二軌'。"

③ "周易坤靈圖"，原作"易坤靈圖"，據《二十二子》本《孔子集語》補。

④ "亨"，原作"享"，據《二十二子》本《孔子集語》、《四庫全書》本《周易坤靈圖》、《十三经注疏》本《周易正义》改。

天災將至，預畜而待之，人免於饑，故曰元亨。上下皆通，各載其性，故曰利貞。至德之萌，五星若連珠，日月如合璧。天精起，㪷口有位，雞鳴斗運，行復始，莫敢當之。黄星第于北斗，必以戊己日，其先無芒，行文元武動事，莫之敢距。”①

《史記·仲尼弟子傳》正義引《中備》:② 魯人商瞿使向齊國，瞿年四十，今復使行遠路，畏慮恐絶無子。夫子正月與瞿母筮，告曰:“後有五丈夫子。”子貢曰:“何以知?”子曰:卦遇大畜，艮之二世，九二甲寅木爲世，六五景子水爲應，世生外象生象來爻生互内象，艮別子。應有五子，一子短命。”顔回云:“何以知之?”“内象是本子，一艮變爲二醜三陽，爻五，於是五子，一子短命。”“何以知短命?”“他以故也。”

《京氏易傳》下:孔子《易》云:③“有四易:一世二世爲地易，三世四世爲人易，五世六世爲天易，游魂歸魂爲鬼易。八卦鬼爲繫爻，財爲制爻，天地爲義爻，福德爲寶爻，同氣爲專爻。龍德十一月在子，在坎卦，左行。虎刑五月午，在離卦，右行。甲乙庚辛天官，申酉地官。丙丁壬癸天官，亥子地官。戊己甲乙天官，寅卯地官。壬癸戊己天官，辰戌地官。静爲悔，發爲貞，貞爲本，悔爲末。初爻上，二爻中，三爻下。三月之數以成。一月初爻三日，二爻三日，三爻三日，名九日。餘有一日，名曰閏餘。初爻十日爲上旬，二爻十日爲中旬，三爻十日爲下旬。三旬三十，積旬成月，積月成年。八八六十四卦，分六十四卦配三百八十四爻，成萬一千五百二十

① “距”,原作“拒”,據《四庫全書》本《周易坤靈圖》改。
② “中備”,原注:“按即‘辨終備’。”
③ “易云”,原注:“《困學記聞》引‘易’字在‘云’下。”

策。定氣候二十四，考五行於運命，人事天道，日月星辰，局於指掌。吉凶見乎其位，繫云吉凶悔吝生乎動。① 寅中有生火，亥中有生木，巳中有生金，申中有生水；丑中有死金，戌中有死火，未中有死木，辰中有死水。土兼於中，建子陽生，建午陰生，二氣相沖，吉凶明矣。積筭隨卦起宮，乾坤震巽坎離艮兑，八卦相盪，二氣陽入陰、陰入陽，二氣交互不停，故曰：‘生生之謂易。’天地之内，無不通也。乾起巳，坤起亥，震起午，巽起辰，坎起子，離起丑，艮起寅，兑起■，■於六十四卦。② 遇王則吉，廢則凶，沖則破，刑則敗，死則危，生則榮。考其義理，其可通乎！分三十爲中，六十爲上，三十爲下，總一百二十，通陰陽之數也。新新不停，生生相續，故淡泊不失其所，確然示人，陰陽運行，一寒一暑，五行互用，一吉一凶，以通神明之德，以類萬物之情。故《易》所以斷天下之理，定之以人倫而明王道。八卦建五氣，立五常，法象乾坤，順於陰陽，以正君臣父子之義。故《易》曰：‘元亨利貞。’夫作《易》所以垂教，教之所被，本被於有無。且《易》者，包備有無。有吉則有凶，有凶則有吉。生吉凶之義，始於五行，終於八卦。從無入有，見災於星辰也；從有入無，見象於陰陽也。陰陽之義，歲月分也；歲月既分，吉凶定矣。故曰：‘八卦成列，象在其中矣。’六爻上下，天地陰陽運轉，有無之象，配乎人事。八卦仰觀俯察，在乎人；隱顯災祥，在乎天；考天時，察人事，在乎卦。八卦之要，始於乾坤，通乎萬物。故曰：‘《易》，窮則變，變則通，通則久。’久於其道，

---

① “云”，原作“乎”，據《四庫全書》本《京氏易傳》改。

② “■■”，原文闕，今保存底本原貌。

其理得矣。卜筮非襲於吉，唯變所適，窮理盡性於兹矣。”

《困學紀聞》引《京氏易積算法》：夫子曰：“八卦因伏羲，暨于神農。重乎八純，聖理玄微，[1] 易道難究。迄乎西伯父子，研理窮通，上下囊括，推爻考象，配卦世應，加乎星宿，局於六十四所，二十四氣，分天地之數，定人倫之理，驗日月之行，尋五行之端。災祥進退，莫不因兹而兆矣。故考天地、日月、星辰、山川、草木、蟲魚、鳥獸之情狀、運氣、生死、休咎，不可執一隅，故曰：‘易含萬象。’”

《韓詩外傳》八：孔子曰：“《易》先《同人》，後《大有》，承之以《謙》，不亦可乎？”故天道虧盈而益謙，地道變盈而流謙，鬼神害盈而福謙，人道惡盈而好謙。謙者，抑事而損者也。持盈之道，抑而損之，此謙德之於行也。順之者吉，逆之者凶。五帝既没，三王既衰，能行謙德者，其惟周公乎！文王之子，武王之弟，成王之叔父，假天子之尊位七年，所執贄而師見者十人，所還質而友見者十三人，窮巷白屋之士，所先見者四十九人，時進善者百人，宫朝者千人，[2] 諫臣五人，輔臣五人，拂臣六人，載干戈以至於封侯而同姓之士百人。孔子曰：“猶以周公爲天下賞，則以同族爲衆，而異族爲寡也。”故德行寬容而守之以恭者榮，土地廣大而守之以儉者安，位尊禄重而守之以卑者貴，人衆兵強而守之以畏者勝，聰明睿智而守之以愚者哲，博聞強記而守之以淺者不溢。此六者，皆謙德也。《易》曰：‘謙，亨，君子有終吉。’能以此終吉者，[3] 君

---

① “玄”，原作“元”，避清康熙玄燁諱，今改正。下同。

② “宫”，原作“官”，據《四部叢刊》本《韓詩外傳》、明本《韓詩外傳》改。

③ “此”，原脱，據《四部叢刊》本《韓詩外傳》、明本《韓詩外傳》補。

子之道也。貴爲天子，富有四海，而德不謙以亡其身者，桀、紂是也，而況衆庶乎？夫《易》有一道焉，大足以治天下，中足以安家國，近足以守其身者，其惟謙德乎！"

《大戴禮·易本命》：子曰："夫易之生人、禽獸、萬物、昆蟲，各有以生，或奇或偶，或飛或行，而莫知其情，惟達道德者能原本之矣。天一，地二，人三，三三而九，九九八十一。一主日，日數十，[①] 故人十月而生。八九七十二，偶以承奇，奇主辰，辰主月，月主馬，故馬十二月而生。七九六十三，三主斗，斗主狗，[②] 故狗三月而生。六九五十四，四主時，時主豕，故豕四月而生。五九四十五，五主音，音主猨，故猨五月而生。四九三十六，六主律，律主禽鹿，故禽鹿六月而生也。三九二十七，七主星，星主虎，故虎七月而生。二九十八，八主風，風主蟲，故蟲八月化也。其餘各以其類也。鳥魚皆生於陰而屬於陽，故鳥魚皆卵。魚游于水，鳥飛于雲，故冬燕雀入于海，化而爲蚧。萬物之性各異類，故蠶食而不飲，蟬飲而不食，蜉蝣不飲不食，介鱗夏食冬蟄。齕吞者八竅而卵生，咀噍者九竅而胎生，[③] 四足者無羽翼，戴角者無上齒，無角者膏而無前齒，有角者脂而無後齒。[④] 晝生者類父，夜生者類母。凡地東西爲緯，南北爲經。山爲積德，川爲積刑。高者爲生，下者爲死。丘陵爲牡，溪谷爲牝。蚌蛤龜珠，與月盛虚。是故堅土之人肥，虚土之人大，沙土之人細，息土之人

① "數十"下，原注："《淮南子》此下有'日主人'三字。"

② "三主斗斗主狗"，《四部叢刊》本《大戴禮記》作"三主升，升主狗"。

③ "噍"，《叢書集成》本《大戴禮記》作"嚼"。

④ "角"，原作"羽"，據《叢書集成》本《大戴禮記》改。盧辯注曰："案'角'，各本訛作'羽'，今從方本。"

美，秏土之人醜。是故食水者善游能寒，食土者無心而不息，食木者多力而拂，食草者善走而愚，食桑者有絲而蛾，食肉者勇敢而捍，食穀者智惠而巧，食氣者神明而壽，不食者不死而神。[①] 故曰：有羽之蟲三百六十，而鳳凰爲之長；有毛之蟲三百六十，而麒麟爲之長；有甲之蟲三百六十，而神龜爲之長；有鱗之蟲三百六十，而蛟龍爲之長；倮之蟲三百六十，而聖人爲之長。此乾坤之美類，禽獸萬物之數也。故帝王好壞巢破卵，則鳳凰不翔焉；好竭水搏魚，則蛟龍不出焉；[②] 好刳胎殺夭，則麒麟不來焉；好填溪塞谷，則神龜不出焉。故王者動必以道，靜必以理。動不以道，靜不以理，則自夭而不壽，訞孽數起，神靈不見，風雨不時，暴風水旱並興，人民夭死，五穀不滋，六畜不蕃息。"

盧辯《大戴禮·易本命》注：孔子曰："聖人智通於大道，應化而不窮，能測萬品之情也。"

《後漢書·郎顗傳》：孔子曰："靁之始發大壯始，君弱臣強從解起。"

《吕氏春秋·慎行論·壹行》：孔子卜，得賁。孔子曰："不吉。"子貢曰："夫賁亦好矣，何謂不吉乎？"孔子曰："夫白而白，黑而黑。夫賁，又何好乎？"

《説苑·反質》：孔子卦得賁，喟然仰而嘆息，意不平。子張進，舉手而問曰："師聞賁者吉卦，而嘆之乎？"孔子曰："賁，非正色也，是以嘆之。吾思夫質素，白當

---

① "死"，原作"生"，據《叢書集成》本《大戴禮記》改。

② "出"，原注："'出'，《大典》本作'至'。"

正白，黑當正黑。夫質又何也?[①] 吾亦聞之：丹漆不文，白玉不雕，寶珠不飾，何也？質有餘者不受飾也。”

《淮南子·人間訓》：孔子讀《易》至損益，未嘗不憤然而嘆曰:[②]“益損者，其王者之事與？事或欲以利之，適足以害之；或欲害之，乃反以利之。利害之反，禍福之門户，不可不察也。”

《説苑·敬慎》：孔子讀《易》至於損益，則喟然而嘆。子夏避席而問曰：“夫子何爲嘆?”孔子曰：“夫自損者益，自益者缺，吾是以嘆也。”子夏曰：“然則學者不可以益乎?”孔子曰：“否。天之道，成者未嘗得久也。夫學者以虚受之，故曰得。苟不知持滿，則天下之善言不得入其耳矣。昔堯履天子之位，猶允恭以持之，虚静以待下，故百載以逾盛，迄今而益章；昆吾自臧而滿意，窮高而不衰，故當時而虧敗，迄今而逾惡，是非損益之徵與？吾故曰：謙也者，致恭以存其位者也。夫豐明而動，故能大，苟大則虧矣，吾戒之，故曰：‘天下之善言不得入其耳矣。’日中則昃，月盈則食。天地盈虚，與時消息。是以聖人不敢當盛，升輿而遇三人則下，二人則軾，調其盈虚，故能長久也。”子夏曰：“善。請終身誦之。”

《論衡·卜筮》：子路問孔子曰：“猪肩羊膊，可以得兆，萑葦槁芼，可以得數，何必以蓍龜?”孔子曰：“不然，蓋取其名也。夫蓍之爲言耆也，龜之爲言舊也。明狐疑之事，當問耆舊也。”

---

① “夫”，原作“文”，據《四部叢刊》本《説苑》改。

② “憤然”，原注：“《御覽》六百九引作‘喟然’。”

《抱朴子·内篇·袪惑》：有古強者云："孔子嘗勸我讀《易》，云：'此良書也，丘竊好之。韋編三絶，鐵撾三折。今乃大悟。'"

《尚書序》疏引《尚書緯》：孔子求書，得黄帝玄孫帝魁之書，迄於秦穆公，凡三千二百四十篇，[①] 斷遠取近，定可以爲世法者百二十篇，以百二篇爲《尚書》，十八篇爲《中候》。

《尚書大傳》鄭注：心明曰聖。孔子説休徵曰："聖者，通也。兼四而明，則所謂聖。聖者，包貌言視聽而載之以思心者，通以待之君。思心不通，則是不能心明其事也。"[②]

《尚書大傳》：孔子曰："吾於《洛誥》，見周公之德光明於上下，勤施四方，旁作穆穆，至於海表，莫敢不來服，莫敢不來享，以勤文王之鮮光，以揚武王之大訓，而天下大洽。[③] 故曰：聖之與聖也，猶規之相周，矩之相襲也。"

《尚書大傳》：子張曰："堯舜之主，二人刑而天下治，[④] 何則？教誠而愛深也，一夫而被此五刑。"[⑤] 子龍子曰："未可謂能爲書。"[⑥] 孔子曰："不然也，五刑有此教。"[⑦]

《尚書大傳·略説》：子夏讀《書》畢，見于夫子，[⑧] 夫子

---

① "三千二百四十篇"，原注："《史記·伯夷傳》索隱引作'三千三百三十篇'。"

② "是"，郭沂曰："《叢刊》《集成》二本'是'下有'非'。"

③ "洽"，郭沂曰："《叢刊》《集成》本皆作'治'，近是。"

④ "堯舜之主二人刑"，《四庫全書》本《尚書大傳》作"堯舜之聖，一人不刑"。"二人刑而天下治"，原注："《御覽》八十引作'一人不刑而四海至'。"

⑤ "一"上，郭沂曰："《集成》本'一'上有'今'字。"

⑥ "堯舜之主二人刑而天下治何則教誠而愛深也一夫而被此五刑子龍子曰未可謂能爲書"，原注："二人俱罪，吕侯之説刑也。被此五刑，俞犯數罪也。"

⑦ "孔子曰不然也五刑有此教"，原注："教然耳，犯數罪猶以上一罪刑之。"

⑧ "于"，《叢書集成》本、《四庫全書》本《尚書大傳》無。

問焉："子何爲于《書》?"子夏對曰：[①]"《書》之論事也，昭昭如日月之代明，[②] 離離若星辰之錯行，[③] 上有堯舜之道，下有三王之義。商所受于夫子者，[④] 志之于心，弗敢忘也。[⑤] 雖退而巖居河濟之間，[⑥] 深山之中，作壞室，編蓬户，[⑦] 尚彈琴其中，[⑧] 以歌先王之風，[⑨] 則可以發憤忼慨，[⑩] 忘己貧賤，有人亦樂之，無人亦樂之，而忽不知憂患與死也。"夫子造然變色曰："嘻！子殆可與言《書》矣。雖然，見其表，未見其裏也。"顏淵曰："何爲也?"子曰："窺其門而不入其中，觀其奥藏之所在乎？然藏又非難也。丘嘗悉心盡志以入其，[⑪] 則前有高岸，後有大溪，填填正立而已。是故《堯典》可以觀美，《禹貢》可以觀事，《咎繇》可以觀治，《鴻範》可以觀度，《六誓》可以觀義，《五誥》可以觀仁，《甫刑》可以觀誡。通

---

① "子夏",《叢書集成》本《尚書大傳》無。

② "如",《叢書集成》本《尚書大傳》作"若"。"代",《叢書集成》本《尚書大傳》無。

③ "若",《四庫全書》本《尚書大傳》作"如"。"星",《叢書集成》本、《四庫全書》本《尚書大傳》作"參"。

④ "者",原脱,據《叢書集成》本、《四庫全書》本《尚書大傳》補。

⑤ "于心",《叢書集成》本《尚書大傳》無此二字。"于心弗",《四庫全書》本《尚書大傳》作"不"。

⑥ "巖居",《叢書集成》本、《四庫全書》本《尚書大傳》作"窮居"。

⑦ "作壞室編蓬",《叢書集成》本《尚書大傳》作"壞室編蓬爲"。

⑧ "尚彈琴其中",《叢書集成》本《尚書大傳》作"於中彈琴",《四庫全書》本《尚書大傳》作"常于此彈琴"。

⑨ "以歌先王之風",《叢書集成》本、《四庫全書》本《尚書大傳》作"咏歌先王之道"。

⑩ "以",《叢書集成》本、《四庫全書》本《尚書大傳》無。"慨"下,《叢書集成》本、《四庫全書》本《尚書大傳》有"矣"字。

⑪ "其"下,郭沂曰:"'其'後疑脱'中'字。下文《韓詩外傳》有'中',當據補。"

斯七觀,《書》之大義舉矣。”

> 《韓詩外傳》二:子夏讀《詩》已畢,夫子問曰:“爾亦何大於《詩》矣?”① 子夏對曰:“《詩》之於事也,昭昭乎若日月之光明,燎燎乎如星辰之錯行,上有堯舜之道,下有三王之義,弟子不敢忘。雖居蓬户之中,彈琴以咏先王之風,有人亦樂之,無人亦樂之,亦可發憤忘食矣。《詩》曰:‘衡門之下,可以栖遲。泌之洋洋,可以療飢。’”夫子造然變容,曰:“嘻!吾子殆可以言《詩》已矣。② 然子以見其表,未見其裏。”顔淵曰:“其表已見,其裏又何有哉?”孔子曰:“窺其門不入其中,安知其奥藏之所在乎?然藏又非難也。③ 丘嘗悉心盡志已入其中,前有高岸,後有深谷,泠泠然如此既立而已矣。④ 不能見其裏,未謂精微者也。”

《説苑·敬慎》:孔子曰:“存亡禍福,皆在己而已;天災地妖,亦不能殺也。昔者殷王帝辛之時,爵生烏於城之隅,工人占之曰:‘凡小以生巨,國家必祉,王名必倍。’帝辛喜爵之德,不治國家,亢暴無極,外寇乃至,遂亡殷國。此逆天之時,詭福反爲禍。至殷王武丁之時,先王道缺,刑法弛,桑穀俱生於朝,七日而大拱。工人占之曰:‘桑穀者,野物也。野

---

① “何大”,明本《韓詩外傳》作“可言”。

② “殆”,《四部叢刊》本《韓詩外傳》、明本《韓詩外傳》作“始”。

③ “難”下,屈守元《韓詩外傳箋疏》曰:“‘難’下疑脱‘入’字。”

④ “既”下,屈守元《韓詩外傳箋疏》曰:“此‘既’字疑當從《大傳》作‘正’爲是。蓋‘正’訛作‘旡’,又改爲‘既’耳。”

物生於朝，意朝亡乎？’武丁恐駭，側身修行，思昔先王之政，興滅國，繼絶世，舉逸民，明養老之道。三年之後，遠方之君重譯而朝者六國。此迎天時，得禍反爲福也。故妖孽者，天所以警天子諸侯也；惡夢者，所以警士大夫也。故妖孽不勝善政，惡夢不勝善行也。至治之極，禍反爲福。故太甲曰：‘天作孽，猶可違；自作孽，不可逭。’”

《史記·三代世表》褚少孫補贊：孔子曰：“昔者堯命契爲子氏，爲有湯也；命后稷爲姬氏，爲有文王也；太王命季歷，明天瑞也；太伯之吴，遂生源也。”

《意林》四王逸正部：仲尼叙書，上謂天談，下謂民語，兼該男女，究其表裏。

《隸釋》四周憬銘：孔子曰：“禹不决江疏河，吾其魚矣！”

卷　五

山東督糧道臣孫星衍　撰

六藝四下

《御覽》八百四引《詩含神霧》：孔子曰："詩者，天地之心，君德之祖，百福之宗，萬物之户也。刻之玉版，[①] 藏之金府。"

《毛詩·木瓜》傳：孔子曰："吾於《木瓜》，見苞苴之禮行。"

《韓詩外傳》五：子夏問曰："《關雎》何以爲《國風》始也？"孔子曰："《關雎》至矣乎！夫《關雎》之人，仰則天，俯則地；幽幽冥冥，德之所藏；紛紛沸沸，道之所行；如神龍變化，斐斐文章。大哉！《關雎》之道也。萬物之所繫，群生之所懸命也。河洛出書圖，麟鳳翔乎郊。不由《關雎》之道，[②] 則《關雎》之事將奚由至矣哉？夫《六經》之策皆歸論汲汲，蓋取之乎《關雎》。《關雎》之事大矣哉！馮馮翊翊，自東自西，自南自北，無思不服。子其勉強之，思服之。天地

① "君德之祖百福之宗萬物之户也刻之"，原注："'君德'下十三字從六百九引補。"

② "道"，明本《韓詩外傳》作"至"。

之間，生民之屬，王道之原，不外此矣！”子夏喟然嘆曰：“大哉！《關雎》乃天地之基也。”

《吕氏春秋·季春紀·先己》：《詩》曰：“執轡如組。”孔子曰：“審此言也，可以爲天下。”子貢曰：“何其躁也？”孔子曰：“非謂其躁也，謂其爲之於此而成文於彼也，聖人組修其身而成文於天下矣。”

《鹽鐵論·相刺》：孔子曰：“詩人疾之不能默，丘疾之不能伏。”是以東西南北，七十説而不用，然後退而修王道，作《春秋》，垂之萬載之後，天下折中焉。

《論衡·對作》：孔子曰：“詩人疾之不能默，丘疾之不能伏。”是以論也。

《鹽鐵論·執務》：孔子曰：“吾於《河廣》知德之至也，而欲得之，各反其本，復諸古而已。”

《説苑·貴德》：孔子曰：“吾於《甘棠》見宗廟之敬也，甚尊其人，必敬其位，順安萬物，古聖之道幾哉！”

《説苑·敬慎》：孔子論《詩》，至於《正月》之六章，懼然曰：“不逢時之君子，豈不殆哉？從上依世則廢道，違上離俗則危身，世不與善，己獨由之，則曰非妖則孽也。是以桀殺關龍逢，① 紂殺王子比干，故賢者不遇時，常恐不終焉。《詩》曰‘謂天蓋高，不敢不跼；謂地蓋厚，不敢不蹐’，此之謂也。”

《漢書·劉向傳》：孔子論《詩》，至於“殷士膚敏，灌將

① “逢”，《四部叢刊》本《説苑》作“逄”。

于京",[①] 喟然嘆曰:"大哉天命!善不可不傳于子孫,是以富貴無常。不如是則王公其何以戒慎?民萌何以勸勉?"[②]

《毛詩·素冠》傳:子夏三年之喪畢,見於夫子,援琴而弦,衎衎而樂,作而曰:"先王制禮,不敢不及。"夫子曰:"君子也。"閔子騫三年之喪畢,見於夫子,援琴而弦,切切而哀,作而曰:"先王制禮,不敢過也。"夫子曰:"君子也。"子路曰:"敢問何謂也?"夫子曰:"子夏哀已盡,能引而致之於禮,故曰'君子也';閔子騫哀未盡,能自割以禮,故曰'君子也'。夫三年之喪,賢者之所輕,不肖者之所勉。"

> 《淮南子·繆稱訓》:閔子騫三年之喪畢,援琴而彈,其弦是也,其聲切切而哀。[③] 夫子曰:"弦則是也,其聲非也。"
>
> 《説苑·修文》:子夏三年之喪畢,見於孔子。孔子與之琴,使之弦。援琴而弦,衎衎而樂,作而曰:"先王制禮,不敢不及也。"子曰:"君子也。"閔子騫三年之喪畢,見於孔子。孔子與之琴,使之弦。援琴而弦,切切而悲,作而曰:"先王制禮,不敢過也。"孔子曰:"君子也。"子貢問曰:"閔子哀不盡,子曰'君子也';子夏哀已盡,子曰'君子也'。賜也惑,敢問何謂?"孔子曰:"閔子哀未盡,能斷之以禮,故曰'君子也';子夏哀已

---

① "灌",郭沂曰:"中華書局本《後漢書》(德凌按:當是《漢書》)作'裸',《十三經注疏》本《詩經·大雅·文王》亦作'裸',是也。"

② "孔子論"至"何以勸勉"條,原注:"《長短經·懼誡篇》同。"

③ "閔子騫"至"切切而哀",郭沂曰:"'閔子騫'至'切切而哀'爲高誘注,非《淮南子》原文。"

盡，能引而致之，故曰‘君子也’。夫三年之喪，固優者之所屈，劣者之所勉。”

《後漢·張奮傳》：孔子謂子夏曰：“禮以修外，樂以修内，丘已矣夫!”①

《大戴禮記·哀公問》：哀公問於孔子曰：“大禮何如？君子之言禮，何其尊也?”孔子曰：“丘也小人，何足以知禮!”君曰：“否。吾子言之也。”孔子曰：“丘聞之也：民之所由生，禮爲大。非禮無以節事天地之神明也，非禮無以辨君臣上下長幼之位也，非禮無以别男女父子兄弟之親，昏姻疏數之交也。君子以此之爲尊敬然，然後以其所能教百姓，不廢其會節；有成事，然後治其雕鏤文章黼黻以嗣；其順之，然後言其喪筭，② 備其鼎俎，設其豕腊，修其宗廟，歲時以敬祭祀，以序宗族，則安其居處，醜其衣服，卑其宫室，車不雕幾，器不刻鏤，食不貳味，以與民同利。昔之君子之行禮者如此。”公曰：“今之君子，胡莫之行也?”孔子曰：“今之君子好色無厭，淫德不倦，荒怠敖慢，固民是盡，忤其衆以伐有道，求得當欲，不以其所。古之用民者由前，今之用民者由後。今之君子莫爲禮也。”

孔子侍坐於哀公，哀公曰：“敢問人道誰爲大?”孔子愀然作色而對曰：“君及此言也，百姓之德也，固臣敢無辭而對：人道，政爲大。”公曰：“敢問何謂爲政?”孔子對曰：“政者，

① “孔子謂子夏曰禮以修外樂以修内丘已矣夫”，原注：“注云《禮稽命徵》之辭也。”

② “筭”，原注：“一作‘葬’。”

正也。君爲正，則百姓從政矣。君之所爲，百姓之所從也；君所不爲，百姓何從?”公曰：“敢問爲政如之何?”孔子對曰：“夫婦别，父子親，君臣嚴。① 三者正，則庶民從之矣。”公曰：“寡人雖無似也，願聞所以行三言之道，可得而聞乎?”孔子對曰：“古之爲政，愛人爲大，所以治；愛人，禮爲大，所以治；禮，敬爲大，敬之至也，大昏爲大，大昏至矣。大昏既至，冕而親迎，親之也；親之也者，親之也。是故君子興敬爲親，舍敬是遺親也。弗愛不親，弗敬不正。愛與敬，其政之本與!”公曰：“寡人願有言，然冕而親迎，不已重乎?”孔子愀然作色而對曰：“合二姓之好，以繼先聖之後，以爲天地社稷宗廟之主，君何謂已重乎?”公曰：“寡人固。不固，② 焉得聞此言也? 寡人欲問，不得其辭，請少進。”孔子曰：“天地不合，萬物不生。大昏，萬世之嗣也。君何以謂已重焉?”③ 孔子遂有言曰：“内以治宗廟之禮，足以配天地之神明；出以治直言之禮，足以立上下之敬。物耻足以振之，國耻足以興之。爲政先禮。禮者，政之本與!”孔子遂言曰：“昔三代明王之政，必敬其妻子也有道。妻也者，親之主也，敢不敬與? 子也者，親之後也，敢不敬與? 君子無不敬也。敬，身爲大。身也者，親之枝也，敢不敬與? 不能敬其身，是傷其親；傷其親，是傷其本；傷其本，枝從而亡。三者，百姓之象也。身以及

---

① “嚴”,《叢書集成》本《大戴禮記》作“義”,盧辯注曰:“案‘義’,他本作‘嚴’,今從《永樂大典》本。”

② “不固”,《叢書集成》本《大戴禮記》盧辯注曰:“案‘不固’,《永樂大典》本作‘不問’。”

③ “何以”,《叢書集成》本《大戴禮記》盧辯注曰:“案‘何’下,各本多衍‘以’字,方本無。前‘君何謂已重乎’亦無‘以’字。”

身，子以及子，配以及配。君子行此三者，則愾乎天下矣！大王之道也如此，① 國家順矣。”公曰：“敢問何謂敬身？”孔子對曰：“君子過言，則民作辭；過動，則民作則。君子言不過辭，動不過則，百姓不命而敬恭。如是，則能敬其身；能敬其身，則能成其親矣。”公曰：“敢問何謂成親？”孔子對曰：“君子也者，人之成名也。百姓歸之名，謂之君子之子，是使其親爲君子也，是爲成其親名也已。”孔子遂言曰：“古之爲政，愛人爲大。不能愛人，不能有其身；不能有其身，不能安土；不能安土，不能樂天；不能樂天，不能成身。”公曰：“敢問何謂成身？”孔子對曰：“不過乎物。”公曰：“敢問君子何貴乎天道也？”② 孔子對曰：“貴其不已，如日月西東相從而不已也，是天道也；不閉其久也，是天道也；無爲物成，是天道也；已成而明，是天道也。”公曰：“寡人蠢愚冥煩，子識之心也。”孔子蹴然避席而對曰：“仁人不過乎物，孝子不過乎物，是仁人之事親也如事天，③ 事天如事親，是故孝子成身。”公曰：“寡人既聞是言也，無如後罪何？”孔子對曰：“君之及此言也，是臣之福也。”

《穀梁》桓三年傳：子貢曰：“冕而親迎，不已重乎？”孔子曰：“合二姓之好，以繼萬世之後，何謂已重乎？”

---

① “大”，《叢書集成》本《大戴禮記》作“先”，盧辯注曰：“案‘先’，他本及《小戴》並作‘大’，今從《永樂大典》本。”

② “子”，原注：“一本無‘子’字。”

③ “是”下，《叢書集成》本《大戴禮記》有“故”字，盧辯注曰：“案他本脱‘故’字，今從方本。”

《大戴禮·禮察》：孔子曰："君子之道，譬猶防與？夫禮之塞，亂之所從生也，猶防之塞，水之所從來也。故以舊防爲無用而壞之者，必有水敗；以舊禮爲無所用而去之者，必有亂患。故婚姻之禮廢，則夫婦之道苦而淫辟之罪多矣；鄉飲酒之禮廢，則長幼之序失而爭鬥之獄繁矣；聘射之禮廢，則諸侯之行惡而盈溢之敗起矣；喪祭之禮廢，則臣子之恩薄而倍死忘生之禮衆矣。[①] 凡人之知，能見已然，不能見將然。禮者，禁於將然之前；[②] 而法者，禁於已然之後。是故法之用易見，而禮之所爲生難知也。[③] 若夫慶賞以勸善，刑罰以懲惡，先王執此之正，堅如金石；行此之信，順如四時；處此之功，無私如天地。爾豈顧不用哉？然如曰'禮云禮云'，[④] 貴絶惡於未萌，而起敬於微眇，[⑤] 使民日徙善，遠罪而不自知也。"

《大戴禮·曾子天圓》：曾子曰："參嘗聞之夫子曰：天道曰圓，地道曰方，方曰幽而圓曰明。明者，吐氣者也，是故外景；幽者，含氣者也，是故内景。"

《白虎通·社稷》：曾子問曰："諸侯之祭社稷，俎豆既陳，聞天子崩，如之何？"孔子曰："廢。臣子哀痛之，不敢終於禮也。"

---

① "禮"，《叢書集成》本《大戴禮記》作"徒"，盧辯注曰："案'徒'，他本訛作'禮'，今從方本。"

② "於"，原注："一本無此'於'。"

③ "禮"，《叢書集成》本《大戴禮記》作"至"，盧辯注曰："案'至'，各本訛作'生'，今從方本。""生"，原注："一本作'至'。"

④ "如"，《叢書集成》本《大戴禮記》作"而"，盧辯注曰："案'而'，各本多作'禮'，今從方本。"

⑤ "敬"，《叢書集成》本《大戴禮記》作"教"，盧辯注曰："案'教'，各本多作'敬'，今從方本及《漢書》。""敬"，原注："《漢書》作'教'。"

《白虎通·封公侯》：曾子問曰："立適以長不以賢，何？"① "以言爲賢不肖，不可知也。"

《白虎通·嫁娶》：曾子問曰："昏禮既納幣，有吉日，女之父母死，何如？"孔子曰："婿使人弔之。如婿之父母死，女亦使人弔之，父喪稱父，母喪稱母。父母不在，則稱伯父世母。婿已葬，婿之伯父、叔父使人致命女氏曰：'某子有父母之喪，不得嗣爲兄弟，使某致命。'女氏許諾，不敢嫁，禮也。婿免喪，女父使人請，婿不娶而後嫁之，禮也。女之父母死，婿亦如之。"

《白虎通·喪服》：曾子問曰："君薨既殯，而臣有父母之喪，則如之何？"孔子曰："歸居於家，有殷事則之君所，朝夕否。"曰："君既斂，而臣有父母之喪，則如之何？"孔子曰："歸殯哭而反於君所，有殷事則歸，朝夕否。大夫室老行事，士則子孫行事。大夫内子有殷事，② 則亦之君所，③ 朝夕否。"

《白虎通·喪服》：子夏問曰："三年之喪既卒哭，金革之事無避者，禮與？"孔子曰："吾聞諸老聃曰：'魯公伯禽，則有爲之也。'今以三年之喪從其利者，不知也。"④

《漢書·藝文志》：仲尼有言："禮失而求諸野。"

《韓非子·外儲説左下》：孔子侍坐於魯哀公，⑤ 哀公賜之桃與黍。哀公請用。孔子先飯黍而後啗桃，⑥ 左右皆掩口而

---

① "何"下，原注："按《孔子逸語》引下有'也子曰'三字。"

② "大"，原脱，據《四庫全書》本《白虎通》補。

③ "之"上，原有"如"字，據《四庫全書》本《白虎通》删。

④ "不"上，郭沂曰："《四库》《百子》本'不'前有'吾'字。"

⑤ "侍"，原作"御"，據《諸子集成》本《韓非子》改。王先慎曰："各本'侍'作'御'，《藝文類聚》八十五又八十六、《御覽》九百六十七引'御'作'侍'，今據改。"

⑥ "孔子"，郭沂曰："《校注》《百子》本'孔子'作'仲尼'。"

笑。哀公曰："黍者，非飯之也，以雪桃也。"仲尼對曰："丘知之矣。夫黍者，五穀之長也，祭先王爲上盛；果蓏有六而桃爲下，祭先王不得入廟。丘聞之也，君子以賤雪貴，不聞以貴雪賤。今以五穀之長雪果蓏之下，是從上雪下也。丘以爲妨義，故不敢以先於宗廟之盛也。"

《吕氏春秋·孟冬紀·安死》：魯季孫有喪，孔子往弔之，入門而左，從客也。主人以璵璠收，孔子徑庭而趨，歷級而上，曰："以寶玉收，譬之猶暴骸中原也。"

《淮南子·繆稱訓》：子曰："鈞之哭也，曰：'子予奈何兮乘我何。'其哀則同，其所以哀則異，故哀樂之襲人情也深矣。"

《説苑·修文》：孔子曰："移風易俗，莫善於樂；安上治民，莫善於禮。是故聖王修禮文，設庠序，陳鐘鼓，天子辟雍，諸侯泮宫，所以行德化。"

《説苑·修文》：孔子曰："無體之禮，敬也；無服之喪，憂也；無聲之樂，歡也；不言而信，不動而威，不施而仁，志也。鐘鼓之聲，怒而擊之則武，憂而擊之則悲，喜而擊之則樂。其志變，其聲亦變。其志誠通乎金石，而況人乎？"

《論衡·儒增》：孔子曰："言不文，或時不言。"

《論衡·實知》：魯以偶人葬，而孔子嘆。①

《水經注》六引《喪服要記》：魯哀公祖載其父，孔子問曰："寧設桂樹乎？"哀公曰："不也。桂樹者，起於介子推。子推，晋之人也。文公有内難，出國之狄，子推隨其行，割肉

① "魯以偶人葬而孔子嘆"，原注："《抱朴子·嘉遁》云'尼父聞偶葬而永嘆'。"

以續軍糧。後文公復國，忽忘子推。子推奉唱而歌，文公始悟，當受爵禄。子推奔介山，抱木而燒死。國人葬之，恐其神魂賈于地，故作桂樹焉。吾父生于宫殿，死于枕席，何用桂樹爲?"①

《藝文類聚》八十五引《喪服要記》：昔者魯哀公祖載其父，孔子問曰："寧設五穀囊乎?"哀公曰："不也。五穀囊者，起伯夷、叔齊不食周粟而餓死首陽山，② 恐魂之飢，故作五穀囊。吾父食味含哺而死，何用此爲?"

《御覽》五百四十八引《喪服要記》：魯哀公葬父，孔子問曰："寧設菰廬乎?"哀公曰："菰廬起太伯。太伯出奔，聞古公崩，還赴喪，故作菰廬以彰其尸。吾父無太伯之罪，何用此爲?"

《御覽》五百五十二引《喪服要記》：魯哀公葬父，孔子問曰："寧設桐人乎?"哀公曰："桐人起于虞卿，③ 齊人，遇惡繼母，不得養父，死不能葬，④ 知有過，故作桐人。吾父生得供養，何桐人爲?"⑤

《御覽》八百八十六引《喪服要記》：魯哀公葬其父，孔子問曰："寧設魂衣乎?"哀公曰："魂衣起宛荆。⑥ 於山之

---

① "魯哀公祖載其父"至"何用桂樹爲"條，原注："案《喪服要記》語不盡純，是王肅依托，姑附載之。"

② "首陽山"下，原注："《御覽》七百四引此下有'讓國'二字。"

③ "虞卿"，郭沂曰："中華書局影宋本《御覽》重'虞卿'二字，當補。"

④ "能"，郭沂曰："'能'字影宋本《御覽》《漢學堂叢書·喪服要記》皆作'得'。"

⑤ "何"下，郭沂曰："影宋本《御覽》'何'下有'用'字，當補。"

⑥ "宛荆"，郭沂曰："影宋本《御覽》《漢學堂叢書·喪服要記》重'宛荆'二字，當補入。'宛'字或作'苑'。"

下,[①] 道逢寒死。友哀,往迎其尸,[②] 憫神之寒,故作魂衣。吾父生服錦綉,死於衣被,何魂衣爲?”[③]

《御覽》九百六十七引《喪服要記》:昔者,魯哀公祖載其父,孔子問曰:“寧設三桃湯乎?”答曰:“不也。桃湯者,起於衛靈公。[④] 有女嫁,[⑤] 乳母送新婦就夫家,道聞夫死。乳母欲將新婦返。新婦曰:‘女有三從,今屬於人,死當卒哀。’因駕素車白馬進到夫家,治三桃湯以沐死者,出東門北隅,禮三終,使死者不恨。吾父無所恨,何用三桃湯爲?”

《路史·後紀》十三注引《喪服要記》:魯哀公葬其父,孔子問曰:“寧設表門乎?”公曰:“夫表門起於禹。禹治洪水,故表其門以紀其功。吾父無功,何用焉?”

《抱朴子·外篇·譏惑》:孔子云:“喪親者,若嬰兒之失母,其號豈常聲之有?寧令哀有餘而禮不足。”

《五行大義》四:孔子曰:[⑥]“夏正得天。”

《韓詩外傳》五:孔子學鼓琴於師襄子而不進,[⑦] 師襄子曰:“夫子可以進矣。”孔子曰:“丘已得其曲矣,未得其數也。”有間,曰:“夫子可以進矣。”曰:“丘已得其數矣,未

① “魂衣起宛荆於山之下”,原注:“疑有脱文,即左伯桃事。”

② “哀”,郭沂曰:“《漢學堂叢書·喪服要記》‘哀’下注云:一作‘羊角哀’。中華書局影宋本《御覽》‘哀’上有‘人羊角’三字。”

③ “何”下,郭沂曰:“《漢學堂叢書·喪服要記》、影宋本《御覽》‘何’下皆有‘用’字,當補入。”

④ “衛靈公”,郭沂曰:“‘衛靈公’三字疑當重。”

⑤ “嫁”下,郭沂曰:“《漢學堂叢書·喪服要記》、影宋本《御覽》‘嫁’下有‘楚’字,當補。”

⑥ “曰”,郭沂曰:“《集成》本作‘云’。”

⑦ “師襄子”,原注:“《初學記》十六引作‘師堂子’。”

得其意也。”有間，復曰：“夫子可以進矣。”① 曰：“丘已得其人矣，未得其類也。”有間，曰：② “邈然遠望，洋洋乎！翼翼乎！必作此樂也，默然思，戚然而悵，以王天下，以朝諸侯者，其惟文王乎！”師襄子避席再拜曰：“善。師以爲文王之操也。”故孔子持文王之聲，知文王之爲人。師襄子曰：“敢問何以知其文王之操也？”孔子曰：“然。夫仁者好偉，和者好粉，智者好彈，有殷勤之意者好麗。丘是以知文王之操也。”

《淮南子·主術訓》：孔子學鼓琴於師襄，而諭文王之志，見微以知明矣。

《韓詩外傳》七：昔者孔子鼓瑟，曾子、子貢側耳而聽。③ 曲終，曾子曰：“嗟乎！夫子瑟聲殆有貪狼之心、④ 邪僻之行，何其不仁趨利之甚？”子貢以爲然，不對而入。夫子望見子貢有諫過之色，應難之狀，釋瑟而待之。子貢以曾子之言告。子曰：“嗟乎！夫參，天下賢人也，其習知音矣。鄉者丘鼓瑟，有鼠出游，狸見於屋，循梁微行，造焉而避，厭目曲脊，求而不得。丘以瑟浮其音。⑤ 參以丘爲貪狼邪僻，不亦宜乎！”

《御覽》八十一引《樂動聲儀》：孔子曰：“簫韶者，舜之遺音也。溫潤以和，似南風之至，其爲音如寒暑風雨之動物，如物之動人，雷動獸禽，風雨動魚龍，仁義動君子，財色動小

---

① “進矣”下，原注：“《初學記》引有‘曰：“丘得其意，未得其人。”有間’。”
② “曰”，原注：“《初學記》引‘曰’字在‘遠望’下。”
③ “耳”，《四部叢刊》本《韓詩外傳》、明本《韓詩外傳》作“門”。
④ “心”，《四部叢刊》本《韓詩外傳》、明本《韓詩外傳》作“志”。
⑤ “浮”，明本《韓詩外傳》作“淫”。“浮”，原注：“毛本‘浮’作‘淫’。”

人，是以聖人務其本。”

《白虎通·三教》引《樂稽耀嘉》：顔回問：“三教變虞夏，何如？”曰：“教者，所以追補敗政，靡敝溷濁，謂之治也。舜之承堯，無爲易也。”

《五行大義》一引《樂緯》：孔子曰：“丘吹律定姓，一言得土，曰宫；三言得火，曰徵；五言得水，曰羽；七言得金，曰商；九言得木，曰角。”

《御覽》十六引《春秋演孔圖》：孔子曰：“丘援律吹命，陰得羽之宫。”

《魯語下》：魯哀公問於孔子曰：“吾聞夔一足，信乎？”對曰：“夔，人也，何其一足也？夔通於聲，堯曰：‘夔一而已。’使爲樂正，故君子曰‘夔有一，足’，非一足也。”

《韓非子·外儲説左下》：魯哀公問於孔子曰：“吾聞古者有夔一足，其果信有一足乎？”孔子對曰：“不也，夔非一足也。夔者，忿戾惡心，人多不喜説也。[①] 雖然，其所以得免於人害者，以其信也。人皆曰：‘獨此一，足矣。’夔非一足也，一而足也。”哀公曰：“審而是固足矣。”一曰：哀公問於孔子曰：“吾聞夔一足，信乎？”曰：[②]“夔，人也，何故一足？彼其無他異，而獨通於聲，堯曰：‘夔一而足矣。’使爲樂正。故君子曰‘夔有一，足’，非一足也。”

---

① “喜説”，《諸子集成》本《韓非子》作“説喜”。

② “曰”上，《諸子集成》本《韓非子》王先慎曰：“《御覽》三百七十二引‘曰’上有‘對’字。”

《吕氏春秋·慎行論·察傳》：魯哀公問於孔子曰："樂正夔一足，信乎？"孔子曰："昔者，舜欲以樂傳教於天下，乃令重黎舉夔於草莽之中而進之，舜以爲樂正。夔於是正六律，和五聲，以通八風，而天下大服。重黎又欲益求人，舜曰：'夫樂，天地之精也，得失之節也，故唯聖人爲能和，樂之本也。夔能和之，以平天下。若夔者，一而足矣。'故曰'夔一，足'，非一足也。"

《淮南子·主術訓》：夫榮啓期一彈，而孔子三日樂，感于和。

《説苑·修文》：子路鼓瑟有北鄙之聲，孔子聞之曰："信矣！由之不才也。"冉有侍，孔子曰："求，來！爾奚不謂由？夫先王之制音也，奏中聲，爲中節，流入於南，不歸於北。南者，生育之鄉；北者，殺伐之域。故君子執中以爲本，務生以爲基，故其音温和而居中，以象生育之氣，憂哀悲痛之感不加乎心，暴厲淫荒之動不在乎體。夫然者，乃治存之風，安樂之爲也。彼小人則不然，執末以論本，務剛以爲基，故其音湫厲而微末，以象殺伐之氣，和節中正之感不加乎心，温儼恭莊之動不存乎體。夫殺者，乃亂亡之風、奔北之爲也。昔舜造南風之聲，其興也勃焉，至今王公述而不釋；紂爲北鄙之聲，其廢也忽焉，至今王公以爲笑。彼舜以匹夫，積正合仁，履中行善，而卒以興；紂以天子，好慢淫荒，剛厲暴賊，而卒以滅。今由也，匹夫之徒，布衣之醜也，既無意乎先王之制，而又有亡國之聲，豈能保七尺之身哉？"冉有以告子路，子路曰："由之罪也。小人不能耳陷而入於斯，宜矣夫子之言也。"遂自悔，不食，七日而骨立焉。孔子曰："由之改過矣。"

《公羊》哀十四年疏引《揆命篇》：孔子年七十歲知圖書，作《春秋》。

《御覽》十六引《洪範五行傳》：孔子作《春秋》，正春，正秋，所以重歷也。

《御覽》九百二十三引《禮稽命徵》：孔子謂子夏曰："鸜鵒至，[①] 非中國之禽也。"

《文選·答賓戲》注引《春秋元命包》：孔子曰："丘作《春秋》，始於元，終於麟，王道成也。"

《儀禮·士冠禮》疏引《春秋演孔圖》：孔子修《春秋》，九月而成。卜之，得陽豫之卦。

《公羊》哀十四年疏引《演孔圖》：獲麟而作《春秋》，九月書成。

《初學記》二十一引《春秋握誠圖》：孔子作《春秋》，陳天人之際，記異考符。

《古微書》引《春秋説題辭》：孔子言曰："五變入臼，米出甲，謂磑之爲糲米也，舂之則稗米也，師之則鑿米也，臿之則榖米也，又簟擇之，晹暛之，則爲晶米。"

《古微書》卷十三引《春秋命歷序》：[②] 孔子始《春秋》，[③] 退修殷之故歷，使其數可傳於後，《春秋》宜以殷歷正之。

《公羊》僖四年解詁：孔子曰："書之重，辭之複，嗚呼，

---

① "鸜"，郭沂曰："'鸜'字影宋本《御覽》《漢學堂叢書·禮稽命徵》作'群'，後者注云：'《古微書》作鸜。'"

② "《古微書》卷十三"，原無，郭沂曰："'《古微書》卷十三'六字原缺，今補。"

③ "始"，郭沂曰："《集成》本《古微書》《墨海金壺·古微書》'始'字皆作'治'，近是。"

不可不察，其中必有美者焉。”①

《公羊》成八年解詁：孔子曰：“皇象元，逍遥術，無文字，德明謚。”②

《公羊》昭十二年疏引《春秋説》：孔子作《春秋》，一萬八千字，九月而書成，以授游、夏之徒，游、夏之徒不能改一字。

《史記·太史公自序》：子曰：“我欲載之空言，不如見之于行事之深切著明也。”③

《公羊》隱公第一疏引《閔因叙》：昔孔子受端門之命，制春秋之義，使子夏等十四人求周史記，得百二十國寶書，九月經立。

《春秋繁露·俞序》：④ 仲尼之作《春秋》也，上探正天，端王公之位，萬物民之所欲，⑤ 下明得失，起賢才，以待後聖，故引史記，理往事，正是非，見王公。⑥ 史記十二公之間，皆衰世之事，故門人惑。孔子曰：“吾因其行事而加乎王心焉。”以爲見之空言，不如行事博深切。⑦ 故子貢、閔子、公肩子，言其切而爲國家賢也。⑧ 其爲切而至於殺君亡國，奔走不得保社稷，其所以然，是皆不明於道，不覽於《春秋》

---

① “孔子曰書之重辭之復嗚呼不可不察其中必有美者焉”條，原注：“疏云：‘《春秋説》文。’”

② “孔子曰皇象元逍遥術無文字德明謚”條，原注：“疏云：‘《春秋説》文。’”

③ “于”，原脱，據《中華書局》本《史記》補。“子曰我欲載之空言不如見之于行事之深切著明也”條，原注：“索隱云：‘見《春秋緯》。’”

④ “序”，原作“予”，據《四部叢刊》本《春秋繁露》改。

⑤ “物”，原注：“官本無‘物’字。”“欲”，原注：“一作‘始’。”

⑥ “見”，原作“也”，據原注改。原注：“官本作‘見’。”

⑦ “切”下，原注：“官本下有‘明’字。”

⑧ “賢”，原注：“一作‘資’。”

也。故衛子夏言：有國家者不可不學《春秋》，不學《春秋》，則無以見前後旁側之危，則不知國之大柄、君子重任也。[①] 故或脅窮失國，揜殺於位，[②] 一朝至爾。苟能述《春秋》之法，致行其道，豈徒除禍哉，乃堯舜之德也。故《世子》曰："功及子孫，光輝百世，聖王之德，莫美於恕。"[③] 故予先言《春秋》詳己而略人，因其國而容天下。《春秋》之道，大得之則以王，小得之則以霸，故曾子、子石盛美齊侯安諸侯、尊天子。霸王之道，皆本於仁；仁，天心，故次以天心。愛人之大者，莫大於思患而豫防之，故蔡得意於吴，魯得意於齊，而《春秋》皆不告，故次以言怨人不可通，[④] 敵國不可狎，攘竊之國不可使久親，皆防患爲民除患之意也。不愛民之漸乃至於死亡，故言楚靈王、晋厲公生弑於位，不仁之所致也。故善宋襄公不厄人，不由其道而勝，不如由其道而敗，《春秋》貴之，將以變習俗而成王化也。故夏言春秋重人，[⑤] 諸譏皆本此。或奢侈使人憤怨，或暴虐賊害人，終皆禍及身。故子池言魯莊築臺，丹楹刻桷，晋厲之刑刻意者，皆不得以壽終。上奢侈，刑又急，皆不内恕，求備於人，故次以《春秋》緣人情，赦小過，而《傳》明之曰："君子辭也。"孔子明得失，見成

① "子"，原注："官本作'之'。"

② "揜"，原注："官本作'揜'。"

③ "恕"，原作"世"，據《四部叢刊》本《春秋繁露》改。

④ "通"，原注："官本作'邇'。"

⑤ "故"下，原注："官本下有'子'字。"

敗，疾時世之不仁失王。① 孔子曰：“吾因行事，赦小過。”②《傳》又明之曰：“君子辭也。”③ 孔子曰：“吾因行事，加吾王心焉。”假其位號以正人倫，因其成敗以明順逆，故其所善，則桓文行之而遂；其所惡，則亂國行之終以敗。故始言大惡殺君亡國，終言赦小過，④ 是以始於粗糲，終於精微，教化流行，德澤大洽，天下之人，人有士君子之行而少過矣，亦譏二名之意也。

《穀梁》桓二年傳：孔子曰：“名從主人，物從中國。”

《穀梁》桓十四年傳：孔子曰：“聽遠音者，聞其疾而不聞其舒；望遠者，察其貌而不察其形。立乎定、哀，以指隱、桓，隱、桓之日遠矣。”

《穀梁》僖十六年傳：子曰：“石，無知之物；鷁，微有知之物。石無知，故日之；鷁微有知之物，故月之。君子之於物，無所苟而已。”

《穀梁》哀十三年傳：吳王夫差曰：“好冠，來。”孔子曰：“大矣哉！夫差未能言冠而欲冠也。”

《藝文類聚》八十引《莊子》：仲尼讀書，老聃倚竈觚而聽之，曰：“是何書也？”曰：“《春秋》也。”⑤

---

① “時”，原注：“一無‘時’字。”

② “孔子曰吾因行事”七字，原注：“官本作‘有道之體，故緣人情’。”“孔子曰吾緣人情”，《四部叢刊》本《春秋繁露》作“道之體故因行事赦小過”，校曰：“按：他本脱‘道之’以下七字，誤衍‘孔子曰吾緣人情’七字，今校正。”

③ “辭”，原注：“本作‘亂’，官本作‘此’。”

④ “過”，原作“國”，據《四部叢刊》本《春秋繁露》和上文“孔子曰：‘吾因行事，赦小過’”改。

⑤ “仲尼讀書老聃倚竈觚而聽之曰是何書也曰《春秋》也”，原注：“《御覽》一百八十六引《莊子》曰‘仲尼讀《春秋》，老聃踞竈觚而聽’，注：‘觚，竈額也。’按：當在逸篇。”

《韓非子·内儲説上·七術》：魯哀公問於仲尼曰："《春秋》之記曰：'冬，十二月，霣霜不殺菽。'何爲記此？"仲尼對曰："此言可以殺而不殺也。夫宜殺而不殺，桃李冬實，天失道，草木猶犯干之，而況於人君乎？"①

《鹽鐵論·散不足》：孔子讀史記，喟然而嘆，傷正德之廢，君臣之危也。

《論衡·效力》：孔子，周世多力之人也，作《春秋》，删《五經》，秘書微文，無所不定。

《論衡·超奇》：孔子作《春秋》，以示王意。

《論衡·超奇》：孔子得史記以作《春秋》，及其立義創意，褒貶賞誅，不復因史記者，眇思自出於胸中也。

《説苑·君道》：孔子曰："文王似元年，武王似春王，周公似正月。文王以王季爲父，以太任爲母，以太姒爲妃，以武王、周公爲子，以泰顛、閎夭爲臣，其本美矣。武王正其身以正其國，正其國以正天下，伐無道，刑有罪，一動天下正，其事正矣。春致其時，萬物皆得生；② 君致其道，萬人皆及治。周公戴己而天下順之，其誠至矣。"

《説苑·君道》：孔子曰："夏道不亡，商德不作；商德不亡，周德不作；周德不亡，《春秋》不作；《春秋》作而後君子知周道亡也。"

《説苑·至公》：夫子行，説七十諸侯，無定處，意欲使天下之民各得其所，而道不行。退而修《春秋》，采毫毛之

---

① "魯哀公問"至"況於人君乎"條，原注："此申韓深刻之學，依托之詞，姑附此。"

② "得"，《四部叢刊》本《説苑》作"及"。

善，[①] 貶纖介之惡。人事浹，王道備，精和聖制，上通於天而麟至，此天之知夫子也。於是喟然而嘆曰："天以至明爲不可蔽乎，日何爲而食？地以至安爲不可危乎，地何爲而動？天地而尚有動蔽，是故賢聖説於世而不得行其道，故災異並作也。"

《周禮·九嬪》注：孔子云："日者，天之明；月者，地之理。陰契制，故月上屬爲天，使婦從夫，放月紀。"[②]

《春秋左傳》序疏引《孝經鈎命決》：《春秋》，二尺四寸書之；《孝經》，一尺二寸書之。[③]

《公羊序》疏引《鈎命決》：孔子在庶，德無所施，功無所就，志在《春秋》，行在《孝經》。[④]

《御覽》六百十引《鈎命決》：[⑤]《孝經》者，篇題就號也，所以表指括意，序中書名，出義見道，曰著一字，苞十八章，爲天地喉襟，道要德本，故挺以題符篇冠就。又曰曾子撰，斯問曰："孝乎？文駁不同乎？"[⑥] 子曰："吾作《孝經》，以素王無爵之賞、斧鉞之誅，與先王以托權目，[⑦] 至德要道以題行首。"仲尼以立情性，言。[⑧] 子曰以開號列曾子，示撰輔

---

① "毫"，原作"豪"，據《四部叢刊》本《説苑》改。

② "孔子云"至"放月紀"條，原注："疏云：'《孝經援神契》文。'"

③ "春秋"至"一尺二寸書之"條，原注："疏云：'鄭注《論語序》以《鈎命決》云。'"

④ "孔子在庶"至"行在孝經"條，原注："又《禮記·中庸》注引孔子曰：'吾志在《春秋》，行在《孝經》。'"

⑤ "鈎命決"上，《四庫全書》本《御覽》有"孝經"二字。

⑥ "孝乎文"，《四庫全書》本《御覽》作"孝文乎"。郭沂曰："'孝乎文'字影宋本《御覽》《漢學堂叢書·孝經鈎命決》皆作'孝文乎'。""同乎"之"乎"，《四庫全書》本《御覽》作"何"，原注："一作'何'。"

⑦ "目"，《四庫全書》本《御覽》作"首"。

⑧ "言"，《四庫全書》本《御覽》作"首"。

《書》《詩》以合謀。①

《公羊》哀十四年疏引《孝經説》：孔子曰："《春秋》屬商，《孝經》屬参。"②

《公羊》哀十四年疏引《孝經説》：丘以匹夫，徒步以制正法。

《論衡·雷虚》：《論語》云：③"迅雷風烈必變。"《禮記》曰：④"有疾風迅雷甚雨則必變，雖夜必興，衣服，冠而坐。子曰：'天之與人猶父子，有父爲之變，⑤子安能忽？故天變，己亦宜變，順天時，示己不違也。'"

《説文》：《逸論語》曰："玉粲之瑳兮，其瑮猛也。"

《説文》：《逸論語》曰："如玉之瑩。"

《初學記》二十七：《逸論語》曰："玉十謂之區，治玉謂之琢，亦謂之雕。⑥瑳，玉色鮮白也。瑩，玉色也。瑛，玉光也。瓊，赤玉也。璿、瑾、瑜，美玉也。璑，三采玉也。玲、瑲、琤、瑣、⑦瑝，玉聲也。璬，玉佩也。瑱，充耳也。璪，玉飾以水藻也。"

《初學記》二十七：《逸論語》曰："璠璵，魯之寶玉也。孔子曰：'美哉璠璵！遠而望之，奂若也；⑧近而視之，瑟若

---

① "書詩"，《四庫全書》本《御覽》作"《詩》《書》"。

② "孔子曰春秋屬商孝經屬参"條，原注："又引見哀十四年疏。"

③ "云"，原脱，據《諸子集成》本《論衡》補。

④ "曰"，原脱，據《諸子集成》本《論衡》補。

⑤ "爲"，郭沂曰："《百子》本無'爲'字。"

⑥ "玉十謂之區治玉謂之琢亦謂之雕"條，原注："雙玉爲瑴，五瑴爲區。雕，治璞也。瑴音角。"

⑦ "瑣"，郭沂曰："'瑣'字中華書局《初學記》《御覽》皆作'瑱'。"

⑧ "孔子曰美哉璠璵遠而望之奂若也"，原注："《御覽》八百四引《逸論語》同。""奂"，郭沂曰："中華書局《初學記》《御覽》'奂'皆作'焕'。"

也。一則理勝，一則孚勝。’”

《文選》劉歆《移書太常博士》注引《論語讖》：自衛反魯，删《詩》《書》，修《春秋》。

《文選》齊安陸王碑文注引《論語讖》：仲尼居鄉黨，卷懷道美。

《説文》：孔子曰：“一貫三爲王。”

《説文》：孔子曰：“推十合一爲士。”

《説文》：孔子曰：“烏，盱呼也。①取其助气，故以爲烏呼。”

《説文》：孔子曰：“牛羊之字，以形舉也。”

《説文》：孔子曰：“黍可爲酒，禾入水也。”②

《説文》：孔子曰：“粟之爲言續也。”

《説文》：孔子曰：“在人下，③故詰屈。”④

《説文》：孔子曰：“貉之言貉。貉，惡也。”⑤

《説文》：孔子曰：“視犬之字，如畫狗也。”

《説文》：孔子曰：“狗，叩也。叩氣吠以守。”

《史記·滑稽列傳》：孔子曰：“六藝於治，一也。《禮》以節人，《樂》以發和，《書》以道事，《詩》以達意，《易》以神化，《春秋》以義。”⑥

---

① “盱”，郭沂曰：“段玉裁校作‘亏’。”

② “禾”上，段玉裁《説文解字注》補“故從”二字。

③ “在人下”，原注：“《玉篇》及徐鍇《通論》作‘人在下’，疑此倒。”

④ “屈”，段玉裁《説文解字注》作“詘”。

⑤ “貉之言貉貉惡也”，原作“貉之爲言惡也”，據段玉裁《説文解字注》改。段玉裁《説文解字注》曰：“七字一句，各本作‘貉之爲言惡也’，今依《尚書音義》《五經文字》正。”

⑥ “以義”，原注：“《長短經·正論》引作‘以道義’。”

《白虎通·五經》：孔子居周之末世，王道陵遲，[①] 禮義廢壞，強陵弱，衆暴寡，天子不敢誅，方伯不敢伐，閔道德之不行，故周流應聘，冀行其道德。[②] 自衛反魯，自知不用，故追定《五經》，以行其道。

《論衡·佚文》：孝武皇帝封弟爲魯恭王。恭王壞孔子宅以爲宫，得佚《尚書》百篇，《禮》三百，《春秋》三十篇，《論語》二十一篇。[③]

① “陵”，《四庫全書》本《白虎通》作“凌”。

② “道”，《四庫全書》本《白虎通》作“聖”。

③ “孝武皇帝”至“論語二十一篇”條，原注：“《漢書》本傳入事證。”

卷　六

山東督糧道臣孫星衍　撰

主德五

《尚書大傳》：武丁祭成湯，有雉飛升鼎耳而雊。武丁問諸祖已，祖已曰："雉者，野鳥也，不當升鼎。今升鼎者，欲爲用也。無則遠方將有來朝者乎?"① 故武丁内反諸己，以思先王之道。三年，編髮重譯來朝者六國。孔子曰："吾於《高宗肜日》,② 見德之有報之疾也。"

《尚書大傳·略説》：孔子曰:③ "心之精神是謂聖。"

《史記補·三皇本紀》引《韓詩》：自古封太山、禪梁甫者，萬有餘家。仲尼觀之，不能盡識。

《白虎通·封禪》：孔子曰："升泰山，觀易姓之王，可得而數者七十有餘。"

《韓詩外傳》三：楚莊王寢疾，卜之，曰："河爲祟。"大

---

① "無則",郭沂曰:"《四庫》《集成》本皆無'無則'二字。"

② "肜",原作"彤",據《二十二子》本《孔子集語》《十三經注疏》本《尚書正義》改。

③ "孔",郭沂曰:"《四庫》《集成》本皆無'孔'字。"

夫曰："請用牲。"莊王曰："止。古者聖王之祭不過望。[1] 濉漳江漢，楚之望也。寡人雖不得，[2] 河非所獲罪也。"遂不祭，三日而疾有瘳。孔子聞之，曰："楚莊王之霸，其有方矣。制節守職，反身不貳，其霸不亦宜乎？"

《説苑·君道》：楚昭王有疾，卜之，曰："河爲祟。"大夫請用三牲焉。王曰："止。古者先王割地制土，祭不過望。江漢睢漳，楚之望也。禍福之至，不是過也。不穀雖不德，河非所獲罪也。"遂不祭焉。仲尼聞之，曰："昭王可謂知天道矣，其不失國，宜哉！"

《韓詩外傳》七：孔子曰："明王有三懼：一曰處尊位而恐不聞其過，二曰得志而恐驕，三曰聞天下之至道而恐不能行。"

《大戴禮·主言》：[3] 孔子閒居，曾子侍。孔子曰："參，今之君子，惟士與大夫之言之間也。[4] 其至於君子之言者，甚希矣。於乎！吾主言其不出而死乎？[5] 哀哉！"曾子起曰："敢

---

① "之"，原注："津逮本作'制'。"

② "得"，原注："津逮本作'德'。"

③ "主"，《叢書集成》本《大戴禮記》作"王"。盧辯注曰："案'王'，各本訛作'主'，今據篇内訂正。"

④ "間"，《叢書集成》本《大戴禮記》盧辯注曰："劉本、朱本、沈本作'聞'。據下文云'吾王言'，蓋對今之君子所言，不出士大夫之言之間。今從袁本、程本、高安本、方本。""間"，原注："一作'聞'。"

⑤ "主"，《叢書集成》本《大戴禮記》作"王"。盧辯注曰："案'王'字，篇内凡十九見，曰'王言'者二，曰'明王'者十六，曰'霸王'者一。程本、朱本、沈本並訛作'主'。劉本、袁本、高安本'昔者明王必盡知天下良士之名'，此一处未訛，今據以訂正。"下文"敢問何謂主言""霸主""明主"等同。

問何謂主言?”孔子不應。曾子懼，肅然摳衣下席，曰:“弟子知其不孫也，得夫子之閒也難，是以敢問也。”孔子不應。曾子懼，退負序而立。孔子曰:“參，汝可語明主之道與?”曾子曰:“不敢以爲足也。得夫子之閒也難，是以敢問。”孔子曰:“居,① 吾語女。道者，所以明德也；德者，所以尊道也。是故非德不尊，非道不明。雖有國馬,② 不教不服，不可以取千里；雖有博地衆民，不以其道治之,③ 不可以霸主。是故昔者明主内修七教，外行三至。七教修焉，可以守；三至行焉，可以征。七教不修，雖守不固；三至不行，雖征不服。是故明主之守也，必折沖乎千里之外；其征也，衽席之上還師。是故内修七教而上不勞，外行三至而財不費。此之謂明主之道也。”曾子曰:“敢問不費不勞，可以爲明乎?”孔子愀然揚麋,④ 曰:“參，女以明主爲勞乎?昔者舜左禹而右皋陶，不下席而天下治。夫政之不中，君之過也；政之既中，令之不行，職事者之罪也。明主奚爲其勞也?昔者明主關譏而不征，市鄽而不税，税十取一，使民之力，歲不過三日，入山澤以時，有禁而無征。⑤ 此六者，取財之路也。明主捨其四者而節其二者，明主焉取其費也?”

---

① “居”,原脱,據《叢書集成》本《大戴禮記》補。盧辯注曰:“案‘居’字,從方本訂正,他本脱此字。楊化(德凌案:當爲楊簡)《先聖大訓》載此篇,亦作‘居,吾語女’。”

② “馬”,郭沂曰:“《解詁》《今注》‘馬’皆作‘焉’,是也。”

③ “道”,原作“地”,據《叢書集成》本《大戴禮記》改。盧辯注曰:“案‘道’,他本訛作‘地’,今從方本。”

④ “麋”,原注:“一作‘眉’。”

⑤ “入山澤以時有禁而無征”,原注:“一作‘入山澤以時而不禁,夫圭田無征’。”

曾子曰："敢問何謂七教?"孔子曰："上敬老則下益孝，上順齒則下益悌，上樂施則下益諒，上親賢則下擇友，上好德則下不隱，[1] 上惡貪則下耻爭，上强果則下廉耻，民皆有别，則政亦不勞矣，[2] 此謂七教。七教者，治民之本也，教定則本正矣。[3] 上者，民之表也，表正則何物不正?是故君先立於仁，則大夫忠而士信，民敦，工璞，商慤，女憧，婦空空。七者，教之志也。七者布諸天下而不窕，内諸尋常之室而不塞。是故聖人等之以禮，立之以義，行之以順，而民棄惡也如灌。"曾子曰："弟子則不足，道則至矣。"孔子曰："參，姑止，又有焉。昔者明主之治民有法，必别地以州之，分屬而治之，然後賢民無所隱，暴民無所伏，使有司日省，而時考之，[4] 歲誘賢焉，則賢者親，不肖者懼。使之哀鰥寡，養孤獨，恤貧窮，誘孝悌，選賢舉能。此七者修，則四海之内無刑民矣。上之親下也如腹心，則下之親上也如保子之見慈母也，上下之相親如此，然後令則從，施則行。因民既邇者説，遠者來懷，然後布指知寸，布手知尺，舒肘知尋，十尋而索，百步而堵，三百步而里，千步而井，三井而句烈，三句烈而距，五十里而封，百

---

① "上好德則下不隱"，原注："一作'上好諫則下隱慝'。"

② "則政"，原作"則貞則正"，據《叢書集成》本《大戴禮記》改。盧辯注曰："案'則政'二字，他本作'則貞則正'四字。就上文廉恥有别爲七教之一，此句乃總上文，因'政'訛作'正'，更衍'則貞'二字耳，今從方本。"

③ "則本"，原作"是正矣"，據《叢書集成》本《大戴禮記》改。盧辯注曰："案朱本作'則正矣'，方本作'本正矣'，他本皆作'是正矣'。當是'則本'二字，訛成一'是'字。今從朱本、方本合訂。"

④ "而"，《叢書集成》本《大戴禮記》作"如"。盧辯注曰："案'而'，他本訛作'如'，由音近而訛。今從方本。"

里而有都邑，乃爲蓄積衣裘焉，使處者恤，行者有興亡，[①]是以蠻夷諸夏，雖衣冠不同、言語不合，莫不來至，朝覲於王。故曰：‘無市而民不乏，無刑而民不違。’畢弋田獵之得，不以盈宫室也；徵斂於百姓，非以充府庫也。慢怛以補不足，[②]禮節以損有餘，故曰：‘多信而寡貌，其禮可守，其信可復，其迹可履。’其於信也，如四時春秋冬夏；其博有萬民也，如飢而食，如渴而飲；下土之人信之，如暑熱凍寒，[③]遠若邇，非道邇也，及其明德也。是以兵革不動而威，用利不施而親，此之謂明主之守也。折沖乎千里之外，此之謂也。”

曾子曰：“敢問何謂三至？”孔子曰：“至禮不讓而天下治，至賞不費而天下之士説，至樂無聲而天下之民和。明主篤行三至，故天下之君可得而知也，天下之士可得而臣也，天下之民可得而用也。”曾子曰：“敢問何謂也？”孔子曰：“昔者明主必盡知天下良士之名，[④]既知其名，又知其數；既知其數，又知其所在。明主因天下之爵以尊天下之士，此之謂至禮不讓而天下治；因天下之禄，以富天下之士，此之謂至賞不費而天下之士説；天下之士説，則天下之明譽興，此之謂至樂無聲而天下之民和。故曰：‘所謂天下之至仁者，能合天下之至親者也；所謂天下之至知者，能用天下之至和者也；所謂天下

① “興”，《叢書集成》本《大戴禮記》作“與”。盧辯注曰：“案‘與’，他本訛作‘興’，今從方本。”“興”，原注：“疑作‘與’。”

② “慢”，《叢書集成》本《大戴禮記》作“慢”。盧辯注曰：“案‘慢’，各本皆訛作‘慢’。考《楚辭·九章》‘傷余心之慢慢’，則‘慢’字之義可見。今從楊本。”

③ “如”，原作“夫”，從《叢書集成》本《大戴禮記》改。盧辯注曰：“案‘如’，他本訛作‘夫’，今從方本。”

④ “必”，原作“以”，據《叢書集成》本《大戴禮記》改。盧辯注曰：“案‘必’，他本訛作‘以’，今從方本。”

之至明者，能選天下之至良者也。’此三者咸通，然後可以征。是故仁者莫大於愛人，知者莫大於知賢，政者莫大於官賢。有土之君修此三者，則四海之内拱而視，[1] 然後可以征。明主之所征，必道之所廢者也，彼廢道而不行，然後誅其君，致其征，弔其民而不奪其財也。故曰：‘明主之征也，猶時雨也，至則民説矣。’是故行施彌博，得親彌衆，此之謂衽席之上乎還師。”[2]

《大戴禮·五帝德》：宰我問於孔子曰：“昔者予聞諸榮伊令：[3] 黄帝三百年。請問黄帝者人邪？[4] 抑非人耶？[5] 何以至於三百年乎？”孔子曰：“予，禹、湯、文、武、成王、周公可勝觀邪？[6] 夫黄帝尚矣，女何以爲？先生難言之。”宰我曰：“上世之傳，隱微之説，卒業之辨，闇忽之意，[7] 非君子之道也，則予之問也固矣。”孔子曰：“黄帝，少典之子也，曰軒轅。生而神靈，弱而能言，幼而彗齊，長而敦敏，成而聰明。治五氣，設五量，撫萬民，度四方，教熊、羆、貔、豹、虎，[8] 以

① “視”，《叢書集成》《四部叢刊》本《大戴禮記》作“俟”。

② “孔子閒居曾子侍”至“此之謂衽席之上乎還師”條，原注：“大戴依元刻本，下同此。”

③ “令”，原注：“《史記索隱》作‘言’。”《叢書集成》本《大戴禮記》盧辯注曰：“案‘言’，各本訛作‘令’，今據《史記索隱》所引訂正。”

④ “者”，原注：“《史記索隱》作‘何’。”

⑤ “者人邪抑非人耶”，《叢書集成》本《大戴禮記》盧辯注曰：“案《樂記》疏引此文無‘者’字，‘邪’皆作‘也’。”原注：“二‘邪’字，《史記索隱》作‘也’。”

⑥ “邪”，原注：“一本作‘也’。”

⑦ “闇”，《叢書集成》本《大戴禮記》作“闇”。

⑧ “貔”下，原注：“《御覽》引下有‘貅’字。”“貔豹”，《叢書集成》本《大戴禮記》“貔”下有“貅”，“豹”作“貙”，盧辯注曰：“案各本脱‘貅’字，‘貙’訛作‘豹’。今據《太平御覽》所引及《史記》訂正。”

與赤帝戰于版泉之野,① 三戰，然後得行其志。黄黼黻衣,② 大帶，黼裳，乘龍扆雲,③ 以順天地之紀、幽明之故、死生之説、存亡之難。時播百穀草木，淳化鳥獸昆蟲,④ 歷離日月星辰，極畋土石金玉，勞心力耳目,⑤ 節用水火材物。生而民得其利百年，死而民畏其神百年，亡而民用其教百年，故曰三百年。”

宰我曰:⑥ “請問帝顓頊。”孔子曰：“五帝用説,⑦ 三王用度，女欲一日辯聞古昔之説,⑧ 躁哉予也!”宰我曰：“昔者予也聞諸夫子曰：‘小子無有宿問。’”孔子曰：“顓頊，黄帝之孫，昌意之子也，曰高陽。洪淵以有謀，疏通而知事，養材以任地,⑨ 履時以象天，依鬼神以制義，治氣以教民，潔誠以祭祀。乘龍而至四海，北至于幽陵，南至于交趾，西濟于流

---

① “赤帝戰于版”,《叢書集成》本《大戴禮記》作“赤帝戰于阪”。盧辯注曰：“案‘赤’,《史記》作‘炎’,各本‘阪’訛作‘版’,今據《後漢志》注所引訂正。”

② “黄”下,原衍“帝”字,據《叢書集成》本《大戴禮記》及下文“黄黼黻衣,執中而獲天下”“黄黼黻衣,丹車白馬”删。盧辯注曰:“案‘黄’下,各本衍‘帝’字,今據後文訂正。”

③ “扆”,原注:“《御覽》引作‘駕’。”

④ “淳化”,原作“故教化淳”,據《叢書集成》本《大戴禮記》改。盧辯注曰：“案‘淳化’,各本作‘故教化淳’,今從方本及《史記》。”

⑤ “劳”上,《叢書集成》本《大戴禮記》有“勤”字。盧辯注曰:“案各本脱‘勤’字,今據《路史》注所引訂定。”“勞”,原注:“《史記正義》引作‘勞勤’,《御覽》作‘旁動’。”

⑥ “曰”,原脱,據《叢書集成》本《大戴禮記》補。盧辯注曰:“案各本脱‘曰’字,今從方本。”

⑦ “説”,《四部叢刊》本《大戴禮記》作“記”。郭沂曰:“《解詁》《今注》‘説’皆作‘記’。”

⑧ “辯”,《叢書集成》《四部叢刊》本《大戴禮記》作“辨”。

⑨ “材”,《叢書集成》本《大戴禮記》作“財”。盧辯注曰:“案‘財’,各本作‘材’,今從《史記索隱》所引。”“材”,原注:“《史記索隱》引作‘財’。”

沙，東至于蟠木。動静之物，大小之神，日月所照，莫不祇勵。”①

宰我曰：“請問帝嚳？”孔子曰：“玄囂之孫，蟜極之子也，曰高辛。生而神靈，自言其名，博施利物，不於其身。聰以知遠，明以察微。順天之義，知民之急。②仁而威，惠而信，修身而天下服。取地之財而節用之，撫教萬民而利誨之，歷日月而迎送之，明鬼神而敬事之。其色郁郁，其德嶷嶷。③其動也時，其服也士。春夏乘龍，秋冬乘馬，黄黼黻衣，執中而獲天下。日月所照，風雨所至，莫不從順。”

宰我曰：“請問帝堯？”孔子曰：“高辛之子也，曰放勛。其仁如天，其知如神。就之如日，望之如雲。富而不驕，貴而不豫。黄黼黻衣，丹車白馬。伯夷主禮，龍、夔教舞，舉舜、彭祖而任之，四時先民治之。流共工于幽州，以變北狄；放驩兜于崇山，以變南蠻；殺三苗于三危，以變西戎；殛鯀于羽山，以變東夷。其言不貳，其德不回。④四海之内，舟輿所至，莫不説夷。”

宰我曰：“請問帝舜？”孔子曰：“蟜牛之孫，瞽叟之子也，曰重華。好學孝友，聞于四海，陶家事親，⑤寬裕温良。

① “祇”,《叢書集成》本《大戴禮記》作“秖”。原注:“《史記索隱》引作‘秖’。”

② “急”,《叢書集成》本《大戴禮記》作“隱”。盧辯注曰:“案‘隱’字,他本或訛作‘急’,今從高安本。”

③ “其色郁郁其德嶷嶷”,《叢書集成》本《大戴禮記》作“其色穆穆,其德俟俟”。盧辯注曰:“案各本作‘其色郁郁,其德嶷嶷’,蓋後人因《史記》之文所改。索隱云:‘今按《大戴禮》“郁”作“穆”,“嶷”作“俟”。’可証唐時本。”原注:“《史記索隱》引‘郁’作‘神’,‘嶷’作‘俟’。”

④ “德”,郭沂曰:“《解詁》《今注》‘德’皆作‘行’。”

⑤ “家”,《叢書集成》本《大戴禮記》作“漁”。原注:“屠本作漁。”

教敦而知時,[①] 畏天而愛民，恤遠而親親。[②] 承受大命，依于倪皇，睿明通知，爲天下王。使禹敷土，主名山川，以利於民。使后稷播種，務勤嘉穀，以作飲食。羲和掌歷，敬授民時。使益行火，以辟山萊。伯夷主禮，以節天下。夔作樂，以歌籥舞，和以鐘鼓。皋陶作士，忠信疏通，知民之情。契作司徒，教民孝友，敬政率經。其言不惑，其德不慝，舉賢而天下平，南撫交趾、大教;[③] 西：鮮支、[④] 渠廋、氐羌；北：山戎、北發、[⑤] 息慎；東：長夷、[⑥] 鳥夷、羽民。舜之少也，惡顇勞苦，二十以孝聞乎天下，三十在位，嗣帝所，五十乃死，葬于蒼梧之野。”

宰我曰：“請問禹?”孔子曰：“高陽之孫，鯀之子也，曰文命。敏給克濟，其德不回，其仁可親，其言可信。聲爲律，身爲度，稱以上士。[⑦] 亹亹穆穆，爲綱爲紀。巡九州，通九道，陂九澤，度九山。爲神主，爲民父母。左準繩，右規矩，履四時，據四海，平九州，戴九天，明耳目，治天下。舉皋陶

① “教敦”,《叢書集成》本《大戴禮記》作“敦敏”。原注:“一作敦敏。”

② 下“親”字,《叢書集成》本《大戴禮記》作“近”。

③ “教”,原作“放”,據《叢書集成》本《大戴禮記》改。盧辯注曰:“案‘大’下,舊注一作‘放’,乃校書者語,亦當在‘教’字之下。”

④ “西”,據《叢書集成》本《大戴禮記》補。盧辯注曰:“案‘鮮支’上脱一‘西’字。”

⑤ “北”,據《叢書集成》本《大戴禮記》補。盧辯注曰:“案《史記索隱》云‘山戎’下少一‘北’字。北發是北方國名。”

⑥ “夷”,據《叢書集成》本《大戴禮記》補。盧辯注曰:“案‘長’下,各本脱‘夷’字,今據《史記索隱》所引訂定。”

⑦ “上士”,《叢書集成》本《大戴禮記》盧辯注曰:“案‘上士’二字,當從《史記》作‘出’。‘稱以出’,猶言比量而出也。”

與益以贊其身，舉干戈以征不享不道無德之民。[①] 四海之内，舟車所至，莫不賓服。”

孔子曰：“予，大者如説，民説至矣。予也，非其人也。”宰我曰：“予也，不足誠也，敬承命矣。”他日，宰我以語人。有爲道諸夫子之所，孔子曰：“吾欲以顔色取人，於滅明邪改之；吾欲以語言取人，於予邪改之；吾欲以容貌取人，於師邪改之。”宰我聞之，懼，不敢見。

《大戴禮·虞戴德》：公曰：“昔有虞戴德何以？深慮何及？高舉安取？”子曰：“君以聞之，[②] 唯丘無以更也，君之聞如未成也，[③] 黄帝慕修之。[④] 曰：明法于天，明開施教于民，[⑤] 行此以上，明于天化也，開物毕起，[⑥] 是故民聽命而弗改也。”[⑦] 公曰：“善哉！以天教于民，可以班乎？”子曰：“可哉。雖可而弗由，此以上知所以行斧鉞也。[⑧] 父之於子，天也；君之於臣，天也。有子不事父，有臣不事君，是非反天而

---

① “不道無德”，《叢書集成》本《大戴禮記》作“不庭無道”。郭沂曰：“‘不道、無德’《解詁》《今注》皆作‘不庭、無道’。”

② “以”，《叢書集成》本《大戴禮記》作“已”。盧辯注曰：“案‘已’，各本作‘以’，今從楊本。”

③ “如”，《叢書集成》本《大戴禮記》作“而”。盧辯注曰：“案‘而’，各本作‘如’，今從方本。”

④ “修”，原注：“一作‘循’。”

⑤ “明”下，原衍“開”字，據《叢書集成》本《大戴禮記》删。盧辯注曰：“案此下各本衍一‘開’字，楊本重一‘明’字，今從方本。”

⑥ “開物毕”，原脱“開”字，“毕”作“必”，據《叢書集成》本《大戴禮記》補、改。盧辯注曰：“案各本脱‘開’字，‘毕’訛作‘必’，今從方本。”

⑦ “聽”，原脱，據《叢書集成》本《大戴禮記》補。盧辯注曰：“案各本脱‘聽’字，今從方本。”

⑧ “以”，《叢書集成》本《大戴禮記》無。盧辯注曰：“案‘此’下各本衍‘以’字，今從方本。”

到行邪？故有子不事父，不順；有臣不事君，必刃。順天作刑，地生庶物。是故聖人之教于民也，率天如祖地，① 能用民德，是以高舉不過天，深慮不過地，質知而好仁，能用民力，此三常之禮明而名不蹇。禮失則壞，名失則惛。是故上古不諱，正天名也；天子之宫四通，② 正地事也；天子御珽，諸侯御荼，大夫服笏，正民德也。斂此三者而一舉之，戴天履地，以順民事。天子告朔於諸侯，率天道而敬行之，以示威于天下也。諸侯内貢於天子，率名斆地實也，是以不至必誅。諸侯相見，卿爲介，以其教士畢行，使仁守，會朝於天子。天子以歲二月爲壇於東郊，建五色，設五兵，具五味，陳六律，③ 奏五聲，聽明教。置離，抗大侯，規鵠，竪物。九卿佐三公，三公佐天子。天子踐位，諸侯各以其屬就位，乃升諸侯。諸侯之教士，④ 教士執弓挾矢，揖讓而升，履物以射，其心志端，⑤ 容色正，⑥ 時以斆伎，時有慶以地，不時有讓以地。天下之有道也，有天子存；國之有道也，君得其正，家之不亂也，有仁父存。是故聖人之教于民也，以其近而見者，稽其遠而明者。天

---

① "如",《叢書集成》本《大戴禮記》作"而"。盧辯注曰:"案'而'各本作'如',今從方本。"

② "宫",《叢書集成》《四部叢刊》本《大戴禮記》作"官"。

③ "律"下,原衍"品"字,據《叢書集成》本《大戴禮記》删。盧辯注曰:"案'律'下各本衍'品'字,今從方本。"

④ "諸侯諸侯",《叢書集成》本《大戴禮記》不重"諸侯"。盧辯注曰:"案各本重'諸侯'二字,今從方本。"

⑤ "其心志端",原作"其地心端",據《叢書集成》本《大戴禮記》改。盧辯注曰:"案各本譌作'其地心端',今從方本。"

⑥ "容色",《叢書集成》《四部叢刊》本《大戴禮記》作"色容",郭沂曰:"《解詁》《今注》'容色'皆作'色容'。"

事曰明，地事曰昌，人事曰樂，① 比兩以慶。違此三者，謂之愚民；愚民曰奸，奸必誅。是以天下平而國家治，民亦無貸，居小不約，居大則治，衆則集，寡則繆，祀則得福，以征則服，此唯官民之上德也。"

公曰："三代之相授，必更制典物，道乎？"子曰："否。猷德保，保惛乎前，以小繼大，變民示也。"② 公曰："善哉！子之察教我也。"子曰："丘於君，唯無言，言必盡，於他人則否。"公曰："教他人則如何？"子曰："否。丘則不能。昔商老彭及仲傀，政之教大夫，官之教士，技之教庶人，揚則抑，抑則揚，綴以德行，不任以言。庶人以言，猶以夏后之袝懷袍褐也，③ 行不越境。"公曰："善哉！我則問政，子事教我。"子曰："君問已參黄帝之制，制之大禮也。"公曰："先聖之道斯爲美乎？"子曰："斯爲美。雖有美者，必偏。屬於斯，昭天之福，迎之以祥；作地之福，④ 制之以昌；興民之德，守之以長。"公曰："善哉！"

《大戴禮·誥志》：公曰："誥志無荒，以會民義，齋戒必敬，會時必節，犧牲必全，齊盛必潔，上下禋祀，外内無失節，其可以省怨遠災乎？"子曰："丘未知其可以省怨也。"公曰："然則何以事神？"子曰："以禮會時。夫民見其禮則上下

---

① "樂"，原脱，據《叢書集成》本《大戴禮記》補。盧辯注曰："案各本脱'樂'字，今從方本。"

② "示"，《叢書集成》本《大戴禮記》作"視"。盧辯注曰："案'視'各本作'示'，今從方本。"

③ "后"下，《叢書集成》本《大戴禮記》有"氏"字。

④ "福"，《叢書集成》本《大戴禮記》作"穡"。盧辯注曰："案'穡'各本訛作'福'，今從方本。"

援，援則樂，[①] 樂斯無憂，以此省怨而亂不作也。[②] 夫禮，會其四時、四孟、四季、五牲、五穀，順至必時其節也。[③] 丘未知其可以遠災也。”公曰：“然則爲此何以?”子曰：“知仁合則天地成，天地成則庶物時，庶物時則民財敬，[④] 民財敬以時作，[⑤] 時作則節事，節事以動衆，動衆則有極，[⑥] 有極以使民則勸，勸則有功，有功則無怨，無怨則嗣世久，[⑦] 唯聖人。是故政以勝衆，非以陵衆；衆以勝事，非以傷事；事以靖民，非以徵民。故地廣而民衆，非以爲災，長之禄也。丘聞周太史曰：‘政不率天，下不由人，[⑧] 則凡事易壞而難成。’虞史伯夷曰：‘明，孟也；幽，幼也；明幽，雌雄也。雌雄迭興而順，至正之統也。’日歸于西，起明于東；月歸于東，起明于西。

---

① “則上下援援則樂”，《叢書集成》本《大戴禮記》作“則上下不援，不援則樂”。原注：“《大訓》作‘則上下不援，不援則樂’。”

② “以此”，《叢書集成》本《大戴禮記》作“此以”。盧辯注曰：“案‘此以’各本訛作‘以此’，今從楊本。”“省怨”，據上文“其可以省怨遠災乎”“丘未知其可以省怨也”改。郭沂曰：“《解詁》《今注》‘怨省’皆作‘省怨’，是也。”

③ “也”，《叢書集成》本《大戴禮記》無。盧辯注曰：“案此下各本衍‘也’字，今從楊本。”

④ “敬”，原注：“一作‘欲’。”

⑤ “敬民財敬”，《叢書集成》本《大戴禮記》作“儆民財儆”。盧辯注曰：“案‘儆’字從楊本，各本訛作‘敬’。”

⑥ “動衆動衆”，《叢書集成》本《大戴禮記》不重“動衆”。盧辯注曰：“案各本重‘動衆’二字，今從楊本。”

⑦ “世久”，《叢書集成》本《大戴禮記》重此二字。盧辯注曰：“案各本脱下‘世久’二字，今從楊本。”原注：“《大訓》重‘世久’二字。”

⑧ “下”，《叢書集成》本《大戴禮記》無。盧辯注曰：“案此下各本衍‘下’字，今從楊本。”

虞夏之歷，正建於孟春，[①] 於時冰泮發蟄，百草權輿，瑞雉無釋。[②] 物乃歲俱生於東，以順四時，[③] 卒于冬萬；[④] 於時雞三號，卒明；[⑤] 載于青色，撫十二月節，卒于丑。日月成歲歷，再閏以順天道，此謂歲虞汁月。[⑥] 天曰作明，曰與維天是載；地曰作昌，曰與維地是事；人曰作樂，曰與維民是嬉。[⑦] 民之動能，不遠厥事；[⑧] 民之悲色，[⑨] 不遠厥德，此謂表裏時合。[⑩] 物之所生，而蕃昌之道如此。天生物，地養物，物備興而時用常節，[⑪] 曰聖人；主祭于天，曰天子。天子崩，步于四川，代于四山，[⑫] 卒葬曰帝。天作仁，地作富，人作治，樂治不倦，財富時節，是故聖人嗣則治。文王治以俟時，湯治以伐亂，禹治以移衆，衆服以立天下。堯貴以樂治時，舉舜。舜治以德使

---

① “正建”,《叢書集成》本《大戴禮記》作“建正”。盧辯注曰:“案‘建正’各本訛作‘正建’,今從《晋志》所引。”

② “百草權輿瑞雉無釋”,《叢書集成》本《大戴禮記》盧辯注曰:“案《史記》作‘百草奮興,秭鳺先滜’。”原注:“《史記》作‘百草奮興,秭鳺先滜’。”

③ “以”,《叢書集成》本《大戴禮記》作“次”。盧辯注曰:“案各本訛作‘以’,今從楊本。”

④ “萬”,《叢書集成》本《大戴禮記》作“方”。盧辯注曰:“案各本訛作‘萬’,今從楊本。”原注:“一作‘分’,《大訓》作‘方’。”

⑤ “卒”後,據上文“卒于冬萬”、下文“卒于丑”,當有“于”字。

⑥ “歲”,《叢書集成》本《大戴禮記》無。盧辯注曰:“案‘謂’下各本衍‘歲’字,今從楊本。”原注:“《大訓》無‘歲’字。”

⑦ “曰與維天是載”“曰與維地是事”“曰與維民是嬉”,《叢書集成》《四部叢刊》本《大戴禮記》“曰”皆作“日”,“載”皆作“戴”。盧辯注曰:“案三‘日’字各本訛作‘曰’,今從袁本、楊本、方本。”

⑧ “事”,原注:“一作‘享’。”

⑨ “悲”,《叢書集成》本《大戴禮記》作“妃”。盧辯注曰:“案‘妃’各本訛作‘悲’,今從方本。”

⑩ “表裏”,原注:“《大訓》作‘表表裏裏’。”

⑪ “時”,原注:“《大訓》作‘日’。”

⑫ “代”,《叢書集成》本《大戴禮記》作“伐”。原注:“《大訓》作‘伐’。”

力。在國統民如恕,① 在家撫官而國,② 安之勿變，勸之勿沮，民咸廢惡如進良,③ 上誘善而行罰,④ 百姓盡於仁而遂安之，此古之明制之治天下也。仁者爲聖，貴次，力次，美次，射御次。古之治天下者必聖人，聖人有國，則日月不食，星辰不隕，勃海不運,⑤ 河不滿溢，川澤不竭，山不崩解，陵不施谷,⑥ 川浴不處,⑦ 深淵不涸。於時龍至不閉，鳳降忘翼，鷙獸忘攫,⑧ 爪鳥忘距，蜂蠆不螫嬰兒，蝨虻不食夭駒，雒出服，河出圖。自上世以來，莫不降仁。國家之昌，國家之臧，信仁。是故不賞不罰，如民咸盡力，車不建戈，遠邇咸服，允使來往,⑨ 他賓畢極,⑩ 無怨無惡，率惟懿德。此無空禮，無空名。賢人並憂，殘毒以時省,⑪ 舉良良，舉善善，恤民使

---

① “如”,《叢書集成》本《大戴禮記》作“而”。盧辯注曰:“案‘而’各本作‘如’,今從方本。”

② “而”,《叢書集成》本《大戴禮記》作“如”。盧辯注曰:“案‘如’各本作‘而’,今從方本。”

③ “如”,《叢書集成》本《大戴禮記》作“而”。盧辯注曰:“案‘而’各本亦作‘如’,今從方本。”

④ “誘”,原注:“《大訓》作‘撫’。”

⑤ “隕勃”,《叢書集成》本《大戴禮記》“勃”作“孛”,無“隕”字。盧辯注曰:“案‘孛’各本訛作‘勃’,上又衍‘隕’字,今從高安本。”“隕”,原注:“一本無‘隕’字。”“勃”,原注:“《大訓》作‘孛’。”

⑥ “施谷”,《叢書集成》本《大戴禮記》“施”作“陁”,無“谷”字。盧辯注曰:“案‘陁’各本作‘施’,下又衍‘谷’字,今從方本。”原注:“一本無‘谷’字。”

⑦ “浴”,《叢書集成》本《大戴禮記》作“谷”。盧辯注曰:“案‘谷’各本訛作‘浴’,今從方本。”原注:“《大訓》作‘洛’。”

⑧ “鷙”,郭沂曰:“《解詁》《今注》‘鷙’皆作‘蟄’。”

⑨ “允”,《四部叢刊》本《大戴禮記》作“胤”。郭沂曰:“《解詁》《今注》‘允’皆作‘胤’。”

⑩ “他”,《四部叢刊》本《大戴禮記》作“地”。郭沂曰:“《解詁》《今注》‘他’皆作‘地’。”

⑪ “毒”,原注:“《大訓》無‘毒’字。”

仁，日斆仁賓也。”

《大戴禮·用兵》：公曰：“用兵者，其由不祥乎？”子曰：“胡爲其不祥也？聖人之用兵也，以禁殘止暴於天下也。及後世貪者之用兵也，[1] 以刈百姓，危國家也。”公曰：“古之戎兵，[2] 何世安起？”子曰：“傷害之生久矣，與民皆生。”公曰：“蚩尤作兵與？”子曰：“否。蚩尤，庶人之貪者也，及利無義，不顧厥親，以喪厥身。蚩尤，惛欲而無厭者也，[3] 何器之能作？[4] 蜂蠆挾螫而生見害，而校以衛厥身者也。人生有喜怒，故兵之作，與民皆生，聖人利用而彌之，亂人興之喪厥身。《詩》云：‘魚在在藻，厥志在餌。’‘鮮民之生矣，不如死之久矣。’‘校德不塞，嗣武于孫子。’[5] 聖人愛百姓而憂海内，及後世之人，思其德，必稱其仁，[6] 故今之道堯、舜、禹、湯、文、武者猶依然，至今若存。[7] 夫民思其德，必稱其人，朝夕祝之，升聞皇天，上神歆焉，故永其世而豐其年也。夏桀、商紂、羸暴於天下，[8] 暴極不辜，殺戮無罪，不祥于天。粒食之民，布散厥親，疏遠國老，幼色是與，而暴慢是

---

① “貪”，《叢書集成》本《大戴禮記》作“強”。盧辯注曰：“案‘強’各本作‘貪’，今從《周禮·肆師》疏所引。”

② “戎”，原注：“《大訓》作‘用’。”

③ “欲”，原重“欲”字，據《四部叢刊》本《大戴禮記》删。郭沂曰：“《解詁》無‘欲’字，蓋衍文。”

④ “何器之能作”，原注：“《周禮》疏引作‘何兵之能造’。”

⑤ “于”，郭沂曰：“《解詁》《今注》無‘于’字。”

⑥ “仁”，《叢書集成》本《大戴禮記》作“人”。盧辯注曰：“按‘人’各本訛作‘仁’，今從楊本。”原注：“《大訓》作‘人’。”

⑦ “依然至”，《叢書集成》本《大戴禮記》作“威致王”。盧辯注曰：“按‘依然至’各本訛作‘威致王’，今從方本。”

⑧ “羸”，《叢書集成》本《大戴禮記》作“羸”。原注：“《大訓》作‘羸’。”

親，讒貸處穀，法言法行處辟，殀替天道，逆亂四時，禮樂不行，而幼風是御，歷失制，攝提失方，鄒大無紀，① 不告朔於諸侯，② 玉瑞不行，諸侯力政，不朝於天子，六蠻四夷交伐於中國。於是降之災，水旱臻焉，霜雪大滿，③ 甘露不降，百草殨黄，五穀不升，民多夭疾，六畜餼眥，④ 此太上之不論不議也。殀傷厥身，失墜天下。夫天下之報殃於無德者，⑤ 必與其民。”公懼焉，曰：“在民上者，可以無懼乎哉？”

《大戴禮·少間》：公曰：“今日少間，我請言情於子。”子愀然變色，⑥ 遷席而辭曰：“君不可以言情於臣，臣請言情於君。君則不可。”公曰：“師之而不言情焉，其私不同。”子曰：“否。臣事君而不言情於君，則不臣；君而不言情於臣，⑦ 則不君。有臣而不臣，猶可；有君而不君，民無所錯手足。”公曰：“吾度其上下，咸通之，權其輕重居之；準民之色，目既見之；鼓民之聲，耳既聞之；動民之德，心既和之；通民之欲，兼而壹之，愛民親賢而教不能，民庶説乎？”子曰：“説則説矣，可以爲家，不可以爲國。”公曰：“可以爲家，胡爲不可以爲國？國之民，家之民也。”子曰：“國之民，誠家之民也。

---

① “鄒大無紀”，原注：“《漢書》作‘孟陬無紀’。”

② “告”，《叢書集成》本《大戴禮記》作“頒”。盧辯注曰：“按‘頒’各本訛作‘告’，今從方本。”

③ “滿”，《叢書集成》本《大戴禮記》作“薄”。盧辯注曰：“按‘薄’各本作‘滿’，今從楊本。”

④ “眥”，《叢書集成》本《大戴禮記》作“胔”。

⑤ “夫天下之報”，《叢書集成》本《大戴禮記》作“夫天之報”。盧辯注曰：“案各本作‘夫天下之報’，今從方本。”“者”下，《叢書集成》本《大戴禮記》有“也”字。

⑥ “然”，《四部叢刊》本《大戴禮記》作“焉”。

⑦ “不”，《叢書集成》本《大戴禮記》無。盧辯注曰：“案‘君而’下各本衍‘不’字，今從楊本。”

然其名異，不可同也。同名同食曰同等。唯不同等，民以知極，故天子昭百神於天地之間，① 以示威於天下也。諸侯修禮於内，② 以事天子；大夫修官守職，以事其君；士修四衛，執技論力，以聽乎大夫；庶人仰視天文，俯視地理，力時使以聽乎父母。此惟不同等，民以可治也。”公曰：“善哉！上與下不同乎？”子曰：“將以時同、時不同，上謂之閒，下謂之多疾。君時同於民，布政也；民時同於君，服聽也。上下相報，而終於施。大猶已成，發其小者；遠猶已成，發其近者；將行重器，③ 先其輕者。先清而後濁者，天地也。天政曰正，地政曰生，人政曰辯。④ 苟本正，則華英必得其節以秀孚矣。此官民之道也。”公曰：“善哉！請少復進焉。”

子曰：“昔堯取人以狀，⑤ 舜取人以色，禹取人以言，湯取人以聲，文王取人以度。此四代五王之取人以治天下如此。”公曰：“嘻！善之不同也。”子曰：“何謂其不同也？”公曰：“同乎？”子曰：“同。”公曰：“人狀可知乎？”子曰：“不可知也。”公曰：“五王取人，各有以舉之，胡爲人之不可知也？”子曰：“五王取人，比而視，相而望；五王取人，各以己焉，是以同狀。”公曰：“以子相人何如？”子曰：“否，丘則不能。

---

① “百”，原作“有”，據《叢書集成》本《大戴禮記》改。盧辯注曰：“按‘百’各本訛作‘有’，今從方本。”

② “内”上，《叢書集成》《四部叢刊》本《大戴禮記》有“封”字。郭沂曰：“《解詁》《今注》‘内’前有‘封’。”

③ “行”，《叢書集成》本《大戴禮記》作“持”。盧辯注曰：“按‘持’各本作‘行’，今從方本。”

④ “辯”，《叢書集成》《四部叢刊》本《大戴禮記》作“辨”。

⑤ “以”，原作“民”，據《叢書集成》本《大戴禮記》改。原注：“《大訓》作‘以’。”

五王取人，丘也傳聞之以委於君。丘則否能，[①]亦又不能。"公曰："我聞子之言，始蒙矣。"子曰："由君居之成於純，胡爲其蒙也？雖古之治天下者，豈生於異州哉？昔虞舜以天德嗣堯，布功散德制禮。朔方幽都來服，[②]南撫交趾，出入日月，莫不率俾，西王母來獻其白琯，粒食之民，昭然明視，民明教，通于四海，海外肅慎、[③]北發、渠搜、氐、羌來服。舜崩，有禹代興。[④]禹卒受命，乃遷邑姚姓于陳，作物配天，修德使力，民明教，通于四海，海之外，肅慎、北發、渠搜、氐、羌來服。禹崩，十有七世，乃有末孫桀即位。桀不率先王之明德，乃荒耽于酒，淫泆于樂，德昏政亂，作宮室高臺污池土察，[⑤]以爲民虐，[⑥]粒食之民，惛焉幾亡。乃有商履代興。商履循禮法，以觀天子，天子不説，則嫌於死。成湯卒受天命，不忍天下粒食之民刈戮，不得以疾死，故乃放移夏桀，散亡其佐，乃遷姒姓于杞，發厥明德，順民天心嗇地，[⑦]作物配

① "能"，《叢書集成》本《大戴禮記》無。盧辯注曰："案此下各本有'能'字，乃注文誤连作正文，今改正。"

② "服"，《叢書集成》本《大戴禮記》作"报"。

③ "海"下，《叢書集成》本《大戴禮記》有"之"字。盧辯注曰："案各本脱'之'字，今從楊本。"

④ "崩"，據《叢書集成》本《大戴禮記》補。盧辯注曰："案各本脱此字，今從楊本。""有"，原注："《大訓》作'崩'。"

⑤ "室"，原脱，據《叢書集成》本《大戴禮記》補。"宫"下，原注："一本有'室'字。"

⑥ "以爲民虐"，原作"以民爲虐"，據下文"紂不率先王之明德，乃上祖夏桀行，荒耽於酒，淫佚於樂，德昏政亂，作宫室高臺污池土察，以爲民虐"、《叢書集成》本《大戴禮記》乙正。《叢書集成》本《大戴禮記》盧辯注曰："案各本作'以民爲虐'，今從後文訂正。""土察以爲民虐"，郭沂曰："'土察以爲民虐'一句，俞樾以爲當作'以民爲土察（土芥）'，'虐'爲衍文；王樹枏以爲當作'虐民以爲土察'。"

⑦ "順民天心嗇地"，《叢書集成》本《大戴禮記》作"順天嗇地"。盧辯注曰："按各本作'順民天心嗇地'，今從方本。"

天，制典慈民，咸合諸侯，作八政，命於總章，服禹功以修舜緒，爲副于天。粒食之民，昭然明視，民明教，通于四海，海之外肅慎、北發、渠搜、氐、羌來服。成湯卒崩，① 殷德小破，二十有二世乃有武丁即位。開先祖之府，取其明法，以爲君臣上下之節，殷民更眩，② 近者説，遠者至，粒食之民，昭然明視。武丁年崩，③ 殷德大破，九世乃有末孫紂即位。紂不率先王之明德，乃上祖夏桀行，荒耽於酒，淫佚於樂，④ 德昏政亂，作宫室高臺污池土察，以爲民虐，粒食之民，忽然幾亡。乃有周昌霸諸侯以佐之。紂不説諸侯之聽於周昌，則嫌於死。⑤ 乃退伐崇許魏，以客事天子。文王卒受天命，作物配天，制無用，⑥ 行三明，親親尚賢，民明教，通于四海，海之外肅慎、北發、渠搜、氐、羌來服。君其志焉，或徯將至也。”公曰：“大哉！子之教我政也。列五王之德，煩煩如繁諸乎！”

子曰：“君無譽臣，臣之言未盡，請盡臣之言，君如財之。⑦ 曰：於此有功匠焉，有利器焉，有措扶焉，以時令其藏

---

① “卒”，《叢書集成》本《大戴禮記》作“既”。盧辯注曰：“案‘既’，他本或訛作‘年’，或訛作‘卒’，今從方本。”

② “眩”，《叢書集成》本《大戴禮記》作“服”。盧辯注曰：“案各本訛作‘眩’，今從楊本。”原注：“《大訓》作‘服’。”

③ “年”，《叢書集成》本《大戴禮記》作“既”。盧辯注曰：“案‘既’，他本或訛作‘年’，或訛作‘卒’，今從方本。”原注：“《大訓》作‘卒’。”

④ “佚”，《叢書集成》《四部叢刊》本《大戴禮記》作“泆”。郭沂曰：“《解詁》《今注》‘佚’作‘泆’。”

⑤ “則”，《四部叢刊》本《大戴禮記》作“别”。原注：“一作‘别’。”

⑥ “制無用”，《叢書集成》本《大戴禮記》作“制法任地”。盧辯注曰：“案此四字今訛作‘制無用’三字，今從方本。”“無”，原注：“孔校作‘典’。”

⑦ “如”，《叢書集成》本《大戴禮記》作“而”。盧辯注曰：“案‘而’各本作‘如’，今從方本。”

必周密，發如用之，[①] 可以知古，可以察今，可以事親，可以事君，可用于生，又用之死，吉凶並興，禍福相生，卒反生福，大德配天。”公愀然其色，曰：“難立哉！”子曰：“臣願君之立知如以觀聞也。[②] 時天之氣，用地之財，以生殺於民，民之死，不可以教。”公曰：“我行之，其可乎？”子曰：“唯，此在君。君曰足，臣恐其不足；君曰不足，[③] 舉其前，必舉其後，舉其左，必舉其右。君既教矣，安能無善！”公吁焉其色，曰：“大哉！子之教我制也。政之豐也，如木之成也。”[④] 子曰：“君知未成，言未盡也。凡草木根鞁傷，則枝葉必偏枯，偏枯是爲不實。民亦如之。[⑤] 上失政大，及小人畜穀。”[⑥] 公曰：“所謂失政者，若夏、商之謂乎？”子曰：“否。若夏商者，天奪之魄，不生德焉。”公曰：“然則何以謂失政？”子曰：“所謂失政者，疆蔞未虧，[⑦] 人民未變，鬼神未亡，水土未絪，糟者猶糟，實者猶實，玉者猶玉，血者猶血，酒者猶

① “如”，《叢書集成》本《大戴禮記》作“而”。盧辯注曰：“案‘而’各本作‘如’，今從方本。”

② “如”，《叢書集成》本《大戴禮記》作“而”。“觀聞”，《四部叢刊》本《大戴禮記》作“問觀”。原注：“一作‘問觀’。”

③ “不足”下，原注：“一本下有‘臣恐其足’四字。”

④ “木”，原作“未”，據《叢書集成》《四部叢刊》本《大戴禮記》改。原注：“一本作‘木’。”

⑤ “民”，原作“穀”，據《叢書集成》本《大戴禮記》改。盧辯注曰：“案‘民’各本訛作‘穀’，今從方本。”

⑥ “小”，《叢書集成》本《大戴禮記》無。盧辯注曰：“案‘及’下各本有‘小’字，今從方本。”

⑦ “蔞”，《叢書集成》本《大戴禮記》作“藪”。盧辯注曰：“案‘藪’各本訛作‘蔞’，今從方本。”

酒，優以繼湛，[1] 政出自家門，此之謂失政也。非天是反，人自反。[2] 臣故曰：‘君無言情於臣。’君無假人器，君無假人名。”公曰：“善哉！”

《公羊》襄二十九年何休解詁：孔子曰：“三皇設言，民不違；五帝畫象，世順機；三王肉刑，揆漸加；應世黠巧，奸僞多。”[3]

《初學記》九引《七經義綱》：孔子曰：“天子之德，感天地，洞八方，以化合神者，稱皇；德合天者，稱帝；德合仁義者，稱王。”

《藝文類聚》十一引《帝王世紀》：孔子稱：“天子之德，感天地，洞八方，是以化合神者，稱皇；德合天地者，稱帝；仁義合者，稱王。”[4]

《史記·商君傳》：孔丘有言曰：“推賢而戴者進，聚不肖而王者退。”

《後漢書·翟酺傳》酺上疏：[5] 孔子曰：“吐珠於澤，誰能不含？”[6]

---

① “湛”，《叢書集成》本《大戴禮記》作“愖”。郭沂曰：“‘湛’《解詁》《今注》皆作‘愖’。”

② “自”，《四部叢刊》本《大戴禮記》作“是”。原注：“一作‘是’。”

③ “孔子曰”至“奸僞多”條，原注：“疏云：‘《孝经説》文。’”

④ “孔子稱天子之德”至“仁義合者稱王”條，原注：“又見《御覽》七十六。”

⑤ “翟酺傳酺”，郭沂曰：“中華書局《後漢書》‘酺’作‘酺’。”

⑥ “孔子曰吐珠於澤誰能不含”條，原注：“注《春秋保乾圖》曰：‘臣功大者主威侵，權并族害己奸行，吐珠於澤，誰能不含？’”

《後漢書·李雲傳》雲上書：孔子曰：“帝者，諦也。”①

《後漢書·五行志》注引《魏志》高堂隆對：孔子曰：“災者，修類應行，精祲相感，以戒人君。”

《荀子·王制》：孔子曰：“大節是也，小節是也，上君也；大節是也，小節一出焉，② 一入焉，中君也；大節非也，小節雖是也，吾無觀其餘矣。”

《荀子·哀公》：魯哀公問舜冠於孔子，孔子不對。三問，不對。哀公曰：“寡人問舜冠於子，何以不言也？”孔子曰：③“古之王者，有務而拘領者矣，其政好生而惡殺焉，是以鳳在列樹，麟在郊野，烏鵲之巢，可俯而窺也。君不此問，而問舜冠，所以不對也。”

《荀子·哀公》：魯哀公問於孔子曰：“寡人生於深宫之中，長於婦人之手。寡人未嘗知哀也，未嘗知憂也，未嘗知勞也，未嘗知懼也，未嘗知危也。”孔子曰：“君之所問，聖君之問也。丘，小人也，何足以知之？”曰：“非吾子無所聞之也。”孔子曰：“君入廟門而右，登自胙階，仰視榱棟，俯見几筵，其器存，其人亡。君以此思哀，則哀將焉不至矣！④ 君昧爽而櫛冠，平明而聽朝，一物不應，亂之端也。君以此思憂，則憂將焉不至矣！君平明而聽朝，日昃而退，諸侯之子孫必有

① “孔子曰帝者諦也”條，原注：“注《春秋運斗樞》曰：‘五帝修名立功，修德成化，統調陰陽，招類使神，故稱帝。帝之言諦也。’鄭玄注云：‘審諦於物也。’”

② “小節”下，《諸子集成》本《荀子集解》王先謙引盧文弨曰：“宋本‘小節’下有‘非也’二字。”

③ “曰”上，《諸子集成》本《荀子》有“對”字。郭沂曰：“《簡釋》《百子》本‘曰’上有‘對’。”

④ “焉”下，《諸子集成》本《荀子》有“而”字。王先謙引盧文弨曰：“正文‘將焉’下元刻有‘而’字，下四句並同。‘而’當訓爲‘能’，若以爲衍，不應五句皆誤。”

在君之末庭者。君以此思勞，則勞將焉不至矣！君出魯之四門，以望魯四郊，亡國之虚則必有數蓋焉。君以此思懼，則懼將焉不至矣！且丘聞之：君者，舟也；庶人者，水也。水則載舟，水則覆舟。君以此思危，則危將焉不至矣！”

《新序·雜事》四：哀公問孔子曰：“寡人生乎深宫之中，長於婦人之手。寡人未嘗知哀也，未嘗知憂也，未嘗知勞也，未嘗知懼也，未嘗知危也。”孔子辟席曰：“吾君之問，乃聖君之問也。丘，小人也，何足以言之？”哀公曰：“否。吾子就席。微吾子，無所聞之矣。”孔子就席曰：“然。君入廟門，升自阼階，仰見榱棟，俯見几筵，其器存，其人亡。君以此思哀，則哀將安不至矣？君昧爽而櫛冠，平旦而聽朝，一物不應，亂之端也。君以此思憂，則憂將安不至矣？君平旦而聽朝，日昃而退，諸侯之子孫必有在君之門庭者。[1] 君以此思勞，則勞將安不至矣？君出魯之四門，以望魯之四郊，亡國之墟列必有數矣。君以此思懼，則懼將安不至矣？丘聞之：君者，舟也；庶人者，水也。水則載舟，水則覆舟。君以此思危，則危將安不至矣？夫執國之柄，履民之上，懔乎如以腐索御犇馬。《易》曰‘履虎尾’，《詩》曰‘如履薄冰’，不亦危乎？”哀公再拜曰：“寡人雖不敏，請事斯語矣。”[2]

《荀子·哀公》：魯哀公問於孔子曰：“紳、委、章、甫，

---

① “庭”，《叢書集成》《四部叢刊》本《新序》作“廷”。

② “斯”，《叢書集成》《四部叢刊》本《新序》作“此”。

有益於仁乎?”孔子蹴然曰:“君號然也?[①] 資衰苴杖者不聽樂,非耳不能聞也,服使然也;黼衣、黻裳者不茹葷,非口不能味也,服使然也。且丘聞之:好肆不守折,長者不爲市。竊其有益與其無益,[②] 君其知之矣。”

《群書治要》《尸子·治天下》:鄭簡公謂子産曰:“飲酒之不樂,鐘鼓之不鳴,寡人之任也;國家之不乂,朝廷之不治,與諸侯交之不得志,子之任也。”子産治鄭,國無盜賊,道無餓人。孔子曰:“若鄭簡公之好樂,雖抱鐘而朝可也。”

《群書治要》《尸子·處道》:孔子曰:“君者,盂也;民者,水也。盂方則水方,盂圓則水圓,上何好而民不從?”

> 《韓非子·外儲説左上》:孔子曰:“爲人君者猶盂也,民猶水也,盂方水方,盂圜水圜。”

《御覽》七十九引《尸子》:子貢曰:“古者黄帝四面,信乎?”孔子曰:“黄帝取合己者四人,使治四方,不計而耕,[③] 不約而成。[④] 此之謂四面。”

《御覽》四百九十引《尸子》:魯哀公問孔子曰:“魯有大忘,徙而忘其妻,有諸?”孔子曰:“此忘之小者也。昔商紂有臣曰王子須,務爲諂,使其君樂須臾之樂,而忘終身之憂。”

---

① “號”,郭沂曰:“《簡釋》云,‘號’當據《家語》改爲‘胡’。”

② “竊”,郭沂曰:“《簡釋》云,‘竊’當據《家語》改爲‘察’。”

③ “耕”,《四庫全書》本《御覽》《二十二子》本《尸子》作“耦”。

④ “使治四方不計而耕不約而成”,原注:“《御覽》三百六十五引作‘使治四方,大有成功’。”

《説苑·敬慎》：魯哀公問孔子曰："予聞忘之甚者，徙而忘其妻，有諸乎？"孔子對曰："此非忘之甚者也，忘之甚者忘其身。"哀公曰："可得聞與？"對曰："昔夏桀貴爲天子，富有天下，不修禹之道，毁壞辟法，裂絶世祀，荒淫于樂，沉酗于酒。其臣有左師觸龍者諂諛不止。湯誅桀，左師觸龍者身死，四支不同壇而居，此忘其身者也。"哀公愀然變色曰："善。"

《御覽》六百二十引《尸子》：孔子謂子夏曰："汝知君子之爲君乎？"① 子夏曰："魚失水則死，水失魚猶爲水也。"孔子曰："商，汝知之。"②

《韓非子·内儲説上·七術》：魯哀公問於孔子曰："鄙諺曰：'莫衆而迷。'今寡人舉事，與群臣慮之而國愈亂，其故何也？"孔子對曰："明主之問臣，一人知之，一人不知也。如是者，明主在上，群臣直議於下。今群臣無不一辭同軌乎季孫者，舉魯國盡化爲一。君雖問境内之人，猶不免於亂也。"

《韓非子·外儲説左上》：晋文公攻原，裹十日糧，遂與大夫期十日至原。十日而原不下，擊金而退，罷兵而去。士有從原中出者曰："原三日即下矣！"群臣左右諫曰："夫原之食竭力盡矣，君姑待之。"公曰："吾與士期十日，不去，是亡吾信也。得原失信，吾不爲也。"遂罷兵而去。原人聞曰："有君如彼其信也，可無歸乎！"乃降公。衛人聞曰："有君如彼其信也，可無從乎！"乃降公。孔子聞而記之曰："攻原得衛者，

---

① "汝"上，《二十二子》本《尸子》有"商"字。

② "孔子謂子夏"條，原注："按《諸子彙函》以爲《尸子·君治》篇文。"

信也。”

《韓非子·外儲説右上》：堯欲傳天下於舜，鯀諫曰：“不祥哉！孰以天下而傳之於匹夫乎？”堯不聽，舉兵而誅殺鯀於羽山之郊。共工又諫曰：“孰以天下而傳之於匹夫乎？”堯不聽，又舉兵而流共工於幽州之都。① 於是天下莫敢言無傳天下於舜。仲尼聞之曰：“堯之知舜之賢，非其難者也；夫至乎誅諫者必傳之舜，乃其難也。”一曰：“不以其所疑敗其所察，則難也。”

《韓非子·難一》：歷山之農者侵畔，舜往耕焉，期年甽畝正；河濱之漁者爭坻，舜往漁焉，期年而讓長；② 東夷之陶者器苦窳，舜往陶焉，期年而器牢。③ 仲尼嘆曰：“耕、漁與陶，非舜官也，而舜往爲之者，所以救敗也。舜其信仁乎！乃躬耕處苦而民從之，④ 故曰聖人之德化乎！”

《韓非子·難一》：晋文公將與楚人戰，召舅犯問之曰：“吾將與楚人戰，彼衆我寡，爲之奈何？”舅犯曰：“臣聞之：繁禮君子，不厭忠信；戰陣之間，不厭詐僞。君其詐之而已矣。”文公辭舅犯，因召雍季而問之曰：“我將與楚人戰，彼衆我寡，爲之奈何？”雍季對曰：“焚林而田，偷取多獸，後必

---

① “流”，原作“誅”，據《諸子集成》本《韓非子》改。王先慎曰：“各本‘流’作‘誅’，據《御覽》六百四十五引改。《尚書》《孟子》並作‘流’。”

② “而”下，《諸子集成》本《韓非子》王先慎曰：“《藝文類聚》引‘而’下有‘漁者’二字。”

③ “器”下，《諸子集成》本《韓非子》王先慎曰：“《藝文類聚》引‘器’下有‘以’字。”

④ “耕”，《諸子集成》本《韓非子》作“藉”。王先慎曰：“顧廣圻曰：‘藏本、今本‘藉’作‘耕’，按‘藉’‘借’同字。先慎曰：顧説是上文耕、漁、陶三項，此不當僅言耤也，‘躬藉處苦’即下文‘以身爲苦而後化民’之義。”

無獸；以詐遇民，偷取一時，後必無復。”文公曰：“善。”辭雍季。以舅犯之謀與楚人戰，以敗之。歸而行爵，先雍季而後舅犯。群臣曰：“城濮之事，舅犯謀也。夫用其言而後其身，可乎？”文公曰：“此非君所知也。[1] 夫舅犯言，一時之權也；雍季言，萬世之利也。”仲尼聞之曰：“文公之霸也，宜哉！既知一時之權，又知萬世之利。”

《吕氏春秋·孝行覽·義賞》：昔晋文公將與楚人戰於城濮，召咎犯而問曰：“楚衆我寡，奈何而可？”咎犯對曰：“臣聞繁禮之君，不足於文；繁戰之君，不足於詐。君亦詐之而已。”文公以咎犯言告雍季，雍季曰：“竭澤而漁，豈不獲得，而明年無魚；焚藪而田，豈不獲得，而明年無獸。詐僞之道，雖今偷可，[2] 後將無復，非長術也。”文公用咎犯之言而敗楚人於城濮，反而爲賞，雍季在上。左右諫曰：“城濮之功，咎犯之謀也。君用其言而賞後其身，[3] 或者不可乎？”文公曰：“雍季之言，百世之利也；咎犯之言，一時之務也。焉有以一時之務先百世之利者乎？”孔子聞之曰：“臨難用詐，足以却敵；反而尊賢，足以報德。文公雖不終始，足以霸矣！”

《韓非子·難二》：昔者文王侵盂、克莒、舉酆，三舉事而紂惡之。文王乃懼，請入洛西之地、赤壤之國方千里，以請

---

① “君”，《諸子集成》本《韓非子》王先慎曰：“顧廣圻曰：‘‘君’當作‘若’。”

② “偷”，《四部叢刊》本《吕氏春秋》曰：“一作‘愈’。”

③ “賞後其身”，《四部叢刊》本《吕氏春秋》曰：“一作‘資後其賞’。”

解炮烙之刑。① 天下皆説。仲尼聞之曰："仁哉文王！輕千里之國而請解炮烙之刑。智哉文王！出千里之地而得天下之心。"

《吕氏春秋·季春紀·先己》：孔子見魯哀公，哀公曰："有語寡人曰：'爲國家者，爲之堂上而已矣。'寡人以爲迂言也。"孔子曰："此非迂言也。丘聞之：得之於身者得之人，失之於身者失之人。不出於門户而天下治者，其惟知反於己身者乎！"

《説苑·政理》：衛靈公謂孔子曰："有語寡人'爲國家者，謹之於廟堂之上而國家治矣'，其可乎？"孔子曰："可。愛人者，則人愛之；惡人者，則人惡之。知得之己者，亦知得之人。所謂不出於環堵之室而知天下者，知反之己者也。"

《吕氏春秋·貴直論·過理》：糟丘酒池肉圃，爲格雕柱而桔諸侯，不適也；刑鬼侯之女而取其環，截涉者脛而視其髓，殺梅伯而遺文王其醢，不適也；文王貌受，以告諸侯，作爲琁室，築爲頃宫，剖孕婦而觀其化，殺比干而視其心，不適也。孔子聞之曰："其竅通，則比干不死矣，夏商之所以亡也。"

陸賈《新語·無爲》：孔子曰："移風易俗，豈家至之哉？先之於身而已矣。"

---

① "請"，《諸子集成》本《韓非子》無。王先慎曰："各本'以'下有'請'字。案此承上'請入洛西之地'而言，不當有'請'字。淺人以下文'請解炮烙之刑'，遂於此誤加'請'字。今據《藝文類聚》十二引删。"

《淮南子·齊俗訓》：晉平公出言而不當，師曠舉琴而撞之，跌衽宫壁。左右欲塗之，平公曰："舍之，以此爲寡人失。"孔子聞之曰："平公非不痛其體也，欲來諫者也。"

《新序·雜事》四：晉人伐楚，三舍不止。大夫曰："請擊之。"莊王曰："先君之時，晉不伐楚；及孤之身，而晉伐楚，是寡人之過也，如何其辱諸大夫也?"大夫曰："先君之時，晉不伐楚；及臣之身，而晉伐楚，是臣之罪也，請擊之。"莊王俯泣而起，拜諸大夫。晉人聞之曰："君臣爭以過爲在己，且君下其臣猶如此，所謂上下一心，三軍同力，未可攻也。"乃夜還師。孔子聞之曰："楚莊王霸，其有方矣！下士以一言而敵還，以安社稷，其霸不亦宜乎！《詩》曰：'柔遠能邇，以定我王。'此之謂也。"

《新序·雜事》五：哀公問於孔子曰："寡人聞之：東益宅不祥。信有之乎?"孔子曰："不祥有五，而東益不與焉。夫損人而益己，身之不祥也；棄老取幼，家之不祥也；釋賢用不肖，[1] 國之不祥也；老者不教，幼者不學，俗之不祥也；聖人伏匿，天下之不祥也。故不祥有五，而東益不與焉。《詩》曰：'各敬爾儀，天命不又。'未聞東益之與爲命也。"[2]

《文選》孫子荆《爲石苞與孫皓書》注引《新序》：孔子曰："聖人雖生異世，相襲若規矩。"[3]

---

① "釋",原作"擇",據《叢書集成》《四部叢刊》《四庫全書》本《新序》改。郭沂曰:"《今注》《百子》本'擇'作'釋'。"

② "哀公問於孔子"至"未聞東益之與爲命也"條,原注:"按《家語》與此同,《淮南子·人間訓》《論衡·四諱》《御覽》百八十引《風俗通》亦有此説,'東'皆作'西'。"

③ "孔子曰聖人雖生異世相襲若規矩"條,原注:"今《新序》無此文。"

《説苑·君道》：虞人與芮人質其成於文王，入文王之境，則見其人民之讓爲士大夫；入其國，則見其士大夫讓爲公卿。二國者相謂曰："其人民讓爲士大夫，其士大夫讓爲公卿，然則此其君亦讓爲天下而不居矣。"① 二國者未見文王之身而讓其所爭，以爲閒田而反。孔子曰："大哉！文王之道乎！其不可加矣！不動而變，無爲而成，敬慎恭己，而虞、芮自平。故《書》曰：'惟文王之敬忌。'此之謂也。"

《説苑·政理》：子貢問治民於孔子，孔子曰："懔懔焉，如以腐索御奔馬。"子貢曰："何其畏也？"孔子曰："夫通達之國皆人也，以道導之，則吾畜也；不以道導之，則吾讎也。若何而毋畏？"

《説苑·政理》：仲尼見梁君，梁君問仲尼曰："吾欲長有國，吾欲列都之得，吾欲使民安不惑，吾欲使士竭其力，吾欲使日月當時，吾欲使聖人自來，吾欲使官府治，爲之奈何？"仲尼對曰："千乘之君，萬乘之主，問於丘者多矣，未嘗有如主君問丘之術也，然而盡可得也。丘聞之：兩君相親，則長有國；君惠臣忠，則列都之得；無殺不辜，毋釋罪人，則民不惑；益士禄賞，則竭其力；尊天敬鬼，則日月當時；善爲刑罰，則聖人自來；尚賢使能，則官府治。"梁君曰："豈有不然哉！"

《説苑·尊賢》：齊景公問於孔子曰："秦穆公其國小，處僻而霸，何也？"對曰："其國小而志大，雖處僻而其政中，其舉果，其謀和，其令不偷，親舉五羖大夫於係縲之中，與之語

① "爲"，《叢書集成》《四部叢刊》本《説苑》作"以"。郭沂曰："《今注》《百子》本'爲'作'以'。"

三日而授之政。以此取之，雖王可也，霸則小矣。”

《説苑·尊賢》：魯哀公問於孔子曰：“當今之時，君子誰賢？”對曰：“衛靈公。”公曰：“吾聞之：其閨門之内，姑姊妹無别。”對曰：“臣觀於朝廷，未觀於堂陛之間也。靈公之弟曰公子渠牟，其知足以治千乘之國，其信足以守之，而靈公愛之。又有士曰王林，國有賢人，必進而任之，無不達也；不能達，退而與分其禄，而靈公尊之。又有士曰慶足，國有大事，則進而治之，無不濟也，而靈公説之。史鰌去衛，靈公邸舍三月，琴瑟不御，待史鰌之入也而後入。臣是以知其賢也。”

《説苑·正諫》：孔子曰：“良藥苦於口，利於病；忠言逆於耳，利於行。故武王諤諤而昌，紂嘿嘿而亡。君無諤諤之臣，父無諤諤之子，兄無諤諤之弟，夫無諤諤之婦，士無諤諤之友，其亡可立而待。故曰：‘君失之，臣得之；父失之，子得之；兄失之，弟得之；夫失之，婦得之；士失之，友得之。’故無亡國破家、悖父亂子、放兄棄弟、狂夫淫婦、絶交敗友。”

《説苑·權謀》：齊桓公將伐山戎孤竹，使人請助於魯。魯君進群臣而謀，皆曰：“師行數千里，入蠻夷之地，必不反矣。”於是魯許助之而不行。齊已伐山戎孤竹，而欲移兵於魯，管仲曰：“不可。諸侯未親，今又伐遠而還誅近鄰，鄰國不親，非霸王之道。君之所得山戎之寶器者，中國之所鮮也，不可以不進周公之廟乎！”桓公乃分山戎之寶，獻之周公之廟。明年，起兵伐莒，魯下令丁男悉發，五尺童子皆至。孔子曰：“聖人轉禍爲福，報怨以德。”此之謂也。

《潛夫論·慎微》：仲尼曰："湯、武非一善而王，[①] 桀、紂非一惡而亡。[②] 故□代之廢興也，[③] 在其所積。積善多者，雖有一惡，是謂誤失，[④] 未足以亡；積惡多者，雖有一善，是謂誤□，[⑤] 未足以王。"[⑥]

《風俗通》五：[⑦] 孔子曰："雖明天子，熒惑必謀。禍福之徵，慎察用之。"

《風俗通》五：孔子曰："火上不可握，熒惑班變不可息志，帝應其修無極。"

---

① "王"下，郭沂曰："中華書局《潛夫論箋》《百子》本《潛夫論》'王'下皆有'也'字。"

② "亡"下，《諸子集成》本《潛夫論》皆有"也"字。

③ "故"，《諸子集成》本《潛夫論》無。"故"下"□"，據《諸子集成》本《潛夫論》當作"三"字。

④ "誤"，據《諸子集成》本《潛夫論》當作"過"字。

⑤ "誤"下"□"，據《諸子集成》本《潛夫論》當作"中"字。

⑥ "王"，據《諸子集成》本《潛夫論》當作"存"字。

⑦ "風俗通五"，原脱，今補。

卷　七

山東督糧道臣孫星衍　撰

臣術六

《尚書大傳》：孔子曰："文王得四臣，丘亦得四友焉。自吾得回也，門人加親，是非胥附邪？自吾得賜也，遠方之士日至，是非奔輳邪？自吾得師也，前有輝，後有光，是非先後邪？自吾得由也，惡言不至于門，[1] 是非御侮邪？文王有四臣以免虎口，丘亦有四友以禦侮。"

《韓詩外傳》五：孔子侍坐於季孫，季孫之宰通曰："君使人假馬，其與之乎？"[2] 孔子曰："吾聞君取於臣，謂之取，不曰假。"季孫悟，告宰通曰："今以往，君有取謂之取，無曰假。"[3]

《韓詩外傳》七：孔子曰："昔者，周公事文王，行無專制，事無由己，身若不勝衣，言若不出口，有奉持於前，洞洞焉若將失之，可謂子矣。武王崩，成王幼，周公承文、武之業，履天子之位，聽天子之政，征夷狄之亂，誅管、蔡之罪，

---

① "至"，郭沂曰："'至'字《叢刊》《集成》皆作'入'。""不至于門"，原注："按《史記·仲尼弟子傳》作'不入於耳'，《鹽鐵論》作'不入於門'。"

② "乎"上，原注："皇侃《論語疏》七引'乎'上有'不'字。"

③ "孔子侍坐於季孫"至"無曰假"條，原注："按又見《新序·雜事》五。"

抱成王而朝諸侯，誅賞制斷，無所顧問，威動天地，振恐海内，可謂能武矣。成王壯，周公致政，北面而事之，請然後行，無伐矜之色，可謂臣矣。故一人之身，能三變者，所以應時也。”

《韓詩外傳》七：子貢問大臣，子曰：“齊有鮑叔，鄭有子皮。”子貢曰：“否。齊有管仲，鄭有東里子産。”孔子曰：“産，薦也。”① 子貢曰：“然則薦賢賢於賢？”曰：“知賢，智也；推賢，仁也；引賢，義也。有此三者，又何加焉！”

《説苑·臣術》：子貢問孔子曰：“今之人臣，孰爲賢？”孔子曰：“吾未識也。往者齊有鮑叔，鄭有子皮，賢者也。”子貢曰：“然則齊無管仲、鄭無子産乎？”子曰：“賜，汝徒知其一，不知其二。汝聞進賢爲賢邪？用力爲賢邪？”子貢曰：“進賢爲賢。”子曰：“然吾聞鮑叔之進管仲也，聞子皮之進子産也，未聞管仲、子産有所進也。”

《劉子·薦賢》：昔子貢問於孔子曰：“誰爲大賢？”子曰：“齊有鮑叔，鄭有子皮。”子貢曰：“齊無管仲、鄭無子産乎？”子曰：“吾聞進賢爲賢，非賢爲不肖。② 鮑叔薦管仲，子皮薦子産，未聞二子有所舉也。”

《晏子春秋·諫下》：晏子使于魯，比其反也，景公使國人起大臺之役，歲寒不已，凍餒之者鄉有焉，③ 國人望晏子。

---

① “産薦也”，原注：“似當云‘管仲，鮑叔薦也；子産，子皮薦也’。”

② “非”，郭沂曰：“‘非’《百子》本作‘排’，是也。”

③ “之”，《諸子集成》本《晏子春秋》無。張純一曰：“舊‘餒’下衍‘之’字，從盧校删。”

晏子至，已復事，公乃坐,① 飲酒樂。晏子曰：“君若賜臣，臣請歌之。”歌曰：“庶民之言曰：‘湅水洗我，若之何！太上靡散我，若之何！’”歌終，喟然嘆而流涕。公就止之曰：“夫子曷爲至此？殆爲大臺之役夫？寡人將速罷之。”晏子再拜，出而不言，遂如大臺，執樸鞭其不務者，曰：“吾細人也，皆有蓋廬，以辟燥濕。君爲一臺而不速成,② 何爲？”③ 國人皆曰：“晏子助天爲虐。”晏子歸，未至，而君出令趣罷役，車馳而人趨。仲尼聞之，喟然嘆曰：“古之善爲人臣者，聲名歸之君，禍災歸之身，入則切磋其君之不善，出則高譽其君之德義，是以雖事惰君，能使垂衣裳，朝諸侯，不敢伐其功。當此道者，其晏子是耶！”

《晏子春秋·問下》：梁丘據問晏子曰：“子事三君，君不同心，而子俱順焉，仁人固多心乎？”晏子對曰：“嬰聞之：順愛不懈，可以使百姓；強暴不忠,④ 不可以使一人。一心可以事百君，三心不可以事一君。”仲尼聞之曰：“小子識之！晏子以一心事百君者也。”

《晏子春秋·雜上》：晏子使魯，仲尼使門弟子往觀。⑤ 子貢反，報曰：“孰謂晏子習于禮乎？夫禮曰：‘登階不歷，堂上不趨，授玉不跪。’今晏子皆反此，孰謂晏子習于禮者？”晏子既已有事於魯君，退見仲尼，仲尼曰：“夫禮，登階不歷，

① “乃”,《諸子集成》本《晏子春秋》作“延”,當從。

② “君”上,《諸子集成》本《晏子春秋》有“今”字。

③ “何爲”,《諸子集成》本《晏子春秋》作“何以爲役”。張純一曰:“舊脱‘以’字、‘役’字,文義不完,從蘇校據《左傳》增。”

④ “強暴”,《四部叢刊》本《晏子春秋》作“暴強”。

⑤ “使”,《諸子集成》《四部叢刊》本《晏子春秋》皆作“命”。郭沂曰:“《集釋》《百子》本‘使’皆作‘命’。”

堂上不趨，授玉不跪。夫子反此乎？”① 晏子曰：“嬰聞兩楹之間，君臣有位焉，君行其一，臣行其二。君之來遬，是以登階歷，堂上趨，以及位也。君授玉卑，故跪以下之。且吾聞之：大者不逾閑，小者出入可也。”晏子出，仲尼送之以賓客之禮。不計之義，② 維晏子爲能行之。

《韓詩外傳》四：晏子聘魯，上堂則趨，授玉則跪。子貢怪之，問孔子曰：“晏子知禮乎？今者晏子來聘魯，上堂則趨，授玉則跪，何也？”孔子曰：“其有方矣。待其見我，我將問焉。”俄而晏子至，孔子問之，晏子對曰：“夫上堂之禮，君行一，臣行二。今君行疾，臣敢不趨乎？今君之授幣也卑，臣敢不跪乎？”孔子曰：“善，禮中又有禮。賜，寡使也，何足以識禮也！《詩》曰‘禮儀卒度，笑語卒獲’，晏子之謂也。”

《晏子春秋·外篇上》：仲尼曰：“靈公污，晏子事之以整齊；莊公壯，晏子事之以宣武；景公奢，晏子事之以恭儉。君子也，③ 相三君而善不通下。晏子，細人也。”晏子聞之，見仲尼曰：“嬰聞君子有譏于嬰，是以來見。如嬰者，豈能以道食人者哉？嬰之宗族待嬰而祀其先人者數百家，與齊國之間士

① “此”下，《諸子集成》本《晏子春秋》有“禮”字。張純一曰：“‘禮’字舊脱，從黄校據《初學記·文部》補。”

② “不計之義”，《諸子集成》本《晏子春秋》作“不法之禮”，上有“反，命門弟子曰”六字。張純一曰：“舊脱‘反，命門弟子曰’六字，‘不法之禮’作‘不計之義’。王云：‘不計之義’，《初學記·文部》作‘不法之禮’，上有‘反，命門弟子曰’六字。”

③ “君子”上，《諸子集成》本《晏子春秋》有“晏子”二字，張純一曰：“二字舊脱，從孫校據《孔叢》補。”

待嬰而舉火者數百家，臣爲此仕者也。如臣者，[①] 豈能以道食人者哉？”晏子出，仲尼送之以賓客之禮，再拜其辱。反，命門弟子曰：“救民之姓而不夸，行補三君而不有，晏子果君子也。”

《長短經·懼誡》引《尸子》：昔周公反政，孔子非之曰：“周公其不聖乎？以天下讓，不爲兆人也。”

《三國志·魏文帝紀》注許芝奏引《春秋大傳》：“周公何以不之魯？蓋以爲雖有繼體守文之君，不害聖人受命而王。”周公反政，[②]《尸子》以爲孔子非之，以爲周公不聖，不爲兆民也。

《三國志·魏文帝紀》注輔國將軍等奏：孔子曰：“周公其爲不聖乎？以天下讓，是天地日月輕去萬物也。”

《韓非子·外儲説右下》：衛君入朝於周，周行人問其號，對曰：“諸侯辟疆。”周行人却之曰：“諸侯不得與天子同號。”衛君乃自更曰：“諸侯燬。”而後内之。仲尼聞之曰：“遠哉禁偪！虚名不以借人，況實事乎！”

《韓非子·難一》：襄子圍於晋陽中，出圍，賞有功者五人，[③] 高赫爲賞首。張孟談曰：“晋陽之事，赫無大功，今爲

① “臣爲此仕者也如臣”，《諸子集成》本《晏子春秋》“臣”皆作“嬰”，張純一曰：“‘嬰’，舊作‘臣’，晏子對孔子，不得稱臣。”

② “周公反政”，郭沂曰：“‘周公反政’以下不見於《春秋大傳》，當爲許芝語。”

③ “五人”，《諸子集成》本《韓非子》王先慎曰：“《御覽》六百三十三引‘五人’作‘四人’。”

賞首，何也？”襄子曰：“晋陽之事，寡人國家危，社稷殆矣。吾群臣無有不驕侮之意者，惟赫子不失君臣之禮，① 是以先之。”仲尼聞之曰：“善賞哉！襄子賞一人，而天下爲人臣者不敢失禮矣。”②

《吕氏春秋·孝行覽·義賞》：趙襄子出圍，賞有功者五人，高赫爲首。張孟談曰：“晋陽之中，赫無大功，賞而爲首，何也？”襄子曰：“寡人之國危，社稷殆，身在憂約之中，與寡人交而不失君臣之禮者惟赫。吾是以先之。”仲尼聞之曰：“襄子可謂善賞矣！賞一人，而天下之爲人臣莫敢失禮。”

《説苑·復恩》：趙襄子見圍於晋陽，罷圍，賞有功之臣五人，高赫無功而受上賞，五人皆怒。張孟談謂襄子曰：“晋陽之中，赫無大功，今與之上賞，何也？”襄子曰：“吾在拘厄之中，不失臣主之禮，唯赫也。子雖有功，皆驕。寡人與赫上賞，不亦可乎？”仲尼聞之曰：“趙襄子可謂善賞士乎！賞一人，而天下之人臣莫敢失君臣之禮矣。”

《吕氏春秋·孟春紀·去私》：晋平公問於祁黄羊曰：“南陽無令，其誰可而爲之？”祁黄羊對曰：“解狐可。”平公曰：“解狐非子之讎邪？”對曰：“君問可，非問臣之讎也。”平公

① “子”，《諸子集成》本《韓非子》無。王先慎曰：“各本‘赫’下有‘子’字。按‘子’字有，《御覽》無，今據删。《吕覽》作‘而不失君臣之禮者惟赫’，亦無‘子’字，是其証。”

② “不”，郭沂曰：“《校注》《百子》本‘不’皆作‘莫’，是也。”

曰："善。"遂用之，國人稱善焉。居有間，平公又問祁黄羊曰："國無尉，其誰可而爲之？"對曰："午可。"平公曰："午非子之子邪？"對曰："君問可，非問臣之子也。"平公曰："善。"又遂用之，國人稱善焉。孔子聞之曰："善哉，祁黄羊之論也！外舉不避讎，内舉不避子，祁黄羊可謂公矣！"

《吕氏春秋·不苟論》：武王至殷郊，係墮。① 五人御於前，莫肯之爲，曰："吾所以事君者，非係也。"武王左釋白羽，右釋黄鉞，勉而自爲係。孔子聞之曰："此五人者之所以爲王者佐也，不肖主之所弗安也，故天子有不勝細民者，天下有不勝千乘者。"

《吕氏春秋·士容論·務大》：孔子曰："燕爵爭善處於一屋之下，母子相哺也，區區焉相樂也，自以爲安矣。竈突決，上棟焚，燕爵顔色不變，是何也？不知禍之將及之也，不亦愚乎？爲人臣而免於燕爵之智者，寡矣！"

《鹽鐵論·通有》：昔孫叔敖相楚，妻不衣帛，馬不秣粟。孔子曰："不可。大儉極下，此《蟋蟀》所爲作也。"

《鹽鐵論·褒賢》：季孟之權，三桓之富，不可及也。孔子爲之曰："微爲人臣，權均於君、富侔於國者，亡！"

《説苑·臣術》：簡子有臣尹綽、赦厥，簡子曰："厥愛我，諫我必不於衆人中；綽也不愛我，諫我必於衆人中。"尹綽曰："厥也愛君之醜，而不愛君之過也；臣愛君之過，而不愛君之醜。"孔子曰："君子哉尹綽，而訾不譽也。"

《説苑·復恩》：孔子曰："北方有獸，其名曰蟨，前足

---

① "武王至殷郊係墮"，原注："《韓非子·外儲説左下》云：'文王伐崇，至鳳黄虚韈繫解。'"

鼠，後足兔。是獸也，甚矣其愛蛩蛩、巨虚也，食得甘草，必齧以遺蛩蛩、巨虚；蛩蛩、巨虚見人將來，必負蹷以走。蹷非性之愛蛩蛩、巨虚也，爲其假足之故也；二獸者，亦非性之愛蹷也，爲其得甘草而遺之故也。夫禽獸昆蟲，猶知比假而相有報也，況於士君子之欲興名利於天下者乎？”

《説苑·尊賢》：介子推行年十五而相荆，仲尼聞之，使人往視，還曰：“廊下有二十五俊士，堂上有二十五老人。”仲尼曰：“合二十五人之智，智於湯武；并二十五人之力，力於彭祖。以治天下，其固免矣乎！”①

《説苑·尊賢》：孔子閒居，喟然而嘆曰：“銅鞮伯華而無死，天下其有定矣！”子路曰：“願聞其爲人也何若？”孔子曰：“其幼也，敏而好學；其壯也，有勇而不屈；其老也，有道而能以下人。”子路曰：“其幼也，敏而好學，則可；其壯也，有勇而不屈，則可；夫有道，又誰下哉？”孔子曰：“由不知也。吾聞之：以衆攻寡，而無不消也；以貴下賤，無不得也。昔在周公旦，制天下之政，而下士七十人，豈無道哉？欲得士之故也。夫有道而能下於天下之士，君子乎哉！”

《説苑·正諫》：諫有五：一曰正諫，二曰降諫，三曰忠諫，四曰戇諫，五曰諷諫。孔子曰：“吾從其諷諫矣乎！② 夫不諫則危君，固諫則危身。與其危君，寧危身，危身而終不用，則諫亦無功矣。智者度君權時，調其緩急，而處其宜，上不敢危君，下不以危身，故在國而國不危，在身而身不殆。”

① “乎”，《二十二子》本《孔子集語》無。

② “從其”，郭沂曰：“《校注》《百子》‘從其’皆作‘其從’。”

《白虎通·諫諍》：孔子曰："諫有五，吾從諷之諫。事君，進思盡忠，退思補過，去而不訕，諫而不露。"

《説苑·正諫》：楚昭王欲之荆臺游，司馬子綦進諫曰："荆臺之游，左洞庭之波，右彭蠡之水；南望獵山，下臨方淮。其樂使人遺老而忘死，人君游者盡以亡其國。願大王勿往游焉。"王曰："荆臺乃吾地也，有地而游之，子何爲絶我游乎？"怒而擊之。於是令尹子西駕安車四馬，徑於殿下，曰："今日荆臺之游，不可不觀也。"王登車而拊其背曰："荆臺之游，與子共樂之矣。"步馬十里，引轡而止，曰："臣不敢下車，願得有道，大王肯聽之乎？"王曰："苐言之。"令尹子西曰："臣聞之：爲人臣而忠其君者，爵禄不足以賞也；爲人臣而諛其君者，刑罰不足以誅也。若司馬子綦者，忠臣也；若臣者，諛臣也。願大王殺臣之軀，罰臣之家，而禄司馬子綦。"王曰："若我能止聽，公子獨能禁我游耳。後世游之，無有極時，奈何？"令尹子西曰："欲禁後世易耳，願大王山陵崩阤，爲陵於荆臺，未嘗有持鐘鼓管弦之樂而游於父之墓上者也。"於是王還車，卒不游荆臺，令罷先置。孔子從魯聞之，曰："美哉！令尹子西！諫之於十里之前，而權之於百世之後者也。"

《説苑·雜言》：齊高廷問於孔子曰："廷不曠山，不直地，衣蓑，提執精氣，以問事君之道，願夫子告之。"孔子曰："貞以幹之，敬以輔之，待人無倦，見君子則舉之，見小人則退之，去爾惡心，而忠與之，敏其行，修其禮，千里之外，親如兄弟。若行不敏，禮不合，對門不通矣。"

《抱朴子·外篇·逸民》：昔顏回死，魯定公將躬弔焉，使人訪仲尼。仲尼曰：“凡在邦内，皆臣也。”定公乃升自東階，行君禮焉。

《長短經·臣行》:① 子貢曰：“陳靈公君臣宣淫於朝，泄冶諫而殺之，是與比干同也，可謂仁乎?”子曰：“比干於紂，親則叔父，官則少師，忠款之心在於存宗廟而已，故以必死爭之，冀身死之後，而紂悔寤，其本情在乎仁也。泄冶位爲下大夫，無骨肉之親，懷寵不去，以區區之一身，欲正一國之淫昏，死而無益，可謂懷矣。《詩》云‘民之多僻，無自立辟’，其泄冶之謂乎!”②

---

① “臣行”,原作“臣術”,據《四庫全書》本《長短經》改。

② “子貢曰”至“其泄冶之謂乎”條,原注:“此見《家語》,姑附載之。”

卷　八

山東督糧道臣孫星衍　撰

交道七

《韓詩外傳》九：孔子出游少原之野，有婦人中澤而哭，其音甚哀。孔子怪之，① 使弟子問焉。曰：“夫人何哭之哀？”婦人對曰：② “鄉者，刈蓍薪，③ 亡吾蓍簪，吾是以哀也。”弟子曰：④ “刈蓍薪而亡蓍簪，有何悲焉？”婦人曰：“非傷亡簪也，蓋不忘故也。”⑤

《韓詩外傳》九：子路曰：“人善我，我亦善之；人不善我，我不善之。”子貢曰：“人善我，我亦善之；人不善我，我則引之，進退而已耳。”顏回曰：“人善我，我亦善之；人不善我，我亦善之。”三子所持各異，問於夫子。夫子曰：“由之所言，⑥ 蠻貊之言也；賜之所言，朋友之言也；回之所言，親屬

---

① “怪之”，原注：“此二字舊脱，據《文選》陸士衡《連珠》注引補。《御覽》五十五引亦同。”

② “對”，原注：“舊本無‘對’字，據《文選》注增。”

③ “薪”下，原注：“《文選》注下有‘而’字。”

④ “弟子曰”，原注：“《文選》《御覽》俱作‘孔子曰’。”

⑤ “蓋”，原注：“‘蓋’字，《文選》《御覽》俱作‘吾所以悲者’六字。《御覽》六百八十八引亦同。”

⑥ “言”，原注：“一本作‘持’。”

之言也。"

《韓詩外傳》十：顔淵問於孔子曰："淵願貧如富，賤如貴，無勇而威，與士交通，終身無患難，亦且可乎?"孔子曰："善哉回也！夫貧而如富，其知足而無欲也；賤而如貴，其讓而有禮也；無勇而威，其恭敬而不失於人也；終身無患難，其擇言而出之也。若回者，其至乎！雖上古聖人，亦如此而已。"

《荀子·王霸》：孔子曰："審吾所以適人，適人之所以來我也。"①

《荀子·堯問》：子貢問於孔子曰："賜爲人下而未知也。"孔子曰："爲人下者，其猶土也！深抇之而得甘泉焉，樹之而五穀蕃焉，草木殖焉，禽獸育焉，生則立焉，死則入焉，多其功而不息。② 爲人下者，其猶土也!"

> 《韓詩外傳》七：孔子閒居，子貢侍坐，請問："爲人下之道奈何?"孔子曰："善哉！爾之問也。爲人下，其猶土乎!"子貢未達。孔子曰："夫土者，掘之得甘泉焉，樹之得五穀焉，草木植焉，鳥獸魚鱉遂焉，生則立焉，死則入焉，多功不言，賞世不絶，故曰：'能爲下者，其惟土乎!'"子貢曰："賜雖不敏，請事斯語。"

---

① "適",《諸子集成》本《荀子集解》王先謙曰:"王念孫曰:下'適'字涉上'適'字而衍。據楊注云'審慎其與人之道,爲其復來报我也',則無下'適'字明矣。《群書治要》無下'適'字。"

② "息",《諸子集成》本《荀子集解》王先謙曰:"劉臺拱曰:'不息',《韓詩外傳》《春秋繁露·山川頌》《説苑·臣術》篇並作'不言'。王引之曰:'言'與'息'形聲皆不相近,若本是'言'字,無緣誤爲'息'。'息'當爲'悳'。《韓詩外傳》《春秋繁露》《説苑》作'不言',意與'不德'同。……《太平御覽·地部二》正引作'多其功而不德'。"

《説苑·臣術》：子貢問孔子曰："賜爲人下，而未知所以爲人下之道也。"孔子曰："爲人下者，其猶土乎！種之則五穀生焉，掘之則甘泉出焉，草木植焉，禽獸育焉，生人立焉，死人入焉，多其功而不言。爲人下者，其猶土乎！"

《群書治要》《尸子·明堂》：孔子曰："大哉，河海乎！下之也！夫河下天下之川，故廣；人下天下之士，故大。"

《群書治要》《尸子·處道》：仲尼曰："得之身者得之民，失之身者失之民。不出於户而知天下，不下其堂而治四方，知反之於己者也。"①

《説苑·敬慎》：孔子見羅者，其所得者皆黄口也。孔子曰："黄口盡得，大爵獨不得，何也？"羅者對曰："黄口從大爵者不得，大爵從黄口者可得。"孔子顧謂弟子曰："君子慎所從，不得其人則有羅網之患。"

《説苑·雜言》：曾子曰："吾聞夫子之三言，未之能行也。夫子見人之一善而忘其百非，是夫子之易事也；夫子見人有善若己有之，是夫子之不爭也；聞善必躬親行之，然後道之，是夫子之能勞也。夫子之能勞也，夫子之不爭也，夫子之易事也，吾學夫子之三言而未能行。"

《説苑·雜言》：孔子將行，無蓋。弟子曰："子夏有蓋，可以行。"孔子曰："商之爲人也，甚短於財。吾聞與人交者，推其長者，違其短者，故能久長矣。"

① "仲尼曰得之身者得之民失之身者失之民不出於户而知天下不下其堂而治四方知反之於己者也"，原注："按薛據《集語》作'孔子曰：惡人者，人惡之；知得之己者，亦知得之人，所謂不出環堵之室而知天下者，知反之己者也。'"

《説苑·雜言》：子路行，辭於仲尼曰："敢問新交取親若何？言寡可行若何？長爲善士而無犯若何？"仲尼曰："新交取親，其忠乎？言寡可行，其信乎？長爲善士而無犯，其禮乎？"

《説苑·雜言》：孔子曰："以富貴爲人下者，何人不與？以富貴敬愛人者，何人不親？衆言不逆，可謂知言矣；衆向之，可謂知時矣。"

《説苑·雜言》：孔子曰："夫富而能富人者，欲貧而不可得也；貴而能貴人者，欲賤而不可得也；達而能達人者，欲窮而不可得也。"

《説苑·雜言》：仲尼曰："非其地而樹之，不生也；非其人而語之，弗聽也。得其人，如聚沙而雨之；非其人，如聚聾而鼓之。"

《説苑·雜言》：孔子曰："船非水不可行，水入船中，則其没也。故曰：君子不可不嚴也，小人不可不閉也。"①

《説苑·雜言》：孔子曰："依賢固不困，依富固不窮。馬趼折而復行者何？② 以輔足衆也。"

《説苑·雜言》：孔子曰："不知其子，視其所友；不知其君，視其所使。"又曰："與善人居，如入蘭芷之室，久而不聞其香，則與之化矣；與惡人居，如入鮑魚之肆，久而不聞其臭，亦與之化矣。"

《中論·貴驗》：孔子曰："居而得賢友，福之次也。"

① "閉也"，原注："薛據《集語》作'閑也'。"
② "趼"，原注："一作'蚿'。"

卷　九

山東督糧道臣孫星衍　撰

論人八

《繹史》九十五引《尚書大傳》：東郭子思問於子貢曰：[①]“夫子之門何其雜也？”子貢曰：“夫隱括之旁多枉木，良醫之門多疾人，砥礪之旁多頑鈍。”夫子聞之曰：“修道以俟天下，來者不止，是以雜也。”

《説苑·雜言》：東郭子惠問於子貢曰：“夫子之門何其雜也？”子貢曰：“夫隱括之旁多枉木，良醫之門多疾人，砥礪之旁多頑鈍。夫子修道以俟天下，來者不止，是以雜也。”

《毛詩·巷伯》傳：昔者，顏叔子獨處于室，鄰之釐婦又獨處于室。夜暴風雨至而室壞，婦人趨而至，顏叔子納之，而使執燭，放乎旦而蒸盡，縮屋而繼之，自以爲辟嫌之不審矣。若其審者，宜若魯人然。魯人有男子獨處于室，鄰之釐婦又獨處于室。夜暴風雨至而室壞，婦人趨而托之，男子閉户而不

① “東郭子思”，《四庫全書》本《繹史》注云：“《荀子》作‘東郭子惠’。”

納。婦人自牖與之言曰："子何爲不納我乎？"男子曰："吾聞之也，男子不六十不間居。今子幼，吾亦幼，不可以納子。"婦人曰："子何不若柳下惠然？嫗不逮門之女，國人不稱其亂。"男子曰："柳下惠固可，吾固不可。吾將以吾不可，學柳下惠之可。"孔子曰："欲學柳下惠者，未有似於是者也。"①

《韓詩外傳》一：荆伐陳，陳西門壞，因其降民使修之。孔子過而不式。子貢執轡而問曰："禮，過三人則下，二人則式。今陳之修門者衆矣，夫子不爲式，何也？"孔子曰："國亡而弗知，不智也；知而不爭，非忠也；亡而不死，非勇也。修門者雖衆，不能行一於此，吾故弗式也。"

《説苑·立節》：楚伐陳，陳西門燔，因使其降民修之。孔子過之，不軾。子路曰："禮，過三人則下車，過二人則軾。今陳修門者人數衆矣，夫子何爲不軾？"孔子曰："丘聞之：國亡而不知，不智；知而不爭，不忠；忠而不死，不廉。今陳修門者，不行一于此，丘故不爲軾也。"

《韓詩外傳》二：子路與巫馬期薪於韞丘之下，陳之富人有處師氏者，脂車百乘，觴於韞丘之上。子路與巫馬期曰：②"使子無忘子之所知，亦無進子之所能，得此富，終身無復見夫子，子爲之乎？"巫馬期喟然仰天而嘆，闟然投鐮於地，曰：

① "者"，中華書局本《十三經注疏·毛詩正義》無。"昔者顔叔子獨處于室"至"未有似於是者也"條，原注："《後漢·崔駰傳》注引《韓詩外傳》亦有此文，今《外傳》無。"

② "與"，原注："當作'謂'。"

“吾嘗聞之夫子：‘勇士不忘喪其元，志士仁人不忘在溝壑。’子不知予與？試予與？意者其志與？”子路心慚，故負薪先歸。孔子曰：“由，來！何爲偕出而先返也？”子路曰：“向也由與巫馬期薪於韞丘之下，陳之富人有處師氏者，脂車百乘，觴於韞丘之上。由謂巫馬期曰：‘使子無忘子之所知，亦無進子之所能，得此富，終身無復見夫子，子爲之乎？’巫馬期喟然仰天而嘆，闟然投鐮於地，曰：‘吾嘗聞之夫子：勇士不忘喪其元，志士仁人不忘在溝壑。子不知予與？試予與？意者其志與？’由也心慚，故先負薪歸。”孔子援琴而彈：“《詩》曰：‘肅肅鴇羽，集于苞栩。王事靡盬，不能蓺稷黍。父母何怙？悠悠蒼天，曷其有所！’予道不行邪，使汝願者？”

《韓詩外傳》二：孔子曰：“士有五：有執尊貴者，有家富厚者，有資勇悍者，有心智惠者，有貌美好者。①執尊貴者，不以愛民行義理，而反以暴敖；家富厚者，不以振窮救不足，而反以侈靡無度；資勇悍者，不以衛上攻戰，而反以侵陵私鬥；心智惠者，不以端計數，而反以事奸飾詐；貌美好者，不以統朝蒞民，而反以蠱女從欲。此五者，所謂士失其美質者也。”

《韓詩外傳》三：舜生於諸馮，遷於負夏，卒於鳴條，東夷之人也；文王生於岐周，卒於畢郢，西夷之人也。地之相去也千有餘里，世之相後也千有餘歲，然得志行乎中國，若合符節。孔子曰：“先聖、後聖，其揆一也。”

---

① “者”下，原注：“此下本皆衍一‘有’字。”

《韓詩外傳》四：孔子見客，①客去，顏淵曰：②“客仁也？”③孔子曰：“恨兮其心，顙兮其口，仁則吾不知也，④言之所聚也。”⑤顏淵蹙然變色曰：“良玉度尺，雖有十仞之土，不能掩其光；良珠度寸，雖有百仞之水，不能掩其瑩。⑥夫形體也，色心也，⑦閔閔乎其薄也。苟有温良在中，⑧則眉睫著之矣；⑨瑕疵在中，⑩則眉睫不能匿之。⑪詩曰：‘鼓鐘于宫，聲聞於外。’”⑫

《御覽》五百十引《高士傳》：客有候孔子者，顏淵問曰：“客何人也？”孔子曰：“宵兮法兮，⑬吾不測也。夫良玉徑尺，雖十仞之土不能掩其光；明珠徑寸，⑭雖有函丈之石不能戢其曜。苟緼矣自厚，⑮容止可知矣。”

《韓詩外傳》七：孔子游於景山之上，子路、子貢、顏淵

---

① “孔子見客”，原注：“薛據《集語》引作‘孔子適衛，衛使見客’。”

② “曰”上，原注：“薛‘曰’上有‘問’字。”

③ “也”下，原注：“薛下有‘乎’字。”

④ “則”，原注：“薛作‘即’。”

⑤ “言之所聚也”，原注：“五字，薛無。”

⑥ “其瑩”，原注：“薛作‘其氣’。”

⑦ “夫形體也色心也”，原注：“薛作‘夫形體之包心也’。”

⑧ “苟有温良在中”，原注：“薛作‘苟有温瑩良在其中’。”

⑨ “著”，原注：“薛作‘見’。”

⑩ “中”上，原注：“薛‘中’上有‘其’字。”

⑪ “不能匿之”，原注：“薛作‘亦不能匿也’。”

⑫ “於外”下，原注：“薛下有‘言有諸中，必形諸外也’九字。”

⑬ “宵兮法兮”，郭沂曰：“‘宵兮法兮’中華書局影印本《御覽》作‘窅兮泛兮’。”

⑭ “徑”，郭沂曰：“中華書局《御覽》‘徑’作‘度’。”

⑮ “矣”，郭沂曰：“中華書局《御覽》‘矣’作‘美’。”

從。孔子曰："君子登高必賦。小子願者何？言其願，丘將啓汝。"子路曰："由願奮長戟，盪三軍，乳虎在後，仇敵在前，蠡躍蛟奮，進救兩國之患。"孔子曰："勇士哉！"子貢曰："兩國構難，壯士列陳，塵埃張天。① 賜不持一尺之兵，一斗之糧，解兩國之難。用賜者存，不用賜者亡。"孔子曰："辯士哉！"顔回不願。孔子曰："回，何不願？"顔淵曰："二子已願，故不敢願。"孔子曰："不同，意各有事焉。回其願，丘將啓汝。"顔淵曰："願得小國而相之，主以道制，臣以德化，君臣同心，外内相應。列國諸侯，莫不從義向風，壯者趨而進，老者扶而至；教行乎百姓，德施乎四蠻；莫不釋兵，輻輳乎四門。天下咸獲永寧，蝖飛蠕動，各樂其性；進賢使能，各任其事。於是君綏於上，臣和於下，垂拱無爲，動作中道，從容得禮，言仁義者賞，言戰鬥者死。則由何進而救，賜何難之解？"孔子曰："聖士哉！大人出，小人匿；聖者起，賢者伏。回與執政，則由、賜焉施其能哉！"

《韓詩外傳》九：孔子與子貢、子路、顔淵游於戎山之上。孔子喟然嘆曰："二三子各言爾志，予將覽焉。由，爾何如？"對曰："得白羽如月，赤羽如日，② 擊鐘鼓者，上聞於天，下槊於地，使將而攻之，惟由爲能。"孔子曰："勇士哉！賜，爾何如？"對曰："得素衣縞冠，使於兩國之間，不持尺寸之兵、升斗之糧，使兩國相親如弟兄。"孔子曰："辯士哉！回，爾何如？"對曰："鮑魚不與蘭茝

① "張"，原注："'張'，一作'漲'。"
② "日"，原注："或作'朱'。"

同笥而藏；桀紂不與堯舜同時而治。二子已言，回何言哉?”孔子曰：“回有鄙之心。”顔淵曰：“願得明王聖主爲之相，使城郭不治，溝池不鑿，陰陽和調，家給人足，鑄庫兵以爲農器。”孔子曰：“大士哉！由來區區汝何攻？賜來便便汝何使？願得之冠，① 爲子宰焉。”

《説苑·指武》：孔子北游，東上農山，子路、子貢、顔淵從焉。孔子喟然嘆曰：“登高望下，使人心悲。二三子者，各言爾志，丘將聽之。”子路曰：“願得白羽若月，赤羽若日，鐘鼓之音上聞乎天，旌旗翩翻下蟠於地。由且舉兵而擊之，必也攘地千里，獨由能耳。使夫二子爲我從焉。”孔子曰：“勇哉士乎！憤憤者乎！”子貢曰：“賜也願齊、楚合戰於莽洋之野，兩壘相當，旌旗相望，塵埃相接，接戰構兵。賜願著縞衣白冠，陳説白刃之間，解兩國之患，獨賜能耳。使夫二子者爲我從焉。”孔子曰：“辯哉士乎！仙仙者乎！”顔淵獨不言，孔子曰：“回，來！若獨何不願乎?”顔淵曰：“文武之事，二子已言之，回何敢與焉?”孔子曰：“若鄙心不與焉，第言之。”顔淵曰：“回聞鮑魚、蘭芷不同篋而藏；堯、舜、桀、紂不同國而治。二子之言，與回言異。回願得明王聖主而相之，使城郭不修，溝池不越，鍛劍戟以爲農器，使天下千歲無戰鬥之患。如此，則由何憤憤而擊？賜又何仙仙而使乎?”孔子曰：“美哉德乎！姚姚者乎！”子路舉手問曰：“願聞夫子之意。”孔子曰：“吾所願者，顔氏之計。吾願負衣冠

① “之冠”下，郭沂曰：“‘之冠’下原有注，文脱，僅存一‘疑’字。今按，《集釋》校作‘衣冠’。”原注：“疑。”

而從顔氏子也。”

《大戴禮·哀公問五義》:[①] 魯哀公問於孔子曰:“吾欲論吾國之士,與之爲政,何如者取之?”孔子對曰:“生乎今之世,志古之道;居今之俗,服古之服,舍此而爲非者,不亦鮮乎?”哀公曰:“然則今夫章甫、句屨、[②] 紳帶而縉笏者,[③] 此皆賢乎?”孔子曰:“否,不必然。今夫端衣、玄裳、冕而乘路者,志不在於食葷;斬衰、蔄屨、[④] 杖而歠粥者,志不在於飲食。故生乎今之世,志古之道;居今之俗,服古之服,舍此而爲非者,雖有,不亦鮮乎?”哀公曰:“善。[⑤] 何如則可謂庸人矣?”孔子對曰:“所謂庸人者,口不能道善言,而志不邑邑;不能選賢人善士而托其身焉,以爲己憂;動行不知所務,止力不知所定;[⑥] 日選於物,不知所貴;從物而流,不知所歸;五鑿爲政,心從而壞。若此,則可謂庸人矣。”哀公曰:“善。何如則可謂士矣?”孔子對曰:“所謂士者,雖不能盡道術,必有所由焉;雖不能盡善盡美,必有所處焉。是故知不務多,而務審其所知;行不務多,而務審其所由;言不務多,而務審其所謂。知既知之,行既由之,言既順之,若夫性命肌膚之不可

① “義”,《叢書集成》本《大戴禮記》作“儀”。盧辯注曰:“案‘儀’各本訛作‘義’,今據《荀子·哀公》篇‘人有五儀’訂正。”

② “句”,《叢書集成》本《大戴禮記》盧辯注曰:“案‘句’,《荀子》作‘絢’。”

③ “縉”,《叢書集成》《四部叢刊》本《大戴禮記》作“搢”。

④ “蔄”,《叢書集成》本《大戴禮記》作“菅”。盧辯注曰:“案‘菅’他本訛作‘蔄’。考《荀子》作‘菅’,今從方本。”

⑤ “善”下,《叢書集成》本《大戴禮記》盧辯注曰:“案此下《荀子》有‘孔子曰:“人有五儀:有庸人,有士,有君子,有賢人,有大聖。”哀公曰:敢問’凡二十六字,此文脱。”

⑥ “力”,當從《四部叢刊》本《大戴禮記》作“立”。

易也，富貴不足以益，貧賤不足以損。若此，則可謂士矣。”哀公曰：“善。何如則可謂君子矣？”孔子對曰：“所謂君子者，躬行忠信，其心不買，① 仁義在己，而不害不志，② 聞志廣博而色不伐，思慮明達而辭不爭。君子猶然如將可及也，而不可及也。如此，可謂君子矣。”哀公曰：“善。敢問何如可謂賢人矣？”③ 孔子對曰：“所謂賢人者，好惡與民同情，取舍與民同統，行中矩繩而不傷於本，言足法於天下而不害於其身，躬爲匹夫而願富，④ 貴爲諸侯而無財。⑤ 如此，則可謂賢人矣。”哀公曰：“善。敢問何如可謂聖人矣？”孔子對曰：“所謂聖人者，知通乎大道，應變而不窮，能測萬物之情性者也。大道者，所以變化而凝成萬物者也；情性也者，所以理然不然取舍者也。故其事大，配乎天地，參乎日月，雜於雲蜺，總要萬物。穆穆純純，其莫之能循；若天之司，莫之能職；百姓淡然，不知其善。⑥ 若此，則可謂聖人矣。”哀公曰：“善。”孔子出，哀公送之。

---

① “買”,《叢書集成》本《大戴禮記》作“置”。盧辯注曰:“案‘置’他本訛作‘買’。考後卷《文王官人篇》有‘施而不置’,注云‘不形於心色也’,可証‘其心不置’之義。今從劉本。”原注:“‘買’,當爲‘悳’,形近而訛,《荀子》作‘言忠信而心不德’。‘買’與‘置’形亦相近,故元本又訛作‘置’。”

② “志”,《叢書集成》《四部叢刊》本《大戴禮記》作“知”。原注:“一本作‘知’,一本作‘自強不息’。”

③ “可”,《四部叢刊》本《大戴禮記》無。原注:“一本無‘可’字。”

④ “躬”,《叢書集成》本《大戴禮記》作“窮”。盧辯注曰:“案‘窮’他本訛作‘躬’,今從方本。”

⑤ “財”上,原注:“一本‘財’上有‘宛’字。注:《荀子》作‘富有天下而無宛財,布施天下而不病貧’。”

⑥ “不”,《叢書集成》本《大戴禮記》作“莫”。盧辯注曰:“案‘莫’他本皆作‘不’,今從《永樂大典》本。”

《荀子·哀公》：魯哀公問於孔子曰："吾欲論吾國之士，與之治國，敢問何如之邪?"① 孔子對曰："生今之世，志古之道；居今之俗，服古之服。舍此而爲非者，不亦鮮乎?"哀公曰："然則夫章甫、絇屨、紳而搢笏者，此賢乎?"② 孔子對曰："不必然。夫端衣、玄裳、絻而乘路者，志不在於食葷；斬衰、菅屨、杖而啜粥者，志不在於酒肉。生今之世，志古之道；居今之俗，服古之服，舍此而爲非者，雖有，不亦鮮乎?"哀公曰："善!"孔子曰："人有五儀：有庸人，有士，有君子，有賢人，有大聖。"哀公曰："敢問何如斯可謂庸人矣?"孔子對曰："所謂庸人者，口不能道善言，心不知色色；③ 不知選賢人善士托其身焉，以爲己憂。勤行不知所務，止交不知所定；④ 日選擇於物，不知所貴；從物如流，不知所歸；五鑿爲正，心從而壞。如此，則可謂庸人矣。"哀公曰："善！敢問何如斯可謂士矣?"孔子對曰："所謂士者，雖不能盡道術，必有率也；雖不能遍美善，必有處也。是故知不務多，務

---

① "如"下,《諸子集成》本《荀子》有"取"字。盧文弨曰:"舊本脱'取'字,今據《大戴禮·哀公問五義》《家語·五儀解》增。"

② "紳而搢笏者此賢",《諸子集成》本《荀子集解》王先謙引王念孫曰:"《大戴禮·哀公問五義》篇、《家語·五儀》篇'紳'下有'带'字,'賢'上有'皆'字,並於義爲長。"俞樾曰:"'此'當作'比'。"

③ "色色",《諸子集成》本《荀子集解》王先謙引盧文弨曰:"《大戴禮》作'志不邑邑'。"郝懿行曰:"'色'當爲'邑'字形之誤。《大戴記》作'志不邑邑'……'邑邑'與'悒邑'同。"

④ "勤行不知所務止交",《諸子集成》本《荀子》王先謙引盧文弨曰:"'止交'《大戴禮》《韓詩外傳》四皆作'止立'。"郝懿行曰:"《大戴記》'勤'作'動','交'作'立'。《韓詩外傳》四同。'動行'與'止立'對,疑此皆形誤。"王引之曰:"作'止立'者是,'止交'二字文不成義。"

審其所知；言不務多，務審其所謂；行不務多，務審其所由。故知既已知之矣，言既已謂之矣，行既已由之矣，則若性命肌膚之不可易也，故富貴不足以益也，卑賤不足以損也。如此，則可謂士矣。”哀公曰：“善！敢問何如斯可謂君子矣？”孔子對曰：“所謂君子者，言忠信而心不德，仁義在身而色不伐，思慮明通而辭不爭，故猶然如將可及者，君子也。”哀公曰：“善！敢問何如斯可謂賢人矣？”孔子對曰：“所謂賢人者，行中規繩而不傷於本，言足法於天下而不傷於身，富有天下而無怨，財布施天下而不病貧。如此則可謂賢人矣。”哀公曰：“善！敢問何如斯可謂大聖矣？”孔子對曰：“所謂大聖者，知通乎大道，應變而不窮，辨乎萬物之情性者也。大道者，所以變化遂成萬物也；情性者，所以理然不、取舍也。是故其事大辨乎天地，明察乎日月，①總要萬物於風雨，繆繆肫肫；其事不可循，若天之嗣；其事不可識，百姓淺然不識其鄰。若此，則可謂大聖矣。”哀公曰：“善！”

《大戴禮·衛將軍文子》：衛將軍文子問於子貢曰：②“吾聞夫子之施教也，先以《詩》，世道者孝悌，説之以義，而觀諸體，成之以文德，蓋受教者七十有餘人。聞之，孰爲賢也？”子貢對，辭以不知。文子曰：“吾子學焉，何謂不知也？”子貢

---

① “大辨乎天地明”，《諸子集成》本《荀子集解》王先謙引俞樾曰：“‘大’字絶句，與上文‘大道者’相應，下‘明’字衍文。‘辨乎天地，察乎日月’二語相對。説詳《群經平議·大戴禮》。”

② “子貢”，《四部叢刊》本《大戴禮記》作“子贛”。郭沂曰：“《解詁》《今注》皆作‘子贛’。”

對曰：“賢人無妄，知賢則難，故君子曰：‘智莫難於知人。’此以難也。”文子曰：“若夫知賢，人莫不難。吾子親游焉，是敢問也。”[①] 子貢對曰：“夫子之門人，蓋三就焉。賜有逮及焉，有未及焉，不得辯知也。”文子曰：“吾子之所及，請問其行也。”子貢對曰：“夙興夜寐，諷誦崇禮，[②] 行不貳過，稱言不苟，是顔淵之行也。孔子説之以《詩》，《詩》云：‘媚兹一人，應侯順德。永言孝思，孝思惟則。’故國一逢有德之君，世受顯命，不失厥名，以御于天子以申之。在貧如客，使其臣如藉，不遷怒，不探怨，不録舊罪，是冉雍之行也。孔子曰：‘有土君子，有衆使也，有刑用也，然後怒。匹夫之怒，惟以亡其身。’《詩》云‘靡不有初，鮮克有終’，以告之。不畏強禦，不侮矜寡，其言曰性，都其富哉，任其戎，是仲由之行也。夫子未知以文也，《詩》云：‘受小共大共，[③] 爲下國恂蒙。何天之寵，傅奏其勇。’夫強乎武哉，文不勝其質。恭老恤孤，不忘賓旅，好學省物而不勤，是冉求之行也。孔子因而語之曰：‘好學則智，恤孤則惠，恭老則近禮，克篤恭以天下，其稱之也，宜爲國老。’志通而好禮，擯相兩君之事，篤雅其有禮節也，是公西赤之行也。孔子曰：‘禮儀三百，可勉能也；威儀三千，則難也。’公西赤問曰：‘何謂也？’孔子曰：‘貌以擯禮，禮以擯辭，是之謂也。主人聞之以成。’孔子之語人也曰：‘當賓客之事則通矣。’謂門人曰：‘二三子欲學賓客之

---

① “是”下，《叢書集成》本《大戴禮記》有“以”字。盧辯注曰：“案各本脱‘以’字，今從方本。”

② “誦”，《叢書集成》本《大戴禮記》作“詩”。盧辯注曰：“案‘詩’，程本、朱本作‘誦’。”

③ 下“共”字，原注：“‘共’，一作‘拱’。”

禮者，於赤也。’滿而不滿，實如虛，通之如不及，①先生難之，不學其貌，竟其德，敦其言，於人也無所不信，其橋大人也常以皓皓，是以眉壽，是曾參之行也。孔子曰：‘孝，德之始也；弟，德之序也；信，德之厚也；忠，德之正也。參也，中夫四德者矣哉！’以此稱之也。業功不伐，貴位不善，不侮可侮，不佚可佚，不敖無告，是顓孫之行也。孔子言之曰：‘其不伐，則猶可能也；其不弊百姓者，則仁也。’《詩》云：‘愷悌君子，民之父母。’夫子以其仁爲大也。學以深，厲以斷，送迎必敬，上友下交，銀手如斷，②是卜商之行也。孔子曰：‘《詩》云：式夷式已，無小人殆。而商也，其可謂不險也。’貴之不喜，賤之不怒，苟於民利矣，廉於其事上也，以佐其下，是澹臺滅明之行也。孔子曰：‘獨貴獨富，君子耻之，夫也中之矣。’先成其慮，及事而用之，是故不忘，③是言偃之行也。孔子曰：‘欲能則學，欲知則問，欲善則訊，④欲給則豫，當是如偃也得之矣。’獨居思仁，公言言義，其聞之《詩》也，⑤一日三復白圭之玷，是南宫縚之行也。夫子信其仁，以爲異姓。自見孔子，入户未嘗越屨，往來過人不履影，開蟄不殺，方長不折，執親之喪，未嘗見齒，是高柴之行也。

---

① “通”，當從《叢書集成》本《大戴禮記》作“過”。

② “手”，當從《叢書集成》本《大戴禮記》作“乎”。盧辯注曰：“案‘乎’各本訛作‘手’，今從方本。”

③ “忘”，當從《叢書集成》本《大戴禮記》作“妄”。盧辯注曰：“案‘妄’各本訛作‘忘’，今從方本。”

④ “善”，當從《叢書集成》本《大戴禮記》作“行”。盧辯注曰：“案‘行’各本訛作‘善’，今從《永樂大典》本。”

⑤ “之”，當從《叢書集成》本《大戴禮記》删。盧辯注曰：“案‘聞’下各本衍‘之’字，《周禮·司儀》注引此文，作‘其聞詩也’，今據以訂正。”

孔子曰：‘高柴執親之喪，則難能也；開蟄不殺，則天道也；方長不折，則恕也。恕則仁也。湯恭以恕，是以日躋也。’此賜之所親睹也。吾子有命而訊，賜則不足以知賢。”文子曰：“吾聞之也，國有道則賢人興焉，中人用焉，百姓歸焉。若吾子之語審茂，則一諸侯之相也，亦未逢明君也。”

子貢既與衛將軍文子言，適魯，見孔子曰：“衛將軍問二三子之行於賜也，不一而三，賜也辭不獲命，以所見者對矣。未知中否，請嘗以告。”孔子曰：“言之。”子貢以其質告。孔子既聞之，笑曰：“賜，汝偉爲知人。賜!”子貢對曰：“賜也焉能知人？此賜之所親睹也。”孔子曰：“是汝所親也。吾語女：耳之所未聞，目之所未見，思之所未至，智之所未及者乎？”子貢曰：“賜得，則願聞之也。”孔子曰：“不克不忌，不念舊惡，蓋伯夷、叔齊之行也。晋平公問於祁傒曰：‘羊舌大夫，晋國之良大夫也，其行如何？’① 祁傒對，辭曰：‘不知也。’公曰：‘吾聞女少長乎其所，女其闇知之。’祁傒對曰：‘其幼也恭而遜，耻而不使其過宿也。其爲侯大夫也，悉善而謙，其端也；其爲公車尉也，信而好直，其功也；至於其爲和容也，温良而好禮，博聞而時出，其志也。’公曰：‘向者問女，女何曰弗知也？’祁傒對曰：‘每位改變，未知所止，是以不知。’蓋羊舌大夫之行也。畏天而敬人，服義而行信，孝乎父而恭於兄，好從善而斅往，蓋趙文子之行也。其事君也，不敢愛其死，然亦不忘其身，謀其身，不遺其友，君陳則進，不陳則行而退，蓋隨武子之行也。其爲人之淵泉也，多聞而難誕也，不内辭，足以没世；國家有道，其言足以生；國家無道，

① “如何”,《叢書集成》本《大戴禮記》作“何如”。

其默足以容，蓋桐提伯華之行也。外寬而内直，自設於隱栝之中，直己而不直於人，[①] 以善存，亡汲汲，蓋蘧伯玉之行也。孝子慈幼，[②] 允德稟義，約貨去怨，蓋柳下惠之行也。其言曰：‘君雖不諒於臣，[③] 臣不可以不量於君。’[④] 是故君擇臣而使之，臣擇君而事之，有道順君，無道横命，晏平仲之行也。德恭而行信，終日言，不在尤之内，在尤之外，[⑤] 貧而樂也，蓋老萊子之行也。易行以俟天命，居下位而不援其上，觀於四方也，不忘其親，苟思其親，不盡其樂，以不能學爲己終身之憂，蓋介山子推之行也。”[⑥]

《群書治要》《尸子·勸學》：孔子曰：“自娱於檃括之中，直己而不直人，以善廢而不邑邑，蘧伯玉之行也。”

《穀梁》成五年傳：梁山崩，壅遏河，三日不流。晋君召伯尊而問焉。伯尊來，遇輦者。輦者不辟，使車右下而鞭之。輦者曰：“所以鞭我者，其取道遠矣！”伯尊下車而問焉，曰：“子有聞乎？”對曰：“梁山崩，壅遏河，三日不流。”伯尊曰：“君爲此召我也，爲之奈何？”輦者曰：“天有山，天崩之；天

① “於”，《叢書集成》《四部叢刊》本《大戴禮記》無。

② “子”，當從《叢書集成》本《大戴禮記》作“老”。盧辯注曰：“案‘老’各本訛作‘子’，今從方本。”

③ “諒”，《叢書集成》《四部叢刊》本《大戴禮記》作“量”。郭沂曰：“《解詁》《今注》‘諒’皆作‘量’。”

④ “於”下，《四部叢刊》本《大戴禮記》有“其”字。

⑤ “在尤之外”，《叢書集成》本《大戴禮記》無。盧辯注曰：“案此四字各本訛作正文，今從方本。”

⑥ “子推”，原注：“《史記·仲尼弟子列傳》作‘子然’，裴駰引亦作‘子然’。”

有河，天壅之。雖召伯尊，如之何?”伯尊由忠問焉，輦者曰："君親素縞，帥群臣而哭之，既而祠焉，斯流矣。"伯尊至，君問之曰："梁山崩，壅遏河，三日不流，爲之奈何?"伯尊曰："君親素縞，帥群臣而哭之，既而祠焉，斯流矣。"孔子聞之曰："伯尊其無績乎？攘善也。"

《韓詩外傳》八：梁山崩，晋君召大夫伯宗。道逢輦者，以其輦服。[1] 伯宗使其右下，欲鞭之。輦者曰："君趨道，豈不遠矣？不知事而行，可乎?"伯宗喜，問其居，曰："絳人也。"[2] 伯宗曰："子亦有聞乎?"曰："梁山崩，壅河，顧三日不流，是以召子。"伯宗曰："如之何?"曰："天有山，天崩之；天有河，天壅之。伯宗將如之何?"伯宗私問之，曰："君其率群臣素服而哭之，既而祠焉，河斯流矣。"伯宗問其姓名，弗告。伯宗到，君問伯宗，以其言對。於是君素服率群臣而哭之，既而祠焉，河斯流矣。君問伯宗何以知之，伯宗不言受輦者，詐以自知。孔子聞之曰："伯宗其無後，攘人之善。"

《魯語》下：公父文伯退朝，朝其母，其母方績。文伯曰："以歜之家而主猶績，懼忓季孫之怒也，其以歜爲不能事主乎?"其母嘆曰："魯其亡乎？使僮子備官而未之聞邪？居，吾語汝。昔聖王之處民也，擇瘠土而處之，勞其民而用之，故長

① "以其輦服"下，《四部叢刊》本《韓詩外傳》、明本《韓詩外傳》有"其道"兩字。郭沂曰："《集釋》《今注》'服'下皆有'其道'二字。"原注："《晋語》五云'遇大車當道而覆'。"

② "絳"，《叢書集成》本《韓詩外傳》、明本《韓詩外傳》作"絳"。

王天下。夫民勞則思，思則善心生；逸則淫，淫則忘善，忘善則惡心生。沃土之民不材，淫也；[1] 瘠土之民莫不向義，勞也。是故天子大采朝日，與三公九卿祖識地德，日中考政，與百官之政事，師尹維旅、牧、相宣序民事；少采夕月，與太史司載糾虔天刑，日入監九御，使潔奉禘郊之粢盛，而後即安。諸侯朝修天子之業命，晝考其國職，夕省其典刑，夜儆百工，使無慆淫，而後即安。卿大夫朝考其職，晝講其庶政，夕序其業，夜庀其家事，而後即安。士朝而受業，晝而習貫，[2] 夕而習復，夜而計過無憾，而後即安。自庶人以下，明而動，晦而休，無日以怠。王后親織玄紞，公侯之夫人加之以紘綖，卿之内子爲大帶，命婦成祭服，列士之妻加之以朝服。自庶士以下，皆衣其夫。社而賦事，蒸而獻功，男女效績，愆則有辟，古之制也。君子勞心，小人勞力，先王之訓也。自上以下，誰敢淫心舍力？今我寡也，爾又在下位，朝夕處事，猶恐忘先人之業，況有怠惰，其何以避辟？吾冀而朝夕修我曰：'必無廢先人。'爾今曰：'胡不自安？'以是承君之官，余懼穆伯之絶嗣也。"仲尼聞之曰："弟子志之，季氏之婦不淫矣。"

《魯語》下：公父文伯之母，季康子之從祖叔母也。康子往焉，闖門與之言，皆不逾閾。祭悼子，康子與焉，胙不受，[3] 徹俎不宴，宗不具不繹，繹不盡飫則退。仲尼聞之，以爲别於男女之禮矣。

《魯語》下：公父文伯卒，其母戒其妾曰："吾聞之：好

---

① "淫"，郭沂曰："'淫'，上海古籍出版社《國語》作'逸'。"
② "習"，郭沂曰："《四庫》本、上海古籍《國語》'習'皆作'講'。"
③ "胙"，郭沂曰："《四庫》本、上海古籍《國語》'胙'皆作'酢'。"

内，女死之；好外，士死之。今吾子夭死，吾惡其以好内聞也。二三婦之辱共先者祀，請無瘠色，無洵涕，無掐膺，無憂容，有降服，無加服，從禮而静，是昭吾子也。”仲尼聞之曰：“女知莫若婦，男知莫若夫。公父氏之婦智也夫，欲明其子之令德。”

《魯語》下：公父文伯之母朝哭穆伯，而暮哭文伯。仲尼聞之曰：“季氏之婦可謂知禮矣，愛而無私，上下有章。”

《晏子春秋·諫上》：景公之時，雨雪三日而不霽。公衣狐白之裘,[①] 坐堂側陛。[②] 晏子入見，立有間。公曰：“怪哉！雨雪三日而天不寒。”晏子對曰：“天不寒乎?”公笑。晏子曰：“嬰聞古之賢君飽而知人之飢，温而知人之寒，逸而知人之勞。今君不知也。”公曰：“善！寡人聞命矣。”乃令出裘，發粟，與飢寒。[③] 令所睹于塗者,[④] 無問其鄉；所睹于里者，無問其家；循國計數，無言其名。士既事者兼月，疾者兼歲。孔子聞之曰：“晏子能明其所欲，景公能行其所善也。”

《晏子春秋·諫下》：景公之嬖妾嬰子死，公守之，三日

① “衣”,《諸子集成》《四部叢刊》本《晏子春秋》皆作“被”。張純一曰:“孫云:‘被’《藝文類聚》作‘披’。純一案:《太平御覽》六百九十四引作‘披’,又卷十二、卷三十四及《文選》曹子建《贈丁儀》詩注、謝玄暉《郡内登望》詩注俱作‘被’,《意林》同。”

② “坐堂側陛”,《諸子集成》本《晏子春秋》作“坐於堂側階”,張純一曰:“舊作‘坐堂側陛’。王云:此本作‘坐於堂側階’,今本脱‘於’字,‘階’字又誤作‘陛’。”

③ “與飢寒”,《諸子集成》本《晏子春秋》“與”上有“以”字,“寒”下有“者”字,張純一曰:“‘以’字、‘者’字舊脱,從王校補。王云:案‘與’上有‘以’字,‘寒’下有‘者’字,而今本脱之,則語意不完。”

④ “令”,《四部叢刊》本《晏子春秋》作“今”。

不食，膚著於席不去。[1] 左右以復，而君無聽焉。晏子入，復曰："有術客與醫俱言曰：'聞嬰子病死，願請治之。'"公喜，遽起，曰："病猶可爲乎？"晏子曰："客之道也，以爲良醫也，請嘗試之。君請屏，潔沐浴，飲食，閒病者之宫，彼亦將有鬼神之事焉。"公曰："諾。"[2] 屏而沐浴。晏子令棺人入斂，已斂，而復曰："醫不能治病，已斂矣，不敢不以聞。"公作色不悦曰："夫子以醫命寡人，而不使視；將斂，而不以聞。吾之爲君，名而已矣。"晏子曰："君獨不知死者之不可以生邪？嬰聞之：君正臣從謂之順，君僻臣從謂之逆。今君不道順而行僻，從邪者邇，導害者遠，[3] 讒諛萌通，而賢良廢滅，是以諂諛繁於間，邪行交於國也。昔吾先君桓公用管仲而霸，嬖乎豎刁而滅；今君薄於賢人之禮，而厚嬖妾之哀。且古聖王畜私不傷行，斂死不失愛，送死不失哀。行傷則溺己，[4] 愛失則傷生，哀失則害性，是故聖王節之也。即畢殮，[5] 不留生事；[6] 棺椁衣衾，不以害生養；哭泣處哀，不以害生道。今朽尸以留

① "席"下，《諸子集成》本《晏子春秋》有"而"字，張純一曰："'而'字舊脱，據《意林》補。"

② "公曰諾"，《諸子集成》本《晏子春秋》張純一曰："孫云：《意林》作'公信之'。"

③ "導害"，《諸子集成》本《晏子春秋》張純一曰："王云：'導害'二字義不可通，'導害'當爲'導善'，字之誤也。"

④ "傷"，《四部叢刊》本《晏子春秋》作"蕩"。

⑤ "即"上，《諸子集成》本《晏子春秋》有"死"字，張純一曰："舊脱'死'字，語意不完，從王校補，蓋承上文'斂死'而言。"

⑥ "不"下，《諸子集成》本《晏子春秋》有"以"字，張純一曰："'以'字舊脱，據下二句補，文同一例。'留'字義不可通，疑本作'害'，'不以害生事'，言不以死人久不棺斂，妨害生人之事。下文'不以害生養''不以害生道'可證今作'留'者蓋涉下'朽尸以留生'而誤。"

生，廣愛以傷行，修哀以害性，[1] 君之失矣。故諸侯之賓客慚入吾國，本朝之臣慚守其職。崇君之行，不可以導民；從君之欲，不可以持國。且嬰聞之：朽而不殮謂之僇尸，臭而不收謂之陳胔。反明王之性，行百姓之誹，而内嬖妾於僇胔，此之爲不可。”公曰：“寡人不識，請因夫子而爲之。”晏子復曰：“國之士大夫、諸侯、四鄰賓客，皆在外，君其哭而節之。”仲尼聞之曰：“星之昭昭，不若月之曀曀；小事之成，不若大事之廢；君子之非，賢於小人之是也。其晏子之謂歟?”

《晏子春秋·雜上》：晋平公欲伐齊，使范昭往觀焉。景公觴之，飲酒酣。范昭曰：[2]“請君之棄樽。”公曰：“酌寡人之樽，進之于客。”范昭已飲，晏子曰：“徹樽，更之。”樽觶具矣，范昭佯醉，不悦而起舞，謂太師曰：“能爲我調成周之樂乎？吾爲子舞之。”太師曰：“冥臣不習。”范昭趨而出。景公謂晏子曰：“晋，大國也，使人來，將觀吾政。今子怒大國之使者，將奈何?”晏子曰：“夫范昭之爲人也，非陋而不知禮也，且欲試吾君臣，故絶之也。”景公謂太師曰：“子何以不爲客調成周之樂乎?”太師對曰：“夫成周之樂，天子之樂也；調之，必人主舞之。今范昭，人臣，欲舞天子之樂，臣故不爲也。”范昭歸，以報平公曰：“齊未可伐也。臣欲試其君而晏子識之，臣欲犯其禮而太師知之。”仲尼聞曰：“夫不出于尊俎之間而知千里之外，其晏子之謂也，可謂折沖矣，而太師其與焉。”

---

① “修”,《諸子集成》本《晏子春秋》作“循”。張純一曰:“‘循’舊訛‘修’。王云:‘修’字於義無取,當爲‘循’字之誤。循之言遂也,遂哀謂哀而不止也。”

② “范昭”下,《諸子集成》本《晏子春秋》有“起”字,張純一曰:“‘起’字舊脱,從孫校據《文選》注補。”

《韓詩外傳》八：晋平公使范昭觀齊國之政，景公錫之宴。晏子在前，范昭趨曰："願君之倅樽以爲壽。"景公顧左右曰："酌寡人樽，獻之客。"范昭飲。① 晏子對曰："徹去樽。"范昭不説，起舞，顧太師曰："子爲我奏成周之樂，願舞。"太師對曰："盲臣不習。"范昭起，出門。景公謂晏子曰："夫晋，天下大國也，使范昭來觀齊國之政。今子怒大國之使者，將奈何?"晏子曰："范昭之爲人也，非陋而不知禮也，是欲試吾君，嬰故不從。"於是景公召太師而問之曰："范昭使子奏成周之樂，何故不調?"對如晏子。於是范昭歸，報平公曰："齊未可并也。吾試其君，晏子知之；吾犯其樂，太師知之。"孔子聞之曰："善乎！晏子不出俎豆之間，折沖千里。"

《新序·雜事》一：晋平公欲伐齊，使范昭往觀焉。景公賜之，酒酣，范昭曰："願請君之樽酌。"公曰："酌寡人之樽，進之於客。"范昭已飲。晏子曰："徹樽，更之。"樽觶具矣，范昭佯醉，不悦而起舞，謂太師曰："能爲我調成周之樂乎？吾爲子舞之。"太師曰："冥臣不習。"范昭趨而出。景公謂晏子曰："晋，大國也，使人來，將觀吾政也。今子怒大國之使者，將奈何?"晏子曰："夫范昭之爲人，非陋而不識禮也，且欲試吾君臣，故絶之也。"景公謂太師曰："子何以不爲客調成周之樂乎?"太師對曰："夫成周之樂，天子之樂也；若調之，必人主舞之。今范昭，人臣也，而欲舞天子之樂，臣故不爲也。"范昭歸，以告平公曰："齊未可伐也。臣欲試其君，而晏

① "飲"上，郭沂曰："《集釋》'飲'上有'已'。"

子識之；臣欲犯其禮，而太師知之。”① 於是輟伐齊謀。②仲尼聞之曰：③ “夫不出於樽俎之間而知千里之外，其晏子之謂乎？④ 可謂折沖矣，而太師其與焉。”⑤

《晏子春秋·雜上》：晏子居晏桓子之喪，粗斬衰，苴絰帶，杖，棺履，食粥，居倚廬，寢苫，枕草。其家老曰：“非大夫喪父之禮也。”晏子曰：“唯卿爲大夫。”曾子以聞孔子，⑥孔子曰：“晏子可謂能遠害矣。不以己之是駁人之非，遜辭以避咎，義也夫！”

《荀子·大略》：子謂：子家駒續然大夫，不如晏子；晏子，功用之臣也，不如子産；子産，惠人也，不如管仲；管仲之爲人，力功不力義，力知不力仁，野人也，不可以爲天子大夫。

《荀子·子道》：子路問於孔子曰：“魯大夫練而牀，禮

① “禮”，《諸子集成》本《晏子春秋》作“樂”，張純一曰：“‘樂’舊作‘禮’。王云：‘禮’本作‘樂’，此涉上文‘不知禮’而誤。”

② “於是輟伐齊謀”，原脱，據《諸子集成》本《晏子春秋》補，張純一曰：“此句承上文‘晋平公欲伐齊，使范昭往觀焉’作結，與標題‘晏子以禮侍而折其謀’亦甚相應。今本脱之，陸機《演連珠》並有，今據補。”

③ “之”，原脱，據《諸子集成》本《晏子春秋》補，張純一曰：“黄云：元刻脱‘之曰’二字。”

④ “乎”，《四部叢刊》本《新序》作“也”。

⑤ “夫不出于樽俎之間而知千里之外其晏子之謂也可謂折沖矣”，《諸子集成》本《晏子春秋》作“不出於樽俎之間而折沖於千里之外，晏子之謂也”。張純一曰：“舊作‘夫不出於樽俎之間而知千里之外其晏子之謂乎可謂折沖矣’。王云：此文本作‘夫不出於樽俎之間而知沖千里之外，晏子之謂也’，無‘可謂折沖矣’五字，‘知沖’即‘折沖’也，‘知’‘折’字相近，故字亦相通。舊本‘知’下脱‘沖’字，而後人不知，又於‘晏子之謂也’下加‘可謂折沖矣’五字，謬矣。”

⑥ “聞”，《諸子集成》本《晏子春秋》作“問”，張純一曰：“‘問’舊作‘聞’，據《家語·子貢》篇改。”

邪?”夫子曰:[1]“吾不知也。”子路出,謂子貢曰:“吾以夫子爲無所不知,夫子徒有所不知。”子貢曰:“汝何問哉?”子路曰:“由問:‘魯大夫練而牀,禮邪?’夫子曰:‘吾不知也。’”子貢曰:“吾將爲汝問之。”子貢問曰:“練而牀,禮邪?”孔子曰:“非禮也。”子貢出,謂子路曰:“汝謂夫子爲有所不知乎?夫子徒無所不知,汝問非也。禮,居是邑,不非其大夫。”

《荀子·哀公》:魯哀公問於孔子曰:“請問取人?”孔子對曰:“無取健,無取詌,無取口啍。[2] 健,貪也;詌,亂也;口啍,誕也。故弓調而後求勁焉,馬服而後求良焉,士信慤而後求知能焉。士不信慤而有多知能,譬之其豺狼也,不可以身爾也。語曰:‘桓公用其賊,文公用其盜。’故明主任計不信怒,闇主信怒不任計。計勝怒者強,怒勝計者亡。”[3]

《韓詩外傳》四:哀公問取人。孔子曰:“無取健,無取佞,無取口讒。健,驕也;佞,諂也;讒,誕也。故弓調,然後求勁焉;馬服,然後求良焉;士信慤,而後求知焉。士不信焉,又多知,譬之豺狼,其難以身近也。《周書》曰:‘爲虎傅翼也,不亦殆乎!’”

《説苑·尊賢》:哀公問於孔子曰:“人何若而可取

① “夫子”,據《諸子集成》本《荀子集解》當作“孔子”。郭沂曰:“《簡釋》《百子》本‘夫子’皆作‘孔子’。”

② “詌無取口啍”,《諸子集成》本《荀子集解》引郝懿行曰:“‘詌’蓋訛字,《説苑·尊貴》篇作‘拑’是也。‘拑’訓脅持。《家語·五儀解》作‘鉗’,亦假借字耳。‘口啍’,《家語》作‘啍啍’。”盧文弨曰:“案《家語·五儀解》作‘無取鉗’,‘鉗’下作‘無取啍啍’。”原注:“‘詌’,《家語》作‘鉗’。”

③ 兩“者”字,《諸子集成》本《荀子》作“則”。

也?”孔子對曰:“無取拑者,無取健者,[1] 毋取口鋭者。”哀公曰:“何謂也?”孔子曰:“拑者大給利,不言盡用;[2] 健者必欲兼人,不可以爲法也;口鋭者多誕而寡信,後恐不驗也。夫弓矢和調,而後求其中焉;馬慤願順,然後求其良材焉;人必忠信重厚,[3] 然後求其知能焉。今人有不忠信重厚而多知能,如此人者,譬猶豺狼與,不可以身近也。是故先其仁信之誠者,然後親之;於是有知能者,然後任之,故曰親仁而使能。夫取人之術也,觀其言而察其行。夫言者,所以抒其胸而發其情者也;能行之士,必能言之,是故先觀其言而揆其行。雖有奸軌之人,[4] 無以逃其情矣。”哀公曰:“善。”

《列子·天瑞》:孔子游於太山,見榮啓期行乎郕之野,鹿裘帶索,鼓琴而歌。[5] 孔子問曰:“先生所以樂,何也?”對

---

① “健”,《叢書集成》《四部叢刊》本《説苑》作“健”,下同。

② “言”,據《叢書集成》《四部叢刊》本《説苑》當作“可”。郭沂曰:“《今注》《百子》本‘言’皆作‘可’。”

③ “重厚”,《叢書集成》本《説苑》作“厚重”。

④ “雖”上,《叢書集成》《四部叢刊》本《説苑》有“夫以言揆其行”六字。郭沂曰:“《今注》《百子》本‘雖’上皆有‘夫以言揆其行’六字。”

⑤ “琴”,王叔岷《列子補正》曰:“案《藝文類聚》四四引‘琴’下有‘瑟’字,疑一本‘琴’作‘瑟’,傳寫因並混入耳。《説苑·雜言》篇、《家語·六本》篇並作‘瑟’(《記纂淵海》五一、《事文類聚前集》三二、《韻府群玉》十九、《家語》並作‘琴’,與今本此文同)。”陶光曰:“光按‘鼓琴’《家語》作‘瑟瑟’,《説苑》作‘鼓瑟’,《類聚》四十四《樂部》引本書亦作‘鼓琴瑟’,疑本作‘鼓瑟’,形誤作‘琴’。”

曰："吾樂甚多：天生萬物，唯人爲貴，而吾得爲人，① 是一樂也；男女之别，男尊女卑，故以男爲貴，② 吾既得爲男矣，③ 是二樂也；人生有不見日月，不免襁褓者，吾既已行年九十矣，④ 是三樂也。貧者，士之常也；死者，人之終也。⑤ 處常

① "吾得爲人"，王叔珉《列子補正》曰："案《藝文類聚》四四、《御覽》四六八引'吾'下並有'既'字，《家語·六本》篇同。《説苑·雜言》篇有'既已'二字。據下文'吾既已行年九十矣'，則當有'既已'二字，文乃一律。《高士傳》《慎子·外篇》'爲人'下並有'矣'字。"陶光《列子校釋》曰："光按此文當作'吾既得爲人'，與下'吾既得爲男''吾既已行年九十矣'一律，《家語》有'既'字，《説苑》作'吾既已得爲人'，《類聚》引作'吾既爲人'，並是其證。"楊伯峻曰："《類聚》四十四、《御覽》四六八引作'吾既得爲人'，與下'吾既得爲男''吾既已行年九十'句法一律，《説苑·雜言》篇作'吾既已得爲人'，《家語·六本》篇作'吾既得爲人'，疑當從《家語》。"

② "以"上，王叔岷《列子補正》曰："案《説苑·雜言》篇、《家語·六本》篇'以'上並有'人'字。"

③ "既"下，王叔岷《列子補正》曰："案《説苑·雜言》篇'既'下有'已'字，當從之。"

④ "吾既已行年九十矣"，王重民《列子校釋》曰："案《類聚》四十四引作'吾年九十有五矣'，疑今本《列子》'九十'下奪'有五'二字。《説苑·雜言》篇、《御覽》五百零九引《聖賢高士傳》並作'九十有五'。《高士傳》所據當爲《列子》古本，則'九十'下本有'有五'二字明矣。"王叔岷《列子補正》曰："案王説是也，《説苑·雜言》篇、《家語·六本》篇、《御覽》九百五（德凌按：當作"五百九"）引嵇康《高士傳》'九十'下皆有'五'字（王重民謂《説苑》《御覽》五百九引《高士傳》並作"九十有五"，非），並可證。今本'九十'下有脱文。"

⑤ "貧者士之常也死者人之終也"，王叔岷《列子補正》曰："《御覽》四六八引'士'作'人'，'人'作'命'，無兩'也'字。《藝文類聚》四四引'人'作'生'，亦無兩'也'字。《意林》引亦無兩'也'字。《家語·六本》篇、《御覽》五百九引嵇康《高士傳》並同。"

得終,① 當何憂哉?”孔子曰:“善乎!能自寬者也。”

《御覽》三百八十三引《新序》:孔子見宋榮啓期,老,② 白首,衣弊服,鼓琴自樂。孔子問曰:“先生老而窮,何樂也?”啓期曰:“吾有三樂:天生萬物,以人爲貴,吾得爲人,一樂也;人生以男爲貴,吾得爲男,二樂也;人生命有夭傷,③ 吾年九十歲,④ 是三樂也。貧者,士之常;死者,人之終。居常以守終,何不樂乎?”⑤

《説苑·雜言》:孔子見榮啓期,衣鹿皮裘,鼓瑟而歌。孔子問曰:“先生何樂也?”對曰:“吾樂甚多:天生萬物,唯人爲貴,吾既已得爲人,是一樂也;人以男爲貴,吾既已得爲男,是二樂也;⑥ 人生不免襁褓,吾年已九十五,是三樂也。夫貧者,士之常也;死者,民之終也。處常待終,當何憂乎?”

《列子·説符》:趙襄子使新稚穆子攻翟,勝之,取左人、

① “得”,盧文弨《群書拾補》曰:“《説苑·雜言》篇作‘待’。”王重民《列子校釋》曰:“案作‘待’是也。蓋榮啟期樂天知命,既明貧者士之常,死者人之終,故自謂處常以待終,當有何憂。若作‘得’,則非其旨矣。《御覽》四六八引正作‘待’。《類聚》四十四引作‘居常以待終’,文雖小異,‘待’字固不誤也。”陶光《列子校釋》曰:“此則全文與《家語》爲近,實當作‘待’,義始可通,蓋其誤遠矣。”楊伯峻《列子集釋》曰:“盧、王説是也。下章張注云:‘樂天知命,泰然以待終。’‘待終’之語即襲此文,可見張所見本猶作‘待’也。”

② “老”上,《四庫全書》本《御覽》有“年”字。郭沂曰:“中華書局《御覽》‘老’前有‘年’。”

③ “夭傷”,郭沂曰:“中華書局《御覽》‘夭傷’作‘傷夭’。”

④ “歲”,郭沂曰:“中華書局《御覽》‘歲’作‘余’。”

⑤ “孔子見宋榮啓期”至“何不樂乎”條,原注:“按今本佚此文。”

⑥ “是”下,原有“爲”字,據《四部叢刊》本《説苑》《列子·天瑞》篇删。

中人，使遽人謁之。① 襄子方食而有憂色，左右曰：“一朝而兩城下，此人之所喜也。今君有憂色，何也?”襄子曰：“夫江河之大也，不過三日；飄風暴雨不終朝，日中不須臾。今趙氏之德行無所施於積，② 一朝而兩城下，亡其及我哉!”孔子聞之曰：“趙氏其昌乎!”

《吕氏春秋·慎大覽》：趙襄子攻翟，勝老人、中人，使使者來謁之。襄子方食摶飯，有憂色。左右曰：“一朝而兩城下，此人之所以喜也。今君有憂色，何?”襄子曰：“江河之大也，不過三日；飄風暴雨，③ 日中不須臾。今趙氏之德行無所於積，一朝而兩城下，亡其及我乎!”孔子聞之曰：“趙氏其昌乎!”

《淮南子·道應訓》：趙襄子攻翟而勝之，取尤人、終人，④ 使者來謁之。襄子方將食而有憂色。左右曰：“一朝而兩城下，此人之所喜也。今君有憂色，何也?”襄子曰：“江河之大也，不過三日；飄風暴雨，⑤ 日中不須臾。今趙氏之德行無所積，今一朝兩城下，亡其及我乎!”孔子聞之曰：“趙氏其昌乎!”

---

① “人”下，原注：“一本此下有‘來’字。”

② “無所施於積”，盧文弨《群書拾補》曰：“《吕氏》無‘施’字，《淮南》並無‘於’字。”“施”，俞樾《諸子平議》曰：“樾謹按‘施’衍字，蓋即‘於’字之誤而復者。《吕氏春秋·慎大》篇亦有此文，正無‘施’字。”王重民《列子校釋》曰：“案俞説是也。《淮南·道應》篇亦有此文，亦無‘施’字。”陶光《列子校釋》曰：“光按《淮南》並無‘施於’字，‘於積’亦不可解，疑原作‘施積’也。”

③ “飄風暴雨”下，據《列子·説符》當有“不終朝”三字。

④ “取”，原脱，據《諸子集成》《二十二子》本《淮南子》補。

⑤ “飄風暴雨”下，據《列子·説符》當有“不終朝”三字。

《莊子·列御寇》：孔子曰："凡人心險於山川，難於知天。天猶有春秋冬夏旦暮之期，人者厚貌深情，故有貌願而益，有長若不肖，有順懷而達，有堅而縵，有緩而釬。故其就義若渴者，其去義若熱。故君子遠使之而觀其忠，近使之而觀其敬，煩使之而觀其能，卒然問焉而觀其知，急與之期而觀其信，委之以財而觀其仁，告之以危而觀其節，醉之以酒而觀其側，雜之以處而觀其色。九徵至，不肖人得矣。"

《御覽》九百十五引《莊子》：老子見孔子，從弟子五人。問曰："前爲誰？"對曰："子路，勇且多力；其次子貢，爲智；曾子，爲孝；顔回，爲仁；子張，爲武。"老子嘆曰："吾聞南方有鳥名鳳凰，① 其所居也，② 積石千里，河水出下，鳳鳥居止。③ 天爲生食，其樹名瓊枝，高百仞，以璆琳琅玕爲實。天又爲生離朱，④ 一人三頭，遞起以伺琅玕。鳳鳥之文，⑤ 戴聖嬰仁，右智左賢。"⑥

《韓非子·説林下》：孔子謂弟子曰："孰能導子西之釣名也？"子貢曰："賜也能。"乃導之，不復疑也。孔子曰："寬哉，不被于利；潔哉，民性有恒。曲爲曲，直爲直。"孔子曰：⑦"子西不免。"白公之難，子西死焉。

《韓非子·外儲説左下》：管仲相齊，曰："臣貴矣，然而臣貧。"桓公曰："使子有三歸之家。"曰："臣富矣，然而臣

---

① "名鳳凰"，郭沂曰："中華書局《御覽》作'名爲鳳'。"
② "其所居也"，郭沂曰："中華書局《御覽》無'其''也'二字。"
③ "河水出下鳳鳥居止"，郭沂曰："以上八字中華書局《御覽》無。"
④ "朱"，郭沂曰："中華書局《御覽》'朱'作'珠'。"
⑤ "之"，《四庫全書》本《御覽》無。
⑥ "老子見孔子"至"右智左賢"條，原注："按今本無此文，當是佚篇。"
⑦ "孔子曰"，原注："宋本'孔子曰'提行。"

卑。”桓公使立於高國之上。曰：“臣尊矣，然而臣疏。”乃立爲仲父。孔子聞而非之曰：“泰侈逼上。”一曰：仲父出，[①] 朱蓋青衣，置鼓而歸，庭有陳鼎，家有三歸。孔子曰：“良大夫也，其侈逼上。”

《韓非子·顯學》：孔子曰：“以容取人乎，失之子羽；以言取人乎，失之宰予。”

薛據《集語》引《説苑》：子曰：“以容取人，失之子羽；以言取人，失之宰予。澹臺子羽，君子之容也，與之久處而言不充其貌；[②] 宰予之辭，雅而文也，與之久處而智不充其辯。”[③]

《御覽》四百六十九引《王孫子》：趙簡子獵於晋陽之山，[④] 撫轡而嘆。董安于曰：“今游獵樂也，而主君嘆，敢問何故也？”[⑤] 簡子曰：“汝不知也。吾效厩養食谷之馬以千數，合宫養多力之士日數百，[⑥] 欲以獵獸也。吾憂鄰國養賢以獵吾

① “仲父”上，《諸子集成》本《韓非子》有“管”字。郭沂曰：“《校注》《百子》本作‘管仲父’。”

② “充”，郭沂曰：“乾隆本薛據《集語》‘充’作‘克’，下文‘智不充其辯’之‘充’亦然。”

③ “子曰”至“不充其辯”條，原注：“按今本無此文。《韓非子》‘澹臺子羽‘六句在’孔子曰以容取人‘之上，不以爲孔子語也。”

④ “之山”，原注：“‘之山’二字從《御覽》八百三十二引補。”

⑤ “故”，原注：“‘故’字從八百三十二引補。”

⑥ “合宫養”，郭沂曰：“中華書局《御覽》《玉函山房輯佚書·王孫子》‘合宫養’作‘令官奉’。”“養多力之士”，原注：“本作‘奉多力之書’，從八百三十二引改，四百二亦引作‘士’。”

也。"① 孔子聞之曰："簡子知所嘆也。"

《吕氏春秋·恃君覽·知分》：荆有次非者，得寶劍于干遂，還反涉江，至於中流，有兩蛟夾繞其船。次非謂舟人曰："子嘗見兩蛟繞船能兩活者乎?"船人曰："未之見也。"次非攘臂袪衣，拔寶劍曰："此江中之腐肉朽骨也，棄劍以全己，余奚愛焉!"於是赴江刺蛟，殺之而復上船，舟中之人皆得活。荆王聞之，仕之執圭。孔子聞之曰："夫善哉！不以腐肉朽骨而棄劍者，其次非之謂乎!"

《淮南子·道應訓》：荆有佽非，得寶劍於干隊，還反度江，至於中流，陽侯之波，兩蛟俠繞其船。佽非謂枻船者曰："嘗有如此而得活者乎?"對曰："未嘗見也。"於是佽非瞑目，勃然攘臂拔劍曰："武士可以仁義之禮説也，不可劫而奪也。此江中之腐肉朽骨，棄劍而已，余有奚愛焉!"赴江刺蛟，遂斷其頭，船中人盡活，風波畢除。荆爵爲執圭。孔子聞之曰："夫善載!② 腐肉朽骨棄劍者，佽非之謂乎!"

《吕氏春秋·恃君覽·召類》：士尹池爲荆使於宋，司城子罕觴之。南家之牆犨於前而不直，西家之潦徑其宫而不止。③ 士尹池問其故，司城子罕曰："南家，工人也，爲鞔者

① 上"吾"字，原注："'吾'字從四百二引補。"
② "載"，郭沂曰："'載'當爲'哉'字之誤。"
③ "徑"，原注："一作'注'。"

也。[1] 吾將徙之，其父曰：‘吾恃爲鞔以食三世矣，今徙之，是宋國之求鞔者不知吾處也，吾將不食。願相國之憂吾不食也。’爲是，故吾弗徙也。西家高，吾宫庳，潦之經吾宫也利，故弗禁也。”士尹池歸荆，荆王適興兵而攻宋。士尹池諫於荆王曰：“宋不可攻也，其主賢，其相仁。賢者能得民，仁者能用人。荆國攻之，其無功而爲天下笑乎！”故釋宋而攻鄭。孔子聞之曰：“夫修之於廟堂之上而折沖乎千里之外者，其司城子罕之謂乎！”

《新序·刺奢》：士尹池爲荆使於宋，司城子罕止而觴之，南家之牆擁於前而不直，西家之潦經其宫而不止。士尹池問其故，子罕曰：[2]“南家，工人也，爲鞔者也。吾將徙之，其父曰：‘吾恃爲鞔已食三世矣，今徙，是宋邦之求鞔者不知吾處也，吾將不食。願相國之憂吾不食也。’爲是，故吾不徙。西家高，吾宫卑，潦之經吾宫也利。爲是，故不禁也。”士尹池歸荆，適興兵欲攻宋。士尹池諫於王曰：“宋不可攻也，其主賢，其相仁。賢者得民，仁者能用人。攻之無功爲天下笑！”楚釋宋而攻鄭。孔子聞之曰：“夫修之於廟堂之上而折沖於千里之外者，司城子罕之謂也！”

《吕氏春秋·恃君覽·觀表》：郈成子爲魯聘於晋，過衛，

① “者”，原作“百”，據《諸子集成》本、《二十二子》本、《四部叢刊》本《吕氏春秋》及《新序·刺奢》篇“南家，工人也，爲鞔者也”改。

② “子罕”上，《叢書集成》《四部叢刊》本《新序》有“司城”二字。郭沂曰：“《今注》《百子》本‘子罕’前有‘司城’二字。”

右宰穀臣止而觴之。陳樂而不樂，酒酣而送之以璧。顧反，過而弗辭。其僕曰："曏者右宰穀臣之觴吾子，[①] 吾子也甚歡，今侯渫過而弗辭?"郈成子曰："夫止而觴我，與我歡也；陳樂而不樂，告我憂也；酒酣而送我以璧，寄之我也。若由是觀之，衛其有亂乎?"倍衛三十里，聞甯喜之難作，右宰穀臣死之。還車而臨，三舉而歸。至，使人迎其妻子，隔宅而異之，[②] 分禄而食之。其子長而反其璧。孔子聞之曰："夫智可以微謀，仁可以托財者，[③] 其郈成子之謂乎!"

《吕氏春秋·慎行論·求人》：晋人欲攻鄭，令叔向聘焉，視其有人與無人。子産爲之詩曰："子惠思我，褰裳涉洧。子不我思，[④] 豈無他士!"叔向歸曰："鄭有人，子産在焉，不可攻也。秦、荆近，其詩有異心，不可攻也。"晋人乃輟攻鄭。孔子曰："《詩》云：'無競惟人。'子産一稱而鄭國免。"

《鹽鐵論·大論》：孔子曰："進見而不以能往者，非賢士才女也。"[⑤]

《新序·雜事》四：鄭人游于鄉校，以議執政之善否。然明謂子産曰："何不毁鄉校?"子産曰："胡爲?夫人朝夕游焉，以議執政之善否。其所善者，吾將行之；其所惡者，吾將改之。是吾師也，如之何毁之?吾聞爲國忠信以損怨，不聞作

① "吾子"，原脱，據《諸子集成》本《吕氏春秋》補。

② "異"，《諸子集成》本《吕氏春秋》注曰："《孔叢》'異'作'居'"。

③ "智可以微謀仁可以托財者"，《諸子集成》本《吕氏春秋》注曰："《孔叢》作'仁可與托孤、廉可與寄財者'"。

④ "思我"，《諸子集成》本《吕氏春秋》《十三經注疏》本《毛詩正義》作"我思"。

⑤ "才女"，原注："一本無'才女'二字。"

威以防怨。譬之若防川也，大決所犯，傷人必多，吾不能救也。不如小決之使導，吾聞而藥之也。”然明曰：“蔑也。乃今知吾子之信可事也。小人實不材。若果行此，其鄭國實賴之，豈惟二三臣！”仲尼聞是語也，①曰：“以是觀之，人謂子産不仁，吾不信也。”

《新序·刺奢》：魯孟獻子聘于晋，韓宣子觴之。三徙，鍾石之懸不移而具。獻子曰：“富哉家！”宣子曰：“子之家孰與我家富？”獻子曰：“吾家甚貧，惟有二士，曰顔回、兹無靈者，使吾邦家安平，百姓和協。惟此二者耳，吾盡於此矣。”客出，宣子曰：“彼君子也，以畜賢爲富；②我鄙人也，以鍾石金玉爲富。”孔子曰：“孟獻子之富，可著於春秋。”

《説苑·立節》：曾子衣敝衣以耕。魯君使人往致邑焉，曰：“請以此修衣。”曾子不受。反，復往，又不受。使者曰：“先生非求於人，人則獻之，奚爲不受？”曾子曰：“臣聞之：受人者畏人，予人者驕人。縱子有賜，不我驕也，我能勿畏乎？”終不受。孔子聞之曰：“參之言足以全其節也。”

《説苑·復恩》：東閭子嘗富貴而後乞，人問之曰：“公何爲如是？”曰：“吾自知：吾嘗相六七年，未嘗薦一人也；吾嘗富三千萬者再，未嘗富一人也。不知七出身之咎然也。”③孔子曰：“物之難矣，小大多少，各有怨惡，數之理也；人而得之，在於外假之也。”

《説苑·善説》：子路問於孔子曰：“管仲何如人也？”子

① “是”，郭沂曰：“《今注》《百子》本‘是’皆作‘斯’。”

② “以畜”，原注：“今本作‘以養’，從宋本及《御覽》四百七十二引改。”

③ “七”，郭沂曰：“《百子》本、《今注》‘七’皆作‘士’。”

曰："大人也。"子路曰："昔者，管子説襄公，襄公不説，是不辯也；欲立公子糾而不能，是無能也；家殘於齊而無憂色，是不慈也；桎梏而居檻車中無慚色，是無愧也；事所射之君，是不貞也；召忽死之，管子不死，是無仁也。夫子何以大之？"子曰："管仲説襄公，襄公不説，管子非不辯也，襄公不知説也；欲立子糾而不能，非無能也，不遇時也；家殘於齊而無憂色，非不慈也，知命也；桎梏居檻車而無慚色，非無愧也，自裁也；事所射之君，非不貞也，知權也；召忽死之，管子不死，非無仁也。召忽者，人臣之材也，不死則三軍之虜也，死之則名聞天下，夫何爲不死哉？管子者，天子之佐、諸侯之相也，死之則不免爲溝中之瘠，不死則功復用於天下，夫何爲死之哉？由，汝不知也。"

《説苑·權謀》：孔子問漆雕馬人曰："子事臧文仲、武仲、孺子容三大夫者，孰爲賢？"漆雕馬人對曰："臧氏家有龜焉，名曰蔡。文仲立，三年爲一兆焉；武仲立，三年爲二兆焉；孺子容立，三年爲三兆焉。馬人見之矣。若夫三大夫之賢不賢，馬人不識也。"孔子曰："君子哉！漆雕氏之子！其言人之美也，隱而顯；其言人之過也，微而著。故智不能及，明不能見，得無數卜乎？"

《説苑·權謀》：中行文子出亡至邊，從者曰："爲此嗇夫者，君人也，胡不休焉，且待後車者？"文子曰："異日吾好音，此子遺吾琴；吾好佩，又遺吾玉。是不非吾過者也，自容於我者也。吾恐其以我求容也。"遂不入。後車入門。文子問嗇夫之所在，執而殺之。仲尼聞之曰："中行文子背道失義以亡其國，然後得之，猶活其身。道不可遺也若此。"

《説苑·雜言》：孔子曰："回，若有君子之道四：強於行己，弱於受諫，怵於待禄，慎於持身。”

《説苑·雜言》：仲尼曰：“史鰌有君子之道三：不仕而敬上，不祀而敬鬼，直能曲於人。”

《説苑·雜言》：孔子曰：“丘死之後，商也日益，賜也日損。商也好與賢己者處，賜也好説不如己者。”

《潛夫論·志氏姓》：周靈王之太子晋，幼有成德，聰明博達，温恭敦敏。穀、雒水鬥，將毁王宫，欲壅之。[①] 太子晋諫，以爲不順天心，不若修政。晋平公使叔譽聘於周，見太子，與之言，五稱而三窮，逡巡而退，歸告平公曰：“太子晋行年十五而譽，弗能與言，君請事之。”平公遣師曠見太子晋，太子晋與言，師曠服德，深相結也。乃問師曠曰：“吾聞太師能知人年之長短。”師曠對曰：“女色赤白，女聲清汗，火色不壽。”晋曰：“然。吾後三年將上賓於帝。女慎無言，殃將及女。”其後三年而太子死。孔子聞之曰：“惜夫！殺吾君也。”

《繹史》九十五引《留青日札》：公冶長貧而閒居，無以給食。其雀飛鳴其舍，呼之曰：“公冶長！公冶長！南山有箇虎馱羊！爾食肉，我食腸，當亟取之勿彷徨。”子長如其言，往取食之。及亡羊者迹之，得其角，乃以爲偷，訟之魯君。魯君不信鳥語，逮繫之獄。孔子素知之，爲之白于魯君，亦不解也，於是嘆曰：“雖在縲絏之中，非其罪也。”未幾，子長在獄舍，雀復飛鳴其上，呼之曰：“公冶長！公冶長！齊人出師侵我疆！沂水上，嶧山旁，當亟禦之勿彷徨。”子長介獄吏白之

① “欲”上，郭沂曰：“中華書局《潛夫論箋》‘欲’前補‘王’字。”

魯君。魯君亦勿信也,[1] 姑如其言，往迹之，則齊師果將及矣。急發兵應敵，遂獲大勝。因釋公冶長而厚賜之，欲爵爲大夫。辭不受，蓋耻因禽語以得禄也。後世遂廢其學。[2]

---

① “勿”,郭沂曰:“《四庫》本‘勿’作‘弗’,是也。”

② “公冶長貧而閒居”至“後世遂廢其學”條,原注:“皇侃《論語義疏》引《論釋》云:公冶長從衞還魯,行至二堺上,聞鳥相呼,往清溪食死人肉。須臾,見一老嫗當道而哭。冶長問之,嫗曰:‘兒前日出行,于今不反,當是已死亡,不知所在。’冶長曰:‘向聞鳥相呼,往清溪食肉,恐是嫗兒也。’嫗往看,即得其兒也,已死。即嫗告村司,村司問嫗從何得知之,嫗曰:‘見冶長,道如此。’村官曰:‘冶長不殺人,何緣知之?’因録冶長付獄,主問冶長:‘何以殺人?’冶長曰:‘解鳥語,不殺人。’主曰:‘當試之,若必解鳥語,便相放也;若不解,當令償死。’駐冶長在獄六十日。卒日,有雀子緣獄栅上,相呼‘嘖嘖嗺嗺’。冶長含笑,吏啓主冶長笑雀語,是似解鳥語。主教問冶長:‘雀何所道而笑之?’冶長曰:‘雀鳴:“嘖嘖嗺嗺,白蓮水邊有車翻,覆黍粟,牡牛折角,收斂不盡。”相呼往啄。’獄主未信,遣人往看,果如其言。後又解豬及燕語,屢驗,于是得放。”

卷　十

山東督糧道臣孫星衍　撰

論政九

《尚書大傳》：子曰："古之聽民者，察貧窮，哀孤獨矜寡，宥老幼，不肖無告，有過必赦，小罪勿增，大罪勿纍，老弱不受刑，有過不受罰。故老而受刑謂之悖，[1] 弱而受刑謂之剋，[2] 不赦有過謂之賊，逆率過以小謂之枳。[3] 故與其殺不辜，寧失有罪；與其增以有罪，[4] 寧失過以有赦。"

《尚書大傳》：孔子如衛，人謂曰："公甫不能聽訟。"子曰："非公甫之不能聽獄也，公甫之聽獄也，有罪者懼，無罪者耻，民近禮矣。"

《尚書大傳》：子曰："聽訟雖得其指，[5] 必哀矜之，死者不可復生，斷者不可復續也。《書》曰：'哀矜折獄。'"

《尚書大傳》：子曰："吴越之俗，男女同川而浴，其刑重

---

① "故"上，郭沂曰："《叢刊》《集成》'故'上皆有'是'字。"

② "剋"，郭沂曰："《叢刊》《集成》'剋'皆作'暴'。"

③ "逆"，郭沂曰："《叢刊》《集成》無'逆'字，蓋孫書衍。"

④ "以"，原注："本無'以'字，據《御覽》六百五十二引補。"

⑤ "聽訟雖得其指"，郭沂曰："《叢刊》《集成》作'聽訟者雖得其情'。"

而不勝，由無禮也；中國之教，内外有分，① 男女不同椸枷，不同巾櫛，其刑重而勝，由有禮也。語曰：‘夏后不殺不刑，②罰有罪而民不輕犯，死罰二千饌。’”③

《尚書大傳》：子曰：“今之聽民者，求所以殺之；古之聽民者，④ 求所以生之。不得其所以生之之道，乃刑殺，君與臣會焉。”

《尚書大傳》：孔子曰：“古之刑者省之，今之刑者繁之。其教，古者有禮，然後有刑，是以刑省也；今也反是，無禮而齊之以刑，是以繁也。《書》曰：‘伯夷降典禮，折民以刑。’謂有禮，然後有刑也。又曰：‘兹殷罰有倫。’今也反是，諸侯不同聽，每君異法，聽無有倫，是故法之難也。”⑤

《後漢·五行志》注引《尚書大傳》鄭注：孔子説《春秋》曰：“政以不由王出，不得爲政，則王君，出政之號也。”⑥

《韓詩外傳》二：高牆豐上激下，未必崩也，降雨興，流潦至，則崩必先矣；草木根荄淺，未必撅也，飄風興，暴雨墜，則撅必先矣。君子居是邦也，不崇仁義、尊賢臣以理萬物，未必亡也；一旦有非常之變，諸侯交爭，人趨車馳，迫然禍至，乃始憂愁，乾喉焦唇，仰天而嘆，庶幾乎望其安也，不亦晚乎？孔子曰：“不慎其前，而悔其後。嗟乎！雖悔無

① “分”，郭沂曰：“《叢刊》《集成》‘分’皆作‘别’。”
② “夏后”，郭沂曰：“《集成》作‘夏后氏’。”
③ “死罰二千饌”，原注：“末句據《史記·平准書》索隱引補。”
④ “聽民”，原注：“‘聽民’，《漢書·刑法志》作‘聽獄’。”
⑤ “是故法之難也”，郭沂曰：“本句《叢刊》《集成》皆作‘是故知法難也’。”
⑥ “王”上，郭沂曰：“《叢刊》《集成》‘王’上皆有‘是’。”

及矣。”

> 《説苑·建本》：豐牆墝下，未必崩也，流行潦至，壞必先矣；樹本淺，根垓不深，未必橛也，飄風起，暴雨至，拔必先矣。君子居於是國，不崇仁義，不尊賢臣，未必亡也；然一旦有非常之變，車馳人走，指而禍至，乃始乾喉焦唇，仰天而嘆，庶幾焉天其救之，不亦難乎？孔子曰：“不慎其前，而悔其後，雖悔無及矣。”

《韓詩外傳》二：傳曰：孔子云：“美哉，顔無父之御也！馬知後有輿而輕之，知上有人而愛之，馬親其正而愛其事，如使馬能言，彼將必曰：‘樂哉，今日之騶也！’至於顔淪少衰矣，馬知後有輿而輕之，知上有人而敬之，馬親其正而敬其事，如使馬能言，彼將必曰：‘騶來！其人之使我也。’至於顔夷而衰焉，① 馬知後有輿而重之，知上有人而畏之，馬親其正而畏其事，如使馬能言，彼將必曰：‘騶來！騶來！女不騶，彼將殺女。’故御馬有法矣，御民有道矣，法得則馬和而歡，道得則民安而集。《詩》曰‘執轡如組，兩驂如舞’，此之謂也。”

《韓詩外傳》三：傳曰：宋大水，魯人弔之曰：“天降淫雨，害於粢盛，延及君地，以憂執政，使臣敬弔。”宋人應之曰：“寡人不仁，齋戒不修，使民不時，天加以災，又遺君憂，拜命之辱。”孔子聞之曰：“宋國其庶幾矣！”弟子曰：“何謂？”孔子曰：“昔桀、紂不任其過，其亡也忽焉；成、湯、文

① “焉”，郭沂曰：“《集釋》《今注》‘焉’皆作‘矣’。”

王知任其過，其興也勃焉。過而改之，是不過也。”宋人聞之，乃夙興夜寐，弔死問疾，戮力宇内，三歲年豐政平。

《韓詩外傳》六：子路治蒲三年，孔子過之，入境而善之，曰：“由恭敬以信矣。”入邑，曰：“善哉！由忠信以寬矣。”至庭，[①] 曰：“善哉！由明察以斷矣。”子貢執轡而問曰：“夫子未見由而三稱善，可得聞乎？”孔子曰：“入其境，田疇甚易，[②] 草萊甚辟，此恭敬以信，故民盡力。入其邑，墉屋甚尊，樹木甚茂，此忠信以寬，其民不偷。入其庭，甚閒，此明察以斷，故民不擾也。”

《韓詩外傳》八：子賤治單父，其民附。孔子曰：“告丘之所以治之者。”對曰：“不齊時發倉廪，振困窮，補不足。”孔子曰：“是小人附耳，未也。”對曰：“賞有能，招賢才，退不肖。”孔子曰：“是士附耳，未也。”對曰：“所父事者三人，所兄事者五人，所友者十有二人，所師者一人。”孔子曰：“所父事者三人，[③] 所兄事者五人，足以教弟矣；所友者十有二人，足以祛壅蔽矣；所師者一人，足以慮無失策，舉無敗功

① “至”，郭沂曰：“《集釋》‘至’下補‘其’。”

② “甚易”，原注：“此二字本脱，據《文選・籍田賦》注引補。”

③ “所父事者三人”下，據《韓詩外傳集釋》當補“足以教孝矣”五字。許維遹曰：“舊脱‘足以教孝矣’五字。趙本有。校云：‘本皆脱五字。宋《説苑・政理》篇、《家語・辯政》篇皆有“可以教孝矣”一句，今據補。從下例改“可”爲“足”字。’維遹案：趙校是也，今據補。”原注：“據《説苑》，脱一句。”

矣。① 惜乎不齊,② 爲之大功，乃與堯、舜參矣。”

《説苑·政理》：孔子謂宓子賤曰：“子治單父而衆説，語丘所以爲之者。”曰：“不齊父其父，子其子，恤諸孤而哀喪紀。”孔子曰：“善，小節也，小民附矣，猶未足也。”曰：“不齊也所父事者三人，所兄事者五人，所友者十一人。”孔子曰：“父事三人，可以教孝矣；兄事五人，可以教弟矣；友十一人，可以教學矣。中節也，中民附矣，猶未足也。”曰：“此地民有賢於不齊者五人，不齊事之，皆教不齊所以治之術。”孔子曰：“欲其大者，乃於此在矣。昔者，堯、舜清微其身，以聽觀天下，務來賢人。夫舉賢者，百福之宗也，而神明之主也。不齊之所治者小也，不齊所治者大，其與堯、舜繼矣。”

《大戴禮·子張問入官》：子張問入官於孔子，孔子曰：“安身取譽爲難也。”子張曰：“安身取譽如何?”孔子曰：“有善勿專，教不能勿搢，已過勿發，失言勿踦，不善辭勿遂，行事勿留。君子入官自行此六路者，則身安譽至而政從矣。且夫忿數者，獄之所由生也；距諫者，慮之所以塞也；慢易者，禮

① “舉無敗功矣”下,據《韓詩外傳集釋》當補“昔者堯舜清微其身,以聽觀天下,務來賢人。夫舉賢者,百福之宗也,而神明之主也”三十二字。許維遹曰:“舊脱‘昔者堯舜清微其身,以聽觀天下,務來賢人。夫舉賢者,百福之宗也,而神明之主也’三十二字。……維遹案:趙校是也,今據《説苑》補。”

② “惜乎不齊”下,據《韓詩外傳集釋》有“之所爲者小也”當補六字。許維遹曰:“舊脱‘之所爲者小也’六字。趙本有。校云:‘此六字舊本脱,約兩書補。’維遹案:趙校是也。今據補。”

之所以失也；惰怠者，[1] 時之所以後也；奢侈者，財之所以不足也；專者，事之所以不成也；歷者，獄之所由生也。君子入官除七路者，則身安譽至而政從矣。故君子南面臨官，大城而公治之，精知而略行之，合是忠信，考是大倫，存是美惡，而進是利，而除是害，而無求其報焉，而民情可得也。故臨之無抗民之志，勝之無犯民之言，量之無狡民之辭，養之無擾於時，愛之勿寬於刑，言此則身安譽至而民自得也。[2] 故君子南面臨官，所見邇，故明不可弊也；[3] 所求邇，故不勞而得也；所以治者約，故不用衆而譽至也。法象在内故不遠，源泉不竭故天下積也，而木不寡短長，[4] 人得其量，故治而不亂。故六者貫乎心，藏乎志，形乎色，發乎聲，若此則身安而譽至，而民自得也。故君子南面臨官，不治則亂至，亂至則爭，爭之至又反於亂。是故寬裕以容其民，[5] 慈愛以優柔之，而民自得也已。故躬行者，政之始也；調悦者，情之道也。善政行易則民不怨，言調悦則民不辨法，仁在身則民顯以佚之也。財利之生徵矣，[6] 貪以不得；善政必簡矣，苟以亂之；善言必聽矣，詳

① “惰”，原作“墮”，據《叢書集成》本《大戴禮記》改。盧辯注曰：“案各本作‘墮’，今從方本。”

② “言”，《叢書集成》本《大戴禮記》作“若”。盧辯注曰：“案‘若’各本訛作‘言’，今從方本。”原注：“一作‘若’。”

③ “弊”，《叢書集成》本《大戴禮記》作“蔽”。盧辯注曰：“案‘蔽’各本作‘弊’，今從方本。”

④ “而”，《叢書集成》本《大戴禮記》作“如”。盧辯注曰：“案‘如’各本作‘而’，今從方本。”

⑤ “寬”，原作“寡”，據《叢書集成》《四部叢刊》本《大戴禮記》改。郭沂曰：“《解詁》《今注》‘寡’皆作‘寬’，是也。”

⑥ “徵”，《叢書集成》本《大戴禮記》作“微”。盧辯注曰：“案‘微’各本訛作‘徵’，今從楊本。”原注：“一作‘微’。”

以失之；規諫日至，煩以不聽矣。言之善者，在所日聞；行之善者，在所能爲。故上者，民之儀也；有司執政，① 民之表也；邇臣便辟者，群臣僕之倫也。故儀不正則民失誓，表弊則百姓亂，邇臣便辟不正廉而群臣服污矣，故不可不慎乎三倫矣！故君子修身、反道、察説，而邇道之服存焉。是故夫工女必自擇絲麻，良工必自擇齎材，賢君良上必自擇左右。是故佚於取人，② 勞於治事；勞於取人，佚於治事。故君子欲譽，則謹其所便；欲名，則謹於左右。故上者，辟如緣木者，務高而畏下者滋甚。六馬之離，必於四面之衢；民之離道，必於上之佚政也。故上者尊嚴而絶，百姓者卑賤而神。民而愛之則存，惡之則亡也。故君子南面臨官，貴而不驕，富恭有本能圖，修業居久而譚，情邇暢而及乎遠，察一而關于多，一物治而萬物不亂者，以身爲本者也。故君子莅民，不可以不知民之性，達諸民之情，既知其以生有習，③ 然後民特從命也。故世舉則民親之，政均則民無怨。故君子莅民，不臨以高，不道以遠，不責民之所不能。今臨之明王之成功，則民嚴而不迎也，道以數年之業，則民疾，疾則辟矣。故古者冕而前旒，所以蔽明也；統絖塞耳，④ 所以弇聰也。故水至清則無魚，人至察則無徒。故枉而直之，使自得之；優而柔之，使自求之；揆而度之，使

① “執政”下，《叢書集成》本《大戴禮記》有“者”字。盧辯注曰：“案各本脱‘者’字，今從楊本。”

② “是”，原作“始”；“於”，原作“諸”，據《叢書集成》本《大戴禮記》改。盧辯注曰：“案‘是’各本訛作‘始’，‘於’作‘諸’，今從方本。”

③ “以”，《叢書集成》本《大戴禮記》作“已”。

④ “統”，《叢書集成》本《大戴禮記》作“黈”，盧辯注曰：“案‘黈’各本訛作‘統’，今從《玉篇》所引。”原注：“元本作‘絓’，《玉篇》引作‘黈’，《説文》：‘紞，冕冠塞耳者。’則‘統’即‘紞’之誤。”

自索之。民有小罪，必以其善以赦其過，如死使之生，其善也，[1] 是以上下親而不離。故惠者，政之始也；政不正，則不可教也；不習，則民不可使也。故君子欲言之見信也者，莫若先虛其内也；欲政之速行也者，莫若以身先之也；欲民之速服也者，莫若以道御之也。故不先以身，雖行必鄰矣；[2] 不以道御之，雖服必強矣。故非忠信，則無可以取親於百姓矣；外内不相應，則無可以取信者矣。四者，治民之統也。"

《大戴禮·千乘》：公曰："千乘之國受命於天子，通其四疆，教其書社，循其灌廟，[3] 建其宗主，設其四佐，列其五官，處其朝市，爲仁如何？"子曰："不仁，國不化。"公曰："何如之謂仁？"子曰："不淫於色。"子曰："立妃設如太廟然，乃中治；中治不相陵，不相陵斯庶嬪遑；遑則事上靜，靜斯潔信在中，朝大夫必慎以恭，出會謀事必敬以慎，言長幼小大必中度，此國家之所以崇也。立子設如宗社，[4] 宗社先示威，威明顯見，辨爵集德，是以母弟官子咸有臣志，莫敢援於外，大夫中婦私謁不行，此所以使五官治，執事政也。[5] 夫政以教百姓，百姓齊以嘉善，故蠱佞不生，此之謂良民。國有道則民昌，此國家之所以大遂也。卿設如大門，大門顯美，小大

---

① "其善也"，《叢書集成》本《大戴禮記》無。盧辯注曰："案此下各本衍'其善也'三字，今從方本删。"

② "必鄰矣"，《叢書集成》本《大戴禮記》作"遴"。盧辯注曰："案各本訛作'必鄰矣'，今從方本。"

③ "循"，《叢書集成》本《大戴禮記》作"修"。盧辯注曰："案'修'各本訛作'循'，今從高安本、方本。"

④ "如"，《叢書集成》本《大戴禮記》盧辯注曰："案各本脱'如'字，今從楊本、方本。"原注："一本無'如'字。"

⑤ "政"，《叢書集成》本《大戴禮記》作"正"。盧辯注曰："案'正'各本作'政'，今從方本。"

尊卑中度，開明閉幽，内禄出災，以順天道，近者閒焉，遠者稽焉。君發禁，宰而行之，[①] 以時通于地，散布于小，治天之災祥，[②] 地寶豐省，及民共饗其禄，共任其災，此國家之所以和也。國有四輔，輔，卿也。卿設如四體，毋易事，毋假名，毋重食。凡事尚賢進能，使知事，爵不世，能之不愆。[③] 凡民，戴名以能，食力以時，成以事立，此所以使民讓也。民咸孝弟而安讓，此以怨省而亂不作也，此國之所以長也。[④] 下無用則國家富，上有義則國家治，長有禮則民不爭，立有神則國家敬，兼而愛之則民無怨心，以爲無命則民不偷。[⑤] 昔者先王立此六者而樹之德，[⑥] 此國家之所以茂也。[⑦] 設其四佐而官之。司徒典春，以教民之不則、時不若、[⑧] 不令成。長幼老疾孤寡，以時通于四壇。有闔而不通，有煩而不治，則民不樂生，不利衣食。凡民之藏貯，以及山川之神明，加于民者，發圖功謀，[⑨] 齋戒必敬，會時必節。日、歷、巫、祝，執伎以守官，

---

① “宰”下,《叢書集成》本《大戴禮記》有“受”字,盧辯注曰:“案各本脱‘受’字,今從楊本。”原注:“《大訓》此下有‘受’字。”

② “治”,原作“理”,避李治諱,今改。《叢書集成》本《大戴禮記》盧辯注曰:“案‘理’,方本作‘治’。”

③ “能”下,《叢書集成》本《大戴禮記》有“官”字,盧辯注曰:“案各本脱‘官’字,今從楊本。”原注:“《大訓》此下有‘官’字。”

④ “國”下,《叢書集成》本《大戴禮記》有“家”字。盧辯注曰:“案各本脱‘家’字,今從方本。”

⑤ “無命”,《叢書集成》本《大戴禮記》作“典令”。盧辯注曰:“案各本訛作‘以爲無命’,今從方本。”

⑥ “立”,《叢書集成》本《大戴禮記》作“本”。郭沂曰:“‘立’《解詁》《今注》皆作‘本一’。”

⑦ “之”,原注:“一本無‘之’字。”

⑧ “時”,《叢書集成》本《大戴禮記》作“治”。盧辯注曰:“案‘治’各本訛作‘時’,今從方本。”

⑨ “圖”,原注:“一作‘國’。”

俟命而作，祈王年，禱民命及畜穀、蜚征、庶虞草。[①] 方春三月，緩施生育，動作百物，於時有事，享于皇祖皇考，朝孤子八人，以成春事。司馬司夏，以教士車甲。凡士執伎論功，修四衛，強股肱，質射御，才武聰慧，治衆長卒，所以爲儀綴於國，[②] 出可以爲率，誘於軍旅，四方諸侯之游士、國中賢餘秀興閲焉。[③] 方夏三月，養長秀，蕃庶物，於時有事，享于皇祖皇考，爵士之有慶者七人，以成夏事。司寇司秋，以聽獄訟，治民之煩亂，執權變民中。凡民之刑萌，本以安閒，[④] 作起不敬，以欺惑憧愚。作於財賄、六畜、五穀曰盜，誘居室家及幼子曰不義，[⑤] 子女專曰妖，飭五兵及木石曰賊，以中情出，小曰閒，大曰講，[⑥] 利辭以亂屬曰讒，以財投長曰貸。凡犯天子之禁，陳刑制辟，以追國民之不率上教者。[⑦] 夫是故一家三夫道行，三人飲食，[⑧] 哀樂平，無獄。方秋三月，收斂以時，於時有事，嘗新于皇祖皇考，食農夫九人，以成秋事。司空司

---

① “草”上,《叢書集成》本《大戴禮記》有“百”字。盧辯注曰:“案各本脱‘百’字,今從方本。”

② “所”,《叢書集成》本《大戴禮記》作“可”。盧辯注曰:“案‘可’各本訛作‘所’,今從楊本。”原注:“《大訓》作‘可’。”

③ “興”,《叢書集成》本《大戴禮記》作“與”。盧辯注曰:“案‘與’各本訛作‘興’,今從方本。”

④ “之刑萌本以安”,原作“之不刑崩本以要”,據《叢書集成》本《大戴禮記》改。盧辯注曰:“案‘之’下各本衍‘不’字,‘萌’訛作‘崩’,‘安’訛作‘要’,今從楊本。”

⑤ “及幼子曰不義”,原作“有君子曰義”,據《叢書集成》本《大戴禮記》改。盧辯注曰:“案此六字各本訛作‘有君子曰義’五字,今從方本。”

⑥ “講”,《叢書集成》本《大戴禮記》盧辯注曰:“案‘講’當作‘構’,或古通用。”

⑦ “國”,《叢書集成》本《大戴禮記》作“罔”。盧辯注曰:“案‘罔’各本作‘國’,今從楊本。”原注:“‘國’,《大訓》作‘圖’。”

⑧ “飲”,《叢書集成》本《大戴禮記》作“餘”。

冬，以制度制地事。準揆山林，規表衍沃，畜水行衰濯浸，[1]以節四時之事。治地遠近，以任民力，以節民食。太古食壯之食，攻老之事。”

公曰：“功事不少而餱糧不多乎？”子曰：“太古之民，秀長以壽者，食也；在今之民，羸醜以胔者，事也。太古無游民，食節事時，民各安其居，樂其宫室，[2]服事信上，上下交信，地移民聚；[3]在今之世，上治不平，民治不和，百姓不安其居，不樂其宫，[4]老疾用財，壯狡用力，於兹民游；薄事貪食，於兹民憂。古者殷書爲成男成女名屬，升于公門，此以氣食得節，作事得時，民勸有功，[5]夏服君事不及暍，冬服君事不及凍，是故年穀不成，[6]天之飢饉，道無殣者；在今之世，男女屬散，名不升于公門，此以氣食不節，作事不成，[7]天之飢饉，於時委民，不得以疾死。是故立民之居，必于中國之休地，因寒暑之和，六畜育焉，五穀宜焉。辨輕重，制剛柔，和五味，以節食時事。東辟之民曰夷，精以僥，至于大遠，有不火食者矣。南辟之民曰蠻，信以樸，至于大遠，有不火食者

---

① “衰”，原注：“《御覽》作‘表’。”“濯”，原注：“《御覽》作‘灌’。”

② “宫室”，《叢書集成》本《大戴禮記》作“官”，盧辯注曰：“案各本訛作‘宫’，下又加‘室’字，今從楊本。”“宫室”，原注：“‘宫室’二字，《大訓》作‘官’。”

③ “聚”，原脱，據《叢書集成》本《大戴禮記》補，盧辯注曰：“案各本脱‘聚’字，今從方本。”

④ “宫”，《叢書集成》本《大戴禮記》作“官”。原注：“《大訓》作‘官’。”

⑤ “民”，原脱，據《叢書集成》本《大戴禮記》補，盧辯注曰：“案各本脱‘民’字，今從楊本。”

⑥ “不”，《叢書集成》本《大戴禮記》作“順”，盧辯注曰：“案‘順’各本訛作‘不’，今從方本。”

⑦ “成”，《叢書集成》本《大戴禮記》作“時”，盧辯注曰：“案‘時’各本作‘成’，今從楊本。”原注：“《大訓》作‘時’。”

矣。西辟之民曰戎，勁以剛，至于大遠，有不火食者矣。北辟之民曰狄，肥以戾，至于大遠，有不火食者矣。及中國之民曰五方之民，有安民，[①] 和味，咸有實用利器，知通之，信令之。及量地度居，邑有城郭，[②] 立朝市，地以度邑，以度民，[③] 以觀安危。距封後利，先慮久固，依固可守，爲奥可久，能節四時之事，霜露時降。方冬三月，草木落，庶虞藏，五穀必畜于倉，[④] 於時有事，蒸于皇祖皇考，息國老六人，以成冬事。民咸知孤寡之必不失也，[⑤] 咸知有大功之必進等也，咸知用勞力之必以時息也，推而内之水火，入也弗之顧矣，而況有強適在前、有君長正之者乎？”公曰：“善哉！”

《大戴禮・四代》：公曰：“四代之政刑，論其明者，可以爲法乎？”子曰：“何哉？四代之政刑皆可法也。”公曰：“以我行之，其可乎？”子曰：“否，不可。臣願君之立知而以觀聞也。四代之政刑，君若用之，則緩急將有所不節；不節，君將約之；約之，卒將棄法；棄法，是無以爲國家也。”公曰：“巧匠輔繩而斫，胡爲其棄法也？”子曰：“心未之度，習未之狎，[⑥] 此以數逾而棄法也。夫規矩、準繩、鈞衡，此昔者先王之所以爲天下也，小以及大，近以知遠，今日行之，可以知

---

① “有”上，《叢書集成》本《大戴禮記》有“咸”字。原注：“《大訓》上有‘咸’字。”“民”，原注：“《大訓》作‘居’。”《叢書集成》本《大戴禮記》作“居”，盧辯注曰：“案各本脱‘咸’字，‘居’訛作‘民’，今從楊本。”

② “邑”，《叢書集成》本《大戴禮記》無。

③ “以”上，《叢書集成》本《大戴禮記》有“邑”字。

④ “畜”，《叢書集成》《四部叢刊》本《大戴禮記》皆作“入”。

⑤ “失”，《四部叢刊》本《大戴禮記》作“未”，《叢書集成》本《大戴禮記》作“末”。盧辯注曰：“案‘末’字他本訛作‘未’，今從劉本、楊本。”

⑥ “未之度習未之”，《叢書集成》本《大戴禮記》盧辯注曰：“案‘未之’，楊本皆作‘之未’。”

古，可以察今，其此邪？水、火、金、木、土、穀，此謂六府，廢一不可，進二不可，[①] 民並用之，今日行之，可以知古，可以察今，其此邪？昔夏商之未興也，伯夷謂此二帝之眇。"[②] 公曰："長國治民恒幹，論政之大體以教民辨，歷大道以時地性，興民之陽德以教民事，上服周室之典以順事天子，[③] 修政勤禮以交諸侯，大節無廢，小眇其後乎？"子曰："否，不可後也。《詩》云：'東有開明。'於時雞三號，以興庶虞，庶虞動，[④] 蜚征作。嗇民執功，百草咸淳，地傾水流之。是以天子盛服朝日于東堂，以教敬示威于天下也。是以祭祀昭有神明，燕食昭有慈愛，宗廟之事昭有義，率禮朝廷，昭有五官，無廢甲胄之戒，昭果毅以聽。天子曰崩，諸侯曰薨，大夫曰卒，士曰不禄，庶人曰死。昭哀，哀愛無失節，[⑤] 是以父慈子孝，兄愛弟敬。此昔先王之所先施於民也。君而後此，則爲國家失本矣。"公曰："善哉！子察教我也。"子曰："鄉也君之言善，執國之節也。君先眇而後善，中備以君子言，[⑥] 可以知古，可以察今，奂然而興民壹始。"[⑦] 公曰："是非吾言

---

① "二"，《叢書集成》《四部叢刊》本《大戴禮記》皆作"一"。郭沂曰："'二'《解詁》《今注》皆作'一'，是也。"

② "二帝"，《叢書集成》本《大戴禮記》作"三常"。盧辯注曰："案'三常'，觀《虞戴德》各本'常'訛作'帝'，因又訛爲'二帝'。"

③ "室"，郭沂曰："一本作'德'。"

④ "庶虞庶虞"，《叢書集成》本《大戴禮記》不重"庶虞"二字。盧辯注曰："案各本重'庶虞'二字，今從楊本。"

⑤ "愛"，《叢書集成》本《大戴禮記》作"慶"。盧辯注曰："案'慶'各本訛作'愛'，今從方本。"

⑥ "子"，《叢書集成》本《大戴禮記》作"之"。盧辯注曰："案'之'各本訛作'子'，今從楊本。"

⑦ "興"，《叢書集成》本《大戴禮記》作"與"。盧辯注曰："案'與'各本訛作'興'，今從方本。"

也，吾一聞於師也。”子吁焉其色，曰：“嘻！君行道矣。”公曰：“道邪？”子曰：“道也。”公曰：“吾未能知人，未能取人。”子曰：“君何爲不觀器視才？”公曰：“視可明乎？”子曰：“可以表儀。”公曰：“願學之。”子曰：“平原大藪，瞻其草之高豐茂者，必有怪鳥獸居之。且草可財也，如艾而夷之，其地必宜五穀。高山多林必有怪虎豹蕃孕焉，深淵大川必有蛟龍焉。民亦如之，君察之，可以見器見才矣。”公曰：“吾猶未也。”子曰：“群然，戚然，[1] 頤然，睪然，踖然，柱然，抽然，首然，僉然，湛然，淵淵然，淑淑然，齊齊然，節節然，穆穆然，皇皇然，見才色修聲不視，聞怪物恪命不改志，[2] 舌不更氣，君見之舉也，得之取也，有事事也。事必與食，食必與位，無相越逾。昔虞舜天德嗣堯，取相十有六人如此。”公曰：“嘻，美哉！子道廣矣！吾恐惛而不能用也，何以哉？”子曰：“由德徑徑。[3]”公曰：“請問圖德何尚？”子曰：“聖，知之華也；知，仁之實也；仁，信之器也；信，義之重也；義，利之本也。委利生孽。”公曰：“嘻！言之至也。道天地以民輔之，聖人何尚？”子曰：“有天德，有地德，有人德，此謂三德。三德率行，乃有陰陽。陽曰德，陰曰刑。”公曰：“善哉！再聞此矣，陽德何出？”子曰：“陽德出禮，禮出刑，刑出慮，慮則節事於近而揚聲於遠。”公曰：“善哉！載事何以？”子

---

① “戚”，原注：“《大訓》作‘威’。”

② “恪”，《叢書集成》本《大戴禮記》作“怪”。盧辯注曰：“案‘怪命’各本作‘恪命’，今從楊本。”

③ “子曰由德徑徑”，原脱“子”字，“子由德徑徑”原在“子道廣矣”下，據《叢書集成》本《大戴禮記》改。盧辯注曰：“案各本脱‘子’字，下五字訛在‘子道廣矣’之下，今從方本。”

曰："德以監位，位以充局，局以觀功，功以養民，民於此乎上。"公曰："禄不可後乎？"子曰："食爲味，味爲氣，氣爲志，發志爲言，發言定名，名以出信，信載義而行之，禄不可後也。"公曰："所謂民與天地相參者，何謂也？"子曰："天道以視，地道以履，人道以稽。廢一曰失統，恐不長饗國。"公愀然其色。子曰："君藏玉，惟慎用之，雖慎敬而勿愛，[1]民亦如之。執事無貳，五官有差，喜無並愛，卑無加尊，淺無測深，小無招大，此謂楣機。楣機賓薦不蒙。昔舜徵薦此道於堯，堯親用之，不亂上下。"公曰："請問民徵？"子曰："無以爲也，難行。"公曰："願學之，幾必能。"子曰："貪於味不讓，妨於政；願富不久，妨於政；慕寵假貴，妨於政；治民惡衆，妨於政；爲父不慈，妨於政；爲子不孝，妨於政；大縱耳目，妨於政；好色失志，妨於政；好見小利，妨於政；變從無節，撓弱不立，妨於政；剛毅犯神，妨於政；鬼神過節，妨於政。幼勿與衆，克勿與比，依勿與謀，放勿與游，徽勿與事，臣聞之弗慶，[2]非事君也；君聞之弗用，以亂厥德，臣將慶其簡者。[3]蓋人有可知者焉，貌色聲衆有美焉，必有美質在其中者矣；貌色聲衆有惡焉，必有惡質在其中者矣。此者伯夷

① "雖"，《叢書集成》本《大戴禮記》作"惟"。盧辯注曰："案'惟'各本訛作'雖'，今從方本。"

② "慶"，《叢書集成》本《大戴禮記》作"薦"。盧辯注曰："案'薦'各本訛作'慶'，今從楊本。"原注："《大訓》作'薦'。"

③ "慶"，《叢書集成》本《大戴禮記》作"薦"。盧辯注曰："案'薦'各本亦作'慶'，今從楊本。"原注："《大訓》作'薦'。"

之所後出也。"[①] 子曰："伯夷建國建政，[②] 修國修政。"[③] 公曰："善哉！"

《大戴禮·小辯》：[④] 公曰："寡人欲學小辯，以觀於政，其可乎？"子曰："否，不可。社稷之主愛日，日不可得，學不可以辯。[⑤] 是故昔者先王學齊大道，以觀於政；天子學樂辯風，制禮以行政；諸侯學禮辯官政以行事，以尊事天子；大夫學德別義，矜行以事君；士學順，辯言以遂志；庶人聽長辯禁，農以行力。如此，猶恐不濟，奈何其小辯乎？"公曰："不辯則何以爲政？"子曰："辯而不小。夫小辯破言，小言破義，小義破道，道小不通，通道必簡。是故循弦以觀於樂，足以辯風矣；《爾雅》以觀於古，足以辯言矣；傳言以象，反舌皆至，可謂簡矣。夫道不簡則不行，不行則不樂。夫亦固十棊之變，[⑥] 由不可既也，而況天下之言乎！"曰："微子之言，吾壹樂辯言。"子曰："辯言之樂，不若治政之樂。辯言之樂不下席，治政之樂皇於四海。夫政善則民説，民説則歸之如流水，親之如父母，諸侯初入而後臣之，安用辯言？"公曰："然則

---

① "者"，《叢書集成》本《大戴禮記》作"皆"。盧辯注曰："案'皆'各本訛作'者'，今從高安本。"

② "伯夷"下，《叢書集成》本《大戴禮記》有"曰"字。盧辯注曰："案各本脱'曰'字，今從楊本。"

③ 上"修"，原注："一作'循'。"

④ "辯"，《叢書集成》《四部叢刊》本《大戴禮記》作"辨"，下同。

⑤ "辯"上，《叢書集成》本《大戴禮記》有"小"字。盧辯注曰："案各本脱'小'字，今從楊本。"

⑥ "亦固"，《叢書集成》本《大戴禮記》"亦"作"弈"，無"固"字。盧辯注曰："案各本訛作'亦'，下又衍'固'字，今從方本。""棊"，《四部叢刊》本《大戴禮記》作"祺"，《叢書集成》本《大戴禮記》作"綦"。盧辯注曰："案'綦'各本訛作'祺'，今從楊本。"

吾何學而可?”子曰:[①]“禮樂而力,忠信其君,其習可乎!”公曰:“多與我言忠信,而不可以入患。”子曰:“毋乃既明忠信之備,[②]而口倦其君,[③]則不可而有;明忠信之備,而又能行之,則可立待也。君朝而行忠信,百官承事,忠滿於中而發於外,刑於民而放於四海,天下其孰能患之?”公曰:“請學忠信之備。”子曰:“唯社稷之主,實知忠信。若丘也,綴學之徒,安知忠信?”公曰:“非吾子問之而焉也?”子三辭將對,公曰:“強避。”子曰:“強侍。丘聞大道不隱,丘言之。君發之於朝,行之於國,一國之人莫不知,何一之強辟?丘聞之,忠有九知:知忠必知中,知中必知恕,知恕必知外,知外必知德,知德必知政,知政必知官,知官必知事,知事必知患,知患必知備。若動而無備,患而弗知,死亡而弗知,[④]安與知忠信?内思畢必曰知中,[⑤]中以應實曰知恕,内恕外度曰知外,外内參意曰知德,德以柔政曰知政,正義辯方曰知官,官治物則曰知事,事戒不虞曰知備,毋患曰樂,樂義曰終。”

《淮南子·泰族訓》:孔子曰:“小辯破言,小利破義,小藝破道,小見不達,達必簡。[⑥]河以逶蛇故能遠,

① “曰”下,原注:“此下《大訓》有‘行’字。”

② “明”上,《叢書集成》本《大戴禮記》有“不”字。盧辯注曰:“案各本脱‘不’字,今從楊本。”

③ “而口倦其君”,《叢書集成》本《大戴禮記》作“又倦其居”。盧辯注曰:“案各本作‘而口倦其君’,今從楊本。”

④ “死亡而弗知”,《叢書集成》本《大戴禮記》無。盧辯注曰:“案此注,各本訛作正文,今從方本。”

⑤ “必”,《叢書集成》本《大戴禮記》作“心”。盧辯注曰:“案‘心’各本訛作‘必’,今從方本。”原注:“戴校作‘心’。”

⑥ “達達必簡”,原注:“一本‘達’字不重,一本作‘大禮必簡’。”

山以陵遲故能高，陰陽無爲故能和，道以優柔故能化。”[1]

《魯語》下：季康子欲以田賦，使冉有訪諸仲尼。仲尼不對，私於冉有曰：“求來！女不聞乎？先王制土，籍田以力，而砥其遠邇；[2] 賦里以入，而量其有無；任力以夫，而議其老幼。於是乎有鰥、寡、孤、疾，有軍旅之出則徵之，無則已。其歲，收田一井，出稯禾、秉芻、缶米，不是過也，先王以爲足。若子季孫欲其法也，則有周公之籍矣；[3] 若犯法，[4] 則苟而賦，又何訪焉？”

《春秋繁露·王道》：臧孫辰請糴于齊。孔子曰：“君子爲國，必有三年之積。一年不孰，[5] 乃請糴，失君之職也。”

《春秋繁露·身之養重於義》：仲尼曰：“國有道，雖加刑也，無刑；[6] 國無道，雖殺之，不可勝也。”

《白虎通·三教》引《樂稽耀嘉》：顔回尚：[7] “三教變虞夏何如？”曰：“教者，所以追補敗政，靡弊溷濁，謂之治也。舜之承堯，無爲易也。”

《漢書·刑法志》：孔子曰：“古之知法者，能省刑，本也；今之知法者，不失有罪，末矣。”又曰：“今之聽獄者，求

---

① “柔”，郭沂曰：“‘柔’《諸子集成》《百子》本皆作‘游’。”
② “籍”，《四庫全書》本、上海古籍出版社《國語》皆作“藉”。
③ “籍”，《四庫全書》本、上海古籍出版社《國語》皆作“藉”。
④ “若”下，郭沂曰：“《四庫》本、上海古籍出版社《國語》‘若’下有‘欲’。”
⑤ “孰”，郭沂曰：“《叢刊》本‘孰’作‘熟’，是也。”
⑥ “也無刑”，郭沂曰：“《叢刊》本‘也’在‘無刑’下。”
⑦ “尚”，原注：“當作‘問’。”

所以殺之；古之聽獄者，求所以生之。”①

《晏子春秋·問上》：景公問于晏子曰：“爲政何患？”晏子對曰：“患善惡之不分。”公曰：“何以察之？”對曰：“審擇左右。左右善，則百僚各得其所宜而善惡分。”孔子聞之曰：“此言也信矣！善進，則不善無由入矣；不善進，則善無由入矣。”

> 《説苑·政理》：齊侯問於晏子曰：“爲政何患？”對曰：“患善惡之不分。”公曰：“何以察之？”對曰：“審擇左右。左右善，則百僚各得其所宜而善惡分。”孔子聞之曰：“此言也信矣！善言進，則不善無由入矣；不進善言，② 則善無由入矣。”

《荀子·正論》：孔子曰：“天下有道，盜其先變乎！”

《荀子·宥坐》：孔子爲魯司寇，有父子訟者，孔子拘之，三月不别。其父請止，孔子舍之。季孫聞之不悦，曰：“是老也欺予，語予曰：‘爲國家必以孝。’今殺一人，以戮不孝，又舍之。”冉子以告，孔子慨然嘆曰：“嗚呼！上失之，下殺之，其可乎？不教其民而聽其獄，殺不辜也。三軍大敗不可斬也，獄犴不治不可刑也，罪不在民故也。嫚令謹誅，賊也；令有

---

① “今之聽獄者求所以殺之古之聽獄者求所以生之”，原注：“按‘今之聽獄’四句，即前《尚書大傳》文。”

② “不進善言”，《四部叢刊》本《説苑》同，據《四庫全書》本《説苑》當作“善言不進”，上文作“善言進”可證。

時,① 斂也;無時,暴也;不教而責成功,虐也。已此三者,然後刑可即也。《書》曰:'義刑義殺,勿庸以即。予維曰未有順事。'言先教也。故先王既陳之以道,上先服之;若不可,尚賢以綦之;若不可,廢不能以單之。② 綦三年而百姓往矣。③ 邪民不從,④ 然後俟之以刑,則民知罪矣。《詩》曰:'尹氏太師,維周之氐。秉國之均,四方是維。天子是庳,卑民不迷。'是以威厲而不試,刑錯而不用,此之謂也。今之世則不然,亂其教,繁其刑,其民迷惑而陷焉,⑤ 則從而制之,是以刑彌繁而邪不勝。三尺之岸而虚車不能登也,百仞之山任負登車焉,⑥ 何則?陵遲故也。數仞之牆而民不逾也,百仞之山而豎子馮而游焉,陵遲故也。今夫世之陵遲亦久矣,而能使民勿逾乎?《詩》曰:'周道如砥,其直如矢。君子所履,小人所視。

---

① "令有時",《諸子集成》本《荀子集解》作"今生也有時",王先謙曰:"盧文弨曰'生也'二字各本皆脱,今按注增。王念孫曰:'今'字當在'嫚令謹誅'上,總下三事言之,文義方順。《家語·始誅》篇作'夫嫚令謹誅','夫'字亦總下之詞。"

② "尚賢以綦之若不可廢不能以單之",《諸子集成》本《荀子集解》王先謙曰:"盧文弨曰《家語·始誅》篇作'尚賢以勸之;又不可,而後以威憚之'二字各本皆脱,今按注增。王念孫曰:'今'字當在'嫚令謹誅'上,總下三事言之,文義方順。'夫嫚令謹誅','夫'字亦總下之詞。"

③ "往",《諸子集成》本《荀子集解》王先謙引盧文弨曰:"'往'乃'從'之誤,下注同。"王念孫曰:"案'從'下當有'風'字,今本無'風'字者,'從'誤爲'往',則'往風'二字義不可通,後人因删'風'字耳。楊注云'百姓從化','化'字正釋'風'字。《太平御覽·治道部》五引此正作'百姓從風',《韓詩外傳》及《説苑·政理》篇並同。"

④ "邪民",《諸子集成》本《荀子集解》王先謙引王念孫曰:"案'邪民'本作'躬行',作'邪民'乃後人所改。……王肅不知'邪'爲'躬'之誤,故改'邪行不從'爲'邪民不從'。……《外傳》亦誤作'邪行',唯《説苑》不誤。……今本《荀子》亦作'邪民',則又後人以《家語》改之也。"

⑤ "陷",原注:"'陷',或作'墮'。"

⑥ "登車",《諸子集成》《百子全書》本《荀子》作"車登"。

眷焉顧之，潸然出涕。’豈不哀哉！《詩》曰：‘瞻彼日月，悠悠我思。道之云遠，曷云能來！’”子曰：“伊稽首，不其有來乎？”

《韓詩外傳》三：傳曰：魯有父子訟者，康子欲殺之。孔子曰：“未可殺也。夫民父子訟之，爲不義久矣，是則上失其道。上有道，是人亡矣。”訟者聞之，請無訟。康子曰：“治民以孝，殺一不義以僇不孝，不亦可乎？”孔子曰：“否。不教而聽其獄，殺不辜也。三軍大敗，不可誅也；獄讞不治，不可刑也。上陳之教而先服之，則百姓從風矣！邪行不從，然後俟之以刑，則民知罪矣。夫一仞之牆，民不能逾；百仞之山，童子登游焉，陵遲故也。今其仁義之陵遲久矣，[①] 能謂民無逾乎？《詩》曰：‘俾民不迷。’昔之君子道其百姓不使迷，是以威厲而刑措不用也。故形其仁義，[②] 謹其教道，使民目晰焉而見之，使民耳晰焉而聞之，使民心晰焉而知之，則道不迷而民志不惑矣。《詩》曰：‘示我顯德行。’故道義不易，民不由也；禮樂不明，民不見也。《詩》曰‘周道如砥，其直如矢’，言其易也；‘君子所履，小人所視’，言其明也；‘眷言顧之，潸焉出涕’，哀其不聞禮教而就刑誅也。夫散其本教而待之刑辟，猶決其牢而發以毒矢也，亦不哀乎？故曰未可殺也。昔者先王使民以禮，譬之如御也；刑者，鞭策也。今猶無轡銜而鞭策以御也，欲馬之進則策其後，欲馬

① “陵”，《四庫全書》本、《四部叢刊》本《韓詩外傳》作“凌”。
② “形”，原注：“本或作‘刑’。”

之退則策其前，御者以勞而馬亦多傷矣。今猶此也，上憂勞而民多罹刑。《詩》曰：‘人而無禮，胡不遄死？’爲上無禮，則不免乎患；爲下無禮，則不免乎刑。上下無禮，胡不遄死？”康子避席再拜曰：“僕雖不敏，請承此語矣。”孔子退朝，門人子路難曰：“父子訟，道邪？”孔子曰：“非也。”子路曰：“然則夫子胡爲君子而免之也？”孔子曰：“不戒責成，害也；慢令致期，暴也；不教而誅，賊也。君子爲政，避此三者。且《詩》曰：‘載色載笑，匪怒伊教。’”

《説苑·政理》：魯有父子訟者，康子曰：“殺之。”孔子曰：“未可殺也。夫民不知子父訟之不善者久矣，是則上過也。上有道，是人亡矣。”康子曰：“夫治民以孝爲本，今殺一人以戮不孝，不亦可乎？”孔子曰：“不孝而誅之，① 是虐殺不辜也。三軍大敗，不可誅也；獄訟不治，不可刑也。上陳之教而先服之，則百姓從風矣；躬行不從，而後俟之以刑，則民知罪矣。夫一仞之牆，民不能逾；百仞之山，童子升而游焉，陵遟故也。今是仁義之陵遟久矣，② 能謂民弗逾乎？《詩》曰：‘俾民不迷。’昔者君子導其百姓不使迷，是以威厲而不至，刑錯而不用也。”於是訟者聞之，乃請無訟。

《長短經·政體》：孔子曰：“上失其道而殺其下，非禮也。故三軍大敗不可斬，獄犴不知不可刑，③ 何也？上

① “不孝而誅之”，原注：“薛據《集語》引作‘不孝者不教而誅之’。”
② 兩處“陵遟”，《叢書集成》《四部叢刊》本《説苑》皆作“凌遲”。
③ “知”，郭沂曰：“《集成》本‘知’作‘治’，是也。”

教之不行，罪不在人故也。夫慢令謹誅，賊也；徵斂無時，暴也；不誡責成，虐也。政無此三者，然後刑即可也。陳道德以先服之，猶不可，則尚賢以勸之，又不可，則廢；不能，以憚之，而猶有邪人不從化者，然後待之以刑矣。"

《御覽》六百三十三引《慎子》：孔子云："有虞氏不賞不罰，夏后氏賞而不罰，殷人罰而不賞，周人罰且賞。[①] 罰，禁也；賞，使也。"

《群書治要》《尸子·發蒙》：孔子曰："臨事而懼，希不濟。"

《韓非子·内儲説上·七術》：魯人燒積澤，天北風，火南倚，恐燒國。哀公懼，自將衆輒救火者，[②] 左右無人，盡逐獸而火不救。乃召問仲尼，仲尼曰："夫逐獸者樂而無罰，救火者苦而無賞，此火之所以無救也。"哀公曰："善。"仲尼曰："事急，不及以賞。救火者盡賞之，則國不足以賞於人。

① "罰且賞"，郭沂曰："中華書局《御覽》《諸子集成·慎子佚文》'罰且賞'皆作'賞且罰'。"

② "輒救火者"，據《諸子集成》本《韓非子》當作"趨救火"。王先慎曰："乾道本'趨'作'輒'，'火'下有'者'字。俞樾云：'輒'當作'趨'，'者'字衍文。……'趨'誤作'輒'，蓋以形似之故，又因下文三言'救火者'，而亦衍'者'字，於是其義愈晦，並'趨'字之誤，莫之能正矣。'賞'當依馮氏舒校改作'罰'。先慎案：《藝文》《御覽》引並作'請徒行罰'，今並改。先慎案：趙本'輒'作'趨'，《藝文類聚》八十、《御覽》八百六十九、《初學記》二十引並作'趨'，無'者'字，今據改。"

請徒行罰。"① 哀公曰："善!" 於是仲尼乃下令曰："不救火者，比降北之罪；逐獸者，比入禁之罪。" 令下未遍而火已救矣。

《韓非子·外儲説左下》：孔子相衛，弟子子皋爲獄吏，刖人足，所刖者守門。人有惡孔子於衛君者曰："尼欲作亂。" 衛君欲執孔子，孔子走，弟子皆逃。子皋從出門，② 跀危引之而逃之門下室中，吏追不得。夜半，子皋問跀危曰："吾不能虧主之法令，而親刖子之足，是子報仇之時也。而子何故乃肯逃我？我何以得此於子？" 跀危曰："吾斷足也，固吾罪當之，不可奈何。然方公之獄治臣也，③ 公傾側法令，先後臣以言，欲臣之免也甚，而臣知之。及獄決罪定，公憱然不説，形于顔色，臣見又知之。非私臣而然也，夫天性仁心固然也，此臣之所以説而德公也。"

《韓非子·外儲説左下》：孔子曰："善爲吏者樹德，不能爲吏者樹怨。概者，平量者也；吏者，平法者也。治國者不可失平也。"

《説苑·至公》：子羔爲衛政，刖人之足。衛之君臣

---

① "請徒行罰"，原作"請徒行賞"，據《二十二子》本《孔子集語》《諸子集成》本《韓非子》改。《諸子集成》本《韓非子》王先慎曰："乾道本'罰'作'賞'，顧廣圻云：'賞'當依馮氏舒校改作'罰'。先慎案：《藝文》《御覽》引並作'請徒行罰'，今據改。"原注："《藝文類聚》八十引作'請從行罰'。"

② "出門"，《諸子集成》本《韓非子》王先慎曰："'出門'當作'後門'。《吕氏春秋》云'戎夷違齊如魯，天大寒而後門'，'後門'與《説苑》'門閉'合，明'出'爲'後'之誤。"

③ "獄"，據《諸子集成》本《韓非子》當作"欲"。王先慎曰："乾道本'欲'作'獄'，誤。今依張榜本、趙本改。"

亂，子羔走郭門，郭門閉，刖者守門，曰："於彼有缺。"子羔曰："君子不逾。"曰："於彼有竇。"子羔曰："君子不遂。"曰："於此有室。"子羔入。追者罷，子羔將去，謂刖者曰："吾不能虧損主之法令，而親刖子之足，吾在難中，此乃子之報怨時也，何故逃我？"刖者曰："斷足固我罪也，無可奈何。君之治臣也，傾側法令，先後臣以法，欲臣之免於法也，臣知之。獄決罪定，臨當論刑，君愀然不樂，見於顔色，臣又知之。君豈私臣哉？天生仁人之心，其固然也，此臣之所以脱君也。"孔子聞之曰："善爲吏者樹德，不善爲吏者樹怨，公行之也，其子羔之謂歟？"

《韓非子·外儲説左下》：仲尼曰："與其使民諂下也，寧使民諂上。"

《韓非子·外儲説右上》：季孫相魯，子路爲郈令。魯以五月起衆爲長溝，當此之時，子路以其私秩粟爲漿飯，[①] 要作溝者於五父之衢而餐之。孔子聞之，使子貢往覆其飯，擊毁其器，曰："魯君有民，子奚爲乃餐之？"子路怫然怒，攘肱而入，請曰："夫子疾由之爲仁義乎？所學於夫子者，仁義也。仁義者，與天下共其所有而同其利者也。今以由之秩粟而餐民不可，何也？"[②] 孔子曰："由之野也！吾以女知之，女徒未及也。女故如是之不知禮也！女之餐之，爲愛之也。夫禮，天子

① "飯"，《諸子集成》本《韓非子》王先慎曰："《御覽》二十二及、一百九十五、八百四十九引'飯'並作'飲'，下'覆其飯'並作'覆其飲'。"

② "不"上，《諸子集成》本《韓非子》有"其"字。王先慎曰："各本無'其'字，據《御覽》引補。"

愛天下，諸侯愛竟内，大夫愛官職，士愛其家。過其所愛曰侵。今魯君有民而子擅愛之，是子侵也，不亦誣乎？”言未卒，而季孫使者至，讓曰：“肥也起民而使之，先生使弟子令徒役而餐之，[①] 將奪肥之民耶？”孔子駕而去魯。[②]

《説苑·臣術》：子路爲蒲令，備水災，與民春修溝瀆，爲人煩苦，故予人一簞食，[③] 一壺漿。孔子聞之，使子貢復之。子路忿然不悦，往見夫子曰：“由也以暴雨將至，恐有水災，故與人修溝瀆以備之，而民多匱於食，故與人一簞食、一壺漿，而夫子使賜止之，何也？夫子止由之行仁也，夫子以仁教而禁其行仁也，由也不受！”子曰：“爾以民爲餓，何不告於君，發倉廪以給食之？而汝以私饋之，[④] 是汝不明君之惠，見汝之德義也，速已則可矣，否則爾之受罪不久矣。”子路心服而退也。

《韓非子·難三》：葉公子高問政於仲尼，仲尼曰：“政在説近而來遠。”哀公問政於仲尼，仲尼曰：“政在選賢。”齊景公問政於仲尼，仲尼曰：“政在節財。”三公出，子貢問曰：“三公問夫子政，一也；夫子對之不同，何也？”仲尼曰：“葉

---

① “令”,《諸子集成》本《韓非子》作“止”。王先慎曰:“各本‘止’作‘令’,據《御覽》引改。”

② “季孫相魯”至“孔子駕而去魯”條,原注:“《水經·濟水》注引《韓子》曰‘魯以仲夏起長溝,子路爲蒲宰,以私粟饋衆,孔子使子貢毁其器焉’。”

③ “予”,《四部叢刊》本《説苑》作“與”。德凌案:據下文“由也以暴雨將至,恐有水災,故與人修溝瀆以備之,而民多匱於食,故與人一簞食、一壺漿”當作“與”。

④ “而汝以私饋之”,《四部叢刊》本《説苑》作“而以爾私”饋之。郭沂曰:“‘而汝以私饋之’《今注》《百子》本皆作‘而以爾私饋之’。”

都大而國小，民有背心，故曰：‘政在説近而來遠。’魯哀公有大臣三人，外障距諸侯四鄰之士，内比周而以愚其君，① 使宗廟不埽除，社稷不血食者，必是三臣也，故曰：‘政在選賢。’齊景公築雍門爲路寢，一朝而以三百乘之家賜者三，故曰：‘政在節財。’”

《尚書大傳·略説》：子貢曰：“葉公問政于夫子，子曰：‘政在附近而來遠。’② 魯哀公問政，子曰：‘政在于論臣。’③ 齊景公問政，子曰：‘政在于節用。’三君問政，夫子應之不同，然則政有異乎？”夫子曰：④“荆之地廣而都狹，民有離志焉，故曰：‘在于附近而來遠。’哀公有臣三人，内比周以惑其君，外障距諸侯賓客以蔽其明，故曰：‘政在論臣。’齊景公奢于臺榭，淫于苑囿，五官之樂不解，一旦賜人百乘之家者三，⑤ 故曰：‘節用。’”⑥

《説苑·政理》：子貢曰：“葉公問政於夫子，夫子曰：‘政在附近而來遠。’魯哀公問政於夫子，夫子曰：‘政在於諭臣。’齊景公問政於夫子，夫子曰：‘政在於節用。’三君問政於夫子，夫子應之不同，然則政有異乎？”孔子曰：“夫荆之地廣而都狹，民有離志焉，故曰：‘在於附近而來遠。’哀公有臣三人，内比周公以惑其君，外

① “其”，《諸子集成》本《韓非子》王先慎曰：“趙本‘其’作‘於’。”

② “在”下，《四庫全書》本《尚書大傳》有“於”字。

③ “政在于論臣”和下文“故曰政在論臣”中兩“論”字，據《説苑·政理》篇當作“諭”字，形近而訛。

④ “夫”，郭沂曰：“《四庫》《集成》《叢刊》諸本皆無‘夫’字。”

⑤ “旦”下，郭沂曰：“諸本下有‘而’字。”

⑥ “節用”上，《叢書集成》本、《四庫全書》本《尚書大傳》有“政在”二字。

障距諸侯賓客以蔽其明，故曰：‘政在諭臣。’齊景公奢於臺榭，淫於苑囿，五官之樂不解，一旦而賜人百乘之家者三，故曰：‘政在於節用。’此三者，政也。《詩》不云乎‘亂離斯瘼，爰其適歸’，此傷離散以爲亂者也；‘匪其止共，惟王之邛’，此傷奸臣蔽主以爲亂者也；‘相亂蔑資，曾莫惠我師’，此傷奢侈不節以爲亂者也。察此三者之所欲，政其同乎哉？”

《吕氏春秋·先識覽·察微》：魯國之法，魯人爲人臣妾於諸侯，有能贖之者，取其金於府。子貢贖魯人於諸侯，來而讓，不取其金。孔子曰：“賜失之矣，自今以往，魯人不贖人矣。取其金則無損於行，不取其金則不復贖人矣。”

《吕氏春秋·先識覽·察微》：子路撜溺者，其人拜之以牛，子路受之。孔子曰：“魯人必撜溺者矣。”孔子見之以細，觀化遠也。

《淮南子·道應訓》：魯國之法，魯人爲人妾於諸侯，有能贖之者，取金於府。子貢贖魯人於諸侯，來而辭，不受金。孔子曰：“賜失之矣。夫聖人之舉事也，可以移風易俗而受教順，可施後世，非獨以適身之行也。今國之富者寡而貧者衆，贖而受金，則爲不廉；不受金，則不復贖人。自今以來，魯人不復贖於諸侯矣。”

《淮南子·齊俗訓》：子路撜溺而受牛謝，孔子曰：“魯國必好救人於患。”子贛贖人而不受金於府，孔子曰：“魯國不復贖人矣。”子路受而勸德，子贛讓而止善。孔子之明，以小知大，以近知遠，通於論者也。

《説苑·政理》：魯國之法，魯人有贖臣妾於諸侯者，取金於府。子貢贖人於諸侯而還其金，孔子聞之曰：“賜失之矣。聖人之舉事也，可以移風易俗，而教導可施於百姓，非獨適其身之行也。今魯國富者寡而貧者衆，贖而受金，則爲不廉；不受，則後莫復贖。自今以來，魯人不復贖矣。”

《吕氏春秋·審行覽·具備》：[①] 宓子賤治亶父，恐魯君之聽説人，[②] 而令己不得行其術也，將辭而行，請近吏二人於魯君，與之俱至於亶父。邑吏皆朝，宓子賤令吏二人書。吏方將書，宓子賤從旁時掣摇其肘。吏書之不善，則宓子賤爲之怒。吏甚患之，辭而請歸。宓子賤曰：“子之書甚不善，子勉歸矣。”二吏歸報於君，曰：“宓子不可爲書。”[③] 君曰：“何故？”吏對曰：“宓子使臣書，而掣摇臣之肘，[④] 書惡而有甚怒，吏皆笑宓子，此臣所以辭而去也。”魯君太息而嘆曰：“宓子以此諫寡人之不肖也。寡人之亂子而令宓子不得行其術，必數有之矣。微二人，寡人幾過。”遂發所愛，而令之亶父，告宓子曰：“自今以來，亶父非寡人之有也，子之有也。有便於亶父者，子決爲之矣，五歲而言其要。”宓子敬諾，乃得行其術於亶父。三年，巫馬旗短褐衣敝裘，而往觀化於亶父，見夜漁者

① “審行覽”，據《諸子集成》本、《四部叢刊》本、《二十二子》本《吕氏春秋》當爲《審應覽》。

② “説”，據《諸子集成》本《吕氏春秋》當作“讒”。毕沅曰：“‘讒’，舊本作‘説’，訛，今改正。”

③ “可”，據《諸子集成》本《吕氏春秋》當作“得”。

④ “而”下，《諸子集成》《四部叢刊》本《吕氏春秋》“而”下有“時”。郭沂曰：“《集釋》《四庫》‘而’下皆有‘時’。”

得則舍之。巫馬旗問之,[1] 曰:“漁爲得也,今子得而舍之,何也?”對曰:“宓子不欲人之取小魚也。所舍者,小魚也。”巫馬旗歸,告孔子曰:“宓子之德至矣!使小民闇行,[2] 若有嚴刑於旁,敢問宓子何以至於此?”孔子曰:“丘嘗與之言曰:‘誠乎此者刑乎彼。’宓子必行此術於亶父也。”

《新序·雜事》二:魯君使宓子賤爲單父宰,子賤辭去,因請借善書者二人,使書憲書教品,魯君與之。[3] 至單父,使書,子賤從旁引其肘,書醜則怒之,欲好書則又引之。書者患之,請辭而去,歸以告魯君。魯君曰:“子賤苦吾擾之,使不得施其善政也。”乃命有司無得擅徵發單父,單父之化大治。故孔子曰“君子哉子賤!魯無君子者,[4] 斯安取斯”,美其德也。

《淮南子·道應訓》:季子治亶父三年,而巫馬期絻衣短褐,易容貌,往觀化焉。見夜魚釋之,[5] 巫馬期問焉,[6] 曰:“凡子所爲魚者,欲得也;今得而釋之,何也?”漁者對曰:“季子不欲人取小魚也。所得者小魚,是以釋之。”巫馬期歸,以報孔子曰:“季子之德至矣!

① “之”,《諸子集成》《四部叢刊》本《吕氏春秋》作“焉”。郭沂曰:“‘之’《集釋》《四庫》皆作‘焉’。”

② “使”下,《諸子集成》本《吕氏春秋》無“小”字。郭沂曰:“《集釋》《四庫》本皆無‘小’字。”

③ “與”,《叢書集成》《四庫全書》《四部叢刊》本《新序》皆作“予”。郭沂曰:“《百子》本、《今注》‘與’皆作‘予’。”

④ “子”,《二十二子》本《孔子集語》無。

⑤ “夜”,郭沂曰:“《百子》本、《諸子集成》本‘夜’皆作‘得’,是也。”

⑥ “焉”,原注:“一本無‘焉’字。”

使人闇行，若有嚴刑在其側者，季子何以至於此?”孔子曰：“丘嘗問之以治，言曰:①‘誠於此者刑於彼。’季子必行此術也。”②

《水經·泗水》注：宓子賤之治也，孔子使巫馬期觀政。入其境，見夜漁者，問曰：“子得魚輒放，何也?”曰：“小者，吾大夫欲長育之故也。”子聞之曰：“誠彼刑此，③子賤得之善矣。惜哉不齊，所治者小也。”

《鹽鐵論·憂邊》：孔子曰：“不通於論者，難於言；治道不同者，不相與謀。”

《新序·雜事》五：孔子北之山戎氏，有婦人哭於路者，其哭甚哀。孔子立輿而問曰：“曷爲哭哀至於此也?”婦人對曰：“往年虎食我夫，今虎食我子，是以哀也。”孔子曰：“嘻！若是則曷爲不去也?”曰：“其政平，其吏不苛，吾以是不能去也。”孔子顧子貢曰：“弟子記之：夫政之不平而吏苛，乃甚於虎狼矣。《詩》云：‘降喪饑饉，斬伐四國。’夫政不平也，乃斬伐四國，而況二人乎？其不去，宜哉!”

《論衡·遭虎》：孔子行魯林中，婦人哭甚哀，使子貢問之：“何以哭之哀也?”曰：“去年虎食吾夫，今年食吾子，是以哭哀也。”子貢曰：“若此，何不去也?”對曰：“吾善其政之不苛，吏之不暴也。”子貢還報孔子，

① “問”，郭沂曰：“‘問’《百子》作‘聞’。”

② “季子治亶父三年”至“季子必行此術也”條，原注：“薛據《集語》引此而節其文云‘見《韓非子》’，今《韓非子》無此文。”

③ “刑”，《四部叢刊》本《水經注》作“形”。

孔子曰："弟子識諸：苛政暴吏甚於虎也。"

《説苑·建本》：子貢問爲政，孔子曰："富之；既富，乃教之也，此治國之本也。"

《説苑·政理》：齊桓公出獵，逐鹿而走，入山谷之中，見一老公而問之曰："是爲何谷？"對曰："爲愚公之谷。"桓公曰："何故？"對曰："以臣名之。"桓公曰："今視公之儀狀非愚人也，何爲以公名？"對曰："臣請陳之。臣故畜牸牛，生子而大，賣之而買駒。少年曰：'牛不能生馬。'遂持駒去。傍鄰聞之，以臣爲愚，故名此谷爲愚公之谷。"桓公曰："公誠愚矣，夫何爲而與之？"桓公遂歸。明日朝，以告管仲。管仲正衿再拜曰："此夷吾之愚也。使堯在上，咎繇爲理，安有取人之駒者乎？若有見暴如是叟者，又必不與也；公知獄訟之不正，故與之耳，請退而修政。"孔子曰："弟子記之：桓公，霸君也；管仲，賢佐也，猶有以智爲愚者也，況不及桓公、管仲者也！"

《説苑·政理》：魯哀公問政於孔子，對曰："政有使民富且壽。"哀公曰："何謂也？"孔子曰："薄賦斂則民富，無事則遠罪，遠罪則民壽。"公曰："若是，則寡人貧矣。"孔子曰："《詩》云：'凱悌君子，民之父母。'未見其子富而父母貧者也。"

《説苑·政理》：宓子賤爲單父宰，辭於夫子。夫子曰："毋迎而距也，毋望而許也。許之則失守，距之則閉塞。譬如高山深淵，仰之不可極，度之不可測也。"子賤曰："善！敢不承命乎！"

《説苑·政理》：孔子弟子有孔蔑者，與宓子賤皆仕。孔子往過孔蔑，問之曰："自子之仕者，何得何亡？"孔蔑曰："自吾仕者，未有所得，而有所亡者三，曰：王事若襲，學焉得習，以是學不得明也，所亡者一也；奉禄少鬻，鬻不足及親戚，親戚益疏矣，所亡者二也；公事多急，不得弔死視病，是以朋友益疏矣，所亡者三也。"孔子不説，而復往見子賤，曰："自子之仕，何得何亡？"子賤曰："自吾之仕未有所亡，而所得者三：始誦之文，今履而行之，是學日益明也，所得者一也；奉禄雖少鬻，鬻得及親戚，是以親戚益親也，所得者二也；公事雖急，夜勤弔死視病，是以朋友益親也，所得者三也。"孔子謂子賤曰："君子哉若人！君子哉若人！魯無君子者，① 斯焉取斯？"

《説苑·政理》：子路治蒲，見於孔子曰："由願受教。"孔子曰："蒲多壯士，又難治也。然吾語汝：恭以敬，可以攝勇；寬以正，可以容衆；恭以潔，可以親上。"②

《説苑·政理》：子貢爲信陽令，辭孔子而行。孔子曰："力之順之，因子之時，無奪無伐，無暴無盜。"子貢曰："賜少日事君子，③ 君子固有盜者邪？"孔子曰："夫以不肖伐賢，是謂奪也；以賢伐不肖，是謂伐也；緩其令，急其誅，是謂暴也；取人善以自爲己，是謂盜也。君子之盜，豈必當財幣乎？吾聞之曰：'知爲吏者，奉法利民；不知爲吏者，枉法以侵民。'此皆怨之所由生也。臨官莫如平，臨財莫如廉，廉平之守，不可攻也。匿人之善者，是謂蔽賢也；揚人之惡者，是謂

---

① "者"，《四部叢刊》本《説苑》作"也"。

② "恭以敬可以攝勇寬以正可以容衆恭以潔可以親上"，原注："按《史記·仲尼弟子傳》作'恭以敬，可以執勇；寬以正，可以比衆；恭正以靜，可以報上'。"

③ "日"，《四部叢刊》本《説苑》作"而"。

小人也；不内相教而外相謗者，是謂不足親也。言人之善者，有所得而無所傷也；[1] 言人之惡者，無所得而有所傷也。故君子慎言語矣，毋先己而後人，擇言出之，令口如耳。”

《説苑·政理》：孔子見季康子，康子未説，孔子又見之。宰予曰：“吾聞之夫子曰：‘王公不聘不動。’今吾子之見司寇也，少數矣！”孔子曰：“魯國以衆相陵，[2] 以兵相暴之日久矣，而有司不治，聘我者其孰大乎？”[3] 於是魯人聞之曰：“聖人將治，可以不先自爲刑罰乎！”自是之後，國無爭者。孔子謂弟子曰：“違山十里，螻蛄之聲猶尚存耳，政事無如膺之矣。”

> 《續博物志》十：孔子曰：“違山十里，螻蛄之聲猶在於耳，政事惡譁而善肅。”[4]

《説苑·尊賢》：齊桓公使管仲治國，管仲對曰：“賤不能臨貴。”桓公以爲上卿而國不治。桓公曰：“何故？”管仲對曰：“貧不能使富。”桓公賜之齊國市租一年而國不治。桓公曰：“何故？”對曰：“疏不能制親。”桓公立以爲仲父，齊國大安，而遂霸天下。孔子曰：“管仲之賢不得此三權者，亦不能使其君南面而霸矣。”

---

① “所”下，《四部叢刊》本《説苑》有“亡”字。

② “陵”，《四部叢刊》本《説苑》作“凌”。

③ “者”下，《四部叢刊》本《説苑》無“其”字。郭沂曰：“《百子》本、《今注》皆無‘其’字。”

④ “孔子曰違山十里螻蛄之聲猶在於耳政事惡譁而善肅”，原注：“《古微書》引《詩含神霧》：‘孔子歌云：“違山十里，螻蛄之聲尚猶在耳，政尚靜而惡譁也。”’”

《説苑·尊賢》：子路問於孔子曰："治國何如？"孔子曰："在於尊賢而賤不肖。"子路曰："范、中行氏尊賢而賤不肖，其亡何也？"曰："范、中行氏尊賢而不能用也，賤不肖而不能去也。賢者知其不己用而怨之，不肖者知其賤己而讎之。賢者怨之，不肖者讎之，怨讎並前，中行氏雖欲無亡，得乎？"

《説苑·指武》：魯哀公問於仲尼曰："吾欲小則守，大則攻，其道若何？"仲尼曰："若朝廷有禮，上下有親，民之衆皆君之畜也，君將誰攻？若朝廷無禮，上下無親，民衆皆君之讎也，君將誰與守？"①

《説苑·雜言》：孔子曰："鞭樸之子不從父之教，刑戮之民不從君之政，言疾之難行，故君子不急斷，不意使，以爲亂源。"

《中論·慎所從》：孔子曰："知不可由，斯知所由矣。"

《金樓子·立言下》：子曰："滌盃而食，洗爵而飲，可以養家客，未可以饗三軍。兕虎在後，隋珠在前，弗及掇珠，先避後患。聞雷掩耳，見電瞑目。耳聞所惡，不如無聞；目見所惡，不如無見。火可見而不可握，水可循而不可毁，故有象之屬，莫貴於火；有形之類，莫尊於水。身曲影直者，未之聞也。用百人之所能，則百人之力舉，譬若伐樹而引其本，千枝萬葉，莫能弗從也。"

《亢倉子·農道》：孔子之言："冬飽則身温，夏飽則身凉。"

---

① "魯哀公問於仲尼曰"至"君將誰與守"條，原注："按薛據《集語》引此以爲見《韓非子》，今《韓非子》無此文。"

卷十一

山東督糧道臣孫星衍　撰

博物十

《魯語》下：季桓子穿井，獲如土缶，其中有羊焉，使問之仲尼曰："吾穿井而獲狗，何也?"對曰："以丘之所聞，羊也。丘聞之：木石之怪曰夔、蝄蜽，水之怪曰龍、罔象，土之怪曰羵羊。"

《説苑·辨物》：季桓子穿井，得土缶，中有羊，以問孔子，言得狗。孔子曰："以吾所聞，非狗，乃羊也。木之怪，夔、罔兩；水之怪，龍、罔象；土之怪，羵羊也，非狗也。"桓子曰："善哉!"

《搜神記》十二：季桓子穿井，獲如土缶，其中有羊焉，使問之仲尼曰："吾穿井而獲狗，何邪?"對曰：[1]"以丘所聞，羊也。丘聞之：木石之怪，夔、蝄蜽；水之怪，[2]龍、罔象；土中之怪，曰賁羊。"

《初學記》七引《韓詩外傳》：魯哀公使人穿井，三

① "對曰"，郭沂曰："'對曰'《百子》本、中華書局《搜神記》皆作'仲尼曰'。"
② "水"下，郭沂曰："《百子》本、中華書局《搜神記》'水'下皆有'中'字。"

月不得泉，得一玉羊，哀公甚懼。孔子聞之曰："水之精爲玉，[①] 土之精爲羊。此羊肝乃土爾。"哀公使人殺羊，其肝即土也。[②]

《文選·齊故安陸王碑》注引《韓詩外傳》：孔子曰："水之精爲玉，老蒲爲葦。願無怪之。"[③]

《御覽》九百二引《韓詩外傳》：魯哀公使人穿井，三月不得泉，得一玉羊焉。公以爲祥，使祝鼓舞之，欲上於天，羊不能上。孔子見公曰：[④] "水之精爲玉，土之精爲羊。願無怪之。此羊肝，土也。"公使殺之，視肝即土矣。[⑤]

《魯語》下：吴伐越，墮會稽，獲骨焉，節專車。吴子使來好聘，且問之仲尼曰："無以吾命。"賓發幣於大夫，及仲尼，仲尼爵之。既徹俎而宴，客執骨而問曰："敢問骨何爲大？"仲尼曰："丘聞之：昔禹致群神於會稽之山，防風氏後至，禹殺而戮之，其骨節專車。此爲大矣。"客曰："敢問誰守爲神？"仲尼曰："山川之靈足以紀綱天下者，其守爲神，社稷之守者爲公侯，[⑥] 皆屬於王者。"客曰："防風何守也？"仲尼曰："汪芒氏之君也，守封、嵎之山者也，爲漆姓，在虞夏商爲汪芒氏，於周爲長狄，今爲大人。"客曰："人長之極幾

---

① "孔子聞之曰水"，《四庫全書》本《初學記》作"孔子曰聞"。郭沂曰："中華書局《初學記》作'孔子曰聞'。"

② "魯哀公使人穿井"至"其肝即土也"條，原注："今《外傳》無。"

③ "孔子曰"至"願無怪之"條，原注："今《外傳》無。"

④ "公"，郭沂曰："中華書局《御覽》無'公'字。"

⑤ "魯哀公使人穿井"至"視肝即土矣"條，原注："今《外傳》無。"

⑥ "者"，《四部叢刊》《四庫全書》、上海古籍出版社本《國語》無。

何?”仲尼曰:“僬僥氏長三尺,短之至也;長者不過十,數之極也。”

《説苑·辨物》:吴伐越,隳會稽,得骨專車,使使問孔子曰:“骨何者最大?”孔子曰:“禹致群臣會稽山,防風氏後至。禹殺而戮之,其骨節專車。此爲大矣。”使者曰:“誰爲神?”孔子曰:“山川之靈足以紀綱天下者,其守爲神,社稷爲公侯,山川之祀爲諸侯,皆屬於王者。”曰:“防風氏何守?”孔子曰:“汪芒氏之君,守封、嵎之山者也,其神爲釐姓,在虞夏爲防風氏,商爲汪芒氏,於周爲長狄氏,今謂大人。”① 使者曰:“人長幾何?”孔子曰:“僬僥氏三尺,短之至也;長者不過十,數之極也。”使者曰:“善哉!聖人也。”

《魯語》下:仲尼在陳,有隼集于陳侯之庭而死,楛矢貫之,石砮其長尺有咫。陳惠公使人以隼如仲尼之館問之。仲尼曰:“隼之來也遠矣,此肅慎氏之矢也。昔武王克商,通道于九夷、百蠻,使各以其方賄來貢,使無忘職業。於是肅慎氏貢楛矢、石砮,其長尺有咫。先王欲昭其令德之致遠也,以示後人,使永監焉,故銘其栝曰:‘肅慎氏之貢矢。’以分大姬,配虞胡公而封諸陳。古者分同姓以珍玉,展親也;分異姓以遠方之職貢,使無忘服也,故分陳以肅慎氏之貢。君若使有司求諸故府,其可得也。”使求,得之金櫝,如之。

① “謂”下,《四部叢刊》《四庫全書》、上海古籍出版社本《國語》有“之”字。

《說苑·辨物》：仲尼在陳，有隼集于陳侯之廷而死，楛矢貫之，石砮矢長尺而咫。① 陳侯使問孔子，孔子曰："隼之來也遠矣，此肅慎氏之矢也。昔武王克商，通道九夷、百蠻，使各以其方賄來貢，思無忘職業。於是肅慎氏貢楛矢、石砮，長尺而咫。先王欲昭其令德之致，故銘其栝曰：'肅慎氏貢楛矢。'以勞大姬，② 配虞胡公而封諸陳。分同姓以珍玉，展親也；分別姓以遠方職貢，使無忘服也，故分陳以肅慎氏之矢。"試求之故府，果得焉。

《初學記》十六引《晏子春秋》：齊景公爲大鐘，將懸之。仲尼、伯常騫、晏子三人俱來朝，皆曰："鐘將毀。"撞之果毀，公召三子問之。晏子曰："鐘大非禮，③ 是以曰：'將毀。'"④ 仲尼曰："鐘大懸下，其氣不得上薄，⑤ 是以曰：'將毀。'"伯常騫曰："今日庚申，雷日也，陰莫勝於雷，是以曰：'將毀。'"⑥

《說苑·辨物》：楚昭王渡江，有物大如斗，直觸王舟，止於舟中。昭王大怪之，使聘問孔子。孔子曰："此名萍實，令剖而食之，惟霸者能獲之。此吉祥也。"其後齊有飛鳥，一足，來下，止于殿前，舒翅而跳。齊侯大怪之，又使聘問孔子。孔子曰："此名商羊，急告民，趨治溝渠，天將大雨。"於

---

① "砮"，《四庫全書》本《說苑》作"弩"，下同。

② "勞"，《四庫全書》本《說苑》作"分"。

③ "鐘大非禮"，原注："《御覽》五百七十五引作'鐘大不以禮'。"

④ "是以曰將毀"，原注："《御覽》作'故曰將毀'。下皆作'故曰'。"

⑤ "不得"，原注："《御覽》無'不得'。"

⑥ "齊景公爲大鐘"至"是以曰將毀"條，原注："按今本《晏子》無。"

是如之。天果大雨，諸國皆水，齊獨以安。孔子歸，弟子請問。孔子曰："異哉![1] 小兒謡曰：'楚王渡江得萍實，大如拳，赤如日，剖而食之美如蜜。'此楚之應也。兒又有兩兩相牽，屈一足而跳，[2] 曰：'天將大雨，商羊起舞。'今齊獲之，亦其應也。"夫謡之後，未嘗不有應隨者也，故聖人非獨守道而已也，睹物記也，即得其應矣。[3]

《論衡·明雩》：孔子出，使子路齎雨具。有頃，天果大雨。子路問其故，孔子曰："昨暮月離于畢。"後日，月復離畢，孔子出，子路請齎雨具，孔子不聽。出，果無雨。子路問其故，孔子曰："昔日，月離其陰，故雨；昨暮，月離其陽，故不雨。"

《論衡·卜筮》：魯將伐越，筮之，得鼎折足。子貢占之，以爲凶，何則？鼎而折足，行用足，故謂之凶。孔子占之，以爲吉，曰："越人水居，行用舟，不用足，故謂之吉。"魯伐越，果克之。

《論衡·實知》：孔子未嘗見狌狌，至，輒能名之。然而孔子名狌狌，聞昭人之歌。[4]

《繹史·孔子類記》四引《沖波傳》：有鳥九尾，孔子與子夏見之。人以問，孔子曰："鶬也。"子夏曰："何以知之？"孔子曰："河上之歌云：'鶬兮鶬兮，逆毛衰兮，一身九尾長兮。'"

---

① "異哉"，《四部叢刊》本《説苑》作"異時"。原注："薛據《集語》引作'異時'。"

② "跳"下，《四庫全書》本《説苑》有"者"字。

③ "應"，《四庫全書》本《説苑》作"真"。

④ "昭"，郭沂曰："《注釋》以爲'昭'字當據《意林》引《新論》改爲'野'。"

《廣韻》十三末“鴰”字注引《韓詩》：孔子渡江，見之異，衆莫能名。孔子嘗聞河上人歌曰：“鴰兮鴰兮，[①]逆毛衰兮，一身九尾長兮。”鶬，[②]鴰也。

《北户録》上引《白澤圖》：鬼車，昔孔子、子夏所見，故歌之，其圖九首。[③]

虞世南撰《夫子廟堂碑》：辨飛龜於石函。[④]

① “鴰”，《四庫全書》本《廣韻》作“鶻”。郭沂曰：“‘鴰’《鉅宋廣韻》作‘鵰’。”

② “鶬”，郭沂曰：“‘鴰’《鉅宋廣韻》作‘鵰’。”

③ “九首”下，郭沂曰：“以下當補‘今呼爲九頭鳥也’七字。”

④ “辨飛龜於石函”，原注：“事詳《雜事篇》《抱朴子·辨問》。”

卷十二

山東督糧道臣孫星衍　撰

事譜十一上

《詩·商頌》序疏引《世本》：宋湣公生弗甫何，弗甫何生宋父，宋父生正考甫，正考甫生孔父嘉，爲宋司馬，華督殺之，而絶其世，其子木金父降爲士。木金父生祁父，祁父生防叔，爲華氏所逼，奔魯爲防大夫，故曰防叔。防叔生伯夏，伯夏生叔梁紇，叔梁紇生仲尼。①

《潛夫論·志氏姓》：閔公子弗父何生宋父，宋父生世子，世子生正考父，正考父生孔父嘉，孔父嘉生子木金父，木金父降爲士，故曰滅於宋。金父生祁父，祁父生防叔，防叔爲華氏所逼，出奔魯，爲防大夫，故曰防叔。防叔生伯夏，伯夏生叔梁紇，爲鄹大夫，故曰鄹叔紇，生孔子。

---

① "宋湣公生弗甫何"至"叔梁紇生仲尼"條，原注："《左傳·桓元年》疏引作'孔父嘉生木金父，木金父生祁父，其子奔魯爲防叔。防叔生伯夏，伯夏生叔梁紇，叔梁紇生仲尼'，省文。"

《續博物志》二：孔子生於魯襄公二十二年。[①]

《韓詩外傳》二：孔子遭齊程本子於郯之間，[②] 傾蓋而語終日。有間，[③] 顧子路曰："由來！取束帛十匹以贈先生。"[④] 子路不對。有間，又顧謂曰："取束帛十匹以贈先生！"[⑤] 子路率爾而對曰："昔者由也聞之於夫子：士不中道相見，女無媒而嫁者，君子不行也。"孔子曰："夫《詩》不云乎'野有蔓草，零露漙兮。有美一人，青揚宛兮。[⑥] 邂逅相遇，適我願兮'？且夫齊程本子，天下之賢士也。吾於是而不贈，終身不之見也。大德不逾閑，小德出入可也。"

《説苑·尊賢》：孔子之郯，遭程子於塗，傾蓋而語終日。有間，顧子路曰："取束帛一，以贈先生。"子路不對。有間，又顧曰："取束帛一，以贈先生。"子路屑然對曰："由聞之也：士不中而見，[⑦] 女無媒而嫁，君子不行也。"孔子曰："由，《詩》不云乎'野有蔓草，零露漙兮。有美一人，清揚婉兮。邂逅相遇，適我願兮'？今程子，天下之賢士也。於是不贈，終身不見。大德毋逾閑，小德出入可也。"

---

① "孔子生於魯襄公二十二年"，原注："按《公羊》《穀梁》皆謂生於襄二十一年。此本《史記·孔子世家》。"

② "孔子遭齊程本子於郯之間"，原注："《初學記》十七引作孔子過齊，遇程本子於郯郊之間"，《御覽》八百十八引作"孔子之齊，遇程本子於譚郯之間"。

③ "有間"，原注："《初學記》引作'甚説'。"

④ "來取"，原注："二字本脱，從《初學記》補。"

⑤ "謂曰取"，原注："'謂'字、'取'字本脱，從趙本補。"

⑥ "宛"，當從《四庫全書》本、《四部叢刊》本《韓詩外傳》作"婉"。

⑦ "士不中而見"，原注："《御覽》四百二引作'士不中間而見'，注云：'中間，謂紹介也。'"

《子華子》：子華子反自郯，遭孔子於塗，傾蓋相顧，① 相語終日，甚相歡也。② 孔子命子路曰："取束帛以贈先生。"子路屑然而對曰："由聞之：士不中間見，女嫁無媒，君子不以交，禮也。"③ 子曰："固哉！由也。《詩》不云乎'有美一人，清揚婉兮。邂逅相遇，適我願兮'？今程子，天下之賢士也。於斯不贈，則終身弗能見也。小子行之。"

《高士傳》：孔子年十七，遂適周，見老聃。④

《莊子·外篇·天道》：孔子西藏書於周室，子路謀曰："由聞周之徵藏史有老聃者，免而歸居。夫子欲藏書，則試往因焉。"孔子曰："善。"往見老聃，而老聃不許，於是繙十二經以説。老聃中其説，曰："大謾，願聞其要。"孔子曰："要在仁義。"老聃曰："請問：仁義，人之性邪？"孔子曰："然。君子不仁則不成，不義則不生。仁義，真人之性也，又將奚爲矣？"老聃曰："請問：何謂仁義？"孔子曰："中心物愷，兼愛無私，此仁義之情也。"

《説苑·敬慎》：孔子之周，觀於太廟右陛之前，有金人焉，三緘其口而銘其背曰："古之慎言人也，戒之哉！戒之哉！無多言，多言多敗；無多事，多事多患。安樂必戒，無行所

---

① "相"，郭沂曰："'相'《四庫》《百子》本皆作'而'。"

② "歡"，郭沂曰："'歡'《四庫》《百子》本皆作'親'。"

③ "禮也"下，郭沂曰："《四庫》《百子》二本其下有'有間，又顧子路，子路又對如初，孔'十四字。"

④ "孔子年十七遂適周見老聃"，原注："《水經·渭水》注引同。按《莊子·天運》'孔子行年五十有一，南之沛，見老聃'。《史記·孔子世家》載適周事在年三十之前，《索隱》引《莊子》下復再言十七。諸説不同，宜從《史記》。"

悔。勿謂何傷，其禍將長；勿謂何害，其禍將大；勿謂何殘，其禍將然；勿謂莫聞，天妖伺人。熒熒不滅，炎炎奈何；涓涓不壅，將成江河；綿綿不絶，將成網羅；青青不伐，將尋斧柯。誠不能慎之，禍之根也；曰是何傷，禍之門也。強梁者不得其死，好勝者必遇其敵，盜怨主人，民害其貴。君子知天下之不可蓋也，故後之，下之，使人慕之，執雌持下，莫能與之爭者。人皆趨彼，我獨守此；衆人惑惑，我獨不從。内藏我知，不與人論技；我雖尊高，人莫害我。夫江河長百谷者，以其卑下也。天道無親，常與善人。戒之哉！戒之哉！”孔子顧謂弟子曰：“記之！此言雖鄙，而中事情。《詩》曰：‘戰戰兢兢，如臨深淵，如履薄冰。’行身如此，豈以口遇禍哉！”

《説苑·雜言》：孔子曰：“季孫之賜我千鍾而，友益親；自南宫項叔之乘我車也，而道加行。故道有時而後重，有勢而後行。微夫二子之賜，丘之道幾於廢也。”

《荀子·宥坐》：孔子觀於魯桓公之廟，有欹器焉。孔子問於守廟者曰：“此爲何器？”守廟者曰：“此蓋爲宥坐之器。”孔子曰：“吾聞宥坐之器者，虚則欹，中則正，滿則覆。”孔子顧謂弟子曰：“注水焉。”弟子挹水而注之，中而正，滿而覆，虚而欹。孔子喟然而嘆曰：“吁！惡有滿而不覆者哉？”子路曰：“敢問持滿有道乎？”孔子曰：“聰明聖知，守之以愚；功被天下，守之以讓；勇力撫世，① 守之以怯；富有四海，守之以謙。此所謂挹而損之之道也。”

① “撫”，《諸子集成》本《荀子集解》王先謙引盧文弨曰：“據注，則‘撫’乃‘憮’字之誤，《家語·三恕》篇作‘振世’。”

《韓詩外傳》三：孔子觀於周廟，有攲器焉。孔子問於守廟者曰："此謂何器也？"對曰："此蓋爲宥坐之器。"孔子曰："聞宥坐器，[①]滿則覆，虛則攲，中則正，有之乎？"對曰："然。"孔子使子路取水試之，滿則覆，中則正，虛則攲。孔子喟然而嘆曰："嗚呼！惡有滿而不覆者哉？"子路曰："敢問持滿有道乎？"孔子曰："持滿之道，抑而損之。"子路曰："損之有道乎？"孔子曰："德行寬裕者，守之以恭；土地廣大者，守之以儉；禄位尊盛者，守之以卑；人衆兵強者，守之以畏；聰明睿知者，守之以愚；博聞強記者，守之以淺。夫是之謂抑而損之。"

《淮南子·道應訓》：孔子觀桓公之廟，有器焉，謂之宥巵。孔子曰："善哉！予得見此器。"[②]顧曰："弟子取水。"水至，灌之，其中則正，其盈則覆。孔子造然革容曰："善哉！持盈者乎！"子貢在側，曰："請問持盈。"曰："益而損之。"[③]曰："何謂益而損之？"曰："夫物盛而衰，樂極而悲，日中而移，月盈而虧。是故聰明睿知，守之以愚；多聞博辯，守之以陋；[④]武力毅勇，守之以畏；富貴廣大，守之以儉；[⑤]德施天下，守之以讓。此五者，先王所以守天下而弗失也；反此五者，未嘗不危也。"

《説苑·敬慎》：孔子觀於周廟而有攲器焉。孔子問

---

① "坐之器孔子曰聞宥坐"，《叢書集成》本《韓詩外傳》、明本《韓詩外傳》"坐"皆作"座"。郭沂曰："'坐'《集釋》《今注》皆作'座'。"

② "予"，原注："一本作'乎'。"

③ "益"，原注："一本作'揖'。"

④ "陋"，原注："一本作'儉'。"

⑤ "儉"，原注："一本作'陋'。"

守廟者曰:“此爲何器?”對曰:“蓋爲宥坐之器。”孔子曰:“吾聞宥坐之器,[①] 滿則覆,虛則欹,中則正,有之乎?”對曰:“然。”孔子使子路取水而試之,滿則覆,中則正,虛則欹。孔子喟然嘆曰:“嗚呼!惡有滿而不覆者哉?”子路曰:“敢問持滿有道乎?”孔子曰:“持滿之道,挹而損之。”子路曰:“損之有道乎?”孔子曰:“高而能下,滿而能虛,富而能儉,貴而能卑,智而能愚,勇而能怯,辯而能訥,博而能淺,明而能闇,是謂損而不極。能行此道,唯至德者及之。《易》曰:‘不損而益之,故損;自損而終,故益。’”

《吕氏春秋·離俗覽·舉難》:季孫氏劫公家,孔子欲諭術則見外,[②] 於是受養而便説,魯國以訾。孔子曰:[③]“龍食乎清而游乎清,螭食乎清而游乎濁,魚食乎濁而游乎濁。今丘上不及龍,下不若魚,丘其螭邪!”

《論衡·龍虚》:孔子曰:“龍食於清游於清,龜食於清游於濁,魚食於濁游於清。丘上不及龍,下不爲魚,中止其龜與!”

《説苑·修文》:孔子至齊郭門之外,遇一嬰兒,挈一壺相與俱行,其視精,其心正,其行端。孔子謂御曰:“趣驅之!

---

① “宥坐之器孔子曰吾聞宥”,《四部叢刊》《四庫全書》本《説苑》“宥”皆作“右”。郭沂曰:“‘宥’字《今注》《百子》本皆作‘右’。”

② “諭”,《四部叢刊》本《吕氏春秋》曰:“一作‘論’”。

③ “孔子”,原注:“《御覽》九百三十引重‘孔子’字。”

趣驅之！韶樂方作。”孔子至彼聞韶，三月不知肉味。

《晏子春秋·外篇下》：仲尼游齊，見景公。景公曰：“先生奚不見寡人宰乎？”仲尼對曰：“臣聞晏子事三君而得順焉，是有三心，所以不見也。”仲尼出，景公以其言告晏子，晏子對曰：“不然！非嬰爲三心，① 三君爲一心故，三君皆欲其國之安，② 是以嬰得順也。嬰聞之：是而非之，非而是之，猶非也。孔丘必據處此一心矣。”③

《晏子春秋·外篇下》：仲尼之齊，見景公而不見晏子。子貢曰：“見君不見其從政者，可乎？”仲尼曰：“吾聞晏子事三君而順焉，吾疑其爲人。”晏子聞之，曰：“嬰則齊之世民也，不維其行，不識其過，不能自立也。嬰聞之：有幸見愛，無幸見惡，誹譽爲類，④ 聲響相應，見行而從之者也。嬰聞之：以一心事三君者，所以順焉；以三心事一君者，不順焉。今未見嬰之行而非其順也。嬰聞之：君子獨立，不慚于影；⑤ 獨寢，不慚于魂。孔子拔樹削迹，不自以爲辱；窮陳、蔡，⑥ 不自以爲約。非人不得其故，是猶澤人之非斤斧，山人之非網罟也。出之其口，不知其困也。始吾望傅而貴之，今吾望傅而疑之。”⑦ 仲尼聞之曰：“語有之：‘言發于爾，不可止于遠也；

① “非”，原脱，據《諸子集成》本《晏子春秋》補，張純一云：“‘非’字舊脱，從王校補。”

② “國”下，《諸子集成》本《晏子春秋》有“家”字。

③ “孔丘必據處此一心矣”，《諸子集成》本《晏子春秋》張純一曰：“此文疑本作‘孔丘必處一於此矣’，言以是爲非，或以非爲是，皆非真也，孔丘必處一於此矣。”

④ “譽”，原注：“一本作‘謗’。”

⑤ “影”，《諸子集成》本《晏子春秋》張純一曰：“孫云：‘影’當爲‘景’。”

⑥ “窮”上，《諸子集成》本《晏子春秋》有“身”字。

⑦ “傅而貴之今吾望傅”，《諸子集成》本《晏子春秋》“傅”作“儒”，張純一曰：“兩‘儒’字舊訛‘傅’，孫據《孔叢》改。”原注：“一本作‘儒’，下同。”

行存于身，不可掩于衆也。’吾竊議晏子而不中夫人之過，吾罪幾矣！丘聞君子過人以爲友，不及人以爲師。今丘失言於夫子，夫子譏之，① 是吾師也。”因宰我而謝焉，然仲尼見之。②

《説苑·權謀》：孔子與齊景公坐，左右白曰：“周使來，言周廟燔。”齊景公出，問曰：“何廟也？”孔子曰：“是釐王廟也。”景公曰：“何以知之？”孔子曰：“《詩》云：‘皇皇上帝，其命不忒。天之與人，必報有德。’禍亦如之。夫釐王變文、武之制而作玄黄宫室，輿馬奢侈，不可振也，故天殃其廟，是以知之。”景公曰：“天何不殃其身？”③ 曰：“天以文王之故也。若殃其身，文王之祀無乃絶乎？故殃其廟，以章其過也。”左右入報曰：“周釐王廟也。”景公大驚，起，再拜曰：“善哉！聖人之智，豈不大乎！”

《晏子春秋·外篇下》：仲尼之齊，見景公。景公説之，欲封之以爾稽，④ 以告晏子。晏子對曰：“不可。彼浩裾自順，不可以教下；好樂綏于民，⑤ 不可使親治；立命而建事，⑥ 不

---

① “夫子”，原脱，據《諸子集成》本《晏子春秋》補，張純一云：“‘夫子’舊不重，王云：‘“譏”之上當更有“夫子”二字，而今本脱之，則文義不明。’”

② “然”下，《諸子集成》本《晏子春秋》張純一曰：“‘然’下當有‘後’字。”

③ “身”下，《四部叢刊》本《説苑》有“而殃其廟乎子”六字。郭沂曰：“《今注》下有‘而殃其廟乎子’六字。”

④ “爾稽”，《諸子集成》本《晏子春秋》張純一曰：“孫云：‘爾稽’，《墨子》作‘尼溪’‘尼爾’‘稽溪’，聲皆相近。”

⑤ “綏”，《諸子集成》本《晏子春秋》作“緩”，張純一曰：“‘緩’從孫本，元刻作‘綏’。孫云：‘今本緩作綏，非。《鹽鐵論》作繁於樂而舒於民，因舒知爲緩字。’”原注：“一作‘緩’。”

⑥ “建”，《諸子集成》本《晏子春秋》作“迨”，張純一曰：“‘迨’舊訛‘建’。孫云：‘《墨子》作迨，是，言恃命而怠於事也。純一今據正。案建爲逮之形誤，逮古通迨。’”

可使守職；厚葬破民貧國，久喪道哀費日，① 不可使子民；行之難者在内，而傳者無其外，② 故異于服，勉于行，③ 不可以道衆而馴百姓。自大賢之滅，周室之卑也，威儀加多而民行滋薄，聲樂繁充而世德滋衰。今孔丘盛聲樂以侈世，飾弦歌鼓舞以聚徒，繁登降之禮、趨翔之節以觀衆，博學不可以儀世，勞思不可以補民，兼壽不能殫其教，當年不能究其禮，積財不能贍其樂，繁飾邪術以營世君，盛爲聲樂以淫愚其民。④ 其道也，不可以示世；其教也，不可以導民。今欲封之，以移齊國之俗，非所以道衆存民也。”公曰：“善。”於是厚其禮，而留其封，敬見不問其道。⑤ 仲尼乃行。

《墨子·非儒下》：孔丘之齊，⑥ 見景公。景公説，欲封之以尼溪，以告晏子。晏子曰：“不可。夫儒，浩居而自順者也，不可以教下；好樂而淫人，不可使親治；立命而怠事，不可使守職；宗喪循哀，⑦ 不可使慈民；機服勉容，不可使導衆。孔丘盛容修飾以蠱世，弦歌鼓舞以聚徒，繁登降之禮以示儀，務趨翔之節以勸衆。儒學不可使

① “道”，《諸子集成》本《晏子春秋》作“循”，張純一曰：“‘循’舊訛‘道’。”

② “傳”，《諸子集成》本《晏子春秋》作“儒”，張純一曰：“‘儒’舊訛‘傳’，盧校作‘儒’，黄云：‘盧校是。’”

③ “行”，《諸子集成》本《晏子春秋》作“容”。原注：“一作‘容’。”

④ “其”，《諸子集成》本《晏子春秋》無，曰：“‘民’上舊衍‘其’字，據《墨子》删，與上句文同一例。’”

⑤ “而留其封敬見”，《諸子集成》本《晏子春秋》作“留其封敬見而”，張純一曰：“各本‘見’下‘而’字倒著‘留其封’上，句法不调，今據《墨子》乙。”

⑥ “丘”，《諸子集成》本《墨子》作“某”，下同。

⑦ “宗”，原注：“《史記》《孔叢》作‘崇’。”

議世,[①] 勞思不可以補民,絫壽不能盡其學,當年不能行其禮,積財不能贍其樂。繁飾邪術,以營世君;盛爲聲樂,以淫遇民。其道不可以期世,其學不可以導衆。今君封之以利齊俗,非所以導國先衆。"公曰:"善。"於是厚其禮,留其封,敬見而不問其道。孔丘乃恚怒於景公與晏子,乃樹鴟夷子皮於田常之門,告南郭惠子以所欲爲,歸於魯。[②]

《吕氏春秋·離俗覽·高義》:孔子見齊景公,景公致廩丘以爲養,孔子辭不受。入,謂弟子曰:"吾聞君子當功以受禄。今説景公,景公未之行而賜之廩丘,其不知丘亦甚矣。"令弟子趣駕而行。[③]

《淮南子·氾論訓下》:孔子辭廩丘,終不盜刀鉤。

《説苑·立節》:孔子見齊景公,景公致廩丘以爲養,孔子辭不受。出,謂弟子曰:"吾聞君子當功以受禄。今説景公,景公未之行而賜我廩丘,其不知丘亦甚矣。"遂辭而行。

① "儒",《諸子集成》本《墨子》作"博"。郭沂曰:"'儒'字疑當從上條《吕氏春秋》作'博'。"

② "孔丘之齊"至"歸於魯"條,原注:"《孔叢子·詰墨》:'夫樹人爲信己也。'《記》曰:'孔子適齊,惡陳常而終不見;常病之,亦惡孔子,交相惡而又任事其然矣。'《記》又曰:'陳常弑其君,孔子齋戒沐浴而朝,請討之。觀其終不樹子皮,審矣。'"

③ "駕"下,《諸子集成》《四部叢刊》本《吕氏春秋》有"辭"字。郭沂曰:"《校釋》《四庫》本'駕'下皆有'辭'字。"

《韓詩外傳》八：傳曰："予小子使爾繼邵公之後，受命者必以其祖命之。"孔子爲魯司寇，命之曰："宋公之子弗甫有孫魯孔丘，命爾爲司寇。"孔子曰："弗甫敦及厥辟，將不堪。"公曰："不妄。"

《御覽》二百八引《符子》：魯侯欲以孔丘爲司徒，① 將召三桓議之，② 乃謂左丘明曰："寡人欲以孔子爲司徒，而授以魯政焉，寡人將欲詢諸三子。"左丘明曰："孔丘其聖人與？③ 夫聖人任政，④ 過者離位焉。君雖欲謀，其將弗合乎？"⑤ 魯侯曰："吾子奚以知之？"丘明曰："周人有愛裘而好珍羞，欲爲千金之裘，而與狐謀其皮；欲具少牢之珍，而與羊謀其羞。言未卒，狐相率逃於重邱之下，羊相呼藏於深林之中。故周人十年不制一裘，五年不具一牢，何者？周人之謀失之矣。今君欲以孔丘爲司徒，召三桓而議之，亦與狐謀裘、與羊謀羞哉！"於是魯侯遂不與三桓謀，而召孔丘爲司徒。

《吕氏春秋·孝行覽·遇合》：孔子周流海内，再干世主，如齊，至衛，所見八十餘君，委質於弟子者三千人，⑥ 達徒七

① "孔丘"，郭沂曰："《玉函》本《符子》作'孔子'。"

② "三桓"下，郭沂曰："《玉函》本《符子》、中華書局《御覽》下皆有'而'。"

③ "其"，郭沂曰："《玉函》本《符子》、中華書局《御覽》皆無'其'字。"

④ "任"，郭沂曰："'任'諸本皆作'在'。"

⑤ "將"，郭沂曰："'將'字中華書局《御覽》作'罪'，《玉函》本《符子》作'遂'。"

⑥ "於"，《諸子集成》《四部叢刊》本《吕氏春秋》皆作"爲"。郭沂曰："'於'一本作'爲'，是也。見《經傳釋詞》。"

十人,① 萬乘之主得一人用可爲師，不於無人。② 以此游，僅至於魯司寇。

《荀子·儒效》：仲尼將爲司寇，沈猶氏不敢朝飲其羊，公慎氏出其妻，慎潰氏逾境而徙，魯之粥牛馬者不豫賈，必蚤正以待之者也。③ 居於闕黨，闕黨之子弟罔不分,④ 有親者取多，孝悌以化之也。

《新序·雜事》一：魯有沈猶氏者，旦飲羊，飽之，以欺市人；公慎氏有妻而淫；慎潰氏奢侈驕佚；魯市之鬻牛馬,⑤ 善豫賈。孔子將爲魯司寇，沈猶氏不敢朝飲其羊，公慎氏出其妻，慎潰氏逾境而徙，魯之鬻馬牛不豫賈，布正以待之也。既爲司寇，季孟墮郈、費之城，齊人歸所侵魯之地，由積正之所致也。

《吕氏春秋·先識覽·樂成》：孔子始用於魯，魯人鷖誦之曰："麛裘而韠，投之無戾；韠而麛裘，投之無郵。"用三年，男子行乎塗右，女子行乎塗左；財物之遺者，民莫之舉。

---

① "七十人"下,《諸子集成》《四部叢刊》本《吕氏春秋》皆有"七十人者"。郭沂曰:"《校釋》《四庫》下皆有'七十人者'四字。"

② "於",《諸子集成》《四部叢刊》本《吕氏春秋》皆作"爲"。

③ "必蚤正以待之者",《諸子集成》本《荀子集解》無"者"字。王先謙曰:"盧文弨曰:正文'以待之'下俗本有'者'字。……王念孫曰:'蚤正以待之'與下文'孝弟以化之'皆指孔子而言,若謂魯人蚤自修正以待,則與下文不類矣。……俞樾曰:'必'字衍文也,下文'孝弟以化之也'與此句相對,下無'必'字,則此亦當無'必'字矣。'蚤'字無義,'修'字之誤,'修'字闕壞。……先謙案'必蚤正'王、俞説是。"

④ "不"下,郭沂曰:"《簡釋》據元刻本下補'必'字。"

⑤ "鬻牛馬"下,《叢書集成》《四部叢刊》本《新序》有"者"字。

《淮南子·泰俗訓》:① 孔子爲魯司寇，道不拾遺，市買不豫賈，田漁皆讓長，而斑白不負戴,② 非法之所能致也。

《公羊》定十年解詁：頰谷之會，齊侯作侏儒之樂，欲以執定公。孔子曰：“匹夫而熒惑於諸侯者，誅!”於是誅侏儒，首足異處。齊侯大懼，曲節從教。③

《穀梁》定十年傳：頰谷之會，孔子相焉。兩君就壇，兩相相揖。齊人鼓譟而起，欲以執魯君。孔子歷階而上，不盡一等，而視歸乎齊侯曰：“兩君合好，夷狄之民何爲來爲?”命司馬止之。齊侯逡巡而謝曰：“寡人之過也。”退而屬其二三大夫曰：“夫人率其君，與之行古人之道。二三子獨率我而入夷狄之俗，何爲?”罷會，齊人使優施舞於魯君之幕下。孔子曰：“笑君者，罪當死!”使司馬行法焉，首足異門而出。齊人來歸鄆、讙、龜陰之田者，蓋爲此也。

陸賈《新語·辨惑》：魯定公之時，與齊侯會於夾谷，孔子行相事。兩君升壇，兩相處下而相揖,④ 君臣之禮濟濟備焉。齊人鼓譟而起，欲執魯公。孔子歷階而上，不盡一等而立，謂齊侯曰：“兩君合好，以禮相率，以樂相化。臣聞嘉樂不野合，犧象之薦不下堂，夷狄之民何求爲?”命司馬請止之。定公曰：“諾。”齊侯逡巡而避席曰：“寡人之過。”退而自責大夫，罷會。齊人使優旃儛

---

① “泰俗訓”,當作“泰族訓”。

② “負戴”,郭沂曰:“《百子》《集成》本‘負戴’作‘戴負’。”

③ “頰谷之會”至“曲節從教”條,原注:“疏云:‘《晏子春秋》文。’按今本《晏子》無。”

④ 下“相”字之下,《四部叢刊》本《新語》有“欲”字。

於魯公之幕下傲戲，欲候魯君之隙，以執定公。孔子嘆曰："君辱臣當死！"使司馬行法斬焉，首足異門而出。於是齊人瞿然而恐，① 君臣易操，不安其故行，乃歸魯四邑之侵地，終無乘魯之心。

《公羊》定十二年解詁：郈，叔孫氏所食邑；費，季氏所食邑。二大夫宰吏數叛，患之，以問孔子。孔子曰："陪臣執國命，采長數叛者，坐邑有城池之固，家有甲兵之藏故也。"季氏説其言而墮之。②

《春秋繁露·五行相勝》：火者，司馬也。司馬爲讒，反言易辭以譖愬人，内離骨肉之親，外疏忠臣，賢聖旋亡，讒邪日昌，魯上大夫季孫是也。專權擅勢，薄國威德，反以怠惡譖愬其群臣，劫惑其君。孔子爲魯司寇，據義行法，季孫自消墮費、郈城，兵甲有差。夫火者大，朝有讒邪熒惑其君，③ 執法誅之；執法者，水也，故曰水勝火。

《春秋繁露·五行相生》：北方者，水；執法，司寇也。司寇尚禮，君臣有位，長幼有序，朝廷有爵，鄉黨以齒，升降揖讓，般伏拜謁，折旋中矩，立而磬折，拱則抱鼓，執衡而藏，至清廉平，賂遺不受，請謁不聽，據法聽訟，無有所阿，孔子是也。爲魯司寇，斷獄屯屯，與衆共之，不敢自專，是死者不恨，生者不怨。

---

① "瞿"，《四部叢刊》本《新語》作"懼"。

② "郈叔孫氏所食邑"至"季氏説其言而墮之"條，原注："疏云：'《春秋説》。'"

③ "讒邪"，《四部叢刊》本《春秋繁露》作"邪讒"。

《鹽鐵論·備胡》：孔子仕於魯，前仕三月及齊平，後仕三月及鄭平，務以德安近而綏遠。當此之時，魯無敵國之謀、[1]鄰境之患，强臣變節而忠順，故季柏隳其都城，[2]大國畏義而合好，齊人來歸鄆、讙、龜陰之田。

《説苑·至公》：孔子爲魯司寇，聽獄必師斷，敦敦然皆立，然後君子進曰："某子以爲何若，某子以爲云云。"又曰："某子以爲何若，某子曰云云。"辯矣，然後君子幾當從某子云云乎？以君子之知，豈必待某子之云云，然後知所以斷獄哉？君子之敬讓也，文辭有可與人共之者，君子不獨有也。

《荀子·宥坐》：孔子爲魯攝相，朝七日而誅少正卯。門人進問曰："夫少正卯，魯之聞人也。夫子爲政而始誅之，得無失乎？"孔子曰："居，吾語汝其故。人有惡者五，而盜竊不與焉。一曰心達而險，二曰行辟而堅，三曰言僞而辯，四曰記醜而博，五曰順非而澤。此五者，有一於人，則不得免於君子之誅，而少正卯兼有之，故居處足以聚徒成群，言談足以飾邪營衆，强足以反是獨立。此小人之桀雄也，不可不誅也。是以湯誅尹諧，文王誅潘止，周公誅管叔，太公誅華仕，管仲誅付里乙，子産誅鄧析、史付。此七子者，皆異世同心，不可不誅也。《詩》曰：'憂心悄悄，愠于群小。'小人成群，斯足憂矣！"

---

① "謀"，《諸子集成》本《鹽鐵論》皆作"難"。郭沂曰："《校注》《百子》本'謀'皆作'難'。"

② "柏"，《諸子集成》本《鹽鐵論》皆作"桓"。郭沂曰："今按，《今注》《百子》本皆作'桓'，近是。"原注："'柏''伯'，古字通。"

《尹文子·聖人》:① 孔丘攝魯相七日，而誅少正卯。門人進問曰:“夫少正卯，魯之聞人也。夫子爲政而先誅，得無失乎?”孔子曰:“居，吾語汝其故。人有惡者五，而竊盗、奸私不與焉。一曰心達而險，二曰行僻而堅，三曰言僞而辨，四曰強記而博，五曰順非而澤。此五者，有一於人，則不免君子之誅，而少正卯兼有之，故居處足以聚徒成群，言談足以飾邪熒衆，強記足以反是獨立。此小人雄桀也，② 不可不誅也。是以湯誅尹諧，文王誅潘正，太公誅華士，管仲誅付里乙，子産誅鄧析、史付。此六子者，異世而同心，不可不誅也。《詩》曰:‘憂心悄悄，愠于群小。’小人成群，斯足畏也!”

《淮南子·氾論訓下》:孔子誅少正卯，而魯國之邪塞。

《説苑·指武》:孔子爲魯司寇七日，而誅少正卯於東觀之下。門人聞之，趨而進，至者不言，其意皆一也。子貢後至，趨而進曰:“夫少正卯者，魯國之聞人矣。夫子始爲政，何以先誅之?”孔子曰:“賜也，非爾所及也。夫王者之誅有五，而盗竊不與焉。一曰心辨而險，二曰言僞而辯，三曰行辟而堅，四曰志愚而博，五曰順非而澤。此五者皆有辨知聰達之名，而非其真也。苟行以僞，則其知足以移衆，強足以獨立。此奸人之雄也，不可不誅。夫有五者之一，則不免於誅。今少正卯兼之，是以先誅之

---

① “尹文子聖人”,《四庫全書》本《尹文子》在《大道下》篇。郭沂曰:“應爲《尹文子·大道下》。”

② “人”下,郭沂曰:“上海人民出版社《尹文子》‘人’下補‘之’字。”

也。昔者，湯誅蠋沐，太公誅潘阯，管仲誅史附里，子産誅鄧析，此五子未有不誅也。所謂誅之者，非爲其晝則攻盜，暮則穿窬也，皆傾覆之徒也。此固君子之所疑，愚者之所惑也。《詩》云‘憂心悄悄，愠于群小’，此之謂矣！”

《論衡·講瑞》：子貢事孔子，一年自謂過孔子，二年自謂與孔子同，三年自知不及孔子。當一年、二年之時，未知孔子聖也；三年之後，然乃知之。以子貢知孔子，三年乃定。世儒無子貢之才，其見聖人，不從之學，任倉卒之視，無三年之接，自謂知聖，誤矣。少正卯在魯，與孔子並。孔子之門，三盈三虚，唯顔淵不去，顔淵獨知孔子聖也。夫門人去孔子，歸少正卯，不徒不能知孔子之聖，又不能知少正卯。門人皆惑。子貢曰：“夫少正卯，魯之聞人也。子爲政，何以先之？”① 孔子曰：“賜退！非爾所及。”

《劉子·心隱》：少正卯在魯，與孔子同時。孔子門人，三盈三虚，唯顔淵不去，獨知聖人之德也。夫門人去仲尼而皈少正卯，非不知仲尼之聖，亦不知少正卯之佞。子貢曰：“少正卯，魯之聞人也。② 夫子爲政，何以先之？”子曰：“賜也還，③ 非爾所及也。夫少正卯，心逆而險，行辟而堅，言僞而辯，詞鄙而博，順非而澤，有此五

---

① “先”下，郭沂曰：“‘先’下當據上條《説苑·指武》補‘誅’字。下條《劉子·心隱》同。”

② “聞”，原注：“程本作‘文’。”

③ “還”，原注：“程本無‘還’字。”

僞而亂聖人。[1] 以子貢之明而不能見，知人之難也！"

《韓非子·内儲説下》：仲尼爲政於魯，道不拾遺。齊景公患之。黎且謂景公曰：[2] "去仲尼猶吹毛耳。君何不迎之以重禄高位，遺哀公以女樂，[3] 以驕榮其意？哀公新樂之，必怠於政。仲尼必諫，諫而不聽，必輕絶於魯。"景公曰："善。"乃令黎且以女樂六遺哀公，[4] 哀公樂之，果怠於政。仲尼諫，不聽，去而之楚。

《晏子春秋·外篇下》：仲尼相魯，景公患之，謂晏子曰："鄰國有聖人，敵國之憂也。今孔子相魯，若何？"晏子對曰："君其勿憂。彼魯君，弱主也；孔子，聖相也。君不如陰重孔子，設以相齊，孔子強諫而不聽，必驕魯而有齊，君勿納也。夫絶于魯，無主于齊，孔子困矣。"居期年，孔子去魯之齊，景公不納，故困于陳、蔡之間。

---

① "僞"，原注："程本作'爲'。"

② "黎且"，《諸子集成》本《韓非子》王先慎曰："盧文弨曰：'《後漢書·馮衍傳》注所引作黎鉏。'顧廣圻曰：'上文作黎，下文作犂，犂是也。今本皆作黎，非。《史記·孔子世家》作犂鉏。'先慎曰：《御覽》四百七十八引作'黎鉏'，《意林》作'黎且'。"

③ "哀"，《諸子集成》本《韓非子》王先慎曰："盧文弨曰：'哀字訛。《後漢書》注引作"君何不遺魯君以女樂"，此在定公時，云哀公皆誤。'先慎曰：《後漢書》注上作'室'，下作'哀'，不足爲據。""哀公"，原注："《後漢·馮衍傳》注引作'魯公'。"

④ "六"，《諸子集成》本《韓非子》作"二八"。王先慎曰："先慎曰：各本'二八'字作'六'字。盧文弨云：'《意林》亦作六，疑皆"二八"兩字之訛。《太平御覽》五百七十一引《家語》作"好女子二八"，今《家語》作"八十"，疑後人以《史記》之文改之。八十人太多，六人太少，即非二八，亦是八人，方成舞列，下晋遺虞亦同。'先慎案'六'字乃'二八'二字之誤。《御覽》四百七十八引正作'二八'，今據改。"

陸賈《新語·辨惑》:[1] 孔子遭君暗臣亂，衆邪在位，政道隔於三家,[2] 仁義閉於公門，故作《公陵之歌》，傷無權力於世。

《琴操》:《龜山操》者，孔子所作也。齊人饋女樂，季桓子受之，魯君閉門不聽朝。當此之時，季氏專政，上僭天子，下畔大夫，賢聖斥逐，讒邪滿朝。孔子欲諫不得，退而望魯，魯有龜山蔽之，辟季氏於龜山，托勢位於斧柯。季氏專政，猶龜山蔽魯也。傷政道之陵遲，閔百姓不得其所，欲誅季氏而力不能，於是援琴而歌云:“予欲望魯兮，龜山蔽之。手無斧柯，奈龜山何!”

① “新語辨惑”,據《四部叢刊》《諸子集成》本《新語》當在《慎微》篇。郭沂曰:“應爲《慎微》篇。”

② “三”,據《四部叢刊》《諸子集成》本《新語》當作“王”。郭沂曰:“‘三’字《百子》《諸子集成》本皆作‘王’,形近而訛。”

卷十三

山東督糧道臣孫星衍　撰

事譜十一下

《韓詩外傳》五：孔子抱聖人之心，彷徨乎道德之域，逍遥乎無形之鄉，倚天理，觀人情，明終始，知得失，故興仁義，厭勢利，以持養之。于時周室微，王道絶，諸侯力政，强劫弱，衆暴寡，百姓靡安，莫之紀綱，禮儀廢壞，人倫不理。於是孔子自東自西，自南自北，匍匐救之。

《韓詩外傳》六：孔子行，簡子將殺陽虎，孔子似之，帶甲以圍孔子舍。子路愠怒，奮戟將下。孔子止之曰："由，何仁義之寡裕也？夫《詩》《書》之不習，禮樂之不講，是丘之罪也。若吾非陽虎，而以我爲陽虎，則非丘之罪也，命也！我歌，子和若。"① 子路歌，孔子和之，三終而圍罷。

《莊子·外篇·秋水》：孔子游於匡，宋人圍之數匝，而弦歌不輟。子路入見曰："何夫子之娱也？"孔子曰："來！吾語女。我諱窮久矣而不免，命也；求通久矣而不得，時也。當堯、舜而天下無窮人，非知得也；當桀、紂

① "我歌子和若"，原注："當作'由歌，予和若'。"

而天下無通人，非知失也，時勢適然。夫水行不避蛟龍者，漁父之勇也；陸行不避兕虎者，獵夫之勇也；白刃交於前，視死若生者，烈士之勇也；知窮之有命，知通之有時，臨大難而不懼者，聖人之勇也。由處矣！吾命有所制矣！”無幾何，將甲者進，辭曰：“以爲陽虎也，故圍之。今非也，請辭而退。”

《説苑・雜言》：孔子之宋，匡簡子將殺陽虎，孔子似之，甲士以圍孔子之舍。子路怒，奮戟將下鬥。孔子止之曰：“何仁義之不免俗也！夫《詩》《書》之不習，禮樂之不修也，是丘之過也。若似陽虎，則非丘之罪也，命也夫！由歌，吾和汝。”① 子路歌，孔子和之，三終而甲罷。

《琴操》：孔子厄者，孔子使顔淵執轡，到匡郭外，顔淵舉策指匡，穿垣曰：“往與陽虎正從此入。”匡人聞其言，孔子貌似陽虎，告匡君曰：“往者陽虎，今復來至。”乃率衆圍孔子，數日不解，弟子皆有飢色。於是孔子仰天而嘆曰：“君子固亦窮乎！”子路聞孔子之言悲感，悖然大怒，張目奮劍，聲如鐘鼓，顧謂二三子曰：“使吾有此厄也！”孔子曰：“由來！今汝欲鬥名，爲戮我於天下。爲汝悲歌而感之，汝皆和我。”由等唯唯。孔子乃引琴而歌，音曲甚哀，有暴風擊拒，軍士僵仆。於是匡人乃知孔子聖人，瓦解而去。

《吕氏春秋・慎大覽・貴因》：孔子道彌子瑕見釐夫人，②

---

① “吾”,《四庫全書》《四部叢刊》本《説苑》作“予”。郭沂曰:“《今注》《百子》本‘吾’皆作‘予’。”

② “道”,《四部叢刊》本《吕氏春秋》曰:“一作‘遵’。”

因也。

《淮南子·泰族訓》：孔子欲行王道，東西南北七十說而無所偶，故因衛夫人彌子瑕而欲通其道。

《鹽鐵論·論儒》：孔子適衛，因嬖臣彌子瑕以見衛夫人，子路不説。

《藝文類聚》六十七引《典略》：孔子返衛，衛夫人南子使人謂之曰："四方君子之來者，必見寡小君。"孔子不得已見之。夫人在錦帷中，孔子北面稽首。夫人自帷中再拜，[①] 環珮之聲璆然。[②]

《吕氏春秋·恃君覽·召類》：趙簡子將襲衛，使史默往睹之，期以一月，六月而後返。趙簡子曰："何其久也？"史默曰："謀利而得害，猶弗察也。今蘧伯玉爲相，史鰌佐焉，孔子爲客，子貢使令於君前，甚聽。《易》曰：'涣其群，元吉。'涣者，賢也；群者，衆也；元者，吉之始也。'涣其群，元吉'者，其佐多賢也。"簡子按兵而不動。[③]

《鹽鐵論·論儒》：孔子能方不能圓，故飢于黎丘。

《藝文類聚》三十引《典略》：[④] 孔子過宋，[⑤] 與弟子習禮

---

① "帷中"，原注："《御覽》七百作'幕中'。"

② "璆然"，原注："《御覽》作'璆璆然'。"

③ "簡"上，《諸子集成》《四部叢刊》本《吕氏春秋》有"趙"字。郭沂曰："《校釋》《百子》本作'趙簡子'。"

④ "藝文類聚三十"，郭沂曰："應爲《藝文類聚》三十八。"

⑤ "過"，《四庫全書》本《藝文類聚》三十八引作"適"。

於樹下。① 宋司馬桓魋使人拔其樹，去適於野。②

《韓詩外傳》九：孔子出衛之東門，③ 逆姑布子卿，曰："二三子引車避，有人將來，必相我者也，志之。"姑布子卿亦曰："二三子引車避，有聖人將來。"孔子下，步。姑布子卿迎而視之五十步，從而望之五十步，顧子貢曰："是何爲者也？"子貢曰："賜之師也，所謂魯孔丘也。"姑布子卿曰："是魯孔丘歟？吾固聞之。"子貢曰："賜之師何如？"姑布子卿曰："得堯之顙，舜之目，禹之頸，皋陶之喙。從前視之，盎盎乎似有王者；④ 從後視之，高肩弱脊，此惟不及四聖者也。"子貢吁然。姑布子卿曰："子何患焉？汚面而不惡，葭喙而不藉，遠而望之，羸乎若喪家之狗。子何患焉？"⑤ 子貢以告孔子。孔子無所辭，獨辭喪家之狗耳，曰："丘何敢乎？"子貢曰："汚面而不惡，葭喙而不藉，賜以知之矣。不知喪家狗，何足辭也？"子曰："賜，汝獨不見夫喪家之狗歟？既斂而椁，布器而祭，顧望無人，意欲施之，上無明王，下無賢士方伯，王道衰，政教失，強陵弱，衆暴寡，百姓縱心，莫之綱紀。是以固以丘爲欲當之者也。⑥ 丘何敢乎？"

《白虎通·壽命》：夫子過鄭，與弟子相失，獨立郭

---

① "於樹下"，原注："《御覽》五百二十三引《典略》作'於大樹下'。"

② "去適於野"，原注："《御覽》作'去適鄭'。"

③ "衛"，原注："疑當作'鄭'。"

④ "王"，郭沂曰："《今注》云：'王'趙善詒校作'土'。是也。"

⑤ "子何患焉"，《四庫全書》本、《四部叢刊》本《韓詩外傳》重"子何患焉"四字。

⑥ 上"以"字，《四庫全書》本、《四部叢刊》本《韓詩外傳》作"人"。郭沂曰："《集釋》《今注》本'以'皆作'人'，是也。"

門外。或謂子貢曰："東門有一人，其頭似堯，其頸似皋繇，其肩似子産，然自要以下，不及禹三寸，傫傫如喪家之狗。"子貢以告孔子，孔子喟然而笑曰："形狀未也。如喪家之狗，然哉乎！然哉乎！"

《論衡·骨相》：孔子適鄭，與弟子相失。孔子獨立鄭東門。鄭人或問子貢曰："東門有人，其頭似堯，其項若皋陶，肩類子産，然自腰以下，不及禹三寸，儽儽若喪家之狗。"子貢以告孔子，孔子欣然笑曰："形狀未也。如喪家狗，然哉！然哉！"

《三國·魏·劉廙傳》注引《新序》：趙簡子欲專天下，謂其相曰："趙有犢犨，晋有鐸鳴，魯有孔丘。吾殺三人者，天下可王也。"於是乃召犢犨、鐸鳴而問政焉，已即殺之。使使者聘孔子於魯，以胖牛肉迎於河上。使者謂船人曰："孔子即上船，中河必流而殺之。"① 孔子至，使者致命，進胖牛之肉。孔子仰天而嘆曰："美哉水乎！洋洋乎！使丘不濟此水者，命也夫！"子路趨而進曰："敢問何謂也？"孔子曰："夫犢犨、鐸鳴，晋國之賢大夫也。趙簡子未得意之時，須而後從政；及其得意也，殺之。黄龍不反於涸澤，鳳凰不離其罻羅，故刳胎焚林，則麒麟不臻；覆巢破卵，則鳳皇不翔；竭澤而漁，則龜龍不見。鳥獸之於不仁，猶知避之，況丘乎！故虎嘯而谷風起，龍興而景雲見，擊庭鐘於外而黄鐘應於内。夫物類之相感，精神之相應，若響之應聲，影之象形，故君子違傷其類

① "必流"，原注："《御覽》八百六十三引作'安流'。"

者。今彼已殺吾類矣，何爲之此乎?”於是遂回車，不渡而還。①

《説苑·權謀》：趙簡子曰：“晋有澤鳴、犢犨，魯有孔丘。吾殺此三人，則天下可圖也。”於是乃召澤鳴、犢犨，任之以政而殺之，使人聘孔子於魯。孔子至河，臨水而觀曰：“美哉水，洋洋乎！丘之不濟於此，命也夫！”子路趨進曰：“敢問奚謂也?”孔子曰：“夫澤鳴、犢犨，晋國之賢大夫也。趙簡子之未得志也，與之同聞見；及其得志也，殺之而後從政。故丘聞之：刳胎焚夭，則麒麟不至；乾澤而漁，蛟龍不游；覆巢毁卵，則鳳凰不翔。丘聞之：君子重傷其類者也。”

《琴操》：《將歸操》者，孔子之所作也。趙簡子循執玉帛，以聘孔子。孔子將往，未至，渡狄水，聞趙殺其賢大夫竇鳴犢，喟然而嘆之曰：“夫趙之所以治者，鳴犢之力也。殺鳴犢而聘余，何丘之往也?夫燔林而田，則麒麟不至；覆巢破卵，則鳳凰不翔。鳥獸尚惡傷類，而況君子哉！”於是援琴而鼓之云：“翱翔於衛，復我舊居。從吾所好，其樂只且。”

《水經·河水》注五：昔趙鞅殺鳴犢，②仲尼臨河而嘆，自是而返，曰：“丘之不濟，命也夫！”《琴操》以爲孔子臨狄水而歌矣，曰：“狄水衍兮風揚波，船楫顛倒更

---

① “趙簡子欲專天下”至“不渡而還”條，原注：“按今本《新序》無。”

② “鞅”，《四庫全書》《四部叢刊》本《水經》無。郭沂曰：“世界書局本《水經注》無‘鞅’字。”

相加。”①

《莊子·雜篇·寓言》：莊子謂惠子曰：“孔子行年六十而六十化，始時所是，卒而非之。未知今之所謂是之非，五十九非也？”惠子曰：“孔子勤志服知也。”莊子曰：“孔子謝之矣，而其未之嘗言。孔子云：‘夫受才乎大本，復靈以生。鳴而當律，言而當法，利義陳乎前，而好惡、是非直服人之口而已矣，使人乃以心服，而不敢蘁立，定天下之定。’已乎！已乎！吾且不得及彼乎！”

《墨子·耕柱》：葉公子高問政於仲尼曰：“善爲政者若之何？”仲尼對曰：“善爲政者，遠者近之，而舊者新之。”

《莊子·内篇·人間世》：葉公子高將使於齊，問於仲尼曰：“王使諸梁也甚重，齊之待使者，蓋將甚敬而不急，匹夫猶未可動也，而況諸侯乎？吾甚慄之。子嘗語諸梁也，曰：‘凡事若小若大，寡不道以懽成。事若不成，則必有人道之患；事若成，則必有陰陽之患。若成若不成而後無患者，唯有德者能之。’吾食也執粗而不臧，爨無欲清之人。今吾朝受命而夕飲冰，我其内熱與？吾未至乎事之情，而既有陰陽之患矣；事若不成，必有人道之患。是兩也，爲人臣者不足以任之，子其有以語我來？”仲尼曰：“天下有大戒二：其一，命也；其一，義也。子之愛親，命也，不可解於心；臣之事君，義也，無適而非君也，無所逃於天地之間，是之謂大戒。是以夫事其親

① “昔趙鞅殺鳴犢”至“船楫顛倒更相加”條，原注：“又見《續博物志》八。《繹史·孔子類記》一引《水經注》：孔子適趙，臨河不濟，而作歌曰：‘秋風衍兮風揚波，船楫顛倒更相加，歸來歸來胡爲斯？’”

者，不擇地而安之，孝之至也；夫事其君者，不擇事而安之，忠之盛也，自事其心者，哀樂不易施乎前，知其不可奈何而安之若命，德之至也。爲人臣子者，固有所不得已，行事之情而忘其身，何暇至於悦生而惡死？夫子其行可矣！丘請復以所聞：凡交近則必相靡以信，遠則必忠之以言，言必或傳之。夫傳兩喜、兩怒之言，天下之難者也。夫兩喜必多溢美之言，兩怒必多溢惡之言。凡溢之類妄，妄則其信之也莫，莫則傳言者殃，故《法言》曰：‘傳其常情，無傳其溢言，則幾乎全。’且以巧鬥力者，始乎陽，常卒乎陰，泰至則多奇巧；以禮飲酒者，始乎治，常卒乎亂，泰至則多奇樂。凡事亦然，始乎諒，常卒乎鄙；其作始也簡，其將畢也必巨。言者，風波也；行者，實喪也。夫風波易以動，實喪易以危，故忿設無由，巧言偏辭。獸死不擇音，氣息茀然，於是並生心厲。① 剋核太至，則必有不肖之心應之，而不知其然也。苟爲不知其然也，孰知其所終？故《法言》曰：‘無遷令，無勸成，過度益也。’遷令、勸成殆事，美成在久，惡成不及改，可不慎與！且夫乘物以游心，托不得已以養中，至矣！何作爲報也！莫若爲致命，此其難者。”

《荀子·宥坐》：孔子南適楚，厄於陳、蔡之間，七日不火食，藜羹不糂，弟子皆有飢色。子路進，問之曰：“由聞之：爲善者，天報之以福；爲不善者，天報之以禍。今夫子累德、積義、懷美，行之日久矣，奚居之隱也？”孔子曰：“由不識，吾語汝。汝以知者爲必用邪，王子比干不見剖心乎？汝以忠者爲必用邪，關龍逢不見刑乎？汝以爲諫者爲必用邪，伍子胥不

---

① “心厲”，郭沂曰：“‘心厲’《今注》據武延緒説改作‘厲心’。”

磔姑蘇東門外乎？夫遇不遇者，時也；賢不肖者，材也。君子博學深謀，不遇時者多矣。由是觀之，不遇世者衆矣，何獨丘也哉！夫芷蘭生於深林，[1] 非以無人而不芳。君子之學，非爲通也，爲窮而不困，憂而意不衰也，知禍福終始而心不惑也。夫賢不肖者，材也；爲不爲者，人也；遇不遇者，時也；死生者，命也。今有其人不遇其時，雖賢，其能行乎？苟遇其時，何難之有？故君子博學深謀，修身端行，以俟其時。"孔子曰："由，居，吾語汝。昔晋公子重耳霸心生於曹，越王句踐霸心生於會稽，齊桓公小白霸心生於莒。故居不隱者思不遠，身不佚者志不廣。女庸安知吾不得之桑落之下！"

《韓詩外傳》七：孔子困於陳、蔡之間，即三經之席，七日不食，藜羹不糝，弟子有飢色，讀書習禮樂不休。子路進，諫曰："爲善者，天報之以福；爲不善者，天報之以賊。今夫子積德累仁，爲善久矣，意者尚有遺行乎？[2] 奚居之隱也？"孔子曰："由來！汝小人也，未講於論也。居，吾語汝。子以知者爲無罪乎，則王子比干何爲刳心而死？子以義者爲聽乎，則伍子胥何爲抉目而縣吴東門？子以廉者爲用乎，則伯夷、叔齊何爲餓於首陽之山？子以忠者爲用乎，則鮑叔何爲而不用，葉公子高終身不仕，鮑焦抱木而泣，子推登山而燔？故君子博學深謀，不遇時者衆矣，豈獨丘哉！賢不肖者，材也；遇不遇者，時

---

① "夫"上，《諸子集成》本《荀子集解》有"且"字。

② "意者尚有遺行乎"，原注："本作'意者當遺行乎'，據《文選·對楚王問》《辯命論》兩注引改。"

也。今無有時，賢安所用哉？故虞舜耕於歷山之陽，立爲天子，其遇堯也；傅説負土而版築，以爲大夫，其遇武丁也；伊尹固有莘氏僮也，負鼎操俎調五味，而立爲相，其遇湯也；吕望行年五十賣食棘津，年七十屠於朝歌，九十乃爲天子師，則遇文王也；管夷吾束縛自檻車，以爲仲父，則遇齊桓公也；百里奚自賣五羊之皮，爲秦伯牧牛，舉爲大夫，則遇秦繆公也；虞丘於天下，[1] 以爲令尹，讓於孫叔敖，則遇楚莊王也；伍子胥前功多，後戮死，非知有盛衰也，前遇闔閭，後遇夫差也。夫驥罷鹽車，此非無形容也，莫知之也；使驥不得伯樂，安得千里之足？造父亦無千里之手矣。夫蘭茝生於茂林之中，深山之間，人莫見之，故不芬；夫學者非爲通也，爲窮而不困，憂而志不衰，[2] 先知禍福之始，而心無惑焉。故聖人隱居深念，獨聞獨見。夫舜亦賢聖矣，南面而治天下，惟其遇堯也；使舜居桀、紂之世，能自免於刑戮之中，則爲善矣，亦何位之有？桀殺關龍逄，紂殺王子比干，當此之時，豈關龍逄無知，而王子比干不慧乎哉？此皆不遇時也。故君子務學，修身端行，而須其時者也。子無惑焉。"

《説苑·雜言》：孔子困於陳、蔡之間，居環堵之内，席三經之席，七日不食，藜羹不糝，弟子皆有飢色，讀《詩》《書》，治禮不休。子路進，諫曰："凡人爲善者，天報以福；爲不善者，天報以禍。今先生積德行，爲善久矣。意者尚有遺行乎，奚居隱也？"孔子曰："由來！汝不

① "於"上，原注："'於'上有脱文。"

② "困憂"，《四庫全書》本、《四部叢刊》本《韓詩外傳》作"憂困"。

知。坐，吾語汝。子以夫知者爲無不知乎，① 則王子比干何爲剖心而死？以諫者爲必聽邪，伍子胥何爲抉目於吴東門？子以廉者爲必用乎，伯夷、叔齊何爲餓死於首陽山之下？子以忠者爲必用乎，則鮑莊何爲而肉枯，荆公子高終身不顯，鮑焦抱木而立枯，介子推登山焚死？故夫君子博學深謀，不遇時者衆矣，豈獨丘哉？賢不肖者，才也；爲不爲者，人也；遇不遇者，時也；死生者，命也。有其才不遇其時，雖才不用；苟遇其時，何難之有？故舜耕歷山而逃於河畔，② 立爲天子，則其遇堯也；傅説負壤土，釋版築，而立佐天子，則其遇武丁也；伊尹，有莘氏媵臣也，負鼎俎，調五味，而佐天子，則其遇成湯也；吕望行年五十賣食於棘津，行年七十屠牛朝歌，行年九十爲天子師，則其遇文王也；管夷吾束縛膠目居檻車中，自車中起爲仲父，則其遇齊桓公也；百里奚自賣取五羊皮，伯氏牧羊，以爲卿大夫，則其遇秦穆公也；沈尹名聞天下，以爲令尹，而讓孫叔敖，則其遇楚莊王也；伍子胥前多功，後戮死，非其智益衰也，前遇闔閭，③ 後遇夫差也。夫驥厄罷鹽車，非無驥狀也，夫世莫能知也；使驥得王良、造父，驥無千里之足乎？芝蘭生深林，非爲無人而不香；故學者非爲通也，爲窮而不困也，憂而不衰也，此知禍福之始而心不惑也。聖人之深念獨知獨見。舜亦賢聖矣，南面治天下，唯其遇堯也；使舜居桀、紂之世，能自免刑戮固

① “爲”，《四庫全書》本《説苑》無。

② “逃”，當從《四部叢刊》本《説苑》作“陶”。

③ “閭”，《四部叢刊》本《説苑》作“廬”。郭沂曰：“《今注》《百子》本‘閭’作‘廬’。”

可也，又何官得治乎？夫桀殺關龍逄而紂殺王子比干，[1]當是時，豈關龍逄無知而比干無惠哉？桀、紂無道之世然也。故君子疾學，[2]修身端行，以須其時也。”

《説苑·雜言》：孔子遭難陳、蔡之境，絶糧，弟子皆有飢色。孔子歌兩柱之間。子路入見曰：“夫子之歌，禮乎？”孔子不應，曲終而曰：“由，君子好樂爲無驕也，小人好樂爲無懾也，其誰知之？子不我知而從我者乎？”子路不説，授干而舞，[3]三終而出。及至七日，孔子修樂不休。子路愠見曰：“夫子之修樂，時乎？”孔子不應，樂終而曰：“由，昔者齊桓霸心生于莒，句踐霸心生于會稽，晋文霸心生于驪氏。故居不幽則思不遠，身不約則智不廣，庸知而不遇之？”於是興，明日免於厄。子貢執轡曰：“二三子從夫子而遇此難也，其不可忘已。”孔子曰：“惡，是何也？語不云乎‘三折肱而成良醫’？夫陳、蔡之間，丘之幸也。二三子從丘者，皆幸人也。吾聞人君不困不成王，列士不困不成行。昔者，湯困於吕，文王困於羑里，秦穆公困於殽，齊桓困於長勺，勾踐困於會稽，晋文困於驪氏。夫困之爲道，從寒之及煖，煖之及寒也，唯賢者獨知而難言之也。《易》曰：‘困，亨貞，大人吉，無咎。有言不信。’聖人所與，人難言信也。”

《莊子·雜篇·讓王》：孔子窮於陳、蔡之間，七日不火

① “逄”,《四部叢刊》本《説苑》作“逢”,下同。

② “疾”,《四部叢刊》本《説苑》作“積”。

③ “授”,郭沂曰:“《今注》《百子》本‘授’作‘援’,是也。”

食，藜羹不糝，顔色甚憊，而弦歌於室。① 顔回釋菜，② 子路、子貢相與言曰："夫子再逐於魯，削迹於衛，伐樹於宋，窮於商、周，圍於陳、蔡。殺夫子者無罪，藉夫子者無禁。弦歌鼓琴，未嘗絶音，君子之無耻也若此乎？"顔回無以應，入告孔子。孔子推琴，喟然而嘆曰："由與賜，細人也！召而來，吾語之。"子路、子貢入，子路曰："如此者，可謂窮矣！"孔子曰："是何言也？君子通於道之謂通，窮於道之謂窮。今丘抱仁義之道，以遭亂世之患，其何窮之爲？故内省而不窮於道，臨難而不失其德。天寒既至，③ 霜雪既降，吾是以知松柏之茂也。陳、蔡之隘，於丘其幸乎！"孔子削然反琴而弦歌，子路扢然執干而舞。子貢曰："吾不知天之高也，地之下也。"古之得道者，窮亦樂，通亦樂，所樂非窮通也，道德於此，則窮通爲寒暑風雨之序矣，故許由娱於潁陽而共伯得乎共首。④

《吕氏春秋·孝行覽·慎人》：孔子窮於陳、蔡之間，七日不嘗食，藜羹不糝，宰予備矣，孔子弦歌於室。顔回擇菜於外。子路與子貢相與而言曰："夫子逐於魯，削迹於衛，伐樹於宋，⑤ 窮於陳、蔡。殺夫子者無罪，藉夫子者不禁。夫子弦歌鼓舞，未嘗絶音，蓋君子之無所醜也若此乎？"顔回無以對，入以告孔子，孔子憱然推琴，喟然

---

① "而"下，郭沂曰："《今注》據王叔岷説'而'下補'猶'。"

② "釋"，郭沂曰："《今注》《百子》本'釋'作'擇'，近是。""菜"下，郭沂曰："《今注》'菜'下補'於外'二字。"

③ "天"，郭沂曰："'天'《今注》校作'大'。"

④ "得乎共首"，郭沂曰："'得乎共首'《今注》作'得志乎丘首'。"

⑤ "伐"，原注："一作'拔'。"

而嘆曰："由與賜，小人也！召，吾語之。"子路與子貢入，子貢曰："如此者可謂窮矣！"孔子曰："是何言也！君子達於道之謂達，窮於道之謂窮。今丘也拘仁義之道，以遭亂世之患，其所也，何窮之謂？故内省而不疚於道，臨難而不失其德。大寒既至，霜雪既降，吾是以知松柏之茂也。昔桓公得之莒，文公得之曹，越王得之會稽。陳、蔡之厄，於丘其幸乎！"孔子烈然返瑟而弦，子路抗然執干而舞。子貢曰："吾不知天之高也，不知地之下也。"古之得道者，窮亦樂，達亦樂，所樂非窮達也，道得於此，則窮達一也，爲寒暑風雨之序矣，故許由虞乎潁陽而共伯得乎共首。

《風俗通》七：孔子困於陳、蔡之間，七日不嘗粒，藜羹不糝，而猶弦琴於室。顔回擇菜於户外，① 子路、子貢相與言曰："夫子逐於魯，削迹於衛，拔樹於宋，今復見厄於此。殺夫子者無罪，籍夫子者不禁。夫子弦歌鼓儛，未嘗絶音，蓋君子之無耻也若此乎？"顔淵無以對，以告孔子。孔子恬然推琴，喟然而嘆曰："由與賜，小人也！召，吾語之。"子路與子貢入，子路曰："如此可謂窮矣！"夫子曰："由，是何言也！君子通於道之謂通，窮於道之謂窮。今丘抱仁義之道，以遭亂世之患，其何窮之爲？故内省不疚於道，臨難而不失其德。大寒既至，霜雪既降，吾是以知松柏之茂也。昔者桓公得之莒，文公得之曹，越得之會稽。陳、蔡之厄，於丘其幸乎！"

① "擇",《叢書集成》本《風俗通》作"釋"。

《莊子·外篇·山木》：孔子窮於陳、蔡之間，七日不火食，左據槁木，右擊槁枝，而歌猋氏之風，有其具而無其數，有其聲而無宫角，木聲與人聲，犂然有當於人之心。顏回端拱還目而窺之。仲尼恐其廣己而造大也，愛己而造哀也，曰：“回，無受天損易，無受人益難，無始而非卒也。人與天，一也。夫今之歌者，其誰乎？”回曰：“敢問無受天損易？”仲尼曰：“飢渴寒暑，窮桎不行，天地之行也，運物之泄也，言與之偕游之謂也。[①] 爲人臣者不敢去之，執臣之道猶若是，而況乎所以待天乎！”“何謂無受人益難？”仲尼曰：“始用四達，爵禄並至而不窮，物之所利乃非己也，吾命有在外者也。[②] 君子不爲盜，賢人不爲竊。吾若取之，何哉？故曰：‘鳥莫知於鷾鴯，目之所不宜處，不給視，雖落其實，棄之而走。其畏人也，而襲諸人間，社稷存焉爾。’”“何謂無始而非卒？”仲尼曰：“化其萬物而不知其禪之者，焉知其所終？焉知其所始？正而待之而已耳。”“何謂人與天，一邪？”仲尼曰：“有人，天也；有天，亦天也。人之不能有天，性也，聖人晏然體逝而終矣。”

《墨子·非儒》：孔丘窮於陳、蔡之間，藜羹不糂。十日，子路爲享豚，孔丘不問肉之所由來而食；號人衣以酤酒，[③] 孔丘不問酒之所由來而飲。哀公迎孔丘，席不端弗坐，割不正弗食。子路進，請曰：“何其與陳、蔡反

---

① “游”，郭沂曰：“《今注》《百子》本‘游’皆作‘逝’。”
② “有”，郭沂曰：“《今注》作‘其’。”
③ “號”，原注：“‘褫’字之誤。《孔叢》作‘剥’。”

也?”孔丘曰:“來,吾語汝。曩與女爲苟生,今與女爲苟義。”

《吕氏春秋·審分覽·任數》:孔子窮乎陳、蔡之間,藜羹不斟,七日不嘗粒,晝寢。顔回索米,得而爨之,幾熟,孔子望見顔回攫其甑中而食之。選間,食熟,謁孔子而進食。孔子佯爲不見之。孔子起曰:“今者夢見先君,食潔而後饋。”顔回對曰:“不可。向者煤室入甑中,① 棄食不祥,回攫而飯之。”孔子嘆曰:“所信者目也,而目猶不可信;所恃者心也,而心猶不足恃。弟子記之,知人固不易矣。”

《論衡·知實》:顔淵炊飯,塵落甑中,欲置之則不清,投地則棄飯,掇而食之。孔子望見,以爲竊食。

《説苑·貴德》:孔子之楚,有漁者獻魚甚强,孔子不受。獻魚者曰:“天暑,遠市,賣之不售,思欲棄之,不若獻之君子。”孔子再拜,受,使弟子埽除,將祭之。弟子曰:“夫人將棄之,今吾子將祭之,何也?”孔子曰:“吾聞之:務施而不腐餘財者,聖人也。今受聖人之賜,可無祭乎?”

《説苑·雜言》:楚昭王召孔子,將使執政,而封以書社七百。子西謂楚王曰:“王之臣,用兵有如子路者乎?使諸侯有如宰予者乎?長官五官有如子貢者乎?昔文王處酆,武王處鎬,酆、鎬之間,百乘之地,伐上殺主,立爲天子,世皆曰聖王。今以孔子之賢,而有書社七百里之地,而三子佐之,非楚

① “煤室”,原注:“《御覽》八百三十八引作‘烌煤。”

之利也。”楚王遂止。

《莊子·内篇·人間世》：孔子適楚，楚狂接輿游其門曰：“鳳兮！鳳兮！何如德之衰也？來世不可待，往世不可追也！天下有道，聖人成焉；天下無道，聖人生焉。方今之時，僅免刑焉。福輕乎羽，莫之知載；禍重乎地，莫之知避。已乎！已乎！臨人以德！殆乎！殆乎！畫地而趨！迷陽迷陽，無傷吾行；吾行郤曲，① 無傷吾足。”山木自寇也，膏火自煎也。桂可食，故伐之；漆可用，故割之。人皆知有用之用，而莫知無用之用也。

《琴操》：《猗蘭操》者，孔子所作也。孔子歷聘諸侯，諸侯莫能任。自衛反魯，過隱谷之中，見薌蘭獨茂，喟然嘆曰：“夫蘭當爲王者香，今乃獨茂，與衆草爲伍，譬猶賢者不逢時，與鄙夫爲倫也。”乃止車，援琴鼓之云：“習習谷風，以陰以雨。之子于歸，遠送于野。何彼蒼天，不得其所。逍遥九州，無所定處。世人闇蔽，不知賢者。年紀逝邁，一身將老。”自傷不逢時，托辭於薌蘭云。

《越絶書》七：昔者，陳成恒相齊簡公，欲爲亂，憚齊邦鮑、晏，故徙其兵而伐魯。魯君憂也。孔子患之，乃召門人弟子而謂之曰：“諸侯有相伐者尚耻之，今魯，父母之邦也，丘墓存焉。今齊將伐之，可無一出乎？”顔淵辭出，孔子止之。子路辭出，孔子止之。子貢辭出，孔子遣之。

《吴越春秋·夫差内傳》：十三年，齊大夫陳成恒欲

① “吾行”，郭沂曰：“此‘吾行’《今注》校作‘郤曲’。”

弑簡公，陰憚齊國鮑、[1]晏，故前興兵伐魯。魯君憂之。孔子患之，召門人而謂之曰："諸侯有相伐者，丘嘗耻之。[2]夫魯，父母之國也，丘墓在焉。今齊將伐之，子無意一出邪？"子路辭出，孔子止之。子張、子石請行，孔子弗許。子貢辭出，孔子遣之。

《越絶書·外傳本事》：子貢與夫子坐，告夫子曰："太宰死。"夫子曰："不死也。"如是者再。子貢再拜而問："何以知之？"夫子曰："天生宰嚭者，欲以亡吴；吴今未亡，宰何病乎？"後人來言不死。

《淮南子·人間訓》：昔者衛君朝於吴，吴王囚之，[3]欲流之於海，説者冠蓋相望而弗能止。魯君聞之，撤鐘鼓之縣，縞素而朝。仲尼入見曰："君胡爲有憂色？"魯君曰："諸侯無親，以諸侯爲親；大夫無黨，以大夫爲黨。今衛君朝於吴王，吴王囚之，而欲流之於海。執衛君之仁義而遭此難也，吾欲免之而不能爲，奈何？"仲尼曰："若欲免之，則請子貢行。"魯君召子貢，授之將軍之印。子貢辭曰："貴無益於解患，[4]在所由之道。"斂躬而行，至於吴，見太宰嚭。太宰嚭甚説之，欲薦之於王。子貢曰："子不能行説于王，奈何吾因子也。"太宰嚭曰："子焉知予之不能也？"[5]子貢曰："衛君之來也，衛國之半

① "齊"，郭沂曰："《叢刊》《四庫》'齊'皆作'高'。"

② "嘗"，郭沂曰："《叢刊》《四庫》'嘗'皆作'常'。"

③ "昔者衛君朝於吴吴王囚之"，《諸子集成》本《淮南子》作"今衛君朝於吴王吴王囚之而"。

④ "貴"，郭沂曰："'貴'《百子》本作'賞'。"

⑤ "予"，原注："一作'嚭'。"

曰：'不若朝於晋。'其半曰：'不若朝於吴。'然衛君以爲吴可以歸骸骨也，故束身以受命。今子受衛君而囚之，又欲流之於海，是賞言朝於晋者，而罰言朝於吴也。且衛君之來也，諸侯皆以爲耆龜兆，今朝於吴而不利，則皆移心於晋矣。子欲成伯王之業，[1]不亦難乎？"太宰嚭入，復之於王。王報出令於百官曰："比十日，而衛君之禮不具者死。"子貢可謂知所以説矣。

《史記·衛世家》：孔子聞衛亂，曰："嗟乎！柴也其來乎！由也其死矣！"

《御覽》八百六十五引《風俗通》：子路感雷精而生，尚剛好勇，死，衛人醢之。孔子覆醢，每聞雷聲，惻怛耳。[2]

《拾遺記》二：[3]孔子相魯之時，有神鳳游集；至哀公之末，不復來翔，故云："鳳鳥不至。"可爲悲矣！

《初學記》二十九引《孝經右契》：[4]孔子夜夢豐沛邦有赤烟氣起，顔回、子夏侶往觀之。驅車到楚西北范氏之廟，見芻兒捶麟，傷其前左足，束薪而覆之。孔子曰："兒來，汝姓爲

① "子"下，郭沂曰："《百子》本、《諸子集成》本'子'下有'之'。""伯"，郭沂曰："《百子》本、《諸子集成》本'伯'作'霸'。"

② "聲惻怛"，中華書局《御覽》作"心惻怛"。

③ "拾遺記二"，郭沂曰："當爲《拾遺記》三。"

④ "右契"，原注："《御覽》八百八十九引作'左契'。"

誰?”曰:“吾姓爲赤松,子時橋,[①] 名受紀。”孔子曰:“汝豈有所見乎?”“吾所見一禽,[②] 如麢,羊頭,頭上有角,其末有肉,方以是西走。”孔子發薪下麟,視孔子而往。[③] 麟蒙其耳,吐三卷書。孔子精而讀之。

《搜神記》八:魯哀公十四年,孔子夜夢三槐之間、豐沛之邦有赤氤氣起,乃呼顔淵、[④] 子夏同往觀之。驅車到楚西北范氏街,見芻兒打麟,傷其左前足,束薪而覆之。孔子曰:“兒來,汝姓爲誰?”兒曰:“吾姓爲赤松,名時喬,字受紀。”孔子曰:“汝豈有所見乎?”兒曰:“吾所見一禽,如麢,羊頭,頭上有角,其末有肉,方以是西走。”孔子曰:“天下已有主也,爲赤劉,陳、項爲輔。五星入井,從歲星。”兒發薪下麟,示孔子,孔子趨而往。麟向孔子,蒙其耳,吐三卷圖,廣三寸,長八寸,每卷二十四字。其言赤劉當起,曰:“周亡。赤氣起,火曜興。玄丘制命,帝卯金。”

《拾遺記》三:周靈王立二十一年,孔子生於魯。襄公之世,夜有二蒼龍自天而下,來附徵在之房,因夢而生夫子。有二神女,擎香露於空中而來,以沐浴徵在。天帝

① “橋”,《四庫全書》本《初學記》作“僑”。“時僑”,原注:“《事類賦》二十注引《孝經援神契》作‘字時僑’。”

② “禽”,《四庫全書》本《初學記》作“獸”。郭沂曰:“‘禽’,中華書局《初學記》作‘獸’。”

③ “孔子”下,《四庫全書》本《初學記》有“趨”字。郭沂曰:“中華書局《初學記》‘孔子’下有‘趨’字。”“孔子發薪下麟視孔子而往”,原注:“《事類賦》注作‘孔子發薪下麟視之’,無‘孔子而往’四字。”

④ “淵”,《四庫全書》本《搜神記》作“回”。

下，奏鈞天之樂，列於顏氏之房。空中有聲，言天感生聖子，故降以和樂笙鏞之音，異於俗世也。又有五老列於徵在之庭，則五星之精也。夫子未生時，有麟吐玉書於闕里人家，文云："水精之子孫，①衰周而素王。"故二龍繞室，五星降庭。徵在賢明，知爲神異，乃以綉紱繫麟角，信宿而麟去。相者云："夫子係殷湯，②水德而素王。"③至敬王之末，魯定公十四年，④魯人鋤商田得麟，⑤以示夫子，繫角之紱尚猶在焉。夫子知命之將終，乃抱麟解紱，涕泗滂沲。且麟出之時，⑥及解紱之歲，垂百年矣。

《藝文類聚》十引《琴操》：魯哀公十四年，西狩，薪者獲麟，擊之，傷其左足，將以示孔子。孔子道與相逢，見，俯而泣，抱麟曰："爾孰爲來哉？孰爲來哉？"反袂拭面，乃歌曰："唐虞世兮麟鳳游，今非其時來何求？麟兮麟兮我心憂！"⑦仰視其人，龍顏日月。⑧夫子奉麟之口，須臾取三卷圖，⑨一爲赤伏，劉季興爲王；二爲周滅，夫子將終；三爲漢

---

① "孫"，郭沂曰："中華書局《拾遺記》校'孫'爲'係'。"

② "湯"下，《四庫全書》本《拾遺記》有"元後"二字。

③ "而"下，《四庫全書》本《拾遺記》有"爲"字。

④ "十"下，《四庫全書》本《拾遺記》有"有"字。

⑤ "田"下，《四庫全書》本《拾遺記》有"於大澤"三字。郭沂曰："《百子》本、中華書局《拾遺記》'田'下有'於大澤'三字。"

⑥ "且"，郭沂曰："齊治平《校注》云：'且'疑'自'之誤。"

⑦ "乃歌曰唐虞世兮麟鳳游今非其時來何求麟兮麟兮我心憂"，《四庫全書》本《藝文類聚》無。郭沂曰："'乃歌曰'至'我心憂'上海古籍出版社《藝文類聚》無，而《漢學堂叢書・琴操》有。"

⑧ "月"，《四庫全書》本《藝文類聚》作"角"。原注："當作'角'。"

⑨ "取"，郭沂曰："上海古籍出版社《藝文類聚》《漢學堂叢書・琴操》'取'皆作'吐'，是也。"

制，造作《孝經》。夫子還，謂子夏曰："新主將起，其如得麟者。"①

《御覽》二十一又七百二十四引《公孫尼子》：孔子有疾，哀公使醫視之。醫曰："子居處飲食何如？"孔子曰："丘春居葛室，② 夏居密陽，③ 秋不風，冬不煬，飲食不造，④ 飲酒不勤。"醫曰："是良藥也。"

《繹史·孔子類記》四引《莊子》：孔子病，子貢出，卜。孔子曰：⑤"吾坐席不敢先，居處若齋，飲食若祭，吾卜之久矣。"

《論衡·别通》：孔子病，商瞿卜，期日中。孔子曰："取書來，比至日中，何事乎？"

《劉子·崇學》：宣尼臨没，手不釋卷。

《水經注》二十五引《春秋説題辭》：孔子卒，以所受黄玉葬魯城北。⑥

《論衡·紀妖》：孔子當泗水而葬，泗水卻流。

《御覽》五百六十引《皇覽·冢墓記》：魯大夫叔梁紇冢，在魯國東陽聚安泉東北八十五步，⑦ 名曰防冢。民傳曰：防

---

① "其"下，《四庫全書》本《藝文類聚》有"人"字。郭沂曰："上海古籍出版社《藝文類聚》'其'下有'人'。"

② "室"，郭沂曰："'室'中華書局《御覽》《玉函》本《公孫尼子》皆作'籠'。"

③ "陽"，郭沂曰："'陽'《玉函》本作'楊'。"

④ "造"，郭沂曰："中華書局《御覽》《玉函》本《公孫尼子》'造'作'饋'。"

⑤ "曰"下，郭沂曰："《四庫》本《繹史》下有'子侍也'三字。"

⑥ "孔子卒以所受黄玉葬魯城北"，原注："《御覽》。八百四引同。又《白虎通》'崩薨'引《檀弓》曰：'孔子卒，以所受魯君之璜玉葬魯城北。'今《檀弓》無此文。"

⑦ "八十五步"，郭沂曰："中華書局《御覽》《叢書集成》本《皇覽》皆作'八十四步'。"

墳，于防地微高。① 孔子冢，② 魯城北便門外，南去城十里。③ 冢營方百畝，④ 冢南北廣十步，東西十步，⑤ 高丈二尺。冢爲祠壇，⑥ 方六尺，與地方平，無祠堂。⑦ 冢塋中樹以百數，皆異種，魯人世世皆無能名其樹者。民傳云：⑧ 孔子弟子異國人，各持其國樹來種之。⑨ 孔子塋中不生荆棘及刺人草。伯魚冢，⑩ 孔子冢東邊，⑪ 與孔子並，大小相望。子思冢，在孔子冢南，亦大小相望。⑫

《金樓子·志怪》：孔子冢，在魯城北，塋中樹以百數，皆異種，魯人世世無能名者。傳言：孔子弟子既皆異國之人，各持其國樹來種之。孔子塋中至今不生荆棘草木。

《漢書·魯恭王傳》：恭王初好治宫室，壞孔子舊宅以廣

---

① “防”，郭沂曰：“‘防’中華書局《御覽》作‘墳’，《集成》本《皇覽》連下句作‘於地微高’。”

② “冢”下，《四庫全書》本《御覽》有“在”字。

③ “十”，郭沂曰：“‘十’諸本皆作‘一’，是也。”

④ “營”，《四庫全書》本《御覽》作“塋”。郭沂曰：“‘營’諸本皆作‘塋’。”

⑤ “十步”，原注：“《繹史》引作‘十三步’。”

⑥ “冢爲祠壇”，原注：“《繹史》作‘冢前以瓴甓爲祠壇’。”

⑦ “與地方平無祠堂”，原注：“《繹史》作‘與地平，本無祠堂’。”

⑧ “民傳”，《四庫全書》本《御覽》作“魯民”。

⑨ “種之”下，原注：“《繹史》此下有‘其樹柞枌雒離女貞五味毚檀之樹’。”

⑩ “冢”，《四庫全書》本《御覽》作“墓”。“冢”下，郭沂曰：“中華書局《御覽》《集成》本《皇覽》‘冢’下有‘在’。”

⑪ “邊”，郭沂曰：“諸本無‘邊’字。”

⑫ “亦”，《四庫全書》本《御覽》無。郭沂曰：“諸本無‘亦’字。”“孔子弟子異國人各持其國樹來種之孔子塋中不生荆棘及刺人草”，原注：“《水經注》二十五‘泗水’引《皇覧》云‘弟子各以四方奇木來植，故多異樹，不生棘木刺草’。”

其宫，聞鐘磬琴瑟之音,[1] 遂不敢復壞。於其壁中，得古文經傳。

《水經注》二十五“泗水”：廟屋三間：夫子在西間，東向；顔母在中間，南向;[2] 夫人隔東一間，東向。夫人牀前有石硯一枚,[3] 作甚樸，云平生時物也。

《初學記》二十一引《從征記》：魯國孔子廟中，夫子牀前有石硯一枚，作甚古樸，蓋夫子平生時物。[4]

《御覽》五十四引《輿地志》：贊皇縣有孔子嶺，上有石堂，寬博，其石相拒若楹柱;[5] 有石人像，執卷之狀。

---

① “音”,中華書局《漢書》“聲”。

② “向”,《四庫全書》本《水經注》作“面”。

③ “夫人”,《四庫全書》本《水經注》作“夫子”。原注:“當作‘夫子’。”

④ “魯國孔子廟中夫子牀前有石硯一枚作甚古樸蓋夫子平生時物”,原注:“案《叙事》《事對》兩引。又見《御覽》六百五。”

⑤ “拒”,《四庫全書》本《御覽》作“距”。

卷十四

山東督糧道臣孫星衍　撰

雜事十二

《禮記·檀弓》疏引《論語撰考讖》：叔梁紇與徵在禱尼丘山，感黑龍之精，以生仲尼。

《藝文類聚》八十八引《春秋演孔圖》：孔子母徵在游大冢之陂，① 睡，夢黑帝使請與己交，語曰："女乳必於空桑之中。"覺則若感，生丘於空桑之中。

《後漢·班固傳下》注引《演孔圖》：孔子，母徵在夢感黑帝而生，故曰玄聖。

《論衡·實知》：孔子生不知其父，若母匿之，吹律，自知殷宋大夫子氏之世也。②

《御覽》三百七十一引《演孔圖》：孔胸文曰："制作定世符運。"

《御覽》三百七十七引《演孔圖》：孔子長十尺，大九圍；坐如蹲龍，立如牽牛；就之如昴，望之如斗。

---

① "孔子母徵在游大冢之陂"，原注："《事類賦》注二十五、《御覽》九百五十五與此同，三百六十一作'大澤'。"

② "孔子生不知其父若母匿之吹律自知殷宋大夫子氏之世也"，原注："《御覽》十六引《論衡》曰'孔子吹律，自知殷之苗裔'。"

《御覽》三百六十七引《孝經援神契》：孔子海口，言若含澤。

《御覽》三百六十七引《孝經鈎命決》：仲尼舌理七重，陳重授度。①

《御覽》三百六十八引《鈎命決》：仲尼斗脣，吐教，陳机授度。

《御覽》三百六十八引《鈎命決》：夫子駢齒，注象鈎星也。

《御覽》三百六十八引《鈎命決》：夫子輔喉。

《御覽》三百七十引《鈎命決》：仲尼虎掌，是謂威射。

《御覽》三百七十一引《鈎命決》：仲尼龜脊。

《御覽》三百七十一引《論語摘輔象》：孔子胸應矩，是謂儀古。

《荀子·非相》：仲尼長。

《荀子·非相》：仲尼之狀，面如蒙倛。

《白虎通·姓名》：孔子首類魯國尼丘山，故名爲丘。

《論衡·骨相》：孔子反羽。②

《御覽》六百九十八引《論語隱義注》：孔子至蔡，解於客舍。夜有人取孔子乙隻屐去，③ 盜者置屐于受盜家。孔子屐長一尺四寸，與凡人屐異。

《路史·後紀》十注引《世本》：圩頂，反首，張面。

《路史·後紀》十：生而頨頂，故名丘，而字仲尼。四十

---

① “重”，郭沂曰：“中華書局《御覽》‘重’作‘机’。”

② “孔子反羽”，原注：“又《講瑞篇》‘孔子反宇’，又《劉子·命相篇》‘孔子返宇’。”

③ “乙”，郭沂曰：“‘乙’爲‘一’之誤。”

有九表，隄眉，谷竅，參臂，駢脅，要大十圍，長九尺有六寸，時謂長人。

《戰國策》七：甘羅曰："夫項橐生七歲而爲孔子師。"

《淮南子·修務訓》：夫項托七歲爲孔子師，孔子有以聽其言也。

《淮南子·説林訓》高誘注：項托年七歲，窮難孔子，而爲之作師。

《論衡·實知》：夫項托年七歲教孔子。

《御覽》四百四引《春秋後語》：甘羅曰："夫項橐十歲爲孔子師。"①

《吕氏春秋·仲春紀·當染》：孔子學於老聃、孟蘇、夔靖叔。

《白虎通·辟雍》：孔子師老聃。②

《説苑·尊賢》：鮑龍跪石而登嵯，孔子爲之下車。

《劉子·知人》：鮑龍跪石而吟，仲尼爲之下車。

《晏子春秋·問上》：故臣聞仲尼居處惰倦，③ 廉隅不正，

---

① "十"，郭沂曰："中華書局《御覽》'十'作'七'。"

② "孔子師老聃"，原注："又見《潛夫論·讚學》。"

③ "故"，《諸子集成》本《晏子春秋》無，張純一曰："'臣'上舊衍'故'字，無謂，據《意林》《孔叢》删。"

則季次、[1] 原憲侍；氣鬱而疾，[2] 志意不通，則仲由、卜商侍；德不盛，行不厚，[3] 則顔回、騫、雍侍。[4]

《聖賢群輔録》《廣博物志》二十引《尸子》：仲尼志意不立，子路侍；儀服不修，公西華侍；禮不習，子貢侍；[5] 辭不辨，宰我侍；亡忽古今，顔回侍；節小物，冉伯牛侍。曰："吾以夫六子自勵也。"

《韓詩外傳》九：傳曰：孔子過康子，子張、子夏從。孔子入坐。二子相與論，終日不决。子夏辭氣甚溢，[6] 顔色甚變。子張曰："子亦聞夫子之議論邪？徐言誾誾，威儀翼翼，後言先默，得之推讓，巍巍乎！蕩蕩乎！道有歸矣！小人之論也，專意自是，言人之非，瞋目搤腕，疾言噴噴，口沸目赤，一幸得勝，疾笑嗌嗌，威儀固陋，辭氣鄙俗，是以君子賤之也。"

《賈子·容經》：子路見孔子之背，磬折舉哀，[7] 曰："唯由也見。"孔子聞之，曰："由也，何以遺亡也。"

《列子·説符》：孔子之勁，能拓國門之關，而不肯以

---

① "季次"，《諸子集成》本《晏子春秋》張純一曰："《意林》無'季次'二字。"

② "氣鬱而疾"，《諸子集成》本《晏子春秋》張純一曰："《意林》無此四字。"

③ "厚"，《諸子集成》本《晏子春秋》張純一曰："孫云：原《孔叢》作'勤'。"

④ "顔回騫雍侍"，《諸子集成》本《晏子春秋》張純一曰："孫云：《孔叢》作'顔、閔、冉雍侍'。純一案《意林》無'騫雍'二字。"

⑤ "子貢"，郭沂曰："《百子》本《尸子》作'子游'，而《二十二子》本《尸子》作'子貢'。"

⑥ "溢"，《四庫全書》本、《四部叢刊》本《韓詩外傳》作"隘"。郭沂曰："《集釋》《今注》'溢'皆作'隘'。"

⑦ "哀"，郭沂曰："《百子》本、上海人民出版社《賈誼集》'哀'皆作'褎'。"

力聞。

《吕氏春秋·慎大覽·慎大》：孔子之勁，舉國門之關，而不肯以力聞。①

《淮南子·道應訓》：孔子勁，杓國門之關，而不肯以力聞。

《淮南子·主術訓》下：孔子之通，智過於萇宏，勇服於孟賁，足躡於郊菟，② 力招城關，能亦多矣！然而勇力不聞，伎巧不知，專行孝道，③ 以成素王，事亦鮮矣！春秋二百四十二年，亡國五十二，弑君三十六，采善鉏醜，以成王道，論亦博矣！然而圍於匡，顔色不變，弦歌不徹，④ 臨死亡之地，犯患難之危，據義行理而志不懾，⑤ 分亦明矣！然而爲魯司寇，⑥ 聽獄必爲斷；作爲《春秋》，不道鬼神，不敢專己。

《吕氏春秋·審分覽·不二》：孔子貴仁。

《淮南子·修務訓》：孔子無黔突。

《劉子·惜時》：仲尼恓恓，⑦ 突不暇黔。

---

① "孔子之勁舉國門之關而不肯以力聞"，原注："薛據《集語》引作'孔子之勁能拓國門之關，勇復孟諸，足蹀狄兔，不以力聞'。"

② "於"，郭沂曰："《百子》《諸子集成》本皆無'於'字。"

③ "孝"，《諸子集成》本《淮南子》作"教"。原注："一作'教'。"

④ "徹"，郭沂曰："'徹'《百子》本、《諸子集成》本作'輟'，是也。"

⑤ "懾"，原注："一作'攝'。"

⑥ "而"，郭沂曰："《百子》《諸子集成》本無'而'字。"

⑦ "恓恓"，郭沂曰："《百子》《四庫》本'恓恓'作'栖栖'。"

《論衡·須頌》：孔子顯三累之行。

《論衡·幸遇》：[1] 魯城門久朽欲頓，孔子過之，趨而疾行。左右曰："久矣！"孔子曰："惡其久也。"孔子戒慎已甚，如過遭壞，可謂不幸也，故孔子曰："君子有不幸而無有幸，小人有幸而無不幸。"

《論衡·言毒》：孔子見陽虎，卻行，白汗交流。

《御覽》六十三引《論語比考讖》：水名盜泉，仲尼不漱。注曰："夫子教于洙泗之間。今于城北二水之中，即夫子領徒之所也。"

《文選》陸機《猛虎行》注引《尸子》：孔子至於勝母，暮矣，而不宿；過於盜泉，渴矣，而不飲，惡其名也。

《説苑·説叢》：水名盜泉，孔子不飲。

《後漢·鍾離意傳》：孔子忍渴於盜泉之水。

《吕氏春秋·孝行覽·遇合》：文王嗜昌蒲葅。孔子聞而服之，縮頞而食之，三年然後勝之。

《論衡·語增》：《傳》語曰："文王飲酒千鍾，孔子百觚。"

《列子·説符》：宋人有好行仁義者，三世不懈，家無故黑牛生白犢，[2] 以問孔子。孔子曰："此吉祥也，以薦上帝。"

---

① "幸遇"，郭沂曰："應爲《幸偶》篇。"

② "黑牛"上，王叔岷《列子補正》曰："案《御覽》八九九、《事文類聚後集》三九引'黑牛'上並有'而'字，《淮南·人間》篇同。"

居一年，其父無故而盲。其牛又復生白犢，① 其父又復令其子問孔子。其子曰："前問之而失明，又何問乎？"父曰：② "聖人之言，先迕後合。其事未究，姑復問之。"其子又復問孔子，孔子曰："吉祥也。"復教以祭。其子歸致命，其父曰：③ "行孔子之言也。"居一年，其子又無故而盲。其後楚攻宋，圍其城，民易子而食之，析骸而炊之，丁壯者皆乘城而戰，死者大半。此人以父子有疾皆免，④ 及圍解而疾俱復。

《北堂書鈔》百三十七引《韓詩外傳》：孔子使子貢，爲其不來，⑤ 孔子占之，遇鼎，謂弟子曰："占之遇鼎。"皆言無足而不來。顔回掩口而笑，孔子曰："回也何哂乎？"⑥ 曰："回謂賜必來。"孔子曰："何如也？"⑦ 回對曰：⑧ "乘舟而來

---

① "其牛"，王叔岷《列子補正》曰："案《事文類聚後集》三九引'其牛'作'黑牛'。《御覽》八九九、《記纂淵海》九八、《韻府群玉》十七引並無'其'字。《淮南·人間》篇、《論衡·福虚》篇並同。今本'其'字疑涉上下文而衍。"

② "父"上，王叔岷《列子補正》曰："案《淮南·人間》篇'父'上有'其'字，與上下文一律，當從之。"

③ "其父"，王叔岷《列子補正》曰："案《淮南·人間》篇疊'其父'二字，當從之。"

④ "疾"上，王重民《列子校釋》曰："案《御覽》七百四十引'疾'上有'盲'字。"

⑤ "爲其不來"，《四庫全書》本《北堂書鈔》作"適齊久而未回"。

⑥ "乎"，《四庫全書》本《北堂書鈔》無。

⑦ "何如也"，《四庫全書》本《北堂書鈔》作"如何"。

⑧ "回"，《四庫全書》本《北堂書鈔》無。

矣。"① 賜果至矣。②

> 《藝文類聚》七十一引《沖波傳》：孔子使子貢，久而不來。孔子謂弟子占之，遇鼎，皆言無足不來。顏回掩口而笑，子曰："回也哂，謂賜來也？"曰："無足者，乘舟而來至矣。"清旦朝，子貢果至，驗如顏回之言。③

《説苑·辨物》：孔子晨立堂上，聞哭者聲音甚悲。孔子援琴而鼓之，其音同也。孔子出，而弟子有吒者。問："誰也？"曰："回也。"孔子曰："回何爲而吒？"回曰："今者有哭者，其音甚悲，非獨哭死，又哭生離者。"孔子曰："何以知之？"回曰："似完山之鳥。"孔子曰："何如？"回曰："完山之鳥生四子，羽翼已成，乃離四海，哀鳴送之，爲是往而不復返也。"孔子使人問哭者，哭者曰："父死家貧，賣子以葬之，將與其別也。"孔子曰："善哉！聖人也。"

《莊子·雜篇·外物》：宋元君夜半而夢人被髮窺阿門曰："予自宰路之淵，予爲清江使河伯之所，漁者余且得予。"元君覺，使人占之，曰："此神龜也。"君曰："漁者有余且乎？"

---

① "乘"上，《四庫全書》本《北堂書鈔》有"卜而鼎無足，必"六字。郭沂曰："光緒本《北堂書鈔》'乘'前有'無足者'三字。"

② "矣"，《四庫全書》本《北堂書鈔》無。郭沂曰："光緒本《北堂書鈔》無'矣'字。""孔子使子貢"至"賜果至矣"條，原注："陳禹謨本作：'孔子使子貢適齊，久而未回。孔子占之，遇鼎，謂弟子曰："占之遇鼎，無足而不來。"顏回掩口而笑，孔子曰："回也何哂？"曰："回謂賜必來。"孔子曰："如何？"對曰："卜而鼎無足，必乘舟而來矣。"賜果至。'按今本《外傳》無此文。"

③ "孔子使子貢"至"驗如顏回之言"條，原注："《御覽》七百二十八引《衝波傳》略同。按薛據《集語》引《吕氏春秋》亦載此事，今本無之，薛蓋誤。"

左右曰："有。"君曰："令余且會朝。"明日，余且朝，君曰："漁何得？"對曰："且之網得白龜焉，箕圓五尺。"① 君曰："獻若之龜。"龜至，君再欲殺之，再欲活之，心疑，卜之曰："殺龜以卜，吉。"乃刳龜七十二鑽而無遺筴。仲尼曰："神龜能見夢於元君，而不能避余且之網；知能七十二鑽而無遺筴，而不能避刳腸之患。② 如是，則知有所困，神有所不及也。"

《史記》褚少孫補《龜筴傳》：孔子聞之曰："神龜知吉凶而骨直空枯，日爲陽德而君於天下，③ 辱於三足之烏；月爲刑而相佐，見食於蝦蟆；蝟辱於鵲，騰蛇之神而殆於即且。竹外有節理，中直空虛；松柏爲百木長，而守門閭。日辰不全，故有孤虛；黄金有疵，白玉有瑕。事有所疾，亦有所徐；物有所拘，亦有所據；罔有所數，亦有所疏；人有所貴，亦有所不如。何可而適乎？物安可全乎？天尚不全，故世爲屋，不成三瓦而居之，④ 以應之天。天下有階，物不全乃生也。"

《春秋繁露·山川頌》：孔子曰："山川神祇，立寶藏，殖器用，資曲直。含大者可以爲宫室臺榭，小者可以爲舟輿浮灄。⑤ 大者無不中，小者無不入。持斧則斫，折鐮則艾。⑥ 生人立，禽獸伏，死人入，多其功而不言，是以君子取譬也。"

《説苑·修文》：孔子見子桑伯子，子桑伯子不衣冠而處，弟子曰："夫子何爲見此人乎？"曰："其質美而無文，吾欲説

---

① "箕"，郭沂曰："《今注》'箕'作'其'，近是。"
② "而"，郭沂曰："《今注》《百子》本無'而'字。"
③ "陽"，郭沂曰："中華書局《史記》無'陽'字。"
④ "居"，郭沂曰："中華書局《史記》'居'作'陳'。"
⑤ "灄"，《四部叢刊》本《春秋繁露》作"楫"。
⑥ "折鐮"，原注："疑當作'持鐮'，《古文苑》作'拆鏁'。"

而文之。”孔子去，子桑伯子門人不説，曰：“何爲見孔子乎？”曰：“其質美而文繁，吾欲説而去其文。”

《説苑·反質》：仲尼問於老聃曰：[1]“甚矣！道之於今難行也！吾比執道委質以當世之君，而不我受也，道之於今難行也！”老子曰：“夫説者流於聽，言者亂於辭，如此二者，則道不可委矣。”

《中論·審大臣》：魯人見仲尼之好讓而不爭也，亦謂之無能。

《韓詩外傳》一：孔子南游，適楚，至於阿谷之隧，有處子佩瑱而浣者。孔子曰：“彼婦人其可與言矣乎？”抽觴以授子貢曰：“善爲之辭，以觀其語。”子貢曰：“吾，北鄙之人也，將南之楚，逢天之暑，思心潭潭，願乞一飲，以表我心。”婦人對曰：“阿谷之隧，隱曲之汜，其水載清載濁，流而趨海，欲飲則飲，何問婦人乎？”[2]受子貢觴，迎流而挹之，奐然而棄之，促流而挹之，奐然而溢之，坐置之沙上，曰：“禮固不親授。”子貢以告，孔子曰：“丘知之矣。”抽琴去其軫，以授子貢，曰：“善爲之辭，以觀其語。”子貢曰：“向子之言，穆如清風，不悖我語，和暢我心。於此有琴而無軫，願借子以調其音。”婦人對曰：“吾，鄙野之人也，僻陋而無心，五音不知，安能調琴？”子貢以告，孔子曰：“丘知之矣。”抽絺綌五兩，以授子貢，曰：“善爲之辭，以觀其語。”子貢曰：“吾，北鄙之人也，將南之楚。於此有絺綌五兩，吾不敢以當子身，

① “於”，《四部叢刊》《四庫全書》本《説苑》無。郭沂曰：“《百子》本、《今注》皆無‘於’字。”

② “何問婦人乎”，原注：“《御覽》七十四引作‘何問於婢子’。”

敢置之水浦。”婦人對曰：“客之行差遲乖人，① 分其資財，棄之野鄙。吾年甚少，何敢受子？子不早去，今竊有狂夫守之者矣。”

《列女傳·辯通》：阿谷處女者，阿谷之隧浣者也。孔子南游，過阿谷之隧，見處子佩瑱而浣。孔子謂子貢曰：“彼浣者其可與言乎？”抽觴以授子貢曰：“爲之辭，以觀其志。”子貢曰：“我，② 北鄙之人也，自北徂南，將欲之楚，逢天之暑，我思譚譚，願乞一飲，以伏我心。”處子曰：“阿谷之隧，隱曲之地，其水一清一濁，流入於海，欲飲則飲，何問乎婢子？”授子貢觴，迎流而挹之，投而棄之，從流而挹之，滿而溢之，跪置沙上，曰：“禮不親授。”子貢還報其辭，孔子曰：“丘已知之矣。”抽琴去其軫，以授子貢，曰：“爲之辭。”子貢往曰：“向者聞子之言，穆如清風，不拂不寤，私復我心。有琴無軫，願借子調其音。”處子曰：“我，鄙野之人也，陋固無心，五音不知，安能調琴？”子貢以報孔子，孔子曰：“丘已知之矣。”過賢則賓，③ 抽絺紘五兩，以授子貢，曰：“爲之辭。”子貢往曰：“我，北鄙之人也，自北徂南，將欲之楚，有絺紘五兩，非敢以當子之身也，願注之水旁。”處子曰：“行客之人，嗟然永久，分其資財，棄於野鄙。妾年甚少，何敢受子？子不早命，竊有狂夫名之者矣。”子

① “客之行差遲乖人”，原注：“《御覽》八百十九作‘行客之人嗟然永久’。”
② “我”，郭沂曰：“‘我’字《叢刊》《集成》皆作‘吾’。”
③ “過”，《四庫全書》本《列女傳》作“遇”。

貢以告孔子，孔子曰："丘已知之矣！斯婦人達於人情而知禮。"

《楚辭·七諫》：路室之女方桑兮，[1] 孔子過之以自侍。王逸注：言孔子出游，過於客舍，其女方采桑，一心不視，喜其貞信，故以自侍。

《北堂書鈔》一百六引《琴操》：孔子游於騶山，[2] 見取薪而哭，長梓上有孤鸛，[3] 乃承而歌之。[4]

《藝文類聚》三十四引《琴操》：孔子游於泰山，見薪者哭甚哀。孔子問之，薪者曰："吾自傷，故哀爾。"

《繹史·孔子類記》四引《吳越春秋》：夫差聞孔子至吳，微服觀之。或人傷其指，王怒欲索，或而誅之。子胥諫，乃止。[5]

《吳越春秋·句踐伐吳外傳》十：越王既已誅忠臣，霸於關東。從瑯琊起觀臺，周七里，以望東海，死士八千人，戈船三百艘。居無幾，躬求賢士。孔子聞之，從弟子奉先王雅琴禮樂奏於越。越王乃被唐夷之甲，帶步光之劍，杖屈盧之矛，出死士以三百人，爲陳關下。孔子有頃到，越王曰："唯唯，夫子何以教之?"孔子曰："丘能述五帝三王之道，故奏雅琴以

---

① "之女"，郭沂曰："《四部叢刊·楚辭》'之女'作'女之'，是也。《七諫》篇凡上句爲七字者，第四字皆爲虚辭。"

② "騶山"，《四庫全書》本《北堂書鈔》作"山隅"。

③ "上"上，《四庫全書》本《北堂書鈔》有"樹"字。

④ "孔子游於騶山見取薪而哭長梓上有孤鸛乃承而歌之"，原注："陳禹謨本作'孔子游於山隅，見梓樹上有孤鸛，乃承而歌之'。"

⑤ "夫差聞孔子至吳微服觀之或人傷其指王怒欲索或而誅之子胥諫乃止"條，原注："今本無。"

獻之大王。”越王喟然嘆曰：“越性脆而愚，水行山處，以船爲車，以檝爲馬，往若飄風，去則難從，説兵敢死，[①] 越之常也。夫子何説而欲教之？”孔子不答，因辭而去。

《越絶書》八：句踐伐吴，霸關東，從瑯琊起觀臺，[②] 周九里，[③] 以望東海，死士八千人，戈船三百艘。居無幾，躬求賢聖。孔子從弟子七十人，奉先王雅琴，治禮，往奏。句踐乃身被賜夷之甲，[④] 帶步光之劍，杖物盧之矛，出死士三百人，爲陣關下。孔子有頃到越，越王曰：“唯唯，夫子何以教之？”孔子對曰：“丘能述五帝三王之道，故奏雅琴，[⑤] 至大王所。”句踐喟然嘆曰：“夫越性脆而愚，水行而山處，以船爲車，以楫爲馬，往若飄風，去則難從，鋭兵任死，越之常性也。夫子異，則不可。”於是孔子辭，弟子莫能從乎！

《繹史·孔子類記》一引《沖波傳》：孔子去衛適陳，塗中見二女采桑。子曰：“南枝窈窕北枝長。”答曰：“夫子游陳必絶糧，九曲明珠穿不得，著來問我采桑娘。”夫子至陳，大夫發兵圍之，令穿九曲珠，乃釋其厄。夫子不能，使回、賜返問之。其家謬言女出外，以一瓜獻二子。子貢曰：“瓜子在内

---

① “説”，郭沂曰：“《叢刊》《四庫》‘説’皆作‘悦’。今按，疑當如下條《越絶書》作‘鋭’字。”

② “臺”，郭沂曰：“《叢刊》《四庫》重‘臺’字。”

③ “九”，郭沂曰：“《叢刊》《四庫》‘九’皆作‘七’，與上條《吴越春秋》同。”

④ “賜”，原注：“一作‘陽’，又音唐。”

⑤ “奏”，據上文“奉先王雅琴治禮往奏”及《四部叢刊》《四庫全書》本《越絶書》當作“奉”。

也。”女乃出語曰：“用蜜塗珠，絲將繫蟻，蟻將繫絲，如不肯過，用烟熏之。”子依其言，乃能穿之，於是絶糧七日。

《搜神記》十九：孔子厄於陳，弦歌於館中。夜有一人，長九尺餘，著皂衣，高冠，大咤，聲動左右。子貢進，問：“何人邪?”便提子貢而挾之。子路引出，與戰於庭。有頃，未勝。孔子察之，見其甲車間時時開如掌，孔子曰：“何不探其甲車，引而奮登?”子路引之，没手仆於地，乃是大鯷魚也，長九尺餘。孔子曰：[①]“此物也，胡爲來哉?[②] 吾聞物老則群精依之，因衰而至此。其來也，豈以吾遇厄絶糧，從者病乎？夫六畜之物，及龜蛇魚鱉草木之屬，久者神皆憑依，能爲妖怪，故謂之五酉。五酉者，五行之方皆有其物。酉者，老也，物老則爲怪。[③] 殺之則已，夫何患焉？或者天之未喪斯文，以是繫予之命乎？不然，何爲至於斯也?”弦歌不輟。子路烹之，其味滋，病者興，明日遂行。

《金樓子·雜記上》：孔子出游於山，[④] 使子路取水。逢虎於水，與戰，攬尾得之，納於懷中。取水還，問孔子曰：“上士殺虎如之何?”子曰：“上士殺虎持虎頭。”“中士殺虎如之何?”子曰：“中士殺虎持虎耳。”又問：“下士殺虎如之何?”子曰：“下士殺虎捉虎尾。”子路出尾棄之，復懷石盤曰：“夫子知虎在水，而使我取水，是欲殺我也。”乃欲殺夫子，問：“上士殺人如之何?”曰：“用筆端。”“中士殺人如之何?”曰：

---

① “孔子曰”，原注：“《法苑珠林·變化篇》《太平廣記》四百六十八引作‘孔子歎曰’。”

② “胡”，《四庫全書》本《搜神記》《二十二子》本《孔子集語》作“何”。

③ “物老”上，原注：“《珠林》及《廣記》引‘物老’上有‘故’字。”

④ “出游”，郭沂曰：“《百子》《四庫》本‘出游’皆作‘游舍’。”

“用語言。”“下士殺人如之何?”曰:“用石盤。”子路乃棄盤而去。①

《繹史·孔子類記》四引《吴越春秋》:禹治洪水,至牧德之山,見神人焉,謂禹曰:“勞子之形,役子之慮,以治洪水,無乃怠乎?我有靈寶五符,以役蛟龍水豹。”因授禹而誡之曰:“事畢可秘於靈山。”禹成功後,藏于洞庭苞山之穴。至吴王闔閭之時,有龍威丈人得符獻之。吴王以示群臣,皆莫能識,乃令齎符以問孔子,曰:“吴王閒居,有赤烏銜此書以至王所,② 莫辨其文,故令遠問。”孔子曰:“昔禹治水於牧德之山,遇神人授以靈寶五符,後藏洞庭之苞山。君王所得,無乃是乎?赤烏之事,丘所未聞。”③

《抱朴子·内篇·辨問》:《靈寶經》有《正機》《平衡》《飛龜授袟》三篇,④ 皆仙術也。吴王伐石以治宫室,而於合石之中,得紫文金簡之書,不能讀之,使使者持以問仲尼,而欺仲尼曰:“吴王閒居,有赤雀銜書以置殿上,不知其義,故遠諮呈。”仲尼以視之,曰:“此乃靈寶之方,長生之法,禹之所服,隱在水邦,年齊天地,朝於紫庭者也。禹將仙化,封之名山石函之中。乃今赤雀銜之,殆天授也。”

---

① “子路乃棄盤而去”,原注:“《御覽》八百九十二引作‘乃棄石盤而行’。”

② “赤烏”,《二十二子》本《孔子集語》同,據下文當作“赤鳥”。

③ “鳥”,《四庫全書》本《繹史》作“烏”。“丘”,《四庫全書》本《繹史》作“某”。“禹治洪水”至“丘所未聞”條,原注:“今本所無,恐馬氏誤引。”

④ “三”上,《諸子集成》本《抱朴子》有“凡”字。郭沂曰:“《百子》本、《校釋》‘三’上有‘凡’字。”

《繹史·孔子類記》四引《靈寶要略》：昔太上以《靈寶》五篇真文，以授帝嚳。帝嚳將仙，封之於鍾山。至夏禹巡狩，度弱水，登鍾山，遂得是文，後復封之包山洞庭之室。吴王闔閭出游包山，見一人，自言姓山名隱居，闔閭扣之，乃入洞庭，取素書一卷，呈闔閭。其文不可識，令人齎之問孔子。孔子曰："丘聞童謡曰：'吴王出游觀震湖，龍威丈人山隱居，北上包山入雲墟，乃入洞庭竊禹書。天地大文不可舒，此文長傳百六初，若強取出喪國廬。'"闔閭乃尊事之。

《御覽》四十六引《吴地記》：包山在縣西一百三十里，中有洞庭，深遠，世莫能測。吴王使靈威丈人入洞穴，十七日不能盡，因得玉葉，上刻《靈寶》二卷。① 使示孔子，云："禹之書也。"

《御覽》一百五十七引《東觀漢記》：鮑永，字君長，爲魯郡太守。時彭豐等不肯降，後孔子闕里無故荆棘自闢，從講室埽除至孔里。永異之，召郡府丞，② 謂曰："方今厄急，而闕里無故自滌，意豈夫子欲令太守大行饗，誅無狀也?"乃修學校，③ 理請豐等會，手格殺之。

《御覽》九百二十二引崔鴻《十六國春秋·北凉録》：昔魯人有浮海而失津者，至於亶州，見仲尼及七十子游于海中，

① "靈寶"，郭沂曰："中華書局《御覽》作《靈寶經》。"

② "丞"，《二十二子》本《孔子集語》無。

③ "乃"，《二十二子》本《孔子集語》無。"理"，郭沂曰："中華書局《御覽》《四庫》本《東觀漢記》'理'皆作'禮'。"

與魯人一體杖,① 令閉目乘之，使歸告魯侯，築城以備寇。魯人出海，投杖水中，乃龍也。具以狀告,② 魯侯不信。俄而群燕數萬,③ 銜土培城。魯侯乃大城曲阜。④ 迄，而齊寇至，攻魯不克而還。

① “體”,郭沂曰:“中華書局《御覽》《四庫》本《十六國春秋》‘體’皆作‘木’。”

② “告”下,《四庫全書》本《御覽》有“魯侯”二字。

③ “萬”,《四庫全書》本《御覽》作“百”。

④ “魯侯乃大城曲阜”,郭沂曰:“中華書局《御覽》《四庫》本《十六國春秋》作‘魯侯信之,大城曲阜’。”

卷十五

山東督糧道臣孫星衍　撰

遺讖十三

《周易乾鑿度》：孔子曰："《洛書摘亡辟》曰[1]：建紀者，歲也。成姬倉，有命在河，聖孔表雄德。庶人受命，握麟徵。

《周易乾鑿度》：孔子曰："推即位之術，乾坤三，上中下。坤變初六復，曰正陽，在下爲聖人。故一聖，二庸，三君子，四庸，五聖，六庸，七小人，八君子，九小人，十君子，十一小人，十二君子，十三聖人，十四庸人，十五君子，十六庸人，十七聖人，十八庸人，十九小人，二十君子，二十一小人，二十二君子，二十三小人，二十四君子，二十五聖人，二十六庸人，二十七君子，二十八庸人，二十九聖人，三十庸人，三十一小人，三十二君子，三十三小人，三十四君子，三十五小人，三十六君子，三十七聖人，三十八庸人，三十九君子，四十小人，四十一聖人，四十二庸人。"孔子曰："極至德之世，不過此。乾三十二世消，坤三十六世消。代聖人者仁，繼之者庸人。仁世淫，庸世貇。二陰之精射三陽，當卦自埽，知命守録其可防，鈎鈐解，命圖興。"孔子曰："丘文以候，授

---

① "亡"，郭沂曰："《四庫》《集成》本'亡'作'六'。"

明之出，莫能雍。”

《周易乾鑿度》：孔子曰：“復十八世消，以三六也；臨十二世消，以二六也；泰三十世消，以二九、二六也；大壯二十四世消，以二九、一六也；[①] 夬三十二世消，以三九、一四也。”

《周易乾鑿度》：孔子曰：“姤一世消，无所據也；遁一世消，據不正也；否十世消，以二五也；觀二十世消，以二五、四六也；[②] 剥十二世消，以三四也。”

《周易乾鑿度》：孔子軌，以七百六十爲世軌者。堯以甲子受天元爲推術。七往六來，[③] 八往九來，七爲世軌者。文王推爻，四乃術數。

《周易乾鑿度》：孔子曰：“以爻正月爲享國數。存六期者，天子欲求水旱之厄，以位入軌年數，除軌竿盡，則厄所遭也。甲乙爲饑，丙丁爲旱，戊己爲中興，庚辛爲兵，壬癸爲水。卧筭爲年，立筭爲日，必除先入軌年數，水旱兵饑得矣。如是，乃救災度厄矣。陽之法。”

《周易乾鑿度》：孔子曰：“天之將降嘉瑞應，[④] 河水清，三日青，四日青，變爲赤，[⑤] 赤變爲黑，黑變爲黄，各各三日。河中水安井，天乃清明，圖乃見。見必南向，仰天言。見三日以三日，見六日以六日，見九日以九日，見十二日以十二

---

① “六”，郭沂曰：“《四庫》《集成》本‘六’作‘五’。”

② “觀二十世消以二五四六也”，原注：“當有誤。”

③ “七”，郭沂曰：“《四庫》《集成》二本‘七’皆作‘以’。”

④ “天之將降嘉瑞應”，原注：“《文選》李康《運命論》注引作‘聖人受命，瑞應先見於河’。”

⑤ “河水清三日青四日青變爲赤”，原注：“《御覽》八百七十三引作‘河水清變爲白，白變爲赤’。”

日，見十五日以十五日，見皆言其餘日。”

《周易乾鑿度》：孔子曰：“帝德之應洛水，先温九日。後五日變爲五色。玄黄，天地之静，書見矣。負圖出午，聖人見五日以五日，見十日以十日，見十五日以十五日，見二十日以二十日，見二十五日以二十五日，見三十日以三十日。”

《周易乾鑿度》：孔子曰：“君子亦於静，若龍而無角。河二日清，二日白，二日赤，二日黑，二日黄。蛇見水中，用日也。一日辰爲法，以一辰二辰，以三辰，以四五辰，以六七辰，以八九辰，以十辰，以十一辰，以十二辰。夜不可見，水中赤煌煌，如火英。圖書、蛇皆然也。”

《周易乾鑿度》：孔子曰：“復表日角，臨表龍顔，泰表載千，大壯表握訴，龍角大展。[1] 夬表升骨履文。妒表耳參漏，足履王，知多權。遁表日角連理。否表二好文。觀表出准虎。剥表重童明歷元。此皆律歷運期相，一匡之神也。欲所按合誠。《洛書靈准聽》曰：氣五，機七，八合提，九爻結，八九七十二，《録》《圖》起。初世者，戲也。姬通紀，河圖龍出，《洛書》龜予，演亦八者，七九也。始倉甄節，五七受命。數運不俗，守録以次第相改，七九度變，命失寳合，七八八名，畢升漸喜，六十四精聖。性象有録，第以所變畢動，[2] 動日者提，不者殆。易物之慎，命不在仵者，霸横者，距命歷掘執并投者。上契輔摘，推失排絀者，咸名紀所錯，中與用材毁苴。五行旋代出，輔運相拒，與更用事，終始相討，期有從至。有餘運，有托除，要有知衜，合七八以視旋機，審矣。”

---

① “展”，郭沂曰：“《四庫》《集成》本‘展’皆作‘辰’。”

② “畢”，郭沂曰：“《四庫》《集成》‘畢’皆作‘承’。”

《周易乾鑿度》：孔子曰："至德之數，先立木金水火土德。合三百四歲，五德備，凡一千五百二十歲。大終復初，其求金木水火土德，日名之法。道一紀七十六歲，因而四之，爲三百四歲。以一歲三百六十五日四分乘之，凡爲十一萬一千三十六。以甲爲法除之，餘三十六。以三十六甲子始數立，立算皆爲甲，旁算亦爲甲。以日次次之，母算者，乃木金火水土德之日也。德益三十六，五德而止，六日名：甲子木德，主春，春生三百四歲；庚子金德，主秋，成收三百四歲；丙子火德，主夏，長三百四歲；壬子水德，主冬，藏三百四歲；戊子土德，主季夏，致養三百四歲。① 六子德四正，四正，子午卯酉也；而期四時，凡一千五百二十歲，終一紀。五德者，所以立尊號，論天弗，志長久。"

《周易乾鑿度》：孔子曰："丘按《録讖》，論國定符，以春秋西狩，題剑表命。予亦握嬉帝之十二，當興平嗣出妃妾，妾得亂，不勤竭承，維表循符。當至者塞，政在樞。害時失命鈌壽，以符瑞伏代。災七録，握藉成年，兖哀期，凶勑候，修身練鈌，郵専兑，兑德始剋，免延期。自然之讖，推引相拘，沮思愈知命不或世，帝思圖也。夫天道三微而成一著，三著而體成。"

《易緯通卦驗》：孔子曰："太皇之先與耀合，元精五帝期以序七神，天地成位，君臣道生。君五期，輔三名，以建德通萬靈。遂皇始出，握機矩，表計宜，其刻曰：蒼牙通靈，②昌之成，孔演命，明道經，燧人之皇没，虙戲生，本尚芒，芒開

① "致"，《四庫全書》本《周易乾鑿度》作"至"。

② "蒼牙"，原注："《古微書》引作'蒼渠'。"

矩聽，八蒼靈唯精，不慎明之，害類遠振。擇度出表，挺後名知，命陳效睹，三萬一千，一終一名，虙方牙蒼精作《易》，無書以盡序。”

《易緯通卦驗》：孔子表《洛書摘亡辟》曰：“亡秦者，胡也。丘以推秦，白精也。其先星，感河，出圖，挺白，以胡誰亡？胡之名，行之名，行之萌，秦爲赤軀，非命王，故帝表有七五命七以永慶王。以火代黑，黑畏黃精之起，因威萌，虙羲作《易》。仲，仲命德維紀衡。周文增通八八之節，轉序三百八十四爻，以繫王命之瑞。謀三十五君，常其一也。興亡殊方，各有其祥，封于泰山，禪于梁陰。易姓之起，刻石明號。丘表大命謀天皇，巽奎坤艮，出亡興之街。仲者帝命所保，行文出加政，撥臣陽候七，陰候八，皆行子午，視卯酉相違遠，期沖，六千三百變。非摘亡據興，盡在文昌所會。增卦爻，可以先知珍瑞之類，妭孽之將。審其繫象，通神明明者類，視七若九，八卦以推七九之微，《録》《圖》准命略爲世，題萌表試。故十二月十二日，政八風二十四炁，其相應之驗，猶響之應人動作言語也。① 故正其本而萬物理，失之毫氂，差以千里。”

《易緯辨終備》：孔子表河圖皇參持曰：“天以斗視，日發明皇，以戲招，始掛八卦談。”

《易緯是類謀》：孔子演曰：“天子亡徵九，聖人起有八符，運之以斗，稅之以昴，五七布舒，河出《録》《圖》，雒授變書。”

《文選·漢高祖功臣頌》注引《尚書琁璣鈐》：孔子曰：

---

① “猶”下，《四庫全書》本《易緯通卦驗》有“影”字。

"五帝出，受《録》《圖》。"①

《隸釋·史晨祠孔廟碑》引《尚書考靈耀》：丘生倉際，觸期稽度，爲赤制，故作《春秋》，以明文命，綴紀撰《書》，修定禮義。

《文選·齊安陸王碑文》注引《春秋元命包》：孔子曰："扶桑者，日所出，房所立，其耀盛。蒼神用事，精感姜原，卦得震，震者動而光，故知周蒼，代殷者，爲姬昌。人形，龍顔，長大，精翼日，衣青光。"

《公羊》哀十四年解詁：得麟之後，天下血書魯端門，曰："趨作法，孔聖没，周姬亡。彗東出，秦政起，胡破術，書紀散，孔不絶。"子夏明日往視之，血書飛爲赤烏，化爲白書，署曰"演孔圖"，中有作圖制法之狀。②

《御覽》八百四又九百十四引《春秋演孔圖》：孔子論經，有烏化爲書。孔子奉以告天，赤爵集書上，③化爲黄玉，刻曰："孔提命，作應法，爲赤制。"④

《藝文類聚》九十八引《演孔圖》：趣作法，聖没，⑤周姬亡。彗東出，秦政，⑥胡破術，書記散，孔不絶。此魯端門血書。⑦十三年冬，有星孛東方，説題曰："麟德

① "録圖"，原注："又《齊安陸王碑文》注引作'籙圖'。"

② "得麟之後"至"中有作圖制法之狀"條，原注："疏云：'《演孔圖》文。'"

③ "集"，原注："《水經注》二十五'泗水'引作'銜'。"

④ "赤制"下，原注："《藝文類聚》九十引此下有'雀集'二字。"

⑤ "聖"上，郭沂曰："上海古籍出版社《藝文類聚》《漢學堂叢書·演孔圖》'聖'前有'孔'字。"

⑥ "政"下，郭沂曰："諸本'政'下皆有'起'字，是也。"

⑦ "此魯端門血書"，郭沂曰："'此魯端門血書'下至'往寫之'當爲注。"

之月,[1] 天當有血書端門。”子夏至期往視,逢一即言,[2] 門有血書,往寫之,血蜚鳥化爲帛,鳥消,書出,署曰“演孔圖”。

《御覽》六百六引《演孔圖》:孔子曰:“丘作《春秋》,天授《演孔圖》,中有大玉,刻一版曰:‘琁璣一低一昂是七期,[3] 驗敗毁滅之徵也。’”

《御覽》八十四引《春秋感精符》:孔子按録書,含觀五常英,人知姬昌爲蒼帝精。

《北堂書鈔》八十五“拜揖”引《孝經右契》:制作《孝經》,道備,使七十二弟子向北辰星而磬折,使曾子抱《河》《洛》,事北面。孔子衣絳單衣,向北辰星而拜者也。[4]

《事類賦》十五注引《孝經援神契》:孔子制作《孝經》,使七十二子向北辰磬折,使曾子抱《河》《洛》,事北向。孔子擢縹筆,衣絳單衣,向北辰而拜。

《搜神記》八:孔子修《春秋》,制《孝經》既成,齋戒,向北辰而拜,告備於天。[5] 乃洪鬱起白霧摩地,赤虹自上而下,[6] 化爲黄玉,長三尺,上有刻文。孔子跪受而讀之,曰:“寶文出,劉季握卯金刀,在軫北,字禾子,

---

① “德”,《四庫全書》本《藝文類聚》作“得”。

② “即”,郭沂曰:“諸本‘即’皆作‘郎’,是也。”

③ “七”下,《四庫全書》本《藝文類聚》有“朝”字。

④ “者也”,郭沂曰:“光緒本《北堂書鈔》無‘者也’二字,當删。”

⑤ “天”,郭沂曰:“《百子》本、中華書局《搜神記》皆重‘天’字。”

⑥ “赤虹”,原注:“舊作‘白虹’,從《初學記》二、《御覽》十四又八百五、《事類賦》九引改。”

天下服。”

《宋書·符瑞志》：孔子作《春秋》、制《孝經》既成，使七十二弟子向北辰星磬折而立，使曾子抱《河》《洛》，事北向。孔子齋戒，向北辰而拜，告備於天，曰：“《孝經》四卷，《春秋》《河》《洛》凡八十一卷，謹已備。”天乃洪鬱起白霧摩地，赤虹自上下，化爲黄玉，長三尺，上有刻文。孔子跪受而讀之，曰：“寶文出，劉季握卯金刀，在軫北，字禾子，天下服。”

《隸釋·史晨祠孔廟碑》引《孝經援神契》：丘立制命，[①] 帝卯行。

《御覽》六百十引《孝經中契》：丘學《孝經》，[②] 文成道立，齊以白天，則玄雲踴紫官，[③] 開北門，角、亢星北落司命。天使書題，號《孝經》篇。雲神星裳，孔丘知元，今使陽衢乘紫麟，下告地主要道之君。後年麟至，口吐圖文，北落郎服，書魯端門，隱形不見。子夏往觀，寫得十七字，餘字滅消文，其餘飛爲赤鳥，翔靡青雲。[④]

《文選》曹顏遠《思友人詩》注、又劉歆《移書讓太常博士》注引《論語崇爵讖》：子夏六十四人，共撰仲尼微言，以

① “丘立”，郭沂曰：“‘丘立’《叢刊》本《隸釋》《漢學堂叢書·孝經援神契》作‘玄丘’。”

② “學”，郭沂曰：“‘學’諸本皆作‘作’，是也。”“丘學”，《四庫全書》本《御覽》作“孔著”。

③ “踴”，郭沂曰：“‘踴’下諸本皆有‘北’。”

④ “靡”，郭沂曰：“‘靡’諸本皆作‘摩’，近是。”

當素王。①

《御覽》二百七引《論語摘輔像》：仲尼爲素王，顔淵爲司徒。

《御覽》五引《論語讖》：仲尼曰：吾聞堯率舜等游首山，觀河渚。有五老游河渚，一老曰："《河圖》將來告帝期。"二老曰："《河圖》將來告帝謀。"三老曰："《河圖》將來告帝書。"四老曰："《河圖》將來告帝圖。"五老曰："《河圖》將來告帝筮。"② 龍銜玉苞，金泥玉檢封盛書，五老飛爲流星，上入昴。③

《御覽》八十一引《論語撰考讖》：④ 堯、舜升登首山，⑤ 觀河渚，有五老游于河渚，相謂曰："《河圖》將來告帝期。"五老流星上昴，⑥ 有須赤龍負玉苞舒圖出，堯與大舜等共發，曰："帝當樞百則禪虞。"堯喟然嘆曰："咨爾舜，天之歷數，在爾躬。"

《論衡·實知》：孔子將死，遺讖書，曰："不知何一男子，自謂秦始皇，上我之堂，踞我之牀，顛倒我衣裳，至沙丘

---

① "六十四人共撰仲尼微言以當素王"，郭沂曰："中華書局《文選·思友人》無'六十四人'四字，《讓太常博士》無'以當素王'四字。"

② "筮"，原注："一作'符'。"

③ "龍銜玉苞金泥玉檢封盛書五老飛爲流星上入昴"，原注："《文選·宣德皇后令》注引作'龍銜玉苞，刻版題命，可卷金泥玉檢封。書成，知我者，重瞳黄姚視五老，飛爲流星上入昴'。"

④ "論語撰考讖"，郭沂曰："當作《論語比考讖》。"

⑤ "舜"下，郭沂曰："中華書局《御覽》《漢學堂叢書·論語比考讖》下有'等'字。"

⑥ "上"下，郭沂曰："諸本下有'入'字。"

而亡。”又曰：“董仲舒亂我書。”又書曰：“亡秦者，胡也。”

《後漢·郎顗傳》顗對尚書曰：“孔子曰：‘漢三百載，計歷改憲。’”①

《三國志·魏文紀》注引《孔子玉版》：定天下者，魏公子桓。②

《後漢·鍾離意傳》注引《意别傳》：意爲魯相，到官，出私錢萬三千文，付户曹孔訢，修夫子車。身入廟，拭机席劍履。男子張伯除堂下草，土中得玉璧七枚，伯懷其一，以六枚白意，意令主簿安置几前。孔子教授堂下牀首有懸甕，意召孔訢問：“此何甕也？”對曰：“夫子甕也。背有丹書，人莫敢發也。”意曰：“夫子聖人，所以遺甕，欲以懸示後賢。”因發之，中得素書，文曰：“後世修吾書，董仲舒；護吾車，拭吾履，發吾笥，會稽鍾離意。璧有七，張伯藏其一。”意即召問，伯果服焉。③

《續漢·郡國志》注補引《鍾離意别傳》：意省堂有孔子小車乘，皆朽敗。意自糴倖雇漆膠之直，請魯民治之，及護几席劍履，後得甕，中素書曰：“護吾履，鍾離意。”

《續漢·郡國志》注補引《漢晋春秋》：鍾離意相魯，見仲尼廟頽毁，會諸生於廟中，慨然嘆曰：“‘蔽芾甘棠，

① “計”，原注：“劉攽曰：‘計當作斗。’”

② “定天下者魏公子桓”條，原注：“許芝奏引《春秋玉版讖》曰：‘代赤眉者魏公子。’”

③ “意即召問伯果服焉”，原注：“《御覽》八百七引及《搜神記》三作：‘意即召問伯：“璧有七，何藏一邪？”伯叩頭出之。’上文皆同。”

勿翦勿伐’，況見聖人廟乎!”遂躬留治之。周觀輿服之在焉，自仲尼以來，莫之開也。意發視之，得古文策，書曰:“亂吾書，董仲舒。治吾堂，鍾離意。璧有七，張伯懷其一。”① 意尋案未了而卒。張伯者，治中庭治地，得六璧上之。意曰:“此有七，何以不遂?”伯懼，探璧懷中。魯咸以爲神。

《水經注》二十五“泗水”:魯人藏孔子所乘車于廟中，是顔路所請者也。獻帝時，遇火燒之。② 永平中，鍾離爲魯相,③ 到官，出私錢萬三千文，付户曹孔訢治夫子車。身入廟，拭几席劍履。男子張伯除堂下草，土中得玉璧七枚，伯懷其一，以六枚白意。意令主簿安置几前。孔子寢堂牀首有懸甕，意召孔訢問:“何等甕也?”對曰:“夫子甕也。背有丹書，人勿敢發也。”意曰:“夫子聖人，所以遺甕，欲以懸示後賢耳。”發之，中得素書，文曰:“後世修吾書，董仲舒;護吾車，拭吾履，發吾笥，會稽鍾離意。璧有七，張伯藏其一。”意即召問，伯果服焉。

① “懷其一”,郭沂曰:“汲古閣《續漢志》‘懷其一’作‘盜一’。”

② “遇”上,《四部叢刊》《四庫全書》本《水經注》有“廟”字。

③ “鍾離”,郭沂曰:“世界書局本《水經注》作‘鍾離意’。”《四部叢刊》《四庫全書》本《水經注》作“鍾離意”。

卷十六

山東督糧道臣孫星衍　撰

寓言十四上

《御覽》八百十八引《韓詩外傳》：孔子、顏淵登魯泰山，① 望吴閶門。淵曰："見一匹練，前有生藍。"子曰："白馬、藍芻也。"②

《御覽》八百九十七引《論衡》：儒書稱孔子與顏淵俱登魯東山，望吴閶門。謂曰："爾何見?"③ "一匹練，前生藍。"④ 孔子曰："噫！此白馬、蘆芻。"使人視之，果然。

《論衡·書虚》：傳書或言：顏淵與孔子俱上魯太山，孔子東南望，吴閶門外有繫白馬，引顏淵指以示之，曰："若見吴閶門乎?"顏淵曰："見之。"孔子曰："門外何有?"曰："有如繫練之狀。"孔子撫其目而止之，⑤ 因與

---

① "泰",郭沂曰:"中華書局《御覽》'泰'作'東'。"

② "藍",郭沂曰:"中華書局《御覽》'藍'作'蘆'。"

③ "見"下,郭沂曰:"中華書局《御覽》此下有'曰見'二字。"

④ "前"下,《四庫全書》本《御覽》有"有"字。

⑤ "止",郭沂曰:"《簡釋》《百子》本'止'皆作'正',是也。"

俱下。下而顔淵髮白齒落，遂以病死。蓋以精神不能若孔子，強力自極，精華竭盡，故夭死。①

《續博物志》七：顔淵與孔子俱上泰山，東南望吴昌門外，② 孔子見白馬，引顔淵指之："若見吴昌門乎?" 顔淵曰："見之，有繫練之狀。" 孔子撫其目而止之。顔淵髮白齒落，遂以病死。蓋精力不及聖人而強役之也。

《列子·天瑞》：林類年且百歲，③ 底春被裘，拾遺穗於故畦，並歌並進。孔子適衛，望之於野，顧謂弟子曰："彼叟可與言者，試往訊之。" 子貢請行。逆之壠端，面之而嘆曰："先生曾不悔乎，而行歌拾穗?" 林類行不留，歌不輟。子貢叩之不已，乃仰而應曰："吾何悔邪?" 子貢曰："先生少不勤行，長不競時，老無妻子，死期將至，亦有何樂而拾穗行歌乎?" 林類笑曰："吾之所以爲樂，人皆有之，而反以爲憂。少不勤行，長不競時，故能壽若此；老無妻子，死期將至，故能樂若此。" 子貢曰："壽者，人之情；死者，人之惡。子以死爲樂，何也?" 林類曰："死之與生，一往一反，故死於是者，安知不

① "故"下，郭沂曰："《簡釋》《百子》本'故'下有'早'。"

② "昌"，《四庫全書》本《續博物志》作"閶"，下同。

③ "百歲"下，據《續修四庫全書》本《沖虚至德真經四解》(據1923—1926年間上海涵芬樓所影印的明正統十年刻成的《道藏》本影印)當有"蓋古之隱者也"六字。

生於彼？故吾知其不相若矣。[①] 吾又安知營營而求生非惑乎？[②] 亦又安知吾今之死不愈昔之生乎？”子貢聞之，不喻其意，還以告夫子。夫子曰：“吾知其可與言，果然，然彼得之而不盡者也。”

《列子·黄帝》：范氏有子曰子華，[③] 善養私名，[④] 舉國服之。有寵於晋君，不仕而居三卿之右。目所偏視，晋國爵之；口所偏肥，晋國黜之。游其庭者侔於朝。子華使其俠客以智鄙相攻，[⑤] 强弱相凌，[⑥] 雖傷破於前，不用介意。終日夜以此爲戲樂，國殆成俗。禾生、子伯，范氏之上客，出行，經坰外，宿於田更商丘開之舍。[⑦] 中夜，禾生、子伯二人相與言子華之名勢，能使存者亡、亡者存、富者貧、貧者富。商丘開先窘於

① “吾”下，俞樾《諸子平議》曰：“樾謹按‘吾’下脱‘安’字。上云‘死之與生，一往一反’，故云‘安知其不相若’，言死生一致也。下云‘吾又安知營營而求生非惑乎’，正承此而言。若作‘知其不相若’，則於語意大背矣。淺人見下兩言‘安知’，句末並用‘乎’字，而此是‘矣’字，疑其不協，遂妄删‘安’字。不知‘矣’猶‘乎’也，語有輕重耳。古書多以‘矣’字代‘乎’字，説詳王氏《經傳釋詞》。”

② “求生”下，王叔岷《列子補正》曰：“案‘求生’下當有‘之’字。《莊子·齊物論》篇‘予惡乎知説生之非惑耶’、《淮南·精神》篇‘吾安知乎刺炙而欲生者之非惑也’並與此句法同。《文選》鮑明遠《行藥至城東橋》詩注引正有‘之’字。”陶光《列子校釋》曰：“光按《文選》鮑明遠《行藥至城東橋》詩注引‘生’下有‘之’字，疑是。《莊子·齊物論》‘予惡乎知説生之非惑耶？予惡乎知惡死之非弱喪而不知歸者耶’，與此文義近。”

③ “范”上，王叔岷《列子補正》曰：“案《文選》陸士衡《擬古詩》注引‘范’上有‘晋’字。”

④ “名”，許維遹曰：“‘名’疑爲‘客’之壞字。注‘游俠之徒也’，則原文本作‘客’明矣。又下文‘子華使其俠客’，正承此而言。”

⑤ “智”，陶光《列子校釋》曰：“光按《文選》陸士衡《擬青青陵上柏》詩注無‘智’字。”

⑥ “相凌”，《釋文》云：“一本作‘相擊’。”

⑦ “更”，張湛曰：“當作‘叟’。”

飢寒，潛於牖北聽之。① 因假糧荷畚，之子華之門。子華之門徒皆世族也，縞衣乘軒，緩步闊視，顧見商丘開，年老力弱，面目黎黑，衣冠不檢，莫不眲之。既而狎侮欺詒，攩拯挨抌，亡所不爲。商丘開常無慍容，而諸客之技單，憊於戲笑。遂與商丘開俱乘高臺，於衆中漫言曰："有能自投下者，賞百金。"衆皆競應。商丘開以爲信然，遂先投下，形若飛鳥，揚於地，骪骨無碬。② 范氏之黨以爲偶然，未詎怪也。③ 因復指河曲之淫隈曰："彼中有寶珠，泳可得也。"商丘開復從而泳之，既出，果得珠焉。衆昉同疑，子華昉令豫肉食衣帛之次。俄而范氏之藏大火。子華曰："若能入火取錦者，從所得多少賞若。"商丘開往，無難色，入火往還，埃不漫，身不焦。范氏之黨以爲有道，乃共謝之曰："吾不知子之有道而誕子，吾不知子之

---

① "牖北"，俞樾《諸子平議》曰："樾謹按牖北即室中矣。禾生、子伯宿於田更商丘開之舍，必當在其室中，商丘開安得更於牖北聽之？'牖北'疑當作'北牖'，所謂向也。《詩・七月》篇毛傳曰'向，北出牖也'，是也。二子在室中，商丘開於北牖外聽之，正合事理。古者士庶人之室皆有北牖，説詳《群經平議》。"于鬯曰："惟此'牖北'二字，不必乙作'北牖'。北牖何碍單稱牖？於北牖外聽之，正是北牖之北，故曰'牖北'。"陶光曰："光按'牖北'無義，疑'北'是誤字。《御覽》四三〇引無'北'字，亦不可解。王重民云'北''外'二字易亂，疑'北'或'外'字之訛。"

② "骪"，王叔岷《列子補正》曰："案《釋文》本'骩'作'骫'，云：'音肮。按骫是古委字。《説文》云"骨曲直也"，於義頗迂。'道藏白文本、林希逸本亦作骫，'骩'即'骫'之誤。盧重玄本、元本、世德堂本、道藏白文本、江遹本、高守元本並作'骪'，'骪'亦'骫'之誤。道藏宋徽宗本作'肌'，《御覽》四百三十引同，'肌'又'肮'之誤也。"

③ "詎"，《釋文》作"巨"，云："一本作'詎'。"任大椿《列子釋文考異》曰："《漢書・高帝紀》'沛公不先破關中，公巨能入乎'，師古訓巨爲詎。《莊子・齊物論》釋文，庸詎，徐本詎作巨，則詎巨通，與敬順《釋文》'詎'之作'巨'，可以互證。"陶光《列子校釋》曰："光按此文當作'未巨怪也'，'巨'假爲'遽'。《荀子・正論》篇'是豈鉅知見侮之爲不辱哉'，楊注：'言豈速遽知宋子有見侮不辱之論哉。'假'鉅'爲'遽'，宜與此爲比，後人多書作'詎'也。"

神人而辱子。[①] 子其愚我也，子其聾我也，子其盲我也。敢問其道。”商丘開曰：“吾亡道。雖吾之心，亦不知所以。[②] 雖然，有一於此，試與子言之。曩子二客之宿吾舍也，聞譽范氏之勢，能使存者亡、亡者存、富者貧、貧者富。吾誠之，[③] 無二心，故不遠而來。及來，以子黨之言皆實也，唯恐誠之之不至，行之之不及，不知形體之所措，利害之所存也，[④] 心一而已。物無迕者，如斯而已。今昉知子黨之誕我，我内藏猜慮，外矜觀聽，追幸昔日之不焦溺也，怛然内熱，惕然震悸矣，水火豈復可近哉？”自此之後，范氏門徒遇乞兒馬醫，[⑤] 弗敢辱也，必下車而揖之。宰我聞之，以告仲尼。仲尼曰：“汝弗知乎？夫至信之人可以感物也，動天地，感鬼神，横六合而無逆者，豈但履危險、入水火而已哉？商丘開信僞物猶不逆，況彼我皆誠哉？小子識之！”

《列子·黄帝》：顔回問乎仲尼曰：“吾嘗濟乎觴深之淵矣，津人操舟若神。吾問焉，曰：‘操舟可學邪？’曰：‘可。能游者可教也，善游者數能；乃若夫没人，則未嘗見舟而謖操

① “誕子吾不知子之神人”，王叔岷《列子補正》曰：“案《御覽》四百三十引‘誕’作‘紿’（下同），‘神人’作‘有神’。‘有神’與‘有道’對言，疑是。”

② “不知”下，王叔岷《列子補正》曰：“案《御覽》四百三十引‘不知’下有‘其’字，文意較完。”

③ “誠”，盧文弨《群書拾補》曰：“《太平御覽》四百三十作‘信’。”王重民《列子校釋》曰：“檢《御覽》四百三十引作‘吾誠信，無二心’，此盧氏所本。”

④ “存”，王叔岷《列子補正》曰：“案《御覽》四百三十引‘存’作‘著’。”

⑤ “門徒”下，據《續修四庫全書》本《沖虚至德真經四解》（1923—1926 年間上海涵芬樓影印明正統十年《道藏》本影印）當有“路”字。

之也。'① 吾問焉，而不告。敢問何謂也?”仲尼曰:“譆! 吾與若玩其文也久矣，而未達其實，而固且道與!② 能游者可教也,③ 輕水也; 善游者之數能也，忘水也。乃若夫没人之未嘗見舟而謖操之也，彼視淵若陵，視舟之覆猶其車卻也。覆卻萬物方陳乎前而不得入其舍,④ 惡往而不暇? 以瓦摳者巧，以鈎摳者憚，以黄金摳者惛。巧，一也,⑤ 而有所矜，則重外也。凡重外者拱内。”⑥

---

① “乃若夫没人則未嘗見舟而謖”,王叔岷《列子補正》曰:“案道藏江遹本‘乃若’作‘若乃’,下同,當從之。《莊子·達生》篇亦作‘若乃’。《釋文》:‘謖,《莊子》作便。’《淮南·詮言》篇‘善游者不學刺舟而便用之’,字亦作‘便’。”陶光《列子校釋》曰:“江本‘乃若’作‘若乃’。光按‘謖’《莊子》作‘便’,疑是。”

② “且”,陶鴻慶《讀諸子札記》曰:“疑此文‘且’亦當作‘得’,古文‘㝵’見字壞其下半,遂誤爲‘且’矣。”陶光曰:“光按此句義不可解。‘且’當作‘得’,古文‘得’作‘㝵’,壞爛其下半,因訛作‘且’。自‘譆’至‘輕水也’至此,《莊子》無此數句,此二句蓋襲《莊子·應帝王》之文,《應帝王》字正作‘得’。此書下文有‘神巫自齊來’一事,與《莊子·應帝王》全同,字亦作‘得’,是其證。”王叔岷説同。

③ “能游者”下,陶鴻慶《讀諸子札記》曰:“亦當有‘之’字。”

④ “物方”,王叔岷《列子補正》曰:“案《莊子·達生》篇‘方’上無‘物’字。疑此文本無‘方’字,後人據《莊子》注‘方’字於‘物’字旁,傳寫因誤竄入耳。《莊子》作‘萬方’,此文作‘萬物’,其義一也。《莊子·山木》篇‘化其萬物,而不知其禪之者’,唐寫本作‘萬方’,與此同例。”

⑤ “巧”上,王叔岷《列子補正》曰:“案《莊子·達生》篇‘巧’上有‘其’字,當從之。《吕氏春秋·去尤》篇作‘其祥一也’,亦有‘其’字。”

⑥ “拱”,北宋本、汪本作“撰”。《釋文》作“拱”,云:“本作‘拙’。”王叔岷《列子補正》曰:“作‘拱’義不可通,《釋文》‘拱,本作拙’,當從之。注‘唯忘内外,遺輕重,則无巧拙也’,是張本原作‘拙’。‘拙内’與‘重外’對言,‘拱’蓋‘拙’之形誤。《莊子·達生》篇亦作‘拙’。《吕氏春秋·去尤》篇、《淮南子·説林》篇並作‘掘’,‘掘’即古‘拙’字。”陶光《列子補正》曰:“光按字當作‘拙’,《莊子》作‘拙’是其證。《淮南子·説林》篇‘是故所重在外,則内爲之掘’,《吕氏春秋·去尤》篇‘外有所重者泄’,蓋‘内掘’‘掘’並‘拙’之假字。《史記·貨殖列傳》‘田農業拙’,徐廣云‘古拙字亦作掘’,是其比。張注云‘唯忘内外,遺輕重,則无巧拙矣”,是張本字作‘拙’也。”

《莊子·外篇·達生》：顔回問仲尼曰："吾嘗濟乎觴深之淵，津人操舟若神。吾問焉，曰：'操舟可學邪？'曰：'可。善游者數能；若乃夫没人，則未嘗見舟而便操之也。'吾問焉，而不吾告。敢問何謂也？"仲尼曰："善游者數能，忘水也。若乃夫没人之未嘗見舟而便操之也，彼視淵若陵，視舟之覆猶其車卻也。覆卻萬方陳乎前而不得入其舍，[①] 惡往而不暇？以瓦注者巧，以鉤注者憚，以黄金注者殙。其巧一也，而有所矜，則重外也。凡外重者内拙。"

《列子·黄帝》：孔子觀於吕梁，懸水三十仞，[②] 流沫三十里，黿鼉魚鱉之所不能游也。見一丈夫游之，以爲有苦而欲死者也，使弟子並流而承之。數百步而出，被髮行歌，而游於棠行。[③] 孔子從而問之，[④] 曰："吕梁懸水三十仞，流沫三十里，黿鼉魚鱉所不能游。向吾見子蹈之，以爲有苦而欲死者，使弟子並流將承子，子出而被髮行歌。吾以子爲鬼也，察子則人也。請問蹈水有道乎？"曰："亡，吾無道。吾始乎故，長乎性，成乎命，與齎俱入，與汩皆出，從水之道而不爲私焉，此

① "卻"，本作"怯"，據《二十二子》本《孔子集語》改。"萬"下，《諸子集成》本《莊子集釋》引俞樾曰："'萬'下脱'物'字。"

② "三十"，王叔岷《列子補正》曰："案《文選》謝靈運《還舊園作見顔范二中書》詩注引'三十'作'四十'，《説苑·雜言》篇同。"

③ "棠行"，原注："'棠行'，一本作'塘下'。"德凌按：張湛注曰："棠，當作塘。行，當作下。"王叔岷《列子補正》曰："案盧重玄本、道藏高守元本並作'塘下'，《莊子·達生》篇同，作'棠行'是故書。"

④ "之"，陶光《列子校釋》曰："光按《文選》謝靈運《還舊園作見顔范二中書》詩注引之作'焉'，《莊子》亦作'焉'，是。"

吾所以蹈之也。”孔子曰：“何謂始乎故、長乎性、成乎命也?”曰：“吾生於陵而安於陵，故也；長於水而安於水，性也；不知吾所以然而然，命也。”

《莊子·外篇·達生》：孔子觀於吕梁，懸水三十仞，流沫四十里，黿鼉魚鱉之所不能游也。見一丈夫游之，以爲有苦而欲死也，使弟子並流而拯之。數百步而出，被髮行歌，而游於塘下。孔子從而問焉，曰：“吾以子爲鬼，察子則人也。請問蹈水有道乎?”曰：“亡，吾無道。吾始乎故，長乎性，成乎命。與齊俱入，與汩偕出，從水之道而不爲私焉。此吾所以蹈之也。”孔子曰：“何謂始乎故、長乎性、成乎命?”曰：“吾生於陵而安於陵，故也；長於水而安於水，性也；不知吾所以然而然，命也。”

《列子·黄帝》：仲尼適楚，出於林中，見痀僂者承蜩，猶掇之也。仲尼曰：“子巧乎！有道邪?”曰：“我有道也。五六月纍垸，二而不墜，則失者錙銖；纍三而不墜，則失者十一；纍五而不墜，猶掇之也。吾處也,① 若橛株駒；吾執臂,②

① “處”下,脱“身”字,當據《釋文》本《列子》補。《釋文》作“吾處身也”,云:“一本無‘身’字。”王叔岷曰:“案《釋文》本‘處’下有‘身’字,《天中記》五七引同。‘處身’與下文‘執臂’對言。《莊子·達生》篇亦有‘身’字。”許維遹曰:“‘處’下脱‘身’字。‘吾處身’與下文‘吾執臂’對言。《釋文》有‘身’字,《莊子·達生》篇亦有‘身’字,可據補。”

② “執臂”下,王叔岷《列子補正》曰:“案‘執臂’下當有‘也’字,乃與上文句法一律。《莊子·達生》篇正有‘也’字。”

若槁木之枝。雖天地之大，萬物之多，而唯蜩翼之知。吾不反側，[①] 不以萬物易蜩之翼，何爲而不得?”孔子顧謂弟子曰:“用志不分，乃凝於神，[②] 其痀僂丈人之謂乎?”丈人曰:“汝逢衣徒也，亦何知問是乎? 修汝所以，而後載言其上。”

《莊子·外篇·達生》:仲尼適楚，出於林中，見痀僂者承蜩，猶掇之也。仲尼曰:“子巧乎!有道邪?”曰:“我有道也。五六月累丸，二而不墜，則失者錙銖;累三而不墜，則失者十一;累五而不墜，猶掇之也。吾處身也，若厥株拘;吾執臂也，若槁木之枝。雖天地之大，萬物之多，而唯蜩翼之知。吾不反不側，不以萬物易蜩之翼，何爲而不得?”孔子顧謂弟子曰:“用志不分，乃凝於神，其痀僂丈人之謂乎?”

---

① “不反”,脱“不”字,當據《列子》義解本、藏本、汪本、世德堂本補。陶光《列子校釋》曰:“道藏白文木(趙庚颺、許世瑛按:‘木’當作‘本’)、林本、宋徽宗本作‘不反不側’。光按《莊子》‘側’上亦有‘不’字。”

② “凝”,南宋本《列子》同,藏本、北宋本、汪本、世德堂本《列子》作“疑”,盧文弨《群書拾補》曰:“(藏本作)凝,《莊子》同。”焦循曰:“《管子·内業》篇云:‘思之思之,又重思之。思之而不通,鬼神將通之。非鬼神之力也,其精氣之極也。’思之又思,用志不分也。鬼神將通之,疑於神也。”俞樾《諸子平議》曰:“樾謹按‘疑’,道藏本作‘凝’,盧重玄本亦作‘凝’,《莊子》同。然此字實當作‘疑’,即所謂驚猶鬼神也。上文孔子曰‘吾以子爲鬼也,察子則人也’,亦可爲‘乃疑於神’之證。《管子·形勢》篇‘無廣者疑’,《神解》篇曰‘以規矩爲方圜,則成;以尺寸量長短,則得;以法數治民,則安。故事不廣於理者,其成若神’,此正‘用志不分,乃疑於神’之謂也。説互詳《莊子》。”陶鴻慶《讀諸子札記》曰:“愚案俞氏謂‘凝’當作‘疑’,是也。張注云‘意專則與神相似’,是其所見本正作‘疑’,不作‘凝’也。”王叔岷《列子補正》曰:“《雲谷雜記》三、《天中記》五七引亦並作‘疑’(‘疑’猶‘擬’也。《莊子·天地》篇‘子非夫博學以擬聖’,《淮南·俶真》篇作‘疑’,即其比)。”陶光説同。

《列子·黄帝》：趙襄子率徒十萬狩於中山，[①] 藉仍燔林，[②] 扇赫百里。有一人從石壁中出，隨烟燼上下。[③] 衆謂鬼物。[④] 火過，徐行而出，若無所經涉者。襄子怪而留之，徐而察之：形色七竅，人也；氣息聲音，[⑤] 人也。問："奚道而處石？奚道而入火？"其人曰："奚物而謂石？奚物而謂火？"襄子曰："而向之所出者，石也；而向之所入者，[⑥] 火也。"其人曰："不知也。"魏文侯聞之，問子夏曰："彼何人哉？"子夏曰："以商所聞夫子之言，和者大同於物，物無得傷閡者，游金石，蹈水火，皆可也。"文侯曰："吾子奚不爲之？"子夏曰："刳心去智，商未之能。雖然，試語之有暇矣。"文侯曰："夫子奚不爲之？"子夏曰："夫子能之而能不爲者也。"文侯大説。

《列子·周穆王》：宋陽里華子中年病忘，[⑦] 朝取而夕忘，夕與而朝忘，在塗則忘行，在室則忘坐，今不識先，後不識今。[⑧] 闔室毒之。謁史而卜之，弗占；謁巫而禱之，弗禁；謁

① "中山"，王重民《列子校釋》曰："案《御覽》五十一、《類聚》八十並引'中山'作'山中'。"

② "仍"，郭沂曰："《集釋》《百子》本'仍'作'芿'。"

③ "從石壁中出隨"，王叔岷《列子補正》曰："案《事類賦》八《地部》三、《記纂淵海》一引'從'並作'自'，'隨'並作'從'。《御覽》八六九引'隨'亦作'從'。"

④ "謂"下，王叔岷《列子補正》曰："案《藝文類聚》八十引'謂'下有'之'字。"

⑤ "聲音"，郭沂曰："《集釋》《百子》本'聲音'皆作'音聲'。"

⑥ "入"，郭沂曰："《集釋》《百子》本'入'皆作'涉'。"

⑦ "年"，陶光《列子校釋》曰："光按《白貼》三十三引'年'作'常'，疑是。下文言'今頓識既往，數十年來存亡、得失、哀樂、好惡'，則其人已逾中年矣。'中'字蓋由'常'訛爲'年'而衍。"

⑧ "今不識先後不識今"，王重民《列子校釋》曰："案此二句有誤，《御覽》七三八引作'不識先後，不識今古'，近是。"王叔岷《列子補正》曰："案李元卓《宋華子病忘論》引'先'作'昔'。"

醫而攻之，弗已。魯有儒生自媒能治之，華子之妻子以居産之半請其方。儒生曰：“此固非卦兆之所占，非祈請之所禱，非藥石之所攻。吾試化其心，變其慮，庶幾其瘳乎！”於是試露之，而求衣；飢之，而求食；幽之，而求明。儒生欣然告其子曰：“疾可已也。然吾之方密，傳世不以告人。① 試屏左右，獨與居室七日。”從之，莫知其所施爲也，而積年之疾一朝都除。華子既悟，乃大怒，黜妻罰子，操戈逐儒生。宋人執而問其以，② 華子曰：“曩吾忘也，蕩蕩然不覺天地之有無。今頓識既往，數十年來存亡、得失、哀樂、好惡，擾擾萬緒起矣。吾恐將來之存亡、得失、哀樂、好惡之亂吾心如此也，須臾之亡，③ 可復得乎？”子貢聞而怪之，以告孔子。孔子曰：“此非汝所及乎！”顧謂顔回記之。

《列子·仲尼》：仲尼閒居，子貢入侍，而有憂色。子貢不敢問，出告顔回，顔回援琴而歌。孔子聞之，果召回入，問曰：“若奚獨樂？”④ 回曰：“夫子奚獨憂？”孔子曰：“先言爾志。”曰：“吾昔聞之夫子曰：‘樂天知命，故不憂。’回所以樂也。”孔子愀然有間，曰：“有是言哉？汝之意失矣。⑤ 此吾昔日之言爾，請以今言爲正也。汝徒知樂天知命之無憂，未知

---

① “不”，王叔岷《列子補正》曰：“《御覽》七三八引‘不’下有‘可’字。”

② “以”，據《列子》義解本當作“故”。

③ “亡”，郭沂曰：“《集釋》《百子》本‘亡’皆作‘忘’。”

④ “獨”上，王重民《列子校釋》曰：“案《御覽》四百六十八又四百六十九引‘獨’上並有‘敢’字。”

⑤ “失”，《釋文》作“夾”，云：“一本作‘失’。”任大椿《列子釋文考異》曰：“夾音狹，故與狹通。據文義蓋謂汝之意狹而未廣也。”王叔岷《列子補正》曰：“案任説是也，‘失’蓋‘夾’之形誤，或淺人所改。”

樂天知命有憂之大也。①今告若其實：修一身，任窮達，知去來之非我，亡變亂於心慮，爾之所謂樂天知命之無憂也。②曩吾修《詩》《書》，正禮樂，將以治天下，遺來世，非但修一身、治魯國而已。而魯之君臣日失其序，仁義益衰，情性益薄，此道不行一國與當年，其如天下與來世矣？③吾始知《詩》《書》禮樂無救於治亂，而未知所以革之之方，此樂天知命者之所憂。④雖然，吾得之矣。夫樂而知者，非古人之所謂樂知也。⑤無樂無知，是真樂真知。故無所不樂，無所不知，無所不憂，無所不爲。《詩》《書》禮樂，何棄之有？革之何爲？"顏回北面拜手曰："回亦得之矣。"出告子貢。子貢茫然自失，歸家淫思，七日不寢不食，以至骨立。顏回重往喻之，乃反丘門，弦歌誦書，終身不輟。

《列子·仲尼》：陳大夫聘魯，私見叔孫氏。叔孫曰：⑥"吾國有聖人。"曰："非孔丘耶？"曰："是也。""何以知其聖乎？"叔孫氏曰："吾常聞之顏回曰：'孔丘能廢心而用形。'"陳大夫曰："吾國亦有聖人，子弗知乎？"曰："聖人孰謂？"

---

① "有"上，王重民《列子校釋》曰："案《御覽》四百六十八引'有'上有'之'字。"

② "也"上，王叔岷《列子補正》曰："案《文選》盧子諒《贈劉琨詩》注引'也'上有'者'字。"

③ "矣"，于省吾《列子新證》曰："亡友楊樹達曰：'如，如何也。省去何字，特爲罕見。'按楊説非是，'矣'字本應作'台'。早期古文字'以'字均作𠂤，晚期作'台'，隸變作'以'。《詩·天作》'彼徂矣岐'即'彼徂以岐'，詳《詩經新證》。《管子·地圖》'期有日數矣'，别下齋校宋本'矣'作'以'。《墨子·尚賢下》'推而上之以'，'以'即'矣'。'其如天下與來世台'即'其如天下與來世何'。《湯問》篇'如太形王屋何''其如土石何'，句例同。"

④ "憂"，王叔岷《列子補正》曰："案《御覽》四六八引'憂'下有'也'字。"

⑤ "所"，原脱，據道藏白文本、林本《列子》補。

⑥ "叔孫"下，郭沂曰："《集釋》《百子》本下有'氏'字。"

曰："老聃之弟子有亢倉子者，得聃之道，① 能以耳視而目聽。"魯侯聞之大驚，使上卿厚禮而致之。亢倉子應聘而至，魯侯卑辭請問之。亢倉子曰："傳之者妄。我能視聽不用耳目，② 不能易耳目之用。"魯侯曰："此增異矣。其道奈何？寡人終願聞之。"亢倉子曰："我體合於心，③ 心合於氣，氣合於神，神合於無。其有介然之有，④ 唯然之音，雖遠在八荒之外，⑤ 近在眉睫之内，來干我者，我必知之。乃不知是我七孔四支之所覺，心腹六藏之所知，其自知而已矣。"魯侯大悦。他日以告仲尼，仲尼笑而不答。

---

① "亢倉子者得聃之道"，王叔岷《列子補正》曰："注：'亢，古郎反，又音庚。'《釋文》：'亢倉音庚桑。'案《莊子・庚桑楚》篇正作'庚桑'，'得'上有'偏'字，'得'下有'老'字。《亢倉子・全道》篇'得'上有'徧'字，'得'下亦有'老'字。'偏''徧'古通。"

② "傳之者妄我能視聽不用"，王叔岷《列子補正》曰："案《事文類聚後集》十九引'傳之者妄'作'傳之者妄也'，'不用'上有'而'字。"

③ "我"，王叔岷《列子補正》曰："案《意林》引'我'作'臣'。"

④ 下"有"字，孫詒讓《札迻》曰："案此文以'有'與'音'相儷，'有'疑當作'形'。盧重玄注云'是故有形有音，無遠無近，來干我者，我皆知之'，疑盧本正作'形'字。《亢倉子・全道》篇襲此文，亦作'有'。"陶光《列子校釋》曰："光按上文言視聽，言耳目，此文自當以形音對舉，孫説是也。然'形''有'二字不近，無緣致訛，疑敓一'形'字耳。"

⑤ "遠在"，王叔岷《列子補正》曰："案《亢倉子・全道》篇'遠在'作'遠際'，疑當從之。此文'際'作'在'，與下'在'字復。"

商太宰見孔子曰:①“丘聖者歟?②”孔子曰:“聖則丘何敢,然則丘博學多識者也。”③商太宰曰:“三王聖者歟?”④孔子曰:“三王善任智勇者,聖則丘不知。”⑤曰:“五帝聖者

---

① “商太宰見孔子”,王叔岷《列子補正》曰:“案《廣弘明集》八《釋道安二教論孔老非佛》七、十一《對傅奕廢佛僧事》《北山録·聖人生》篇引‘商’上並有‘昔’字。《法苑珠林》二十引亦有‘昔’字,惟‘商’作‘吴’。《廣弘明集》一歸正論、十一《對傅奕廢佛僧事》《法苑珠林》二十、《翻譯名義集》一、《事文類聚前集》三五、《合璧事類前集》四八引‘太宰’下並有‘嚭’字,‘見’並作‘問’(《法苑珠林》六八引《史録》同)。《北山録·聖人生》篇引同,‘問’下更有‘於’字。《廣弘明集》八引‘見’亦作‘問’,‘問’下亦有‘於’字。《容齋四筆》一引‘見’亦作‘問’。《廣弘明集》八、十一、《法苑珠林》二十引‘孔子’並作‘孔丘’。”

② “丘聖者歟”,王叔岷《列子補正》曰:“案《廣弘明集》一、八、十一,《法苑珠林》二十,《事文類聚前集》三五,《合璧事類前集》四八引並作‘夫子聖人歟’(《法苑珠林》六八引《史録》同)。《北山録·聖人生》篇、《翻譯名義集》一引並作‘夫子聖者歟’。《藝文類聚》二十、《天中記》二四引‘歟’並作‘與’,下同。作‘與’是故書。”

③ “孔子曰聖則丘何敢然則丘博學多識者也”,王叔岷《列子補正》曰:“案《廣弘明集》一、八、十一,《法苑珠林》二十,《事文類聚前集》三五,《合璧事類前集》四八引‘曰’上並有‘對’字,下同(《法苑珠林》六八引《史録》同)。《廣弘明集》一引‘聖則丘何敢然則丘博學多識者也’作‘丘也博識強記,非聖人也’(《法苑珠林》六八引《史録》同)。《廣弘明集》十一、《北山録·聖人生》篇、《法苑珠林》二十、《翻譯名義集》一、《事文類聚前集》三五、《合璧事類前集》四八引並作‘丘博識強記,非聖人也’。《廣弘明集》八引作‘丘博聞強記,非聖人也’。《路史·發揮》三引‘何敢’作‘豈敢’。”

④ “商太宰曰三王聖者歟”,王叔岷《列子補正》曰:“案《廣弘明集》一、八、十一,《法苑珠林》二十,《事文類聚前集》三五,《合璧事類前集》四八引並作‘又問三王聖人歟’,引下文‘曰’亦並作‘又問’,‘者’亦並作‘人’(《法苑珠林》六八引《史録》同)。”

⑤ “三王善任智勇者聖則丘不知”,王叔岷《列子補正》曰:“案《廣弘明集》一、八、十一,《北山録·聖人生》篇,《法苑珠林》二十,《翻譯名義集》一,《事文類聚前集》三五,《合璧事類前集》四八引並作‘三王善用智勇,聖非丘所知’(《法苑珠林》六八引《史録》同)。《路史·發揮》三引‘智’作‘知’,‘不知’作‘弗知’。道藏白文本、林希逸本並作‘弗知’。《藝文類聚》二十、《御覽》四百一、《容齋四筆》一、《天中記》二四引並同,與下文一律。”

歟?”孔子曰：“五帝善任仁義者，聖則丘弗知。”① 曰：“三皇聖者歟?”孔子曰：“三皇善任因時者,② 聖則丘弗知。”商太宰太駭曰:③ “然則孰者爲聖?”④ 孔子動容有間，曰:⑤ “西方

① “五帝善任仁義者聖則丘弗知”,王叔岷《列子補正》曰:“案《廣弘明集》一引作‘五帝善用仁義,聖非丘所知’(《法苑珠林》六八引《史録》同)。《廣弘明集》八、《北山録・聖人生》篇、《翻譯名義集》一、《事文類聚前集》三五、《合璧事類前集》四八引並作‘五帝善用仁信,聖非丘所知’。《廣弘明集》十一、《法苑珠林》二十引並作‘五帝善用仁信,聖亦非丘所知’。”

② “任”,王重民《列子校釋》曰:“案‘善任因時’義不可通,蓋本作‘三皇善因時者’,‘任’字因上文‘三王善任智勇’‘五帝善任仁義’諸‘任’字而衍。智勇、仁義可言任,因時則不必言任矣。《類聚》三十、《御覽》四百零一引並無‘任’字。”“三皇善任因時者聖則丘弗知”,王叔岷《列子補正》曰:“案《廣弘明集》一、《事文類聚前集》三五、《合璧事類前集》四八引並作‘三皇善用時,聖非丘所知’(《法苑珠林》六八引《史録》同)。《廣弘明集》八引作‘三皇善因用時,聖非丘所知’(‘因’‘用’二字,疑有一爲衍文),十一引作‘三皇善用時政,聖亦非丘所知’。《北山録・聖人生》篇、《翻譯名義集》一引並作‘三皇善用時政,聖非丘所知’。《法苑珠林》二十引作‘三皇善用時,聖亦非丘所知’。王重民云……《類聚》三十乃二十之誤。《天中記》二四引亦無‘任’字。或一本‘因’作‘任’,今本並竄入耳。”

③ 下“太”字,郭沂曰:“《集釋》《百子》本‘太’皆作‘大’,是也。”

④ “商太宰太駭然則孰者爲聖”,王叔岷《列子補正》曰:“案《廣弘明集》一、十一,《北山録・聖人生》篇,《法苑珠林》二十,《翻譯名義集》一,《事文類聚前集》三五,《合璧事類前集》四八引並無‘商’字,‘孰者爲聖’並作‘孰爲聖人乎’(《法苑珠林》六八引《史録》同)。《廣弘明集》八引‘聖’下亦有‘人乎’二字。”楊伯峻曰:“伯峻案‘者’字疑當在‘聖’字下,本作‘孰爲聖者’。”

⑤ “孔子動容有間曰”,王叔岷曰:“案《廣弘明集》一、十一,《法苑珠林》二十,《事文類聚前集》三五,《合璧事類前集》四八引‘孔子’並作‘夫子’(《法苑珠林》六八引《史録》同)。《北山録・聖人生》篇、《翻譯名義集》一引並作‘夫子有間,動容而對曰’。”

之人有聖者焉,① 不治而不亂,② 不言而自信，不化而自行，蕩蕩乎民無能名焉。丘疑其爲聖。③ 弗知真爲聖歟？真不聖歟？”④ 商太宰嘿然心計,⑤ 曰：“孔丘欺我哉!”

《韓非子·説林上》：子圉見孔子於商太宰。孔子出，子圉入，請問客。太宰曰：“吾已見孔子，則視子猶蚤虱之細者也。吾今見之於君。”子圉恐孔子貴於君也，因請太宰曰:⑥“君已見孔子,⑦ 孔子亦將視子猶蚤虱也。”⑧ 太宰因弗復見也。

---

① “西方之人有聖者焉”,王叔岷《列子補正》曰:“案《廣弘明集》一、八引‘西方’上並有‘丘聞’二字(《法苑珠林》六八引《史録》同)。《事文類聚前集》三五、《合璧事類前集》四八引並作‘丘聞西方有大聖人者焉’。”

② “不亂”,俞樾《諸子平議》曰:“樾謹按此本作‘不治而自亂’。亂,治也,謂不治而自治也,正與下文‘不言而自信,不化而自行’文義一律。后人不達‘亂’字之義,改爲‘不亂’,失之矣。張注曰‘不以治治之,故不可亂也’,是其所據本已誤。盧本同。”

③ “聖”下,王叔岷《列子補正》曰:“案《路史·發揮》三引‘聖’下有‘矣’字。”

④ “弗知真爲聖歟真不聖歟”,陶光《列子校釋》曰:“光按二‘真’字疑並當作‘其’,語意始順。”

⑤ “嘿”,王叔岷《列子補正》曰:“案道藏白文本、林希逸本、江遹本‘嘿’並作‘默’,當以作‘默’爲正。”

⑥ “請”,《諸子集成》本《韓非子》作“謂”。王先慎曰:“先慎曰:各本‘謂’作‘請’,緣上文‘請’字而誤,《御覽》九百五十一引作‘謂’,今據正。”

⑦ “君”,原注:“本作‘已’,從宋本改。”

⑧ “孔子”,《諸子集成》本《韓非子》無“孔子”二字。王先慎曰:“先慎曰:乾道本重‘孔子’二字。盧文弨云:……按‘孔子’二字不當更有。先慎案:《御覽》不重‘孔子’二字,今據删。”

《列子·湯問》：孔子東游，見兩小兒辯鬥，[①] 問其故。[②] 一兒曰："我以日始出時去人近，而日中時遠也。"[③] 一兒以日初出遠，[④] 而日中時近也。一兒曰："日初出大如車蓋，[⑤] 及日中則如盤盂，[⑥] 此不爲遠者小而近者大乎？"一兒曰："日初出滄滄

① "東游見兩小兒辯鬭"，王叔岷《列子補正》曰："案《事類賦》一《天部》一、《御覽》三引'東'並作'晨'，'辯'上並有'爭'字，'辯'下並有'而'字。……《御覽》三八五引'鬥'作'日'。"

② "問其故"，王叔岷《列子補正》曰："案《事類賦》一《天部》一引'問'上有'孔子'二字，《御覽》三引'問'上有'孔某'二字。《初學記》一引'故'上有'何'字。"

③ "兒曰我以日始出時去人近而日中時遠"，王叔岷《列子補正》曰："案《法苑珠林》七引'兒'上有'小'字，《博物志》同，下文亦同。《御覽》三八五引'兒'上亦有'小'字，'我以'下有'爲'字。《意林》《事類賦》一《天部》一、《御覽》三引'遠'上並有'去人'二字。'去人遠'與'去人近'對言。"陶光曰："光按《金樓子》'始'作'初'。"

④ "一兒"下，當有"曰我"二字。俞樾《諸子平議》曰："當有'曰我'二字，方與上句一律。"王叔岷《列子補正》曰："案俞説是也，《事類賦》一《天部》一、《御覽》三、三八五引'兒'下並有'曰我'二字，'以'下並有'爲'字，'出'下並有'時'字。《錦綉萬花谷前集》一引'兒'下亦有'曰'字，《博物志》《金樓子·立言上》篇並同。《意林》引'兒'下有'云'字。《法苑珠林》七引'以'下亦有'爲'字，'出'下亦有'時'字。"楊伯峻《列子集釋》曰："《事類賦·天部》三、《御覽》三、又三八五、引正有'曰我'二字，《類聚》一引有'曰'字而脱'我'字，可爲俞説之證。"

⑤ "一兒曰日初出大如車蓋"，王重民《列子校釋》曰："案《意林》《初學記》一、《御覽》三引'車蓋'並作'車輪'。又《御覽》三引'一兒'上有'曰爾何以知'五字。"王叔岷《列子補正》曰："案《天中記》一引'一兒'上亦有'曰爾何以知'五字，《事類賦》一《天部》一引'一兒'上有'曰爾何以知之'六字。"

⑥ "及日中"，王叔岷《列子補正》曰："案《書鈔》一四九、《法苑珠林》七、《韻府群玉》十八引'日'並作'其'，《初學記》一引'日'亦作'其'，'中'下有'時'字。《博物志》'中'下亦有'時'字。"陶光《列子校釋》曰："光按《北堂書抄》百四九、《類聚》一、《白貼》一、《初學記》一、《法苑珠林》七引作'及其中'。按文上（德凌按當作'上文'）言'日初出'，則此句不宜更斥言'日'字，諸類書引字作'其'者是。'其'字壞爛，故訛爲'日'也。"

凉凉,[1] 及其日中如探湯,[2] 此不爲近者熱而遠者凉乎?”孔子不能決也,兩小兒笑曰:“孰爲汝多知乎?”[3]

《金樓子·立言上》:孔子東游,見兩小兒相鬥。一兒曰:“我以日初出去人近。”一兒曰:“日中近。”一兒曰:“日初出如車蓋,至中裁如盤盂,豈不近者大、遠者小?”一兒曰:“日初出滄滄凉凉,至日中有如探湯,此非遠者凉、近者熱邪?”孔子亦不知日中天而小,落扶桑而大。

《列子·説符》:孔子自衛反魯,息駕乎河梁而觀焉。有懸水三十仞,圜流九十里,魚鱉弗能游,[4] 黿鼉弗能居。有一丈夫方將厲之,孔子使人並涯止之曰:“此懸水三十仞,圜流九十里,魚鱉弗能游,黿鼉弗能居也,意者難,可以濟乎?”

---

① “出滄滄”,王叔岷《列子補正》曰:“案《韻府群玉》十八引‘出’下有‘時’字。道藏白文本、林希逸本‘滄滄’上並有‘則’字。”

② “其日”,王重民《列子校釋》曰:“案‘日’字衍文,‘其’即指日也。若有‘日’字,則文詞贅矣。《類聚》一、《初學記》一、《御覽》三引並無‘日’字,可證。”王叔岷《列子補正》曰:“《法苑珠林》七、《事類賦》一《天部》一、《御覽》三八五、《韻府群玉》十八引亦並無‘日’字,《博物志》同。《意林》《錦綉萬花谷前集》一引則並無‘其’字,《金樓子》同。疑一本‘日’作‘其’,傳寫因並竄入耳。”陶光説同。

③ “孰”,王叔岷《列子補正》曰:“案《意林》引‘孰’作‘誰’,‘誰’上有‘丘’字,‘誰’猶‘孰’也。《事類賦》一《天部》一、《天中記》一引‘孰’上亦並有‘丘’字。《御覽》三引‘孰’上有‘某’字,蓋避孔子諱也。”“爲”,《列子》作“謂”。

④ “弗能游”,陶光《列子校釋》曰:“光按《群書治要》三四引無‘弗能游’三字,《家語》同,疑涉上文而衍。”

丈夫不以錯意，遂度而出。孔子問之曰：“巧乎？[①] 有道術乎？所以能入而出者，何也？”丈夫對曰：“始吾之入也，先以忠信；及吾之出也，又從以忠信。忠信錯吾軀於波流，[②] 而吾不敢用私，所以能入而復出者，以此也。”孔子謂弟子曰：“二三子識之！水且猶可以忠信誠身親之，[③] 而況人乎！”[④]

《説苑・雜言》：孔子觀於呂梁，懸水四十仞，環流九十里，魚鱉不能過，黿鼉不敢居。有一丈夫方將涉之，孔子使人並崖而止之曰：“此懸水四十仞，圜流九十里，魚鱉不敢過，黿鼉不敢居，意者難，可濟也？”丈夫不以錯意，遂渡而出。孔子問：“子巧乎？且有道術乎？所以能入而出者，何也？”丈夫對曰：“始吾入，先以忠信；吾之出也，又從以忠信。忠信錯吾軀於波流，而吾不敢用私，吾所以能入而復出也。”孔子謂弟子曰：“水而尚可以忠信義久而身親之，況於人乎！”

《列子・説符》：白公問孔子曰：[⑤]“人可與微言乎？”孔子

---

① “巧乎”上，王叔岷《列子補正》曰：“案《家語・致思》篇、《説苑・雜言》篇‘巧乎’上並有‘子’字，文意較完，當從之。本書《黄帝》篇‘子巧乎！有道邪’，《莊子・知北游》篇‘子巧與？有道與’，並與此文例同。”

② “忠信”，俞樾《諸子平議》曰：“樾謹按‘忠信’字涉上句而衍。”王叔岷曰：“案俞説是也。《治要》引正無‘忠信’二字。”

③ “誠身”，楊伯峻曰：“伯峻案此章專以‘忠信’二字爲主，‘誠身’二字疑衍。《治要》引正無‘誠身’二字可證也。”

④ “況”，王叔岷曰：“案《家語・致思》篇、《説苑・雜言》篇‘況’下並有‘於’字，文意較完。”

⑤ “問”下，王重民《列子校釋》曰：“案《吕覽・精諭》篇、《淮南・道應》篇‘問’下並有‘於’字，《御覽》五十八引‘問’下亦有‘於’字，今本脱誤。”

不應。白公問曰:[1] “若以石投水，何如?”孔子曰:“吴之善没者能取之。”[2] 曰:“若以水投水，何如?”孔子曰:“淄澠之合，易牙嘗而知之。”白公曰:“人故不可與微言乎?”[3] 孔子曰:“何爲不可?唯知言之謂者乎!夫知言之謂者，不以言言也。爭魚者濡，逐獸者趨，非樂之也。故至言去言，至爲無爲。夫淺知之所爭者末矣。”白公不得已,[4] 遂死於浴室。

《吕氏春秋·審應覽·精諭》:白公問於孔子曰:“人可與微言乎?”孔子不應。白公曰:“若以石投水，奚若?”孔子曰:“没人能取之。”白公曰:“若以水投水，奚若?”孔子曰:“菑澠之合者，易牙嘗而知之。”白公曰:“然則人不可與微言乎?”孔子曰:“胡爲不可?唯知言之謂者爲可耳。”

《淮南子·道應訓》:白公問於孔子曰:“人可以微言?”孔子不應。白公曰:“若以石投水中，何如?”曰:“吴越之善没者能取之矣。”曰:“若以水投水，何如?”

① “問”,王叔岷《列子補正》曰:“案‘問’字涉上文‘白公問孔子曰’而衍。《事類賦》七《地部》二、《御覽》五八、《記纂淵海》一、《天中記》九引皆無‘問’字,《吕氏春秋·精諭》篇、《淮南·道應》篇並同。”

② “吴之善没”,王叔岷《列子補正》曰:“案《淮南·道應》篇‘吴’下有‘越’字。《事類賦》七《地部》二、《記纂淵海》一、《天中記》九引‘没’並作‘游’。”

③ “故”,王重民《列子校釋》曰:“案道藏本、吉府本、《淮南·道應》篇、《御覽》五十八引‘故’並作‘固’。”王叔岷《列子補正》曰:“案道藏白文本、林希逸本並作‘固’,江遹本、高守元本並作‘故’。”楊伯峻《列子集釋》曰:“伯峻案作‘固’者是。”

④ “已”,俞樾《諸子平議》曰:“樾謹按‘已’字乃‘也’字之誤。《淮南子·道應》篇作‘白公不得也’,《吕氏春秋·精諭》篇作‘白公弗得也’,並其證也。張注曰‘不知言之所謂,遂便作亂,故及於難’,正解‘不得’之義。”

孔子曰："菑澠之水合，易牙嘗而知之。"白公曰："然則人固不可與微言乎?"孔子曰："何謂不可? 誰知言之謂者乎！夫知言之謂者，不以言言也。爭魚者濡，逐獸者趨，非樂之者也。①故至言去言，至爲無爲。夫淺知之所爭者末矣。"白公不得也，故死於浴室。

《莊子·内篇·人間世》顔回見仲尼，請行。曰："奚之?"曰："將之衛。"曰："奚爲焉?"曰："回聞衛君，其年壯，其行獨。輕用其國，而不見其過；輕用民死，死者以國量乎澤，若蕉，民其無如矣！回嘗聞之夫子曰：'治國去之，亂國就之。醫門多疾。'願以所聞思其所行，②則庶幾其國有瘳乎！"仲尼曰："嘻，若往而殆刑耳！③夫道不欲雜，雜則多，多則擾，擾則憂，憂而不救。古之至人，先存諸己而後存諸人，所存於己者未定，何暇至於暴人之所行！且若亦知夫德之所蕩而知之所爲出乎哉? 德蕩乎名，知出乎爭。名也者，相軋也；知也者，爭之器也。二者凶器，非所以盡行也。且德厚信矼，未達人氣；名聞不爭，未達人心。而強以仁義繩墨之言衒暴人之前者，④是以人惡有其美也，命之曰災人。災人者，人必反災之，若殆爲人災夫。且苟爲悦賢而惡不肖，惡用而求有以異? 若唯無詔，王公必將乘人而鬥其捷，而目將熒之，而色將平之，口將營之，容將形之，心且成之。是以火救火，以水

① "者"，原注："一本無'者'字。"

② "所行"，原注："明本無'所行'二字。"

③ "若往而殆刑耳"，原注："明本作'若殆往而行耳'。"

④ "衒"，據《諸子集成》本《莊子集解》《莊子集釋》當作"術"。原注："明本作'術'。"

救水，名之曰益多，順始無窮。若殆以不信厚言，必死於暴人之前矣！且昔者桀殺關龍逢，紂殺王子比干，是皆修其身以下傴拊人之民，以下拂其上者也，故其君因其修以擠之，是好名者也。昔者堯攻叢枝、胥敖，禹攻有扈，國爲虚厲，身爲刑戮，其用兵不止，其求實無已，是皆求名實者也，而獨不聞之乎？名實者，聖人之所不能勝也，而況若乎！雖然，若必有以也，嘗以語我來。"顔回曰："端而虚，勉而一，則可乎？"曰："惡！惡可！夫以陽爲充孔揚，采色不定，常人之所不違，因案人之所感，以求容與其心，名之曰日漸之德不成，而況大德乎！將執而不化，外合而内不訾，其庸詎可乎！""然則我内直而外曲，成而上比。内直者，與天爲徒。與天爲徒者，知天子之與己皆天之所子，而獨以己言蘄乎而人善之，蘄乎而人不善之邪？若然者，人謂之童子，是之謂與天爲徒。外曲者，與人之爲徒也。擎、跽、曲拳，人臣之禮也。人皆爲之，吾敢不爲邪？爲人之所爲者，人亦無疵焉，是之謂與人爲徒。成而上比者，與古爲徒。其言雖教，謫之實也。古之有也，非吾有也。若然者，雖直不爲病，是之謂與古爲徒。若是，則可乎？"仲尼曰："惡！惡可！大多政，法而不諜。雖固，亦無罪。雖然，止是耳矣，夫胡可以及化！猶師心者也。"顔回曰："吾無以進矣，敢問其方？"仲尼曰："齋，吾將語若。有而爲之，[1]其易邪？易之者，皞天不宜。"顔回曰："回之家貧，唯不飲酒、不茹葷者數月矣。若此，則可以爲齋乎？"曰："是祭祀之齋，非心齋也。"回曰："敢問心齋？"仲尼曰："若一志，無

---

① "有"下，郭沂曰："《今注》'有'下有'心'字。"

聽之以耳，而聽之以心；無聽之以心，而聽之以氣。聽止於耳，① 心止於符。氣也者，虚而待物者也。唯道集虚。虚者，心齋也。”顔回曰：“回之未始得使，實自回也；② 得使之也，未始有回也。可謂虚乎？”夫子曰：“盡矣！吾語若。若能入游其樊，而無感其名，入則鳴，不入則止。無門無毒，一宅而寓於不得已，則幾矣。絶迹易，無行地難。爲人使易以僞，爲天使難以僞。聞以有翼飛者矣，未聞以無翼飛者也；聞以有知知者矣，未聞以無知知者也。瞻彼閲者，③ 虚室生白，吉祥止止，夫且不止，是之謂坐馳。夫徇耳目内通，而外於心知，鬼神將來舍，而況人乎！是萬物之化也，禹、舜之所紐也，伏羲、几蘧之所行終，而況散焉者乎！”

《莊子·内篇·德充符》：魯有兀者王駘，從之游者，與仲尼相若。常季問於仲尼曰：“王駘，兀者也，從之游者，與夫子中分魯。立不教，坐不議，虚而往，實而歸，固有不言之教、無形而心成者邪？是何人也？”仲尼曰：“夫子，聖人也，丘也直後而未往耳！丘將以爲師，而況不若丘者乎！奚假魯國，丘將引天下而與從之。”常季曰：“彼兀者也，而王先生，其與庸亦遠矣！若然者，其用心也，獨若之何？”仲尼曰：“死生亦大矣，而不得與之變，雖天地覆墜，亦將不與之遺。審乎無假，而不與物遷；命物之化，而守其宗者也。”常季曰：“何謂也？”仲尼曰：“自其異者視之，肝膽楚越也；自其同者視之，萬物皆一也。夫若然者，且不知耳目之所宜，而游心乎德

① “聽止於耳”，郭沂曰：“《今注》‘聽止於耳’作‘耳於聽’，近是。”

② “自”，郭沂曰：“《今注》‘自’作‘有’。”

③ “閲者”，原注：“明本作‘闕者’。”

之和，物視其所一，而不見其所喪，視喪其足，猶遺土也。”常季曰：“彼爲己，以其知得其心，以其心得其常心，物何爲最之哉？”仲尼曰：“人莫鑑於流水，而鑑於止水，唯止能止衆止。受命於地，唯松柏獨也在，① 冬夏青青；受命於天，唯舜獨也正，在萬物之首，② 幸能正生，以正衆生。夫保始之徵，不懼之實。勇士一人，雄入於九軍，將求名而能自要者，而猶若是，而況官天地，府萬物，直寓六骸，象耳目，一知之所知，而心未嘗死者乎！彼且擇日而登假，人則從是也。彼且何肯以物爲事乎！”

《莊子·内篇·德充符》：魯有兀者叔山無趾，踵見仲尼。仲尼曰：“子不謹，前既犯患若是矣；雖今來，何及矣？”無趾曰：“吾唯不知務而輕用吾身，吾以是亡足；今吾來也，猶有尊足者存，③ 吾是以務全之也。夫天無不覆，地無不載，吾以夫子爲天地，安知夫子之猶若是也？”孔子曰：“丘則陋矣！夫子胡不入乎？請講以所聞。”無趾出，孔子曰：“弟子勉之！夫無趾，兀者也，猶務學以復補前行之惡，而況全德之人乎？”無趾語老聃曰：“孔丘之於至人，其未邪？彼何賓賓以學子爲？彼且蘄以諔詭幻怪之名聞，不知至人之以是爲己桎梏邪？”老聃曰：“胡不直使彼以死生爲一條，以可不可爲一貫者，解其桎梏，④ 其可乎？”無趾曰：“天刑之，安可解？”

《莊子·内篇·德充符》：魯哀公問於仲尼曰：“衛有惡人

---

① “也”下，郭沂曰：“‘也’下《今注》補‘正’字。”

② “在萬物之首”，原注：“明本無‘在萬物之首’五字。”

③ “存”下，郭沂曰：“‘存’下《今注》補‘焉’字。”

④ “桎梏”，原作“桎桎”，據《二十二子》本《孔子集語》、《諸子集成》本《莊子集解》《莊子集釋》改。

焉，曰哀駘它。丈夫與之處者，思而不能去也。婦人見之，請於父母曰‘與爲人妻，[①] 寧爲夫子妾’者十數而未止也。[②] 未嘗有聞其唱者也，常和人而已矣。[③] 無君人之位以濟乎人之死，無聚祿以望人之腹。又以惡駭天下，和而不唱，知不出乎四域，且而雌雄合乎前，是必有異乎人者也。寡人召而觀之，果以惡駭天下。與寡人處，不至以月數，而寡人有意乎其爲人也。不至乎期年，而寡人信之，國無宰，而寡人傳國焉。悶然而後應，泛而若辭，[④] 寡人醜乎？卒授之國。無幾何也，去寡人而行。寡人卹焉，若有亡也，若無與樂是國也。是何人者也？”仲尼曰：“丘也嘗使於楚矣，適見㹠子食於其死母者，[⑤] 少焉眴若，皆棄之而走，不見已焉爾，不得類焉爾。所愛其母者，非愛其形也，愛使其形者也。戰而死者，其人之葬也，不以翣資，刖者之屨，無爲愛之，皆無其本矣。爲天子之諸御，不爪翦，[⑥] 不穿耳，取妻者止於外，不得復使。形全猶足以爲爾，而況全德之人乎！今哀駘它未言而信，無功而親，使人授己國，唯恐其不受也，是必才全而德不形者也。”哀公曰：“何謂才全？”仲尼曰：“死生存亡，窮達貧富，賢與不肖，毁譽、飢渴、寒暑，是事之變，命之行也。日夜相代乎前，而知不能規乎其始者也。故不足以滑和，不可入於靈府。使之和豫

① “與爲人妻”，原作“與人爲妻”，《二十二子》本《孔子集語》同，據《諸子集成》本《莊子集解》《莊子集釋》改。

② “十數”，原注：“明本作‘數十’。”

③ “人”，原注：“明本無‘人’字。”

④ “泛”下，郭沂曰：“《今注》‘泛’下補‘然’字。”

⑤ “㹠”，《諸子集成》本《莊子集解》《莊子集釋》作“㹠”。原注：“明本作‘㹠’。”

⑥ “爪翦”，郭沂曰：“‘爪翦’《今注》校作‘翦爪’。”

通而不失於兑，使日夜無郤而與物爲春，是接而生時乎心者也。[①] 是之謂才全。”“何謂德不形？”曰：“平者，水停之盛也，其可以爲法也，内保之而外不蕩也。德者，成和之修也，德不形者，物不能離也。”哀公異日以告閔子曰：“始也，吾以南面而君天下，執民之紀而憂其死，吾自以爲至通矣。今吾聞至人之言，恐吾無其實，輕用吾身而亡吾國。[②] 吾與孔丘非君臣也，德友而已矣。”

《莊子·内篇·大宗師》：子桑户、孟子反、子琴張三人相與友，[③] 曰：“孰能相與於無相與，相爲於無相爲？孰能登天游霧，撓挑無極，相忘以生，無所終窮？”三人相視而笑，莫逆於心，遂相與友，莫然。有間，而子桑户死，未葬。孔子聞之，使子貢往待事焉。[④] 或編曲，或鼓琴，相和而歌曰：“嗟來桑户兮！[⑤] 嗟來桑户乎！而已反其真，而我猶爲人猗。”子貢趨而進曰：“敢問臨尸而歌，禮乎？”二人相視而笑，曰：“是惡知禮意？”子貢反，以告孔子，曰：“彼何人者邪？修行無有，而外其形骸，臨尸而歌，顔色不變，無以命之。彼何人者邪？”孔子曰：“彼游方之外者也，而丘游方之内者也，外内不相及，而丘使汝往弔之，丘則陋矣！彼方且與造物者爲人，而游乎天地之一氣，彼以生爲附贅縣疣，以死爲決疣潰癰。夫若然者，又惡知死生先後之所在？假於異物，托於同

① “乎”，《諸子集成》本《莊子集解》《莊子集釋》作“於”。原注：“明本作‘於’。”

② “吾”，《諸子集成》本《莊子集解》《莊子集釋》作“其”。

③ “友”，郭沂曰：“‘友’《今注》校作‘語’。”

④ “待”，《諸子集成》本《莊子集解》《莊子集釋》作“侍”。

⑤ “兮”，《諸子集成》本《莊子集解》《莊子集釋》作“乎”。

體，忘其肝膽，遺其耳目，反覆終始，不知端倪。芒然彷徨乎塵垢之外，逍遥乎無爲之業，彼又惡能憒憒然爲世俗之禮，以觀衆人之耳目哉?”子貢曰:“然則夫子何方之依?”曰:[1]“丘，天之戮民也。雖然，吾與汝共之。”子貢曰:“敢問其方?”孔子曰:“魚相造乎水，人相造乎道。相造乎水者，穿池而養給；相造乎道者，無事而生定。故曰:‘魚相忘乎江湖，人相忘乎道術。’”子貢曰:“敢問畸人?”曰:“畸人者，畸於人而侔於天，故曰:‘天之小人，人之君子；人之君子，天之小人也。’”[2]

《莊子·内篇·大宗師》:顔回問仲尼曰:“孟孫才其母死，哭泣無涕，中心不蹙,[3] 居喪不哀，無是三者，以善處喪。[4] 蓋魯國固有無其實而得其名者乎?回壹怪之。”仲尼曰:“夫孟孫氏盡之矣，進於知矣，唯簡之而不得，夫已有所簡矣。孟孫氏不知所以生，不知所以死，不知就先，不知就後,[5] 若化爲物，以待其所不知之化已乎?且方將化，惡知不化哉?方將不化，惡知已化哉?吾特與汝，其夢未始覺者邪?且彼有駭形而無損心，有旦宅而無情死,[6] 孟孫氏特覺人哭亦哭，是自其所以乃。[7] 且也相與吾之耳矣，庸詎知吾所謂吾之乎?[8] 且

---

① “曰”上,《諸子集成》本《莊子集解》《莊子集釋》有“孔子”二字。

② “人之君子天之小人也”,郭沂曰:“‘人之君子,天之小人也’《今注》校作‘天之君子,人之小人’。”

③ “蹙”,郭沂曰:“‘蹙’《今注》《百子》本作‘戚’。”

④ “處”,原注:“明本無‘處’字。”

⑤ “不知就先不知就後”,郭沂曰:“兩‘就’字《今注》皆作‘孰’,是也。”

⑥ “情死”,郭沂曰:“‘情死’《今注》校作‘耗精’。”

⑦ “乃”,原注:“崔本作‘惡’。”

⑧ “之”下,郭沂曰:“《今注》‘之’下有‘非吾’二字,當補。”

汝夢爲鳥而厲乎天，夢爲魚而没於淵，不識今之言者，其覺者乎？其夢者乎？造適不及笑，獻笑不及排，安排而去化，乃入於寥天一。”

《莊子·内篇·大宗師》：顔回曰：“回益矣！”仲尼曰：“何謂也？”曰：“回忘仁義矣。”① 曰：“可矣，猶未也。”它日，復見，曰：“回益矣。”曰：“何謂也？”曰：“回忘禮樂矣。”② 曰：“可矣，猶未也。”它日，復見，曰：“回益矣。”曰：“何謂也？”曰：“回坐忘矣。”仲尼蹵然曰：“何謂坐忘？”顔回曰：“墮枝體，黜聰明，離形去知，同於大通，此謂坐忘。”仲尼曰：“同則無好也，化則無常也，而果其賢乎？丘也請從而後也。”

> 《淮南子·道應訓》：顔回謂仲尼曰：“回益矣。”仲尼曰：“何謂也？”曰：“回忘禮樂矣。”仲尼曰：“可矣，猶未也。”異日，復見，曰：“回益矣。”仲尼曰：“何謂也？”曰：“回忘仁義矣。”仲尼曰：“可矣，猶未也。”異日，復見，曰：“回坐忘矣。”仲尼造然曰：“何謂坐忘？”顔回曰：“隳支體，黜聰明，離形去知，洞於化通，是謂坐忘。”仲尼曰：“洞則無善也，化則無常矣，而夫子薦賢，丘請從之後。”

《莊子·外篇·天地》：夫子問于老聃曰：“有人治道若相

---

① “仁義”，郭沂曰：“‘仁義’《今注》校作‘禮樂’，與下條《淮南子》同。”
② “禮樂”，郭沂曰：“‘禮樂’《今注》校作‘仁義’，與下條《淮南子》同。”

放，可不可，然不然，辯者有言曰：‘離堅白，若縣寓。’① 若是則可謂聖人乎？”老聃曰：“是胥易技係、勞形怵心者也。執狸之狗成思，② 猨狙之便，自山林來。③ 丘，予告若而所不能聞，與而所不能言。凡有首有趾、無心無耳者衆，有形者與無形無狀而皆存者，盡無。其動止也，其死生也，其廢起也，此又非其所以也。有治在人，忘乎物，忘乎天，其名爲忘己。忘己之人，是之謂入於天。”

《莊子·外篇·天地》：子貢南游於楚，反於晋，過漢陰，見一丈人方將爲圃畦，鑿隧而入井，抱甕而出灌，搰搰然用力甚多，而見功寡。子貢曰：“有械於此，一日浸百畦，用力甚寡，而見功多，夫子不欲乎？”爲圃者仰而視之，曰：“奈何？”曰：“鑿木爲機，後重前輕，挈水若抽，數如泆湯，其名爲槔。”爲圃者忿然作色，而笑曰：“吾聞之吾師，有機械者必有機事，有機事者必有機心；機心存於胸中，則純白不備；純白不備，則神生不定；神生不定者，道之所不載也。吾非不知，羞而不爲也。”子貢瞞然慚，俯而不對。有間，爲圃者曰：“子奚爲者邪？”曰：“孔丘之徒也。”爲圃者曰：“子非夫博學以擬聖，於于以蓋衆，獨弦哀歌以賣名聲於天下者乎？汝方將忘汝神氣，墮汝形骸，而庶幾乎？而身之不能治，而何暇治天下乎？子往矣！無乏吾事。”子貢卑陬失色，頊頊然不自得，行三十里而後愈。其弟子曰：“向之人何爲者邪？夫子何故見

① “寓”，郭沂曰：“一本作‘宇’。”

② “狸”，《諸子集成》本《莊子集解》《莊子集釋》作“留”。原注：“‘狸’，一作‘留’。”“成思”，郭沂曰：“‘成思’《今注》作‘來田’。”

③ “自山林來”，郭沂曰：“‘自山林來’《今注》作‘來藉’。”

之變容失色，終日不自反邪？”曰：“始吾以爲天下一人耳，① 不知復有夫人也。吾聞之夫子：事求可，功求成，用力少、見功多者，聖人之道。今徒不然。執道者德全，德全者形全，形全者神全，神全者，聖人之道也。托生與民並行而不知其所之，茫乎淳備哉！功利機巧，必忘夫人之心。若夫人者，非其志不之，非其心不爲，雖以天下譽之得，其所謂謷然不顧；以天下非之失，其所謂儻然不受。天下之非譽無益損焉，是謂全德之人哉！我之謂風波之民。”反於魯，以告孔子。孔子曰：“彼假修渾沌氏之術者也，識其一，不知其二；治其内，而不治其外。夫明白入素，② 無爲復樸，體性抱神，以游世俗之間者，汝將固驚邪？且渾沌氏之術，予與汝何足以識之哉？”

《莊子·外篇·天運》：孔子西游於衛，顏淵問師金曰：“以夫子之行爲奚如？”師金曰：“惜乎而夫子其窮哉！”顏淵曰：“何也？”師金曰：“夫芻狗之未陳也，盛以篋衍，巾以文綉，尸祝齋戒以將之；及其已陳也，行者踐其首脊，蘇者取而爨之而已。將復取而盛以篋衍，巾以文綉，游居寢卧其下，彼不得夢，必且數眯焉。今而夫子亦取先王已陳芻狗，取弟子游居寢卧其下，③ 故伐樹於宋，削迹於衛，窮於商周，是非其夢邪？圍於陳、蔡，④ 七日不火食，死生相與鄰，是非其眯邪？夫水行莫如用舟，而陸行莫如用車，以舟之可行於水也，而求

① “以”下，郭沂曰：“《今注》下有‘夫子’二字。”

② “入”，郭沂曰：“‘入’《今注》校作‘太’。”

③ “取”，據《諸子集成》本《莊子集解》《莊子集釋》當作“聚”。郭沂曰：“‘取’《今注》作‘聚’，是也。”

④ “蔡”下，據《諸子集成》本《莊子集解》《莊子集釋》當有“之間”二字。郭沂曰：“《今注》《百子》本下皆有‘之間’二字。”

推之於陸，則没世不行。尋常古今，非水陸與？周、魯非舟車與？今蘄行周於魯，是猶推舟於陸也。勞而無功，身必有殃。彼未知夫無方之傳，應物而不窮者也。且子獨不見夫桔槔者乎？引之則俯，舍之則仰，彼人之所引，非引人也，故俯仰而不得罪於人。故夫三皇五帝之禮義法度，不矜於同，而矜於治。故譬三皇五帝之禮義法度，其猶柤梨橘柚邪？其味相反而皆可於口。故禮義法度者，應時而變者也。今取猨狙而衣以周公之服，彼必齕齧挽裂，盡去而後慊。觀古今之異，猶猨狙之異乎周公也。故西施病心而矉其里。其里之醜人見而美之，歸亦捧心而矉其里。其里之富人見之，堅閉門而不出；貧人見之，挈妻子而去之走。彼知美矉而不知矉之所以美。① 惜乎！而夫子其窮哉！”

① “美矉”，據《諸子集成》本《莊子集解》《莊子集釋》當作“矉美”。郭沂曰：“‘美矉’《今注》作‘矉美’，近是。”

卷十七

山東督糧道臣孫星衍　撰

寓言十四下

《莊子·外篇·天運》：孔子行年五十有一而不聞道，乃南之沛，見老聃。老聃曰："子來乎？吾聞子北方之賢者也，子亦得道乎？"孔子曰："未得也。"老子曰："子惡乎求之哉？"曰："吾求之於度數，五年而未得也。"老子曰："子又惡乎求之哉？"曰："吾求之於陰陽，十有二年而未得。"老子曰："然。使道而可獻，則人莫不獻之於其君；使道而可進，則人莫不進之於其親；使道而可以告人，則人莫不告其兄弟；使道而可以與人，則人莫不與其子孫。然而不可者，無他也，中無主而不止，外無正而不行。由中出者，不受於外，聖人不出；由外入者，無主於中，聖人不隱。名，公器也，不可多取。仁義，先王之蘧廬也，止可以一宿而不可久處，覯而多貴。① 古之至人，假道於仁，托宿於義，以游逍遥之墟，食於苟簡之田，立於不貸之圃。逍遥，無爲也；苟簡，易養也；不貸，無出也。古者謂是采真之游。以富爲是者，不能讓禄；以顯爲是者，不能讓名；親權者，不能與人柄。操之則慄，舍之

① "貴"，郭沂曰："'貴'《今注》《百子》本皆作'責'。"

則悲，而一無所鑒，以窺其所不休者，是天之戮民也。怨、恩、取、與、諫、教、生、殺，八者，正之器也。唯循大變無所湮者，爲能用之。故曰正者，正也，其心以爲不然者，天門弗開矣。”

孔子見老聃而語仁義。老聃曰：“夫播穅眯目，則天地四方易位矣；蚊虻噆膚，則通昔不寐矣。夫仁義憯然，乃憒吾心，亂莫大焉。吾子使天下無失其樸，吾子亦放風而動，總德而立矣，又奚傑然若負建鼓而求亡子者邪？① 夫鵠不日浴而白，烏不日黔而黑。黑白之樸，不足以爲辯；名譽之觀，不足以爲廣。泉涸，魚相與處於陸，相呴以濕，相濡以沫，不若相忘於江湖。”

孔子見老聃歸，三日不談。弟子問曰：“夫子見老聃，亦將何規哉？”孔子曰：“吾乃今於是乎見龍！龍，合而成體，散而成章，乘乎雲氣而養乎陰陽。予口張而不能嗋，予又何規老聃哉？”子貢曰：“然則人固有尸居而龍見，雷聲而淵默，② 發動如天地者乎？賜亦可得而觀乎？”遂以孔子聲見老聃，老聃方將倨堂而應微曰：“予年運而往矣，子將何以戒我乎？”子貢曰：“夫三王五帝之治天下不同，其係聲名一也。而先生獨以爲非聖人，如何哉？”老聃曰：“小子少進，子何以謂不同？”對曰：“堯授舜，舜授禹，禹用力而湯用兵，文王順紂而不敢逆，武王逆紂而不肯順，故曰不同。”老聃曰：“小子少進，余語汝三王、五帝之治天下。黄帝之治天下，使民心一，

---

① “傑”，郭沂曰：“《今注》據他本重‘傑’字。”“然”下，郭沂曰：“《今注》據劉師培説下補‘揭仁義’三字。”

② “雷聲而淵默”，郭沂曰：“《今注》據《在宥篇》改‘淵默’二字在‘雷聲’前。”

民有其親死不哭而民不非也。堯之治天下，使民心親，民有爲其親殺其殺而民不非也。舜之治天下，使民心競，民孕婦十月生子，[①] 子生五月而能言，不至乎孩而始誰，則人始有夭矣。禹之治天下，使民心變，人有心而兵有順，殺盜非殺，人自爲種而天下耳。是以天下大駭，儒、墨皆起，其作始有倫，而今乎婦，[②] 女何言哉！余語汝：三皇、五帝之治天下，名曰治之，而亂莫甚焉。三皇之知，上悖日月之明，下睽山川之精，中墮四時之施。其知憯於蠣蠆之尾，鮮規之獸，莫得安其性命之情者，而猶自以爲聖人，不可耻乎？[③] 其無耻也！”子貢蹵蹵然，立不安。

孔子謂老聃曰：“丘治《詩》《書》《禮》《樂》《易》《春秋》六經，自以爲久矣，孰知其故矣？以奸者七十二君，論先王之道，而明周、召之迹，一君無所鉤用，甚矣夫人之難説也！道之難明邪！”老子曰：“幸矣，子之不遇治世之君也。夫六經，先王之陳迹也，豈其所以迹哉？今子之所言，猶迹也。夫迹，履之所出，而迹豈履哉？夫白鶂之相視，眸子不運而風化；蟲，雄鳴於上風，雌應於下風而化。[④] 類自爲雌雄，故風化。性不可易，命不可變，時不可止，道不可壅。苟得於道，無自而不可；失焉者，無自而可。”孔子不出，三月復見曰：“丘得之矣！烏鵲孺，魚傅沫，細要者化，有弟而兄啼。久矣夫丘不與化爲人！不與化爲人，安能化人！”老子曰：“可，丘得之矣！”

---

① “民”，郭沂曰：“一本無‘民’字，蓋因上而衍。”
② “婦”，郭沂曰：“《今注》‘婦’作‘歸’。”
③ “不”，郭沂曰：“一本‘不’下有‘亦’字。”
④ “風而化”，原注：“一本作‘而風化’。”。

《史記·老莊申韓列傳》：孔子適周，將問禮於老子。老子曰："子所言者，其人與骨皆已朽矣，獨其言在耳。且君子得其時則駕，不得其時則蓬累而行。吾聞之：良賈深藏若虚，君子盛德，容貌若愚。去子之驕氣與多欲，態色與淫志，是皆無益於子之身。吾所以告子，若是而已。"孔子去，謂弟子曰："鳥，吾知其能飛；魚，吾知其能游；獸，吾知其能走。走者可以爲罔，游者可以爲綸，飛者可以爲矰。至於龍，吾不能知，其乘風雲而上天。吾今日見老子，其猶龍邪！"

《論衡·龍虚》：孔子曰："游者可爲網，飛者可爲矰。至於龍也，吾不知，其乘風雲上升。今日見老子，其猶龍乎！"

《論衡·知實》：孔子曰："游者可爲綸，走者可爲矰。至於龍，吾不知，① 乘雲風上升。今日見老子，其猶龍邪！"

《莊子·外篇·至樂》：顔淵東之齊，孔子有憂色。子貢下席而問曰："小子敢問：回東之齊，夫子有憂色，何邪？"孔子曰："善哉，汝問！昔者管子有言，丘甚善之，曰：'褚小者不可以懷大，綆短者不可以汲深。'夫若是者，以爲命有所成而形有所適也，夫不可損益。吾恐回與齊侯言堯、舜、黄帝之道，而重以燧人、神農之言。彼將内求於己而不得，不得則惑，人惑則死。且汝獨不聞邪？昔者海鳥止於魯郊，魯侯御而觴之于廟，奏《九韶》以爲樂，具太牢以爲膳。鳥乃眩視憂

① "知"下，郭沂曰："《注釋》《諸子集成》本'知'下有'其'。"

悲，不敢食一臠，不敢飲一杯，三日而死。此以己養養鳥也，非以鳥養養鳥也。夫以鳥養養鳥者，宜栖之深林，游之壇陸，浮之江湖，食之鰌、鰷，隨行列而止，委蛇而處。彼惟人言之惡聞，奚以夫譊譊爲乎？《咸池》《九韶》之樂，張之洞庭之野，鳥聞之而飛，獸聞之而走，魚聞之而下入；人卒聞之，相與還而觀之。魚處水而生，人處水而死，彼必相與異，其好惡故異也。故先聖不一其能，不同其事，名止於實，義設於適，是之謂條達而福持。”

《莊子·外篇·達生》：仲尼曰：“無入而藏，無出而陽，柴立其中央。三者若得，其名必極。夫畏塗者十殺一人，則父子兄弟相戒也，必盛卒徒而後敢出焉，不亦知乎！人之所取畏者，衽席之上，飲食之間，而不知爲之戒者，過也。”

《莊子·外篇·山木》：孔子圍於陳、蔡之間，七日不火食。太公任往弔之，曰：“子幾死乎？”曰：“然。”“子惡死乎？”曰：“然。”任曰：“予嘗言不死之道，東海有鳥焉，名曰意怠，其爲鳥也，翂翂翐翐，而似無能，引援而飛，迫脅而栖，進不敢爲前，退不敢爲後，食不敢先嘗，必取其緒。是故其行列不斥，而外人卒不得害，是以免於患。直木先伐，甘井先竭，子其意者，飾知以驚愚，修身以明汙，昭昭乎如揭日月而行，故不免也。昔吾聞之大成之人曰：‘自伐者無功，功成者墮，名成者虧。’孰能去功與名而還與衆人？道流而不明居，得行而不名處，純純常常，乃比於狂，削迹捐勢，不爲功名。是故無責於人，人亦無責焉。至人不聞，子何喜哉？”孔子曰：“善哉！辭其交游，去其弟子，逃於大澤，衣裘褐，食杼栗，入獸不亂群，入鳥不亂行。鳥獸不惡，而況人乎！”

《莊子·外篇·山木》：孔子問子桑虖曰：“吾再逐於魯，

伐樹於宋，削迹於衛，窮於商、周，圍於陳、蔡之間。吾犯此數患，親交益疏，徒友益散，何與?”子桑雽曰：“子獨不聞假人之亡與? 林回棄千金之璧,① 負赤子而趨。或曰：爲其布與? 赤子之布寡矣；爲其累與? 赤子之累多矣。棄千金之璧,② 負赤子而趨，何也?’林回曰：‘彼以利合，此以天屬也。’夫以利合者，迫窮禍患害相棄也；以天屬者，迫窮禍患害相收也。夫相收之與相棄，亦遠矣！且君子之交淡若水，小人之交甘若醴；君子淡以親，小人甘以絶。彼無故以合者，則無故以離。”孔子曰：“敬聞命矣!”徐行翔佯而歸，絶學捐書，弟子無益於前，其愛益加進。

《莊子·外篇·田子方》：温伯雪子適齊，舍於魯。魯人有請見之者，温伯雪子曰：“不可。吾聞中國之君子，明乎禮義而陋於知人心。吾不欲見也。”至於齊，反舍於魯。是人也，又請見。温伯雪子曰：“往也蘄見我，今也又蘄見我，是必有以振我也。”出而見客，入而嘆。明日見客，又入而嘆。其僕曰：“每見之客也，必入而嘆，何邪?”曰：“吾固告子矣，中國之民，明乎禮義而陋乎知人心。昔之見我者，進退一成規一成矩，從容一若龍一若虎，其諫我也似子，其道我也似父。是以嘆也。”仲尼見之而不言，子路曰：“吾子欲見温伯雪子久矣，見之而不言，何邪?”仲尼曰：“若夫人者，目擊而道存矣，亦不可以容聲矣!”

《吕氏春秋·審應覽·精諭》：孔子見温伯雪子，不

① “璧”,原作“壁”,據《二十二子》本《孔子集語》改。
② “璧”,原作“壁”,據《二十二子》本《孔子集語》改。

言而出。子貢曰："夫子之欲見温伯雪子好矣，① 今也見之而不言，其故何也?"孔子曰："若夫人者，目擊而道存矣，不可以容聲矣!"

《莊子·外篇·田子方》：顏淵問於仲尼曰："夫子步亦步，夫子趨亦趨，夫子馳亦馳，夫子奔逸絶塵，而回瞠若乎後矣!"夫子曰："回，何謂邪?"曰："夫子步亦步也，夫子言亦言也，夫子趨亦趨也，夫子辯亦辯也，夫子馳亦馳也，夫子言道，回亦言道也。及奔逸絶塵，而回瞠若乎後者，夫子不言而信，不比而周，無器而民滔乎前，而不知所以然而已矣。"仲尼曰："惡！可不察與！夫哀莫大於心死，而人死亦次之。日出東方而入於西極，萬物莫不比方。有目有趾者，待是而後成功。是出則存，是入則亡。萬物亦然。有待也而死，有待也而生。吾一受其成形，而不化以待盡。效物而動，日夜無隙，而不知其所終。薰然其成形，知命不能規乎其前，丘以是日徂。吾終身與汝交一臂而失之，可不哀與！汝殆著乎吾所以著也。彼已盡矣，而汝求之以爲有，是求馬於唐肆也。吾服汝也甚忘，汝服吾也亦甚忘。雖然，汝奚患焉！雖忘乎故吾，吾有不忘者存。"

《淮南子·齊俗訓》：孔子謂顏回曰："吾服汝也忘，而汝服於我也亦忘。雖然，汝雖忘乎吾，猶有不忘者存。"

《論衡·自然》：孔子謂顏淵曰："吾服汝，忘也；汝

① "子貢曰夫子之欲見温伯雪子好矣"，《諸子集成》本《吕氏春秋》注曰："孫云:《莊子·田子方》篇'子貢'作'子路'，'好矣'作'久矣'。"

之服於我，亦忘也。”

《莊子·外篇·田子方》：孔子見老聃，老聃新沐，方將被髮而乾，慹然似非人。孔子便而待之，少焉見，曰：“丘也眩與？其信然與？向者先生形體掘若槁木，似遺物離人而立於獨也。”老聃曰：“吾游於物之初。”① 孔子曰：“何謂邪？”曰：“心困焉而不能知，口辟焉而不能言，嘗爲汝議乎其將。至陰肅肅，至陽赫赫。肅肅出乎天，赫赫發乎地，兩者交通成和而物生焉，或爲之紀而莫見其形。消息滿虚，一晦一明，日改月化，日有所爲，而莫見其功。生有所乎萌，死有所乎歸，始終相反乎無端，而莫知乎其所窮。非是也，且孰爲之宗？”孔子曰：“請問游是？”老聃曰：“夫得是，至美至樂也。得至美而游乎至樂，謂之至人。”孔子曰：“願聞其方。”曰：“草食之獸，不疾易藪；水生之蟲，不疾易水，行小變而不失其大常也。喜怒哀樂，不入於胸次。夫天下也者，萬物之所一也。得其所一而同焉，則四支百體將爲塵垢，而死生終始將爲晝夜而莫之能滑，而況得喪禍福之所介乎！棄隸者若棄泥塗，知身貴於隸也，貴在於我而不失於變，且萬化而未始有極也，夫孰足以患心！已爲道者解乎此。”孔子曰：“夫子德配天地，而猶假至言以修心。② 古之君子，孰能脱焉？”老聃曰：“不然。夫水之於汋也，無爲而才自然矣；至人之於德也，不修而物不能離焉。若天之自高，地之自厚，日月之自明，夫何修焉！”孔子出，以告顔回，曰：“丘之於道也，其猶醯雞與！微夫子之

① “游”，郭沂曰：“《今注》‘游’下補‘心’字。”

② “假”，原注：“明本作‘偃’。”

發吾覆也，吾不知天地之大全也。”

《莊子·外篇·田子方》：文王觀於臧，見一丈夫釣，而其釣莫釣，非持其釣，有釣者也，常釣也。文王欲舉而授之政，而恐大臣父兄之弗安也；欲終而釋之，而不忍百姓之無天也。於是旦而屬諸大夫曰：“昔者，寡人夢，見良人黑色而頓，乘駁馬而偏朱蹄，號曰：‘寓而政於臧丈人，庶幾乎民有瘳乎！’”諸大夫蹙然曰：“先君王也。”文王曰：“然則卜之。”諸大夫曰：“先君之命王，其無它，又何卜焉！”遂迎臧丈人而授之政。典法無更，偏令無出。三年，文王觀於國，則列士壞植散群，長官者不成德，斔斛不敢入於四境。列士壞植散群，則尚同也；長官者不成德，則同務也；斔斛不敢入於四境，則諸侯無二心也。文王於是焉以爲太師，北面而問曰：“政可以及天下乎？”臧丈人昧然而不應，泛然而辭，朝令而夜遁，終身無聞。顏淵問於仲尼曰：“文王其猶未邪？又何以夢爲乎？”仲尼曰：“默！汝無言。夫文王盡之也，而又何論刺焉？彼直以循斯須也。”

《莊子·外篇·田子方》：肩吾問於孫叔敖曰：“子三爲令尹而不榮華，三去之而無憂色。吾始也疑子，今視子之鼻間栩栩然，子之用心獨奈何？”孫叔敖曰：“吾何以過人哉！吾以其來不可却也，其去不可止也。吾以爲得失之非我也，而無憂色而已矣，我何以過人哉？且不知其在彼乎？其在我乎？其在彼邪，亡乎我；在我邪，亡乎彼。方將躊躇，方將四顧，何暇至乎人貴人賤哉？”仲尼聞之曰：“古之真人，知者不得説，美人不得濫，盜人不得劫，伏戲、黄帝不得友。死生亦大矣，而無變乎己，況爵禄乎？若然者，其神經乎大山而無介，入乎淵泉而不濡，處卑細而不憊，充滿天地，既以與人，己愈有。”

《莊子·外篇·知北游》：孔子問於老聃曰："今日晏閑，敢問至道？"老聃曰："汝齋戒，疏瀹而心，澡雪而精神，掊擊而知。夫道，窅然難言哉！將爲汝言其崖略。夫昭昭生於冥冥，有倫生於無形，精神生於道，形本生於精，而萬物以形相生，故九竅者胎生，八竅者卵生。其來無迹，其往無崖，無門無房，四達之皇皇也。邀於此者，四枝強，思慮恂達，耳目聰明，其用心不勞，其應物無方。天不得不高，地不得不廣，日月不得不行，萬物不得不昌，此其道與！且夫博之不必知，辯之不必慧，聖人以斷之矣。若夫益之而不加益，損之而不加損者，聖人之所保也。淵淵乎其若海，巍巍乎其終則復始也。①運量萬物而不匱，則君子之道，彼其外與！萬物皆往資焉而不匱，此其道與！中國有人焉，非陰非陽，處於天地之間，直且爲人，將反於宗。自本觀之，生者，喑醷物也，雖有壽夭，相去幾何？須臾之説也，奚足以爲堯、桀之是非？果蓏有理，人倫雖難，所以相齒。聖人遭之而不違，過之而不守。調而應之，德也；偶而應之，道也。帝之所興，王之所起也。人生天地之間，若白駒之過郤，忽然而已。注然勃然，莫不出焉；油然漻然，莫不入焉。已化而生，又化而死。生物哀之，人類悲之。解其天弢，墮其天袠，紛乎宛乎，魂魄將往，乃身從之，乃大歸乎！不形之形，形之不形，是人之所同知也，非將至之所務也，此衆人之所同論也。彼至則不論，論則不至。明見無值，辯不若默。道不可聞，聞不若塞。此之謂大得。"

《莊子·外篇·知北游》：冉求問於仲尼曰："未有天地可知邪？"仲尼曰："可。古猶今也。"冉求失問而退，明日復見

---

① "其"下，郭沂曰："《今注》下有'若山'二字。"

曰："昔者吾問：'未有天地可知乎？'夫子曰：'可。古猶今也。'昔者吾昭然，① 今日吾昧然。敢問何謂也？"仲尼曰："昔之昭然也，神者先受之；今之昧然也，且又不爲神者求邪！② 無古，無今；無始，無終；未有子孫；而有子孫，可乎？"冉求未對。仲尼曰："已矣！未應矣！不以生生死，不以死死生，死生有待邪？皆有所一體。有先天地生者，物邪？物物者非物。物出不得先物也，猶其有物也無已。③ 聖人之愛人也終無已者，亦乃取於是者也。"

《莊子·外篇·知北游》：顔淵問乎仲尼曰："回嘗聞諸夫子曰：'無有所將，無有所迎。'回敢問其游？"仲尼曰："古之人外化而内不化，今之人内化而外不化。與物化者，一不化者也。安化安不化，安與之相靡，必與之莫多。狶韋氏之囿，黄帝之圃，有虞氏之宫，湯、武之室，君子之人，若儒、墨者師，故以是非相鳌也，而況今之人乎？聖人處物不傷物。不傷物者，物亦不能傷也。唯無所傷者，爲能與人相將迎。山林與！皋壤與！使我欣欣然而樂與！樂未畢也，哀又繼之。哀樂之來，吾不能禦；其去，弗能止。悲夫！世人直謂物逆旅耳！夫知遇而不知所不遇，知能能而不能所不能。無知無能者，固人之所不免也。夫務免乎人之所不免者，豈不亦悲哉！至言去言，至爲去爲。齊知之所知，則淺矣。"

《莊子·雜篇·徐無鬼》：仲尼之楚，楚王觴之，孫叔敖執爵而立，市南宜僚受酒而祭曰："古之人乎！於此言已。"

---

① "者"，郭沂曰："'者'《今注》《百子》本皆作'日'。"

② "不爲"，郭沂曰："'不爲'《今注》《百子》本皆作'爲不'。"

③ "猶其有物也"，郭沂曰："《今注》《百子》本重'猶其有物也'五字，當補。"

曰："丘也聞不言之言矣，未之嘗言，於此乎言之。市南宜僚弄丸而兩家之難解，孫叔敖甘寢秉羽而郢人投兵。丘願有喙三尺。彼之謂不道之道，此之謂不言之辯，故德總乎道之所一，而言休乎知之所不知，至矣。道之所一者，德不能同也；知之所不能知者，辯不能舉也。名若儒、墨而凶矣。故海不辭東流，大之至也。聖人并包天地，澤及天下，而不知其誰氏。是故生無爵，死無謚，實不聚，名不立，此之謂大人。狗不以善吠爲良，人不以善言爲賢，而況爲大乎！夫爲大不足以爲大，而況爲德乎！夫大備矣，莫大天地,① 然奚求焉而大備矣。知大備者，無求、無失、無棄，不以物易己也。反己而不窮，循古而不摩，大人之誠。"

《莊子·雜篇·則陽》：孔子之楚，舍於蟻丘之漿。其鄰有夫妻臣妾登極者，子路曰："是稯稯何爲者邪？"仲尼曰："是聖人僕也。是自埋於民，自藏於畔，其聲銷，其志無窮，其口雖言，其心未嘗言，方且與世違而心不屑與之俱。是陸沉者也，是其市南宜僚邪？"子路請往召之，孔子曰："已矣！彼知丘之著於己也，知丘之適楚也，以丘爲必使楚王之召己也，彼且以丘爲佞人也。夫若然者，其於佞人也羞聞其言，而況親見其身乎？而何以爲存？"子路往視之，其室虚矣。

《莊子·雜篇·則陽》：仲尼問於太師大弢、伯常騫、狶韋曰："夫衛靈公飲酒湛樂，不聽國家之政；田獵畢弋，不應諸侯之際。其所以爲靈公者，何邪？"大弢曰："是因是也。"伯常騫曰："夫靈公有妻三人，同濫而浴，史鰌奉御而進所，搏幣而扶翼，其慢若彼之甚也，見賢人若此其肅也，是其所以

① "莫"下，郭沂曰："《今注》《百子》本'莫'下皆有'若'。"

爲靈公也。”狶韋曰：“夫靈公也死，卜葬於故墓不吉，卜葬於沙丘而吉。掘之數仞，得石椁焉，洗而視之，有銘焉，曰：‘不馮其子，靈公奪而埋之。’① 夫靈公之爲靈也久矣，之二人何足以識之?”

《莊子·雜篇·外物》：老萊子之弟子出薪，遇仲尼。反以告曰：“有人於彼，修上而趨下，末僂而後耳，視若營四海，不知其誰氏之子?”老萊子曰：“是丘也，召而來!”仲尼至。曰：“丘，去汝躬矜，與汝容知，斯爲君子矣。”仲尼揖而退，蹙然改容而問曰：“業可得進乎?”老萊子曰：“夫不忍一世之傷，而驁萬世之患，抑固窶邪? 亡其略弗及邪? 惠以歡爲驁，終身之醜，中民之行進焉耳。相引以名，相結以隱。與其譽堯而非桀，不如兩忘而閉其所譽。② 反無非傷也，動無非邪也。聖人躊躇以興事，以每成功，奈何哉其載焉終矜爾!”

《莊子·雜篇·盜跖》：孔子與柳下季爲友。柳下季之弟名曰盜跖。盜跖從卒九千人，橫行天下，侵暴諸侯，穴室樞户，驅人牛馬，取人婦女，貪得忘親，不顧父母兄弟，不祭先祖。所過之邑，大國守城，小國入保，萬民苦之。孔子謂柳下季曰：“夫爲人父者，必能詔其子；爲人兄者，必能教其弟。若父不能詔其子，兄不能教其弟，則無貴父子兄弟之親矣。今先生，世之才士也，弟爲盜跖，爲天下害而弗能教也，丘竊爲先生羞之! 丘請爲先生往説之。”柳下季曰：“先生言爲人父者必能詔其子，爲人兄者必能教其弟；若子不聽父之詔，弟不

---

① “奪而埋之”，原注：“一本作‘奪而里之’。”

② “閉其所譽”，郭沂曰：“馬叙倫曰在：‘所’蓋‘非’字之訛也。《今注》曰：當作‘閉其所非譽’。”

受兄之教，雖今先生之辯，將奈之何哉？且跖之爲人也，心如涌泉，意如飄風，強足以距敵，辯足以飾非，順其心則喜，逆其心則怒，易辱人以言。先生必無往。”孔子不聽，顔回爲馭，子貢爲右，往見盜跖。盜跖乃方休卒徒大山之陽，膾人肝而餔之。孔子下車而前，見謁者曰：“魯人孔丘聞將軍高義，敬再拜謁者。”謁者入通。盜跖聞之大怒，目如明星，髮上指冠，曰：“此夫魯國之巧僞人孔丘非邪！爲我告之：爾作言造語，妄稱文武，冠枝木之冠，帶死牛之脅，多辭謬説，不耕而食，不織而衣，摇脣鼓舌，擅生是非，以迷天下之主，使天下學士不反其本，妄作孝弟，而儌倖於封侯富貴者也。子之罪大極重，疾走歸！不然，我將以子肝益晝餔之膳。”孔子復通曰：“丘得幸於季，願望履幕下。”謁者復通。盜跖曰：“使來前！”孔子趨而進，避席反走，再拜盜跖。盜跖大怒，兩展其足，案劍瞋目，聲如乳虎，曰：“丘來前！若所言順吾意則生，逆吾心則死！”孔子曰：“丘聞之，凡天下有三德：生而長大，美好無雙，少長貴賤見而皆悦之，此上德也；知維天地，能辯諸物，此中德也；勇悍果敢，聚衆率兵，此下德也。凡人有此一德者，足以南面稱孤矣。今將軍兼此三者，身長八尺二寸，面目有光，脣如激丹，齒如齊貝，音中黄鍾，而名曰盜跖，丘竊爲將軍耻不取焉！將軍有意聽臣，臣請南使吴、越，北使齊、魯，東使宋、衛，西使晋、楚，使爲將軍造大城數百里，立數十萬户之邑，尊將軍爲諸侯，與天下更始，罷兵休卒，收養昆弟，共祭先祖。此聖人才士之行，而天下之願也。”盜跖大怒，曰：“丘來前！夫可規以利而可諫以言者，皆愚陋恒民之謂耳。今長大美好，人見而説之者，此吾父母之遺德也，丘雖不吾譽，吾獨不自知邪？且吾聞之：好面譽人者，亦好背而毁之。

今丘告我以大城衆民，是欲規我以利，而恒民畜我也，安可長久也？城之大者，莫大乎天下矣。堯、舜有天下，子孫無置錐之地；湯、武立爲天子，而後世絶滅，非以其利大故邪？且吾聞之：古者禽獸多而人民少，於是皆巢居以避之，晝拾橡栗，暮栖木上，故命之曰有巢氏之民。古者民不知衣服，夏多積薪，冬則煬之，故命之曰知生之民。神農之世，卧則居居，起則于于，民知其母，不知其父，與麋鹿共處，耕而食，織而衣，無有相害之心，此至德之隆也。然而黄帝不能致德，與蚩尤戰於涿鹿之野，流血百里。堯、舜作，立群臣，湯放其主，武王殺紂。自是之後，以强陵弱，以衆暴寡。湯、武以來，皆亂人之徒也。今子修文、武之道，掌天下之辯，以教後世，縫衣淺帶，矯言僞行，以迷惑天下之主而欲求富貴焉，盜莫大於子！天下何故不謂子爲盜丘而乃謂我爲盜跖？子以甘辭説子路而使從之，使子路去其危冠，解其長劍，而受教於子，天下皆曰：'孔丘能止暴禁非，其卒之也，子路欲殺衛君而事不成，身菹於衛東門之上，是子教之不至也！'子自謂才士聖人邪？則再逐於魯，削迹於衛，窮於齊，圍於陳、蔡，不容身於天下。子教子路菹此患，上無以爲身，下無以爲人，[①] 子之道豈足貴邪？世之所高，莫若黄帝，黄帝尚不能全德而戰涿鹿之野，流血百里。堯不慈，舜不孝，禹偏枯，湯放其主，武王伐紂，文王拘羑里。[②] 此六子者，世之所高也，孰論之，皆以利惑其真而强反其情性，其行乃甚可羞也！世之所謂賢士伯夷、

① “子教子路菹此患上無以爲身下無以爲人”，郭沂曰：“‘子教子路菹此患上無以爲身下無以爲人’馬叙倫以爲衍文。”

② “文王拘羑里”，郭沂曰：“‘文王拘（郭沂“拘”誤作“拍”）羑里’李勉云衍文。”

叔齊，[1] 伯夷、叔齊辭孤竹之君，而餓死於首陽之山，骨肉不葬；鮑焦飾行非世，抱木而死；申徒狄諫而不聽，負石自投於河，爲魚鱉所食；介子推至忠也，自割其股以食文公，文公後背之，子推怒而去，抱木而燔死；尾生與女子期於梁下，女子不來，水至不去，抱梁柱而死。此四者，[2] 無異於磔犬、流豕、操瓢而乞者，皆離名輕死，不念本養壽命者也。世之所謂忠臣者，莫若王子比干、伍子胥。子胥沉江，比干剖心，[3] 此二子者，世謂忠臣也，然卒爲天下笑。自上觀之，至于子胥、比干，皆不足貴也。丘之所以説我者，若告我以鬼事，則我不能知也；若告我以人事者，不過此矣，皆吾所聞知也。今吾告子以人之情：目欲視色，耳欲聽聲，口欲察味，志氣欲盈。人上壽百歲，中壽八十，下壽六十，除病瘐、死喪、憂患，其中開口而笑者，一月之中不過四五日而已矣。天與地無窮，人死者有時，操有時之具而托於無窮之間，忽然無異騏驥之馳過隙也。不能悦其志意，養其壽命者，皆非通道者也。丘之所言，皆吾之所棄也。亟去走歸，無復言之！子之道狂狂伋伋，[4] 詐巧虚僞事也，非可以全真也，奚足論哉！”孔子再拜，趨走，出門上車，執轡三失，目芒然無見，色若死灰，據軾低頭，不能出氣。歸到魯東門外，適遇柳下季。柳下季曰：“今者闕然數日不見，車馬有行色，得微往見跖邪？”孔子仰天而嘆曰：“然！”柳下季曰：“跖得無逆汝意若前乎？”孔子曰：“然。丘所謂無病而自灸也！疾走料虎頭，編虎須，幾不免虎口哉！”

---

① “伯夷叔齊”前，郭沂曰：“《今注》‘伯夷、叔齊’前有‘莫若’二字。”

② “此四者”，郭沂曰：“《今注》作‘此六子者’，是也。”

③ “干”，原作“于”，據《二十二子》本《孔子集語》改。

④ “伋伋”，郭沂曰：“‘伋’一本作‘汲’。”

《莊子·雜篇·漁父》：孔子游乎緇帷之林，休坐乎杏壇之上，弟子讀書。孔子弦歌鼓琴，奏曲未半，有漁父者下船而來，須眉交白，被髮揄袂，行原以上，距陸而止，左手據膝，右手持頤以聽，曲終而招子貢、子路。二人俱對，客指孔子曰："彼何爲者也？"子路對曰："魯之君子也。"客問其族，子路對曰："族孔氏。"客曰："孔氏者，何治也？"子路未應，子貢對曰："孔氏者，性服忠信，身行仁義，飾禮樂，選人倫，上以忠於世主，下以化於齊民，將以利天下。此孔氏之所治也。"又問曰："有土之君與？"子貢曰："非也。""侯王之佐與？"子貢曰："非也。"客乃笑而還行，言曰："仁則仁矣，恐不免其身，苦心勞形，以危其真，嗚呼遠哉！其分於道也。"子貢還報孔子，孔子推琴而起曰："其聖人與！"乃下求之，至於澤畔，方將杖拏而引其船，顧見孔子，還鄉而立，孔子反走，再拜而進。客曰："子將何求？"孔子曰："曩者先生有緒言而去，丘不肖，未知所謂，竊待於下風，幸聞咳唾之音，以卒相丘也。"客曰："嘻！甚矣，子之好學也！"孔子再拜而起曰："丘少而修學以至于今六十九歲矣！無所得聞至教，敢不虛心！"客曰："同類相從，同聲相應，固天之理也。吾請釋吾之所有而經子之所以。子之所以者，人事也。天子、諸侯、大夫、庶人，此四者自正，治之美也；四者離位，而亂莫大焉。官治其職，人憂其事，① 乃無所陵。故田荒室露，衣食不足，徵賦不屬，妻妾不和，長少無序，庶人之憂也。能不勝任，官事不治，行不清白，群下荒怠，功美不有，爵祿不持，大夫之憂也。廷無忠臣，國家昏亂，工技不巧，貢職不美，春秋後

① "憂"，郭沂曰："'憂'一作'處'。于省吾曰：作'處'是也。"

倫，不順天子，諸侯之憂也。陰陽不和，寒暑不時，以傷庶物，諸侯暴亂，擅相攘伐，以殘民人，禮樂不節，財用窮匱，人倫不飭，百姓淫亂，天子有司之憂也。① 今子既上無君侯有司之勢，而下無大臣職事之官，而擅飾禮樂，選人倫，以化齊民，不泰多事乎？且人有八疵，事有四患，不可不察也。非其事而事之，謂之總；莫之顧而進之，謂之佞；希意道言，謂之諂；不擇是非而言，謂之諛；好言人之惡，謂之讒；析交離親，謂之賊；稱譽詐僞以敗惡人，謂之慝；不擇善否，兩容顔適，② 偷拔其所欲，謂之險。此八疵者，外以亂人，内以傷身，君子不友，明君不臣。所謂四患者，好經大事，變更易常，③ 以挂功名，謂之叨；專知擅事，侵人自用，謂之貪；見過不更，聞諫愈甚，謂之很；人同於己則可，不同於己，雖善不善，謂之矜。此四患也。能去八疵，無行四患，而始可教已。”孔子愀然而嘆，再拜而起曰：“丘再逐於魯，削迹於衛，伐樹於宋，圍於陳、蔡。丘不知所失，而離此四謗者，何也？”客淒然變容，曰：“甚矣，子之難悟也！人有畏影惡迹而去之走者，舉足愈數而迹愈多，走愈疾而影不離身，自以爲尚遲，疾走不休，絶力而死，不知處陰以休影，處静以息迹，愚亦甚矣！子審仁義之間，察同異之際，觀動静之變，適受與之度，理好惡之情，和喜怒之節，而幾於不免矣。謹修而身，慎守其真，還以物與人，則無所累矣。今不修之身而求之人，不亦外乎！”孔子愀然曰：“請問何謂真？”客曰：“真者，精誠之至

① “有司”，郭沂曰：“‘有司’二字，馬叙倫曰衍。”
② “顔”，郭沂曰：“《今注》《百子》本‘顔’作‘頬’。”
③ “易”，《二十二子》本《孔子集語》作“身”。

也。不精不誠，不能動人。故強哭者，雖悲不哀；強怒者，雖嚴不威；強親者，雖笑不和。真悲無聲而哀，真怒未發而威，真親未笑而和。真在内者，神動於外，是所以貴真也。其用於人理也，事親則慈孝，事君則忠貞，飲酒則歡樂，處喪則悲哀。忠貞以功爲主，飲酒以樂爲主，處喪以哀爲主，事親以適爲主。功成之美，無一其迹矣；事親以適，不論所以矣；飲酒以樂，不選其具矣；處喪以哀，無問其禮矣。禮者，世俗之所爲也；真者，所以受於天也，自然不可易也。故聖人法天貴真，不拘於俗；愚者反此，不能法天而恤於人，不知貴真，禄禄而受變於俗，故不足。惜哉！子之蚤湛於人僞，而晚聞大道也。”孔子又再拜而起曰：“今者丘得遇也，[①] 若天幸然。先生不羞而比之服役而身教之。敢問舍所在，請因受業而卒學大道。”客曰：“吾聞之：可與往者與之，至於妙道；不可與往者，不知其道，慎勿與之，身乃無咎。子勉之！吾去子矣！吾去子矣！”乃刺船而去，延緣葦間。顔淵還車，子路受綏，[②] 孔子不顧，待水波定，不聞挐音，而後敢乘。子路旁車而問曰：“由得爲役久矣，未嘗見夫子遇人如此其威也。萬乘之主，千乘之君，見夫子未嘗不分庭伉禮，夫子猶有倨傲之容。今漁父杖挐逆立，而夫子曲要磬折，再拜而應，[③] 得無太甚乎？門人皆怪夫子矣，漁父何以得此乎？”孔子伏軾而嘆曰：“甚矣，由之難化也！湛於禮義有間矣，而樸鄙之心至今未去。進！吾語汝。夫遇長不敬，失禮也；見賢不尊，不仁也。彼非至仁，

---

① “遇”，原注：“一作‘過’。”

② “受”，郭沂曰：“《今注》《百子》本‘受’作‘授’。”

③ “再”，原作“言”，據《二十二子》本《孔子集語》改。

不能下人；下人不精，不得其真，故長傷身。惜哉！不仁之於人也，禍莫大焉，而由獨擅之！且道者，萬物之所由也，庶物失之者死，得之者生；爲事逆之則敗，順之則成。故道之所在，聖人尊之。今漁父之於道，可謂有矣，吾敢不敬乎？”

《莊子·雜篇·列御寇》：魯哀公問於顏闔曰：“吾以仲尼爲貞幹，國其有瘳乎？”曰：“殆哉汲乎！① 仲尼方且飾羽而畫，從事華辭，以支爲旨，忍性以視民，而不知不信，愛乎心，宰乎神，夫何足以上民？彼宜女與？予頤與？誤而可矣。今使民離實學僞，非所以視民也。爲後世慮，不若休之難治也。施於人而不忘，非天布也。商賈不齒，雖以士齒之，神者弗齒。爲外刑者，金與木也；爲内刑者，動與過也。宵人之離外刑者，金木訊之；② 離内刑者，陰陽食之。夫免乎外内之刑者，唯真人能之。”

《繹史·孔子類記》四引《莊子》：孔子舍於沙丘，見主人，曰：“辯士也。”子路曰：“夫子何以識之？”曰：“其口窮踦，其鼻空大，其服博，其睫流，其舉足也高，其踐地也深，鹿合而牛舍。”③

《韓非子·内儲説上》：殷之法，刑棄灰於街者。子貢以爲重，問之仲尼。仲尼曰：“知治之道也。夫棄灰於街必掩人，④ 掩人，人必怒，怒則鬥，鬥必三族相殘也。此殘三族之道也，雖刑之可也。且夫重罰者，人之所惡也；而無棄灰，人之所易也。使人行之所易，而無離所惡，此治之道。”一曰：

① “汲乎”，原注：“明本作‘圾乎’。”
② “訙”，原注：“注同，又作‘訊’。”
③ “孔子舍於沙丘”至“鹿合而牛舍”條，原注：“今本無。”
④ “必掩”，原注：“《史記·李斯傳》正義引作‘必燔’。”

“殷之法，棄灰於公道者斷其手。”子貢曰：“棄灰之罪輕，斷手之罰重，古人何太毅也？”曰：“無棄灰，所易也；斷手，所惡也。行所易，不關所惡，故人以爲易，[1] 故行之。”

《公孫龍子·迹府》：楚王張繁弱之弓，載忘歸之矢，以射蛟兕於雲夢之圃，而喪其弓。左右請求之，王曰：“止。楚人遺弓，楚人得之，又何求焉？”[2] 仲尼聞之曰：“楚王仁義而未遂也。亦曰‘人亡弓，人得之’而已，何必楚？”

《吕氏春秋·孟春紀·貴公》：荆人有遺弓者而不肯索，曰：“荆人遺之，荆人得之，又何索焉？”孔子聞之曰：“去其荆而可矣。”

《説苑·至公》：楚共王出獵而遺其弓，左右請求之。共王曰：“止！楚人遺弓，楚人得之，又何求焉？”仲尼聞之曰：“惜乎其不大！亦曰‘人遺弓，人得之’而已，何必楚也？”

《吕氏春秋·孝行覽·必己》：孔子行道而息，馬逸，食人之稼，野人取其馬。子貢請往説之，畢辭，野人不聽。有鄙人始事孔子者曰：“請往説之。”因謂野人曰：“子不耕於東海，吾不耕於西海也，吾馬何得不食子之禾？”其野人大説，相謂曰：“説亦皆如此其辯也，獨如向之人？”解馬而與之。

---

① “故”,《諸子集成》本《韓非子》作“古”。郭沂曰:“《校注》《百子》本‘故’皆作‘古’。”

② “焉”,郭沂曰:“‘焉’《四庫》《百子》本皆作‘乎’。”

《淮南子·人間訓》：孔子行游，馬失，食農夫之稼。野人怒，取馬而繫之。子貢往説之，卑辭而不能得也。孔子曰："夫以人之所不能聽説人，譬以太牢享野獸，以《九韶》樂飛鳥也。予之罪也，非彼人之過也。"乃使馬圉往説之。至，見野人曰："子耕於東海，至於西海，吾馬之失，安得不食子之苗？"野人大喜，解馬而與之。

《論衡·自然》：宋人或刻木爲楮葉，① 三年乃成。孔子曰："使地三年乃成一葉，則萬物之有葉者寡矣。"②

《御覽》六百十六引《神仙傳》：孔子讀書，老子見而問曰："是何書也？"曰："禮也。③ 聖人亦讀之。"老子云：④"聖人可也，汝曷爲復讀之？"⑤

---

① "葉"下，據《諸子集成》《四部叢刊》《四庫全書》本《論衡》當有"者"字。郭沂曰："《注釋》《百子》本下皆有'者'字。"

② "宋人或刻木爲楮葉"至"則萬物之有葉者寡矣"條，原注："案《列子·説符》亦有此語。"

③ "禮"，《四庫全書》本《御覽》作"易"。

④ "云"，《四庫全書》本《御覽》作"曰"。

⑤ "復"，《四庫全書》本《御覽》無。

附録一

《〈孔子集語〉補遺》一卷[①]

王仁俊

勸學一

《北堂書鈔·禮儀部》：仲尼曰："面貌不足見也，先視天下不見稱也，[②] 然而名顯天下，聞於四方，其惟學者乎！"

孝本二

《後漢書·韋彪傳》：孔子云："求忠臣必於孝子之門。"[③]

《説苑·建本》篇：孔子曰："君子務本，本立而道生。夫本不正者末必倚，始不盛者終必衰。《詩》云：'原隰既平，

---

① 《〈孔子集語〉補遺》一卷，所據底本爲國家圖書館藏清光緒三十二年(1906)吴縣王仁俊正學堂刊本。

② "先視"，王仁俊曰："按'先視'二字不可解，當是'祖'字之誤，《韓詩外傳》六作'宗祖不足道也'、《説苑·建本》作'先祖不足稱也'是也。此本《尸子》所引。"

③ 關於此條，王仁俊曰："此《孝經緯》之文也。"郭沂曰："今按：中華書局《後漢書》'孔子云'作'孔子曰'，'求忠臣必於孝子之門'前尚有'事親孝故忠，可移於君，是以'十一字。"

泉流既清。’本立而道生。”①

《後漢書·延篤傳》云：夫仁人之有孝，猶四體之有心腹、枝葉之有根本也。聖人知之，故曰：“夫孝，天之經也，地之義也，人之行也。”“君子務本，本立而道生。孝悌也者，其爲仁之本歟！”②

五性三

《逸琱玉集》十二引古傳：路婦，不知何處人也。孔子游行見之，頭戴烏牙櫛，謂諸弟子曰：“誰能得之？”顔淵曰：“回能得之。”即往至婦人前，跪曰：“吾有俳個之山，百草生其上，有枝而無葉，萬獸集其裹，有飲而無食，故從夫人借羅網而捕之。”婦人取櫛與之。顔淵曰：“夫人不問由委，乃取櫛與回，何也？”婦人答曰：“俳佪之山，是君頭也；百草生其上，有枝而無葉者，是君髪也；萬獸集其裹者，是君虱也；借網捕之者，是吾櫛也。以故取櫛與君。何怪之有？”顔淵嘿然

① 關於此條，李滋然《商正》曰：“按孫書大例，《易》《禮小戴》《春秋左氏》《孝經》《論語》《孟子》《家語》《孔叢子》《史記·孔子世家》《弟子列傳》諸書爲舉世誦習通行者，均不輯載。元著《集語補遺》一依孫書通例。‘君子務本’二句乃《論語》原文，‘夫本不正’以下并非孔子之言（《説苑》他篇亦有引《論語》與此條同文例者。《復恩篇》：‘孔子曰：“德不孤，必有鄰。”夫施德者貴不德，受恩者尚必報。是故臣勞勤以爲君，而不求其賞；君特施以牧下，而無所德。《易》曰：“勞而不怨，有功而不德，厚之至也。”’皆《説苑》引《論語》，而自斷以‘夫’字。引《詩》，引《易》，皆證明《論語》之旨也。如謂‘大’字以下至引《詩》引《易》，均屬孔子之言，則《復恩篇》引《易》以下，‘北方有獸’以上，何以又有‘孔子曰’三字，不幾贅乎？元著之誤，沿于薛書。薛氏直將劉向引《論語》引《詩》之言，全行删去，而以‘本不正者末必倚’下至‘貴建本而重其始’均爲孔子之言，其謬誤尤甚），即附列之《後漢·延篤傳》所引亦全係《論語》（元著引《延篤傳》云：‘夫仁人有孝，猶四體之有心腹，枝葉之有根本也。聖人知之，故曰：夫孝，天之經也，地之義也，人之行也；君子務本，本立而道生；孝悌也者，其爲人之本歟？’），若此類悉爲登載，是自亂其例也。”

② “仁”，原作“人”，據《後漢書·延篤傳》《論語·學而》篇改。

而退。孔子聞之，曰：“婦人之智尚爾，況於學士者乎!”

六藝四

陳耀文《天中記》:《論語比考緯》曰：“孔子讀《易》，韋編三絶，鐵擿三折，漆書三滅。”①

《淮南·繆稱》：魯以偶人，② 而孔子嘆。

《公羊·隱元年》疏引《春秋説》：孔子欲作《春秋》，卜之，③ 得陽豫之卦。④

《魏書·高允傳》：箕子陳《謨》而《洪範》作，宣尼述史而《春秋》著，皆所以彰明列辟，景測皇天者也。

《論衡·超奇篇》：孔子之《春秋》，素王之業也。

主德五

唐太宗金鏡：孔子曰：“夫文之所加者深，則武之所服者大；德之所施者博，則武之所制者廣。”

《古文苑》朱敬則《陳武論》：孔子曰：“夏道不亡，商德

① 關於此條，王仁俊曰：“按《古微書》同此條。本當入雜事，因孫氏據《抱樸·内篇·袪惑》引此入《六藝》，故依其例。”李滋然《商正》曰：“元著謂：‘當入雜事，因孫氏據《抱樸·内篇·袪惑》引入《六藝》，故依其例。’（按《抱朴子·内篇》無‘漆書三滅’句）按此述孔子學《易》之勤，非孔子之語（孫瑴《古微書》引《比考讖》亦謂‘孔子讀《易》’云云，不以爲孔子語），自以入《雜事》爲正，此審詳過於孫本者也。按此條既著《抱朴》，應以爲綱。《天中記》，明時類書，宜歸附見。”

② “人”，郭沂曰：“諸本‘人’下有‘葬’字，當補。”

③ “之”，郭沂曰：“《十三經注疏》本《春秋公羊傳注疏》無‘之’字。”

④ 關於此條，王仁俊曰：“按《路史·後紀三》羅苹注略同。”李滋然《商正》曰：“此《春秋緯·演孔圖》文。考《儀禮·士冠禮》疏引《春秋演孔圖》云：‘孔子修《春秋》，九月而成，卜之，得陽豫之卦。’（哀十四年《公羊傳》疏引《演孔圖》云：‘獲麟而作《春秋》，九月書成。’《路史·後紀》卷三羅苹注：‘孔子修《春秋》，九月而成，卜之，得陽豫之卦。’《路史》及《儀禮正義》均約二節爲一節，《公羊》隱元年、哀十四年兩疏分而爲二耳，非有別見之異本也。）孫氏既據賈疏、羅注采録全文，似不宜再據《公羊》隱哀傳疏重行節録也。”郭沂曰：“今按，參閱本書《例言》注一。”

不作；商道不亡，周德不作。”

《潛夫論·慎微》篇：仲尼曰：“湯武非一善而王也，桀紂非一惡而亡也，三代之廢興也，在其所積。積善多者，雖有一惡，是爲過失，未足以亡；積惡多者，雖有一善，是爲誤中，未足以存。”①

《御覽》六百三十三引《慎子》：孔子曰：“有虞氏不賞不罰，夏后氏賞而不罰，殷人罰而不賞，周人賞且罰。罰，禁也；賞，使也。”

《初學記》十六引《尸子》：孔子曰：“若鄭簡公之好學，② 雖抱鐘而朝可也。”

臣術六

《史記·商君傳》：孔丘有言曰：“推賢而戴者進，聚不肖而王者退。”

交道七

韓鄂《歲時紀·麗假》篇：孔子將行而無蓋，門人曰：“商有之。”孔子曰：“商之爲人甚悋於財。”③

論人八

《説苑·權謀篇》：孔子曰：“聖人轉禍爲福，報怨以德。”④

《古文苑》徐彦伯《樞密論》：孔子曰：“終日行，不遺己

① 關於此條，郭沂曰：“孫書已輯此條。”

② “學”，郭沂曰：“中華書局《初學記》《百子》本《尸子》‘學’皆作‘樂’，是也。”

③ 關於此條，郭沂曰：“見《歲時紀麗·卷二·雨》‘假蓋’下注。”

④ “聖人轉禍爲福報怨以德”，王仁俊曰：“按《史記·管晏傳》：‘其爲政也，因禍而爲福。’《後漢書·郅惲傳》：‘轉禍爲福。’《馮衍傳》：‘聖人轉禍爲福。’”

患；終日言，不遺己憂。”又云：“終身爲善，一言敗之，惜也。”

《劉子》卷四《薦賢章》云：昔子貢問於孔子曰：“誰爲大賢？”子曰：“齊有鮑叔，鄭有子皮。”子貢曰：“齊無管仲，鄭無子産乎？”子曰：“吾聞進賢爲賢，排賢爲不肖。”①

《劉子》卷四《薦賢章》云：臧文仲不顯展禽，仲尼謂之竊位。袁注曰：“展禽名柳下，嘗三爲士師，無喜色；三已之，無愠色。孔子知其清潔，乃以兄女妻之，時人始知其賢也。”

《吕氏春秋·精諭》：② 孔子曰：“淄、澠之合者，易牙嘗而知之。”③

《初學記》二十七引《保乾圖》：孔子曰：“吐珠於澤，誰

① 關於此條，李滋然《商正》曰：“按孫本輯入《臣術篇》，以《韓詩外傳》爲綱，《説苑·臣術》《劉子·薦賢》均入附列。元著專列《劉子》，不得不改厠於《論人篇》，而又未考其爲孫本已輯也。”

② “精諭”，郭沂曰：“見《審應覽》。”

③ 關於此條，李滋然《商正》曰：“原本《列子·説符》凡三百三十五字，《吕氏春秋》引入《精諭篇》，全同《列子》，省録者不過末段五十餘字（《列子·説符》：白公問孔子曰：‘人可與微言乎？’孔子不應。白公問曰：‘若以石投水，何如？’孔子曰：‘吴之善没者能取之。’曰：‘若以水投水，何如？’孔子：‘淄澠之合，易牙嘗而知之。’白公曰：‘人故不可與微言乎？’孔子曰：‘何爲不可？唯知言之謂者乎。夫知言之謂者，不以言言也。爭魚者濡，逐獸者趨，非樂之也。故至言去言，至爲無爲。夫淺知之所爭者，末矣。’白公不得已，遂死於浴室。《吕氏春秋·精諭》詞亦全與《説符》同，惟《列子》‘夫知言之謂者’以下五十一字，《吕氏春秋》無之）。孫書於兩篇均采輯全文，元著乃獨取此二句補輯專條，而前後孔子與白公問答之言，均置弗録。校以孫書，既涉重復；考之《吕》《列》，又多罣漏，尤爲誤中之誤。”

能不含?"①

《後漢書·李固傳》:孔子曰:"智者見變思刑,愚者睹怪諱名。"

《鹽鐵論》:孔子曰:"不通於論者難於言治,道不同者不相與謀。"②

《鹽鐵論·大論篇》:孔子曰:"進見而不以能往者,非賢士、才女也。"③

《御覽》三十七引《申子》:子張見魯哀公,七日不見禮,托僕夫而去。曰:"臣聞君好士,舍重趼來見,七日而不禮。君之好士也,有似葉公子高之好龍也。葉公子高好龍,居室雕文以象龍。天龍聞而下之,窺頸於牖,拖尾於堂。葉公見之,棄而還走,失其魂魄。是葉公非好龍也,好夫似龍而非龍者也。今臣聞君好士,不遠千里而見君,七日不禮。君非好士也。"子張以告夫子,子曰:"彼好夫士而非士者也。"④

論政九

《書大傳·周傳》:子張曰:"堯舜之王,一人不刑而天下

① 關於此條,王仁俊曰:"按《後漢書·翟酺傳》同。"李滋然《商正》曰:"考《後漢書·翟酺傳》注引《春秋保乾圖》曰:'臣功大者主威侵,權并族害己奸行,吐珠於澤,誰能不舍?'無'孔子曰'字。惟《傳》内翟酺上疏引此文,乃有'孔子曰'三字,故孫本據以采入《主德篇》,不以《春秋緯》爲綱也。元著輯入《論人》篇者,迨未知孫書已輯,而又望文生義,不及考《緯書》上二句全文,以故重復錯列,不能如孫本之詳慎也。"郭沂曰:"今按:《商正》所引之'舍'乃'含'字之誤。又,中華書局本《初學記》所引亦無'孔子曰'三字。"

② 關於此條,郭沂曰:"見《憂邊》篇。"

③ 關於此條,郭沂曰:"《校注》以爲當爲'孔子不以因進見而能往者,非賢士、才女也'。"

④ 關於此條,王仁俊曰:"按《御覽》卷九百二十引《莊子》同。"郭沂曰:"今按,當爲卷九百二十九,文字有異。"

治，何則？教誠而愛深也。今一夫而被此五刑，子龍子曰：‘未可謂能爲書。’”孔子曰：“不然也，五刑有此教。”①

《儀禮·士相見禮》疏引《論語·鄉黨》：孔子與君圖事于庭，圖政于堂。②

《繹史·孔子類記》一引《説苑》：孔子生於亂世，莫之能容也。故言行於君，澤加於民，然後仕；言不行於君，澤不加於民，則處。孔子天覆之心，③挾仁聖之德，憫時俗之污泥，傷紀綱之廢壞，服重歷，遠周流，歷聘乃俟幸，④施道以子百姓，而當世諸侯莫能任用，是以德積而不肆，大道屈而不伸，海内不蒙其化，群生不被其恩，故喟然嘆曰：“而有用我者，則吾其爲東周乎？”故孔子行説，非欲私身，運德於一城，將欲舒之於天下，而建之於群生者耳。

《隋書·刑法志》：孔子曰：“刑德及諸政，⑤政亂及諸身。”

杜牧《罪言》：孔子曰：“古之聽獄者求所以生之，今之聽獄求所以殺之。”⑥

《漢書·刑法志》：孔子曰：“古之知法者能省刑，本也；

---

① 關於此條，郭沂曰：“見《尚書大傳》卷二。”

② “政”，郭沂曰：“《十三經注疏》‘政’作‘事’。”

③ “孔子”下，郭沂曰：“《四庫》本《繹史》‘孔子’下有‘懷’字，當補。”

④ “歷”，郭沂曰：“《四庫》本《繹史》‘歷’作‘應’。”

⑤ “德”，郭沂曰：“中華書局《隋書》‘德’作‘亂’。”

⑥ “獄”下，德凌按：據上文“古之聽獄者”及《漢書·刑法志》之文，可知“獄”下當有“者”字。關於此條，李滋然《商正》曰：“此即節引下條《漢書·刑法志》之文，孫書已輯全文（又《尚書大傳》‘今之聽民者求所以殺之，古之聽民者求所以生之’爲《漢書·刑法志》所本，孫氏亦另輯專條）。元著據杜牧《罪言》割裂後四句輯爲一條，不特重復孫書，即證以本書下條，亦蹈連文疊見之失。”郭沂曰：“今按，查《全唐文》卷七五四杜牧《罪言》無此語。又，參閲本書《例言》注一。”

今之知法者不失有罪，末矣。”又曰：“今之聽獄者求所以殺之，古之聽獄者求所以生之。”

博物十

《劉子》卷九《禍福章》云：昔人有白犢之祥，① 而有失明之禍；雖有失明之禍，以至獲全之福。袁注：宋國人家有黑牛，生白犢，往問孔子。孔子曰：“是祥也。”後乃殺之，將祭祀，牛主兒失右眼。後更生白犢，又往問孔子。孔子曰：“祥也。”又殺之，其牛主兒復失左眼。後楚攻宋，宋人盡投作兵，戰死並盡，惟有其人父子目盲，② 並得存於命也。

桓譚《新論》：孔子名牲牲，③ 聞野人而知之。④

《玉燭寶典》五引《禮稽命徵》曰：孔子謂子夏曰：“鸜鵒至，非中國之禽也。”⑤

師曠《禽經》：而舞則雨。⑥ 注曰：一足鳥，一名商羊，⑦

---

① “昔”下，郭沂曰：“諸本‘昔’下皆有‘宋’字，當補。”

② “盲”，王仁俊曰：“按‘盲’，宋本作‘育’，誤。”李滋然《商正》曰：“此襲用《列子·説符》之文而略有省易。(《説符》原本：‘宋人有好行仁義者，三世不懈，家無故黑牛生白犢，以問孔子。孔子曰：“此吉祥也。”以薦上帝。居一年，其父無故而盲。其牛又復生白犢，其父又復令其子問孔子。其子曰：“前問之而失明，又何問乎？”父曰：“聖人之言，先迕後合，其事未究，姑復問之。”其子又復問孔子，孔子曰：“吉祥也。”復教以祭。其子歸，致命。其父曰：“行孔子之言也。”居一年，其子又無故而盲。其後楚攻宋，圍其城，民易子而食之，析骸而炊之。丁壯者皆乘城，而戰死者大半。此人以父子有疾皆免，及圍解而疾俱復。’)孫書已據《列子》輯入《雜事篇》，其不附列此條而疏證其異同者，孫書之例，專搜古籍遺文，其唐宋以後疏釋正義非援引古書者，概不濫及。今考全書采録《劉子》者凡四事，從無一語兼及袁注者，至謹嚴也。”

③ “牲牲”，德凌按：當爲狌狌。

④ 關於此條，郭沂曰：“《集成》《備要》本《新論》皆無此語，蓋佚文。”

⑤ 關於此條，李滋然《商正》曰：“孫書已輯。”

⑥ “而”，郭沂曰：“《百川學海·禽經》‘而’作‘雨’，是也。”

⑦ “羊”下，郭沂曰：“《百川學海·禽經》下有‘字統曰商羊’五字。”

一名雨。天將雨，則飛鳴。孔子辨之於齊廷也。

《大戴禮》十二盧注引《韓詩傳》：鶬鴰胎生。孔子渡江，見而異之。①

事譜十一

《劉子》卷七《慎隟章》云：② 昔仲尼觀欹器而革容。袁注：周公廟中有祭器，常傾欹不正，號之欹器。太滿則傾，不滿亦欹，惟平則正矣。孔子於周公廟見之，問主器曰："此器何名？"曰："欹器。"孔子曰："吾聞欹器，太滿則傾，不滿亦欹，惟平則正。"③

宋唐庚《三國雜事》卷下引：孫盛評曰："子路私饋，仲尼毁其食器。"

《公羊·定十二年傳》：曷爲帥師墮費？④ 孔子行乎季孫，三月不違，曰："家不藏甲，邑無百仞之城。"⑤ 於是帥師墮郈，帥師墮費。

《劉子·心隱》又云：若子貢始事孔子，一年自謂勝之，二年以爲同德，三年方知不及。

《劉子·心隱》袁注：孔子爲魯司寇，語魯定公曰："勇

---

① 關於此條，郭沂曰："《叢書集成·大戴》禮記盧辯注無此語。"

② "慎隟章"，郭沂曰："應爲《誡盈章》。"

③ 關於此條，李滋然《商正》曰："《荀子·宥坐篇》《淮南子·道應訓》《韓詩外傳》三、《説苑·敬慎篇》均述孔子觀欹器一事，而文加詳。四篇孫氏均采輯，袁注《劉子》不過就四篇而略有省易，非别有見本也。元著據袁注以輯爲專條，意似補孫書之闕，實則拾孫書所棄耳。"郭沂曰："今按，依海甯陳氏影印《劉子袁注》，此後當補'孔子於是發嘆改其心，噓曰："古人制之，以約後代人慎傾滿，使各得其分也。"'一段。"

④ "帥師墮費"，郭沂曰："《十三經注疏》重'帥師墮費'四字。"

⑤ "仞"，郭沂曰："《十三經注疏》'仞'作'雉'。"

而有謀，此亂天下也。君可殺之。”定公誅少正卯也。①

《繹史·孔子類記》一引《琴操》:《猗蘭操》，孔子所作也。孔子歷聘諸侯，諸侯莫能任。自衛反魯，幽谷之中，見幽蘭獨秀，② 喟然嘆曰:“夫蘭當爲王者香，今乃與衆草爲伍!”乃止車，援琴鼓之，自傷不逢時，托辭于香蘭云:“習習谷風，以陰以雨。之子于歸，遠送于野。從如蒼天，不得其所。逍遥九州，無所定處。時人闇蔽，不知賢者。年紀逝邁，一身將老。”③

《繹史·孔子類記》一引《琴操》:《琴操》又名《息陬操》，其辭曰:“乾澤而魚，蛟龍不游。覆巢毁卵，鳳不翔留。

① 關於此條，李滋然《商正》曰:“孔子誅少正卯事，《荀子·宥坐》《尹文子·聖人》《淮南子·氾論訓》《説苑·指武》《論衡·講瑞》等五編均記述甚詳，《劉子·心隱》亦采録其事。其數少正卯之罪，《荀子》曰‘心達而險，行辟而堅，言僞而辯，強記而博，順非而澤’，《説苑》曰‘心辨而險，言僞而辯，行辟而堅，志愚而博，順非而澤’，又云‘苟行以僞，則其知足以移衆，強足以獨立。此奸人之雄也，不可不誅’，《劉子·心隱》亦云‘心逆而儉，行辟而堅，言僞而辯，詞鄙而博，順非而澤’，袁注之‘勇而有謀，此亂天下也，君可殺之’之語，即襲取《説苑》‘強足以獨立，此奸人之雄也，不可不誅’數語，而變易其文，非别有所據也。諸篇及《劉子》，孫氏均已采輯，元著僅據袁注，羼改《説苑》之文，另立專條，其疏失與上條同。”

② “幽”，郭沂曰:“一本作‘香’。”

③ 關於此條，李滋然《商正》曰:“此條孫書已輯《琴操》原本。‘衆草爲伍’下有‘譬猶賢者不逢時，與鄙夫爲倫也’十三字，至‘自傷不逢時，托辭于薌蘭’二句在‘一身將老’之末，校《繹史》所引文理爲順。此篇文字乃《繹史》引《琴操》，又訛脱顛倒耳，非另有異本(既曰‘援琴鼓之’，云以下當入操辭矣，乃又言‘自傷不逢時，托辭於香蘭’，豈孔子鼓操而自表明托辭乎?‘自傷不逢時’二句非《猗蘭操》辭，乃後儒之按語也。必如《琴操》原文，讀之曰‘乃止車，援琴鼓之云:“習習谷風，以陰以雨。之子于歸，遠送于野。何彼蒼天，不得其所。逍遥九州，無所定處。世人闇被，不知賢者。年紀逝邁，一身將老。”自傷不逢時，托辭于薌蘭’云，其詞乃順。《繹史》删去一‘云’字，而厠此二句於‘習習谷風’之上，詞意不順，恐亦轉寫訛誤耳)。當以孫輯爲正，不宜再爲重列。”

慘予心悲，還原息陬。”[①]

《古詩源》一《琴操》逸文《槃操》曰：乾澤而漁，蛟龍不游。覆巢毁卵，鳳不翔留。慘予心悲，還轅息陬。[②]

《水經》：[③]“沁水又東過野王縣北。”注云：又東南徑孔子廟東。……[④]述舊記仲尼傷道不行，[⑤]欲北從趙鞅，聞殺鳴犢，遂旋車而反。及其後也，晋人思之，于太行嶺南爲之立廟，蓋當時回轅處也。[⑥]

《御覽》八百四十九《飲食部》引《莊子》：孔子病，子貢出，[⑦]卜。孔子曰：“汝待也。吾坐席不敢先，居處若齋，食飲若祭，吾卜之久矣。”[⑧]

明沈德符《野獲編》：孔子履在晋武庫中，與斬蛇劍同焚矣。[⑨]至宋靖康，金人擄去古物，又有女媧琴。孔子履何邪？豈宣尼行縢尚留二編邪？[⑩]又唐宣宗令有司倣孔子履名魯風鞋，宰相以下倶效之，號遵王履，則似孔子履未焚也。

---

① 關於此條，郭沂曰：“查《繹史》無此文。”

② 關於此條，王仁俊曰：“按《息陬操》爲竇鳴犢、舜華而作也，《史記》可證。《家語》云：‘作《盤操》以哀之。’”李滋然《商正》曰：“按此與上條《繹史·孔子類記》一引《琴操》‘《琴操》又名《息陬操》，其辭曰“乾澤而魚，蛟龍不游。覆巢毁卵，鳳不翔留。慘予心悲，還原息陬”’之語全同（‘原’‘轅’音同，轉寫偶別，不得謂之異本），宜依孫書附列之例，不宜與《繹史》另分一條（按兩篇所引，雖有《息陬》《槃操》之别，不過一操二名，非孔子當日有二操也。究嫌重復，宜删去此條爲妥），元著以一《琴操》而區分二條，與孫書附列之例不合。”

③ “水經”，德凌按：當爲“水經注”。

④ “又”上，郭沂曰：“世界書局刊本《水經注》‘又’上有‘邘水’二字。”

⑤ “述舊記”，郭沂曰：“世界書局刊本《水經注》無‘述舊記’三字。”

⑥ “當”，郭沂曰：“世界書局刊本《水經注》‘當’作‘往’。”

⑦ “子貢”，德凌按：據《御覽》當爲子路。

⑧ 關於此條，王仁俊曰：“按《困學紀聞》入《莊子》佚文。”

⑨ “與”上，郭沂曰：“中華書局《萬曆野獲編》‘與’上有‘元康中巳’四字。”

⑩ “二編”，郭沂曰：“中華書局《萬曆野獲編》‘二編’作‘兩緉’。”

元楊瑀《山居新話》：大都鐘樓街，家藏宣聖履。

《北堂書鈔》一百四十三引班固《幽通賦》注：孔子在陳、蔡，七日而九食，門人有飢。

雜事十二

《北堂書鈔·武功部九》引《越地傳》：孔子奉先王雅琴，語治禮；句踐乃身被啄禹之甲，帶步光之劍。

《北齊書·辛術傳》邢邵《遺辛術書》：昔鍾離意云“孔子忍渴於盜泉”，便以珠璣委地。足下今能如此，可謂異代一時。①

《御覽》九百四十四《蛇類》引《小説》云：顔回、子路共坐于夫子之門，有鬼魅求見。孔子、子路失魄，口噤不得言。顔淵乃納履杖劍，捲握其腰，於是形化爲蛇。孔子嘆曰：“勇者不懼，智者不惑。智者必勇，勇者不必有智。”②

《劉子》卷六：仲尼見人一善而忘其百非。

《書序》：魯共王升孔子堂，聞金石絲竹之音。③

《劉子·命相章》云：顔徵感黑帝而生孔子。

《劉子》卷十《惜時章》云：④ 仲尼棲棲，突不暇黔。

《劉子·正賞章》云：昔仲尼先飯黍，侍者掩口笑。袁注：人送黍飯米餉孔子，孔子不吃諸食，先飯黍，侍者掩口

---

① 關於此條，郭沂曰：“見《北史》卷三十八《辛術傳》。”李滋然《商正》曰：“《後漢書·鍾離意傳》：‘孔子忍渴於盜泉之水。’邢邵蓋據班書之語而增厠其文，非别有古本。孫氏已據《漢書》輯入，故不采《辛術傳》也。”

② 關於此條，郭沂曰：“《御覽》卷九四四無，卷九三三、九三四蛇部亦無。”

③ 關於此條，李滋然《商正》曰：“考《漢書·魯恭王傳》：‘恭王好治宫室，壞孔子舊宅，以廣其宫。聞鍾磬琴瑟之音，遂不敢復壞。’孫書已采輯。《書序》本僞撰，蓋梅賾據《漢書》之文而譯改，非别有所依據也。故孫本不附列《書序》。”

④ “惜時”，原作“措時”，據《劉子》卷十《惜時章》改。

笑。孔子曰："黍是五穀之長，故先飯黍。"

干寶《三日記》:[①] 徵在生孔子空桑之地。

《白虎通·奇表》:[②] 孔子反宇，是謂尼甫。德降所興，藏元通流。[③]

《玉燭寶典》五曰：《史記》甘羅云：大項槖七歲爲孔子師。《論語》"達巷黨人者"鄭注：達巷，黨名。[④]

《玉燭寶典》五：董仲舒《對册》云：良玉不瑑，無異於大巷黨人，不學而自知。注云：大項槖也。[⑤]

《玉燭寶典》五：嵇康《高士傳》乃言：大項槖與孔子俱學於老子，俄而，大項爲童子推蒲車而戲。孔子候之，過而不識，[⑥] 問："大項居何在?"曰："萬流屋是。"到家而知向是項子也。交之，與之談。[⑦]

葛洪《枕中書》：孔子門徒三千，不徑北鄽之門。

---

① "三日記",郭沂曰:"查無此書。"

② "白虎通奇表",郭沂曰:"當爲《白虎通·聖人·異表》。"

③ 關於此條,郭沂曰:"此條及以下兩條,《叢書集成》本《玉燭寶典》皆在卷五,王氏蓋誤。"

④ 關於此條,李滋然《商正》曰:"《戰國策》七:'甘羅曰:"夫項槖七歲而爲孔子師。"'又《淮南子·修務訓》:'夫項槖七歲爲孔子師,孔子有以聽其言也。'又《淮南子·説林訓》高誘注:'項托七歲窮難孔子而爲之作師。'又《論衡·實知》:'夫項槖七歲教孔子。'又《御覽》四百四引《春秋後語》:'甘羅曰:"夫項槖十歲爲孔子師。"'孫書以《戰國策》爲綱,《淮南》以下四條均歸附列。元作所引《寶典》仍係《國策》原文,孫書正附條列最爲詳贍,似不應再據《寶典》一書重復登入。"

⑤ 關於此條,王仁俊曰:"按《史記·孔子世家》:'生而首上圩頂。'"李滋然《商正》曰:"黨人即項槖。見《董仲舒傳》注引孟康説,此非孔子軼事而誤輯者也。"郭沂曰:"今按:(此條)《叢書集成》本作'孔子反宇,是謂尼丘,德澤所興,藏元通流'。"

⑥ "過",郭沂曰:"《叢書集成》本'過'作'遇'。"

⑦ 關於此條,王仁俊曰:"按《淮南·説林訓》:'項托使嬰兒矜。'"

《顔氏家訓·誡兵》篇：孔子力翹招關，①不以力聞。

《古微書·河圖緯絳象》：吴王闔閭登包山之上，命龍威丈人入包山，得書一卷，凡一百七十四字而還。吴王不識，使問仲尼，詭云赤鳥銜書以授王。仲尼曰："昔吾游西海之上，聞童謡曰：'吴王出游觀震湖，龍威丈人名隱居。北上包山入靈墟，乃造洞庭竊禹書。天帝大文不可舒，此文長傳六百初，今強取出喪國廬。'邱按謡言乃龍威丈人洞中得之；赤鳥所銜，非邱所知也。"吴王懼，乃復歸其書。②

《震澤編》卷二《古迹》：③昔闔閭使靈威丈人入洞，秉燭晝夜行，七十日不窮而返。啟王曰："初入，洞口甚隘。傴僂而入約數里，忽遇一石室，高可二丈，嘗垂津液，内有石牀枕研石几，上有素書三卷，持回。"上於闔閭，不識。使人問於孔子，孔子曰："此禹石函文並神仙之事，言大道也。"王又令再入，經二十日，郤反，云："不似前也。唯上聞風浪聲，又有異蟲撓人、撲火，石燕、蝙蝠大如鳥。前去不得，穴中高處照不見顛，多人馬迹。"昔禹治水，過會稽，夢人衣玄纁。告云："治水法在山北鈿函中，並不死方。"禹得之，藏於包山石室，靈威丈人所得是也。

《白虎通·辟雍》篇引《論語讖》：孔子師老聃。

《史記·孝武本紀》索隱引《韓詩》：自古封泰山、禪梁父者萬有餘家，仲尼觀之，不能盡録。

術數《拾遺記》引《藝經》曰：三不比兩者，孔子所造

① "招"，郭沂曰："'招'一作'門'。"

② 關於此條，王仁俊曰："按《越絶書》作'禹治洪水得五符，藏之洞庭之包山。龍威丈人竊禹書，得吾圖者喪國廬'。"

③ "卷二"，郭沂曰："應爲卷一。"

也。布十干於其方,[①] 戊己西南，維其文曰：火爲木生甲呼丁，夫婦義重己隨壬。貴遺則，統領辛，參南丙，妻則循。[②] 守乙後火，戊子天，癸就庚。

遺讖十三

《文選·短歌行》注引《素王受命讖》：河授《圖》，天下歸心。[③]

《太平廣記》一百四十一引《説題辭》曰：孔子謂子夏曰："得麟之月，天當有血書魯端門：'孔聖没，周室亡。'"子夏往觀，逢一郎，云"門有血，飛爲赤鳥，化而爲書"云。[④]

寓言十四

《劉子·六通才章》：昔野人棄子貢之辨,[⑤] 而悦馬圉之辭。袁注云：孔子游于太山，馬佚犯食野人禾。野人捉馬不還，夫子乃令子貢往取。子貢以文藻之辭取馬，野人不用此語。後令馬圉往取，乃用直言取之，語野人曰："東海至西海之禾，並是君禾，馬若不食，還食何物?"野人聞之，乃還馬。

---

① "干",郭沂曰:"《玉函》本《藝經》作'干',是也。"

② "循",郭沂曰:"《玉函》本《藝經》作'須'。"

③ 關於此條,王仁俊曰:"漢高祖《功臣頌》注引同。"

④ 關於此條,王仁俊曰:"按《公羊·哀十四年》解詁:得麟之後,天下血書魯端門曰'孔聖没,周姬亡'云云。子夏明日往視之,血書飛爲赤鳥,化爲白書云云。疏云《演孔圖》文。彼文孫書已采。"

⑤ "辨",郭沂曰:"上海古籍出版社《劉子集釋》'辨'字作'辯',是也。"

馬圉是掌馬人也。①

《御覽》八百二十二引《論語比考緯》：叔孫毁孔子，② 譬若堯民。③

《莊子·内篇·德充符第五》：仲尼曰："人莫鑑於流水，而鑑於止水。"

《劉子》卷一《專學篇》云：夫蟬之難取，而黏之如掇。唐袁孝政注曰：掇，急也。仲尼適楚，見傴僂者捕蟬，黏如掇。孔子曰："巧哉！巧哉！"

唐李石《續博物志》卷八引：孔子臨狄水而歌曰："狄水衍兮風揚波，船楫顛倒更相加。"

《真誥》引《孔子福地記》曰：崗山之間有伏龍之鄉，可

---

① 關於此條，王仁俊曰："按此段與《列子·説符》大約相合。"李滋然《商正》曰："此乃袁注引《列子·説符篇》文，孫書漏輯。元著既謂'此段與《列子·説符》大約相合'（按《吕氏春秋·孝行覽·必己》云：'孔子行道而息，馬逸，食人之稼，野人取其馬。子貢請往説之，畢辭，野人不聽。有鄙人始事孔子者，曰："請往説之。"因謂野人曰："子不耕於東海，吾不耕於西海也，吾馬何得不食子之禾？"其野人大説，相謂曰："説亦皆如此其辯也，獨如嚮之人？"解馬而與之。'又《淮南子·人間訓》：'孔子行游，馬失，食農夫之稼。野人怒，取馬而繫之。子貢往説之，卑辭而不能得也。孔子曰："夫以人之所不能聽説人，譬以太牢享野獸，以《九韶》樂飛鳥也。予之罪也，非彼人之過也。"乃使馬圉往説之。至，見野人曰："子耕於東海，至於西海。吾馬之失，安得不食子之苗？"野人大喜，解馬而與之。'孫書已標《吕氏春秋》爲綱，《淮南子·人間訓》亦附録，是孫書所漏輯者，僅《列子·説符》一條耳），則應以《列子》爲綱，而附録袁注《劉子》於後加以疏證，始與孫本義例相符；乃以《劉子》袁注爲綱，而《列子》古書，轉歸附見，按語中《吕氏春秋》《淮南子》分引二條，竟置不録，指例違矣。按六事皆孫輯已采原書，元著復據晚出之僞孔、《北齊·辛術傳》《劉子》袁注等編援引譌敚者立爲專條，而又茫無疏證者也。"

② "孔子"下，郭沂曰："中華書局《御覽》下有'武叔'，當補。"

③ "民"下，郭沂曰："以下當據中華書局《御覽》補'曰"我耕田而食，穿井而飲，堯何以力功"'。"

以避水，避病，長生。①

《博物志》卷八曰：孔子東游，見二小兒辯鬥，問其故。一小兒曰："我以日始出時去人近，而日中時遠也。"一小兒曰："以日出而遠，而日中時近。"一小兒曰："日初出時大如車蓋，及日中時如盤盂，此不爲遠者小而大者近乎？"一小兒曰："日初出滄滄凉凉，及其中而探湯，此不爲近者熱而遠者凉乎？"孔子不能决，謂兩小兒曰：②"孰謂汝多知乎？"③

---

① 關於此條，王仁俊曰："按俞氏《茶香室三鈔》曰：'此即謂句曲山也。'俊謂：此寓言耳。《寶典》十二曰：'夏禹不死，而仲尼知之，安知仲尼不密修其道？'與此同，不足深據。"

② "謂"，郭沂曰："'謂'字當爲衍文。"

③ 關於此條，王仁俊曰："按《博物志》本《列子》，《列子》孫書已采。金王寂《拙軒集》有《小兒難夫子辨詩》，其序云：'予奉朝命之□門，道過太行，路左有二石像，詢其父老，云："此小兒難夫子之故地。"予惡其虚名而無實，作是詩辨之。詩中述田舍爲之言曰："昔東家某，歷聘入吾境，偶此值小兒，難詰豪穎。某也不能對，驅車近天井。"'"李滋然《商正》曰："《金樓子》亦有此文，末二句云'孔子亦不知中天而小，落扶桑而大'，爲文小異。元著既云'《博物志》本於《列子》，《列子》孫書已采'，又因金玉寂《拙軒集・小兒難夫子詩》再行羼入。（元著'按《博物志》本《列子》，《列子》孫書已采'，金王寂《拙軒集》有《小兒難夫子辨詩》，其序云：'予奉朝命之□門，道過太行，路左有二石像，詢其父老，云："此小兒難夫子之故地。"予惡其虚名而無實，作是詩辨之。詩中述田舍爲之言曰："昔東家某，歷聘入吾境，偶此值小兒，難詰豪穎。某也不能對，驅車近天井。"'）須知孫輯《孔語》鈎考雖甚博洽，而抉擇亦極謹嚴。今考全書，除群經傳注秘緯子史及唐宋以前類書外，概不濫及。元著苦心搜采再補孫本之遺，采及《劉子》袁注已嫌取例過寬，若並據宋元以後詩文别集，偶有牽合，遽爾列入，不避重復，於《補遺》之例，似不甚符，此尤急宜裁汰無待計决者。又按此外尚有徵引古書，通篇都四事，而卷帙錯踳竟至三條者，如篇中引《玉燭寶典》凡四事，均著五卷。今考原書惟《禮緯稽命徵》一條語在五卷，其《史記》甘羅云、董仲舒《對策》、嵇康《高士傳》三條語均在四卷。此雖偶爾失誤，然連誤三事，亦不得不亟爲更正，且是書亡於宋末，光緒壬午遵義黎氏在扶桑搜得舊鈔卷子本十一卷（原書十二卷，闕第九卷），影付剞劂，士林猶未遍觀，若因仍沿訛，恐後學艱於考校，此又亟宜改正者。"德凌案：據《拙軒集》，"豪穎"當作"豪且穎"。

附録二

《〈孔子集語〉補遺商正》一卷[1]

李滋然

附録聖言佚事散見群書，孫書漏采，此篇亦未補輯者。

勸學

《春秋繁露·必仁且知》篇：孔子曰："天之所幸，有爲不善而屢極。"

《意林》卷三引桓譚《新論》：孔子以四科教士，隨其所喜，譬如市肆，多列雜物，欲置之者并至。

《春秋左傳·昭公十七年》正義引王氏注：郯，中國也。故吴伐鄭，[2] 季文子嘆曰："中國不振，蠻夷入伐，吾亡無日矣。"孔子稱"學在四夷"，疾時廢也。[3] 郯，少皞之後，以其世則遠，以其國則小矣。魯，周公之後，以其世則近，以其國則大矣；然其禮不如郯，故孔子發此言也。失官爲所居之官不修其職也。仲尼學樂於萇宏，問官於郯子，是聖人無常師。

---

① 《〈孔子集語〉補遺商正》一卷，所據底本爲國家圖書館藏清光緒年間《李氏三種》鉛印本。

② "鄭"，郭沂曰："'鄭'字《十三經注疏》作'郯'，是也。"

③ "時"下，郭沂曰："《十三經注疏》'時'後有'學'字，是也。"

考本

漢長孫氏説《孝經》遺章：子曰："閨門之内具禮矣乎，嚴父嚴兄妻子臣妾猶百姓徒役也。"①

五性

《孝經》邢昺正義引劉瓛述安昌侯《孝經説》：仲者，中也；尼者，和也。言孔子有中和之德，故曰仲尼。

六藝

《周易集解》引《周易干氏注》：凡《易》既分爲六十四卦以爲上下經，天人之事各有始終。夫子又爲《序卦》，以明其相承受之義。然則文王、周公所遭遇之運，武王、成王所先後之政，蒼精受命短長之期，備於此矣。而夫子又重爲《雜卦》，以易其次第；《雜卦》之末又改其例，不以兩卦反覆相酬者，以示來聖後王明道非常道、事非常事也。化而裁之存乎變，是以終之以決言，能決斷其中，唯陽德之主也。故曰：《易》窮則變，通則久。總而觀之，伏羲、黄帝皆繫世象賢，欲使天下世有常君也。而堯、舜禪代，非黄、農之化，朱均頑也；湯、武逆取，非唐、虞之迹，桀、紂之不君也；伊尹廢立，非從順之節，使太甲思愆也；周公攝政，非湯、武之典，成王幼年也。凡此皆聖賢所遭遇異時者也。夏政尚忠，忠之弊野，故殷自野以教敬；敬之弊鬼，故周自鬼以教文；文弊

① 關於此條，李滋然曰："《隋書·經籍志》：長孫有《閨門》一章，據孔安國《古文孝經》説録補。王氏《十三經拾遺》輯有'子曰'二字，馬氏輯《孝經長孫氏説》無之。"

薄,[1] 故春秋閱諸三代而捐益之。[2] 顔回問爲邦，子曰："行夏之時，乘殷之路,[3] 服周之冕。"弟子問政者數矣，而夫子不與言。三代捐益，非其任也。[4] 回則備言王者之佐，伊尹之人也，故夫子及之焉。是以聖人之於天下也，同不是，異不非，百世以俟聖人，而不惑一以貫之矣。

鄭康成《書贊》：孔子撰書，乃尊而命之曰《尚書》。

《春秋繁露·祭義篇》：孔子曰："書之重辭之復，嗚呼，不可不察也，其中必有美者焉。"

史游《急就篇》顔師古訓解：《詩》，孔子所刪爲三百篇者也；《孝經》，孔子爲弟子曾參所説也；《論語》，孔子與弟子言及應對時人之語也。[5]

鄭玄《六藝論》：文王創業,[6] 至魯僖間，《商頌》不在數矣。孔子刪《詩》,[7] 録此五章，豈無意哉?[8]

史游《急就篇》顔師古訓解：《春秋》，孔子約史記而修之也。天有四時，春爲陽中，萬物以生，秋爲陰中，萬物以成，故錯牙舉之，苞十二月而爲名也。《尚書》，孔子所修，帝王之書也。謂之《尚書》者，言自尚古以來，其事久遠也。[9]

---

① "文"下,德凌按:據上下文例當有"之"字。

② "諸",郭沂曰:"《玉函》本《周易干氏注》'諸'作'説',蓋誤。""捐",郭沂曰:"'捐'當爲'損'字之誤。下文'三代捐益'同。"

③ "路",郭沂曰:"《玉函》本'路'作'輅',是也。"

④ "非"上,郭沂曰:"《玉函》本'非'上有'以'字。"

⑤ 關於此條,郭沂曰:"見卷四。"

⑥ "業",郭沂曰:"《備要》本《路史》'業'作'基'。"

⑦ "詩"下,郭沂曰:"《備要》本《路史》'詩'下有'時'。"

⑧ 關於此條,李滋然曰:"《路史·後紀》下羅苹注。"

⑨ 關於此條,郭沂曰:"見卷四。"

賈逵《春秋序》：孔子覽史記，就是非，[1] 立素王之法。[2]

《春秋左氏傳》正義引賈逵等《左氏傳解詁》：孔子自衛反魯，考禮，正樂，修《春秋》，約以周禮，三年文成。致麟，麟感而至，取龍爲水物，故以爲修母致子之應。

《春秋公羊傳》正義引戴宏《解疑論》：聖人不空生而制作，所以生斯民、覺後生也。西狩獲麟，知天命去周。赤帝方起，麟爲周亡之異、漢興之瑞。故孔子曰："我欲托諸空言，不如載諸行事。"又聞端門之命，有制作之狀，乃遣子夏等求周史記，得百二十國寶書，修爲《春秋》。故孟子云："世衰道微，邪説暴行有作，臣弑其君者有之，子弑其父者有之。孔子懼，作《春秋》。"故《史記》云：《春秋》之中，弑君三十六，亡國五十二，諸侯奔走不得保其社稷者不可勝數。故有國者不可以不知《春秋》，爲人臣者不可以不知《春秋》。爲人君父而不通於《春秋》之義者，必蒙首惡之名；爲人臣子而不通於《春秋》之義者，必陷篡弑之誅。以此言之，則孔子見時衰政失，恐文武道絶；又見獲麟，劉氏方興，故順天命以制《春秋》以授之。

《論語筆解・季氏第十六》引李鱗注：《季氏》一篇皆書"孔子曰"，餘篇即但云"子曰"，此足見仲尼作《春秋》，本惡三桓，正謂亂臣賊子。當時弟子避季氏強盛，特顯孔子之名以制三桓耳，故悉書"孔子曰"，以明當時之事。三桓可畏，宜其著《春秋》以制其強焉。

---

① "非"下，郭沂曰："《十三經注疏・春秋左傳正義》'非'下有'之説'二字，當補入。"

② 關於此條，李滋然曰："《春秋左傳正義》引。"

《論語筆解·季氏第十六》引李翺注：仲尼魯哀十一年自衛返魯，① 使子路伐三桓，不克。② 至十四年，叔孫氏西狩獲麟，仲尼乃作《春秋》，始于桓，終于定而已。三家興于桓，衰于定，故徵王經以貶強臣。三桓子孫微者諭默，扶公室，將行周道也。

劉向校定《戰國策叙録》：孔子雖論《詩》《書》，定《禮》《樂》，王道粲然分明，以匹夫無勢，化之者七十二人而已。③

《漢書·藝文志》：仲尼没而微言絶，七十子喪而大義乖。

《春秋左傳》孔穎達正義引《公羊嚴氏春秋》述《觀周篇説》：孔子將修《春秋》，與左丘明乘如周，觀書於周史，歸而修《春秋》之經，丘明爲之傳，共爲表裏。④

《春秋左傳正義》引服虔《解誼》：孔子作《春秋》，每月書王，⑤ 以統三王之正。⑥

《春秋左氏正義》引盧欽《公羊傳序》：孔子自因魯史記而修《春秋》，制素王之道。

《春秋説題辭》：孔子曰："伏羲作八卦，丘合而演其文，讀而出其神，作《春秋》，以亂改制。"⑦

---

① "哀十一年"，郭沂曰："'哀十一年'《四庫》本《論語筆解》作'定十三年'，誤。"

② "不"上，郭沂曰："《四庫》本'不'上有'城'。"

③ 關於此條，郭沂曰："見上海古籍出版社版《戰國策》附録《劉向書録》。"

④ 關於此條，李滋然曰："按今《孔子家語·觀周》篇并無此文，故補輯。"

⑤ "每"上，郭沂曰："《玉函》本《解誼》'每'上有'於春'二字。"

⑥ 關於此條，郭沂曰："見《春秋左氏傳解誼》卷一。"

⑦ 關於此條，李滋然曰："《演孔圖》同，《春秋公羊傳》徐彦疏引，孫瑴《古微書》收入此篇。"

《孝經鈎命决》：孔子曰："吾志在《春秋》，行在《孝經》。欲觀我褒貶諸侯之志，在《春秋》；崇人倫之志，[①] 在《孝經》。"[②]

張楫《上廣雅表》引《春秋元命苞》：子夏問："夫子作《春秋》不以初哉首基爲始何？"

王肅《聖證論》：孔子曰："奂乎其有文章，泮乎其無涯涘。[③] ……一人戒無逸，勸縱弛事相反戾，[④] 乃天之與地，何其疏實而妄爭訟也？"[⑤]

王肅《聖證論》：然則孔子制素王之法，以遺後世，男女以及時盛年爲得，不限以日月。《家語》限以冬，不附於《春秋》之正經，如是則非孔之言嫁娶也。[⑥]

《公羊傳》遺文：然則孰爲而至？爲孔子之作《春秋》。[⑦]

《春秋演孔圖》：公羊全孔經。[⑧]

董仲舒《對策》：孔子作《春秋》，先正王而繫以萬世，[⑨] 是素王之文焉。[⑩]

《春秋穀梁·僖公三十二年》集解引徐邈《穀梁傳注義》：

---

① "志"，郭沂曰："《玉函》本《孝經鈎命决》'志'作'行'。"

② 關於此條，李滋然曰："《禮記·中庸》鄭注引'孔子曰'三句。正義云：言褒貶諸侯之志在《春秋》，人倫之志在《孝經》，無'崇'字。傳注《孝經注疏序》引孔子曰'欲觀'以下二十字馬氏合爲一條。《古微書》無此二句。"

③ "涘"，郭沂曰："《十三經注疏·詩經正義》'涘'作'際'。"

④ "縱"上，郭沂曰："《十三經注疏》本《詩正義》'縱'上有'使'字。"

⑤ 關於此條，李滋然曰："《詩·大雅·卷阿》正義引孔晁答王肅難鄭語。"

⑥ 關於此條，李滋然曰："《通典》引張融評，據《周禮正義》校補。"

⑦ 關於此條，李滋然曰："哀公十四年'無王者則不至'下孔舒元本。"

⑧ 關於此條，李滋然曰："《初學記》卷二十一。"

⑨ "以萬世"，郭沂曰："中華書局版《漢書·董仲舒傳》引無'以'字，'世'字作'事'。"

⑩ "是"，郭沂曰："中華書局版《漢書》'是'作'見'。"

故孔子因而修之，事仍本史，而辭有損益，所以成詳略之例，起褒貶之意。

劉氏《春秋左氏傳述義》：《序》云：諸言“不書”皆仲尼新意，然則前三年魯史皆書公在，仲尼去之。仲尼所以不於此先書公在鄆與乾侯者，所以非公之妄伐季氏，且明過謬猶可掩。①

陳岳《春秋折衷論》：然《公羊傳》曰：顔回死，子曰“天喪予”；子路死，子曰“天祝予”。西狩獲麟，爲仲尼之應。顔回、子路，則聖人重愛之弟子也。聞其死曰“天喪予”者，皆痛惜之辭，安可以獲麟？爲比麟鳳，則王者之瑞既出，無其應，聖人乃感麟而起，以修《春秋》。麟出既非爲己，《春秋》修亦非爲己。蓋懲惡勸善爲百世之法，如“河不出圖，洛不出書，吾已矣夫”，斯皆周德之衰，② 明王之應，③ 非爲己也。孟軻謂：“仲尼之道，高於堯舜，何道窮之有？”④

服氏《左氏傳解誼》：《春秋》終於獲麟，故小邾繹不在三叛人中也。⑤ 弟子欲明夫子作《春秋》以顯其師，故書小邾繹以下至孔子卒。⑥

《春秋啖趙集傳纂例》卷一：夫子所以修《春秋》之意，三傳無文。説《左氏》者，以爲《春秋》者，周公之志也，暨乎周德衰，典禮喪，諸所記注多違舊章。宣父因魯史成文，

① 關於此條，李滋然曰：“《春秋左傳》昭公三十年《正義》引。”

② “皆”下，郭沂曰：“《玉函》本《春秋折衷論》‘皆’下有‘爲’字。”

③ “明”上，郭沂曰：“《玉函》本‘明’前有‘無’字。”

④ 關於此條，李滋然曰：“《群書考索續集》卷十二引。”

⑤ “繹”，郭沂曰：“《十三經注疏·春秋左傳正義》‘繹’作‘射’，蓋李氏音同而訛。下倣此。”

⑥ 關於此條，李滋然曰：“《春秋左氏傳序》正義引。”

考其行事而正其典禮，上以遵周公之遺制，下以明將來之法。言《公羊》者則曰：夫子之作《春秋》，將以黜周王魯，變周公之文，從先代之質。解《穀梁》者則曰：平王東遷，周室微弱，天下板蕩，王道盡矣。夫子傷之，乃作《春秋》，所以明黜陟，勸戒,① 成天下之事業,② 定天下之邪正，使夫善人勸焉，淫人懼焉。

《春秋啖趙集傳纂例》卷一"春秋宗指議"：夫子之志，冀行道以拯生靈也。

《春秋集傳纂例》卷一"趙氏損益義"：夫改制創法，王者之事。夫子身爲人臣，分不當耳。

杜預《春秋釋例》卷四：仲尼修《春秋》，又以所稱爲優劣也。

杜預《春秋釋例》卷十五《經傳長歷》弟四十五之六：仲尼以斗建在戌，火星尚未盡没,③ 據今猶見，故言猶西流，明夏之九月尚可有螽也。季孫聞仲尼此言,④ 猶不即改。

杜預《春秋釋例》卷十五終篇：丘明之爲《傳》，所以釋仲尼《春秋》。仲尼《春秋》，皆因舊史之策書。義之所在，則時加增損，或仍舊史之無，亦或改舊史之有。雖因舊文，固是仲尼之書也；丘明所發，固是仲尼之意也；雖是舊文不書，而事合仲尼之意，仲尼因而用之，即是仲尼新意。若宣十年"崔氏出奔衛"，《傳》稱"書曰崔氏，非其罪也；且告以族，不以名，是告不以名"，故知舊史無名，及仲尼修經，無罪見

① "勸"上,郭沂曰:"《集成》本《春秋啖趙集傳纂例》'勸'上有'著',當補。"
② "天下",德凌按:"'天下',原作'夫下',據原文及下文'定天下'改。"
③ "盡",郭沂曰:"《集成》本《春秋釋例》'盡'作'見'。"
④ "聞"上,郭沂曰:"《集成》本'聞'上有'雖'字。"

逐，例不書名，此舊史之文，適當孔子之意，不得不因而用之，因舊爲新，皆此類也。

杜預《春秋釋例》卷二《氏族例》第八：仲尼修《春秋》，因采以示義。義之所起，則刊而定正之；否者，[1] 即因而示之，不皆刊正也。

鄭氏玄《六藝論》：孔子以六藝題目不同，指意殊別，恐道離散，後世莫知根源，故作《孝經》以總會之。[2]

《漢書·藝文志》：《孝經》者，孔子爲曾子陳孝道也。

《文選·辨命論》引《傅子·雜録》篇：昔仲尼既没，[3] 仲尼之徒追論夫子之言，[4] 謂之《論語》。

臣術

《韓詩外傳》五：孔子曰：[5]“正假馬之言，而君臣之義定矣。”

交道

《意林》卷五引《魏子》：仲尼無契券於天下，而德著古今，善惡明也。[6]

論人

杜預《春秋釋例》卷三《書事例》第十五：仲尼以督有無君之心，改《書》一事而已。

---

① “者”，郭沂口：“《集成》本‘者’作‘則’，是也。”

② 關於此條，李滋然曰：“《孝經正義》引。”郭沂曰：“今按，見《孝經序·正義》。”

③ “没”，郭沂曰：“中華書局影印本《文選》‘没’作‘殁’。”

④ “仲尼”，郭沂曰：“中華書局影印本《文選》作‘仲弓’。”“之言”，郭沂曰：“中華書局影印本《文選》無‘之’字。”

⑤ “曰”，郭沂曰：“一本無‘曰’字，近是。”

⑥ 關於此條，李滋然曰：“《太平御覽》五百九十八引同。”

《高士傳》卷上：孔子曰："回，來！家貧居卑，胡不仕乎?"回對曰："不願仕。回有郭外之田五十畝，足以給饘粥；郭内之圃十畝，足以爲絲麻；鼓宫商之音，足以自娱；習所聞於夫子，足以自樂。回何仕焉?"孔子愀然變容曰："善哉，回之意也!"

論政

《春秋繁露・王道》：孔子明得失，差貴賤，反王道之本，譏天王以致太平，刺惡譏微不遺小大，善無細而不舉，惡無細而不去，進善誅惡絶諸本而已矣。

博物

《史記・孔子世家》集解引《春秋左傳》服虔《解誼》：麟非時常所見，故怪之，以爲不祥也。仲尼命之曰"麟"，然後魯人乃取之也，明麟爲孔子至也。

事譜

《公羊・哀十四年傳》：顔淵死，子曰："噫，天喪予!"子路死，子曰："噫，天祝予!"西狩獲麟，孔子曰："吾道窮矣。"①

《史記・孔子世家》索隱引賈逵《左氏傳解詁》：仲尼時年三十五矣。②

《公羊傳》正義引《公羊嚴氏記》：③ 從襄二十一年之後，

① 關於此條，李滋然曰："按《春秋繁露・隨本消息》：'顔淵死，子曰："天喪予!"子路死，子曰："天祝予!"西狩獲（德凌按：原作'護'，據原文改）麟，曰："吾道窮！吾道窮!"三年身隨而卒。'説本《公羊傳》而略有異文，應依孫書載入附見之例，故不立專條。"

② "仲尼"上，郭沂曰："'仲尼'前當補'至二十四年，僖子卒。賈逵云'十一字。"

③ "嚴氏記"，郭沂曰："當作《顔氏記》。"

孔子生訖，即爲所見之世。……又：孔子在襄二十一年生，從生以後，理不得謂之所聞也。

王肅《聖證論》：祥之日，鼓素琴。孔子彈琴笙歌，乃省哀樂非正樂也。①

《史記·孔子世家》集解引孔安國《論語訓解》：孔子去衛如曹，曹不容；又之宋，遭匡人之難；又之陳，會吴伐陳，陳亂，故乏食也。

劉向《七録·列子書論》云：尼父生在鄭穆之年。②

李康《運命論》：仲尼見忌於子西。③

羅秘《路史·餘論·五行書論》：孔子以庚戌年二月二十三日庚子甲申時生。

《南齊書》引藏榮《緒説》：宣尼庚子日生，每以是日陳《五經》而拜之。④

皇侃《論語集解義疏》卷一引梁冀説：凡人求聞見乃知耳，夫子觀化以知之，與凡人異也。

皇侃《論語集解義疏》九引王弼説：孔子機發後應，事形乃視，擇地以處身，資教以全度者也，故不入亂人之邦。聖人通遠慮微，應變神化，濁亂不能污其潔，凶惡不能害其性，所以避難不藏身，絶物不以形也。

雜事

《禮·檀弓》“孔子少孤不知其墓”鄭《注》：孔子之父鄹

① 關於此條，李滋然曰：“《通典》卷八十七引。”

② 關於此條，郭沂曰：“查《玉函》本《七略》《别録》無此語。”

③ 關於此條，郭沂曰：“見《文選》。”

④ “宣尼庚子日生每以是日陳五經而拜之”，郭沂曰：“中華書局《南齊書》作‘宣尼生庚子日’，無‘每以是日’四字。”

叔梁紇與顔氏女徵在野合而生孔子，徵在耻焉，不告。①

《禮緯稽命徵》：夫子墳方一里，弟子各以四方奇木植之。②

《酉陽雜俎》卷二《玉格》：孔子爲元宫仙，佛爲三十三天仙。

《意林》卷三引王充《論衡》：孔子游説七十餘國。按孔子自衛反魯，在陳絶糧，削迹于衛，有志于齊，伐樹于宋，不過十國。

《禮記·禮運》正義引《五經異義》左氏説並《穀梁》尹更始章句：麟，西方毛蟲。③ 孔子作《春秋》，有立言，西方兑，兑爲口，故麟來。許慎謹按：公議郎尹更始、待詔劉更生等議石渠，以爲吉凶不並，瑞災不兼。今麟爲周亡天下之異，則不得爲瑞以應孔子，至玄之闇也。

---

① 關於此條，李滋然曰："按鄭注，本《史記·孔子世家》'叔梁紇與顔氏女野合而生孔子'，孔疏注言：'野合，不備於禮也。若《論語》"先進於禮樂，野人也"及"野哉！由也"，非謂草野而合也。但徵在恥與其夫不備禮爲妻，見孔子知禮，故不告。'《通典》卷百三引《聖證論》王肅難鄭云：'聖人而不知其父死之與生，生不求養，死不奉祭，斯不然矣。'張融評曰：'孔子既得合葬於防，言既得明未葬時未知墓處也。雖仲由之言，亦孔子不知其墓。若徵在見娉，則當言墓以告，孔子何得不知其墓？'按孔子三歲喪父，年方幼稚，即使徵在告之，不過指其大略。古無墓祭，身未親歷，又無封識，焉能確知其所在？徵在既没，爲時更久，雖有聞於徵在，亦必待再問曼父之母，然後合葬，蓋慎之也。鄭氏望文生義，牽合史遷謬説；孔疏曲事調停，終涉牽強。王肅難鄭、張融評王，詰異黨同，各分門户，證以經文，終鮮定解。今特爲辨正之。"

② 關於此條，李滋然曰："《藝文類聚》卷八十八引。"

③ "麟西方毛蟲"上，李滋然曰："按'麟，西方毛蟲'上，許慎《五經異義》原本有'麟是中央軒轅大角獸。孔子修《春秋》者，禮修以致其子，故麟來爲孔子瑞，陳欽説'三十一字，今見《孝經援神契》、孫穀《古微書》具載，已另列專條，附録之以備參考。"

《孝經》邢昺正義引梁武帝《孝經義疏》：丘爲聚，① 尼爲和。

《春秋演孔圖》：首類尼丘，故名丘。②

《春秋左傳》“西狩于大野”正義引服氏《春秋左氏傳解誼》：言西者，③ 明夫子有立言，立言之位在西方。

《春秋左傳正義》引賈逵《解詁》：周在西，明夫子道繫周。

《初學記》卷三十引《論語摘衺聖》：子欲居九夷，從鳳嬉。④

《論語比考讖》：子路感雷精而生，尚剛好勇，親涉衛難，結纓而死。孔子聞而覆醢，每聞雷鳴，乃中心惻怛，⑤ 故後人忌焉，以爲常也。⑥

《春秋演孔圖》：聖人不空生，必有所制，以顯天心。丘爲木鐸，制天下法。⑦

《春秋繁露·玉杯》篇：孔子立新王之道，明其貴志，以反和，見其好誠以滅僞，其有繼周之弊，故若此也。

---

① “聚”，郭沂曰：“‘聚’一作‘娶’。”

② 關於此條，李滋然曰：“孫瑴《古微書》引。”郭沂曰：“今按，《古微書》作‘首類尼丘山，故名’。”

③ “者”下，郭沂曰：“《玉函》本下有‘有意於西’四字。”

④ 關於此條，李滋然曰：“《太平御覽》卷九百十五引《論語摘襄聖》。‘衺’‘襄’形近致訛，當以“衺”爲正字。按上句已著《論語》，因輯從‘鳳嬉’句並録。”

⑤ “惻怛”下，郭沂曰：“《御覽》下有‘亦復如之’四字。”

⑥ 關於此條，李滋然曰：“《太平御覽》卷十三引。王充《論衡》、虞世南《北堂書鈔》卷一百五十二引上二句，陳耀文《天中記》卷二引全節，并作《論語説》。《古微書》收入《比考讖》。又按《御覽》八百六十五引《風俗通》云‘子路感雷精而生，尚剛好勇。死，衛人醢之，孔子覆醢，每聞雷聲惻怛耳’，與此文互有異同。孫本附著于《衛世家》‘孔子聞衛亂’條，《後漢書》各别，詳略不同，故輯之。”

⑦ 關於此條，李滋然曰：“《禮記·中庸》正義引，馬氏輯入《春秋演孔圖》。”

《意林》卷三引揚子《法言》：孔子文足，老君玄足。①

《意林》卷三引桓譚《新論》：昔仲尼豈是魯孔子？② 亦齊楚聖人也。

《意林》卷三引王充《論衡》：后稷作兒，以種樹爲戲；孔子能行，以俎豆而弄。

遺讖

《易緯是類謀》：備命者孔丘。

鄭康成《六藝論》：孔子既西狩獲麟，自號素王，爲後世受命之君制明王之法。③

《春秋緯漢含孳》：丘水精制法爲赤制方。④

《春秋緯漢含孳》：孔子曰："丘覽史記，援引古圖，推集天變，爲漢帝制法，陳叙《圖》《録》。"⑤

《春秋演孔圖》：玄丘制命，帝卯行也。⑥

《春秋緯演孔圖》：孔子作法《五經》，運之天地，⑦ 稽之圖象，質於三王，施於四海。⑧

《孝經緯援神契》：麟，中央也，軒轅大角獸也。孔子備

① 關於此條，李滋然曰："按今《法言》無此文，故以《意林》標目。"

② "豈"下，郭沂曰："《叢刊》《備要》'豈'下皆有'獨'，當補。"

③ 關於此條，李滋然曰："《春秋左傳》弟一正義引。"

④ 關於此條，李滋然曰："《公羊·隱元年傳》徐彦疏引，又徐彦疏引《演孔圖》文：'丘水精治法爲赤制功。'《古微書》收入《漢含孳》。"

⑤ 關於此條，李滋然曰："《公羊·隱元年傳》徐彦疏引《春秋説》。孫穀《古微書》輯入《漢含孳》。"

⑥ 關於此條，李滋然曰："《文選·班孟堅典引》注引。按孫書輯有'丘立制命帝卯行'，係《隸釋·晨祠孔廟碑》引作《孝經援神契》文，與《選注》所引略有異同，附録備考。"

⑦ "運"，郭沂曰："'運'《御覽》作'束'。"

⑧ 關於此條，李滋然曰："《初學記》卷十六引。《太平御覽》卷六百八引並同。"

《春秋》,① 修禮以致其子，故麟來爲孔子瑞。②

《孝經緯援神契》：丘爲制法，主黑緑，不代蒼黄。③

《孝經緯鈎命訣》：丘乃授帝圖，掇秘文。④

《尚書中候》：夫子素按《圖》《録》，知庶劉季當代周，見薪采者獲麟，知爲其出，何者？麟者木精，薪采者庶人，燃火之意，此赤帝將代周。⑤

寓言

王逸《正部論》：仲尼門人餔道醇，飲道宗。⑥

《商正》曰：擬補元著未輯者，都八十九事，抉擇務嚴，一訪孫書,⑦ 除群經、傳注、秘緯、子史、類書之外，不敢濫輯一條，即通行古書如《乾坤鑿度》《尚書孔傳》《尉繚子》《子華子》等類實繫僞撰者，均不采輯。此外如桓寬《鹽鐵論·刑德篇》引《古論語》“魯廐焚，孔子罷朝，問人，不問馬”、《詩·小雅·棠棣》毛萇傳引《齊論語》“朋友切切節節，兄弟熙熙”之類，乃師授不同，轉寫各異，並非異文，亦不復厠（凡文字全同而孫氏援書各別，如孔子曰“漢興三百載，計歷改憲”，本《春秋緯·保乾圖》文，見《文選》王元長《永明九年策秀才文》注引，馬氏輯入《春秋緯·保乾

---

① “春秋”下，郭沂曰：“一本下有‘者’。”

② 關於此條，李滋然曰：“孫穀《古微書》引。”

③ 關於此條，李滋然曰：“《禮記·中庸》正義引。宋均注言：‘孔子，黑龍之精，不合代周家，木德之蒼也。’附録備考。”

④ 關於此條，李滋然曰：“《文選·顔延年三月三日曲水詩序》注引。又《西都賦》注、《後漢書·班固傳》引‘丘掇秘文’句，均附録之，以備參考。”

⑤ 關於此條，李滋然曰：“《春秋·哀十四年公羊傳》何休注。徐彦疏云：‘蓋見《中候》。’馬氏國翰謂《候》言圖録，當是此篇，據以補入。”

⑥ 關於此條，李滋然曰：“《御覽》四百三引。”

⑦ “訪”，德凌按：當作“仿”。

圖》，孫氏則據《後漢書·郎顗傳》顗對《尚書》文以輯入，引書各異之類，概不重輯；其文有異同，據書又復各别者，仍録）。此外，注疏引申經文，非另據有古書者（如皇侃《論語義疏》卷一“孔子呼子路名云‘由，我從來教化於汝，汝知我教汝以不乎？汝若知我教，則云知；若不知，則云不知。如此者，是有知之人也’”，又“孔子入人境，觀其民之五德，則知其君所行之政也。故梁冀云‘夫子所至之國，入其境，觀察風俗以知其政教。其民温良，則其君政教之温良也；其民恭儉讓，則政教恭儉讓也。孔子但見其民，則知其君政教之得失也’”等類，皆注家據聖言而推闡之，不得爲軼事軼語之類），概不登入，致涉泛濫。伏考孫、嚴《孔子集語》，經兩儒參互考訂四年而始成書，厥後更移次第，檢正僞敚，又復幾經歲月，然後付梓，訖今校閲全編，猶有一二失檢，稍留闕失（如卷五《六藝》篇下，采《白虎通·三教》引《樂緯·稽耀嘉》“顔回問：‘三教變虞夏何如？’曰：‘教者所以追補敗政，靡敝溷濁，謂之治也，舜之承堯無爲易也’”一條，卷十《論政》篇又重輯原書文，原不易一字；又《六藝》下引《白虎通·嫁娶》一節、《喪服》二節，均全見《禮記·曾子問》；又《論人》八引《韓詩外傳》“舜生於諸馮”一節，均全見《孟子》之類）。昔人謂校勘之學難於撰著，信不誣也。元著搜殘訂佚，頗費苦心，或者成書過速，未及詳爲斠證，以致留此罅隙，恐薛叔容、孫淵如、嚴鐵橋三先達見之未必俛首也。滋然蒙昧固滯匙通，訛誤之處，知所不免，惟冀方家察而教之。

附録三

利用《上海博物館藏戰國楚竹書》對《孔子集語》的增補

孔德凌

本書輯佚，主要參考文獻爲《上海博物館藏戰國楚竹書》第一册至第九册。缺字能補出的，用〔　〕號表示；不能補出而可數的，用□表示；不能補出而不可數的，用☒表示。

《上海博物館藏戰國楚竹書》第一册

一、《孔子詩論》①

【校注】

①關於《孔子詩論》的排序，李學勤先生調整爲：第一組（十、十四、十二、十三、十五、十一、十六、二十四、二十、二十七、十九、十八）、第二組（八、九、十七、二十五、二十六、二十三、二十八、二十九、二十一、二十二、六）、第三組（七、二、三）、第四組（四、五、一），參見《中國哲學史》2002 年第 1 期《〈詩論〉簡的編聯與復原》。

李鋭先生以爲“簡二十當下接簡十九、十八，簡十八下有分章號，表示此爲一章之結束。但簡二十與簡十九之間當缺簡，因爲簡十九所述的‘天也’，與簡十六、二十四、二十的《葛覃》《甘棠》《木瓜》《杕杜》不相關”，“李先生將簡二十八、二十九相連。依簡二十八尾一字評詩，下宜接簡二十六”，“簡二十八提及‘言惡’‘不知言’，是論《詩》中言語，疑上接簡二十五、簡八”，“簡二十三，疑在簡二十七之前”，調整爲第一章（十、十四、十二、十三、十五、十一、十六、二十四、二十、十九、十八）、第二章（九、二十一、二十二、補簡）、第三章（二十三、二十七、二十五、八、二十八、二十九、二十六、十七）、第四章（四、補簡、五、六、七、二、三、一）。參見《上海博物館藏戰國楚竹書研究》中《〈孔子詩論〉簡序調整芻議》第193—198頁。

李零先生調整爲：一（1、19、20、18）、二（11、16、10、12、13、14、15、24）、三（27、29、28、25、26、17）、四（8、9、23、21、22、6）、五（4、5、7、2、3）。參見上海古籍出版社2002年出版《中華文史論叢》第68輯《上博楚簡校讀記》。

廖名春先生調整爲：第一部分（1、8、9、10、14、12、13、15、11、16、24、20、19、18、27、29、26、28、17、25、23、21、22）、第二部分（4、6、5、7、2、3）。參見《中國哲學史》2002年第1期《上海博物館藏詩論簡校釋》。范毓周先生調整爲：第一章（四）、第二章（五、六）、第三章（一、十、十一、十九、十五、十六、十二、十四、十三、二十四、二十）、第四章（十八、十七、、二十九、二十八、二十六、十七、二十五）、第五章（二十三、九、八、二十一、二十二、七）、第六章（二、三）。參見《上海博物館藏戰國楚竹書研究》中《上海博物館藏楚簡〈詩論〉的釋文、簡序與分章》第173—186頁。

姜廣輝先生調整爲：一（4、5、1、10、14、12、13、15、11、16、24、20、27）、二（23、19、18、17、25、26、28、29、8、9、21、22、6）、三（7、2、3）。參見《關於古〈詩序〉的編連、釋讀與定位諸問題研究》，簡帛研究網2002年5月24日。第八簡之後的順序，曹峰調整爲：第一段（十、十四、十二、十三、十五、十一、十六）、第二段（十六、二十四、二十、十九、十八）、第三段（八、九、二十一）、第四段（二十一、二十二）、第五段（二十三、二十七）、第六段（二十

七、二十六、二十五、二十八、二十九、十七）。參見《上海博物館藏戰國楚竹書研究》中《對〈孔子詩論〉第八簡以後簡序的再調整》第200—203頁。

陳斯鵬先生調整爲：一（10、14、12、13、15、11、16、24、20、27）、二（26、23）、三（28、29）、四（19、18）、五（17、25）、六（8、9、21、22、6）、七（7、2、3）、八（4、5、1）。參見中山大學出版社2007年出版《簡帛文獻與文學考論》第27—32頁。

季旭昇先生曰："拙見排序最新意見如下：1+2+3+4+5+7+8+9+10+（14+12）+（13+15）+11+16+24+缺+20+缺+18+19+27+17+23+25+26+28+29+21+22+6。"參見北京大學出版社2009年出版《〈上海博物館藏戰國楚竹書〉（一）讀本》第3頁鄭玉珊撰寫、季旭昇先生訂改《〈孔子詩論〉譯釋》。

晁福林先生調整爲：第一部分"包括2、7、6、4、3、5六支所謂的'留白簡'及第1號簡"，第二部分"包括8、9、21等簡"，第三部分包括"16、17、10、14、12、13、15、11、20、19、18、23、24、25、26、27、28、29諸簡"，"這些簡前後不一定可以係連，中間可能有較多殘缺"。參見商務印書館2013年出版《上博簡〈詩論〉研究》第18頁。

【第一簡】行此者其有不王乎？孔子曰：詩亡隱志，[①]樂亡隱情，文亡隱言。[②]

【校注】

①"隱"，今從李學勤、龐樸、裘錫圭等學者之説定。下文同。馬承源先生讀"離"，饒宗頤先生、范毓周先生讀"吝"，周鳳五先生讀"文"，訓爲文飾，何琳儀先生讀爲"陵"，廖名春先生釋爲"泯"，李鋭先生讀"忞"，邱德修先生以爲"假借字：鄰；求本字：泯；明本義：滅也"。參見《上海博物館藏戰國楚竹書研究》。

②第一簡至第十簡的排列順序，俞志慧先生以爲"第二到第七簡上下端都留白，書寫格式相同，排列時可放在一起考慮。……簡四接首簡

‘詩’字展開……第四、五簡之間缺一簡……第七簡上端殘，但本簡論《大雅》則無可疑，下端留白，末句‘此命也’下正好與第二簡‘時也，文王受命矣’相接……下接簡三小雅——邦風，以‘孔子曰“誰能夫”’之問作結。……故此可推知簡十論《國風》接於簡三之後”，參見《上海博物館藏戰國楚竹書研究》中《〈孔子詩論〉五題》第317—318頁。

【第二簡】寺也。① 文王受命矣。《訟》塝德也，② 多言後，其樂安而屖，其歌壎而篪，③ 其思深而遠，至矣。《大夏》盛德也，④ 多言

【校注】

①“寺”，馬承源先生釋作“詩”。李學勤先生以爲通假爲“時”，參見《中國哲學史》2002年第1期《〈詩論〉簡的編聯與復原》。周鳳五先生亦讀爲“時”，參見《上海博物館藏戰國楚竹書研究》中《〈孔子詩論〉新釋文及注解》第152頁。廖名春先生通假爲“志”，參見《中國哲學史》2002年第1期《上海博物館藏詩論簡校釋》。董蓮池先生讀爲“持”，參見《古籍整理研究學刊》2002年第2期《〈上海博物館藏戰國楚竹書（一）·孔子詩論〉解詁（一）》。晁福林先生以爲“通假爲‘詩’字可能更妥當些”，參見商務印書館2013年出版《上博簡〈詩論〉研究》第42頁。

②“訟”，《上海博物館藏戰國楚竹書》注：“即今本《毛詩·頌》的編名。”晁福林先生以爲“當讀如本字，不必通假爲‘頌’”；“訟塝德也”，“簡文當讀爲‘訟平，德也’”。參見商務印書館2013年出版《上博簡〈詩論〉研究》第45—46頁。

“塝”，馬承源先生釋作“坪”，讀爲“平”。李學勤等學者釋爲“平”，參見《上海博物館藏戰國楚竹書研究》中《〈詩論〉的體裁和作者》第60頁。何琳儀先生讀爲“廣”，第四簡同，參見《上海博物館藏戰國楚竹書研究》中《滬簡〈詩論〉選釋》第245、246頁。周鳳五先生、廖名春先生釋爲“旁”，“旁德即大德，廣德”，參見《上海博物館

藏戰國楚竹書研究》中《〈孔子詩論〉新釋文及注解》第152頁、《上海博物館藏詩論簡校釋札記》第273—274頁。李鋭先生從廖説讀爲“旁”，“‘旁’‘方’古通，此處‘塝門’疑讀‘防門’”，參見《上海博物館藏戰國楚竹書研究》中《讀上博楚簡札記》第398頁。俞志慧先生隸定爲“坊”，“義則仍取其本字‘旁’”，參見《上海博物館藏戰國楚竹書研究》中《〈孔子詩論〉五題》第309頁。裘錫圭先生認爲是“‘聖’字的誤摹”，參見清華大學思想文化研究所2002年排印本《新出楚簡與儒學思想國際學術研討會論文集》第23—24頁《談談上博簡和郭店簡中的錯別字》。姜廣輝先生釋爲“重”，參見清華大學思想文化研究所2002年排印本《新出楚簡與儒學思想國際學術研討會論文集》第41頁《〈上海博物館藏戰國楚竹書〉（一）幾個古異字的辨識》。

③“歌”，廖名春先生以爲“可”實質是“訶”之借字。

“壎而篪”，李學勤先生讀爲“引而逖”，參見《上海博物館藏戰國楚竹書研究》中《〈詩論〉的體裁和作者》第60頁。周鳳五先生讀爲“申而尋”，參見《上海博物館藏戰國楚竹書研究》中《〈孔子詩論〉新釋文及注解》第152頁。季旭昇先生以爲紳而葛（易），參見《讀郭店、上博簡五題：舜、河滸、紳而易、墻有茨、宛丘》。劉釗“疑此句應讀爲‘伸而延’”，參見《上海博物館藏戰國楚竹書研究》中《讀〈上海博物館藏戰國竹書〉（一）札記》第290頁。于茀釋爲“紳而葛”，“‘葛’假借爲‘暢’，爲‘暢達盡情’之義”，參見《金石簡帛詩經研究》第163頁。楊懷源以爲“當讀爲‘信而惕’”，參見《廣西師範大學學報》（哲學社会科學版）2008年第5期《上博簡（一）〈孔子詩論〉‘紳而葛’考》第75頁。黄德寬先生、徐在國先生釋爲“引而覃”，參見《安徽大學學报》2002年第2期《〈上海博物館藏戰國楚竹書（一）·孔子詩論〉釋文補正》。王志平先生讀作“伸而惕”，參見《上海博物館藏戰國楚竹書研究》中《〈詩論〉箋疏》第210頁。晁福林先生以爲“黄德寬、徐在國兩位先生的説法應當更勝一籌”，參見商務印書館2013年出版《上博簡〈詩論〉研究》第50頁。

“篪”字，何琳儀先生以爲“可隸定爲‘𦱊’，即‘蕩’之省文”，參見《上海博物館藏戰國楚竹書研究》中《滬簡〈詩論〉選釋》第245頁；廖名春先生讀作“引”，參見《上海博物館藏戰國楚竹書研究》中《上海博物館藏詩論簡校釋札記》第272頁；張桂光先生讀作“邇”，參見《上海博物館藏戰國楚竹書研究》中《〈戰國楚竹書·孔子詩論〉文字考釋》第337頁。

④“大夏”，《上海博物館藏戰國楚竹書》注：“今本《毛詩·大雅》編名。”

【第三簡】〔《小夏（雅）》是〕也。①多言難而悁退者也，②衰矣，少矣。《邦風》其納物也尃，③觀人俗焉，④大斂材焉，其言文，其聲善。孔子曰：唯能夫

【校注】

①“小夏（雅）是”，據晁福林先生之説補，參見商務印書館2013年出版《上博簡〈詩論〉研究》第55頁。

②“難”，秦樺林先生以爲“此字當通‘戁’”，參見《古漢語研究》2003年第2期《上博簡〈孔子詩論〉辨證》第62頁。

“悁退”，馬承源先生讀爲“悁懟”；李學勤先生讀爲“怨懟”，參見《上海博物館藏戰國楚竹書研究》中《〈詩論〉的體裁和作者》第60頁；周鳳五先生讀爲“怨悱”，參見《上海博物館藏戰國楚竹書研究》中《〈孔子詩論〉新釋文及注解》第152頁。

“退”，李鋭先生讀如本字，訓爲改悔，參見《上海博物館藏戰國楚竹書研究》中《讀上博楚簡札記》第398頁；俞志慧先生讀如本字，訓爲緩，參見《上海博物館藏戰國楚竹書研究》中《〈孔子詩論〉五題》第310頁；廖名春先生讀爲“湛”，訓爲“深”，參見《上海博物館藏戰國楚竹書研究》中《上海博物館藏詩論簡校釋札記》第274頁；于茀先生以爲“‘退’，當讀如字，訓爲‘引退’”，參見《金石簡帛詩經研究》第165頁。

③“邦風”，《上海博物館藏戰國楚竹書》注：“就是《毛詩》的《國風》。”

“尃”，原釋爲“溥”，龐樸先生以爲“尃，遍也，不煩轉讀爲‘溥’”，參見《上海博物館藏戰國楚竹書研究》中《上博藏簡零箋》第236頁。今從。

④“邦風其納物也尃觀人俗焉”，李學勤先生讀爲“邦風其内物也尃（博），觀人谷（俗）焉”，今從其斷句，參見《上海博物館藏戰國楚竹書研究》中《〈詩論〉的體裁和作者》第60頁；周鳳五先生讀爲“邦風，其納物也溥，觀人俗焉”，參見《上海博物館藏戰國楚竹書研究》中《〈孔子詩論〉新釋文及注解》第153頁。

【第四簡】〔孔子〕曰：詩其猷塝門，與賤民而𧼯之，①其用心也將何如？曰：《邦風》是也。②民之有罷惓也，③上下之不和者，其用心也將何如？

【校注】

①“與”，陳斯鵬先生、王蘭先生釋爲“舉”，分别見中山大學博士學位論文2005年4月《戰國簡帛文學文獻考論》、簡帛網2005年12月2日《〈詩論〉簡4“與”字小議》。陸華先生以爲不若用爲動詞“予”若愛，《蘭州學刊》2008年第12期《讀上博簡〈孔子詩論〉札記二則》。

“𧼯”，李零先生釋爲“逸”，參見上海古籍出版社2002年出版《中華文史論叢》第68輯《上博楚簡校讀記》第22頁。何琳儀先生釋爲“豫”，“《爾雅·釋詁》：‘豫，樂也。’字亦作‘娛’”，參見《上海博物館藏戰國楚竹書研究》中《滬簡〈詩論〉選釋》第246頁。李守奎先生亦釋爲“豫”，參見《上海博物館藏戰國楚竹書研究》中《楚簡〈孔子詩論〉中的〈詩經〉篇名文字考》第343頁。黄德寬先生、徐在國先生亦以爲“當釋爲豫”，參見《安徽大學學報》2002年第2期《〈上海博物館藏戰國楚竹書（一）·孔子詩論〉釋文補正》。李學勤先生釋爲“裕”，此句讀爲“〔孔子〕曰：詩其猶平門與？戔民而𧼯（裕）之”，參見《上海博物館藏戰國楚竹書研究》中《〈詩論〉的體裁和作者》第60頁。“孔子”，據李學勤説補。廖名春先生釋爲“裕”，參見《上海博物館藏戰國楚竹書研究》中《上海博物館藏詩論簡校釋札記》第272頁。周鳳五先生讀爲“曰：詩其猶旁門與？殘民而怨之”，參見《上海博物館藏戰國楚竹書研究》中《〈孔子詩論〉新釋文及注解》第153頁。李開先生讀爲“説（悦）”，《古籍整理研究學刊》2005年第1期《上博楚竹簡〈孔子詩論〉詞語考釋》。晁福林先生以爲“專家或讀爲豫，或讀爲舒，或讀爲説（悦），但不若讀爲逸爲优”，參見商務印書館2013年出版《上博簡〈詩論〉研究》第60頁。

②“也”，張桂光釋爲“已”，參見《上海博物館藏戰國楚竹書研究》中《〈戰國楚竹書·孔子詩論〉文字考釋》第337頁。

③“罷”，又見於《郭店楚簡·性自命出》第三十四簡，龐樸先生讀爲“戚”，參見《歷史研究》1998年第4期《初讀郭店楚簡》。李零、李學勤、廖名春、劉信芳、黄德寬、徐在國等學者讀爲“戚”。

“惓”，李學勤先生讀爲“患”，參見《上海博物館藏戰國楚竹書研究》中《〈詩論〉的體裁和作者》第60頁。黄德寬先生、徐在國先生曰“可以讀爲患”，參見《安徽大學學报》2002年第2期《〈上海博物館藏戰國楚竹書（一）·孔子詩論〉釋文補正》。晁福林先生以爲“此字在本簡中可讀若倦，有罷憊、倦怠之意”，參見商務印書館2013年出版《上博簡〈詩論〉研究》第63頁。

“罷惓”，何琳儀先生以爲“應讀‘竊怨’，意謂私下怨恨”，參見《上海博物館藏戰國楚竹書研究》中《滬簡〈詩論〉選釋》第247頁。

【第五簡】是也。又成功者何如？曰《訟》是也。《清廟》王德也，至矣。敬宗廟之禮，以爲其本，秉文之德，以爲其業。[1]肅雍〔顯相〕[2]

【校注】

①“𦕃”，李學勤先生釋爲“業”，參見《中國哲學史》2002年第1

期《〈詩論〉簡的編聯與復原》。廖名春先生、俞志慧先生等亦釋爲“業”，參見《中國哲學史》2002年第1期《上海博物館藏詩論簡校釋》《上海博物館藏戰國楚竹書研究》第312頁《〈孔子詩論〉五題》。周鳳五先生讀爲“蘖”，參見《上海博物館藏戰國楚竹書研究》中《〈孔子詩論〉新釋文及注解》第153頁。

②“顯相”，據李學勤先生之説補，參見《上海博物館藏戰國楚竹書研究》中第60頁《〈詩論〉的體裁和作者》。

【第六簡】〔濟濟〕多士，[①]秉文之德，吾敬之。《烈文》曰：乍競唯人，[②]丕顯唯德。於呼！前王不忘，吾悦之。《昊天有成命》，二后受之，貴且顯矣。《訟》[③]

【校注】

①“濟濟”，據李學勤先生之説補，參見《上海博物館藏戰國楚竹書研究》中第60頁《〈詩論〉的體裁和作者》。

②“乍”，臧克和先生曰“按該處乍即作字”，通“职”，是虚詞，參見《學术研究》2003年第9期《上博楚竹書中的‘詩論’文獻及范型》。

③“訟”，晁福林先生以爲“‘訟’字之前無墨釘，與其前的‘矣’字無間隔，與其前的矣作一句讀，是完全有可能的”，“此字當讀若誦”，參見商務印書館2013年出版《上博簡〈詩論〉研究》第78頁。

【第七簡】〔帝謂文王，予〕懷爾明德，[①]曷？誠謂之也。有命自天，命此文王，誠命之也，信矣。孔子曰：此命也夫，文王隹裕也，[②]得乎？此命也。

【校注】

①“帝謂文王予”，據李學勤先生之説補，斷句亦采李説，參見《上海博物館藏戰國楚竹書研究》中第60頁《〈詩論〉的體裁和作者》。

“懷爾明德”，今本《詩·大雅·皇矣》作“予懷明德”，龐樸先生以爲“今本乃係當年鈔寫錯誤，也可想而知，應據出土本更正”。參見《上海博物館藏戰國楚竹書研究》中《上博藏簡零箋》第234頁。

②“隹裕也”，原讀爲“唯裕也”，李學勤先生讀爲“雖谷（裕）也”，參見《上海博物館藏戰國楚竹書研究》中《〈詩論〉的體裁和作者》第60頁。龐樸先生以爲當作“雖欲已”，參見《上海博物館藏戰國楚竹書研究》中《上博藏簡零箋》第235頁。

“也”，李零先生、龐樸先生等釋爲“已”，參見上海古籍出版社2002年出版《中華文史論叢》第68輯《上博楚簡校讀記》第23頁、《上海博物館藏戰國楚竹書研究》中《上博藏簡零箋》第235頁。

【第八簡】《十月》善諀言。①《雨無正》《節南山》，皆言上之衰也，王公耻之。《小旻》多疑矣，言不中志者也。②《小宛》其言不惡，③少又悳安。④《小弁》⑤《巧言》，⑥則言讒人之害也。⑦《伐木》

【校注】

①“諀”，《上海博物館藏戰國楚竹書》注：“當讀爲‘諞’。”廖名春以爲“諀”乃誹謗意，參見《中國哲學史》2002年第1期。李學勤先生讀爲“譬”，參見《上海博物館藏戰國楚竹書研究》中《〈詩論〉的體裁和作者》第59頁。黄德寬先生、徐在國先生亦曰“讀譬言，即譬喻之言。……還有一種可能是，‘諀’字不必破讀。……‘諀言’即毀訾之言”，參見《安徽大學學報》2002年第2期《〈上海博物館藏戰國楚竹書（壹）·孔子詩論〉釋文補正》。周鳳五先生讀爲“辟”，參見《上海博物館藏戰國楚竹書研究》中《〈孔子詩論〉新釋文及注解》第153頁。俞志慧先生以爲“諀”乃“訾也”，參見《〈戰國楚竹書·孔子詩論〉校箋》（上）。李零先生以爲“訾議之言”，參見上海古籍出版社2002年出版《中華文史論叢》第68輯《上博楚簡校讀記》。晁福林先生以爲“似當依《廣雅·釋言》‘諀，訾也’爲釋較妥”，參見商務印書館2013年

出版《上博簡〈詩論〉研究》第90頁。

②“小旻多疑矣言不中志者也”，此從馬承源先生之説。廖名春先生讀作“《小旻》多疑，疑言不忠志者也”，參見《中國哲學史》2002年第1期《上海博物館藏詩論簡校釋》。晁福林先生讀作“《小旻》多疑。疑，言不中志者也”，參見商務印書館2013年出版《上博簡〈詩論〉研究》第96頁。

③“小宛”，原作“少䖍”，據馬承源先生《上海博物館藏戰國楚竹書》注“此‘少䖍’或當爲《小宛》”改。

④“恁”，李學勤先生、廖名春先生隸定爲“恁”，讀爲“仁”。今從。周鳳五先生釋作“危”，參見《上海博物館藏戰國楚竹書研究》中《〈孔子詩論〉新釋文及注解》第153頁。李零先生疑讀爲“佞”，參見《上博楚簡校讀記（之一）——〈子羔〉篇“孔子詩論”部分》，簡帛研究網2002年1月4日。范毓周先生、許全勝先生從其説。俞志慧先生以爲“應是‘忝’字”，參見《上海博物館藏戰國楚竹書研究》中《〈孔子詩論〉五題》第312頁。楊澤生先生以爲從心禾聲，讀爲“過”或“禍”，參見簡帛研究網站論文《上海博物館所藏楚簡文字説叢》，2002年2月3日。朱淵清先生以爲“實際上此字可直接隸定爲‘悸’”，參見《上海博物館藏戰國楚竹書研究》中《讀簡偶識》第404—405頁。晁福林先生以爲“簡文中的這個‘惒’字可從李零先生的卓見，斷定它是從黎從心之字的省體，以‘恨也’爲訓”，參見商務印書館2013年出版《上博簡〈詩論〉研究》第98—99頁。

⑤“小弁”，原作“少貞”，據馬承源先生《上海博物館藏戰國楚竹書》注“即《詩·小雅·節南山之什·小弁》”改。

⑥“巧言”，原作“考言”，據馬承源先生《上海博物館藏戰國楚竹書》注“即《詩·小雅·節南山之什》的《巧言》”改。

⑦“諓”，《上海博物館藏戰國楚竹書》注：“從言蚰聲音近字當讀如‘誆’。”李學勤先生讀爲“讒”，參見《上海博物館藏戰國楚竹書研究》中《〈詩論〉的體裁和作者》第59頁。周鳳五先生亦讀爲“讒”，

參見《上海博物館藏戰國楚竹書研究》中《〈孔子詩論〉新釋文及注解》第153頁。李零先生亦釋爲“讒”，以爲字從雙虫乃是雙兔的訛寫，參見上海古籍出版社2002年出版《中華文史論叢》第68輯《上博楚簡校讀記》第19頁。魏宜輝先生讀爲“庸”，參見《上海博物館藏戰國楚竹書研究》中《讀上博簡文字札記》第389頁。黄德寬先生、徐在國先生以爲，隸作“誸”，疑爲流言之流的專字，參見《安徽大學學报》2002年第2期《〈上海博物館藏戰國楚竹書（一）·孔子詩論〉釋文補正》。劉信芳先生以爲“從言得聲，讀爲間”，參見《江漢考古》2002年第2期《楚簡〈詩論〉釋文校補》。

【第九簡】實咎於其也。① 《天保》其得禄蔑疆矣，巽寡德故也。② 《祈父》之責亦有以也。③ 《黄鳥》則困而欲反其古也，④ 多耻者其忞之乎？⑤ 《菁菁者莪》則以人益也。⑥ 《裳裳者華》，⑦ 則

【校注】

①“實”，今從李零、廖名春、范毓周、黄德寬、徐在國、何琳儀等學者之説改。原作“實”，《上海博物館藏戰國楚竹書》注：“‘實’讀爲‘貴’。”周鳳五先生亦讀“貴”，參見《上海博物館藏戰國楚竹書研究》中《〈孔子詩論〉新釋文及注解》第153頁。胡平生先生讀如“歸”，參見《上海博物館藏戰國楚竹書研究》中《讀上博藏戰國楚竹書〈詩論〉札記》第282頁。

“其”，周鳳五先生讀爲“己”，參見《上海博物館藏戰國楚竹書研究》中《〈孔子詩論〉新釋文及注解》第153頁。

廖名春先生以爲“簡八與簡九可係連，從文義看，簡八末端殘損處可補一‘弗’字”，參見朱淵清先生、廖名春先生主編《上海博物館藏戰國楚竹書研究》中《上海博物館藏詩論簡校釋札記》第262頁。

②“巽”，原作“饌”，今從李學勤、龐樸等學者之説改。彭林先生隸作“並”，周鳳五先生讀若“贊”，李零先生讀爲“選”。廖名春先生

以爲“疑讀‘選’是。而‘選’有善義”，參見《中國哲學史》2002年第1期《上海博物館藏詩論簡校釋》。

“巽寡德故也”，句讀從李學勤先生之説，參見《上海博物館藏戰國楚竹書研究》中《〈詩論〉的體裁和作者》第59頁。龐樸先生以爲“此句似以讀作‘巽，寡德故也’爲佳”，參見《上海博物館藏戰國楚竹書研究》中《上博藏簡零箋》第237頁。

③“祈父”，《上海博物館藏戰國楚竹書》注：“當爲《詩・小雅・鴻雁之什・祈父》篇名。”今從。

④“黄鳥”，原作“黄鳴”，《上海博物館藏戰國楚竹書》注：“篇名疑即今本《毛詩》之《黄鳥》。”廖名春先生亦以爲《小雅・黄鳥》，參見《中國哲學史》2002年第1期《上海博物館藏詩論簡校釋》。今從。參見上海古籍出版社2002年出版《中華文史論叢》第68輯《上博楚簡校讀記》第19頁。

“反其古也”，馬承源先生以爲“古”通“故”，指《小雅・黄鳥》；龐樸先生亦以爲“宜作‘返其故也”，參見《上海博物館藏戰國楚竹書研究》中《上博藏簡零箋》第237頁。李零先生以爲指《秦風・黄鳥》，參見上海古籍出版社2002年出版《中華文史論叢》第68輯《上博楚簡校讀記》第19頁；晁福林先生以爲“李零先生定它爲屬於《秦風》者，是可信的判斷”，參見商務印書館2013年出版《上博簡〈詩論〉研究》第113頁。

⑤“忞”，李學勤先生讀爲“病”，參見《上海博物館藏戰國楚竹書研究》中《〈詩論〉的體裁和作者》第59頁。李零先生亦讀爲“病”。龐樸先生“疑爲‘忿’字筆誤”，參見《上海博物館藏戰國楚竹書研究》中《上博藏簡零箋》第237頁。周鳳五先生讀爲“方”，參見《上海博物館藏戰國楚竹書研究》中《〈孔子詩論〉新釋文及注解》第153頁。晁福林先生亦以爲“可以徑讀如《詩・鵲巢》‘維鳩方之’之‘方’，毛傳‘方，有之也’”，參見商務印書館2013年出版《上博簡〈詩論〉研究》第115頁。

⑥“菁菁者莪”，原作“䕨䕨者莪”，《上海博物館藏戰國楚竹書》注：“今本《詩・小雅・南有嘉魚之什》有《菁菁者莪》，簡文係原篇名。”今從。

⑦“裳裳者華”，原作“棠棠者芋”，《上海博物館藏戰國楚竹書》注：“即今本《詩・小雅・甫田之什・裳裳者華》原篇名。”今從。

【第十簡】《關雎》之改，[1]《梂木》之時，[2]《漢廣》之智，[3]《鵲巢》之歸，[4]《甘棠》之保，[5]《緑衣》之思，《燕燕》之情，[6]曷？[7]曰童而皆賢于其初者也。[8]《關雎》以色喻於禮[9]

【校注】

①“關雎”，原作“闗疋”，《上海博物館藏戰國楚竹書》注：“今本《詩・國風・周南》作《關雎》。”今從。

“改”，原釋讀爲“怡”，此從李學勤、劉信芳等學者之説，參見《上海博物館藏戰國楚竹書研究》中《〈詩論〉的體裁和作者》第53頁、《齊魯學刊》2003年第6期《〈詩論〉所評‘童而偕’之詩研究》。下同。李零先生曾釋爲“妃”，後改爲“改”；饒宗頤先生釋爲“巹”，參見《上海博物館藏戰國楚竹書研究》第229頁《竹書〈詩序〉小箋》；趙建偉先生釋爲“止”，參見丁四新先生主編《楚地簡帛思想研究》三《楚簡校記》第180頁。

②“梂木”，《上海博物館藏戰國楚竹書》注：“今本《詩・國風・周南》篇名作《樛木》。”

③“漢廣”，原作“灘㞷”，《上海博物館藏戰國楚竹書》注：“今本《詩・國風・周南》有篇名作《漢廣》。”今從。

④“巢”，原隸作“樔”，通假爲“巢”。《上海博物館藏戰國楚竹書》注以爲“鵲樔”指“今本《詩・國風・周南》篇名作《鵲巢》”。張桂光先生直接釋爲“樔”，“‘鵲樔’即今本之‘鵲巢’”，參見《上海博物館藏戰國楚竹書研究》中《〈戰國楚竹書・孔子詩論〉文字考釋》

第338—339頁。

⑤“保”，李學勤先生釋爲“報”，參見《上海博物館藏戰國楚竹書研究》中《〈詩論〉的體裁和作者》第53頁。

⑥“燕燕”，原作“䴏䴏”，《上海博物館藏戰國楚竹書》注：“今本《詩·國風·邶風》有篇名作《燕燕》。”今從。

⑦“曷”，馬承源先生連下句讀。晁福林先生曰“但不如將‘害（曷）’作爲一個疑問詞，連於上句爲妥。簡文這個疑問詞，實涵蓋本簡所提到的七篇詩而發出，非必僅謂《燕燕》一詩”，參見商務印書館2013年出版《上博簡〈詩論〉研究》第133頁。今從晁氏之説。

⑧“童”，周鳳五先生讀爲“重”，參見《上海博物館藏戰國楚竹書研究》中《〈孔子詩論〉新釋文及注解》第153頁。廖名春先生以爲“李零讀爲‘動’，李學勤曾讀爲‘鐘’，筆者也曾讀爲‘同’‘終’。周鳳五則讀爲‘重’，説謂：重、重復也。……按：周讀‘童’爲‘重’是，但訓爲重復則非。當訓爲善、貴”，參見朱淵清、廖名春先生主編《上海博物館藏戰國楚竹書研究》中《上海博物館藏詩論簡校釋札記》第263頁。晁福林先生以爲“前説更優”，“當依廖名春先生説，讀若‘終’”，參見商務印書館2013年出版《上博簡〈詩論〉研究》第135頁。“童而皆”，吴迪以爲“當讀爲‘憧而諧’”，參見《江蘇教育學院學報》（社会科學）2010年第3期《上博藏〈孔子詩論〉第十簡‘童而皆’的釋讀問題》第120頁。

⑨“關雎以色喻於禮”，晁福林先生以爲“此語應當是另一段落的開頭，愚以爲其下面的文字應當下接《詩論》第14+12簡”，參見商務印書館2013年出版《上博簡〈詩論〉研究》第136頁。第十簡至第十六簡的排列順序，俞志慧先生調整爲“十—十四—十一—十二—十三—十四—十五—十六”，“簡十開始討論的七首詩至簡十六‘孔子曰’作一小結……然簡十六句子尚未完足，幸而其下端弧形完整，‘夫萬之見謌也則’半句剛好由簡二十四‘以□蘝之故也’補上”，參見《上海博物館藏戰國楚竹書研究》中《〈孔子詩論〉五題》第319—320頁。

【第十一簡】〔《燕燕》之〕情，愛也。[①]《關雎》之改，[②]則其思賹矣。《梂木》之時，則以其禄也。《漢廣》之智，則知不可得也。《鵲巢》之歸，則離者[③]

【校注】

①“燕燕之”，據晁福林先生之説補，參見商務印書館 2013 年出版《上博簡〈詩論〉研究》第 134—135 頁。“情愛”，從周鳳五先生之説在兩字之間斷開，參見《上海博物館藏戰國楚竹書研究》中《〈孔子詩論〉新釋文及注解》第 154 頁。

②“改”，晁福林先生曰“愚以爲這個字可以徑釋爲‘攺’，不必讀若‘怡’，也不必以形近而致誤而釋爲‘改’。這個字應爲‘竢’的或體，今通作俟。……以釋其意爲‘大’近是”，參見商務印書館 2013 年出版《上博簡〈詩論〉研究》第 141 頁。

③“離”，此從李學勤、廖名春、李零、張桂光、胡平生等學者之説。周鳳五先生以爲《鵲巢》首章言“百兩御之”，這是指迎親；次章説“百兩將之”，這是指送親；迎與送都採用百兩之禮，兩兩對等，故讀爲“儷”。下同。何琳儀先生以爲“可讀‘蕩’”，參見《上海博物館藏戰國楚竹書研究》中《滬簡〈詩論〉選釋》第 246 頁。俞志慧先生釋讀爲“遠”，參見《上海博物館藏戰國楚竹書研究》中《〈孔子詩論〉五題》第 313 頁。“者”，晁福林先生讀爲“諸”，其下“擬補‘禮也’二字”，參見商務印書館 2013 年出版《上博簡〈詩論〉研究》第 143 頁。

【第十二簡】〔也，《關雎》〕好，[①]反納于禮，不亦能改乎？《梂木》福斯在君子，不〔亦能時乎〕？[②]

【校注】

①“也關雎”，據濮茅左《〈孔子詩論〉簡序解析》補，參見《上海博物館藏戰國楚竹書研究》第 17 頁。

②“亦能時乎”，據廖名春先生之説補，參見《中國哲學史》2002 年第 1 期《上海博物館藏詩論簡校釋》。

【第十三簡】〔《漢廣》不求不〕可得，①不攻不可能，②不亦智恒乎？③《鵲巢》出以百兩，不亦有離乎？《甘〔棠〕》④

【校注】

①“漢廣不求不”，據廖名春先生之説補，參見《中國哲學史》2002 年第 1 期《上海博物館藏詩論簡校釋》。

②“攻”，此從李學勤、廖名春等學者之説。

③“智恒”，據廖名春先生《上海博物館藏詩論簡校釋》文改，參見《中國哲學史》2002 年第 1 期。周鳳五先生釋爲“智极”。

④“棠”，據李學勤先生《〈詩論〉的體裁和作者》補，參見《上海博物館藏戰國楚竹書研究》中第 58 頁。

【第十四簡】兩矣。其四章則愉矣，①以琴瑟之悦，擬好色之愿，②以鐘鼓之樂③

【校注】

①“愉”，周鳳五先生讀爲“愈”，參見《上海博物館藏戰國楚竹書研究》中《〈孔子詩論〉新釋文及注解》第 154 頁。晁福林先生以爲“似不若讀與第 10 號簡‘《關雎》以色俞（喻）于禮’的‘俞（喻）’爲優’”，參見商務印書館 2013 年出版《上博簡〈詩論〉研究》第 154 頁。

②“擬”，此從李學勤、廖名春等學者之説。董蓮池先生《〈上海博物館藏戰國楚竹書（一）·孔子詩論〉解詁（二）》曰：“當讀作怡。”“愿”，李零先生以爲從心從元，“簡文多用爲愿字”，今據改，下同。張桂光等學者之説同，參見《上海博物館藏戰國楚竹書研究》中《〈戰國楚竹書·孔子詩論〉文字考釋》第 340 頁。周鳳五先生讀爲“願”，參見《上海博物館藏戰國楚竹書研究》中《〈孔子詩論〉新釋文及注解》第 154 頁。胡平生先生讀爲“願”，參見《上海博物館藏戰國楚竹書研究》中《讀上博藏戰國楚竹書〈詩論〉札記》第 285 頁。

③“樂”下，廖名春先生擬補“喻求女之”四字。晁福林先生曰

“其下句可能是，‘以鐘鼓之樂，〔擬好色之〕好’”，參見商務印書館 2013 年出版《上博簡〈詩論〉研究》第 155 頁。

【第十五簡】及其人，敬愛其树，其報厚矣。《甘棠》之愛，以邵公

【第十六簡】〔□也。《甘棠》之報，美〕邵公也。①《緑衣》之憂，思古人也。《燕燕》之情，以其篤也。②孔子曰：吾以《葛覃》得氏初之詩，民性固然。③見其美必欲反其本。④夫葛之見歌也，則⑤

【校注】

①“□也甘棠之報美”，據濮茅左《〈孔子詩論〉簡序解析》補，參見《上海博物館藏戰國楚竹書研究》第 17 頁。“報”，原作“褒”，據李學勤先生之説改。“美”，廖名春先生補爲“敬”字，參見《中國哲學史》2002 年第 1 期《上海博物館藏詩論簡校釋》。

②“篤”，龐樸先生釋讀爲“獨”，參見《上海博物館藏戰國楚竹書研究》中《上博藏簡零箋》第 238 頁。周鳳五先生讀爲“獨”，參見《上海博物館藏戰國楚竹書研究》中《〈孔子詩論〉新釋文及注解》第 154 頁。俞志慧釋讀爲“蜀”，以爲“‘蜀’本有獨之義，筆者以爲不煩改字”，參見《上海博物館藏戰國楚竹書研究》中《〈孔子詩論〉五題》第 313 頁。

③“吾以葛覃得氏初之詩民性固然”，從何琳儀先生之説，參見《上海博物館藏戰國楚竹書研究》中《滬簡〈詩論〉選釋》第 249 頁。“氏”，李學勤先生《孔子、卜子與〈詩論〉簡》釋爲“民”，以爲“氏”乃“民”字之訛，清華大學簡帛講讀班第 16 次研討會，2001 年 4 月 14 日；廖名春先生以爲“‘氏’通‘衹’，而‘衹’與‘祗’通，故‘氏’當讀作‘祗’，敬也”；董蓮池先生釋爲“氒”，讀若厥，參見《〈上海博物館藏戰國楚竹書（一）·詩論〉三詁》。“詩”，廖名春先生

以爲當讀爲“志”，參見朱淵清先生、廖名春先生主編《上海博物館藏戰國楚竹書研究》中《上海博物館藏詩論簡校釋札記》第264頁。

④“其”，龐樸先生以爲“‘反其本’的‘其’字微蝕，放大來看，仍依稀可辨，上博本釋爲‘一’字，無解”，參見《上海博物館藏戰國楚竹書研究》中《上博藏簡零箋》第238頁。據龐説改。

⑤關於第十六簡以後的竹簡排列，下面依次當爲一缺簡、第二十簡、第二十四簡，濮茅左先生《〈孔子詩論〉簡序解析》曰：“我認爲第十六簡後殘缺整簡，殘簡的最後幾字應是有關《木瓜》的，可補‘也。吾以’，第二十四簡（據濮氏下文可知當爲第二十簡）上端可補‘《木瓜》得’三字。第二十簡上部簡文‘……幣帛之不可去也，民性固然。……’屬《木瓜》。”參見《上海博物館藏戰國楚竹書研究》第34頁。

【第十七簡】《東方未明》有利詞。《將中》之言不可不畏也。[①]《揚之水》其愛婦悡。[②]《采葛》之愛婦[③]

【校注】

①“將中”，《上海博物館藏戰國楚竹書》注：“今本《詩·國風·鄭風》有篇名《將仲子》。”

②“揚之水”，原作“湯之水”，《上海博物館藏戰國楚竹書》注：“今本《詩·國風》之《王風》《鄭風》《唐風》各有一篇《扬之水》，本篇《湯之水》當爲其中的一篇。”“悡”，李學勤、李零等學者釋爲“烈”。

③“采葛”，從何琳儀、李零等學者之説，參見《上海博物館藏戰國楚竹書研究》中《滬簡〈詩論〉選釋》第251頁、上海古籍出版社2002年出版《中華文史論叢》第68輯《上博楚簡校讀記》。“婦”下，黃懷信先生補“切”字，晁福林先生補“悁”字，參見社會科學文獻出版社2004年出版《上海博物館藏戰國楚竹書〈詩論〉解義》第102頁、商務印書館2013年出版《上博簡〈詩論〉研究》第170頁。

第十七簡至第二十九簡的排列順序，俞志慧先生調整爲“十七—十九—二十—十八”，“簡二十一以下（除簡二十四外）八簡合論風、雅（頌），爲總評”，參見《上海博物館藏戰國楚竹書研究》中《〈孔子詩論〉五題》第320—321頁。濮茅左先生調整爲第十九簡、第十七簡、第十八簡，參見《上海博物館藏戰國楚竹書研究》中《〈孔子詩論〉簡序解析》第35頁。康少峰先生認爲第十七簡可與第二十五簡綴合，參見《求索》2008年第6期《〈詩論〉竹簡殘斷類型與殘簡綴合》。

【第十八簡】因《木瓜》之报，①以俞其悁者也。②《杕杜》則情喜其至也。③

【校注】

①“木瓜”，原作“木苽”，《上海博物館藏戰國楚竹書》注：“即《詩·國風·衛風·木瓜》原篇名。”今從。

②“俞”，馬承源先生讀爲“喻”，又“按辭義當讀爲‘愉’”；李學勤先生讀爲“抒”；李零先生讀爲“輸”。廖名春先生以爲“當讀爲‘諭’”，參見《上海博物館藏戰國楚竹書研究》中《上海博物館藏詩論簡校釋札記》第267頁。“悁”，“通‘狷’，潔身自好也”，原讀爲“捐”，據龐説、李説改，參見《上海博物館藏戰國楚竹書研究》中《上博藏簡零箋》第239頁、《〈詩論〉的體裁和作者》第59頁。周鳳五先生讀爲“怨”，參見《上海博物館藏戰國楚竹書研究》中《〈孔子詩論〉新釋文及注解》第154頁。

③“杕杜”，原作“折杜”，《上海博物館藏戰國楚竹書》注：“篇名。今本詩篇名中未見，但有《杕杜》。”“喜”，從李零先生之説，參見上海古籍出版社2002年出版《中華文史論叢》第68輯《上博楚簡校讀記》第10頁。廖名春先生以爲“當讀爲‘譆’。《説文·言部》：‘譆，痛也’”，參見《上海博物館藏戰國楚竹書研究》中《上海博物館藏詩論簡校釋札記》第268頁。晁福林先生以爲“應當移其心旁於左，楷寫爲‘憘’字。憘字通嘻……此處的‘憘’字當讀若‘怡’”，參見商務印書

館 2013 年出版《上博簡〈詩論〉研究》第 176 頁。

【第十九簡】溺志,[①]既曰天也,猶有悁言。[②]《木瓜》有藏愿而未得達也。[③]交

【校注】

①“溺”,何琳儀先生以爲“該字左從弓,右下從水,右上僅存殘畫,可與郭店簡‘溺’相互比較”,參見《上海博物館藏戰國楚竹書研究》中《滬簡〈詩論〉選釋》第 251 頁。

②“悁”,“忿也”,原讀爲“捐”,訓爲棄,據龐樸先生説改,參見《上海博物館藏戰國楚竹書研究》中《上博藏簡零箋》第 239 頁;李學勤先生亦讀爲“悁”,參見《中國哲學史》2002 年第 1 期《〈詩論〉簡的編聯與復原》。周鳳五先生讀爲“怨”,參見《上海博物館藏戰國楚竹書研究》中《〈孔子詩論〉新釋文及注解》第 154 頁。李零先生讀爲“怨”,參見簡帛研究網站論文《上博楚簡校讀記(之一)——〈子羔〉篇“孔子詩論”部分》,2002 年 1 月 4 日。俞志慧先生以爲“此句當討論《北門》”,參見《上海博物館藏戰國楚竹書研究》中《〈孔子詩論〉五題》第 315 頁。

③“藏愿”,從李學勤先生之説,參見《上海博物館藏戰國楚竹書研究》中《〈詩論〉的體裁和作者》第 59 頁。

【第二十簡】〔得〕币帛之不可去也,[①]民性固然。其隱志必有以俞也,[②]其言有所載而后納,或前之而后交,人不可觓也。[③]吾以《杕杜》得雀艮(服)[④]

【校注】

①“得”,據李學勤先生之説補,參見《中國哲學史》2002 年第 1 期《〈詩論〉簡的編聯與復原》;又見《上海博物館藏戰國楚竹書研究》中《〈詩論〉的體裁和作者》第 59 頁。廖名春先生以爲“從簡十八看,

論《杕杜》前有‘因《木苽》之保’句，顯然是論《木瓜》，故當補‘《木瓜》得’三字”，參見《上海博物館藏戰國楚竹書研究》中《上海博物館藏詩論簡校釋札記》第 265 頁。

② “俞”上，廖名春先生以爲“當讀爲‘諭’，曉諭，告”，參見《上海博物館藏戰國楚竹書研究》中《上海博物館藏詩論簡校釋札記》第 265 頁。周鳳五先生讀爲“喻”，參見《上海博物館藏戰國楚竹書研究》中《〈孔子詩論〉新釋文及注解》第 154 頁。晁福林先生亦以爲“當以讀‘喻’爲優”，參見商務印書館 2013 年出版《上博簡〈詩論〉研究》第 183 頁。

③ “觧”，李守奎、魏宜輝、黃德寬、徐在國等學者讀爲“觸”。李零先生讀爲“捍”，參見《上博楚簡校讀記（之一）——〈子羔〉篇“孔子詩論”部分》，簡帛研究網 2002 年 1 月 4 日。周鳳五先生讀爲“干”，以爲“當讀爲‘干’。《公羊傳・定公四年》‘以干闔盧’，注：‘不待禮見曰干。’古人相見必以贄”，參見《上海博物館藏戰國楚竹書研究》中《〈孔子詩論〉新釋文及注解》第 155 頁。何琳儀先生釋“觧”爲“盰”，改讀此句爲“丌（其）言有所載而后内（納），或前之而后，交（佼）人不可盰也”，參見《上海博物館藏戰國楚竹書研究》中《滬簡〈詩論〉選釋》第 252 頁。張桂光先生釋爲“觟”，與“觸”義同音別，參見《上海博物館藏戰國楚竹書研究》中《〈戰國楚竹書・孔子詩論〉文字考釋》第 341 頁。晁福林先生以爲“可以定爲‘犓’。‘犓’，與粗、粗兩字音義皆同”，參見商務印書館 2013 年出版《上博簡〈詩論〉研究》第 184 頁。

④ “雀”，李學勤先生《孔子、卜子與〈詩論〉簡》讀爲“爵”，下同。周鳳五先生讀爲“釂”，參見《上海博物館藏戰國楚竹書研究》中《〈孔子詩論〉新釋文及注解》第 155 頁，下同。李鋭先生“疑讀爲‘焦’”，參見《上海博物館藏戰國楚竹書研究》中《〈孔子詩論〉簡序調整芻議》第 192 頁。晁福林先生釋爲“截”，參見商務印書館 2013 年出版《上博簡〈詩論〉研究》第 185 頁。“艮（服）”，據李學勤先生《〈詩論〉

的體裁和作者》定，參見《上海博物館藏戰國楚竹書研究》第59頁。

【第二十一簡】貴也。《將大车》之嚚也，①則以爲不可如何也。《湛露》之賹也，其猷軶與？②孔子曰：《宛丘》，吾善之。《猗嗟》，吾喜之。《鳲鳩》，吾信之。《文王》，吾美之。《清〔廟》，吾敬之。《烈文》，吾悦〕③

【校注】

①“將”，黄德寬先生、徐在國先生釋爲從貝臧聲之字，參見《安徽大學學報》2002年第2期《〈上海博物館藏戰國楚竹書（一）·孔子詩論〉釋文補正》。晁福林先生以爲“應當直接釋爲‘贓’字，並且以‘臧’字爲其意。……這裏的《詩》篇名並非《無將大车》，而是屬於《王風》的《大车》”，參見商務印書館2013年出版《上博簡〈詩論〉研究》第188頁。

②“猷”，李學勤先生、周鳳五先生讀爲“猶”。李鋭先生把簡九與簡二十一之間補字連爲“實咎於其也。《天保》其得禄蔑疆矣，巽寡德故也。《祈父》之刺，亦有以也。《黄鳥》則困而欲反其故也，多耻者其病之乎？《菁菁者莪》則以人益也。《裳裳者華》，則〔以世〕貴也。《〔無〕將大车》之嚚也，則以爲不可如何也。《湛露》之益也，其猷軶歟”，參見《上博館藏戰國楚竹書研究續編》第535頁《上博楚簡續札》。

③“廟吾敬之烈文吾悦”，據馬承源、濮茅左、李學勤等學者之説補。

【第二十二簡】〔之。《昊天有成命》吾□〕之。①《宛丘》曰“洵有情，而亡望”，吾善之。《猗嗟》曰“四矢反，②以御乱”，吾喜之。《鳲鳩》曰“其义一氏，心如结也”，吾信之。《文王》曰“文王在上，於昭于天”，吾美之。③

【校注】

①“之昊天有成命吾□”，據濮茅左先生、李學勤先生之説補，參見《上海博物館藏戰國楚竹書研究》第18頁《〈孔子詩論〉簡序解析》、第59頁《〈詩論〉的體裁和作者》。

②“反”，據李學勤先生之説改，見《上海博物館藏戰國楚竹書研究》中《〈詩論〉的體裁和作者》第60頁。

③二十二簡之後，李鋭先生補簡“《清廟》曰‘濟濟多士，秉文之德’，吾敬之；《烈文》曰‘無競惟人，不顯惟德。嗚呼，前王不忘’，吾悦之；‘昊天有成命，二后受之’，吾□之”，參見《上海博物館藏戰國楚竹書研究》中《〈孔子詩論〉簡序調整芻議》第194頁。

【第二十三簡】《鹿鳴》以樂始而會，以道交見善而傚，終乎不厭人。《兔罝》其用人，[①]則吾取[②]

【校注】

①“兔罝”，何琳儀先生以爲“可讀‘桑扈’”，參見《上海博物館藏戰國楚竹書研究》中《滬簡〈詩論〉選釋》第253頁。晁福林先生讀若“桑柔”，參見商務印書館2013年出版《上博簡〈詩論〉研究》第208頁。

②第二十三簡之後的排列順序，濮茅左先生調整爲第二十三簡、第二十五簡、第二十六簡、第二十七簡、第二十八簡，參見《上海博物館藏戰國楚竹書研究》中《〈孔子詩論〉簡序解析》第37頁。

【第二十四簡】以絺綌之故也。[①]后稷之見貴也，則以文武之德也。[②]吾以《甘棠》得宗廟之敬，民性固然。甚貴其人，必敬其位；悦其人，必好其所爲，惡其人者亦然。〔吾以〕[③]

【校注】

①“絺綌”，原作“□蓛”，今從2002年1月14日中國社科院歷史

研究所小禮堂所召開的楚簡《詩論》學術研討會發言、陳説改。陳劍先生以爲“字形和文意兩方面結合考慮，‘萴茿’當讀爲‘絺綌’”，“第十六、二十四兩簡應該連讀”，參見《上海博物館藏戰國楚竹書研究》中《〈孔子詩論〉補釋一則》第 374 頁。廖名春先生以爲“陳説是”，並把簡十六與簡二十四係連，均爲評論《葛覃》一詩。胡平生先生釋讀爲“茌菽”，參見《上海博物館藏戰國楚竹書研究》中《讀上博藏戰國楚竹書〈詩論〉札記》第 279 頁。晁福林先生釋爲“蒙棘”，參見商務印書館 2013 年出版《上博簡〈詩論〉研究》第 213 頁。

②“后稷之見貴也則以文武之德也”，《上海博物館藏戰國楚竹書》注：“是論《詩・大雅・生民》。”

③“吾以”，據李學勤先生論文《〈詩論〉的體裁和作者》補，參見《上海博物館藏戰國楚竹書研究》中第 58 頁。

【第二十五簡】《〔君子〕陽陽》小人。[①]《有兔》不逢時。[②]《大田》之卒章，知言而有禮。《小明》不[③]

【校注】

①“君子陽陽”，據李學勤先生之説補、改，參見《上海博物館藏戰國楚竹書研究》中《〈詩論〉的體裁和作者》第 59 頁。“陽陽”，原作“肠肠”，《上海博物館藏戰國楚竹書》注：“可能爲《詩・大雅・蕩之什》的篇名。‘肠’‘蕩’音可通。”據改。

②“有兔”，《上海博物館藏戰國楚竹書》注：“今本《詩》無此篇名。若以首句二字爲篇之命名例，則《有兔》可能是今本《詩・王風・兔爰》的原有篇名。”

③“不”，晁福林先生釋爲“負”，“意同於‘任’”，參見商務印書館 2013 年出版《上博簡〈詩論〉研究》第 225 頁。“不”下，黄懷信先生補“得歸”二字，參見社會科學文獻出版社 2004 年出版《上海博物館藏戰國楚竹書〈詩論〉解義》第 110 頁。

【第二十六簡】忠。《北・白舟》闷。[①]《谷風》背。[②]《蓼莪》有孝志。《隰有長楚》得而悬之也。[③]

【校注】

①“北白舟”，《上海博物館藏戰國楚竹書》注：“即今本《詩・國風・邶風》篇名之《柏舟》。”俞志慧先生以爲“第二、三字應讀作‘行白’，即《巷伯》。……簡文下評《谷風》《蓼莪》，今本《巷伯》之下正是《谷風》《蓼莪》”，參見《上海博物館藏戰國楚竹書研究》中《〈孔子詩論〉五題》第316—317頁。俞説可從。

②“背”，李學勤先生釋爲上否、下心之字，讀爲悲，參見《中國哲學史》2002年第1期《〈詩論〉簡的編聯與復原》；周鳳五先生則讀爲“鄙”，參見《上海博物館藏戰國楚竹書研究》中《〈孔子詩論〉新釋文及注解》第155頁。廖名春先生釋爲左心、右不之字，意爲恐，參見《中國哲學史》2002年第1期《上海博物館藏詩論簡校釋》。劉釗、劉信芳等學者讀爲“倍”，參見《上海博物館藏戰國楚竹書研究》第291頁《讀〈上海博物館藏戰國竹書〉（一）札記》《〈孔子詩論〉述學》第241頁。

③“悬”，龐樸先生釋讀爲“無”，參見《上海博物館藏戰國楚竹書研究》中《上博藏簡零箋》第239頁。何琳儀先生“疑讀‘悔’”，參見《上海博物館藏戰國楚竹書研究》中《滬簡〈詩論〉選釋》第254頁。鄭玉姍、賀福凌等學者釋爲“謀”，分別見簡帛網2007年7月17日《詩論二十六簡“悬”字管見》《古漢語研究》2004年第1期《釋〈上博楚簡孔子詩論〉中的“悬”字——兼辨〈檜風・隰有萇楚〉詩義》。

【第二十七簡】如此，《何斯》雀之矣。[①]離其所愛，[②]必曰：吾奚舍之？賓贈是也。[③]孔子曰：《蟋蟀》知难。[④]《中氏》君子。[⑤]《北風》不絶，人之怨子，立不[⑥]

【校注】

①“何斯”，胡平生先生以爲指《詩・召南・殷其雷》，參見《上海

博物館藏戰國楚竹書研究》中《讀上博藏戰國楚竹書〈詩論〉札記》第283頁。“雀”，李學勤先生《〈詩論〉簡的編聯與復原》讀爲“爵”；何琳儀先生亦以爲“應讀‘爵’”，參見《上海博物館藏戰國楚竹書研究》中《滬簡〈詩論〉選釋》第254頁。李鋭先生讀爲“焦”。李零先生讀爲“誚”；廖名春先生讀爲“誚”，以爲“‘誚’即‘刺’”，參見《上海博物館藏戰國楚竹書研究》中《上海博物館藏詩論簡校釋札記》第267頁。“如此何斯雀之矣”，周鳳五先生讀爲“如此何？斯釂之矣”，參見《上海博物館藏戰國楚竹書研究》中《〈孔子詩論〉新釋文及注解》第155頁。李學勤先生《〈詩論〉簡的編聯與復原》讀爲“如此可，斯雀（爵）之矣”。李鋭先生讀爲“如此。何期焦之矣”，參見《上博館藏戰國楚竹書研究續編》第533—534頁《上博楚簡續札》。

②“離”，此從李學勤、廖名春、李零等學者之説。

③“賓贈是也”，李鋭先生讀爲“賓增是已”，參見《上博館藏戰國楚竹書研究續編》第534頁《上博楚簡續札》。

④“知”，原作“智”，據胡平生先生之説改，參見《上海博物館藏戰國楚竹書研究》中《讀上博藏戰國楚竹書〈詩論〉札記》第287頁。

⑤“中氏”，馬承源先生以爲篇名，“今本《詩》中未見”。李零先生首先釋作“螽斯”，指出：“《螽斯》，原作‘中氏’。”廖名春先生、馮勝君先生等皆從其説。何琳儀先生亦以爲當爲“螽斯”，參見《上海博物館藏戰國楚竹書研究》中《滬簡〈詩論〉選釋》第255頁。李守奎先生亦以爲“當即《周南》中的《螽斯》”，參見《上海博物館藏戰國楚竹書研究》中《楚簡〈孔子詩論〉中的〈詩經〉篇名文字考》第346頁。胡平生先生以爲指仲山甫，參見《上海博物館藏戰國楚竹書研究》中《讀上博藏戰國楚竹書〈詩論〉札記》第285頁。李學勤先生讀爲“仲氏”，參見《上海博物館藏戰國楚竹書研究》中《〈詩論〉的體裁和作者》第59頁。周鳳五先生同其説。楊澤生先生亦讀爲“仲氏”，“是今本《燕燕》所包含另一首詩的一章，即稱贊仲氏君子之德的第四章所屬詩歌的篇名”，參見《上海博物館藏戰國楚竹書研究》中《試説〈孔

子詩論〉中的篇名〈中氏〉》第 361 頁。

⑥“立”，李學勤先生讀爲“泣”，參見《上海博物館藏戰國楚竹書研究》中《〈詩論〉的體裁和作者》第 59 頁。“北風不絶人之怨子立不”，周鳳五先生讀爲“《北風》，不絶，人之怨。《子立》，不”，參見《上海博物館藏戰國楚竹書研究》中《〈孔子詩論〉新釋文及注解》第 156 頁。

【第二十八簡】〔《巧〕言》，[①]惡而不文。[②]《牆有茨》，[③]慎密而不知言。《青蠅》知[④]

【校注】

①“言”上，據晁福林先生之説補“巧”字，參見商務印書館 2013 年出版《上博簡〈詩論〉研究》第 246 頁。

②“文”，陳偉最早釋讀爲“文”，李天虹、李家浩等學者同，今從。李學勤先生讀爲“憫”，參見《上海博物館藏戰國楚竹書研究》中《〈詩論〉的體裁和作者》第 59 頁。晁福林先生讀爲“薦”，參見商務印書館 2013 年出版《上博簡〈詩論〉研究》第 246 頁。

③“牆有茨”，原作“牄又薺”，2000 年 9 月 2 日清華大學簡帛講讀班第 10 次研討會廖名春先生首先指出當爲《詩經・鄘風》之《牆有茨》，又見朱淵清先生、廖名春先生主編《上海博物館藏戰國楚竹書研究》，上海書店出版社 2002 年 3 月出版。

④“蠅”下，據晁福林先生以爲“可以擬補‘知（智）言而不知（智）辟’六字”，參見商務印書館 2013 年出版《上博簡〈詩論〉研究》第 251 頁。

【第二十九簡】《卷耳》不知人。[①]《涉秦》其絶。[②]《侓而》士。[③]角幡婦。[④]《河水》智。[⑤]

【校注】

①“卷耳”，李學勤、周鳳五等學者以爲當作“患而”。“知”，原作

“智”，據李學勤、胡平生等學者之説改，參見《上海博物館藏戰國楚竹書研究》中《〈詩論〉的體裁和作者》第59頁、《上海博物館藏戰國楚竹書研究》中《讀上博藏戰國楚竹書〈詩論〉札記》第287頁。

②“涉秦”，《上海博物館藏戰國楚竹書》注：“篇名。今本《詩·國風·鄭風》有《褰裳》，詩句云：‘子惠思我，褰裳涉溱。’‘涉溱’通‘涉秦’，當爲同一篇名。”

③“俥而”，何琳儀先生指出當爲《芣苢》，參見《上海博物館藏戰國楚竹書研究》中《滬簡〈詩論〉選釋》第256頁。廖名春先生《上海博物館藏詩論簡校釋》以爲當作“《著而》”，參見《中國哲學史》2002年第1期；姚小鷗先生《〈孔子詩論〉第二十九簡與周代社會的禮制與婚俗》以爲當作“突而”，指《甫田》篇，參見《北方論叢》2006年第1期《〈孔子詩論〉第二十九簡與周代社會的禮制與婚俗》。

④“幡”，周鳳五先生讀爲“艷”。廖名春先生讀爲“枕”，“角枕”指《葛生》篇，參見《上海博物館藏戰國楚竹書研究》中《上海博物館藏詩論簡校釋札記》第270頁。魏宜輝先生亦讀爲“枕”，參見《上海博物館藏戰國楚竹書研究》中《讀上博簡文字札記》第392頁。何琳儀先生指出應讀“丱”，出於“總角丱兮”，即《甫田》，參見《上海博物館藏戰國楚竹書研究》中《滬簡〈詩論〉選釋》第256頁。“涉秦其絶俥而士角幡婦”，周鳳五先生讀爲“《涉秦》，其繼肆而士，角艷婦”，參見《上海博物館藏戰國楚竹書研究》中《〈孔子詩論〉新釋文及注解》第156頁。“俥而士角幡婦”，王鑫磊先生、林萬亮先生讀爲“著而士，角枕婦”，參見《圖書館雜誌》2008年第11期《上博簡〈詩論〉‘俥而士，角幡婦’再探討》第77頁。

⑤“河水”，廖名春先生以爲指《伐檀》篇，參見《上海博物館藏戰國楚竹書研究》中《上海博物館藏詩論簡校釋札記》第270頁。

二、上海博物館藏戰國楚竹書《緇衣》，參見今本《禮記·緇衣》，今略。

《上海博物館藏戰國楚竹書》第二册

一、上海博物館藏戰國楚竹書《民之父母》，參見今本《禮記·孔子閒居》及《孔子家語·論禮》，今略。

二、《子羔》①

【校注】

①關於《子羔》篇的排序，陳劍先生整理爲簡九 + 簡十一上段 + 簡十 + 簡十一下段 + 香港中文大學文物館藏戰國楚簡三 + 簡十二 + 簡十三和簡七 + 簡一 + 簡六 + 簡二 + 簡八 + 簡三 + 簡四 + 簡五 + 簡十四兩個編連組，參見《上博館藏戰國楚竹書研究續編》第89—90頁《試論上博簡〈子羔〉諸章的分合》。

李學勤先生調整爲："(1) 九；(2) 十一上段 + 十 + 十一下段；(3) 香港中文大學三 + 十二；(4) 十三；(5) 七；(6) 一；(7) 六 + 二；(8) 缺；(9) 三 + 四；(10) 五；(11) 八；(12) 十四。"參見《上博館藏戰國楚竹書研究續編》第12頁《楚簡〈子羔〉研究》。

【第一簡】〔孔子〕曰：①"有虞氏之樂正㝔弃之子也。"②子羔曰："何故以得爲帝？③孔子曰：昔者而弗世也，④善與善相受也，⑤故能治天下，平萬邦，⑥使無有小大、肥瘠，⑦使皆⑧

【校注】

①"孔子"二字，據陳偉先生之説補，參見簡帛研究網2003年3月《上海博物館藏戰國楚竹書〉（二）零釋》，又見《武漢大學學報》（哲學社會科學版）2004年第4期。"曰"，原作"以"，字殘，據陳偉先生之説改。陳劍先生亦同其説，參見《上博館藏戰國楚竹書研究續編》第90頁《試論上博簡〈子羔〉諸章的分合》。

②“古𠅌”，原釋文斷開，陳劍、周鳳五等學者以爲當連讀，讀瞽瞍(舜父)，今從。

③“得”，林志鵬先生曰“疑此‘得’字讀作德”，參見《上博館藏戰國楚竹書研究續編》第75頁《戰國楚竹書〈子羔〉篇復原芻議》注釋33。王志平先生亦云“當讀爲‘德’”，參見《上博館藏戰國楚竹書研究續編》第496頁《上博簡（二）札記》。

④“弗”，原釋爲“殁”，從劉信芳、孟蓬生等學者之説改，參見簡帛研究網《上博藏竹書試讀》《上博館藏戰國楚竹書研究續編》第473頁孟蓬生先生文《上博竹書（二）字詞札記》。

⑤“受”，白於藍先生讀爲“尋”，參見《上博館藏戰國楚竹書研究續編》第485頁《讀上博簡（二）札記》。

⑥“平”，林志鵬先生以爲當釋“塝”，讀爲“方”，參見《江漢考古》2005年第1期《楚竹書〈子羔〉篇補釋四則》。

⑦“使”，陳劍先生讀爲“辨”，參見《上博館藏戰國楚竹書研究續編》第90頁《試論上博簡〈子羔〉諸章的分合》。李鋭先生亦曰“依上下文來看，讀爲‘辨’合適”，參見《上博館藏戰國楚竹書研究續編》第525頁《讀上博館藏楚簡（二）札記》。

“肥瘠”，原作“肥脆”，讀爲“肥磽”，從何琳儀先生之説改，參見《學術界》2003年第1期《第二批滬簡選釋》。《上博館藏戰國楚竹書研究續編》第427頁《上海楚竹書（二）研讀記》。陳劍先生讀爲“肥臞”，參見《上博館藏戰國楚竹書研究續編》第90頁《試論上博簡〈子羔〉諸章的分合》。白於藍先生隸爲“㔾竃”，讀爲“絶饒”，參見《上博館藏戰國楚竹書研究續編》第486—487頁《讀上博簡（二）札記》。李學勤先生亦作“㔾竃”：“㔾”，“讀爲柱，訓爲強”；“竃”，“則與脆通，訓爲弱”。參見《上博館藏戰國楚竹書研究續編》第15頁《楚簡〈子羔〉研究》。此句斷句從陳偉先生之説，參見簡帛研究網2003年3月《〈上海博物館藏戰國楚竹書（二）〉零釋》，又見《武漢大學學報》（哲學社會科學版）2004年第4期。

⑧“使”，張桂光先生隸作“弁”，讀爲“遍”，參見《上博館藏戰國楚竹書研究續編》第36頁《〈上博簡〉（二）〈子羔〉篇釋讀札記》。

【第二簡】歟？伊堯之德則甚明歟？[①]孔子曰：鈞也，[②]舜嗇于童土之田，[③]則

【校注】

①“伊”，陳劍先生讀爲“抑”，參見簡帛研究網2003年1月《上博簡〈子羔〉、〈從政〉篇的竹簡拼合與編連問題小議》。

“明”，原釋“昷”爲“温”，據黄德寬、何琳儀等學者之説改，參見《學術界》2003年第1期《〈戰國楚竹書〉（二）釋文補正》《學術界》2003年第1期《第二批滬簡選釋》。

②“鈞”，原作“钤”，據黄德寬、何琳儀、李鋭等學者之説改，參見《學術界》2003年第1期《〈戰國楚竹書〉（二）釋文補正》《學術界》2003年第1期《第二批滬簡選釋》《上博館藏戰國楚竹書研究續編》第525頁《讀上博館藏楚簡（二）札記》。

③“嗇”，即“穡”之本字，原作“來”，今從徐在國、李鋭、陳秉新等學者之説改。參見《上博館藏戰國楚竹書研究續編》第428頁《上海楚竹書（二）研讀記》、參見《上博館藏戰國楚竹書研究續編》第525頁《讀上博館藏楚簡（二）札記》《江漢考古》2004年第2期《〈上海博物館藏戰國楚竹書（二）〉補釋》。

【第三簡】之童土之黎民也。孔子曰：

【第四簡】吾聞夫舜其幼也，每以學寺，[①]其言。[②]

【校注】

①“每”，黄德寬、何琳儀、李學勤等學者讀爲“敏”。參見《上博館藏戰國楚竹書研究續編》第428頁《上海楚竹書（二）研讀記》《上博館藏戰國楚竹書研究續編》第15頁《楚簡〈子羔〉研究》。

“學”，據李鋭、黄德寬等學者之説補，參見簡帛研究網2003年1月

10日《讀上博簡（二）〈子羔〉札記》《學術界》2003年第1期《〈戰國楚竹書〉（二）釋文補正》《上博館藏戰國楚竹書研究續編》第428頁《上海楚竹書（二）研讀記》。劉樂賢先生指出："'寺'前一字字跡較爲模糊，疑是'孝'字。最後一字字形不全，疑是'辛'之殘，讀爲'親'。……'每以孝寺其親'，可讀爲'每以孝侍其親'或'每以孝事其親'。"參見簡帛研究網2003年1月10日《讀上博簡〈民之父母〉等三篇札記》。郭永秉先生讀爲"好"："'好'作喜好講，把'寺'讀爲'詩'無疑是最合理的。《禮記·樂記》'昔舜作五弦之琴，以歌《南風》'，《史記·樂書》：'夫《南風》之詩者生長之音也，舜樂好之，樂與天地同意，得萬國之歡心，故天下治也。'此外還有不少文獻都談到舜和《南風》之詩的關係，簡文記舜'敏以好詩'跟這些傳説似當有一定聯係。此外，《吕氏春秋·慎人》還有'舜自爲詩曰："普天之下，莫非王土，率土之濱，莫非王臣"，所以見盡有之也'的傳説。這些文獻至少可以説明，舜的不少傳説確與'好詩'（並不是'學詩'）有關，而且他的"好詩"多與後來治理天下有密切關係，這和《子羔》所説的意思是相當接近的。"參見《讀〈六德〉〈子羔〉〈容成氏〉札記三則》，簡帛網，2006年5月26日。李鋭先生曰："劉先生'其親'之説雖不可信，但是現在據郭先生之説來看，'好'可以讀爲'孝'，二者皆爲曉紐幽部字。因此，'每以孝寺'可以讀爲'每以孝侍'或'敏以孝侍'。……或還可以考慮將邪紐之部的'寺'，讀爲從紐之部的'慈'。"參見簡帛網2006年10月1日《上博簡〈子羔〉〈交交鳴乌〉札記二則》。

"寺"，黄德寬先生讀爲"詩"，參見《學術界》2003年第1期《〈戰國楚竹書〉（二）釋文補正》；白於藍先生讀爲"遲"，參見《上博館藏戰國楚竹書研究續編》第484頁《讀上博簡（二）札記》；李學勤先生以爲"'寺'疑讀爲'時'"，參見《上博館藏戰國楚竹書研究續編》第15頁《楚簡〈子羔〉研究》。

②"吾聞夫舜其幼也每以學寺其言"，張桂光先生讀爲"吾聞夫舜，

其幼也敏，以學（孝）持其言”，參見《上博館藏戰國楚竹書研究續編》第38頁《〈上博簡〉（二）〈子羔〉篇釋讀札記》。

【第五簡】或以文而遠。[1]堯之取舜也，從諸卉茅之中，與之言禮，悦専[2]

【校注】

① “文”，據黄德寬、何琳儀等學者之説定，參見《學術界》2003年第1期《〈戰國楚竹書〉（二）釋文補正》《學術界》2003年第1期《第二批滬簡選釋》。

② “悦”，劉信芳、劉樂賢等學者以爲當讀爲“説”。

“専”，原整理者未釋出，此從劉信芳、黄德寬、陳劍等學者所釋。李零先生讀爲“薄”，訓爲依附。

“専”下，林志鵬先生補“以不逆”三字，參見《上博館藏戰國楚竹書研究續編》第54頁《戰國楚竹書〈子羔〉篇復原芻議》。陳劍先生補“以不逆，堯乃悦”六字，參見《上博館藏戰國楚竹書研究續編》第90頁《試論上博簡〈子羔〉諸章的分合》。

【第六簡】得其社稷百姓而奉守之。堯見舜之德賢，故讓之。子羔曰：堯之得舜也，舜之德則誠善

【第七簡】亦紀先王之游道。不奉明王，則亦不大使。[1]孔子曰：舜其可謂受命之民矣。舜，人子也。[2]

【校注】

① “亦紀先王之游道不奉明王則亦不大使”，此句斷句從陳偉先生之説。“紀”，原作“綌”，今從陳偉先生之説。參見簡帛研究網2003年3月17日《〈上海博物館藏戰國楚竹書（二）〉零釋》，又見《武漢大學學報》（哲學社會科學版）2005年第4期。

“明”，張桂光先生釋爲“壶”，參見《上博館藏戰國楚竹書研究續

編》第40頁《〈上博簡〉（二）〈子羔〉篇釋讀札記》。李鋭先生釋爲“觶”，黄錫全先生釋爲“瞻”，皆屬上句讀。

“使”，黄錫全先生釋讀爲“弁”，爲喜樂之意。參見《上博館藏戰國楚竹書研究續編》第460頁《讀上博楚簡（二）札記八則》。

②關於第七簡，裘錫圭先生以爲“屬於堯、舜那段的七號簡可以跟篇末的十四號簡拼合爲一簡”，參見《上博館藏戰國楚竹書研究續編》第6頁《談談上博簡〈子羔〉篇的簡序》。

【第八簡】睪而和。① 故夫舜之德其誠賢矣。采諸畎畝之中，② 而使君天下而稱。③ 子羔曰：如舜在今之世則何若？孔子曰：

【校注】

①“睪”，陳劍先生讀爲“謹”，參見《上博館藏戰國楚竹書研究續編》第90頁《試論上博簡〈子羔〉諸章的分合》。陳斯鵬先生曰“‘睪’是‘單’字的繁飾變體”，參見《上博館藏戰國楚竹書研究續編》第520頁《上博藏簡（二）釋字二篇》。

②“采”，原釋爲“播”，李學勤先生以爲“‘采’字疑爲‘采’字之誤，和‘取’同義”，參見《上博館藏戰國楚竹書研究續編》第16頁《楚簡〈子羔〉研究》。徐在國先生隸定爲“秀”，讀爲“由”，參見《上博館藏戰國楚竹書研究續編》第43頁《楚簡〈子羔〉研究》。林志鵬先生説同，參見《江漢考古》2005年第1期《楚竹書〈子羔〉篇補釋四則》。何琳儀先生以爲“秀”之異文，參見《學術界》2003年第1期《第二批滬簡選釋》。陳劍先生讀爲“招”，參見《上博館藏戰國楚竹書研究續編》第90頁《試論上博簡〈子羔〉諸章的分合》。李鋭先生之説同，參見《上博館藏戰國楚竹書研究續編》第525頁《讀上博館藏楚簡（二）札記》。孟蓬生先生以爲“《説文》禾部‘采，禾成秀也’……‘采’與發、舉義近”，參見《上博館藏戰國楚竹書研究續編》第474頁《上博竹書（二）字詞札記》。陳秉新先生以爲“古穗字，通作遂”，參

見《江漢考古》2004 年第 2 期《〈上海博物館藏戰國楚竹書（二）〉補釋》。趙建偉先生以爲“此字可釋作‘播’，但當讀爲《孟子·告子下》‘舜發于畎畝之中’的‘發’。……又按：釋作‘由’‘秀’亦通，但皆當讀爲‘抽’”，參見丁四新先生主編《楚地簡帛思想研究》三《楚簡校記》第 186 頁。

③“使”，張桂光先生隸作“弁”，讀爲“變”，此句斷爲“采（逸）諸畎畝之中而弁（變），君天下而稱”。參見《上博館藏戰國楚竹書研究續編》第 38 頁《〈上博簡〉（二）〈子羔〉篇釋讀札記》。

【第九簡】子羔問於孔子曰：“三王者之作也，皆人子也，而其父賤而不足稱也與？殹亦誠天子也與？”孔子曰：“善，爾問之也。舊矣其莫①

【校注】

①“舊”，何琳儀先生讀爲“久”，亦通，參見《學術界》2003 年第 1 期《第二批滬簡選釋》。

“莫”下，廖名春先生曰：“‘莫’以後殘損。由其它簡推算，殘損的簡文當有九字。陳劍已經指出，簡九當下接簡十一上段加簡十加簡十一下段。而簡十有‘契之母，有仍氏之女也’，簡十二有‘后稷之母，有邰氏之女也’，因此，簡九接簡十一上段‘女也’的最後七字當是‘禹之母有莘氏之’。禹、契、后稷‘三王’，既然下文已舉出了‘契之母’‘后稷之母’，此當爲‘禹之母’無疑。《大戴禮記·帝系》：‘鯀娶於有莘氏之子，謂之女志氏，産文命。’《路史》卷二十二：‘初，鯀納有莘氏，曰誌是，爲修己。’可見，‘禹之母’當爲‘有莘氏之女也’。‘莫’後的兩字，據文意，可補‘聞之’。”參見《中州學刊》2003 年第 6 期《上博簡〈子羔〉篇釋補》。

此簡的斷句、隸定從何琳儀、陳劍、李學勤等學者之説，參見《學術界》2003 年第 1 期《第二批滬簡選釋》、簡帛研究網 2003 年 1 月《上博簡〈子羔〉〈從政〉篇的竹簡拼合與編連問題小議》《上博館藏戰國楚竹書研究續編》第 13 頁《楚簡〈子羔〉研究》。

【第十簡】年而劃於背而生，[1]生而能言，是禹也。契之母，有娀氏之女

【校注】

①“年”，從陳劍先生之説改。何琳儀先生讀爲“身”，參見《學術界》2003 年第 1 期《第二批滬簡選釋》。

【第十一簡上】〔禹之母，有莘氏之女〕也，[1]觀於伊而得之，[2]懷三[3]

【校注】

①“禹之母有莘氏之女”八字，從陳劍先生之説補，參見《上博館藏戰國楚竹書研究續編》第 89 頁《試論上博簡〈子羔〉諸章的分合》。黄人二先生亦補此八字，轉引自《上博館藏戰國楚竹書研究續編》第 54 頁林志鵬《戰國楚竹書〈子羔〉篇復原芻議》。

②“伊”，廖名春先生讀爲“禋”，參見《上博館藏戰國楚竹書研究續編》第 29 頁《〈子羔〉篇感生簡文考釋》。林志鵬先生以爲指伊水，參見《江漢考古》2005 年第 1 期《楚竹書〈子羔〉篇補釋四則》。

③“懷”，李學勤先生隸作“褢”，從褱省，讀爲“懷”，今從。

【第十一簡下】也，游於央臺之上，[1]有燕銜卵而錯諸其前，取而吞之，懷〔三年而劃於膺，生乃呼口〕[2]

【校注】

①“央臺”，原整理者讀爲“瑶臺”，何琳儀先生認爲“當讀‘陽臺’”，參見《學術界》2003 年第 1 期《第二批滬簡選釋》。廖名春先生以爲“應該依《拾遺記》讀爲‘桑野’”，參見《上博館藏戰國楚竹書研究續編》第 24 頁《〈子羔〉篇感生簡文考釋》。

②“三年而劃於膺生乃呼曰”十字，據陳劍先生、李學勤先生之説補香港中文大學文物館藏戰國楚簡三，參見簡帛研究網2003年1月《上博簡〈子羔〉〈從政〉篇的竹簡拼合與編連問題小議》《上博館藏戰國楚竹書研究續編》第12頁《楚簡〈子羔〉研究》。

【第十二簡】欽，是契也。后稷之母，有郃氏之女也，游於玄咎之内，①終見芺，②攼而薦之，③乃見人武，履以祈禱曰：④帝之武倘使⑤

【校注】

①“玄咎”，原作“串咎”，據張富海先生、李鋭先生之説改，參見簡帛研究網2003年1月17日《上博簡〈子羔〉篇“后稷之母”節考釋》、參見《上博館藏戰國楚竹書研究續編》第525頁《讀上博館藏楚簡（二）札記》。白於藍先生釋爲“玄咎”，讀爲“玄丘”，參見簡帛研究網2003年1月19日《釋“玄咎”》。廖名春先生讀爲“圜丘”，參見《上博館藏戰國楚竹書研究續編》第28頁《〈子羔〉篇感生簡文考釋》。“内”，陳偉先生、李鋭先生讀爲“汭”，參見簡帛研究網2003年3月17日《〈上海博物館藏戰國楚竹書〉（二）零釋》（又見《武漢大學學報》哲學社會科學版2004年第4期）、《上博館藏戰國楚竹書研究續編》第525頁《讀上博館藏楚簡（二）札記》。

②“終”，諸學者讀爲“冬”。

“芺”，廖名春先生讀爲“蒿”，參見《上博館藏戰國楚竹書研究續編》第28頁《〈子羔〉篇感生簡文考釋》。張富海先生釋爲“芰”，參見簡帛研究網2003年1月17日《上博簡〈子羔〉篇“后稷之母”節考釋》。

③“攼”，張富海先生釋爲“搴”，參見簡帛研究網2003年1月17日《上博簡〈子羔〉篇“后稷之母”節考釋》。

④“祈”，何琳儀先生曰“當屬上讀，讀爲忻”，參見《學術界》2003年第1期《第二批滬簡選釋》。

⑤“倘使”，原作“尚吏”，從廖名春先生之説改。“使”下，廖名春先生補“我有子，必報之”六字。參見《中州學刊》2003年第6期《上博簡〈子羔〉篇釋補》。

【第十三簡】是后稷之母也。[①]三王者之作也如是。子羔曰：“然則三王者孰爲[②]

【校注】

①“之母”，張富海先生以爲涉上“后稷之母”而衍，參見簡帛研究網2003年1月17日《上博簡〈子羔〉篇“后稷之母”節考釋》。林志鵬先生説同，參見《上博館藏戰國楚竹書研究續編》第73頁《戰國楚竹書〈子羔〉篇復原芻議》注釋21。

②關於第十三簡下的文字，李學勤先生以爲當接簡七，裘錫圭先生以爲當接簡一，廖名春先生曰：“簡十三下接簡一的意見應該是正確的。”“簡十三殘損的六字和二十二字”分别爲第十二簡末“我有子，必報之”和十三簡末“最賢？孔子：‘三王者皆不如帝舜賢也。’子羔曰：‘請問帝舜？’孔子”，參見《中州學刊》2003年第6期《上博簡〈子羔〉篇釋補》。

【第十四簡】三天子事之。

三、《魯邦大旱》

【第一簡】魯邦大旱，哀公謂孔子：“子不爲我圖之？”孔子答曰：[①]“邦大旱，毋乃失諸刑與德乎？唯[②]

【校注】

①“答”，陳偉先生讀爲“對”，參見《上博館藏戰國楚竹書研究續編》第116頁《讀〈魯邦大旱〉札記》。

②“唯”下，廖名春先生補“正刑與德”四字，參見《古籍整理研

究學刊》2004 年第 1 期《上博藏楚簡〈魯邦大旱〉校補》。

【第二簡】之何哉?”①孔子曰:“庶民知敓之事鬼也,②不知刑與德。如毋炁圭璧幣帛於山川,③正刑與〔德〕④

【校注】

①“之”上,秦樺林先生補“女”字,讀“若”,參見簡帛研究網 2003 年 2 月 14 日《上博簡〈魯邦大旱〉篇虛詞札記》。廖名春先生補“哀公曰:庶民以我不知以説之事鬼也,若”十六字,參見《古籍整理研究學刊》2004 年第 1 期《上博藏楚簡〈魯邦大旱〉校補》。林志鵬先生補“哀公曰”三字,下文斷句爲“□之,何哉”,參見《上博館藏戰國楚竹書研究續編》第 147 頁《〈魯邦大旱〉詮解》。李鋭先生曰“疑可補字讀爲‘〔哀公問曰:爲〕之何哉’”,參見《上博館藏戰國楚竹書研究續編》第 527 頁《讀上博館藏楚簡(二)札記》。

②“敓”,馬承源先生讀爲“説”;羅新慧先生如字讀,參見《學術月刊》2004 年第 10 期《從上博簡〈魯邦大旱〉之“敓”看古代的神靈觀念》。

“鬼”,原作“視”,黄德寬先生釋爲“禝”,訓爲“鬼”,參見《學術界》2003 年第 1 期《〈戰國楚竹書〉(二)釋文補正》。陳偉先生説同。今從。顏世鉉先生釋爲“禝”,讀爲“畏”,參見簡帛研究網《上博楚竹書補釋二則》。李守奎先生隸爲“褁”,參見《上博館藏戰國楚竹書研究續編》第 480 頁《讀〈上博館藏戰國楚竹書〉(二)雜識》。

③“炁”,原釋作“薆”,通瘞。毛慶先生隸作“杰”,參見《南通師範學院學報》(哲學社會科學版)2004 年第 3 期《〈戰國楚竹書(二)·魯邦大旱〉釋字釋句獻疑》。劉樂賢先生讀爲“愛”,下同,參見簡帛研究網 2003 年 1 月 10 日《讀上博簡〈民之父母〉等三篇札記》。

④“德”,據劉樂賢先生之説補,參見簡帛研究網 2003 年 1 月 10 日《讀上博簡〈民之父母〉等三篇札記》。廖名春先生補“德,以事上天,鬼神感之,大旱必止矣”十四字,參見《古籍整理研究學刊》2004 年第

1 期《上博藏楚簡〈魯邦大旱〉校補》。廣瀨薰雄先生補“〔德以事上天，其幸而雨乎。〕□□□□□□□□□〔孔子〕”，參見《武漢大學學報》（哲學社會科學版）2004 年第 4 期。

【第三簡】出，遇子贛，曰：“賜，爾聞巷路之言，毋乃謂丘之答非歟？”子贛曰：“否。緊吾子若運名其歟？①如夫正刑與德，以事上天，此是哉！若夫毋悉圭璧

【校注】

①“緊”，原作“也”，屬上讀，據何琳儀先生之説改，第六簡同，參見《學術界》2003 年第 1 期《第二批滬簡選釋》。李學勤先生以爲“疑讀爲見母脂部的‘偕’”，參見《上博館藏戰國楚竹書研究續編》第 98 頁《上博楚簡〈魯邦大旱〉解義》。

“運”，劉信芳、李學勤等學者讀爲“踵”，參見《古籍整理研究學刊》2005 年第 1 期《上博藏楚簡〈魯邦大旱〉“踵命”試解》《上博館藏戰國楚竹書研究續編》第 98 頁《上博楚簡〈魯邦大旱〉解義》。

“名”，廖名春先生以爲讀“命”，簡四同，參見《古籍整理研究學刊》2004 年第 1 期《上博藏楚簡〈魯邦大旱〉校補》。

“否緊吾子若運名其歟”，廣瀨薰雄先生讀爲“否。殹乎子女運命，亓與”，皆子贛語，參見 2003 年 3 月 29 日上海博物館藏戰國楚竹書學術研討會論文《〈魯邦大旱〉再詮》。李學勤先生釋爲“否，殹乎子女，運命其與”，參見《上博館藏戰國楚竹書研究續編》第 98 頁《上博楚簡〈魯邦大旱〉解義》。廖名春先生讀爲“否。抑吾子如重名其歟”，參見《上博館藏戰國楚竹書研究續編》第 104 頁《試論楚簡〈魯邦大旱〉的内容與思想》。

關於第二簡至第四簡、第五簡“名乎”之前的文字，目前學界有不同的觀點，或以爲皆子贛語，或以爲孔子、子贛師徒問答語，今從廖名春先生、廣瀨薰雄先生之説，以第三簡“否”至第四簡“不可”爲子贛語，其上下文皆孔子語，參見《古籍整理研究學刊》2004 年第 1 期《上

博藏楚簡〈魯邦大旱〉校補》《武漢大學學報》(哲學社會科學版) 2004年第4期。

【第四簡】幣帛于山川,毋乃不可?”“夫山,石以爲膚,木以爲民,①如天不雨,石將焦,木將死,其欲雨或甚於我,或必恃乎名乎?②夫川,水以爲膚,魚以

【校注】

①“民”,李學勤先生“揣想當係‘毛’字”,參見《上博館藏戰國楚竹書研究續編》第99頁《上博楚簡〈魯邦大旱〉解義》。

②“名”,廖名春先生讀爲“命”,參見《上博館藏戰國楚竹書研究續編》第105頁《試論楚簡〈魯邦大旱〉的内容與思想》。

“或”,原讀“何”,何琳儀先生讀爲“又”,參見《學術界》2003年第1期《第二批滬簡選釋》。

“恃”,劉樂賢先生讀爲“待”,參見簡帛研究網2003年1月10日《讀上博簡〈民之父母〉等三篇札記》。

【第五簡】爲民,如天不雨,水將涸,魚將死,其欲雨或甚於我,何必恃乎名乎?”孔子曰:“於乎①

【校注】

①“乎”下,廖名春先生補“賜,我告爾:命也者,君子以爲文,庶民以爲神。如不命,王”二十一字,參見《古籍整理研究學刊》2004年第1期《上博藏楚簡〈魯邦大旱〉校補》。

【第六簡】公豈不飽粱食肉哉?①繄無如庶民何?”

【校注】

①“飽”,徐在國先生以爲從食、攴聲,即“飽”字,黄德寬先生説同,並且進一步指出讀作飽,參見徐文《上博竹書(二)文字雜考》

《上博館藏戰國楚竹書研究續編》第429頁《上海楚竹書（二）研讀記》。今從。李學勤先生以爲"'飤'字，疑乃'飫'字之誤"，參見《上博館藏戰國楚竹書研究續編》第98—99頁《上博楚簡〈魯邦大旱〉解義》。李守奎先生釋爲"飯"，參見《上博館藏戰國楚竹書研究續編》第481頁《讀〈上博館藏戰國楚竹書〉（二）雜識》。毛慶先生讀作"養"。"粱"，毛慶先生釋作"任，即佞之意"；"食"，毛慶先生釋作"糧"；參見《南通師範學院學報》（哲學社會科學版）2004年第3期《〈戰國楚竹書（二）·魯邦大旱〉釋字釋句獻疑》。

四、《從政》甲篇

【第一簡】聞之曰："昔三代之明王之有天下者，莫之餘也，①而伲取之，②民皆以爲義。夫是則守之以信，教

【校注】

①"餘"，周鳳五先生以爲"即'舍'字，應當讀爲予"，下同，參見《上博館藏戰國楚竹書研究續編》第181頁《讀上博楚竹書〈從政〉甲篇札記》。孟蓬生先生以爲"此實即'舍'字，從口、從余聲。……當改釋爲'與'或'予'"，參見《上博館藏戰國楚竹書研究續編》第474頁《上博竹書（二）字詞札記》。

②"伲"，何琳儀先生以爲"乃'民'之繁文"，今據何説隸定，參見《學術界》2003年第1期《第二批滬簡選釋》。今從。

【第二簡】之以義，行之以禮也。其亂，王餘人邦家土地，而民或弗義。〔齊之以〕①

【校注】

①"齊之以"，據李守奎先生説補，參見《上博館藏戰國楚竹書研究續編》第482頁《讀〈上博館藏戰國楚竹書〉（二）雜識》。周鳳五先

生以爲簡一、簡二可以連讀；簡二“其亂”與下文“王”字應該連讀；簡二下端“擬補方案有二，其一，簡二下端擬補‘夫是則行之以禮，教之以刑也。行之以’十五字。……其二，考慮簡二、簡三之間可能脱去一簡，擬補‘夫是則守之以□，行之以禮，教之以刑也。其明王守之以信則□，教之以義則□，行之以禮則□。其亂王守之以□則□，行之以’四十九字，以‘夫是則守之以□，行之以禮，教之’十三字補在簡二下端，其餘三十六字另爲一簡，下接簡三”，參見《上博館藏戰國楚竹書研究續編》第183—184頁《讀上博楚竹書〈從政〉甲篇札記》。

【第三簡】禮則寡娩爲仁，①教之以刑則遂。②聞之曰：“善人，善人也。是以得賢士一人，一人譽

【校注】

①“娩”，原作“而”，此字又見於郭店簡，李家浩先生改釋爲“娩”，讀爲“悶”，參見中華書局2000年出版《九店楚簡》，李零先生以爲此字亦當釋爲“娩”。今從。

②“遂”，李守奎先生釋爲“逐”，讀爲“遁”，參見《上博館藏戰國楚竹書研究續編》第482頁《讀〈上博館藏戰國楚竹書〉（二）雜識》。

【第四簡】四鄰。失賢士一人，防亦反是。①是故君子慎言而不慎事。〔君子先〕”

【校注】

①“防”，劉樂賢先生讀爲“謗”，參見簡帛研究網2003年1月10日《讀上博簡〈民之父母〉等三篇札記》。

【第五簡】“事則貪。聞之曰：從政，墉五德，①固三誓，除十怨。五德：一曰寬，二曰恭，三曰惠，四曰仁，五曰敬。

君子不寬則無

【校注】

①“墉”，原作“敦”，黄德寬先生以爲“此字即《説文》‘墉’之古文，與‘敦’無涉。此簡讀作庸，也即用也”，參見《學術界》2003年第1期《〈戰國楚竹書〉（二）釋文補正》。何琳儀先生説同，參見《學術界》2003年第1期《第二批滬簡選釋》。今從。

【第六簡】以容百姓；不恭則無以除辱；不惠則無以聚民；不仁

【第七簡】則無以行政，不敬則事無成。三誓持行，見上卒食。①

【校注】

①“三誓持行見上卒食”，陳偉先生讀爲“三制：持行、視上、卒食”，參見《上海博物館藏楚竹書〈從政〉校讀》。陳劍先生讀爲“三制：持行視上衣食”，參見《上博簡〈子羔〉、〈從政〉篇的拼合與編連問題》。朱淵清先生《三制解》讀爲“三制持行，視上卒食”。

【第八簡】而不智則逢災害。”聞之曰：“從政有七機：獄則興，威則民不道，則失衆，①悟則亡親，②罰則民逃，好□

【校注】

①“”，當據何琳儀先生之説讀爲“灑”，“洒當訓‘散’或‘播’，亦作‘灑’”，參見《學術界》2003年第1期《第二批滬簡選釋》。陳劍、蘇建洲等學者説同。陳秉新先生亦釋爲“洒”，但是訓爲“高峻”。黎廣基先生曰：“考‘洒’字古音讀如‘洗’，與‘峻’竝屬心紐文部，雙聲疊韻，音近可通。……綜合以上分析，簡文‘’字，可隸定爲‘洒’，讀爲‘峻’。‘峻則失衆’，可解爲：（統治者）行政峻急，則失去民衆。”參見簡帛網2009年4月25日《〈上博簡（二）·從

政甲〉“洒則失衆”釋讀平議》。王中江先生釋爲“輕”，參見簡帛研究網2003年1月16日《〈從政〉重編校注》。周鳳五先生以爲“可以讀爲‘輈張’‘譸張’的‘譸’或‘輈’，訓誑”，參見《上博館藏戰國楚竹書研究續編》第185頁《讀上博楚竹書〈從政〉甲篇札記》。黄錫全先生釋讀爲“滷”，同“鹵”，訓爲“鹵莽”，參見《上博館藏戰國楚竹書研究續編》第460頁《讀上博楚簡（二）札記八則》。陳劍《上海博物館藏戰國楚竹書〈從政〉篇研究（三題）》曰：“我們認爲，簡文‘滷’字與字書中音‘郎古切’、訓爲‘苦’的‘滷’字其實無關，兩字僅是同形字的關係。簡文‘滷’其實應是‘鹽’字異體。……衆所周知，戰國文字中省略偏旁的現象非常多見，‘盧（鹽）’形省略‘皿’旁，就成爲簡文‘滷’字了。‘滷’既可釋爲‘鹽’，則在簡文中顯然當讀爲‘嚴’。……古書中‘嚴’常用爲‘威嚴’義，引申爲‘嚴厲’‘嚴急’（《説文·吅部》‘嚴，教命急也’），可跟‘寬’相對爲言。”參見出土文獻與古文字研究中心網站2008年2月28日。

②“㤜”，陳劍先生曰：“‘㤜’字原考釋引《説文》‘怲，憂也’與《詩·小雅·頍弁》‘未見君子，憂心怲怲’爲説。我們以前將它釋爲‘猛’，謂：‘猛’即‘威而不猛’之猛，《左傳·昭公二十年》云：‘大叔爲政，不忍猛而寬。……仲尼曰：善哉!政寬則民慢，慢則糾之以猛。猛則民殘，殘則施之以寬。寬以濟猛，猛以濟寬，政是以和。’可與簡文講‘從政’的‘猛則無親’參讀。但在讀音方面僅説‘“丙”與“猛”音近可通’，而未舉證，引起其它研究者的懷疑。今按郭店《老子》甲本簡33‘攫鳥㕨獸弗扣’，‘㕨’今本作‘猛’。‘㕨’字從‘丙’字增‘口’形的繁體爲聲符，與‘猛’同從‘犬’爲義符，應即‘猛’字異體。此可爲簡文‘㤜’之讀爲‘猛’之佳證。從‘丙’之字跟‘猛’相通，跟‘陌’‘貊’之從‘百’聲相類。”參見出土文獻與古文字研究中心網站2008年2月28日《上海博物館藏戰國楚竹書〈從政〉篇研究（三題）》。徐在國先生讀爲“妨”，訓作“害”。趙建偉先生以爲“讀爲‘方’，訓作‘逆’”，參見丁四新先生主編《楚地簡帛思想研究》三

《楚簡校記》第 187 頁。

【第九簡】則民作亂。凡此七者，政之所治也。[①] 聞之曰：“志氣不旨，[②] 其事不

【校注】

①“治”，陳劍先生曰：“簡文‘怡’字原讀爲‘治’，周鳳五先生主張讀爲‘殆’，云：‘簡文“七機”指的是爲政者的七種不當措施以及所招致的七種不良後果……“七機”的用語與價值判斷都是負面的，則讀作“政之所治”，意指七機能使政治清明，顯然是不妥的。簡文應當改讀爲“政之所殆”。殆，危也。《論語·微子》：“已而，已而，今之從政者殆而。”用語與簡文類似，可爲旁證。’其説可從。另可補充一證：《逸周書·命訓》云：‘極命則民墮，民墮則曠命，曠命以誡其上，則殆於亂；……極福則民祿……；極禍則民鬼……；極醜則民叛……；極賞則民賈其上……；極罰則民多詐，多詐則不忠，不忠則無報。凡此六者，政之殆也。’與簡文相近。”參見出土文獻與古文字研究中心網站 2008 年 2 月 28 日《上海博物館藏戰國楚竹書〈從政〉篇研究（三題）》。

②“旨”，周鳳五先生以爲“此字是‘達’字省體”，參見《上博館藏戰國楚竹書研究續編》第 186 頁《讀上博楚竹書〈從政〉甲篇札記》。

【第十簡】曰：“從政所務三：敬、誂、信。信則得衆，誂則遠戾，遠戾所以

【第十一簡】言見善行，納其仁焉，可謂學矣。”聞之曰：“可言而不可行，君子不言；可行而不可言，君子不行。”

【第十二簡】敦行不倦，[①] 持善不厭，唯世不僟，[②] 必或知之。是故

【校注】

①“敦”，何琳儀先生讀爲“庸”。

②“唯”，周鳳五先生以爲“當讀爲‘雖’”。“㥽”，原作缺釋，周鳳五先生曰“即‘識’的異構”，參見《上博館藏戰國楚竹書研究續編》第185頁《讀上博楚竹書〈從政〉甲篇札記》。何琳儀先生以爲“應讀‘識’”，參見《學術界》2003年第1期《第二批滬簡選釋》。李鋭先生曰“讀爲‘識’”，參見《上博館藏戰國楚竹書研究續編》第527頁《讀上博館藏楚簡（二）札記》。

【第十三簡】然後能立道。聞之曰：“君子之相就也，不必在近昵樂……

【第十四簡】有所有餘而不敢盡之，有所不足而不敢弗……

【第十五簡】毋㫿，①毋虐，②毋賊，毋貪。不修不武，③謂之必成，則暴；不教而殺，則虐；命無時，④事必有基，⑤則賊；爲利枉⑥

【校注】

①“㫿”，原釋爲“弅”，周鳳五先生以爲“字當釋‘暴’”，參見《上博館藏戰國楚竹書研究續編》第187頁《讀上博楚竹書〈從政〉甲篇札記》。

②“虐”，原釋爲“號”，據何琳儀、周鳳五等學者之説改，參見《學術界》2003年第1期《第二批滬簡選釋》《上博館藏戰國楚竹書研究續編》第187頁《讀上博楚竹書〈從政〉甲篇札記》。

③“武”，周鳳五先生以爲“當爲‘戒’之訛”，參見《上博館藏戰國楚竹書研究續編》第187頁《讀上博楚竹書〈從政〉甲篇札記》。

④“命”，周鳳五先生以爲“不妨讀爲‘令’”，參見《上博館藏戰國楚竹書研究續編》第190頁《讀上博楚竹書〈從政〉甲篇札記》。

⑤“基”，周鳳五先生以爲“應當讀爲‘期’”，參見《上博館藏戰國楚竹書研究續編》第190頁《讀上博楚竹書〈從政〉甲篇札記》。

⑥“枉”，何琳儀先生讀作“往”，參見《學術界》2003 年第 1 期《第二批滬簡選釋》，又見《上博館藏戰國楚竹書研究續編》第 430 頁《上海楚竹書（二）研讀記》。

【第十六簡】以犯賡軺見，不順行以出之。”聞之曰：“君子樂則治正，憂則

【第十七簡】人則啟道之，①後人則奉相之，是以曰君子難得而易使也，其使人器之；②小人先之，③則坴敔之，〔後人〕④

【校注】

①“人”上，原釋“前”，周鳳五先生以爲“此處應當補‘君子先’三字”，參見《上博館藏戰國楚竹書研究續編》第 190 頁《讀上博楚竹書〈從政〉甲篇札記》。

②“其使人器之”，周鳳五先生讀爲“其使人，器之”，參見《上博館藏戰國楚竹書研究續編》第 191 頁《讀上博楚竹書〈從政〉甲篇札記》。

③“先之”，周鳳五先生以爲“不如‘先人’爲妥”，參見《上博館藏戰國楚竹書研究續編》第 191 頁《讀上博楚竹書〈從政〉甲篇札記》。

④“坴”，黄德寬先生以爲“不識之字乃‘弁’字”，參見《學術界》2003 年第 1 期《〈戰國楚竹書〉（二）釋文補正》；何琳儀先生亦釋爲“弁”。

“敔”，何琳儀先生以爲可讀“御”，“坴敔”讀作“並御”，參見《學術界》2003 年第 1 期《第二批滬簡選釋》。

“坴敔”，周鳳五先生以爲“此處似不妨改讀爲‘慢侮’”，“竹簡下端殘缺，據文意與語法補‘後人’二字”，參見《上博館藏戰國楚竹書研究續編》第 191 頁《讀上博楚竹書〈從政〉甲篇札記》。

【第十八簡】則毳毀之，是以曰小人易得而難使也，其使

人必求備焉。”聞之曰：“行在己而名在人，名難爭也。”

【第十九簡】之人可也。”聞之曰：“行險致命，餞滄而毋敓，[1]從事而毋詋。[2]君子不以流言傷人。”

【校注】

①“餞”，黄德寬先生以爲“即‘饑’字。……此篇‘饑滄’連用，即‘饑寒’”，參見《學術界》2003年第1期《〈戰國楚竹書〉（二）釋文補正》。徐在國先生以爲即“饑”字，參見《上博館藏戰國楚竹書研究續編》第430頁《上海楚竹書（二）研讀記》。周鳳五先生亦以爲“可以讀爲‘饑’，‘饑滄’就是‘饑寒’”；“敓”，“可以讀爲從心介聲的‘忦’”，參見《上博館藏戰國楚竹書研究續編》第192頁《讀上博楚竹書〈從政〉甲篇札記》。

②“詋”，黄德寬先生以爲即《説文》的“訩”字，異體又作“詾”，參見《學術界》2003年第1期《〈戰國楚竹書〉（二）釋文補正》。周鳳五先生以爲“從言、兇聲，讀爲‘兇’”，參見《上博館藏戰國楚竹書研究續編》第192頁《讀上博楚竹書〈從政〉甲篇札記》。

五、《從政》乙篇

【第一簡】曰犯人之務，十曰口惠而不係。[1]興邦家，治正教，從命則正不勞；箠戒先匿，則自忌始；[2]顯嘉勸信，則僞。

【校注】

①“係”，陳劍《上海博物館藏戰國楚竹書〈從政〉篇研究（三題）》曰：“我們是同意張光裕先生釋爲‘係’的，字形上還可補充證據，如馬王堆漢墓帛書的‘係’字，‘系’旁或作與‘人’旁相連之形，跟簡文之形很接近。簡文‘係’當讀爲‘繼續’之‘繼’。‘係’和‘繼’讀音、意義都很相近，兩字常有通用關係。……繼續義之‘繼’用作動詞，可以理解爲‘以……繼續於……之後’之意。”參見出土文

獻與古文字研究中心網站 2008 年 2 月 28 日。

②“忌”，王中江先生讀爲“己”，參見簡帛研究網 2003 年 1 月 16 日《〈從政〉重編校注》。“自”，黎廣基先生曰：“疑讀爲‘罪’；或爲‘罪’之省文。……《從政甲》篇第十八簡亦有此字，作‘’，云‘行在异（己）而名在人’。本條之‘异’，可讀爲‘己’，而用爲‘紀’。……據此，則本文‘紀’字，當可解爲‘治理’。……‘訂’，當讀爲‘治’。‘治’，一般可解爲‘治理’。但如果治理的對象，適爲犯法的罪人。……筆者認爲，‘紀治’當屬同義連文。‘紀治’，義同‘詰治’。‘紀’‘詰’，蓋一聲之轉。……可見‘紀（詰）治’之與‘罪（罪）’，義正相關。本文‘則罪紀治’，即罪惡可得而治的意思。……綜合以上分析，簡文‘壅戒先匿，則罪紀治’，可解爲：在隱奸開始時有所防備，則罪惡可以得到整治。”參見簡帛網 2007 年 8 月 5 日《上博楚竹書（二）〈從政乙〉“壅戒先匿，則罪紀治”考》。

“壅戒先匿則自忌始”，《〈上海博物館藏戰國楚竹書（二）〉讀本》讀爲“容戒先慝，則自己始”，以爲“‘容戒’即‘心中有警戒’。……‘容戒先慝’或許可以釋成：心中保持警戒，在邪惡發生之前就消除它。”

【第二簡】不章，毋占民歛則同；不敷法盈惡，[①]則民不怨。”聞之曰：

【校注】

①“盈惡”，何琳儀先生讀作“羸惡”，訓瘦弱，參見《學術界》2003 年第 1 期《第二批滬簡選釋》。

【第三簡】復，小人樂則疑，憂則昏，[①]怒則勝，懼則背，耻則犯。”聞之曰：“從正不治則亂，治也至則

【校注】

①“憂則昏”，黄德寬先生有兩種讀法，一爲“憂則悶”，一爲“憂

則慜”，參見《上博館藏戰國楚竹書研究續編》第430頁《上海楚竹書（二）研讀記》。

【第四簡】也。”聞之曰：“遣（愆）悔而恭遜，[①]教之勸也；温良而忠敬，仁之宗也。”

【校注】

①“遣（愆）悔而恭遜”，王志平先生讀爲“詩（時）悔而恭遜”，參見《上博館藏戰國楚竹書研究續編》第500頁《上博簡（二）札記》。

【第五簡】君子強行，以待名之至也。君子聞善言以改其

【第六簡】不武則志不匿，仁而不知則

《上海博物館藏戰國楚竹書》第三册

《中弓》

【第一簡】季逭子使仲弓爲宰，仲弓以告孔子曰：“季氏

【第二簡】懊聞之，[①]夫季氏河東之盛家也，[②]亦

【校注】

①“懊”，原讀爲“與”，裘錫圭先生和陳劍先生改釋爲“遷”，張新俊先生從之，參見簡帛研究網2004年4月18日陳劍《上博竹書〈仲弓〉篇新編釋文（稿）》、吉林大學2005年張新俊博士學位論文《上博簡文字研究》等。今從原釋之字，待考。

②“盛家”，李朝遠先生以爲“城”借爲“成”，而“成”又通“盛”，“盛家”就是顯赫之家。史傑鵬先生認爲“‘城家’當直接讀爲‘成家’”，參見簡帛研究網2005年7月16日《上博竹簡（三）注釋補正》，又見2006年《考古與文物》古文字學專刊。

【第三簡】子有臣萬人，道汝思老、其家，夫

【第四簡】使雍也從於宰夫之後，雍也憧〔愚〕①

【校注】

①“愚”，今從李鋭先生之説補，參見《清華大學簡帛講讀班第三十二次研討會綜述》，孔子2000網2004年4月15日，又見孔子2000網2005年8月19日《讀上博三札記》。陳偉先生説同，參見簡帛研究網2005年8月15日《竹書〈仲弓〉詞句試解（三則）》。

“憧愚”，廖名春先生以爲“可見‘憧愚’或‘愚憧’即‘惷愚’或‘愚惷’”，參見《淮陰師範學院學報》2005年第1期《楚簡〈仲弓〉與〈論語·子路〉仲弓章讀記》。

關於第四簡的編聯，李學勤先生以爲簡4、簡26可以拼接。

【第五簡】以行矣，爲之宗謀汝。”仲弓曰：“敢問爲政何先？”

【第六簡】“雍，汝知者。”仲弓答曰：“雍也弗聞也。”孔子曰：“夫祭，至敬之

【第七簡】老老慈幼，先有司，舉賢才，赦過懊罪。①

【校注】

①“罪”，高佑仁先生曰：“由上述推論可知，楚系‘親’字有一種特殊寫法，其形體與‘辠（罪）’字相近，但異字同形，讀音不同，意義亦有別，這讓我有必要重新對楚系‘辠’字的釋讀進行檢視。《上博三·仲弓》簡7仲弓問孔子爲政何先，孔子回答云‘舉賢才、宥過、舉△’，△字作，過去學者都將△讀作‘罪’，但是‘宥過’與‘舉罪’顯然二者衝突，不可能放在一起，再者以‘舉罪’作爲施政之先，顯然不符合孔子德治思想。筆者以爲此處當讀作‘舉親’，此‘親’字即本文所討論的特殊寫法。‘宥過’指‘寬宥有過錯的人’，‘舉親’則指‘拔擢自己親人’。……另外《仲弓》簡8‘☐辠，政之始也。’‘辠’亦

當讀爲‘親’。”參見簡帛網2007年9月25日《談楚系“親”字的一種特殊寫法—兼釋〈上博三·仲弓〉“宥過舉親”》。

【第八簡】罪，政之始也。”仲弓曰：“若夫老老慈幼，既聞命矣。夫先有司爲之如何？”仲尼曰：“夫民，安舊而塚舉

【第九簡】有成，是故有司不可不先也。”仲弓曰：“雍也不敏，虽有賢才，弗知舉也。敢問舉才

【第十簡】如之何？”仲尼：“夫賢才不可弇也。舉爾所知，爾所不知，人其舍之者。”仲弓曰：“赦過懊罪，則民可爰[①]

【校注】

①“爰”，原作“幼”，陳劍先生疑隸作“爰”字，參見簡帛研究網2004年4月18日《上博竹書〈仲弓〉篇新編釋文（稿）》。今從。楊澤生先生以爲“當即‘後’之簡體。根據文義，‘後’當作跟後、後從、順從講”，參見簡帛研究網2004年4月29日《上博竹書第三册零識》。可參于省吾先生《甲骨文字釋林·釋爰》。黄人二、林志鵬等學者疑作“系”，參見簡帛研究網2004年4月23日《上博藏簡第三册仲弓试探》。申紅義先生疑爲“畜”之誤字，參見簡帛研究網2004年6月30日《〈上海博物館藏戰國楚竹書〉（三）〈仲弓〉雜識》。

【第十一簡】者，既聞命矣。敢問道民興德如何？”孔子曰：“舉之

【第十二簡】也定，不及其成。謅謅狷人，難爲從正。”孔子

【第十三簡】服之緩，弛而惓力之，雖有孝德，其

【第十四簡】早使不行，妥𡰥[①]

【校注】

①“妥”，李朝遠先生以爲“‘妥’即‘綏’”，原屬上讀。今從陳

劍先生之説，參見簡帛研究網2004年4月18日《上博竹書〈仲弓〉篇新編釋文（稿）》。

“妥扂”，史傑鵬先生認爲“‘妥扂’應當就是古書中常見的連綿詞‘委蛇’”，參見簡帛研究網2005年7月16日《上博竹簡（三）注釋補正》，又見2006年《考古與文物》古文字學專刊。

【第十五簡】聞民懋。”孔子曰：“善哉，聞乎足以教矣，君

【第十六簡正】宜侖之至者，教而使之，君子亡所猒人，今汝相夫

【第十六簡背】仲弓

【第十七簡】刑政不緩，德教不倦。”仲弓曰：“若出三

【第十八簡】毋自惰也。昔三代之明王有四海之内，猶賚

【第十九簡】山有崩，川有竭，日月星辰猶差，民亡不有過。[①]賢者

【校注】

①“民”，原屬上讀，今從陳劍先生之説屬下讀，參見簡帛研究網2004年4月18日《上博竹書〈仲弓〉篇新編釋文（稿）》。楊懷源先生説同，參見《古漢語研究》2005年第2期《讀上博簡〈中弓〉札記三則》第87—88頁。

【第二十簡】其咎。”仲弓曰：“今之君子，孚過抂析，[①]难以納諫。”孔子曰：“今之君子所竭其情、盡其慎者，三害近與矣。”

【校注】

①“孚過抂析”，陳劍先生以爲：“‘孚’聲字與‘復’聲字常通，‘孚’讀爲‘愎’，‘愎過’見《吕氏春秋·似順》又《誣徒》等，意爲

堅持過失。《似順》云‘世主之患，恥不知而矜自用，好愎過而惡聽諫，以至於危’，與簡文尤相近。”參見陳劍先生《上博竹書〈仲弓〉篇新編釋文（稿）》，簡帛研究網2004年4月18日。晁福林先生以爲：“簡文‘愎過悍析’當讀若愎（剛愎）、過（誇大）、悍（強悍）、析（詭辯），是仲弓眼中那些號稱‘君子’者的四種不良態度。”參見晁福林《上博簡〈仲弓〉疏證》，《孔子研究》2005年2期第14頁。楊懷源先生以爲“‘孚’當讀作‘保’。……‘戕’當讀爲‘扞’。‘扞’也寫作‘捍’。……‘析’當讀爲‘婞’。……‘攼析’就是‘扞婞’，是抵制、排斥剛直之臣（言）的意思”，參見《古漢語研究》2005年第2期《讀上博簡〈中弓〉札記三則》第87—88頁。史傑鵬先生曰：“頗疑‘攼析’讀爲‘捍責’，意思是‘抵拒責備’。‘捍’有‘抗拒抵禦’的意思……‘愎過捍責’是一個聯合片語，‘愎過’和‘捍責’兩者是並列關係，意思相同。”參見簡帛研究網2005年7月16日《上博竹簡（三）注釋補正》，又見2006年《考古與文物》古文字學專刊。蘇建洲先生《〈上博三·中弓〉簡20“攼析”試論》曰：“筆者也贊同陳劍先生所說‘孚過’應當讀爲‘愎過’，同時由文獻例證如‘好愎過而惡聽諫’來看，‘過’顯然只能解釋爲‘過失’……筆者以爲‘攼析’似可以讀爲‘掩錯’或‘掩邪’，即掩蔽、掩飾謬錯或邪行的意思。……總結以上討論，簡文可讀爲：仲弓曰：‘今之君子，孚（愎）過攼（掩）析（錯或邪），難以納諫。’意思是説：當今的上位者堅持己過、掩飾錯誤（或邪行），難以采納勸諫。”參見出土文獻與古文字研究中心網站2009年11月16日。

【第二十一簡】曰：“雍，古之事君者，以忠與敬，唯其難也，汝惟以

【第二十二簡】上人，相復以忠，則民歡承學，害□者不

【第二十三簡】至愛之卒也，所以成死也，不可不慎也；夫行，巽華學本也，所以立生也，不可不慎也；夫死

【第二十四簡】之。一日以善立，所學皆終；一日以不善立，

【第二十五簡】所學皆惡，可不慎乎？”仲弓曰：“今之君子使人，不盡其说

【第二十六簡】愚恐怠吾子憂，愿因吾子而治。”孔子曰：“雍，

【第二十七簡】仲弓曰：“敢

【第二十八簡】仲尼

【附簡】餁。”孔子曰：“唯政者，正也。夫子唯有舉，汝獨正之，豈不有悂也。”

《上海博物館藏戰國楚竹書》第四册

《相邦之道》

【第一簡】先其欲，備其強，牧其惓，静以待，待時出，故此事使出政，政毋忘所治，□……

【第二簡】□□□□人，可謂相邦矣。”公曰：“敢問民事？”孔子……

【第三簡】……實官倉，百工勸於事，以實府庫，庶□觀于四肢之藝，以備軍伇……

【第四簡】者。孔子退，告子貢曰：“吾見於君，不問有邦之道，而問相邦之道，不亦欽乎？”[①]子貢曰：“吾子之答也何如？”孔子曰：“如斯。”[②]

【校注】

①“欽”，何有祖先生曰：“[illegible]原注釋隸作‘埅’，讀作‘欽’，取贊許之義。孟蓬生先生讀作‘謙’，……以上兩種意見都是傾向于將[illegible]

看作褒義詞，但正如董珊先生所言‘不亦’之下的字從整體結構來看，……孔子説‘吾見于君，不問有邦之道，而問相邦之道’含有責備之意。這兩種意見顯然不大合適。緊接著董珊先生認爲該字‘可相當于曾侯乙編鐘所見之遣字。……讀爲愆，訓爲失，……我們認爲左部殘筆可推測是‘章’，字可隸作‘墪’。包山264號簡下部所從即與之同。對于此類字，李家浩先生有比較好的意見，即《璽匯》0008號楚印之字（從‘章’從‘次’從‘口’），以及江陵天星觀1號墓楚簡之字（從‘章’從‘次’從‘貝’），皆以‘欠’爲聲，讀作‘贛’。簡文‘墪’疑讀作‘戇’。……‘吾見于君，不問有邦之道，而問相邦之道，不亦戇乎？’大意是：哀公他不向我詢問有邦之君道，卻跟我問做相邦這種臣道，不是很戇愚麽？”參見簡帛網2006年9月20日《上博楚簡试讀三則》。

②“如斯”，整理者曰：“‘䛜’，從言、從卤，卤形與《説文》古文‘西’近同，故字可隸作‘䛜’。‘䛜’，字書未見，字既從言，應與語辭相關。‘女䛜’，于此疑或讀爲‘如斯’。‘西’，古音屬心紐脂部，‘斯’爲屬心紐支部，兩者音近可通。”孟蓬生先生以爲：“‘䛜’即‘訊’字。……‘如䛜（訊）’的意思是説，君問我以相邦之道，我即以相邦之道來回答他。”參見簡帛研究網2005年2月15日《上博竹書（四）閑詁》。董珊先生以爲：“‘䛜’可能讀爲‘哂笑’之‘哂’，孔子是説：就像哂笑一樣回答了他。其諷刺之語如何，從殘餘簡文已經難以看出。”參見簡帛研究網2005年2月20日《讀〈上博藏戰國楚竹書（四）〉雜記》。淺野裕一先生曰：“‘女䛜’不應讀爲‘如斯’，而應釋爲‘汝察（讓你想吧）’。”參見《上博楚簡〈相邦之道〉的整體結構》，2005年3月臺灣大學哲學系、“中央研究院”中國文哲研究所、輔仁大學文學院、東吴大學哲學系《“新出土文獻與先秦思想重構”國際學術研討會論文集》。何有祖先生曰：“只有董珊先生的意見比較正確。䛜，在此句中應即典籍‘哂’字。《論語·先進》‘夫子哂之’何晏集解引馬融曰：‘哂，笑也。’《廣雅·釋詁一》：‘哂，笑也’王念孫疏證：‘微笑謂之哂，大

笑亦謂之哂。’所謂的‘如哂’，就是概言上一句孔子嘲諷哀公的言語：‘吾見于君，不問有邦之道，而問相邦之道，不亦皾乎?’結合‘皾’字考釋來説，就是如哂笑哀公之皾愚般回答了哀公。”參見簡帛網2006年9月20日《上博楚簡试讀三則》。

《上海博物館藏戰國楚竹書》第五册

一、《季庚（康）子問於孔子》[①]

【校注】

①《季康子問於孔子》的編聯，陳劍先生曰：“由於本篇殘斷之簡以下半段居多，大多很難確定先後關係，全篇也難以復原。我們整理出以下一個較大的拼聯組：簡8，簡21+22A+13+14+15A+9+10+19+20+23。其中21和22A，簡13、14和15A，簡9和10，簡19和20四組簡，是整理者原來已經連讀的。下面鈔出釋文，略作解釋。□也。縈戱今語肥也以處邦家之述（術），曰：‘君子不可以不強，不強則不立。【8】□□□悁悁，則民然（?）之。毋信玄曾，因邦之所賢而興之。大罪殺【21】之，臧罪刑之，小罪罰之。苟能固獸（守）【22A】而行之，民必服矣。古子以此言爲奚如?’孔子曰：‘由丘觀之，則散【13】言也已。且夫戱今之先人，菐（世）三代之傳史，豈敢不以其先人之傳等（志）告。’康子曰：‘然其主人亦曰：古之爲【14】邦者必以此。’孔子曰：‘言則美矣。然【15A】異於丘之所聞。丘聞之：臧文仲有言曰：君子強則遺，威則民不【9】道，鹵（?）則失衆，盄（盄—猛）則無親，好刑則不祥，好殺則作亂。是故賢人之居邦家也，夙興夜寐，【10】降（?）耑以比。民之□［28］散，弃惡毋歸。［29］慎小以合大，疋（疏）言而密守之。毋欽遠，毋詣（?）逐。［30］惡人勿斃，好【19】人勿貴。救民以辟，大罪則夜（赦）之以刑，臧罪則夜（赦）之以罰，小則訛（貲）之。凡欲勿祟，凡失勿危（坐?），各【20】當其曲以成之。然

則邦平而民膶（擾）矣。［31］此君子從事者之所商□也。'【23】" 參見簡帛網2006年2月19日《談談〈上博（五）〉的竹簡分篇、拼合與編聯問題》。

陳偉先生曰："依照原釋文的安排，13號簡（上殘）接在12號簡之後，擬補的'亦變之'三字位于13號簡上端。但13號簡實應與22A拼合，［9］所以這幾個字不能加在13號簡之上。考慮到12號簡和15B都説先人之事，並且還都説到'弁'，我們懷疑15B應接在12號簡之後，'亦弁之'三字原在15B殘去的上半段頂部。15B上殘約12字，扣除'亦弁之'三字和'先人之所'合書的兩個字位，中間尚缺約7字。"參見簡帛網2006年3月2日《〈季康子問孔子〉零識（續）》。

牛新房先生曰："簡11下当和簡18上连讀。……原整理者根据契口的位置认爲簡11下残掉一'曰'字，笔者认爲此处残掉的当是一個虚詞，簡11下当和簡18上连讀，'孔子□辭曰'是孔子对季康子要求其'疏肥也'而回答的。现将连讀后的的文字釋寫如下：康子曰：'毋乃肥之昏也，是佐乎？故如吾子之疋（疏）肥也。'孔子□【11下】辭曰：'子之言也已重。丘也聞君子【18上】。'" 參見簡帛網2006年3月9日《讀上博（五）〈季康子問于孔子〉瑣議》。

王化平先生曰："第十一簡爲綴合簡。陳斯鵬先生以爲11B之'昏'讀爲'問'，'左'讀如字，有差意，并斷讀爲：'毋乃肥之問也是左乎？'其意可從。牛新房先生認爲11B與18A連讀。另陳偉先生提出將18A接在第一簡后，但并不相連。從文意看，孔子在聽完季康子的提問后，客套地謙讓一下是完全可能的。從周秦對話體古文的文例看，這類謙讓一般都發生在開始回答第一個問題之前。"參見簡帛網2007年10月30日《讀上博五〈季康子問于孔子〉札記六則》。

福田哲之先生曰："竹簡基本上是按照'第一組→第二組→第三組→第四組'的順序展開的：第一組：1+2+3+4；第二組：6+7；第三組：8→21+22A+13+14+15A+9+10A+10B+19+20·11A+18B·22B；第四組：11B+18A+5→12→15B→附簡→17+23。"參見《上博五

〈季康子問于孔子〉的編聯與結構》，丁四新先生主編《楚地簡帛思想研究》三第53頁。

【第一簡】季康子問於孔子曰："肥，從有司之後，抑不知民務之焉在？①唯子之治頋。②請問：君子之從事者於民之③

【校注】

①"抑"，季旭昇先生以爲可以直接讀爲"一"，即"全"之義，參見簡帛網2006年2月18日《上博五芻議（上）》。王貴元先生曰："本句與上句並無轉折之意，查楚簡翟字，其義皆與表示高程度的'一'相同……以上兩例的'一'皆表高程度，是'極''甚'的意思。'翟不智'的'翟'，與此同，可譯爲'全不知'。"參見簡帛網2006年3月3日《上博五札記二則》。

②"治頋"，濮茅左先生讀爲"治柔"。季旭昇先生疑讀爲"紿（司）頋（擾）"，"'紿'，原考釋'治'……案：'紿'是個從'台'和'司'的兩聲字，於此似可釋爲'司'。"參見簡帛網2006年2月18日《上博五芻議（上）》。陳偉先生讀作"貽羞"，參見《上博五〈季康子問於孔子〉零識》，簡帛網2006年2月20日。林素清先生贊同陳偉先生之説，並且指出"'柔''辱'聲音相近，'辱'與'羞'音近義同，'頋'字或可直接讀爲'辱'"，參見《讀〈季康子問於孔子〉與〈弟子問〉札記》，丁四新先生主編《楚地簡帛思想研究》三第49頁。楊澤生先生曰："我們認爲整理者將'紿'讀爲'治'可從。23號簡有'邦平而民頋'，陳劍先生讀作'擾'，謂'擾，馴也，柔服也'。顯然説'民'柔服是很順適的。此'頋'似乎也可讀作'擾'，意爲柔順。又疑'頋'可讀作'優'，'治優'猶如政優、仕優。《詩·商頌·長髮》：'敷政優優，百禄是遒。'《論語·子張》：'子夏曰：仕而優則學，學而優則仕。'"參見簡帛網2006年3月20日《〈上博五〉零釋十二則》。

③"請問君子之從事者於民之"之後，王化平先生曰："懷疑第一簡之后，不能緊接第二簡，而可能與第十六、十七簡等組合成一組。"參

見簡帛網 2007 年 10 月 30 日《讀上博五〈季康子問于孔子〉札記六則》。

【第二簡】〔上，君子之大務何?”孔子曰：“仁之以〕德，此君子之大務也。”康子曰：“請問何謂仁之以德?”孔子曰：“君子在民

【第三簡】之上，執民之中，絅誽於百姓，[①]而民不服焉，是君子之耻也。是故，君子玉其言而慎其行，[②]敬成其

【校注】

①“絅誽”，季旭昇先生曰：“‘絁耈’，原考釋除隸定爲絅誽外，又説‘或讀爲施教’。二説不同，後説爲是。‘絁’字當從‘也’聲，與‘施’字同聲符，可通讀。”參見簡帛網 2006 年 2 月 18 日《上博五芻議（上）》。

②“慎”，禤健聰先生曰：“此字在簡文中仍當讀爲‘展’。《爾雅·釋詁上》：‘展，誠也。’《國語·楚語下》：‘展而不信，愛而不仁。’韋昭注：‘展，誠也。’‘展’訓爲‘誠’，與前後文之‘玉’‘敬’義近。”參見簡帛網 2006 年 2 月 24 日《上博楚簡（五）零札（一）》。劉國胜先生曰：“‘展’，似當訓爲申，申展之義。……簡文‘君子玉其言而展其行’是記孔子的講話，其與《論語·憲問》‘君子恥其言而過其行’及《論語·里仁》‘君子欲訥於言而敏於行’的語意相當，是表達君子的慎言貴行，言行相副。”參見簡帛網 2006 年 3 月 31 日《上博（五）零札（六則）》。

【第四簡】德以臨民，民望其道而服焉，此之謂仁之以德。且管仲有言曰：君子恭則遂，驕則侮，[①]備言多难[②]

【校注】

①“驕則侮”，楊澤生先生曰：“《季康子問於孔子》4 號簡‘喬則洢’整理者讀作‘驕則侮’，謂‘驕’即矜肆、放縱，‘侮’即輕慢、侮

辱、欺凌，這從音讀和本句文義上講都可以説得過去。但聯繫上一句‘君子恭則遂’，把‘驕則洢’的‘洢’讀作當輕慢、侮辱、欺凌講的‘侮’，並不恰當。‘驕’意爲爲驕傲、驕縱，也可以當怠慢、輕視講，如《吕氏春秋·貴生》：‘世之人主多以富貴驕得道之人。’因此‘驕’和‘侮’的意思相差不大。上文説‘恭’導致的結果是諸事順遂，而本句‘驕’導致的後果呢？我們懷疑‘洢’讀作‘繆’。《鬼神明之》3號簡‘逘（宋）𢀛公者，天下之亂人也’的‘𢀛’字，也從‘矛’得聲，我們將它讀作‘穆’或‘繆’，似乎也很合適，‘繆’有亂的意思。《管子·重令》：‘天道之數，至則反，盛則衰。人心之變，有餘則驕。驕則緩怠。夫驕者驕諸侯，驕諸侯者，諸侯失於外。緩怠者，民亂於内。諸侯失於外，民亂於内，天道也，此危亡之時也。’《左傳·襄公二十七年》：‘無威則驕，驕則亂生，亂生必滅，所以亡也。’這都是説‘驕’和‘亂’的關係。而簡文‘驕’導致繆亂的後果和上文説‘恭則遂’正好是相應的。”參見簡帛網2006年3月20日《〈上博五〉零釋十二則》。

②“備言多难”，王化平先生曰：“第四簡，‘言多難’前有一個從水的字，原釋讀爲‘備’。疑此字應讀爲‘苟’，‘言’字讀爲‘然’，全句爲‘苟然多難’。……苟，自急敕也。《戰國策·魏策一》：‘多言而輕走。’黄丕烈札記：‘言，《史記》作然。又《經籍纂詁·元韻補遺》：《詩·大東》：睠言顧之。《后漢書·劉陶傳》作眷然顧之。’孔子引用這句話意在警告季氏不可急于求成。”參見簡帛網2007年10月30日《讀上博五〈季康子問于孔子〉札記六則》。

【第五簡】□□□□□□□□□□□□□擾事皆得其勸而強之。[①]則邦有奸動，百姓送之以□□[②]

【校注】

①“擾”，何有祖先生曰：“‘事’前一字原釋爲‘舀（擾?）’，不確。原簡作，郭店《唐虞之道》25號簡‘南—而王而〈天〉下而甚君’以及上博《容成氏》14號簡‘子堯南面’之‘面’作，與簡文

形近。字當釋爲‘面’，屬上讀。”參見簡帛網2006年2月19日《〈季庚子問於孔子〉與〈姑成家父〉試讀》。

②“送”，季旭昇先生曰：“‘百姓送之以’之‘送’字，在此疑當讀爲‘遜’。”參見簡帛網2006年2月18日《上博五芻議（上）》。

“□□□□□□□□□□□□□擾事皆得其勸而強之則邦有奸動百姓送之以□□”，陳劍讀爲：“☑面，事皆得；其勸而強之，則邦有幹童，百姓送之以□□。在已有竹簡中找不到可以跟它拼合或連讀的，從它談到‘其勸而強之’看，有可能本來應在上引簡8與簡21之間。”參見簡帛網2006年2月19日《談談〈上博（五）〉的竹簡分篇、拼合與編聯問題》。

【第六簡】☑。’”〔康子曰〕：“☑盜移肥也。”①孔子曰：“丘聞之孟子餘曰：②夫書者以著君子之德也。

【校注】

①“移”，季旭昇先生曰：“原考釋所隸‘秅’字，細審照片，實從‘力’‘它’聲，隸定當作‘㐌’，此字《包山》數見，皆作人名用。本簡原考釋讀爲‘移’，不無可能。亦可能讀‘施’。本簡上文殘缺，待考。”參見簡帛網2006年2月18日《上博五芻議（上）》。

②“孟子餘”，李鋭先生以爲“此疑讀爲‘孟子側’，即孟子反，爲孔子所敬者”，參見孔子2000網2006年2月26日《讀〈季康子問於孔子〉札記》。

【第七簡】夫詩也者，以志君子之志。夫義者，①以謹君子之行也。君子涉之，②小人觀之；③君子敬成其德，小人毋寐。④

【校注】

①“義”，李天虹先生曰：“本段的前三句是排比句，書、詩都是具體的東西，而‘義’是抽象的概念，所以我懷疑‘義’讀爲‘儀’。‘儀’可指禮儀，但在這裏也可能指記載禮儀的文字或文章。”參見簡帛網2006年2月24日《讀〈季康子問於孔子〉札記》。

②“涉”，李鋭先生以爲“‘涉’字曾作爲青銅器中‘祭公’之‘祭’字聲符［2］，參考李學勤先生有關論述，疑此處‘涉’字（古音禪紐葉部）讀爲‘習’（邪紐葉部，或歸緝部）”，參見孔子2000網2006年2月26日《讀〈季康子問於孔子〉札記》。

③“觀”，季旭昇先生曰：“雚之似可讀爲勸之。小人需力勸始能行之也。”參見簡帛網2006年2月18日《上博五芻議（上）》。

④“毋寐”，李天虹先生曰：“毋，簡文原作‘母’，疑讀爲‘晦’。母、每古音相同，都是明母之部字；從‘每’之字，楚簡文字常從‘母’。寐，疑讀爲‘昧’。晦、昧爲同義詞。《詩·周頌·酌》‘於鑠王師，遵養時晦’，毛傳：‘晦，昧也。’鄭箋：‘于美乎文王之用師，率殷之叛國以事紂，養是闇昧之君。’《左傳》宣公十二年‘兼弱攻昧’，杜注：‘昧，昏亂。’簡文‘晦昧’大概類似於今之‘懵懂。’”參見簡帛網2006年2月24日《讀〈季康子問於孔子〉札記》。”陳偉先生説同。

單育辰先生曰：“李天虹及陳偉兩先生皆讀爲‘晦昧’，認爲有‘懵懂’或‘愚昧’義，在簡文中‘母寐’和‘敬成其德’連用，語法結構似應一致，如果理解爲‘晦昧’，是一個形容詞詞組作謂語，和‘敬成其德’的語法結構就不太一樣了。現在看起來，這里的‘母’也可能是‘女’的錯字，通‘如’，‘如寐’猶言小人對德行的表現象睡了一樣無動於衷。”參見簡帛網2006年4月30日《上博五短札（三則）》。

【第八簡】□。”〔康子曰〕：“□也縈，遂今語肥也，①以居邦家之述曰：‘君子不可以不強，不強則不立

【校注】

①“縈遂今”，陳劍先生以爲乃人名，“縈”是其氏，“戩今”其名，參見簡帛網2006年2月19日《談談〈上博（五）〉的竹簡分篇、拼合與編聯問題》；並且讀“縈”爲“葛”，參見簡帛網2006年3月10日《上博竹書“葛”字小考》。牛新房先生曰：“筆者認爲原整理者的斷句是對的，但是注釋卻有問題，應讀爲：‘［康子曰：肥］也縈（贅）。戩今語

肥也以處邦家之述（術），曰：君子不可以不強，不強則不立。’中括號內的內容是我們根據文意擬補的。……筆者認爲‘縈’可能並非‘今’的姓氏，因爲在下文簡 14 中提到‘戱今’時也没有在其前面加‘縈’字。‘縈’讀爲‘營’或‘瞀’，典籍中此二字常訓爲惑。‘肥也瞀’，指季康子在聽了孔子的一番話後，感到很迷惑，原因是‘戱今’告訴他的和孔子所説的不同，所以季康子接下來又講了‘戱今’曾經告訴過他的一段話，並且問孔子‘古（故）子以此言爲奚如’。《論語・先進》：‘赤也惑，敢問。’《説苑・修文》：‘賜也惑，敢問何謂?’此‘赤也惑’‘賜也惑’正可與本簡‘肥也營（或瞀）’相參。”參見簡帛網 2006 年 3 月 9 日《讀上博（五）〈季康子問於孔子〉瑣議》。

【第九簡】〔孔子曰〕：“☑異於丘之所聞。①丘聞之：臧文仲有言曰：君子強則遺，威則民不

【校注】

①“異”，原隸爲“冀”字，據季旭昇先生之説改，參見簡帛網 2006 年 2 月 18 日《上博五芻議（上）》。陳劍先生亦曰：“簡 22A＋13 拼合爲一支完簡。簡 15A＋9 拼合爲一支完簡，拼合處的‘異’字大半存於簡 9 之首，其頭部還存於 15A 之末，拼合後正好成爲一字。”參見簡帛網 2006 年 2 月 19 日《談談〈上博（五）〉的竹簡分篇、拼合與編聯問題》。

【第十簡】導，逾則失衆，①𥀨（礪）則無親，②好刑則不祥，好殺則作亂。’是故，賢人之居邦家也，夙興夜寐

【校注】

①“逾”，禤健聰先生曰：“此句可與上博《從政》甲篇簡 8—9 的從政‘七忌’對讀，彼文有殘缺，可參此文補足：‘獄則興，威則民不道，則失衆，悟則無親，罰則民逃，好刑［則］［不］［祥］，［好］［殺］則民作亂。’此篇與《從政》有五忌相同，關鍵字形可對讀……‘’對應‘’，二字聲旁相同。與之相關的另有上博《相邦之道》簡

4的‘’字，此字孟鵬生先生指出即‘訊’字《説文》古文，又見於《姑成家父》簡1，沈培先生亦認爲是‘迅’，與‘強’對。我們懷疑上兩字也可讀爲訊問之‘訊’，與《從政》篇的‘獄’或相關。”參見簡帛網2006年2月24日《上博楚簡（五）零札（一）》。楊澤生先生曰：“如果是‘洒’字異體，也許應該讀作‘迅’，‘迅然’即很快、馬上；但它是‘鹽’字異體而應讀爲‘儼’的可能性還不能排除。……現在看來，字是當釋爲‘鹽（儼）’的可能性很大。”參見簡帛網2006年3月20日《〈上博五〉零釋十二則》。

②“盟（礌）”，季旭昇先生曰：“首字釋「礌」，似無確證。此字又見曾侯乙墓竹簡214，裘錫圭先生、李家浩二先生《曾侯乙墓竹簡釋文與考釋》釋爲‘盟（盟）’之異體（見《曾侯乙墓》上册530頁）。如以此義，則本句似説：結私盟，則臣民就不會來親近。”參見簡帛網2006年2月18日《上博五芻議（上）》。禤健聰先生曰：“此篇與《從政》有五忌相同，關鍵字形可對讀，‘盟’對應《從政》之‘惛’，知爲‘盟’字訛寫，可讀爲‘猛’。”參見簡帛網2006年2月24日《上博楚簡（五）零札（一）》。

【第十一簡】宊佝。是故，夫迫邦甚，難民能多一矣。”① 康子曰：“毋乃肥之昏也，是佐乎？故如吾子之足肥也。”②孔子〔曰〕：

【校注】

①“夫迫邦甚難民能多一矣”，季旭昇先生曰：“疑讀爲夫迫邦甚，難民能多，一矣。這兩句不太好講。從句法來看，‘夫迫邦甚’‘難民能多’，應該是相類似的句子，所以後面緊接著説‘一矣’。《説文》：‘甚，尤安樂也。’用此義，這兩句似乎可以説：人民窘迫，國家反而能安樂；人民受災難，則能力會更好，這道理是一樣的。這就像《孟子·告子下》所説的‘入則無法家拂士，出則無敵國外患者，國恒亡. 然後知生於憂患而死於安樂也’，也和古語‘殷憂啟聖，多難興邦’的意思相

近。”參見簡帛網2006年2月18日《上博五芻議（上）》。陳偉先生曰：“原釋文于‘甚’字下著逗號，恐實當連讀。多，疑讀爲‘移’或‘移’，移一或類似于齊一。”參見簡帛網2006年3月2日《〈季康子問孔子〉零識（續）》。李鋭先生以爲“‘能’疑讀爲‘乃’，二字古通［3］。參照陳劍先生的重新編聯，此處簡11疑可於‘一’字下分爲兩段，上段下接簡18下半段，拼合爲一簡：‘罙（深）佝（劬）。是故夫迫［4］邦甚，難民乃多；一【11A】田肥，民則安，惰民不樹［5］。是故賢人大於邦而有劬心，能爲鬼［6］【18B】’，疑上接簡10，下接簡19。簡18A則疑下接簡5：‘辭曰：子之言也已重［7］。丘也聞君子【18A】面（?）事皆得。其勸而強之，則邦有幹童，百姓尊之以□□【5】’，‘面’字之隸定、釋讀待考。其後可能接簡11B，但11B已爲斷簡：‘……矣。康子曰：“毋乃肥之昏也是差［8］乎？故女（如）吾子之疋（疏）肥也。”孔子［曰］：【11B】最末簡23之前，疑接簡17。不過本篇殘斷過多，不排除有兩章内容”，參見孔子2000網2006年2月26日《讀〈季康子問於孔子〉札記》。陳劍先生説“將‘瘠’字放入《季康子問於孔子》簡11上半簡與簡18下半簡，標點當改爲‘是故夫迫邦甚，難民乃多。一田肥，民則安；瘠，民不樹’”，參見孔子2000網2006年2月28日《讀上博（五）補札》。

②“毋乃肥之昏也是佐乎故如吾子之足肥也”，季旭昇先生曰：“似可讀爲：毋乃肥之昏也！是左（差）乎？故如吾子之足（疏）肥也。昏，原考釋以爲‘糊塗’，當可從。《詩經·小雅·小宛》‘彼昏不知，壹醉日富’，即用此義。左，似可讀爲‘差’，差失也。差從左聲，自可通用。足，原考釋有二説，一釋爲‘益’，一釋爲‘疏通’。後説是。”參見簡帛網2006年2月18日《上博五芻議（上）》。陳斯鵬先生曰：“整理者于‘昏也’下點斷，釋‘昏’爲糊塗，讀‘左’爲‘佐’，意似難通。今試重新斷句如上。‘昏’讀‘問’爲楚簡常例。‘是’表強調。如《左傳·僖公十三年》：‘其君是惡，其民何罪。’《曹沫之陣》簡64：‘吾言氏（是）不而如。’‘左’季旭昇先生讀‘差’，訓差失，比讀

‘佐’合理得多。但私意以爲‘左’不必改讀，‘左’古有悖謬不合理的意思，如《左傳·昭公四年》：‘且冢卿無路，介卿以葬，不亦左乎？’所以，‘毋乃肥之問也是左乎’意思是：難道我的問話真的很不妥嗎？”參見簡帛網2006年4月1日《讀〈上博竹書（五）〉小記》。何有祖先生曰：“季先生釋義可從，字形方面則需作些補充。《弟子問》13號簡有‘足’字，與之差异頗大，而同篇19號簡的‘疋（疏）’字則與之形同。此處當直接隸作‘疋’而讀作‘疏’。”參見簡帛網2006年2月24日《上博五零釋（二）》。

【第十二簡】“☐安焉。作而乘之，則邦有穫。先人之所善，亦善之。先人之所叓，①

【校注】

①“叓”，原讀“變”，陳偉先生曰：“12、15B號簡皆有的‘弁’，原釋文讀爲‘變’。……依此，‘先人之所惡勿弁’，是説先人所厭惡的東西不要喜好。12號簡的話未完。原釋文擬補爲‘亦變之’三字，可從，只是‘變’應改作‘弁’，訓喜樂。”參見簡帛網2006年3月2日《〈季康子問孔子〉零識（續）》。李鋭先生以爲“簡文‘叓’當讀爲‘使’，‘先人之所善亦善之，先人之所使［亦使之］’。此語除整理者所舉例外，傳世文獻中似曾見相近之語。簡15同，此簡陳劍已經指出兩段拼接不對，當分開，但是其新編聯没有討論簡15下半段。筆者以爲此下半段當接於簡12後，可補字如下：‘先人之所善亦善之，先人之所使【12】［亦使之，先人之所□亦□之，先人之所］惡勿使，先人之所廢勿起。然則民坐（？）不善，類父兄子弟而稱賕’【15B】所補字中，先人、之所皆爲合文”，參見孔子2000網2006年2月26日《讀〈季康子問於孔子〉札記》。

【第十三簡】〔亦變之☐。”康子曰〕：“☐而行之，民必服矣。古子以此言，①爲奚如？”孔子曰：“由丘觀之，則微

【校注】

①“古”，李鋭先生疑讀爲“吾”，參見孔子 2000 網 2006 年 2 月 26 日《讀〈季康子問於孔子〉札記》。

【第十四簡】言也已。[①]且夫□今之先人，喪三代之傳史，[②]豈敢不以其先人之傳等告。“康子曰：“然其主人亦曰：[③]‘古之爲

【校注】

①“由丘觀之則微言也已”，季旭昇先生曰：“當讀爲：由丘觀之，則政散（美）言也已。‘丘’下雖有句讀符，但以現在的句讀觀念而言，丘下不需要斷開。‘散’，當讀爲‘美’，同樣的用法見《郭店・老子甲》簡 15‘天下皆智散（美）之爲散（美）也’。楚簡‘美’字有五種寫法，基本上以此字的左旁‘光’爲聲符，或加‘女’‘頁’‘夊’旁等。本簡孔子稱贊季康子的話爲‘美言’，已經是很好的贊美了，如果稱贊爲‘微言’，似乎太高了些。簡十五孔子又稱贊季康子：‘言則娧（美）矣’，可證。”參見簡帛網 2006 年 2 月 18 日《上博五芻議（上）》。

②“喪”，陳劍先生曰：“‘莣（世）三代之傳史’的‘莣（世）’字原釋爲‘喪’。”參見簡帛網 2006 年 2 月 19 日《談談〈上博（五）〉的竹簡分篇、拼合與編聯問題》。

“喪三代之傳史”，侯乃鋒先生曰：“‘三代之連叀’頗疑其讀爲‘三代之轉變’，指三代更革而言。郭店楚簡《語叢四》簡 20：‘善□□□者，若兩輪之相[illegible]（轉），而終不相敗。’‘[illegible]’即讀爲‘轉’。從文義上講，‘列今（從陳劍先生意見以之爲人名）之先人’作爲一個群體，即使是世代史官，孔子於其話語中也不可能認爲‘三代之傳史’這么重大的事情與他們會有什么關聯。”參見簡帛網 2006 年 3 月 20 日《上博（五）幾個固定詞語和句式補説》。

③“然其主人亦曰”，李鋭先生认爲：“‘然其主人亦曰’疑當讀爲‘然。其囑人亦曰。’‘主’與‘囑’古通。”參見孔子 2000 網 2006 年 2

月26日《讀〈季康子問於孔子〉札記》。冀小軍先生曰：“按：整理者以‘然’字連下讀，似是把它看作轉折連詞，因與文義不諧，故不可取。李氏句讀可從，不過讀‘主’爲‘囑’卻頗爲可疑。”參見簡帛網2006年6月26日《〈季康子問于孔子〉補説》。

【第十五簡】邦者必以此。’”①孔子曰：“言則媺矣。然惡勿變，先人之所法勿起，②然則民坐不善，③迷父兄子弟而稱賕④

【校注】

①“邦者”上，陳偉先生曰：“15B的上半段在現存竹簡中難以確定，大概已殘去。比照‘先人之所廢勿起’的句式，我們懷疑上半段的最後4個字是‘先人之所’。”參見簡帛網2006年3月2日《〈季康子問孔子〉零識（續）》。

②“法”，季旭昇先生曰：“‘灋’，原考釋讀爲‘法’，恐有可商。疑當讀‘廢’。‘惡勿變，先人之所廢勿起’，應釋爲：國家有缺失卻不肯改變，先人所荒廢的事情不肯復興，那麼人民就會爲不善而犯罪，迷失了父子兄弟的倫常，而去行賄收賂。犯罪叫‘坐’。”參見簡帛網2006年2月18日《上博五芻議（上）》。

③“坐”，何有祖先生曰：“原釋‘坐’，不確。該字從辵，右部則與上博容成氏48號簡所從同，當可讀作‘降’。《大戴禮記·誥志》：‘莫不降仁’，王聘珍解詁：‘降，歸也。’此处指民报之以不善。簡文‘灋勿记（起）’，郭店《老子甲》31號簡有‘奇勿（物）慈（滋）记（起），灋勿（物）慈（滋）章（彰）’，與之近似。”參見簡帛網2006年2月19日《〈季庚子問於孔子〉與〈姑成家父〉試讀》。陳偉先生曰：“‘民懲不善’的‘懲’，原釋爲‘坐（從辶）’，不確。何有祖君改讀爲‘降’。根據現有資料，此形在楚簡中，同时對應兩個字：一是上博五的《三德》11、12號簡‘阩（下從止）丘毋歌’中的‘阩’（下從止）；整理者李零教授讀爲‘登’；一是郭店竹書《性自命出》60號簡‘凡于路毋畏’的‘路’。登、徵音近可通。此處可能讀爲‘懲’，克制、制止

義。《詩·小雅·沔水》：‘民之訛言，寧莫之懲。’毛傳：‘懲，止也。’《史記·屈原賈生列傳》：‘懲違改忿兮，抑心而自強。’王念孫《讀書雜志·史記五》云：‘懲，止也；違，恨也。言止其恨，改其忿，抑其心，而自強勉也。’懲不善，即克制不善。如果釋爲‘路’，則應讀爲‘格’，糾正、匡正義。《書·冏命》：‘繩愆糾謬，格其非心。’孔疏：‘格其非妄之心。心有妄作則格正之。’《孟子·離婁上》：‘人不足與適也，政不足間也，惟大人爲能格君心之非。’趙注：‘格，正也。’民格不善，是糾正不善之意。二者之間尚難取捨，姑讀爲‘懲’。”參見簡帛網2006年3月2日《〈季康子問孔子〉零識（續）》。李銳先生以爲“《季康子問於孔子》簡15所釋‘民坐不善’，‘坐’字疑爲‘逐’”，參見孔子2000網2006年2月27日《讀上博五札記（二）》。劉信芳先生曰：“簡文‘爯（稱）賕’的主語應是承上文之‘民’，如果這一分析不誤，‘迟’在本簡中似可讀爲‘賂’。因下文言及‘賕’，所以作這樣的考慮。”參見簡帛網2006年3月18日《上博藏五试解續》。楊澤生先生曰：“此‘迸’字疑當讀作‘登’，‘登不善’即進不善。古書常見‘進善’‘進不善’的説法。《國語·晋語六》：‘成人在始與善。始與善，善進善，不善蔑由至矣；始與不善，不善進不善，善亦蔑由至矣。’《漢書·文帝紀》：‘古之治天下，朝有進善之旍。’簡文説‘惡勿變，先人之所瀎勿起’，這樣就會‘民登不善’，文意頗順。所以，前引陳先生對簡文字構形的看法是對的，而何先生認爲其有歸、報之義也是接近文意的。”參見簡帛網2006年3月20日《〈上博五〉零釋十二則》。劉國胜先生曰：“‘民’下一字，似當依陳説前一種思路，分析爲從‘辵’從‘升’，是‘陞’字異體，在簡文中或可讀爲‘徵’，明、審之義。《左傳》襄公二十八年‘以徵過也’，杜預注：‘徵，審也。’‘民徵不善’，是民能審知不善的意思。”參見簡帛網2006年3月31日《上博（五）零札（六則）》。

④“迷父兄子弟而稱賕”，陳偉先生曰：“眯，疑當讀爲‘敉’，安撫義。《周禮·春官·小祝》‘彌灾兵’，鄭注：‘彌讀曰敉。敉，安也。’”參見簡帛網2006年3月2日《〈季康子問孔子〉零識（續）》。劉

國胜先生曰：“‘䀛’，整理者讀爲‘迷’”，可從。‘䀛’字又見於中山王鼎銘‘䀛（迷）惑於子之而迒（亡）其邦’。‘稱’下一字，簡文寫作‘賕’，疑讀爲‘讎’，指讎人。”參見簡帛網 2006 年 3 月 31 日《上博（五）零札（六則）》。

【第十六簡】□之必敬，如則客之事也。①君曰：‘薦禮

【校注】

①“則”，陳偉先生釋讀爲“賓”，簡帛網 2006 年 2 月 20 日《上博五〈季康子問于孔子〉零識》。“如”，王化平先生曰：“第 16 簡，陳偉先生釋爲：‘必敬，如賓客之事。’疑‘如’字宜從上讀，作詞尾，此類用法《周易》中屢見。”參見簡帛網 2007 年 10 月 30 日《讀上博五〈季康子問于孔子〉札記六則》。

【第十七簡】□’□。”〔康子曰〔：“□者，因古典禮而章之，①毋逆百事，②皆請行之。”③

【校注】

①“典”，陳偉先生曰：“17 號簡云：‘因古册禮而章之。’原釋文將‘册’隸定爲‘册（從艸）’。考釋説：‘“册”（從艸），疑“册”之古文。《説文·册部》：“册，符命也。諸侯進受于王也。象其札一長一短，中有二編之形。册（從竹），古文册，從竹。”讀爲“典”。’從楚簡‘典’字所從，知此字釋‘册’當是。但册、典聲韻俱遠，恐難通假。册、策二字往往通用。王力先生認爲它們屬于同源字。册亦與‘賾’通假。這使我們猜想簡文‘册’應讀作另一個從‘朿’得聲的字，即‘迹’。”參見簡帛網 2006 年 3 月 2 日《〈季康子問孔子〉零識（續）》。

②“逆”，楊澤生先生曰：“簡文‘毛’應讀作‘眊’或‘秏’和‘耗’，指昏瞶、惑亂。”參見簡帛網 2006 年 3 月 20 日《〈上博五〉零釋十二則》。

③“皆”，陳斯鵬先生曰：“‘昏’字原作，整理者釋‘旨’而讀

爲‘皆’。何有祖先生指出釋‘旨’不確，甚是。然何先生認爲字可逕釋‘皆’，則又似于形不合。其實，此即楚簡中常見的‘昏’字。楚簡中‘昏’字所從‘氏’與‘日’發生借筆關係是極爲常見的，如（《子羔》4）；而‘日’旁有時又訛寫得類似‘口’‘曰’，如（《魯穆公問子思》8）、（《從政》甲 8），由此看來，之爲‘昏’，或可無疑。‘昏’在此應讀爲‘聞’。‘聞請行之’，意謂有所聞（一般指聞善道）則請踐行之。”參見簡帛網 2006 年 4 月 1 日《讀〈上博竹書（五）〉小記》。

【第十八簡】辭曰：“子之言也已主。[①]丘也聞君子田肥民則安，邪民不鼓。[②]是故，賢人大於邦，而有劬心，能爲視[③]

【校注】

①“主”，陳偉先生曰：“此處當以讀爲‘重’爲是。‘已重’是古人習語。《左傳》宣公十一年云：‘牽牛以蹊者，信有罪矣。而奪之牛，罰已重矣。’《國語·吴語》‘吴王夫差還自黄池’章云：‘子爲我禮已重矣。’是其例。‘子之言也已重’，是説你的話説得嚴重了。在現存簡文中，孔子這句話較有可能是針對 1 號簡所記季康子之語而言的。其記云：‘季康子問於孔子曰：“肥從有司之後，一不知民務之安在。唯子之貽羞。……”’康子過於客氣，所以孔子有此言。如果這一猜測不誤，則 18A 的位置應前移，與 1 號簡相近。由於二者不能直接連讀。其間可能還有一簡。”參見簡帛網 2006 年 3 月 2 日《〈季康子問孔子〉零識（續）》。

②“邪民不鼓”，陳劍先生讀爲“瘠，民不樹”，參見簡帛網 2006 年 2 月 19 日《談談〈上博（五）〉的竹簡分篇、拼合與編聯問題》。

“子之言也已主丘也聞君子田肥民則安邪民不鼓”，季旭昇先生曰：“疑讀爲：子之言也已砫（重）。丘也聞君子田肥民則安，膗（惰）民不尌。砫，原考釋以爲‘或讀爲重’。案：或讀是也。膗，從肉（或月?）從差，原考釋讀爲‘邪’。同樣的字又見本書〈君子爲禮〉簡 3，釋

‘惰’，案之文義，釋‘惰’似較合理。原考釋所隸‘鼓’字，細審照片，左旁從‘木’從‘豆’，右旁從夊，疑爲‘尌（樹）’字。樹，立也。邪民就没有辦法站得住脚。”參見簡帛網2006年2月18日《上博五芻議（上）》。

③“視”，季旭昇先生曰：“原考釋所隸‘視’字，上從‘鬼’，下從‘示’，實爲‘畏’或‘鬼’字。完全相同的寫法見《上博二·魯邦大旱》簡2‘庶民知説之事鬼也’。”參見簡帛網2006年2月18日《上博五芻議（上）》。

【第十九簡】降端以比，①民之勸微，②棄惡毋歸，③甚少以合大，④足言而密守之。毋欽遠，毋詣移；⑤惡人勿戕，⑥好

【校注】

①“降”，季旭昇先生曰：“原考釋所隸‘降’字，左旁與楚系文字‘阜’旁完全不同，疑爲‘頤（左旁）’或‘泉’旁。待考。”參見簡帛網2006年2月18日《上博五芻議（上）》。

“比”，冀小軍先生曰：“不過，結合上下文來考慮，‘□耑以比’的‘比’字似乎應該讀爲‘庀’。……‘□耑以比（庀）’與‘德以臨民’的句式相同，二者在全句中的作用亦大致相同。”參見簡帛網2006年6月26日《〈季康子問于孔子〉補説》。

“降端以比”，王化平先生曰：“第19簡中的‘降’字，從照片看，其右部構件雖已殘損，但仍可看出上、下兩個構件非常相似，疑此字應爲‘陊’字。第19簡中原釋爲‘比’的字，從照片看甚爲可疑。楚簡中‘比’之字形，左右構件并排，十分對稱。但此簡中的字形卻不是如此，疑其爲‘斤’字。”參見簡帛網2007年10月30日《讀上博五〈季康子問于孔子〉札記六則》。

②“勸”，季旭昇先生曰：“原考釋所隸‘㑒（勸）’字，右上似從‘釆（番字上半）’，則不得讀爲‘勸’，疑讀爲‘辨’。其下所讀之‘微’字，與下‘亞（惡）’字相對，則‘微’應讀爲‘美’。‘惡’字

之上，讀爲‘棄’的那個字，字形也有一點奇怪。”參見簡帛網2006年2月18日《上博五芻議（上）》。禤健聰先生曰：“此字可讀爲‘播’，‘播美’與‘棄惡’爲反義對舉。此簡上半稍殘，‘散’‘慎’等字均缺右側部分筆畫，‘棄’字之形亦有殘缺。”參見簡帛網2006年2月26日《上博楚簡（五）零札（二）》。

③“毋歸”，單育辰先生曰：“‘母歸’之‘母’，濮茅左先生把它釋爲‘毋’，後來學者皆從之，不過‘毋歸’在簡文里頗覺不辭。我們考慮，‘毋’字有可能是‘女’字的錯寫，二字的區别只在於‘女’字中間兩點的有無，容易相混。比如《睡虎地秦墓竹簡·日書乙種》簡117‘正月、七月朔日，以出母〈女〉、取婦，夫妻必有死者’的‘母’即‘女’之訛。在典籍中，常有‘如歸’之説，比如《左傳·昭公十三年》‘故從亂如歸’，《左傳·襄公二十八年》‘懷服如歸’，《左傳·襄公三十一年》‘賓至如歸’，《管子·小匡》‘鼓之而三軍之士視死如歸’，《説苑·指武》‘義死不如視死如歸’，《文選·齊故安陸昭王碑文》卷五十九‘望德如歸’，而戰國文字資料中‘女’和‘如’通用之例甚多，這樣看來，把‘母歸’釋爲‘如歸’還是比較恰當的。”參見簡帛網2006年4月30日《上博五短札（三則）》。

④“甚”，王化平先生曰：“原釋讀爲‘慎’的字，似應讀爲‘誓’字，郭店楚簡《緇衣》第15號簡正有此字形。此字或可與‘慎’字通假，但在此處可不破讀。因此，這一部分可調整爲：陊耑以斤民之勸美棄惡，毋歸誓，小以答大，疋言而密守之。《集韻·欣韻》：斤，明也。歸，見母微部，壞，匣母微部。見母字與匣母字或可通假，因此，歸或可讀爲壞。如俞樾《諸子平議·吕氏春秋二》釋‘因歸郈氏之宫’：歸，讀爲壞。誓，與人約言也。‘毋歸誓’意即重諾守信的意思。‘答’，當也，‘小以答大’，即凡是許下的承諾，不論小大，均要認真對待。”參見簡帛網2007年10月30日《讀上博五〈季康子問于孔子〉札記六則》。

“合”，陳偉先生曰：“19號簡云：‘慎中以答大，疏言而密守之。’答，原釋文讀爲‘合’。……此處如字讀即可。答，應對義。《漢書·郊祀志下》：‘不答不饗，何以甚此！’顔注：‘不答，不當天意。’讀爲‘對’，亦可。”參見簡帛網 2006 年 3 月 2 日《〈季康子問孔子〉零識（續）》。

⑤“毋詣移”，季旭昇先生曰：“原考釋所隸‘移’字其右上實爲‘豕’旁，全字當釋‘逐’。”參見簡帛網 2006 年 2 月 18 日《上博五芻議（上）》。楊澤生先生曰：“‘逐’字原文作，字形較怪，整理者釋作‘移’，此暫從季旭昇先生釋。但根據上文‘疏’與‘密’、下文‘惡人’與‘好人’等相對爲文，此處之‘逐’當用作‘邇’。……‘逐（邇）’上一字……我們懷疑可讀作‘指’，意爲指責、斥責。”參見簡帛網 2006 年 3 月 20 日《〈上博五〉零釋十二則》。

⑥“戕”，季旭昇先生曰：“原考釋所隸‘𢧵’字，以爲字書所無，讀爲戕，謂義爲殺害、傷害、毀壞。其實此字即‘贛’字，見曾侯乙墓竹簡 43，《説文》：‘贛，賜也。’”參見簡帛網 2006 年 2 月 18 日《上博五芻議（上）》。陳劍先生釋作“戇”，參見簡帛網 2006 年 2 月 19 日《談談〈上博（五）〉的竹簡分篇、拼合與編聯問題》。楊澤生先生曰：“簡文‘𢧵’似乎也可讀作‘陷’，義爲陷害；但也可讀作‘嫌’，指避忌或厭惡，前者如《公羊傳・隱公七年》：‘《春秋》貴賤不嫌同號，美惡不嫌同辭。’後者如《荀子・正名》：‘其累百年之欲，易一時之嫌。’楊倞注：‘嫌，惡也。’”參見簡帛網 2006 年 3 月 20 日《〈上博五〉零釋十二則》。冀小軍先生曰：“上文説過，楊、劉二氏讀爲‘陷’的説法是可取的。不過，應改訓爲‘埋没’之‘没’。……簡文‘惡人勿陷，好人勿貴’，是説不要因討厭某人而使他埋没，也不要因喜歡某而使他尊貴。”參見簡帛網 2006 年 6 月 26 日《〈季康子問于孔子〉補説》。

【第二十簡】人勿貴。救民以親，①大罪則處之以刑，②臧罪則處之以罰，③小則訿之。④凡欲勿狂，凡失勿危，⑤各

【校注】

①“親”，季旭昇先生曰：“原考釋所釋‘親’字，細審照片，左從

見，右實不從‘辛、木’，比較接近‘辟’省‘𡰣’（不過筆畫還差一點），姑且依形隸定爲‘𨐨’，讀爲‘辟’，義爲‘刑法’。”參見簡帛網2006年2月18日《上博五芻議（上）》。何有祖先生曰：“原考釋所釋‘睬（親）’，季旭昇先生隸作‘𨐨’，可從。字當讀作‘避’。此處指避罪。下文言及從輕處罰，當是一種避罪的思想。‘匱’‘貲’從季旭昇先生說。”參見簡帛網2006年2月19日《〈季庚子問於孔子〉與〈姑成家父〉試讀》。

②“處”，陳劍先生讀爲“夜（赦）”，曰：“‘大罪則夜（赦）之以刑’的‘夜’字原讀爲‘處’。”參見簡帛網2006年2月19日《談談〈上博（五）〉的竹簡分篇、拼合與編聯問題》。何有祖先生曰：“字當讀作‘赦’。按楚簡的文意當是減刑處理。”參見簡帛網2006年2月19日《〈季庚子問於孔子〉與〈姑成家父〉試讀》。

③“臧”，濮茅左先生曰：“‘壂’，字亦見於包山楚簡（176、205），从土，臧聲，讀爲臧。《後漢書·袁安列傳》：‘政號嚴明，然未曾以臧罪鞫人。’《後漢書·楊震列傳》：‘時，中常侍侯覽弟參爲益州刺史，累有臧罪，暴虐一州。’罰以懲惡，賞以勸善。善不賞，惡不罰，天下不治而亂。”季旭昇先生曰：“‘壂’，原考釋讀爲‘臧’，没有特别説明，僅引《後漢書》兩傳中的‘臧罪’以爲書證。案：《後漢書》的‘臧罪’，一般釋爲收受賄賂之罪。收受賄賂可大可以，而本簡的‘壂罪’似乎應該是介於‘大罪’和‘小罪’中間的‘中罪’，因此似乎可以考慮讀爲‘常罪’，即‘一般的罪’。常（禪紐陽部）、壂（精紐陽部），聲近韻同。”參見簡帛網2006年2月18日《上博五芻議（上）》。孟蓬生先生曰：“季旭昇先生以‘臧罪’跟传世文獻的‘中罪’相對應，其説甚是；而讀‘臧’爲‘常’，其説固通，然未必爲上選。傳世文獻中幾乎没有‘常罪’的説法，更未見與‘大罪’‘小罪’或‘上罪’‘下罪’相對而言的‘常罪’。考傳世典籍中有‘中罪’一語，或與‘大罪’‘小罪’相對，或與‘上罪’‘下罪’相對。……古音侵談部或與陽部字相通，‘中’古音歸侵部（冬部），‘臧’古音歸陽部，據此似可徑讀‘臧’爲

‘中’。”參見復旦大學出土文獻與古文字研究中心2012年10月4日《上博簡“臧罪”音釋——談魚通轉例説之六》。

④“訛”，季旭昇先生曰：“疑讀爲：毋欽遠，毋詣逐，惡人勿歆（贛），好人勿匱，救民以辪（辟）：大罪（罪）則夜（處）之以型（刑），壂（常）罪（罪）則夜（處）之以罰，少（小）則訛（貲）之。意思是：不要去羨慕那些遠方的（欽在溪紐侵部，讀爲曉紐侵部的歆），不要去拜訪那些被放逐的，對惡人不要賞賜，對好人不要讓他匱乏（貴讀爲匱），要以刑法來拯救人民。大罪用刑，常罪處罰，小罪則罰錢。原考釋解本節前半爲‘反對惡惡、親親、貴貴’，意思似乎完全顛倒了。……訛，原考釋以爲‘亦作訾’，除引《逸周書》‘莫有怨訾’外，没有多做解釋，其意似以爲‘怨訾’。案：似可讀爲‘貲’，《説文》：‘貲，小罰以財自贖也。’”參見簡帛網2006年2月18日《上博五芻議（上）》。李天虹先生曰：“結合秦律，我懷疑簡文‘訛’可能應如整理者所釋，讀爲本字。‘訾’有詆毀、指責義。《禮記·喪服四制》‘訾之者，是不知禮之所由生也’，鄭玄注：‘口毁曰訾。’《吕氏春秋·審應》‘公子沓訾之曰’，高誘注：‘毁也。’‘訾’的這種用義，與秦律‘誶’正好相應。如果以上釋讀不誤，説明至遲春秋末期，魯國已有關於‘訛’的相關法律條文。睡虎地秦律中的‘誶’，應有淵源。”參見簡帛網2007年7月24日《〈季康子問於孔子〉“訛”字小議》。

⑤“凡欲勿狂凡失勿危”，季旭昇先生曰：“疑讀爲：凡欲勿長，凡失勿憺。祟，從示、尚聲，直接讀爲‘尚’亦可，凡欲勿尚，謂欲望不要一直推崇，鑒於這樣講文意不是很適切，似乎可以改讀爲‘凡欲勿長’，欲望不要讓它不斷增長。尚（禪紐陽部）、長（澄紐陽部），聲韻相同。佱，原考釋以爲‘同跪，讀爲危’。蓋以爲此字上部讀同‘危’。案：此字上部先秦多半應該讀同‘詹’，‘詹’字上部即從此爲聲。因此，此字似可讀爲‘憺’，安也。凡失勿憺，謂凡是做錯了都不要恬然自安，不知悔改。”參見簡帛網2006年2月18日《上博五芻議（上）》。

【第二十一簡】□□□□□□〔猶如君子之聽〕恳，聽恳則民然之。[①]毋信諛憎，[②]因邦之所賢而興之。大罪殺

【校注】

①“猶如君子之聽恳聽恳則民然之”，季旭昇先生曰：“似可讀爲：□□□□□=愄=（□畏，□畏）則民乘（?）之。原考釋所隸‘恳’字，上似當視爲‘鬼’字，同樣的寫法見於第十八簡。全字應讀爲‘畏’或‘威’。原考釋所隸‘㷉’字，上從‘乘’或‘叕’、下從‘肰’，很難判斷究竟是何字。如果配合下文要加重刑罰，則似可考慮讀爲‘乘’，即人民不把官府看在眼裡。”參見簡帛網2006年2月18日《上博五芻議（上）》。

②“諛”，陳劍先生改釋爲“玄”，參見簡帛网2006年2月19日《談談〈上博（五）〉的竹簡分篇、編聯與拼合問題》。王化平先生曰：“第21簡，‘毋信玄曾’。疑‘玄’字讀爲‘眩’，曾與層通，有高的意思，‘毋信玄曾’即不要相信天花亂墜的言語。”參見簡帛網2007年10月30日《讀上博五〈季康子問于孔子〉札記六則》。

“毋信諛憎”，范常喜先生曰：“我們懷疑‘曾’可讀爲‘繒’，‘繒’古代絲織品的總稱，但亦用作祭祀時的‘幣帛’，如《禮記·禮運》：‘故先王秉蓍龜，列祭祀，瘞繒，宣祝嘏辭説，設制度。’鄭玄注：‘幣帛曰繒。’古代祭祀用品多用‘玄’色，如《書·湯誥》：‘敢用玄牲，敢昭告於上天神后，請罪有夏。’孔穎達疏：‘夏家尚黑，於時未變夏禮，故不用白也。’《荀子·禮論》：‘大饗，尚玄尊。’楊京注：‘玄酒，水也。’《周禮·春官·司服》‘祭群小祀則玄冕’鄭玄注：‘玄者，衣無文、裳刺黻而已……凡冕服皆玄衣纁裳。’因此‘玄繒’可能也是指祭品而言，簡文大意似爲：‘不要相信玄繒這些祭品，要找到國家中的賢人而推舉之。’這是孔子告誡季庚子要興賢而不要一味地相信祭祀，這也同孔子‘敬鬼神而遠之’的思想相一致。”參見簡帛網2006年8月2日《〈弟子問〉〈季庚子問於孔子〉札記三則》。

【第二十二簡】之，臧罪刑之，小罪罰之。苟能固戰，滅速毋恒！災後之世比亂，邦相懷毀，①衆必惡善，賢人

【校注】

①“苟能固戰滅速毋恒災後之世比亂邦相懷毀”，季旭昇先生曰：“案：似可讀爲：苟能固獸（守），滅速毋恒！災後之世，比亂邦，相威毀。原考釋所隸‘戰’字，左上的‘單’形没有問題，但是右旁看不到‘戈’形。疑此字當爲‘獸’，讀爲‘守’。‘滅速毋恒’的‘滅’字上部不太清楚，待考。全句的意思也待考。原考釋所隸‘懷’，可疑。此字上從‘宀，中實從‘鬼’，下從‘心’，直接隸定當作‘䰢’，即‘威’或‘畏’之異體。‘相威毀’謂互相威脅毀滅。”參見簡帛網 2006 年 2 月 18 日《上博五芻議（上）》。

何有祖先生曰：“頗疑‘才’讀作‘哉’，字屬上讀，釋文作‘滅速毋恒哉！後之世……’。原釋文將‘亂邦’分開，季先生將亂邦連讀，當是，可與 23 號簡‘邦平’相對應。但將‘亂邦’往上與比連讀，則猶欠妥當。現在看來，‘才（哉）’往上讀以及‘亂邦’連讀之後，可讀作‘滅速毋恒哉！後之世比，亂邦相威毀。’比，及也。此處當言後世會緊接著之前的破壞，亂邦之間會互相威脅毀滅。”參見簡帛網 2006 年 2 月 24 日《上博五零釋（二）》。

“滅”，禤健聰先生曰：“此字上部已殘，整理者隸作‘㓕’。按，此字當從‘麃’，或者就是‘麃’字。其形下從火自不待言，上半爲‘鹿’符的殘筆，可對比（包山簡 179）。整理者是把‘鹿’字兩邊的筆畫誤認爲‘彳’與‘戈’了。若將字補全，當作，對比《三德》篇的‘威’字（簡 10、11），二字關鍵差别在左側的一豎筆之有無。《逸周書·王會》：‘麃者，若鹿，迅走。’‘簡文當即用此義。疑此簡當讀爲：麃速無恒，在後之世。比亂邦相懷毀，衆必惡善，賢人……。’”參見簡帛網 2006 年 2 月 26 日《上博楚簡（五）零札（二）》。

【第二十三簡】當其曲以成之，然則邦平而而民頫矣。①此

君子從事者之所商□也。”②

【校注】

①“頧”，陳劍先生讀爲“擾”，謂“擾，馴也，柔服也”。何有祖先生曰：“原釋爲頧，包山6號簡‘履’上部與之同，皆從舟從頁。字疑釋作‘履’。《爾雅·釋詁上》：‘履，福也。’《廣韻·旨韻》：‘履，福也。’《詩·周南·樛木》：‘福履綏之。’此處言邦平而民有福。”參見簡帛網2006年2月19日《〈季庚子問於孔子〉與〈姑成家父〉試讀》。

②“商”，季旭昇先生曰：“案：‘商’字下方‘口’偏旁的上部有刮痕，但是仔細看，似乎還有筆畫，應該‘口’上是‘帝’形，那麼此字應隸爲‘啻’。其下一字待考。”參見簡帛網20062月18日《上博五芻議（上）》。

二、《君子爲禮》①

【校注】

①關於《君子爲禮》的編聯，陳劍先生曰：“1—3簡當與簡9連讀。”“此外本篇簡4云：▨淵起，逾（？避？）席曰：‘敢問何謂也？’夫子：‘智而□信，斯人欲其’【4】可能當次於前引簡9之後。簡文如下：行子人子羽問於子貢曰：‘仲尼與吾子産孰賢？’子貢曰：‘夫子治十室之邑亦樂，治萬室之邦亦樂，然則▨【11】▨壴（喜—矣）。’‘與禹孰賢？’子貢曰：‘禹治天下之川，【15】□以爲己名。夫【13】子治詩書，【16】亦以己名，然則賢於禹也。’‘與舜【14】孰賢？’子貢曰：‘舜君天下，▨【12】▨子聞之，曰：‘賜不吾知也。夙興夜寐，以求聞【弟子問22】簡11與簡15相連處的‘然則▨【11】▨壴（喜—矣）’，對比下文‘然則賢於禹也’，可以補爲‘然則賢於子産矣’。簡15+13+16+14拼合爲一簡後共36字，上尚殘去數字（第3簡完簡存40字）。從竹簡長度看，簡15長20.3釐米，簡13長7.5釐米，簡16長6釐米，簡14長17釐米，共計50.8釐米。本篇第3簡爲完簡，長54.4釐米。簡

15＋13＋16＋14拼合後尚殘的4釐米左右的位置約可容納3字，簡11下約殘去一二字，補出‘賢於子産’四字，正好大致可寬鬆容納。簡16‘箸’字下端略殘，簡14之首殘存一横筆，似即簡16‘箸’字的末筆。”“簡7與簡8可拼合。”“簡11＋15＋13＋16＋14＋12可拼合、連讀，《弟子問》篇的簡22當次於其後。”“另外，本篇簡10也有可能當與《弟子問》篇的簡22相拼合。”參見簡帛網2006年2月19日《談談〈上博(五)〉的竹簡分篇、拼合與編聯問題》。

陳偉先生曰：“4號簡並不能簡單地接在9號簡之後。這里有兩個問題。第一，前面一段文字以智、貴、富爲順，後面卻是先説貴、富，再説智。第二，孔子在交待‘獨智人所惡也’等三個命題後，對其中的兩個命題作出解釋，另外一個卻要讓顔淵來説（依原釋文）或者由顔淵來轉述（依陳劍釋文）。問題可能出在9號簡的綴合上。9號簡由4個殘段綴合而成。雖然整理者没有交待，但看圖版是一目了然的。其中A段自‘回’至‘獨富人所’，釋文中的‘惡’字僅存殘筆。以下三段内容連貫，整理者將其視爲一體，似可信。爲便于稱述，今一並稱作9B。從彩版（放大圖）上看，A、B二段叉口密合，但看黑白照（原大圖），則發現彼此契合並非那麼緊密。重要的是，如果A段底端的墨迹是‘惡’字的話，B段上端的‘也’字未免相去太近。這使我們懷疑，這二段殘簡現在的綴合之處恐怕並非原貌，甚至其綴合本身就是不恰當的。從書寫内容看，9A很可能原本與4號簡屬于同一枚。9A是這枚簡的上半部分，4號簡是它的下半部分，二者相拼，中間尚缺約二字。9B的内容大致接在4號簡之後，因而它應該是編在9A＋4號簡之後的一枚。其在簡册中的上下位置，依字數估計，應是處于上部，但簡首已殘去約二字。在原釋文中，4號簡的‘夫智’之間有一個‘子’。據圖版，其實很難看得出來。這個地方的空間比一般二字間距略大。但其右側有一個契口，這一間距當是爲了躲避編繩，而不是因爲另有一字。如果這一推斷不誤，則這個‘夫’字可能衹是發語詞。下面把這段復原的簡文完整抄録出來：顔淵侍于夫子。夫子曰：【3】‘回，獨智人所惡也，獨貴人所惡也，獨富人所惡【9A】［也。’顔］淵起，去席曰：‘敢問何謂也？夫智而□信，斯人欲其【4】［口智］也。貴而能讓口，斯人欲其長貴也；富而【9B】……’”參見簡帛網2006年3月6日《〈君子爲禮〉9号簡的綴合問題》。陳偉先生將十三與十二相接續，並於拼聯處擬補“有夫行”三字，參見《上博五弟子問零釋》。牛新房先生認爲十與十七兩枚竹簡皆有子路之名“由”字，可接續，但後者上部殘斷，又不能確定，參見《讀上博（五）弟子問札記一則》。

劉洪涛先生曰：“上海博物館藏戰國竹書《君子爲礼》5、6号簡應当拼合，组成一支完整的簡。”“所谓的7号簡也是由兩段残簡拼合而成的。拼合的位置在原釋爲“高”的那個字中间。不過我们发现拼合之后的这個字，它的撇笔向下运笔的角度很不一致，不可能是一次寫出來的。因此我们认爲这個拼合是不正确的。结合上面的考虑，我们把7号簡拆分爲兩段，把上、下段分别称爲7A、7B。我们把7B号簡下移與8号簡密接，长度大约是第3契口到簡尾的距离。7A有可能是这支簡的上部，也可能属于另一支簡。”參見簡帛網2006年9月6日《談上海博物館藏戰國竹書〈君子爲礼〉的拼合問題》。

單育辰先生曰：“《君子爲禮》簡3+4+9C+9B+9D：夫子曰：【3】‘回，獨智，人所惡也；獨貴，人所惡也；獨富，人所惡也。’顔淵起，去席曰：‘敢問何謂也？’夫子：‘智而△信，斯人欲其【4】□智【9C】也。貴而（一）讓【9B】，斯人欲其長貴也；富而【9D】〼。’”單育辰《楚地戰國簡帛與傳世文獻對讀之研究》第283頁，2010年吉林大學博士學位論文。

徐少華先生曰：“第一章包括第1、2、3、4和第9共五支簡，據文義及其内在聯系，第9簡似應置於第4簡之前；同時根據其内容結構和標識，該章又可再分爲前後兩小段，主要是有關孔子向弟子顔淵傳授禮、仁、義等儒家倫理的記載。第二章包括第5、6、7、8共四支簡，從語句結構分析，可能是原來兩支簡的殘斷所致，内容涉及到貴族大夫（君子）‘容禮’的若幹細節與規範，也可能與孔子的論述有關。第三章包含第 10、11、12、13、14、15、16 共七支簡，其中簡 15＋13＋16＋14 可以綴合成一支基本完整的竹簡，且在語句和内容上又可與第 12 簡前後銜接、連讀。”參見《中國哲學史》2007 年第 2 期《論竹書〈君子爲禮〉的思想内涵與特征》。

【第一簡】顔淵侍於夫子。夫子曰：“回，君子爲禮，以依於仁。”顔淵作而答曰：“回不敏，弗能少居也。”夫子曰：“坐，吾語汝。言之而不義，

【第二簡】口勿言也；視之而不義，目勿視也；聽之而不義，耳勿聽也；動而不義，身毋動焉。”淵退，數日不出，▨①

【校注】

①“▨”，陳劍先生曰：“簡 2 末尾據文意補出的‘問’字上殘去的兩字當是‘門人’或‘弟子’。”參見簡帛網 2006 年 2 月 19 日《談談〈上博（五）〉的竹簡分篇、拼合與編聯問題》。徐少華先生指出：“第 2 簡下端殘損 3—4 字，據上下文義，當是‘××問’，與第 3 簡起始的‘之曰’連讀成句。”“從下文第 11、15 簡均涉及‘子贛（貢）’問答的内容推測，此人或爲‘子贛’。”參見《論〈上博五·君子爲禮〉的編聯與文本結構》，丁四新先生主編《楚地簡帛思想研究》三第 70 頁。

【第三簡】〔問〕之曰：“吾子何其瘠也？”曰：“然。吾親聞言於夫子，欲行之不能，欲去之而不可，吾是以瘠也。”①顔淵侍於夫子，夫子曰：

【校注】

①本簡兩“瘠”字，原作“惰”，陳劍先生曰：“‘膌’字原讀爲‘惰’。我們改讀爲‘瘠’，瘦也。《説文》作‘膌’。差聲、此聲和朿聲字多可相通。如古書中表示‘人和鳥獸屍體的殘骨’義之字有骴、骴、髊、漬、脊、瘠和掌等多種寫法，即其例。‘膌’字又見於《上博

（五）·季康子問於孔子》：□□肥民則安，膳（瘠）民不鼓（樹）。是故賢人大於邦，而有□［33］心，能爲鬼【季康子問於孔子 18B】‘膳’字原讀爲‘邪’。此簡‘膳’與‘肥’相對，當讀爲‘瘠’更爲明顯。”參見簡帛網 2006 年 2 月 19 日《談談〈上博（五）〉的竹簡分篇、拼合與編聯問題》。據改。

【第四簡】〔也。”顏〕淵起，[①]逾席曰：[②]“敢問何謂也？”夫子〔曰〕：[③]“智而〔有〕信，[④]斯人欲其〔□知〕[⑤]

【校注】

①“也顏”，據陳偉先生之説補，參見簡帛網 2006 年 3 月 6 日《〈君子爲禮〉9 号簡的綴合問題》。

②“逾”，陳劍先生以爲有可能是“避”字，參見簡帛網 2006 年 2 月 19 日《談談〈上博（五）〉的竹簡分篇、拼合與編聯問題》。周波先生曰：“《君子爲禮》簡 4 整理者釋文作‘淵起，逾席曰：“敢問何謂也？……’原釋文‘逾’，陳劍先生懷疑有可能是‘避’字。按‘逾’恐當爲‘迲’之誤釋。‘迲’即‘去’。‘去席’即離席。”參見簡帛網 2006 年 2 月 26《上博五札記（三則）》。

禤健聰先生曰：“《君子爲禮》篇簡 4 第 3 字作，整理者釋‘逾’，于字形无説。陳劍先生或疑爲‘避’字。细审簡影，此字实從辵從虐。字從‘虐’声，以声近可讀爲‘越’。楚簡以‘虐’爲‘乎’，乎是匣母鱼部字，越是匣母月部字，鱼、月旁对转。”參見簡帛網 2006 年 2 月 26 日《上博楚簡（五）零札（二）》。

③“子”，陳偉先生以爲很難看出來，參見簡帛網 2006 年 3 月 6 日《〈君子爲禮〉9 号簡的綴合問題》。“子”下，徐少華先生補“曰”字，並將“知而能信”等内容歸爲孔子之語，參見《中國哲學史》2007 年第 2 期《論竹書〈君子爲禮〉的思想内涵與特征》。據補。

④“有”，據廖名春先生之説補。禤健聰先生曰：“又本篇簡 4 有‘智而□信，斯人欲其’句。‘信’上一字原缺釋，諦審簡影，上實從

‘比’，下似從‘心’，可讀爲‘比’，或即‘比’字異體。‘比信’與《成之聞之》篇‘比即’可對讀。‘即’當讀爲‘節’。《集韻》：‘節，信也。’《周禮·地官·掌節》：‘掌節，掌守邦節而辨其用，以輔王命。’符節用以守信約，可引申爲誠信。‘節’與‘信’皆有誠信義。《禮記·禮運》‘講信修睦’孔穎達疏：‘信，不欺也。’比，合也。《禮記·射禮》：‘其容體比於禮，其節比於義。’然則‘比信’或‘比節’意即合於信義。智者多謀，其反則是擅用權謀；智者不欺，方能‘與民有同’。”參見簡帛網2006年2月26日《上博楚簡（五）零札（二）》。

⑤“□”，廖名春先生補“愈”；宋立林先生補“多”，參見《中國哲學史》2014年第4期《上博簡〈君子爲禮〉與顏氏之儒》。

“知”，據陳偉先生之説補，參見簡帛網2006年3月6日《〈君子爲禮〉9号簡的綴合問題》。

【第五簡】好。凡色毋憂，毋佻，毋怍，毋謡，毋

【第六簡】正視，①毋側[illegible]。②凡目毋游，定見是求。毋欽毋去，聽之晉俟，稱其衆寡。③

【校注】

①“正”，陳斯鵬先生曰：“[illegible]字整理者釋‘正’，細察之，其實應即楚簡中寫得很像‘字’的分娩的‘娩’之本字，對照《六德》28的[illegible]可知。于此可讀爲‘俛’。……簡文‘毋俛視’與‘毋側睇’並舉，均爲對君子視容的要求，不俛不側，是謂‘定視’。另外一種可能是讀爲‘眄’。《説文·目部》：‘眄，目偏合也。一曰：衺視也，秦語。從目、丏聲。’義亦可通。但考慮到與‘側’的相配，似仍以讀‘俛’较勝。”參見簡帛網2006年4月1日《讀〈上博竹書（五）〉小記》。“視”，原釋爲“見”，今從季旭昇先生之説改。

②“[illegible]”，原釋“視”，何有祖先生曰：“[illegible]原隸作[illegible]，可從。但讀

作‘視’則可商。原釋文所谓的‘見’，實即‘視’字。同簡的‘定見’，季旭昇先生即可改釋爲‘定視’。‘毋’前已有‘正視’之語，再言‘視’不免重復，‘毋’後兩字顯爲‘正視’之反義補充。字當以昃爲聲，讀作‘眱’。《玉篇》‘眱，目小視也’。《説文》有‘睇’字，段注曰：‘按眱亦睇。’《禮記·内則》‘不敢……睇視’，鄭曰：‘睇，傾視也。’《易·明夷》‘夷于左股’陸德明釋文：‘夷，子夏作睇，鄭、陸同，云：旁視曰睇。亦作眱。’‘側眱’與‘正視’意義相對，實際皆是通過視綫之講究而引申爲禮儀之隆殺。而‘側’，本字爲‘昃’，當更側重于身體的傾斜而引起視綫的不正。而‘眱’從‘見’，則側重于眼部的運動而引起視綫的不正。總而言之，此處當作‘正視側眱’。”參見簡帛網2006年2月19日《上博五〈君子爲禮〉試讀》。

③“定見是求毋欽毋去聽之僭 徐稱其衆寡”，季旭昇先生曰：“似可讀爲：定視是求。毋欽毋去。聖（聲）之僭（疾）徐（徐），稱其衆寡。原考釋隸‘定見’之‘見’，依形實爲‘視’字。定視，視線穩定。毋欽（溪紐侵部）毋去（溪紐魚部），似可讀爲毋欠（溪紐談部）毋呿（溪紐魚部），不要打呵欠，也不要没事把嘴吧張得大大的；或毋吟（疑紐侵部）毋噱（群紐鐸部），不要嘆氣，也不要大笑。‘聖’可讀爲‘聲’，見《郭店·老子甲》簡16‘音聖（聲）之相和也’、《郭店·性自命出》簡24‘聖（聽）琴瑟之聖（聲）’。僭，從晋（精紐真部）得聲，疑讀爲‘疾（從紐質部）’；徐，從余（喻紐魚部）聲，疑讀爲‘徐（喻紐魚部）’。‘聲之疾徐，稱其衆寡’，意思是：講話聲音的快慢，要和聽衆人數的多少相稱。”參見簡帛網2006年2月18日《上博五芻議（下）》。

“僭徐”，侯乃鋒先生曰：“季先生的意見是可取的，二字又可讀作‘疾舒’。《春秋穀梁傳·桓公十四年》：‘孔子曰：聽遠音者，聞其疾而不聞其舒。’集解：‘疾謂激揚之聲，舒謂徐緩。’”參見簡帛網2006年3月20日《上博（五）幾個固定詞語和句式補説》。

【第七簡】䤈而秀。[①]脅毋廢、毋痌，[②]身毋偃，毋靜，[③]行毋眡、毋搖，[④]足毋墜、[⑤]毋高，其才

【校注】

①“䤈”，何有祖先生以爲：“原釋爲䤈，右形頗不類。包山16號簡有‘頸’字作，構形與之小異。但主體字形確近似。此疑當釋爲‘頸’。簡7緊接著言及‘肩’‘身’‘足’等部位之禮儀，由上而下，此處釋爲‘頸’當頗爲合理。‘頸’前簡文有殘缺，待考。”參見簡帛網2006年2月19日《上博五〈君子爲禮〉試讀》。

②“脅毋廢毋痌”，季旭昇先生曰：“‘脅’當即‘肩’字，參宋華強先生《由新蔡簡肩忠疾説到平夜君成所患爲心痛之症》（武漢大學簡帛網2005年12月7日）。宋文謂‘肩’字上方之‘户’形實象肩形，與一般楚系‘户’字寫法不同。本簡的‘脅’字左上方的‘户’形一般楚系‘户’字的寫法相比較，並没有像宋先生的説法那種‘爪’形的不同，只有乎在‘厂’形方面有點不同。由此看來，在楚系文字中，‘肩’字上方與‘户’字確實訛變得幾乎一樣，個别的書手可能會做一些小小的區别，但不同書手的區别方式可能不完全一樣。‘肩無廢’謂‘肩膀不要向下垮’。‘’，原考釋以爲從‘同’聲，讀爲‘痌’或‘痛’。案：‘痌’或‘痛’都不是一般人儀容方面所能自主控制的。此字下半所從，又見《上博三·周易》簡49〈艮卦〉，主要有釋‘同’‘冋’‘㕣’（‘鉛’字所從）、‘龹’（‘卷’字所從）等四説。我們做《上博三讀本》時配合今本《周易》做‘薰’，因此采用了釋‘龹’的説法。於〈君子爲禮〉，則四種説法都可以通讀，‘同’讀爲‘動（搖晃）’、‘冋’讀爲‘竦（高聳）’、‘㕣’讀爲‘袒（露肩）’、‘龹’讀爲‘蜷（縮肩）’。由於《上博三·周易》有傳世文獻的佐證，所以在本篇我們也會優先釋爲‘龹’字。待考。”參見簡帛網2006年2月18日《上博五芻議（下）》。

蘇建洲先生曰：“筆者以爲釋爲‘冋’似乎較好。相同字形亦見於《信陽》2.14 。……所以簡文可以讀作‘肩毋廢（低下）、毋擎（上

舉)’，就是肩部不上下的意思。而且與底下的‘倩’字同押‘耕部’。”參見簡帛網2006年2月28日《〈上博（五）〉柬釋（二)》。又曰：“筆者以爲〈君子爲禮〉的‘’與〈周易〉的‘’恐怕存在同形字的關係。前者應隸作‘㡃’，字形從‘尚’；後者則應隸作‘同’……現在，筆者改釋爲從‘尚’，禪紐陽部；‘聳’，心紐東部，韻部東、陽關係密切，是楚方言的特色之一。”參見簡帛網2006年12月1日《〈上博楚簡（五)〉考釋二則》。

“㾏”，劉釗先生曰：“按，以上諸家考釋對‘㾏’字字義的訓釋及對‘’字詞義的推論大體没有問題，但解説字形並不正確。我們認爲‘’字其實就是‘詹’字的异寫。”參見簡帛網2007年7月23日《〈上博五·君子爲禮〉釋字一則》。

③“身毋偃毋静”，蘇建洲先生曰：“謹案：張先生將‘躽’讀爲‘偃’可以信從。……但是將‘倩’讀爲‘静’卻與身體正直没有關係。筆者以爲‘倩’應讀爲‘傾’。……‘偃傾’是欹側不正的意思，正可理解簡文‘身毋躽（偃)、毋倩（側)’。此外《新書·容經》：‘行以微磬之容，臂不摇掉，肩不下上，身似不則，從容而任。’‘則’一本作‘側’，而‘側，傾也。’《事林廣記·卷九·幼學類》：‘【八曰孝立】拱手立身，毋得跛倚欹斜。’皆可作爲‘倩’讀爲‘傾’的證據。”參見出土文獻與古文字研究中心2009年11月26日《〈君子爲禮〉簡七字詞考釋二則》。

④“行毋眂毋摇”，蘇建洲先生曰：“本文所釋的‘蹶’，張光裕先生隸定作‘㐿’，並考釋説：‘㐿，疑讀爲眂，《説文》：眂，視貌。敎，讀爲摇。行容應端莊，不宜顧盼摇晃。’按：張先生將‘敎’讀爲‘摇’應可信從。但是‘㐿’的考釋卻有待斟酌。……可見本簡字確實有可能是‘蹶’。……‘蹶’亦是疾行也。……可見‘行毋蹶’自然可以‘毋摇’。”參見出土文獻與古文字研究中心2009年11月26日《〈君子爲禮〉簡七字詞考釋二則》。

⑤“墜”，禤健聰先生曰：“‘’字整理者釋爲‘豕’，於形不合。

疑爲鞭字古文，字形可參：（郭店《尊德義》簡18）、（上博《容成氏》簡29），在簡文中或可讀爲‘偏’。”參見簡帛網2006年2月26日《上博楚簡（五）零札（二）》。

【第八簡】筳則欲齊齊，①其在堂則

【校注】

①“筳”，原釋爲“廷”，何有祖先生以爲：“原釋爲‘廷’。按上部還有‘宀’，字疑釋爲‘庭’。依文例可補作‘其在庭則欲齊齊’。”參見簡帛網2006年2月19日《上博五〈君子爲禮〉試讀》。據改。

【第九簡】回，獨知，人所惡也；獨貴，人所惡也；獨富，人所惡也。貴而能讓，信斯人欲其長貴也。富而〔好禮〕①

【校注】

①“回獨知人所惡也獨貴人所惡也獨富人所惡也貴而能讓信斯人欲其長貴也富而好禮”，禤健聰先生曰：“回！獨智，人所惡也；獨貴，人所惡也；獨富，人所惡也。貴而能讓［也］，斯人欲其［貴］貴也；富而……‘獨智’‘獨貴’‘獨富’後均當點斷，文氣更順。‘獨’與‘與民有同’正相反。此簡殘泐處原缺釋者，論者多已補出，‘貴也’上一字據簡影實從‘貝’，似仍是‘貴’字，‘貴貴’與‘貴之上’意義相近。”參見簡帛網2006年2月26日《上博楚簡（五）零札（二）》。

“信”，據徐少華先生之説補，參見簡帛網2006年2月19日《談談〈上博（五）〉的竹簡分篇、拼合與編聯問題》，又見《論〈上博五·君子爲禮〉的編聯與文本結構》，丁四新先生主編《楚地簡帛思想研究》三第71頁。

“欲其長貴也富而”，原闕第一、二、三、五字，蘇建洲先生曰：“〈君子爲禮〉簡9末張光裕先生釋爲‘欲其尾□□貴□’，從殘缺筆畫來看，似乎可以釋爲‘欲其□貴□富而’。”參見簡帛網2006年2月18日《初讀〈上博五〉淺説》。

"長"，何有祖先生以爲："原隸作𠑹，字當釋爲'長'。其餘四字，原釋爲'囗貴囗'，蘇建洲先生釋爲'貴囗富而'可從。此句當作'欲其長貴囗富而'。"參見簡帛網2006年2月19日《上博五〈君子爲禮〉試讀》。今從。禤健聰先生隸作"㕚"，認爲"上實從'比'，下似從'心'，可讀爲'比'，或即'比'字異體。"參見簡帛網2006年2月26日《上博楚簡（五）零札（二）》。李守奎先生認爲即"比"字，李守奎、曲冰、孫偉龍《上海博物館藏戰國楚竹書（一—五）文字編》第404頁，2007年12月作家出版社出版；又《上海博物館藏戰國楚竹書（一—五）文字編》附録六《君子爲禮釋文》第918頁。

【第十簡】昔者仲尼箴徒三人，①㝑徒五人，芫薺之徒②

【校注】

①"箴徒三人"，蘇建洲先生曰："'△徒三人'，其中'△'字似乎與《包山》157商承祚先生、陳煒湛先生等學者釋爲'籲'字形相近。"參見簡帛網2006年2月18日《初讀〈上博五〉淺説》。

②"芫"，何有祖先生曰："今按'芫'疑讀爲'玩'。"

"薺"，何有祖先生曰："疑讀作'嬉'。《大戴禮記·誥志》'惟民是嬉'王聘珍解詁：'嬉，亦樂也。''玩嬉之徒'，此當指有徒學於孔子，師徒間亦師亦友，常玩味學問。據文例可補爲'玩嬉之徒［X人］'（X表示數量，據文獻或爲十壹，或十二，此不確定）。"參見簡帛網2006年3月3日《上博五零釋二則》。

【第十一簡】非子人。①子羽問於子貢曰："仲尼與吾子産孰賢？"子貢曰："夫子治十室之邑亦樂，治萬室之邦亦樂，然則

【校注】

①"非子人"，陳劍先生曰："簡11之首的'行'字字形可參看簡7'行'字，原釋爲'非'。原考釋以爲'子羽'爲孔子弟子澹臺滅明（字

子羽）。按簡文‘子羽’上爲‘行子人’三字，春秋晚期鄭國有‘行人子羽’（公孫揮），與鄭子産同時共事。簡文子羽稱子産爲‘吾子産’，也與鄭子羽的身份相合。‘行子人’三字中的‘子’字，有可能是涉下文‘子羽’之‘子’字而誤衍。但子羽和子産的年代皆早於孔子和子貢不少，是其不合之處。而上面所説的情況，又不像僅是出於巧合。猜想簡文確是説鄭之‘行人子羽’，其職官爲‘行人’，主管外交，有機會接觸四方賓客，所以被孔門後學編排與子貢問答，而其時代不合的問題則被忽略了。”參見簡帛網 2006 年 2 月 19 日《談談〈上博（五）〉的竹簡分篇、拼合與編聯問題》。何有祖先生曰：“我們發現竹簡‘人’下（人）實有一短横。這讓我們不得不對簡文斷句重新作考量。……可以推知‘子人’之‘人’後的短横當亦有標示符號的功能。頗疑‘行’當屬上讀，‘子人’構成一詞，與‘子羽’身份角色相似，因爲‘子人’也是曾到過魯國的鄭人。……可見簡文中子人、子羽、子産，同時曾被孔門弟子賦予某種角色，至于忽略時代的因素，則是可以理解的。”參見簡帛網 2006 年 3 月 9 日《上博五試讀三則》。

【第十二簡】孰賢？”子貢曰：“舜君天下，

【第十三簡】非以爲己名。①夫

【校注】

①“己”，何有祖先生以爲：“原釋文讀作‘己’可從，但隸作‘异’則可商。看原簡，字與 14 號簡‘己’字下部略有不同。簡文‘己’下部當從‘火’。”參見簡帛網 2006 年 2 月 19 日《上博五〈君子爲禮〉試讀》。

【第十四簡】□非以己名，①然則賢於禹也。契，②舜，

【校注】

①“非”，何有祖先生以爲：“看原簡，應是‘亦’字。”參見簡帛網 2006 年 2 月 19 日《上博五〈君子爲禮〉試讀》。

②“契”，何有祖先生以爲當作“與”：“‘與’字原釋爲‘契’，以爲商之始祖。但‘契’在簡文中夾在禹與舜之間，頗爲突兀。細審原簡，實爲‘與’字，簡15‘與’同之。‘與舜……’當是與‘禹’作比較後再與‘舜’作比較。”參見簡帛網2006年2月19日《上博五〈君子爲禮〉試讀》。

【第十五簡】壴與禹孰賢？”子貢曰：“禹治天下之川☑，

【第十六簡】子治詩書

三、《弟子問》[①]

【校注】

①關於《弟子問》的編聯，陳劍先生曰：“簡2與簡1可拼合。”“簡7與簡8可拼合。”“簡11與簡24可拼合。”“簡12與簡15可拼合。”“又本篇簡4云：☑□風也，亂節而哀聲。曹之喪，其必此乎？回！’子嘆曰：‘烏！莫我知也夫！’子游曰：‘有地之謂也乎？’子曰：‘安（？）【4】’可能當次於上引簡20之後。”參見簡帛網2006年2月19日《談談〈上博（五）〉的竹簡分篇、拼合與編聯問題》。

蘇建洲先生曰：“對於《弟子問》的編連，陳劍先生曾提出簡12+15的簡序。［9］其後陳偉先生又提出簡13+12的簡序。［10］如此看來似乎可以連讀爲簡13+12+15，但是這樣的順序卻是有問題的。現依二先生的意見將簡文書寫如下：‘就人，不曲方以去人。子曰：君子亡所不足，無所有餘，蓋13［有夫行］也，求爲之言。有夫言也，求爲之行。言行相愆，然後君子。子【12】曰：回來，吾告汝。其組絶（？）乎？雖多聞而不友賢，其【15】。’可以看的出來，如此一來將會連續出現兩次‘子曰’，這與同簡的格式，先‘弟子問’，再‘子曰’是有所不同的。可見這樣的排序還有討論的空間。”參見簡帛網2006年2月23日《〈上博（五）楚竹書〉補説》。

何有祖先生曰：“1. 附簡、23、11、16、15、24 爲一編聯組。☒曰：‘考（巧）言窒（令）色，未可胃（謂）悬（仁）也。口（從？近？）者（諸）其言，劼（勝）而不可【附簡】☒何（？）仁之又（有）。’子曰：‘剌（列）菑（乎）其下［1］，不斱（折）其枳（枝）［2］，飤其實者，不毀其器☒【23】☒歆（矣）也，此之胃（謂）悬（仁）。’翆（宰）我昏（問）君子，子曰：‘余（予），女（汝）能新（慎）糹（始）與冬（終），斯善歆（矣），爲君子菑（乎）？☒【11】☒安（焉）冬（終）。’子曰：‘募（寡）䎽（聞）則沽（孤），募（寡）見則肆。多䎽（聞）則𧡉（惑），多見則☒【16】☒曰：‘韋（回）豢（來），告女（汝），其緅（組）（絕）菑（乎）？隹（雖）多䎽（聞）而不𦥑（友）臤（賢），其【15】☒女（汝）安（焉）能也。【24】’‘2. 簡 22、18 似能連讀。☒子䎽（聞）之曰：‘賜，不虐（吾）智（知）也。夙興夜𥧡（寐），以求䎽（聞）【22】☒者，皆可以爲者（諸）侯㝗（相）歆（矣）。東西南北不奇（從力）□☒【18】’‘3. 簡 6、9、21 爲一編聯組。☒安（焉）。’子曰：‘貧戔（賤）而不約者，吾見之壴（矣），富貴而不喬（驕）者，吾聞而未之見也。’【6】☒士，吾見之壴（矣），事而弗受者，吾聞而未之見也。’子曰：‘人而下臨，猷（猶）上臨也。☒【9】虐（吾）未見華而信者，未見善事人而悥（憂）者。含（今）之殜（世）□☒21。”參見簡帛網 2008 年 4 月 5 日《上博五〈弟子問〉校讀札記》。

【第一簡】而𢼸（動），①𢻹佀乎其膺，②延陵季子僑而弗受。延陵季子，其天民也乎？子貢

【校注】

①“𢼸”，范常喜先生曰：“𢼸，原簡文作。楚文字中‘壤’字作：（郭·語四 23）（帛甲 2·71）（郭·成 29）（包 170）（包 176）（鄂君啓節）（璽彙 1459）（璽彙 0309）（包 103）同簡文殘字相比，我們認爲殘字即‘壤’字，在此可讀爲‘讓’。

這類用法楚簡中多見。”參見簡帛網 2006 年 5 月 21 日《〈上博五・弟子問〉1、2 号簡残字補説》。

②“𢼸”，范常喜先生曰：“𢼸，原簡文作，陳劍先生懷疑是‘散’。《上博四・曹沫之陣》中有一字作：（42）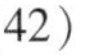（43）從文例來看，《曹沫之陣》中的兩字當爲一字之異體，整理者釋爲‘散’。此字所從‘械’旁可能即‘椒’字，因爲楚文字中從‘攵’從‘戈’可以相通，如‘救’可以從‘攵’作（包 249），也可以從‘戈’作：。可見，整理者釋作‘散’可能是正確的。比較可知，《弟子問》中的殘字，同《曹沫之陣》43 號簡中的字形最爲相近，可見陳劍先生所釋可取。……所以我們懷疑此處‘散’當可讀作‘札’，亦即季札之名。”參見簡帛網 2006 年 5 月 21 日《〈上博五・弟子問〉1、2 号簡残字補説》。

“仦”，何有祖先生以爲“細審圖版，字右部與郭店《忠信之道》簡 2 同。可分析爲從人從民，隸作‘伭’，讀作‘文’。此處當作‘動（鏨?）散（?）伭（文）乎其雁（膺）’。《左傳》哀公六年：‘仲雍嗣之，斷發文身，裸以爲飾。’《山海經・南山經》：‘丹水出焉，而南流注於渤海。有鳥焉，其狀如雞，五采而文，名曰鳳皇，首文曰德，翼文曰義，背文曰禮，膺文曰仁，腹文曰信。是鳥也，飲食自然，自歌自舞，見則天下安寧。’‘動（鏨?）散（?）’當是最能體現吴人風俗特徵的物事。”參見簡帛網 2006 年 2 月 20 日《上博五〈弟子問〉試讀三則》。范常喜先生曰：“仦……通過比較，我們懷疑《弟子問》中的字形可能即是‘倗’字，但其義仍待詳考。”參見簡帛網 2006 年 5 月 21 日《〈上博五・弟子問〉1、2 号簡残字補説》。

“膺”，原作“所”，陳劍先生釋爲“雁（膺）”，以爲：“‘雁’字原釋爲‘所’。從小圖版可以直觀地看得很清楚，將簡 2 往右方平移，正好可以跟簡 1 上端相拼合上。簡文有幾個字詞未能准確釋讀，據‘浴（俗）’和‘（膺）’猜想，當與吴人‘斷髮文身’‘祝髮文身’之俗有關。”參見簡帛網 2006 年 2 月 19 日《談談〈上博（五）〉的竹簡分篇、拼合與編聯問題》。今從。

“而敱（動）数伮乎其膺”，蘇建洲先生曰：“〈弟子問〉簡1‘而敱□伮乎其所’，其中‘□’字形似乎與〈曹沫之陣〉簡43‘散’字作‘’字形相類。而‘伮’字型右邊似乎從‘皮’。”參見簡帛網2006年2月18日《初讀〈上博五〉淺説》。

【第二簡】子曰：“延陵季子，其天民也乎？生而不因其俗。吴人生十七年[①]

【校注】

①“十七年”，原作“十”，陳劍先生改釋爲“七”，補“年”；范常喜先生曰：“十，原簡文作，陳劍先生改釋作‘七’。……可以看出，楚文字中‘十’的中間是一點，即使是寫成短横的也遠較豎劃短，而《弟子問》中的字形横劃較長，所以可能也不是‘十’字。我們懷疑此字是‘十七’的合文，此種不用合文符號的合文形式亦見於戰國文字。”“二號簡最後一字，原簡文作，整理者付闕，陳劍先生疑爲‘年’。楚文字中有一類從‘人’從‘心’的‘仁’字作：（上博二·子羔10）（郭·唐7）比較可知，《弟子問》中的殘字比較像此類‘仁’字下部所從‘心’旁，整字可能就是‘仁’字，不過在此處可以讀作‘年’。陳劍先生指出：古文字裏‘年’本從‘人’得聲。上博二《子羔》10號簡中的‘仁’當讀作‘年’。陳劍先生懷疑殘字讀作‘年’可能也是出於這種考慮。通過以上對幾個殘字及相關簡文的討論，同時借鑒陳劍先生的編聯成果，我們將這兩支簡重新試作釋文如下：子曰：‘前（延）陵季子，其天民也啓（乎）？生而不囩（因）其浴（俗）。吴人生十（十七）忎（年）【2】而壤（讓）戔（札），倗啓（乎）其雁，前（延）陵季＝（季子）僑而弗受。前（延）陵季＝（季子），其天民也啓（乎）？’子贑（貢）【1】。”參見簡帛網2006年5月21日《〈上博五·弟子問〉1、2号簡残字補説》。今從陳説、范説。

【第三簡】毋有柔教，毋有首猷，植

【第四簡】□風也，亂節而哀聲。曹之喪，其必此乎?”回子嘆曰：“於！莫我知也夫。”子游曰：“有施之謂也乎?”子曰：“〔安〕①

【校注】

①“安”，原作“”，季旭昇先生曰：“‘曰’後一字，原考釋依原形描摹而未做説明。唯所描摹字形稍嫌失真，此字左旁實從‘彳’，同樣的寫法見本篇簡12‘近’字。右旁實爲‘安’字。描摹字形把‘安’字上部‘宀’的末筆與‘女’後的撇筆誤合爲一筆，因此變成不識字。至於在本簡中讀爲什麼字，因爲‘子曰’之下只剩這麼一個字，所以無法判斷，但不外是‘安’或‘焉’，或從此二字得聲的字。”參見簡帛網2006年2月18日《上博五芻議（上)》。據補。陳劍先生以爲“季旭昇先生已指出其右半是‘安’字。左上部分字形近於‘我’字的左面部分或豎寫的‘爪’形，季先生認爲是‘彳’旁。今按子游即言偃，此字顯然正當以從‘安’聲而讀爲‘偃’。‘偃’系孔子回答子游問題而先呼其名，與《上博（五）·君子爲禮》間2‘夫子曰：“回……”’等相類”，見簡帛網2006年2月21日《〈上博（五)〉零札兩則》。劉云先生曰：“季先生認爲A的右半是‘安’字，無疑是正确的，陳先生認爲A應讀爲‘偃’，無疑也是正確的。但由於A左半部分的怪異，大家對其結構的分析還無一致意見。我們認爲A從人安聲，應爲‘偃’字的異體字。”參見出土文獻與古文字研究中心2009年7月13日《釋〈弟子問〉中“偃”字的一種異體》。

【第五簡】者，可奉而告也。”①子曰：“小子，来，取余言，②春秋不恒至，③耇老不复壯。賢者及

【校注】

①“奉”，蘇建洲先生曰：“《弟子問》簡5‘可△而告也。’其中‘△’字張光裕先生釋爲‘逹’，讀爲‘奉’。但參考陳劍先生的意見［1］，此字似乎應該釋爲‘逆’。字形亦可參考《季庚子問於孔子》17

‘毋逆百事’的‘逆’字。同簡釋爲‘春秋’的‘秋’字，恐不能直接隸作‘秋’，字形似與楚公逆鐘的‘休’相近，只是偏旁左右移動，‘秋’〈清幽〉‘休’〈曉幽〉，聲韻關係密切。”參見簡帛網2006年2月18日《初讀〈上博五〉淺説》。禤健聰先生曰：“整理者以爲從‘豐’讀‘奉’。此字已見於郭店《緇衣》篇：（簡38），對應今本讀‘格’，所從聲符乃‘丯’而非‘豐’。”參見簡帛網2006年2月24日《上博楚簡（五）零札（一）》。陳斯鵬先生曰：“筆者以爲字于此應讀‘略’。實際上，此字還見於郭店《緇衣》簡39，文云：‘精智，一而行之。’上博本《緇衣》異文亦以‘丯’爲聲符，傳世本正作‘略’，從文義看，作‘略’者是，二竹簡本當從今本讀爲‘略’。陳澔《禮記集説》引吕大臨云：‘雖由多聞多知而得之，又當精思以求其至約而行之。略者，約也。’此説可從。‘略’有要約之義。《淮南子·本經訓》：‘其言略而循理，其行侻而順情。’高誘注：‘略，要約也。’‘略而行之’猶言‘要約行之’，是本簡‘略而告’亦猶‘要約告之’也。從孔子答以‘登年不恒至，耇老不復壯’等簡練而富哲理的話來看，豈非‘略而告’者耶！”參見簡帛網2006年4月1日《讀〈上博竹書（五）〉小記》。

②“取”，李天虹先生曰：“按，‘取余言’文意難明。同篇15號簡所記也是孔子之語，其云‘回，來，吾告汝……’整理者指出可與5號簡互參。從原簡照片看，所謂‘取’很可能是從‘耳’從‘口’，但‘口’旁下還有筆劃。與15號簡的文例相比較，我懷疑此字當釋爲‘聑’，其‘口’旁下的筆劃或是羨筆。‘聑（聽）余言’和‘吾語汝’語意相當。”參見簡帛網2006年2月26《上博（五）》零識三則》。孫偉龍先生、李守奎先生曰：“《弟子問》簡5有一‘’，原釋爲‘取’，楚簡中‘取’字常見，無作‘’形者，且釋爲‘取’辭例亦不甚通暢。李天虹先生‘懷疑此字當釋爲聑，其口旁下的筆劃或是羨筆。聑（聽）余言和吾語汝語意相當’。[23] 此字釋讀爲‘聽’顯然是正確的，但並未引起學術界足够的重視。究其原因，可能與字形分析不足有關。同篇簡4有一‘’字，在簡文中讀爲‘聽’。楚簡中‘㕣’讀爲‘聽’很

常見，但未見‘口’下加羨畫的。我們懷疑這是一個寫錯的字，其下部短横可能是錯字的標識。”參見簡帛網 2008 年 10 月 14 日《上博簡標識符號五題》。

③“舂”，何有祖先生以爲“字當釋爲逆，楚簡‘逆’字常見，與之形同，例不贅舉”，見簡帛網 2006 年 2 月 22 日《上博（五）零釋》。“秋”，蘇建洲先生以爲“釋爲‘春秋’的‘秋’字，恐不能直接隸作‘秋’，字形似與楚公逆鐘的‘休’相近，只是偏旁左右移動，‘秋’〈清幽〉‘休’〈曉幽〉，聲韻關系密切”，見簡帛網 2006 年 2 月 18 日《初讀〈上博五〉淺説》。陳偉先生以爲“從字形看，二字疑是‘豐年’”，見簡帛網 2006 年 2 月 21 日《上博五〈弟子問〉零釋》。田煒先生曰：“我们认爲應该釋爲‘登’。次字张光裕先生釋爲‘秋’；蘇建洲先生釋爲‘休’，而讀爲‘秋’；陳偉先生釋爲‘年’。我们认爲陳説是正确的，兹爲略作補證。戰國文字中，‘年’字有一种借笔的簡體，作（郭店·缁衣 12 簡）、（郭店·唐虞之道 18 簡）、（王子午鼎）、（者汈鐘）等形，郭店簡兩例‘禾’旁和‘千’旁共用斜笔和垂笔，王子午鼎和者汈鐘銘兩例‘禾’旁和‘人’旁共用一豎笔，的寫法與之相類。所以， 應该釋爲‘登年’。”參見簡帛網 2006 年 3 月 22 日《上博五〈弟子問〉“登年”小考》。

【第六簡】焉。”子曰：“貧賤而不約者，吾見之矣；富貴而不驕者，吾聞而①

【校注】

①“而”下，李鋭先生曰：“疑《弟子問》簡 6、9 可補字相接：安（焉）。子曰：貧賤而不約者，吾見之矣；富貴而不驕者，吾聞而【6】［未之見也。□而弗□之］士，吾見之矣；事而弗受者，吾聞而未之見也。子曰：人而下臨（?）猶上臨也【9】如此排列，出現兩次‘子曰’，或以爲不妥。如蘇建洲先生指出綜合陳劍、陳偉先生的編聯意見 13 + 12 + 15 後，將出現兩次‘子曰’［1］，不合弟子問的形式。按：察小圖

版，簡13似擺放錯誤，其可見之編繩痕跡在亡、所二字之間，此當爲第二道編繩痕跡，13＋12疑非。篇名‘弟子問’，乃注者所加。注釋者已經指出簡6、9（原注誤爲簡8）之間的關係並補‘未之見也’數字，但並未拼接，或即由於根據其它章乃問答之文。本篇殘缺嚴重，似未可爲據。”參見孔子2000網2006年2月27日《讀上博五札記（二）》。據補。

【第七簡】□曰：“吾聞父母之喪

【第八簡】食肉如飯土，飲酒如淆，[①]信乎？”子貢曰：[②]“莫親乎父母，死不顧生，何言乎？其信也。[③]□

【校注】

①“淆”，陳劍先生作“啜水”。陳斯鵬先生曰：“然句中‘浧’字之義尚未明確。整理者讀爲‘淆’，恐不合。陳劍先生括注‘啜？水’，未詳所據。愚意以爲字可分析爲‘從水、從土、爻聲’，可能即‘澆’字異構。上古音‘澆’屬見母宵部，‘爻’屬匣母宵部，而從‘爻’聲的‘教’即歸見母，可知‘澆’‘爻’古音極近，故以‘爻’爲聲符替‘澆’字造一異體字是完全可能的。大概因爲‘澆’本取意于以水沃土，故字又從‘土’作。‘飲酒如澆’，意謂飲酒有如水之沃土，不知其味也。”參見簡帛網2006年4月1日《讀〈上博竹書（五）〉小記》。

②“曰”，禤健聰先生曰：“楚簡‘乙’字或作（包山簡241），與《相邦之道》二字所從形體一致。據此，上揭之字當分析爲從乙，乙亦聲，左右兩點或表示人説話時氣從口出。乙是影母質部字，曰是匣母月部字，二字讀音相近。《説文》：‘曰，詞也。從口、乙聲。亦象口氣出也。’楚簡‘曰’字作的寫法，楊澤生先生指出‘右上部短横改作乙是有意使其聲符化的結果’。可從。楚簡‘曰’字或寫作，舍棄了起初文從口的構形，而突出聲化而來的聲符‘乙’，正是楚系文字記聲特點的突出體現。”參見簡帛網2006年2月24日《上博楚簡（五）零札（一）》。

③“莫親乎父母死不顧生何言乎其信也”，標點從王三峽先生之説，

參見簡帛網2006年3月8日《“死不顧生”句試解》。陳偉先生曰：“恐當讀作：‘莫親乎父母。死不顧，生何言乎？其信也。’意思是說：父母至親。如果父母去世没有哀悼之心的話，父母在世時哪里談得上親情呢？大概可信吧。”參見簡帛網2006年3月7日《〈弟子問〉零識（續）》。

【第九簡】士，吾見之矣，事而弗受者，吾聞而未之見也。”子曰：“人而下臨，猶上臨也。

【第十簡】汝弗知也乎？繇，①夫以衆犯難，以親受服，②劳以成事，見以佪官，③士鈎以力則惍，④以

【校注】

①“繇”，陳劍先生以爲“由”字，即子路，參見簡帛網2006年2月19日《談談〈上博（五）〉的竹簡分篇、拼合與編聯問題》。牛新房先生曰：“我認爲‘繇’字應讀爲‘由’，是人名，即孔門弟子仲由，字子路。第10簡應讀爲‘汝弗知也乎？由，夫以衆犯難，以親受服，勞以成事，見以△（擅?）官，士𢦏（鈎）以力則惍，以’，第17簡應讀爲：‘☐弗王，善矣夫，焉能王人？由！子過曹。’如此，此兩簡都是孔子與子路的對話，且都是講爲政之事，當可連接，但17簡上端已殘，故不能確定，暫附記於此。”參見簡帛網2006年3月4日《讀上博（五）札記一則》。

②“服”，何有祖先生以爲“按字疑從‘录’，讀作‘禄’。‘受禄’與‘犯難’反義爲文。”參見簡帛網2006年2月20日《上博五〈弟子問〉試讀三則》。

③“佪”，何有祖先生以爲“按釋‘見’無義。細審圖版，疑隸作‘印’。‘△2（擅）’原釋文據文意釋，對字則未作隸定。按：△2當從尸從旦，讀作‘擅’。《說文》：‘擅，專也。’《荀子·君道》‘天子三公，諸侯一相，大夫擅官，士保職，莫不法度而公，是所以班治之也。’又‘合符節，别契券者，所以爲信也’。”參見簡帛網2006年2月20日《上博五〈弟子問〉試讀三則》。陳偉先生以爲“從轮廓上看，更可能是

‘色’字”，“原讀爲‘擅’的字，實從人從豆，爲侸字。疑讀爲‘屬’，委托、任用之意。簡文是説讓衆人冒險，而讓親信收益；讓别人辛勞成事，卻不舍得委任官職”，見簡帛網 2006 年 2 月 21 日《上博五〈弟子問〉零釋》。今從陳説。曹建國先生指出：“但不必改爲‘屬’，而應該讀入本字。……簡文中的‘侸’即‘樹’。”參見丁四新先生主編《楚地簡帛思想研究》三第 86 頁《上博竹書〈弟子問〉關於子路的幾條簡文疏釋》。

④“鈎”，何有祖先生以爲“原簡當從司從戈，讀作‘治’。此指士治事以力。‘力’與上文‘勞’相呼應”，參見簡帛網 2006 年 2 月 20 日《上博五〈弟子問〉試讀三則》。張振謙先生曰：“‘士’後一字原釋爲‘戙（鈎）’，不確。何有祖先生認爲字從司從戈，讀作‘治’。此字見於《郭店簡·語叢三》，裘錫圭先生疑讀爲‘治’，學者多從之，故何説可從。”參見簡帛網 2006 年 2 月 27 日《上博（五）札記二則》。

“烾”，整理者讀爲“然”。張振謙先生曰：“‘則’後一字原書僅隸定爲烾，無説。我們認爲此字當釋爲‘俎’。因爲望山簡 2 · 45‘四皇俎’之‘俎’寫作：，與本簡字形比較，只是左右偏旁的位置對調而已。衆所周知，古文字中的偏旁位置常常變動不居，類似的例子很多，不備舉。故此字應爲‘俎’字。簡文中的‘俎’疑讀爲‘沮’。‘俎’‘沮’二字古通。‘沮’，訓爲‘敗，壞’。《韓非子·二柄》：‘人主有二患；任賢，則臣將乘於賢以劫其君；侫舉，則事沮不勝。’舊注：‘沮，毁敗也。’簡文‘士治以力則沮’意爲士以力治則敗。”參見簡帛網 2006 年 2 月 27 日《上博（五）札記二則》。

【第十一簡】□也，此之謂仁。”宰我問君子，曰：[①]“予，汝能慎始與終，斯善矣，爲君子乎？”[②]

【校注】

①“子曰”，李天虹先生曰：“按，上引語句是一段文字的起始。按照《論語》的文例，同一段文字内，凡孔子答弟子問，第一次的答語

‘曰’前都有‘子’字；以後的答語前或省略‘子’，如：子路問君子，子曰：‘修己以敬。’《憲問》司馬牛問君子，子曰：‘君子不憂不懼。’曰：‘不憂不懼，斯謂之君子已乎？’子曰：‘内省不疚，夫何憂何懼？’《顔淵》樊遲問知，子曰：‘務民之義，敬鬼神而遠之，可謂知矣。’問仁，曰：‘仁者先難而後獲，可謂仁矣。’《雍也》兩相比較，我懷疑此簡‘子’後的‘-’是表示重文的符號。同篇19號簡以雙短横‘=’表示重文，但不能證明這裏的‘-’一定不是重文符，郭店《老子乙》就是以‘=’‘-’兩種符號表示重文。那麼，此簡的釋文或許當改爲‘宰我問君子，子曰……’。”參見簡帛網2006年2月26《上博（五）零識三則》。

②“宰我問君子曰予汝能慎始與終斯善矣爲君子乎”，陳偉先生曰：“疑當讀作：‘宰我問君子。子曰：予，汝能慎始與？終斯善，幾爲君子乎。’”參見簡帛網2006年3月7日《〈弟子問〉零識（續）》。

“矣”，陳偉先生曰：“本簡中的這個字，從壴從欠，當是‘歖’字的省形，整理者讀爲‘矣’，單從字的層面來講，應該没有問題。但若聯繫文句看，這個字也有可能讀爲‘幾’。‘幾’在上古音中爲微部見紐，與‘喜’字韻部通轉，聲爲旁紐，比較接近。古書中多見‘斤’和從‘斤’得聲的字與‘幾’通假的情形，又有‘欣’與‘喜’、‘訢’與‘熹’相通的例證，可以作爲簡文此字讀爲‘幾’的佐證。幾，猶庶幾，將近、幾乎的意思。幾爲君子乎，是説差不多就是君子了吧。”參見簡帛網2006年3月7日《〈弟子問〉零識（續）》。

【第十二簡】也，求爲之言，有夫言也，求爲之行，言行相近，①然後君子。子

【校注】

①“近”，何有祖先生曰：“原釋文‘忻’隸定當不誤。不過此字構形頗有特點，簡略説一下。《君子爲禮》11號簡‘行’‘偃’等字，所從‘彳’旁筆劃交接處有合攏的迹象，但還是可以看出是從‘彳’的。

簡文此字亦當從‘亻’。字原釋文讀作‘近’。然據文意，此處言及‘言’‘行’間的有機互動，當並非簡單的接近可以形容。頗疑此字當讀作‘謹’。從斤與從堇諸字多可通用。《季康子問於孔子》7 號簡‘斤’讀作‘謹’亦是佳證。”參見簡帛網 2006 年 2 月 24 日《上博五零釋(二)》。

【第十三簡】就人。不曲防以去人。”子曰：“君子亡所不足，無所有餘①

【校注】

①第十二簡、第十三簡，陳偉先生以爲“13、12 號簡相連”，“12 號簡講的言行相當，與 13 號簡既無不足又無有余正好相關。以下是試圖在二者之間擬補三字之後的情形：‘就人，不曲方以去人。子曰：君子亡所不足，無所有余，蓋 13［有夫行］也求爲之言，有夫言也求爲之行，言行相近，然後君子。子 12’”，見簡帛網 2006 年 2 月 21 日《上博五〈弟子問〉零釋》。第十三簡最後一字，左旁筆畫殘缺，原釋文缺釋，蘇建洲先生據筆畫釋爲“割”，參見簡帛網 2006 年 2 月 18 日《初讀〈上博五〉淺説》；何有祖先生以爲“蓋細審當隸作‘割’，疑讀作‘蓋’，屬下讀”，參見簡帛網 2006 年 2 月 20 日《上博五〈弟子問〉試讀三則》。

【第十四簡】從，吾子皆能有待乎？君子道朝，①然則夫二三子者

【校注】

① “君子道朝”，楊澤生先生曰：“整理者未對‘君子道朝’進行解釋。我們認爲‘君子道’與‘小人道’相對，‘朝’應讀作‘昭’。《左傳・昭公十五年經》：‘蔡昭吴奔鄭。’《穀梁傳》同，《公羊傳》‘朝吴’作‘昭吴’。可見，‘朝’可通‘昭’。而古書也有‘道昭’這種説法，如《莊子・齊物論》：‘道昭而不道。’《論語・憲問》：‘子曰：“君子道者三，我無能焉：仁者不憂，知者不惑，勇者不懼。”’《周易・雜卦》：‘君子道

長，小人道憂也。’馬王堆漢墓帛書《五行》：‘士有志於君子道謂之志士。’至於古書説‘君子道長，小人道消’或‘小人道長，君子道消’更是常見。”參見簡帛網2006年3月20日《〈上博五〉零釋十二則》。

【第十五簡】曰：“回，來，吾告汝，其阻絶乎？[①]雖多問而不友賢，其

【校注】

①“組絶”，范常喜先生曰：“按：‘組絶’一詞整理者未釋。‘組’可用爲古代佩印用的綬。《史記·秦始皇本紀》：‘子嬰即系頸以組，白馬素車，奉天子璽符，降軹道旁。’裴駰集解引應劭曰：‘組者，天子黻也。’《漢書·嚴助傳》：‘陛下以方寸之印，丈二之組，填撫方外。’顔師古注：‘組者，印之綬。’引申而爲官印或作官的代稱，所以去官可稱‘解組’，如，曹植《求通親親表》：‘若得辭遠游，戴武弁，解朱組，佩青紱……乃臣丹情之至願，不離於夢想者也。’由此我們懷疑簡文中的‘組絶’當爲丟官解職之義，簡文‘其組絶乎？雖多聞而不友賢’大意似當爲：‘雖然多聞但不與賢者爲友，那麽官位就不保了！’簡文只是將。”參見簡帛網2006年8月2日《〈弟子問〉〈季庚子問於孔子〉札記三則》。

【第十六簡】□焉終。”子曰：“寡聞則孤，[①]寡見則肆。多聞則惑，多見則

【校注】

①“孤”，陳偉先生以爲“似當讀爲‘固’，蔽塞義”，見簡帛網2006年2月21日《上博五〈弟子問〉零釋》。德凌按：當與“德不孤必有鄰”之“孤”義同。

【第十七簡】弗王善矣，夫焉能王人？繇。[①]子過曹，□

【校注】

①“弗王善矣夫焉能王人繇”，句讀從曹建國先生之説，參見丁四新先生主編《楚地簡帛思想研究》三第88頁《上博竹書〈弟子問〉關於子路的幾條簡文疏釋》。

【第十八簡】者，皆可以爲諸侯相矣。東西南北，不踦□

【第十九簡】長。蘧伯玉止乎，①子惇惇如也其聽；②子路往乎，子愕愕如也如誅。③

【校注】

①“止”，陳斯鵬先生曰：“‘玉’後一字原作，左從‘人’，右旁作上‘之’下‘止’。上‘之’下‘止’者楚簡中常見之，應爲‘之’之繁體，情形與‘上’之加‘止’爲繁體同。包山簡228、230、232‘出入侍王’的‘侍’假‘之’之繁體爲之，此益以‘人’旁，可視爲‘侍’字異體。古書中記載弟子侍乎孔子者極多，不勝枚舉，此次與《弟子問》同時公布的《君子爲禮》一篇中即有‘顔淵侍於夫子’（簡1）的文例，可以參證。”參見簡帛網2006年4月1日《讀〈上博竹書（五）〉小記》。

②“惇”，季旭昇先生曰：“原考釋所隸‘膞’字，應隸作‘膞’。右旁從‘享羊’，不從‘墉’之古體。”參見簡帛網2006年2月18日《上博五芻議（下）》。

③此簡的句讀，從曹建國先生之説，參見丁四新先生主編《楚地簡帛思想研究》三第92頁《上博竹書〈弟子問〉關於子路的幾條簡文疏釋》。

【第二十簡】□淵馭，至老丘，有農植其槈而歌焉。子乘乎軒而①

【校注】

①“乘”，季旭昇先生曰：“案：原考釋所隸‘䖍’、讀爲‘乘’之

字，疑應隸作‘虡’。下部從‘乘’省（亦可逕視爲從‘乘’），不從四‘止’。上從‘虍’聲，則似可讀爲‘據’。”參見簡帛網 2006 年 2 月 18 日《上博五芻議（下）》。

“軒”，侯乃鋒先生曰：“‘’字參考劉信芳師的意見釋爲‘撫’，以下部爲‘舞’形，‘無’與‘虍’皆爲聲符，古音魚部。‘’字原釋爲‘軒’，陳劍先生釋爲‘軾’字。《鮑叔牙與隰朋之諫》簡 5‘臣唯（雖）欲訐（諫）’之‘訐’字誤釋爲‘試’，説明楚文字中‘弋’與‘干’易混。在簡文中從文義上説應是‘軾’字。……簡文‘撫乎軾’之義類同於古籍常見的‘馮（憑）軾’、‘伏軾’。”參見簡帛網 2006 年 3 月 20 日《上博（五）幾個固定詞語和句式補説》。

【第二十一簡】吾未見邦而信絶，①未見善事人而憂絶。②今之世

【校注】

①“邦”，何有祖先生曰：“華，整理者釋‘邦（封）’。有‘于’‘華’互通之例。……因此《弟子問》從艹從于的字應當讀作華，在文中用作貶義。‘未見華而信者’，人言爲信，這裏的華當與‘言’有關，疑指言辭浮華。”參見簡帛網 2008 年 4 月 5 日《上博五〈弟子問〉校讀札記》。

②“絶未見善事人而憂絶”二“絶”字，陳偉先生以爲“從輪廓看，應該就是楚簡中‘者’字的一種寫法（如郭店《五行》50 號簡中所見）。釋爲‘者’，文意通順；而釋‘絶’則費解。15 號簡中的那個字其實可能也是‘者’的一種變體”，見簡帛網 2006 年 2 月 21 日《上博五〈弟子問〉零釋》。

“憂”，蘇建洲先生曰：“何有祖先生原贊同整理者的説法，後改從陳偉之説，關鍵證據是《語叢二》46＋45‘未有嘩（華）而忠者，未有善事人而不返者’。二者比對，兩個字跡不清楚的字正是‘者’字。至於能否進一步説簡 15 是‘者’的變體，還有待證據佐證，因爲

字形並不相似。筆者要討論的△字，形體作：（反白圖）。整理者隸作‘悳’釋爲‘憂’。何有祖先生同意此説，並翻譯作‘没有看到善於事人卻爲此憂愁的人’文意不甚清楚。謹案：楚文字‘悳’字作《性情論》31《從甲》36《從乙》03。但是本簡‘△’上部顯然不是‘百’，而是‘貞’，比對下列字形：《郭店·緇衣》03《包山》220《望山》35《柬大王》01。所以‘△’應隸定作‘息’，應該是貞節、貞操的專用字，簡文讀爲‘未見善事人而貞者’。‘善事人’，似指‘善於奉承人、討好人’。……所以簡文可理解爲‘没有看到善於奉承人，卻是貞潔的人’。”參見出土文獻與古文字研究中心網站 2010 年 8 月 20 日《〈弟子問〉簡 21‘未見善事人而貞者’解》。

【第二十二簡】子聞之曰：“賜，不吾知也。夙興夜寐，以求聞

【第二十三簡】□□之有。”①子曰：“列乎其下，不折其枝，②飤其實③

【校注】

①“□□之有”，何有祖先生曰：“‘之有’前一字作，疑從身從心，釋作仁。再前一字，按文意似爲‘何’字，‘何……之有’是比較常見的句式。不字形仍有可疑。”參見簡帛網 2008 年 4 月 5 日《上博五〈弟子問〉校讀札記》。

②“不折其枝”，蘇建洲先生曰：“〈弟子問〉簡 23‘子曰：“△1 乎其下，不△2 其枝”’，其中‘△1’整理者釋作‘刺’，恐應釋爲‘刺’。至於‘△2’左旁似應從朱德熙先生、陳偉武先生釋爲從「叀」，字亦見於《郭店》與〈容成氏〉。‘△2’字或可釋爲‘斷’。”參見簡帛網 2006 年 2 月 18 日《初讀〈上博五〉淺説》。

劉洪濤先生曰：“按楚簡文字中有的‘折’字中間的兩横畫寫得很像‘口’形［7］，這樣的‘口’形經常與‘日’形互作，可看《郭店

楚簡文字編》‘遠’字、‘弃’字、‘廟’字等例［8］，所以這個字是‘折’字没有問題，蘇先生的改釋是不正確的。”參見簡帛網2006年7月5日《上博五〈弟子問〉小考兩則（修訂稿）》。

③“飤其實”，劉洪涛先生曰：“《弟子問》‘食其實’下面的缺文，據（1）（2）（3）可補爲‘者，不毁其器’五字，再下面的内容無法知道。‘食其實’的‘實’據之當讀爲‘食’。‘實’‘食’的聲母都屬船母，‘實’的韻母屬質部，‘食’的韻母屬職部，二字聲母相同、韻部相近，可以通假；文獻中也有通用的例子。”參見簡帛網2006年7月5日《上博五〈弟子問〉小考兩則（修訂稿）》。

【第二十四簡】汝焉能也。

【附簡】曰：“巧言令色，未可謂仁也。□者其言，[1]而不可[2]

【校注】

①“□者其言”，何有祖先生曰：“‘其言’前的‘者’疑讀作‘諸’。‘者’前一字似可釋爲從或者近。”參見簡帛網2008年4月5日《上博五〈弟子問〉校讀札記》。

②“”，何有祖先生曰：“‘其言’後一字作，當爲‘勳’，疑讀作‘勝’。”參見簡帛網2008年4月5日《上博五〈弟子問〉校讀札記》。

《上海博物館藏戰國楚竹書》第六册

《孔子見季桓子》[1]

【校注】

①“孔子見季桓子”的編聯，李鋭、福田哲之、梁静、陳劍、林聖峰、蘇建洲等學者分别进行了深入探討。

李鋭曰：“根據筆者陋見，以下殘簡按照文脈，似乎可以綴合連讀：1+3、24+4、20+6、10，8，9，2+7、5、16+22、19+12、11+17，13、26+14、25、15、21，剩餘18、23、27諸簡則有待研究。”参見簡帛網2007年7月11日《〈孔子見季桓子〉新編（稿）》。又曰：“福田先生將簡1、4拼連，提醒筆者原來的簡24與4之拼連可能有問題。經查看簡24的彩色圖版，簡尾似有殘劃，而簡4開端亦有殘劃。筆者過去的拼連未能標示出這一點，顯然有問題。經重新考察文意，對部分簡文作出了調整，重新試作編聯如下（這個編聯一定還有不少錯誤，希望得到大方之家的指正）：1、3、24、6、10、8，2+7、5、23、4、20、9、16+22、19+12、11+17，13、26+14、25、15、21，18，27。孔子見季桓子，㢈（斯［2］）䎽（問）之：害（曷）口者是并（？ ［3］），口……1㢈（斯［4］）忠＝（中心）樂之？夫子曰：上不皋（親［5］）急（仁）而𣏌（附）尃（富）［6］，䎽（問）亓（其）訂（治）於佚（逸［7］）人虖（乎）？夫士，品勿（物）3不窮，君子流亓（其）觀安（焉）。品勿（物）［8］備矣，而亡（無）城（成）德口［9］24，口口口繇（由）急（仁）𢍰（歟）？害（蓋）君子䎽（聽）之。桓子曰：女（若）夫急（仁），人之未察，亓（其）行（？）口口6尻（處），可明而智（知）與（歟）？夫子曰：吾䎽（聞）之，唯急（仁）人也［10］，口……10也，竊［11］又易［12］效［13］也，而亡（無）以亯（享）者（諸）㒸矣。唯非急（仁）人也，乃8……矣。桓子曰：二道［14］者，可得䎽（聞）𢍰（歟）？夫子曰：言即至矣，唯（雖）2吾子勿䎽（問），古（故）將㠯（以）告。急（仁）人之道，衣［15］備（服）此（？）中，容貌不隶［16］（肆［17］），異於［18］人不增（？）7，爲信㠯（以）事亓（其）上，急（仁）亓（其）女（如）此也。上唯逃（陶［19］），智（知）亡（無）不𤔲（亂［20］）矣。是故魚（虞［21］）道之君子，行冠［22］弗視［23］也，吾㑹弗視也，魚口弗視也，口口5……君（？）子又（有）道，生民之賜23……口急＝（仁心［24］）者是［25］（實）能行䎽（聖）人之道。女（若）子皋（親［26］）急

（仁），行晛（聖）人之道，則廬（斯［27］）4 未足，竘（孰）敢訨（謨）之？女（若［28］）夫視人不猒［29］（厭），問禮不倦，則 20［30］……悬（仁）𠬝（勵［31］）悬（仁）而進之，不悬（仁）人弗得進矣，䎽（治）得不可（𢼊［32］）人而與（歟）？□□□□□□ 9 者也。女（如）此者，安（焉）與之處而察［33］聕（聞）其所學（？教）。先 16 迷（類［34］）言之，則［35］恐舊（憂［36］）虗［37］（吾）子。桓子曰：廬（斯［38］）不迏（敏），虗［39］（吾）子迷（類）言之猶恐弗智（知），皇（況）亓（其）女（如）22 微言之𠪚［40］（乎）？夫子曰：與罷（？［41］）之民，衣備（服）好禮，□□ 19 亓（其）易。與罷之民，亦㠯（以）亓（其）勿（物）㝯（密［42］）二逃（道）［43］者㠯（以）觀於民，唯（雖）又（有）訓（？）弗遠 12，易與（與）悬（仁）人□者也。夫與罷之民［44］，亓（其）述（術）多方安（焉），11 □皆［45］求异於人，𡊞（閑）輂（車）戏（衛），興道學，禁［46］言不𦤶（？）亓（其）所，皆同其□，此與（與［47］）【罷】民也。17……□易與民也，䰇（色［48］）不僕（樸），此（訾）言不惎［49］（忌），視於君子，大爲毋䑋（懾［50］），此［51］與民□□□ 13 也，好睘（還），隹（唯）聚色〈卬（仰）〉天而嘆曰：□不奉苽（？），不昧（味）酉（酒）26，匀（均）不食五穀，宴處危杆（岸）［52］，豈［53］不難𠪚（乎）烈（厲）［54］𢍰（歟）？民之行也，好碩美㠯（以）爲茁□□ 14 民喪（泯）［55］不可悔（侮），衆之所植（直），莫之能阱（懲）［56］也。衆之所【廢，莫之能□也】25……死君子（恒）㠯（以）衆福，句（周［57］）拜四方之立（位）㠯（以）童（動），君子眊〈蜀［58］（足）〉之以其所眊〈蜀（足）〉䙺，（規［59］）之㠯（以）亓（其）所谷（欲）。智（知）不行矣，不□拜［60］絶㠯（以）爲㠯（紀），拜易民［61］□□ 15 □□□□□者，君子德㠯（己）而立仔（師）保［62］，慎亓（其）禮樂，逃亓（其）21 行年，民舊（久）聕（聞）學，不𥨊［63］不㑀，亓（其）行板（？）恭［64］（？）哀（？）與（？）……18 是察［65］，求之於中，此㠯（以）

不惑，而民道之。27。”參見簡帛網2007年8月22日《〈孔子見季桓子〉重編》。

陳劍先生曰：“下面列出各家拼合編聯的方案，其中爲我們所采用的以外加方框的形式突出表示。李鋭2007a（‘+’表示拼合，‘、’表示不同的兩支簡連讀，‘，’表示前後相次但不連讀。下李鋭2007c同）：1+3、24+4、20+6、10，8，9，2+7、5、16+22、19+12、11+17，13、26+14、25、15、21。剩餘18、23、27諸簡則有待研究；福田哲之（2007）：1+4；李鋭2007c：1、3、24、6、10、8，2+7、5、23、4、20、9、16+22、19+12、11+17，13、26+14、25、15、21，18，27；梁靜（2008）：1+4、3、24、6、10、5、23、21、15、8、9、2+7、17、13、20，13、11+22+19、26+14、12、16、18、25、27；可以看出，李鋭取得的拼合編聯成果最多（但他最終未采用福田哲之2007的正確意見）。梁靜（2008）在吸收其前兩家成果的基礎上，又新提出簡11+22的拼合，我認爲也是正確的。以下是我們最終形成的方案，除了吸收上引諸家説的可靠部分外，其餘已經跟他們有了很大的不同（括號表示拼合爲整簡或近似整簡，‘+’表示兩簡連讀；‘、’表示有可能連讀）：第一組：（1+4）+（20+3）+24；第二組：（16+6）+（10+8）；第三組：12+（2+7）+（26+14）+（11+22）+（19+17）+（18+13）；第四組：15、5、27；其他零簡：9，21，23，25。”參見復旦大學出土文獻與古文字研究中心2008年3月22日《〈上博（六）·孔子見季桓子〉重編新釋》。又見復旦大學出土文獻與古文字研究中心編《出土文獻與古文字研究》第二輯第160—161頁，復旦大學出版社2008年出版。

梁靜先生曰：“自發表以來，學者對該篇竹簡的編連進行了很多探討，取得了不小的成果。經過學者的研究，簡［1+4］，［20+3］、24以及簡12、［2+7］，［26+14］、［11+22］、［19+17］的拼合與編連已能確定，但還有一些竹簡的位置不甚清晰，需要進一步探討。本文調整後的簡序是：［1+4］，［20+3］、24，5，6、10，8，9，12、［2+7］，

［26＋14］、［11＋22］、［19＋17］，13，16，18，25，21，23，15，27。全文根據大意，可以分爲四個部分。第一部分包括簡［1＋4］，［20＋3］、24。……第二部分包括簡5，6、10，8，9。……第三部分包括簡12、［2＋7］，［26＋14］、［11＋22］、［19＋17］，13。……第四部分包括簡16，18，25，21，23，15，27。”參見出土文獻與古文字研究中心網站2008年3月22日，又見簡帛網2010年9月17日《上博簡〈孔子見季桓子〉校釋》，又見復旦大學出土文獻與古文字研究中心編《出土文獻與古文字研究》第二輯，復旦大學出版社2008年出版。又曰：“全篇釋文如下。1孔子見季桓子。‘斯聞之，蓋〔賢〕［3］者是能〔親〕1仁，仁者是能行聖人之道。如子親仁，行聖人之道，則斯4不足，豈敢望之。如夫見人不厭，問禮不倦，則20斯中心樂之。’夫子曰：‘上不親仁而粲專，聞其治於失人乎？夫士，品物3不窮，君子流其觀焉。品物備矣，而無成德24……’2‘……爲信以事其上，仁其如此也。上雖道智，無不亂矣。是故魚道之君子行冠，弗視也；吾儉，弗視也；魚[illegible]，弗視也5……由仁歟？蓋君子聽之。’桓子曰：‘如夫仁人之未察其行6處，可名而知歟？’夫子曰：‘吾聞之，唯仁人囗囗10……也，斂有此貌也，而無以肓者勇矣。唯非仁人也，乃8……仁援仁而進之，不仁人弗得進矣。詒得不可，人而囗9……’3‘……〔以〕其物，邪僞之民，亦以其物。審二道者以觀於民，雖有囗弗遠12矣。’桓子曰：‘二道者，可得聞歟？’夫子曰：‘言即至矣，〔雖〕2吾子勿問，固將以告。仁人之道，衣服必中，容貌不求異於人，不囗7〔犛戈〕……也，好罛隹聚，仰天而歎曰：[illegible]不奉[illegible]，不味酒肉26，不食五穀，擇處危岸，豈不難乎？抑邪民之行也，好假美以爲囗14，此與仁人二者也。夫邪僞之民，其術多方。如11悉言之，則恐久吾子。’桓子曰：‘斯不佞，吾子悉言之猶恐弗知，況其如22微言之乎？’夫子曰：‘邪僞之民，衣服好囗，〔容貌〕19囗皆求異於人，囗犛戈，興道學，淫言不當其所，皆同其囗，此邪民也17；……囗，此邪民也；色不樸，出言不忌，見於君子，大爲毋，此邪民13……’4……者也。如此者，安與之處而察聞其所教。先16…… ……行年，民

久聞教，不察不囗，其行囗囗囗囗18……　……民氓不可侮，衆之所直，莫之能廢也。衆之〔所〕25……　……者，君子德已而立師保，慎其禮樂，道其21……　……〔君〕子有道，生民之蝺23……　……君子恒以衆福，句囗四方之位以重。君子皀之以其所皀，￼覞之以其所欲。智不行矣，不囗拜絶以爲己拜，此民囗15……　……是察，求之於中，此以不惑，而民道之27。”參見簡帛網2010年9月17日《上博簡〈孔子見季桓子〉校釋》。

【第一簡】孔子見季桓子：① “虗聞之：②害（曷）□者是矣。③□……”

【校注】

①“孔子”，陳劍先生曰“子（見）季趄（桓）子。［趄（桓）子］曰：‘暈（斯）䎽（聞）之。……’”“此簡首字整理者原釋爲‘孔（孔子）’，並謂‘原書似漏合文符’。但圖版所見衹作‘子’形。……簡1‘曰’字圖版上作：其筆畫尚相當完整明顯。圖版上‘桓子’兩字已全不可見，但從‘曰’字所在位置看其上正有兩字的空白。整理者原漏釋‘曰’字（或誤以其形當“子”字?)。”參見出土文獻與古文字研究中心網站2008年3月22日《〈上博（六）·孔子見季桓子〉重編新釋》，又見復旦大學出土文獻與古文字研究中心編《出土文獻與古文字研究》第二輯，復旦大學出版社2008年出版。

李鋭先生曰：“但是簡帛文獻中，許多合文常常也並不用符號表示，如屢見的‘君子’例（本篇簡15前一‘君子’合文右下似有殘横，後一‘君子’則無）。就‘孔子’而言，上博一《詩論》簡7就有一例未加合文符，陳先生殆偶失檢：《孔子見季桓子》簡1殘損嚴重，有可能右下方有筆劃，而此處很可能還是當讀爲‘孔子’。……按此説小有疑問。因爲‘曰’上如果有兩字爲‘桓子’，則仍缺少‘季’字。若非有小字校勘而今已不見，則可能漏寫‘季桓子’三字之一。而陳劍先生所釋‘曰’字，雖于文義是較好的考慮，但是其指出的字形（見下圖），核之原簡，較偏左（而本篇‘曰’字多在中右）。且看電腦放大圖形，最左邊一豎是筆劃還是殘泐痕迹（如中間一長豎）還不好確定。”參見出土文獻與古文字研究中心 2008 年 3 月 30 日《讀〈孔子見季桓子〉札記》。

②“虗”，原釋作“予”，陳偉先生曰：“此字上部似虎形，下部似車形。整理者釋爲從虍從車之字。考釋云：從虍，車聲，或從車，虍聲。可讀爲‘余’‘予’或‘吾’。本篇凡孔子自稱用‘虛’，而季桓子自稱多用‘虗’，説明兩者或有差别。今按：此字疑是季桓子之名。季桓子名斯，見於《春秋》定公十一年。此字上部或是‘虒’，是從虒得聲的字。《左傳》襄公十年‘狄虒彌建大車之輪’，釋文：‘虒音斯’，《漢書・古今人表》正作‘狄斯彌’。”參見簡帛網 2007 年 7 月 9 日《讀〈上博六〉條記》。

③“□”，福田哲之先生曰：“鄙人再次對 1 號簡中的未釋字進行了仔細的觀察，在與其他諸簡的文字進行比較後，發現依‘曷□者’中的未釋字的下方‘又’的字形以及其上方的痕迹可以看出，‘曷□者’中的未釋字有可能與 3 號簡中可見的‘臤’爲同一字。另外，關於簡末的殘缺字，可見如‘自’的字痕，所以簡末的殘缺字也有可能與 3 號簡和 4 號簡中均可見的‘罤’爲同一字。據以上的推定，可對 1 號簡進行如下釋讀：孔子見季桓子。斯問之：曷臤（賢）者是能［6］罤（親）【1 號簡】據此釋文，再次對竹簡的形制、構文、內容進行分析。作爲 1 號簡的下接簡，可讀取以下所示的 4 號簡。仁＝（仁，仁）者是能行聖人之道。女（吾）子罤（親）仁，行聖人之道，則斯【4 號簡】此外，1 號簡末尾處可見的竹簡的縱向裂紋的位置于 4 號簡上部的裂紋處的位置相吻合，斷裂處中竹簡的損傷的類似性也傍證著兩者的綴合。根據以上分析結果，《孔子見季桓子》篇的頭簡可復原如下：孔子見季桓子。斯問之：曷賢者是能親【1 號簡】仁，仁者是能行聖人之道。吾子親仁，行聖人之道，則斯【4 號簡】。”參見簡帛網 2007 年 8 月 6 日《〈孔子見季桓子〉1 號簡的釋讀與綴合》。

“矣”，何有祖先生曰：“1號簡‘能’，原釋文作‘矣’，結合4號簡查看圖版，應是‘能’字。”參見簡帛網2007年7月9日《讀〈上博六〉札記》，又見《中國文字研究》第十六輯《上博楚簡〈孔子見季桓子〉字詞考釋》。李鋭先生曰：“舊曾疑爲‘并’字，參考郭店簡《尊德義》簡28‘速’字所從‘㭽’形（‘㭽’字釋讀參何琳儀先生：《郭店竹簡選釋》，《文物研究》第12輯，203頁；《簡帛研究二〇〇一》，166頁），以及本篇簡15陳劍所釋‘兼’字（陳文加有問號）‘二’形之下的部分，似與‘兼’字更近。因爲字跡漫漶，如果此字確爲‘兼’，此疑讀爲‘貶’；如果爲‘㭽’，當讀爲‘誅’；如果是‘并’，當讀爲‘屏’。均是從簡文和少正卯之事相關出發所做釋讀。如此則簡文開篇當是季桓子責問孔子：孔子見季桓子，䢅（斯）䎽（問）之：害（曷）臤（？賢）者是兼（貶）哉（？）？☐1其下當爲孔子答語，可能缺失不存了。估計是説所誅並非賢者，而是似賢而實邪者。對於此下的編聯，今依陳劍先生的隸定、編聯成果，附以己意，嘗試重新編排。此下可能接簡16。……如此則筆者的新編聯方案是：1、16、9、6、10、8、12+2+7+26+14+11+25、22+19+17+18+13、4+20+3+24、21、23、15、5、27。”參見出土文獻與古文字研究中心2008年3月30日《讀〈孔子見季桓子〉札記》。

【第二簡】矣。”桓子曰：“二道者可得聞歟？”① 夫子曰：“言即至矣，☐。”

【校注】

①“二道”，簡文整理者謂“仁與不仁”。李鋭先生（2007a）認爲：“從簡文上下文來看，所指爲仁人之道與不仁人之道。”陳偉先生曰：“整理者引《孟子·離婁上》孔子語解之：‘道二：仁與不仁而已矣。’今按：據4號簡（詳下）、7號簡所云，‘二道’當指‘聖人之道’與‘仁人之道’。《荀子·解蔽》：‘故仁者之行道也，無爲也。聖人之行道也，無強也。’可參看。”參見簡帛網2007年7月9日《讀〈上博六〉條

記》。陳劍《〈上博（六）·孔子見季桓子〉重編新釋》曰："'二道'即'仁人之道'與'邪民之行'，'道'與'行'義本相通。'邪民'也就是'不仁人'、'非仁人'。"參見出土文獻與古文字研究中心網站 2008 年 3 月 22 日，又見復旦大學出土文獻與古文字研究中心編《出土文獻與古文字研究》第二輯，復旦大學出版社 2008 年出版。

【第三簡】虗中心樂之。"夫子曰："上不罪仁而溥尃，①聞其司於失人，②君夫士品勿。"③

【校注】

①"罪"，陳偉先生曰："親，整理者釋爲'罪'。今按：此字所從的'自'疑是'目'字誤寫，參看上文《景公虐》第 6 條。'親仁'習見於先秦古書，《論語·學而》引孔子語即云：'泛愛衆而親仁。'"參見簡帛網 2007 年 7 月 9 日《讀〈上博六〉條記》。

"溥尃"，陳偉先生曰："附，簡文從糸從父從木，讀爲'附'。其後一字疑是'賢'字異寫"。參見簡帛網 2007 年 7 月 10 日《讀〈上博六〉條記之二》。

"尃"，何有祖先生曰："尃，從原整理者隸定，在此讀作'傅'。在'上'的周圍，有'師'、'保'……21 號簡已經出現'師保'，此處出現'傅'當亦在情理之中。"參見簡帛網 2007 年 7 月 13 日《〈上博六〉札記（三)》，又見《中國文字研究》第十六輯《上博楚簡〈孔子見季桓子〉字詞考釋》。凡國棟先生、何有祖先生曰："尃，從整理者意見，疑當讀作'富'。……'親富不親仁'正與簡文'不親仁而附富'相合。"參見簡帛網 2007 年 7 月 15 日《〈孔子見季桓子〉札記一則》。

②"司"，凡國棟先生、何有祖先生曰："㠯司，原讀作'治'。按之文意，恐當讀作'辭'，指言詞。《禮記·曲禮上》：'毋不敬，儼若思，安定辭。'孔穎達疏：'辭，言語也。'"參見簡帛網 2007 年 7 月 15 日《〈孔子見季桓子〉札記一則》。陳偉先生曰："方，上部是反向書寫的'方'(11 號簡'方'亦然)，原釋文作'司'。"

“失”，陳偉先生讀爲“逸”，“逸人，此處似孔子自謂”，參見簡帛網 2007 年 7 月 10 日《讀〈上博六〉條記之二》。

③“君”，陳偉先生讀爲“乎”，“乎，簡文上部所從的‘虎’有省寫。原釋文疑釋爲‘君’，屬下讀”。參見簡帛網 2007 年 7 月 10 日《讀〈上博六〉條記之二》。何有祖先生曰：“幾，原釋爲‘君’且下讀。陳老師往上讀並釋爲‘乎’。今按：此字從‘几’從‘口’，疑讀作‘幾’，指希望。《左傳》哀公十六年：‘國人望君，如望歲焉，日月以幾。’杜預注：‘冀君來。’陸德明《釋文》：‘幾，音冀，本或作冀。’《漢書·杜欽傳》：‘爲國求福，幾獲大利。’”參見簡帛網 2007 年 7 月 13 日《〈上博六〉札記（三）》。

關於第三簡，陳劍先生讀作“上不罪〈晕—親〉悬（仁），而縈{尃}（敷、布）䎽（聞）亓（其）訇（詞/辭）於徫（逸）人唇（乎）”，參見出土文獻與古文字研究中心網站 2008 年 3 月 22 日《〈上博（六）·孔子見季桓子〉重編新釋》，又見復旦大學出土文獻與古文字研究中心編《出土文獻與古文字研究》第二輯，復旦大學出版社 2008 年出版。李鋭先生讀作：“（斯）中心樂之。’夫子曰：‘上不罪〈晕—親〉悬（仁），而（溥）尃（博）䎽（問）亓（其）訇（詞/辭）於徫（逸）人唇（乎）？夫士，品勿（物）’。”參見出土文獻與古文字研究中心 2008 年 3 月 30 日《讀〈孔子見季桓子〉札記》。

【第四簡】□仁心者盟，[①]能行聖人之道。如子罪仁，行聖人之道，則虗[②]

【校注】

①“盟”，何有祖先生曰：“4 號簡‘是’，原釋爲‘皿（盟）’，應參考第 1、6 號簡釋爲‘是’。簡文讀作‘仁心者是能行聖人之道’。”參見簡帛網 2007 年 7 月 9 日《讀〈上博六〉札記》，又見《中國文字研究》第十六輯《上博楚簡〈孔子見季桓子〉字詞考釋》。

“仁心”，陳偉先生曰：“‘仁’字下有二點標識，整理者以爲合文符，讀作‘仁心’。今按：此處更可能是重文符，其中前一個‘仁’字當屬上讀。是，整理者釋爲‘昷’，讀爲‘盟’或‘明’，於其後斷讀。今按：類似寫法的‘是’字見於上博竹書《曹沫之陳》26、28 號簡和《交交鳴鳥》3、4 號簡等處。其實，寫法大致相同的字，還見於本篇 5 號簡，整理者已連同下一字‘古’讀作‘是故’，在此卻釋爲‘昷’，應該説是一個疏忽。”参見簡帛網 2007 年 7 月 9 日《讀〈上博六〉條記》。

②關於第四簡，李鋭先生讀作：“【桓子曰……】□息（仁心）者是能行聀（聖）人之道。女（若）子罪〈睪—親〉息（仁）、行聀（聖）人之道，則𠫑（斯）。”参見出土文獻與古文字研究中心 2008 年 3 月 30 日《讀〈孔子見季桓子〉札記》。

【第五簡】爲信以事其上，仁其如此也。上唯逃智，亡不亂矣。是故，吾道之，[①]君子行，君子弗見也，[②]吾諭弗見也，[③]吾□弗見也。[④]

【校注】

①“吾”，何有祖先生曰：“語，原釋爲‘魚（吾）’，疑當讀作‘語’，可指俗話、諺語或古書中的話。”参見簡帛網 2007 年 7 月 17 日《讀〈上博六〉札記三則》，又見《中國文字研究》第十六輯《上博楚簡〈孔子見季桓子〉字詞考釋》。

②“君子”，何有祖先生援引楚簡（《内禮》8 號簡）、（《容成氏》52 號簡）等形改釋爲“冠”，爲“從冃、從元”。参見簡帛網 2007.7.09《讀〈上博六〉札記》。林聖峰先生曰：“准此，本句可釋讀爲‘君子行冠弗見（視）也’，然‘行冠’頗爲不辭，‘冠’字當嘗試改讀爲他字以求能通讀理意。檢本簡簡文乃一組句式平齊之排比句：‘君子行冠弗見（視）也，語畬弗見（視）也，魚（?）弗見（視）也’[8]。‘弗視也’黄慧芬引《孟子·萬章》‘非其義也，非其道也，禄之以天下，弗顧也；繫馬千駟，弗視也’説明文中‘弗顧’‘弗視’均有不顧不盼、不理會之意[9]。據此，‘行冠’‘語畬’‘魚（?）’當指

三種負面之作爲而爲君子所不願理會者。衡諸語意，筆者以爲‘冠’字或可讀爲‘忨’，《説文》‘忨，貪也，從心元聲’，昰字季師旭升以爲當‘從冃、從元，元亦聲’，二字聲符相同，自可通假。‘行忨’蓋指行爲貪佞，全句文意可疏釋爲‘君子對於行爲貪佞之人視若罔顧’。本簡前文有一‘[illegible]’字，原釋爲‘信’，林師清源改釋爲‘音今’，從音、今聲，讀爲‘貪’，簡文略可讀爲‘爲貪以事其上……無不亂矣’，於此文意正可前後呼應。”參見簡帛網2008年8月30日《〈上博六·孔子見季桓子〉簡5“君子行忨弗視也……”句疏釋》。

③“吾”，何有祖先生曰：“吾，讀作‘語’。《論語·鄉黨》：‘食不語，寢不言。’”“譣”，“儉，原從僉從曰（或甘）。《淮南子·道應訓》：‘多聞博辯，守之以儉。’《文心雕龍·銘箴》‘李尤積篇，義儉辭碎’”。參見簡帛網2007年7月13日《〈上博六〉札記（三）》，又見《中國文字研究》第十六輯《上博楚簡〈孔子見季桓子〉字詞考釋》。林聖峰先生曰：“黄慧芬將‘㑒’字讀爲‘憸’，‘憸’字有邪佞之意，‘語㑒弗見（視）也’可疏釋爲‘君子對於言語邪佞的人應不予理會’，其説頗切於本簡文意。另外，筆者以爲‘㑒’亦可讀爲‘險’，‘險’字有‘邪也’‘惡也’等負面意義［10］，其用法與‘憸’字相當。又《荀子·正論》‘上幽險則下漸詐矣’之‘險’字楊倞釋爲‘難測也’，據此，或可將‘語㑒’理解爲言語閃爍難測，其意概指小人言談的反覆詭詐、不真誠，此種行爲亦爲君子所不願理會。至於‘魚（?）[illegible]’由文意推斷乃爲與‘行忨’、‘語險’同質之負面行爲，然而由於[illegible]字之形義不明，目前只能暫將之存疑待考。”參見簡帛網2008年8月30日《〈上博六·孔子見季桓子〉簡5“君子行忨弗視也……”句疏釋》。

④“吾□”，何有祖先生曰：“御，原釋爲‘魚’讀作‘吾’。按：當讀作‘御’，指駕馭車馬。周時爲六藝之一。《詩·鄭風·大叔于田》：‘叔善射忌，又良御忌。’《周禮·地官·大司徒》：‘三曰六藝：禮、樂、射、御、書、數。’迅，原從西從角，右上待考。迅指速度很快。劉向《九嘆·惜賢》：‘挑揄揚汰，盪迅疾兮。’《史記·趙世家》所載趙之先

祖，古之善御者，曾日馳千里馬，其御當可用‘迅’來形容。”參見簡帛網2007年7月13日《〈上博六〉札記（三）》，又見《中國文字研究》第十六輯《上博楚簡〈孔子見季桓子〉字詞考釋》。

高佑仁先生曰：“釋字形下半偏旁爲‘角’，楚簡‘角’字多見，作（包·180）、（包·18），（曾侯乙墓編磬石刻），與△字下半所從偏旁不同，我們將△與前述季桓子之名作比較如下：‘’（△）（簡3）、（簡4）。比對字形會發現△字下半所從實即‘虒’字，當作爲聲符之用，具體讀法待考。”參見簡帛網2007年9月8日《〈孔子見季桓子〉札記（一）》。

關於第五簡，李鋭先生讀作：“爲信（？詝?）㠯（以）事亓（其）上，㤅（仁）亓（其）女（如）此也。上唯逃（陶），智（知）亡（無）𤔔不（亂）矣。是故魚（虞）道之君子，行，冠弗視也；吾（語），𠁁弗視也；魚（虞），□弗視也，□□。”參見出土文獻與古文字研究中心2008年3月30日《讀〈孔子見季桓子〉札記》。

【第六簡】繇仁歟，害君子聽之？”①桓子曰：“如夫仁人之未對其□。”②

【校注】

①“君子”，何有祖先生曰：“‘冠’，原釋爲‘君子’。按：楚簡有‘冠’字作：（《内禮》8號簡）（《容成氏》52號簡）與之形同。字當分析爲從冃從元，讀爲‘冠’。”參見簡帛網2007年7月9日《讀〈上博六〉札記》。

“害”，蘇建洲先生曰：“簡6‘☑繇（由）㤅（仁）㢑（歟）？害（蓋）［37］君子䎽（聽）之。’其中‘害’字作：（簡影）（摹本）。此字偏旁又見於《天星觀》作：（《楚系簡帛文字編》頁65）。《楚文字編》列爲不識字，並加注釋説：‘疑爲管字’。［38］其實，李家浩先生早就指出此字與《古文四聲韻》卷四泰韻‘害’字引《古孝經》作者相似，並説此字當釋爲‘菨’，《方言》卷三‘蘇、芥，草也。……沅湘之南或謂之菁'，郭璞注：'今長沙人呼野蘇爲菁。'菁在天星觀楚墓竹簡中用作占卜的工具，當是以野蘇之莖爲之。[39] 今由《孔子見季桓子》簡6的'害'字，證明李家浩先生說法可信。"參見簡帛網2007年8月26日《讀〈上博（六）·孔子見季桓子〉筆記之二》。

②關於第六簡，李銳先生讀作："口口口繇（由）悬（仁）歬（歟）？害（蓋）君子聣（聽）之。桓子曰：女（若）夫悬（仁）人之未察，亓（其）行（？）口口。"參見出土文獻與古文字研究中心2008年3月30日《讀〈孔子見季桓子〉札記》。

【第七簡】吾子勿聞，故將以告仁人之道，衣備此中，[①]觀侼不求，[②]羸收人不增[③]

【校注】

①"衣"，陳偉先生曰："卒，原釋文作'衣'。楚簡中，衣、卒多混用。這裏依文意釋之。"參見簡帛網2007年7月10日《讀〈上博六〉條記之二》。

②"觀侼不求"，何有祖先生曰："'貌'，原釋爲'侼'。簡文可以分析爲從人、爻、口、心。楚簡中有從人從爻的字……簡文亦當讀爲'貌'。'貌'前一字，原釋爲'觀'，主體部分似從公從見，疑當釋爲'容'。《論語·泰伯》：'君子所貴乎道者三：動容貌，斯遠暴慢矣；正顏色，斯近信矣；出辭氣，斯遠鄙倍矣。'《史記·老子韓非列傳》：'良賈深藏若虛，君子盛德，容貌若愚。''隶'可讀作'隸'，指研習。《史記·劉敬叔孫通列傳》：'上既觀，使行禮，曰："吾能爲此。"迺令羣臣習隸，會十月。'這裏指不大講究容貌。"參見簡帛網2007年7月9日《讀〈上博六〉札記》。

"觀侼不求羸收人"，趙苑夙先生以爲當作"容貌不求盈于人"，參見簡帛網2007年7月10日。董珊先生曰："'容貌不逮'，'容貌'從何有祖釋，'不隶'讀爲'不逮'，謂容貌不及。"參見簡帛網2007年7月10日《讀〈上博六〉雜記》。

趙苑夙先生曰："根據以上分析，簡 7 整理者將之釋爲‘觀俘不求收人’的一段文字，當讀爲‘容貌不求盈於人’意指仁人不求容貌能驕傲於他人，上文‘衣服必中’指仁人穿衣有常、合於中庸之道，皆在説明仁人的外在表現。簡 17 最後有‘此與（邪）民也’之語，可知其前‘皆求盈於人’之主語當爲‘邪民’，［10］指邪民希求容貌能驕傲於他人，簡 13 説邪民‘色不樸’可相參照。”參見簡帛網 2008 年 6 月 28 日《論〈孔子見季桓子〉之“盈於人”》。

③“肰收”，何有祖先生曰："異，原釋爲‘肰’。按：此字也見于 17 號簡，當釋爲‘異’。於，原釋爲‘收’。”參見簡帛網 2007 年 7 月 13 日《〈上博六〉札記（三）》，又見《中國文字研究》第十六輯《上博楚簡〈孔子見季桓子〉字詞考釋》。蘇建洲先生曰："筆者以爲釋爲‘肰’，恐怕還是比較合理，可以比對下列‘肰’與‘暴’字。”參見簡帛網 2007 年 7 月 24 日《讀〈上博六·孔子見季桓子〉筆記》。趙苑夙先生曰："……當釋爲‘肰’。‘肰’字在此兩簡中或可讀爲‘盈’，‘盈’爲余母耕部，而從‘肰’之‘蠃’、‘羸’等字亦爲余母耕部，聲韻皆同。‘盈’有‘盈滿’‘多’之意，引申而有‘驕傲’‘自滿’的意思，如《易·謙卦·彖》：‘人道惡盈而好謙’。”參見簡帛網 2008 年 6 月 28 日《論〈孔子見季桓子〉之“盈於人”》

“衣備此中觀俘不求肰收人不增”，蘇建洲先生曰："簡 7‘息（仁）人之道，衣［26］備（服）此（?）中，容貌不隶［27］，異於［28］人不△’。其中‘△1’作：（△1）（△2）而《包山》140 有字作‘△2’，李家浩先生釋爲‘賄’。［29］字形與‘△1’接近，不排除‘△1’右旁是‘宜’字的訛變，可以隸定爲‘埴’。簡文讀作‘容貌不隶，異於人不宜’。”參見簡帛網 2007 年 8 月 26 日《讀〈上博（六·）孔子見季桓子〉筆記之二》。

關於第七簡，李鋭先生讀作："吾子勿聒（問），古（故）將㠯（以）告。息（仁）人之道，卒（衣）備（服）北（必）中，䫀（頌—容）佁（貌）不求異於人，不□。”參見出土文獻與古文字研究中心

2008年3月30日《讀〈孔子見季桓子〉札記》。

【第八簡】也。親有易佼也，①而無以享者，②豜矣。③唯非仁人也，乃④

【校注】

①“親有易佼”，陳偉先生曰：“第一字，整理者隸作從‘亲’從‘攵’之字，讀爲‘親’。今按：此字與郭店竹書《語叢四》8號簡中的兩個‘竊’字類似，疑當釋爲‘竊’，謙詞。第三字，整理者釋爲‘易’。第四字，整理者讀爲‘佼’或‘教’，姑且讀爲‘效’。”參見簡帛網2007年7月9日《讀〈上博六〉條記》。

②“享”，陳劍先生曰：“疑當釋爲‘合’。待考。”參見出土文獻與古文字研究中心網站2008年3月22日《〈上博（六）·孔子見季桓子〉重編新釋》，又見復旦大學出土文獻與古文字研究中心編《出土文獻與古文字研究》第二輯第164頁，復旦大學出版社2008年出版。

林聖峰先生曰：“筆者認爲就字形而言，爲‘亯’字之可能性極高。……林師清源於課堂討論時認同將此字釋爲‘亯’之説法，並將下文從爻從勿之字讀爲‘肴’，全句通讀爲‘而無以亯諸肴矣’，語義較陳劍將從爻從勿之字釋爲‘此’，而通讀爲‘而無以合？諸此矣’通順。”參見簡帛網2008年7月12日《讀〈上博六·孔子見季桓子〉札記三則》。

③“易佼也而無以享者豜”，陳劍先生曰：“簡8前一‘此’字，原釋爲‘易’；簡8後一‘此’字，原隸定作‘豜’，分析爲‘從勿，爻聲’，讀爲‘狡’；梁靜（2008）讀爲‘郊’。”參見出土文獻與古文字研究中心網站2008年3月22日《〈上博（六）·孔子見季桓子〉重編新釋》，又見復旦大學出土文獻與古文字研究中心編《出土文獻與古文字研究》第二輯，復旦大學出版社2008年出版。

④關於第八簡，李鋭先生讀爲“……☐也。□又（有）此佁（貌）也，而亡（無）吕（以）亯（？合？）者（諸）豜矣。唯非悬（仁）人

也，乃”，參見出土文獻與古文字研究中心2008年3月30日《讀〈孔子見季桓子〉札記》。

【第九簡】仁爰仁而進之，不仁人弗得進矣，治得不可人而歟？[①]

【校注】

①關於第九簡，李鋭先生讀作：“☐☐悬（仁）爰（援）悬（仁）而進之，不悬（仁）人弗得進矣，訂（治）得不可（攷）人而與（歟）？□□□□□□。”參見出土文獻與古文字研究中心2008年3月30日《讀〈孔子見季桓子〉札記》。

關於第九簡的拼合，蘇建洲先生曰：“筆者以爲簡2或可與簡9拼合，即：矣。桓子曰：二道者，可得聒（聞）弃（歟）？夫子曰：言即至矣，唯【2】□悬（仁）孚（勵）悬（仁）而進之，不悬（仁）人弗得進矣，訂（治）得不可（攷）人而與（歟）？【9】。”參見簡帛網2007年8月26日《讀〈上博（六）·孔子見季桓子〉筆記之二》。

【第十簡】佰，可明而智歟？”[①]夫子曰：“吾聞之，唯仁人□□[②]

【校注】

①“明”，何有祖先生曰：“‘名’，原釋爲‘明’。按：此當釋爲‘名’，疑指形容。《論語·泰伯》：‘大哉，堯之爲君也！巍巍乎，唯天爲大，唯堯則之！蕩蕩乎，民無能名焉！’朱熹《集注》：‘言物之高大，莫有過於天者，而獨堯之德能與之准。故其德之廣遠，亦如天之不可以言語形容也。’”參見簡帛網2007年7月13日《〈上博六〉札記（三）》，又見《中國文字研究》第十六輯《上博楚簡〈孔子見季桓子〉字詞考釋》。

②關於第十簡，李鋭先生讀作：“尻（處），可明而智（知）與（歟）？夫子曰：吾聒（聞）之，唯悬（仁）人也，□☐。”參見出土文

獻與古文字研究中心2008年3月30日《讀〈孔子見季桓子〉札記》。

【第十一簡】賜與仁人（?）者也。[①]夫民虐之，求其術多方焉。[②]

【校注】

①“”，陳劍先生曰：“‘迏’字原作如下之形：整理者原摹而未釋。其除去‘辵’旁後的部分從‘戈’形很明顯，梁靜（2008）將這部分釋爲‘或’。其‘戈’旁的長横筆上多出一飾筆，梁靜（2008）已舉出《上博（二）·民之父母》簡13‘或’字作爲證，甚確。但其‘戈’旁下方、‘止’旁的上方是一長横筆，跟‘或’形的區別還是頗爲明顯的。此字除去‘辵’旁後的部分就是‘弍（式）’字。‘式’字《説文》古文從‘弋’形，但古文字中本多從‘戈’作‘弍’。簡文‘此與（與）㤅（仁）人弍（式/貳/二）者也’，‘二’意爲‘兩樣’、‘不同’‘相反’。《荀子·儒效》（又《王制》有略同之語）：‘言道德之求，不二後王。道過三代謂之蕩，法二後王謂之不雅。’”參見出土文獻與古文字研究中心網站2008年3月22日《〈上博（六）·孔子見季桓子〉重編新釋》，又見復旦大學出土文獻與古文字研究中心編《出土文獻與古文字研究》第二輯，復旦大學出版社2008年出版。

②“民虐之求其術多方”，何有祖先生曰：“與，原釋爲‘民’。按：此字與‘民’不類。筆劃雖有殘失，仍能辨識出是‘與’。罷，原釋爲虐，字見于12、19号簡。李鋭先生釋爲‘罷’，甚是。民，原釋爲‘求’，字當釋爲‘民’。‘與罷之民’，也見于12號簡。遂，原釋爲‘述’。遂，指通达。《吕氏春秋·圜道》：‘日夜不休，宣通下究，瀸於民心，遂於四方。’高诱注：‘遂，達。’《史記·孟子荀卿列傳》：‘荀卿嫉濁世之政，亡國亂君相屬，不遂大道而營於巫祝，信禨祥。’方，指方法、途經。《左傳》昭公三十年：‘彼出則歸，彼歸則出，楚必道敝。亟肄以罷之，多方以誤之……必大克之。’不過，方也可能讀作‘謗’。

《競建内之》7 號簡有‘遠者不謗’，其中‘謗’即寫作‘方’。‘謗’在此當指民對行政的譏評。”參見簡帛網 2007 年 7 月 13 日《〈上博六〉札記（三)》，又見《中國文字研究》第十六輯《上博楚簡〈孔子見季桓子〉字詞考釋》。

關於第十一簡，李鋭先生讀作：“此與（與）悬（仁）人弍（弍/貳/二）者也。夫與（邪）蝺（僞）之民，亓（其）述（術）多方。女（如）□□□□☐。”參見出土文獻與古文字研究中心 2008 年 3 月 30 日《讀〈孔子見季桓子〉札記》。

【第十二簡】其賜與覤之民，① 亦以其勿審二逃者以觀於民，唯有訠弗遠②

【校注】

①“其賜”上，陳劍先生作“其物”，並且在“物”下斷句，曰：“前一‘亓（其）勿（物）’上殘去之字當是‘己（以)’，其主語當爲‘悬（仁）人’，觀下文自明。”參見出土文獻與古文字研究中心網站 2008 年 3 月 22 日《〈上博（六）·孔子見季桓子〉重編新釋》，又見復旦大學出土文獻與古文字研究中心編《出土文獻與古文字研究》第二輯第 164 頁，復旦大學出版社 2008 年出版。

“覤”，蘇建洲先生曰：“筆者以爲這些字形實不從目，簡文字形應該釋爲‘虘’，讀爲‘間’。……筆者認爲這些‘虘’字可以讀爲‘間’，二者皆爲來紐魚部，雙聲疊韻，古籍常見通假。”參見簡帛網 2007 年 7 月 24 日《讀〈上博六·孔子見季桓子〉筆記》。

“與覤之民”，李鋭先生曰：“‘與罜之民’當爲專門名詞，疑讀爲‘誇虚之民’。”

②“訠”，何有祖先生曰：“信，原右部未釋出。此字右部雖由于竹簡的變形而略往下移動，但仍可看出與 5 號簡‘信’字右部同，字當釋爲‘信’。”參見簡帛網 2007 年 7 月 13 日《〈上博六〉札記（三)》，又見《中國文字研究》第十六輯《上博楚簡〈孔子見季桓子〉字詞考釋》。

關於第十二簡，李鋭先生讀作："亓（其）勿（㫚）。與（邪）蝺（僞）之民，亦㠯（以）亓（其）勿（物）。審二逃（道）者㠯（以）觀於民，唯（雖）又（有）□（過?），弗遠。"参見出土文獻與古文字研究中心 2008 年 3 月 30 日《讀〈孔子見季桓子〉札記》。

【第十三簡】□賜與民也，[①]昂不僕此，言不願見於君子，[②]大爲勿聑，昜與民

【校注】

①"□"，何有祖先生曰："拜，原釋文未釋。按：此字與 15 號簡拜字同，疑當釋爲'拜'。"参見簡帛網 2007 年 7 月 13 日《〈上博六〉札記（三）》，又見《中國文字研究》第十六輯《上博楚簡〈孔子見季桓子〉字詞考釋》。"與民"，陳劍先生曰："按'與民'跟'仁人'相對，顯然應讀爲'邪民'。'與'字本從'牙'得聲，'與'就是'牙'的變形（參看裘錫圭先生 1992，頁 84—85），古書'與'跟'邪'相通之例習見（參看高亨、董治安 1989，頁 846—847）。'邪民'指奸邪的百姓。"参見出土文獻與古文字研究中心網站 2008 年 3 月 22 日《〈上博（六）·孔子見季桓子〉重編新釋》，又見復旦大學出土文獻與古文字研究中心編《出土文獻與古文字研究》第二輯，復旦大學出版社 2008 年出版。

②"願"，陳偉先生曰："欺，從丌從心。相同的字見於郭店竹書《語叢四》13 號簡。原釋文作'忨'，不確。"参見簡帛網 2007 年 7 月 10 日《讀〈上博六〉條記之二》。

【第十四簡】不飤五穀，嗚居危杒，[①]則不難乎？[②]戱與民之行也。[③]好砌嬍以爲茁[④]

【校注】

①"嗚"，陳偉先生曰："宴，原釋文作'嗚'。今按：此字下部是反書的'女'，實當釋爲'宴'，安閒義。"参見簡帛網 2007 年 7 月 10 日《讀〈上博六〉條記之二》。何有祖先生曰："'擇'，原釋爲'嗚'，陳

偉老師改釋爲‘宴’，［9］按：此字上部從目，下部從矢，即‘擇’字。……簡文‘擇居危杆（岸）’仍屬于‘擇處’的行爲。”參見簡帛網2007年7月13日《〈上博六〉札記（三）》，又見《中國文字研究》第十六輯《上博楚簡〈孔子見季桓子〉字詞考釋》。

“杒”，陳偉先生曰：“杆，何有祖君釋。今按：恐當讀爲‘岸’，指水邊高起之地。”參見簡帛網2007年7月10日《讀〈上博六〉條記之二》。

②“則”，何有祖先生曰：“豈，原釋爲則。按：此字與‘則’不類，疑爲‘豈’字變體，楚簡豈字寫作：《内禮》8號簡《魯邦大旱》6號簡頗爲相近。字當釋爲剴（豈）。《説苑・尊賢》‘君不能用所輕之財，而欲使士致所重之死，豈不難乎哉？’”參見簡帛網2007年7月14日《讀〈上博六〉札記（四）》。陳劍先生説同。林聖峰先生曰：“簡14有一字，原考釋者釋爲‘則’［9］，［10］。簡14文句爲‘不食五穀，擇處危岸，不難乎’，揆諸文義當以‘豈’字爲佳，何、陳二家如此改釋於字形及語義上皆較優於原考釋者，其説當可從。”參見簡帛網2008年7月12日《讀〈上博六・孔子見季桓子〉札記三則》。

③“戭”，陳劍先生曰：“‘戭’字原作如下之形：整理者原釋爲‘戭’，引包山簡、《上博（五）・季康子問於孔子》簡8‘戭’字及《上博（三）・周易》簡45用爲“井洌”之“洌”之字等爲説……‘戭’、‘敃’無疑並即‘殹’字異體。………‘殹’讀爲‘抑’表轉接……‘（殹）’字亦應讀爲表轉接的‘抑’（凡國棟2007）。”參見出土文獻與古文字研究中心網站2008年3月22日《〈上博（六）・孔子見季桓子〉重編新釋》，又見復旦大學出土文獻與古文字研究中心編《出土文獻與古文字研究》第二輯，復旦大學出版社2008年出版。

“則不難乎戭”，陳偉先生以爲當作“則不難乎烈（厲）”，曰：“乎，連詞，同‘而’。烈，讀爲‘厲’。”參見簡帛網2007年7月10日《讀〈上博六〉條記之二》。

④“砌”，李鋭先生讀爲“厚”。何有祖先生曰：“本簡此字疑可讀

作‘恃’‘託’，或‘都’。”參見簡帛網 2007 年 7 月 13 日《〈上博六〉札記（三）》，又見《中國文字研究》第十六輯《上博楚簡〈孔子見季桓子〉字詞考釋》。

關於第十四簡，李鋭先生曰：“☐不飤（食）五穀（穀），睪（?擇?）凥（處）危杆（岸）。’剴（豈）不難唇（乎）? 殹（殹—噫）! 舁（與—邪）民之行也，孚（好）刓岦（媺/美）㠯（以）爲苎□，☐。”參見出土文獻與古文字研究中心 2008 年 3 月 30 日《讀〈孔子見季桓子〉札記》。

【第十五簡】君子恒以衆福，後拜四方之位以動。[①]君子眝之，以其所眝眭之，以其所欲知不行矣，[②]不僭□絶以爲紀，[③]拜賜民[④]

【校注】

①“動”，蘇建洲先生曰：“簡 15‘君子亟（恒）㠯（以）衆福，句（周［35］）拜四方之立（位）㠯（以）△’，（△）。‘△’整理者釋爲童（動），但是‘童’應從‘目’形，‘△’顯然不合此條件。此字上恐從‘酉’得聲，或釋爲‘酒’?”參見簡帛網 2007 年 8 月 26 日《讀〈上博（六）·孔子見季桓子〉筆記之二》。

②“君子眝之以其所眝眭之以其所欲知不行矣”，陳偉先生曰：“窺，簡文從圭從視。原釋文讀作：‘君子眝之，以其所眝眭之，以其所欲知不行矣。’今按，從‘視’從‘圭’的字亦見於上博竹書《容成氏》10 號簡，簡文讀作‘余穴窺焉’。‘眝之以其所眝，窺之以其所欲’略呈對句，宜斷讀如上。”參見簡帛網 2007 年 7 月 9 日《讀〈上博六〉條記》。

③“□”，何有祖先生曰：“‘絶’前一字原未釋，從圖版看與下文‘拜’字同，似當釋爲‘拜’。”參見簡帛網 2007 年 7 月 9 日《讀〈上博六〉札記》。

④關於第十五簡，李鋭先生讀作："君子丞（恒）吕（以）衆福，句（周）拜（？）四方之立（位）吕（以）童（動）。君子〈蜀（足）〉之吕（以）其所昰〈蜀（足）〉，視（規）之吕（以）亓（其）所谷（欲），智（知）不行（矣）。不僭（？）兼（？），𢇍（絶）吕（以）爲㠯（己）兼（？），此民□［□□］"參見出土文獻與古文字研究中心 2008 年 3 月 30 日《讀〈孔子見季桓子〉札記》。

【第十六簡】者也。如此者，焉與之欺？而察問其所教，[1]先

【校注】

①"察"，原作"對"；"教"，原闕，陳偉先生曰："察，尚見於 18 號簡、27 號簡，原釋文皆爲'𡭊'，讀爲'對'。教，尚見於 18 號簡，原釋文並缺釋。"參見簡帛網 2007 年 7 月 10 日《讀〈上博六〉條記之二》。據改、補。

【第十七簡】□旨求異於人，[1]閑車衛，興、[2]道、學稱、[3]言，不振其所，[4]皆同其□，[5]此易民也。[6]

【校注】

①"旨"，何有祖先生曰："'求'前一字，原釋爲'旨'，從殘存筆劃看，應改釋爲'皆'。"參見簡帛網 2007 年 7 月 9 日《讀〈上博六〉札記》。

②"興"，趙苑夙先生曰："筆者贊陳劍之斷句，但認爲'興'或可讀爲'輕'，'興'爲曉母蒸部，'輕'爲溪母耕部，'曉'母、'溪'母發音部位相近，在上古同爲喉音，從'巠'得聲之'蛵'字即爲曉母字；'蒸'、'耕'二韻相近，有通假之例。"參見簡帛網 2008 年 6 月 24 發《釋〈孔子見季桓子〉簡 17"興道學淫，言不當其所"》。

③"稱"，何有祖先生曰："禁，原釋爲'爯（稱）'。按：楚簡爯（稱）字作：、、（《魯穆公問子思》1、3、5 號簡），與簡文不

類。字疑當釋爲‘禁’。”參見簡帛網 2007 年 7 月 17 日《讀〈上博六〉札記三則》，又見《中國文字研究》第十六輯《上博楚簡〈孔子見季桓子〉字詞考釋》。徐在國先生、黄德寬先生釋“”爲“坙”，以音近假借爲“禁”。陳劍先生曰：“簡文此字與之相較，其中竪上方的右邊多出一斜筆，此猶古璽‘巠’旁之或作‘’（《古璽彙編》1979—1981、1983—1984 等）。有不少學者已經指出，戰國文字‘淫’‘涇’兩字形近，多有互訛之例。其上述變化，也正相平行。又如‘重’字本作（郭店《唐虞之道》簡 19），楚簡多變作（郭店《成之聞之》簡 10）類形，也是逆向的同類變化的例子。《上博（五）·三德》簡 17 有一個字，據以上所述頗疑當釋爲‘呈’。俟另考。”參見出土文獻與古文字研究中心網站 2008 年 3 月 22 日《〈上博（六）·孔子見季桓子〉重編新釋》，又見復旦大學出土文獻與古文字研究中心編《出土文獻與古文字研究》第二輯，復旦大學出版社 2008 年出版。

④“振”，何有祖先生曰：“‘當’，原釋爲‘辰（從立）（振）’。按：此字上部與‘辰’有别，疑可看作從尚從立，上博五《姑成家父》7 號簡有‘當’字作，與之形近。字疑釋爲‘當’。《國語·晋語第十四》‘威與懷各當其所則國安矣’。《淮南子·原道訓》‘夫形者，非其所安也，而處之則廢氣不當其所。’”梁静、陳劍等學者之説同。

⑤“□”，陳偉先生曰：“皆，原釋文未釋。今按：此字從虍從皆，見於上博竹書《子羔》1 號、9 號簡等處，用爲‘皆’。”參見簡帛網 2007 年 7 月 9 日《讀〈上博六〉條記》。

“興道學稱言不振其所皆同其□”，陳劍先生讀爲“興道學坙（淫），言不堂（當）亓（其）所，虘（皆）同亓（其）□。”

⑥“易”，何有祖先生曰：“與，原釋爲昜（易）。9、10、11 號簡有‘與’字形同。字當釋爲‘與’。”參見簡帛網 2007 年 7 月 14 日《讀〈上博六〉札記（四）》。

關於第十七簡，李鋭先生讀作：“☐□皆求異於人，壛（閑）輦（車）戔（衛），興道學，坙（淫）言不㙰（當）亓（其）所，虘（皆）

同亓（其）□，此與（與一邪）民也。”參見出土文獻與古文字研究中心2008年3月30日《讀〈孔子見季桓子〉札記》。

【第十八簡】行年，民久問教，不對不倞，其行□（板?）□□（哀?）□（與?）①

【校注】

①“板□”，何有祖先生曰：“‘板’後一字原未釋，從圖版看此字從共從心，應釋爲‘恭’。”參見簡帛網2007年7月9日《讀〈上博六〉札記》。

關於第十八簡，李鋭先生曰：“行年民（彌?）舊（久），䎽（聞）學（教）不察不倞（依?）；亓（其）行板（?）恭（?）哀（?）與（?）▨。”參見出土文獻與古文字研究中心2008年3月30日《讀〈孔子見季桓子〉札記》。

【第十九簡】微言之情?”夫子曰：“與虐之民，衣服好禮□□①

【校注】

①“虐之民衣服好禮”，何有祖先生曰：“罡，從李鋭先生釋。‘圖’，整理者釋爲‘禮’。按：此字從者從心，即楚簡常見的圖字寫法。字當讀作‘圖’，指谋划。《詩·大雅·崧高》：‘我圖爾居，莫如南土。’《墨子·修身》：‘多力而伐功，雖勞必不圖。’”參見簡帛網2007年7月13日《〈上博六〉札記（三）》，又見《中國文字研究》第十六輯《上博楚簡〈孔子見季桓子〉字詞考釋》。

關於第十九簡，李鋭先生讀作：“岂（微）言之䜭（乎）?”夫子曰：“與（邪）蝺（僞）之民，卒（衣）備孚（服）孚（好）□，□□。”參見出土文獻與古文字研究中心2008年3月30日《讀〈孔子見季桓子〉札記》。

【第二十簡】未足，孰敢譕之？[①]如夫見人不狡，[②]聞禮不倦，[③]則[④]

【校注】

①“孰”，陳劍先生隸定爲“剴”，讀爲“豈”。

②“狡”，陳偉先生曰：“猒，原釋文從肙從爻，整理者釋爲‘□’，讀爲‘狡’。今按：此字左旁爲楚簡‘猒’之所從，右旁疑是‘犬’形之訛，應是‘猒’，通作‘厭’。‘不厭’與‘不倦’相對。”參見簡帛網2007年7月9日《讀〈上博六〉條記》。蘇建洲先生曰：“建洲按：釋爲‘厭’可從，但是字形右旁從‘女’形，與‘女’作（《璽彙》3580）及《競建》04（安）的‘女’旁同形，可見字應釋爲‘娟’，影紐元部，可音近讀爲‘厭’，影紐談部。聲韻關係如同楚簡常見‘猒’可讀爲‘厭’（影談）或‘怨’（影元）。”參見簡帛網2007年7月23日《〈上博六·孔子見季桓子〉小札二則》。

③“倦”，整理者原隸定作“券”，據李鋭先生之説改，參見李鋭《〈孔子見季桓子〉新編（稿）》，簡帛網2007年7月11日。

④關於第二十簡，李鋭先生讀作：“不足，豞〈剴？—豈〉敢謊（望）之？女（若）夫旻（見）人不猒（猒—厭），䎽（問）豊（禮）不券（倦），則☐。”參見出土文獻與古文字研究中心2008年3月30日《讀〈孔子見季桓子〉札記》。

【第二十一簡】者，君子㥁（？）紀而立仔，保慎其禮樂，[①]逃其[②]

【校注】

①“者君子㥁紀而立仔保慎其禮樂”，何有祖先生曰：“‘德’，原釋文直接隸定而存疑。此當是‘德’字。‘立’後一字，原釋爲‘仔’，應釋爲‘師’。‘師保’古時任輔弼帝王和教導王室子弟的官，有師有保，統稱‘師保’。《易·繫辭下》：‘無有師保，如臨父母。’《書·太甲中》：‘既往背師保之訓，弗克于厥初，尚賴匡救之德，圖惟厥終。’‘師

保’在簡文中當負責君子方方面面的教育，故此處言‘師保慎其禮樂’。”參見簡帛網 2007 年 7 月 9 日《讀〈上博六〉札記》。陳偉先生曰：“值，恐當讀爲‘植’，猶‘立’。師，何有祖君改釋［3］，屬下讀，以爲‘師保’指輔弼帝王和教導王室子弟的官。今按：釋‘師’是，然恐仍屬上讀。師，指民衆、徒衆。《詩·大雅·文王》：‘殷之未喪師，克配上帝。’鄭玄箋：‘師，衆也。’《左傳》哀公五年：‘師乎，師乎，何黨之乎！’‘植己’與‘立師’對言。”參見簡帛網 2007 年 7 月 10 日《讀〈上博六〉條記之二》。

何有祖先生曰：“此句原釋文作‘君子德昌（紀）而立仔保，慎亓（其）禮樂’，其中的‘仔’，隸定顯然有誤，我們曾認爲就是楚簡中常見的‘師’字。［2］其後學者們做有新的釋文：陳偉老師釋作‘君子值（植）己而立師，保慎亓豊樂’，李鋭先生釋作‘君子德昌（紀）而立仔（師）保，慎亓（其）禮樂’。按：各家所做釋文雖仍有不足，但也各有所取之處。如昌，讀作‘己’，‘師保’屬上讀的意見皆可從。我們認爲釋文可作：‘君子德（直）昌（己）而立師保，慎亓（其）禮樂，逃亓（其）……。’其中‘德’，讀作‘直’。‘直己’謂自身守正不阿。”參見簡帛網 2007 年 7 月 14 日《讀〈上博六〉札記（四）》。

范常喜先生曰：“經過上述諸家的討論，此段文意已基本清楚，尤其是何有祖先生最後所作的總結性釋文和斷句也基本可從，只是其中將‘㥁（德）’讀作‘直’似乎不必。我們認爲‘德’可如字讀，‘德己’是古漢語中較爲常見的名詞動用，可以釋爲‘使自己有德’，這與後文所云‘立師保’的舉措正好相照應。”參見簡帛網 2007 年 7 月 25 日《讀〈上博六〉札記六則》。

②關於第二十一簡，李鋭先生讀作：“□□□□□者，君子德昌（己）而立仔（師）保，慎亓（其）禮樂，逃（道）亓（其）☐。”參見出土文獻與古文字研究中心 2008 年 3 月 30 日《讀〈孔子見季桓子〉札記》。

【第二十二簡】迷，①言之則恐尤巠子。”②桓子曰：“𧆞不赴，③巠子迷，言之猶恐弗知，恍其如……”④

【校注】

①“迷”，李鋭先生釋爲“迷”，讀爲“類”，參見簡帛網2007年8月22日《〈孔子見季桓子〉重編》。陳偉先生曰：“審，本簡二見，整理者釋爲‘迷’。今按：此字被看作‘米’形的部分也可能是‘釆’，應釋爲從‘釆’得聲的‘審’字，詳明的意思。”參見簡帛網2007年7月24日《〈孔子見季桓子〉22號簡試讀》。楊澤生先生曰：“‘迷言’，我們懷疑應該讀作‘邇言’。古書‘迷’和從‘爾’聲的‘彌’字相通，從‘米’得聲的‘敉’和‘眯’也都跟‘彌’可以相通，［6］故簡文‘迷’可讀作‘邇’。‘邇言’就是淺近、直白之言。《禮記·中庸》：‘舜好問而好察邇言。’鄭玄注：‘邇，近也。近言而善，易以進人，察而行之也。’朱熹《集注》：‘邇言者，淺近之言。’《漢書·揚雄傳下》：‘假言周于天地，贊于神明，幽弘横廣，絶于邇言。’顔師古注引李奇曰：‘理過近世人之言也。’簡文‘邇言’用作動詞。”參見簡帛網2007年7月24日《讀〈上博六〉札記（三則）》，又見《中國文字研究》第十六輯《上博楚簡〈孔子見季桓子〉字詞考釋》。陳劍先生《〈上博（六）·孔子見季桓子〉重編新釋》曰：“我認爲‘迷言之’當釋讀爲‘悉言之’，‘悉’訓爲‘盡’‘全’或‘詳細’，承上文‘多方’而言，意義上自然是再合適不過了。”參見出土文獻與古文字研究中心網站2008年3月22日，又見復旦大學出土文獻與古文字研究中心編《出土文獻與古文字研究》第二輯，復旦大學出版社2008年出版。雷黎明先生曰：“我們認爲此[illegible]字當從整理者釋爲‘迷’，如字讀，但‘迷言’不當斷讀，‘迷言’即‘迷惑於言’。《説文》：‘迷，或也。從辵，米聲。’‘或’、‘惑’古今字。《爾雅·釋言》：‘迷，惑也。’‘迷’表示‘惑’義正與本篇第27簡‘此以不惑，而民道之’句中的‘惑’字相映。”參見出土文獻與古文字研究中心網站2009年3月5日《試析上博簡〈孔子見季桓子〉第22簡中的“吾子”》。

②“尤”，陳偉先生曰：“舊，整理者讀爲‘尤’，責怪義。恐當讀爲‘咎’。”參見簡帛網2007年7月24日《〈孔子見季桓子〉22號簡試讀》。李鋭先生讀爲“憂”。陳劍先生曰：“‘舊’最直接的讀法是依其常見用法讀爲‘久’，《禮記·儒行》：‘哀公曰：“敢問儒行。”孔子對曰：“遽數之不能終其物，悉數之乃留，更僕未可終也。’鄭玄注：‘留，久也。’似頗可與簡文‘悉言之則恐久’相印證。但‘久吾子’實在講不通，會否‘吾子’文字有誤，或其下有脱文，疑莫能定。”參見出土文獻與古文字研究中心網站2008年3月22日《〈上博（六）·孔子見季桓子〉重編新釋》，又見復旦大學出土文獻與古文字研究中心編《出土文獻與古文字研究》第二輯，復旦大學出版社2008年出版。

“巠子”，陳偉先生曰：“‘吾子’二字于22號簡兩見，原釋文作‘巠子’，考釋云：‘巠子，疑人名。’今按：此字上部，疑是‘虎’形之訛，下部作‘壬’形，屬於楚簡中‘吾’字的習見寫法。本著這一想法，回過來看19號簡中‘夫子’上一字，上部所從亦應是虎形之訛，因而此字屬於楚簡中‘乎’字的一種寫法，例如上博竹書《仲弓》15、25號簡，《簡大王泊旱》3、21、23號簡所見。”參見簡帛網2007年7月9日《讀〈上博六〉條記》。

③“赴”，濮茅左先生認爲：“‘赴’，通‘報’，《集韻》：‘報，疾也。’急速，《禮記·少儀》：‘毋報往。’”陳偉先生曰：“乇，簡文從辵作，整理者釋爲‘赴’。此字所從與楚簡常見的‘卜’字不同，而與郭店竹書《老子》甲23號簡中讀爲‘橐’的字所從和上博竹書《姑成家父》7號簡中釋爲‘厇’的字近似。疑當讀爲‘宅’。宅訓居，引申爲‘存心’。《論語·雍也》：‘居敬而行簡，以臨其民，不亦可乎？’上博竹書《君子爲禮》1號簡：‘回不敏，弗能少居也。’可參看。”參見簡帛網2007年7月24日《〈孔子見季桓子〉22號簡試讀》。楊澤生先生曰：“‘不赴’的‘赴’，整理者認爲通‘報’，義爲急速。其實‘赴’字本身有急速的意思，[5]似不煩改讀。簡文‘斯不赴’大意是説自己駑鈍不能很快理解。”參見簡帛網2007年7月24日《讀〈上博六〉札記（三

則)》，又見《中國文字研究》第十六輯《上博楚簡〈孔子見季桓子〉字詞考釋》。李鋭先生曰："陳偉先生引到了《君子爲禮》1號簡的'回不敏'，類似的'不敏'之語，習見於古書之中。估計陳先生是因爲'乇'和'敏'之間，聲韻稍遠，故没有選擇讀爲'敏'的意見。下面嘗試提出個人淺見，以證'不乇'當讀爲'不敏'。'乇'古音爲端紐鐸部字，《説文》認爲'亳'從乇聲，亳古音並紐鐸部。但是林義光《文源》認爲乇與亳不同音，亳字當爲殷湯所居邑名而製。大概因爲亳字聲紐與其它從乇得聲者不同，張儒、劉毓慶信從林義光之説。現在看來，這些否定《説文》的意見，恐不可信。朱駿聲《説文通訓定聲》在'亳'字下引束晳説《書·盤庚序》'將治亳殷'，壁中古文作'將始宅殷'。'宅'從乇聲，這表明從'乇'得聲的字，確有可能爲並紐。'敏'從母聲，明紐之部的'母''某'（古代誨、謀相同，朝夕納誨即朝夕納謀），與明紐鐸部的'莫'常相通假。因此，並紐鐸部的'亳'，是有可能讀爲明紐之部的'敏'字的，那麼本簡從乇從走之字，也就可能讀爲'敏'。"參見簡帛網2007年7月24日《上博六札記二則》。陳劍先生曰："所謂'迁'字原作如下之形：。整理者原釋爲'赴'，陳偉（2007c）改釋作'迲'，研究者多從之。……'斯不宅'恐甚爲不辭。李鋭（2007b）讀'不'爲'不敏'，按'乇'與'敏'古音懸隔，其説亦牽强難信。簡文這種某人表示自謙的説法，古書中除了'不敏'外，還有'不肖'、'無似'、'不佞'等。將字形跟文意結合考慮，此字當分析爲從'年'省聲，讀爲'佞'。'不佞'本指没有口才，又用於謙稱，泛指没有才能、没有才智。古書中'寡人不佞''臣不佞'一類的説法極爲多見，不煩舉證。"參見出土文獻與古文字研究中心網站2008年3月22日，又見復旦大學出土文獻與古文字研究中心編《出土文獻與古文字研究》第二輯，復旦大學出版社2008年出版。雷黎明先生《試析上博簡〈孔子見季桓子〉第22簡中的"吾子"》曰："'迅'字楚簡習見，一般作，從辵、卂聲，'卂'上横筆書於左邊豎筆之上。有在左邊豎筆與右邊'乁'上同時書横筆者，如：（包山112）。另外，《包山》第

265號簡有𨒫字，整理者釋爲‘迅’［26］（P63）。張守中先生也認爲是‘迅’字。［27］（P22）本簡此字與《包山》第265號簡‘迅’字同形，只是都將‘卂’上本該書於豎筆的横筆書於右邊‘乁’上，這種筆誤在規範程度較低的戰國文字中非常多見，故亦當釋爲‘迅’。‘迅’可讀爲‘信’，‘迅’‘信’古音都在心紐真部，《文選》王僧達《和琅琊王依古詩》：‘聊訊興亡言。’李善注：‘訊與信通。’蘇建州先生甚至認爲：‘訊、信是音近而同用一字。後來“訊”的“千”旁變換方向，遂訛變爲“訊”。’［28］‘訊’與‘迅’皆從‘卂’得聲，‘迅’與‘信’可通無疑。簡文‘斯不迅’即‘斯不信’。”參見出土文獻與古文字研究中心網站2009年3月5日《〈上博（六）·孔子見季桓子〉重編新釋》。

④“恍”，李鋭先生讀爲“況”。雷黎明先生曰：“敞？字形作𢿱，濮茅左先生釋爲‘猶’，諸家皆從。按：此字左部所從與楚簡習見‘猶’字所從“酋”旁不同，右部所從亦與‘猶’字所從“犬”旁不同。……此字左部‘尚’爲聲符無疑，是一個右形左聲的形聲字，頗疑此字右部爲‘攵’字訛體，待考，若果真從‘攵’，則此字當釋爲從攵、尚聲的‘敞’字，在簡文中可讀爲‘尚’。”參見出土文獻與古文字研究中心網站2009年3月5日《試析上博簡〈孔子見季桓子〉第22簡中的“吾子”》。

關於第二十二簡，李鋭先生讀爲“【☐……今且微言之，若】迷〈悉〉言之，則忑（恐）舊（憂）（吾）子。’趄（桓）子曰：“羣（斯）不迒（敏），虗（吾）子迷〈悉〉言之，猷（猶）忑（恐）弗智（知），皇（況）亓（其）女（如）。”參見出土文獻與古文字研究中心2008年3月30日《讀〈孔子見季桓子〉札記》。

雷黎明先生曰：“我們認爲‘斯不信’出自季桓子之口，而‘吾子迷言之尚恐弗知，況其如……’出自孔子之口，只是前面省略了‘夫子曰’三字，這種省略情況在先秦文獻中非常習見，例不備舉。……然則簡22首‘迷言之‘前所殘去表示人物身份的詞語最當爲’民‘，結合文意理解，也非常確切。……鑒此，我們認爲22簡不能與其他各簡拼合或連讀，各家的拼合意見並不否定我們對於殘字的擬補和簡文的理解。”參見出土文獻與古文字研究中心網站2009年3月5日《試析上博簡〈孔子見季桓子〉第22簡中的“吾子”》。

【第二十三簡】〔君〕子有道，①生民之賜②

【校注】

①“君”，據李鋭先生之説補。參見出土文獻與古文字研究中心2008年3月30日《讀〈孔子見季桓子〉札記》。

②“生民之賜”，蘇建洲先生曰：“筆者以爲後四字除‘之’外，尚有疑問。原釋爲‘民’者，似比較接近‘屯’；原釋爲‘賜’者，似比較接近‘巽’，參《仲弓》23。而原釋‘生’者，由筆劃來看，不類。似比較接近‘丘’，但不知如何解讀。”參見簡帛網2007年7月24日《讀〈上博六·孔子見季桓子〉筆記》。

“賜”，李鋭先生讀爲“蝺（？一化?）”。參見出土文獻與古文字研究中心2008年3月30日《讀〈孔子見季桓子〉札記》。

【第二十四簡】不窮。君子流其觀焉。囗物服矣，①而無成德

【校注】

①“囗”，何有祖先生曰：“‘物’前一字原未釋，從殘存筆劃看應該釋爲‘萬’。”參見簡帛網2007年7月9日《讀〈上博六〉札記》。凡國棟先生、何有祖先生曰：“簡24之‘品’，通過仔細比較字形，我們發覺此字與3號簡的‘品’字形同，字當釋爲‘品’。而‘品物’一詞也恰好與3號簡之‘品物’相合。而我們對‘品物’一詞的釋讀也證明了李鋭先生的編連是可信從的。按照李鋭先生的編連，此處似乎可以連讀爲：‘品勿（物）不窮，君子流亓（其）觀安（焉）。品勿（物）備矣，而亡（無）城（成）德。’”參見簡帛網2007年7月15日《〈孔子見季桓子〉札記一則》。李鋭先生亦讀爲“品”，參見出土文獻與古文字研究

中心2008年3月30日《讀〈孔子見季桓子〉札記》。

【第二十五簡】民，喪不可悬。①衆之所植，莫之能升也。②衆之〔所〕口，〔莫之能〕口〔也〕。③

【校注】

①“喪”，陳偉先生曰：“原釋文於‘民喪’之間斷讀。今按：喪字從‘亡’從四‘口’，釋‘喪’可從。這裏恐當讀爲‘氓’。民氓，指民衆、百姓。”參見簡帛網2007年7月10日《讀〈上博六〉條記之二》。

“悬”，整理者原讀爲“悔”，梁靜先生（2008）讀爲“誨”，蘇建洲先生曰：“文意均不合適。‘悬’字有用爲‘侮’之例，如馬王堆漢墓帛書《春秋事語·十五·魯莊公有疾章》‘悬德詐（詐）窓（怨）’之‘悬’，裘錫圭先生（2004，頁93注12）已指出當讀爲‘侮’。周波（2007）指出，‘秦、西漢前期的“侮”字本寫作從“毋”’，‘“侮”字本以“侯”部的“柔”“毋”爲聲符，上古當屬侯部。……“侮”并不以之部的“每”“母”爲聲符’。簡文此字上所從正作‘毋’形而非‘母’形，當非偶然。李鋭（2007a）引《左傳》定公元年：‘天之所壞，不可支也；衆之所爲，不可奸也。’與簡文相印證，可參考。此簡大意是説，民衆不可輕侮（因爲其力量可以‘衆志成城’）。衆人所樹立、所支持的，没有人能使之廢敗；衆人……没有人能……。”參見簡帛網2007年7月24日《讀〈上博六·孔子見季桓子〉筆記》。

②“升”，陳偉先生曰：“阩，原釋文隸作從立從升之字，讀爲‘升’。今按，此字從阜作，是楚簡中‘阩’的常見寫法。這裏疑當讀爲‘懲’，制止義。《詩·小雅·沔水》：‘民之訛言，寧莫之懲。’毛傳：‘懲，止也。’”參見簡帛網2007年7月10日《讀〈上博六〉條記之二》。李鋭先生從之。陳劍先生讀爲“瀳”，曰：“‘瀳’字原作如下之形：整理者原釋爲‘竔’讀爲‘升’，指穀物成熟。陳偉（2007b）釋爲‘阩’讀爲‘懲’，意爲‘制止’。李鋭（2007a）從之，釋讀爲‘衆之所植（直），莫之能阩（懲）也。衆之所【廢，莫之能□也】’，其將

簡末‘所’下缺文補爲‘廢’，已經意識到跟‘植’相對之字最常見的就是‘廢’。此字正當釋爲‘瀍’讀爲‘廢’。其左半所謂‘立’形實由‘瀍’字的‘去’旁中將其‘口’簡寫爲一實筆而來。‘瀍’字常可省去‘水’旁，如《六德》簡 2‘瀍’字作（又簡 4、簡 44 略同）。上引字形跟‘瀍’的另一點不同之處、容易引起懷疑的，是‘瀍’所從‘廌’旁中間的斜筆多由右上往左下彎曲，其筆意跟簡文此字右半中間部分不同。但如《（上博（五）·鬼神之明、融師有成氏》簡 1 之、郭店《老子甲》簡 31 之，尤其是後一例，其相關部分筆意與簡文此字亦甚近。總之，此字字形當確有訛誤的成分，但我們應結合文意考慮來決定其本來所寫的字和所表之詞。”參見出土文獻與古文字研究中心網站 2008 年 3 月 22 日《〈上博（六）·孔子見季桓子〉重編新釋》，又見復旦大學出土文獻與古文字研究中心編《出土文獻與古文字研究》第二輯，復旦大學出版社 2008 年出版。

③關於第二十五簡，李鋭先生讀作：“〼民嚚（氓），不可悬（谋）。衆之所植，莫之能瀍（廢）也；衆之□□。”參見出土文獻與古文字研究中心 2008 年 3 月 30 日《讀〈孔子見季桓子〉札記》。

【第二十六簡】也，好還唯聚，仰天而嘆曰：① “□役不奉芾，②不味酒。匀……”③

【校注】

①“仰”，蘇建洲先生曰：“簡 26‘（△）天而嘆’，‘△’字整理者釋爲‘印’讀爲‘仰’。李鋭先生則認爲：‘色〈印（仰）〉’。這應該是根據簡 13‘邑（色）不僕（樸）’中‘邑’字而作的判斷。建洲案：李家浩先生曾指出：‘古文字“色”多以“印”爲之（參看《淅川下寺春秋楚墓》三六三頁“霝印若華”引李家浩説），例如包山楚墓竹簡作（一八二號簡“绝”字偏旁）、（一八一號簡‘蜀色’字偏旁）、（二六一號簡‘者色’字偏旁）等形’［32］换言之，‘△’是可以理解爲‘印’，讀爲‘仰’。”參見簡帛網 2007 年 8 月 26 日《讀〈上博

（六）·孔子見季桓子〉筆記之二》。

②“役”，原未釋，何有祖先生曰：“‘役’，原未釋。按：此字與郭店《五行》45號簡（役）字近似，疑當釋爲‘役’。可指僕役。《左傳》定公元年：‘季孫使役如闞公氏。’《左傳》襄公十一年：‘季氏使其乘之人，以其役邑入者無征。’孔穎達疏：‘役謂供官力役，則今之丁也。’在簡文中似指儀式准備人員。芻，原釋爲茋。按：古文字有‘芻’字作：（包山95號簡）、（公芻權）、（《璽匯》0570）。我們所討論的字與第2例更爲接近，略有變形而已。疑當釋爲‘芻’。芻，在先秦儀禮活動中可作爲行禮物品。《禮記·祭統》：‘君執圭瓚裸尸，大宗執璋瓚亞裸。及迎牲，君執紖，卿、大夫從，士執芻。’鄭玄注：‘芻，謂槁也，殺牲時用薦之。’《禮記·祭義》：‘祭之日，君牽牲，穆答君，卿大夫序從。’孔穎達疏：‘卿大夫序從者，卿大夫佐幣，士奉芻，依次第而從君也。’可見所謂的‘奉芻’，意即執芻。”參見簡帛網2007年7月14日《讀〈上博六〉札記（四）》。今從。

③“匀”，侯乃峰先生曰：“結合字形和辭例看，此字即‘肉’字。‘酒肉’作爲一個詞語不煩舉例。‘不味（味）酉（酒）肉’和14簡開頭的‘不飤（食）五穀’恰好句式一致，由此可見李鋭先生將簡26和14編聯是很正確的意見。［7］簡26下端和簡14上端皆殘，其中應該有闕文，我們推測闕文内容很可能是和‘不味（味）酉（酒）肉’‘不飤（食）五穀’這種句式一致。”參見簡帛網2007年10月30日《上博六賸義贅言》。

關於第二十六簡，林聖峰先生曰：“參酌諸家之編聯與釋讀，本簡當可與簡14直接拚合［13］，二簡綴合後其簡文爲：仰天而歎曰：‘役不奉、不味酒肉［14］、不食五穀，擇處危岸，豈不難乎？［15］抑邪民之行也，好刮嬂以爲□，此與仁人二者也［16］’。觀其文意似乃感嘆生活各方面以清苦自持（其意概指不重視物質生活之享樂），此爲‘仁人之道’，以與‘好刮嬂……’（似指享樂）之‘邪民之行’相對。由是觀之，此段簡文語意實難以與何氏所謂‘奉芻’‘執芻’等禮儀相接。

‘役’字於典籍中有‘使用’之義……。綜上所述，‘役不奉’當可指遷徙行役或生活日用上的簡約清苦，如此於本段簡文語意較爲順當。由何有祖所引證之（包山 95 號簡）、（公芻權）、（《璽匯》0570）等形觀之，‘’字與一般戰國常見的‘芻’字仍存在不小的差異，此字構形甚難理解，由文義推斷或指某交通或日用器物，具體讀法待考。”參見簡帛網 2008 年 7 月 12 日《讀〈上博六・孔子見季桓子〉札記三則》。

李鋭先生讀作：“也。孚（好）罢（睘—?）隹（?）聚，印（卬—仰）天而𧬈（歎），曰：“不弄（奉），不香（味）酉（酒）肉，▨。”參見出土文獻與古文字研究中心 2008 年 3 月 30 日《讀〈孔子見季桓子〉札記》。

【第二十七簡】是對，求之於中，此以不惑，而民導之。[1]

【校注】

①關於第二十七簡，李鋭先生讀作：“是訔（察），求之於中。此㠯（以）不惑，而民道之。▨。”參見出土文獻與古文字研究中心 2008 年 3 月 30 日《讀〈孔子見季桓子〉札記》。

《上海博物館藏戰國楚竹書》第八册

一、《子道餓》[1]

【校注】

①關於《子道餓》，原整理者曰：“‘子道餓’，也就是歷史上所記載的孔子‘陳蔡絶糧’‘厄於陳蔡’事件。……本篇的出現，補充了這一重大事件的新内容，在絶糧危急時刻，孔子作出了北上南下濟難之舉，

一由言游北上告急於魯，二由子貢南下求救於楚。本篇記載了言游北上告急的有關事迹。”

復旦吉大古文字專業研究生聯合讀書會曰：“我們對簡文的編連與釋讀跟原整理者有很大的出入。編連方面，我們認爲簡4、簡5當綴爲一支完簡，並置於篇首；簡1—簡2—簡3的次序當調整爲簡3—簡2—簡1，排在簡4+簡5之後；而簡6字體與他簡不同，内容亦與原整理者所謂的孔子及弟子門人‘停止挖墓自葬’無關，當移出此篇。調整後此篇共四簡，簡序爲：（簡4+簡5）—簡3—簡2—簡1（之後仍有缺簡）。根據我們的理解，這篇簡文的内容與孔子並無關係，目前所見四簡記述的是言游因魯司寇不以禮待之而去魯，行至宋衛之間，其一子餓死，門人因此諫言之事。原整理者所定篇題‘子道餓’亦不合適，本篇似可改稱《顔游》或《言游》。下面我們先將重新編連後的釋文寫出，再談談具體的釋讀意見。魯司寇（寇）奇□（言）游於逡楚，曰：‘荼（除）虐（乎）！司寇（寇）【4】（將）見我。’門人既荼（除），而司寇（寇）不至。（言）游去。司【5】［寇（寇）］☐“☐（將）女（安一焉）進（往）?”（言）游曰：‘飤（食）而弗與爲豊（禮），是嘼（戰）攻畜【3】之也。妝（偃）也攸（修）丌（其）悳（德）行，目（以）受嘼（戰）攻之飤（食）於子，於妝（偃）僞，於子員（損），於是虐（乎）可（何）侍（待）?’述（遂）行，至宋衛（衛）之外（間），丌（其）一【2】子道餓而死焉。門人柬（諫）曰：‘虛（吾）子齒年長壴（喜—矣），豪（家）眚（姓）甚級（急），生未又（有）所奠（定），元（願）虛（吾）子之（圖）之也。’（言）游【1】☐。”參見出土文獻與古文字研究中心網站2011年7月17日《上博八〈子道餓〉校讀》。

陳劍先生曰：“魯司寇（寇）奇（言）游於逡楚，曰：‘荼（除）虐（乎）！司寇（寇）【4】（將）見我。’門人既荼（除），而司寇（寇）不至。（言）游去。司【5】［寇（寇）］☐‘☐（將）女（安一焉）進（往）?’（言）游曰：‘飤（食）而弗與爲豊（禮），是嘼（戰）攻畜【3】之也。妝（偃）也攸（修）丌（其）悳（德）行，目（以）受嘼

（戰）攻之飤（食）於子，於（偃）僞，於子員（損），於是睿（乎）可（何）侍（待）?’述（遂）行，至宋衛（衛）之外（？—間），丌（其）一【2】子道餓而死焉。門人柬（諫）曰：‘虔（吾）子齒年長壴（喜—矣），豪（家）眚甚級（急），⑤生未又（有）所奠，⑤元（願）虔（吾）子之（圖）之也。’（言）游【1】☐。”參見出土文獻與古文字研究中心網站2011年7月19日《〈上博（八）·子道餓〉補説》。

【第一簡】“……子道餓而死焉。”①門人諫曰：“吾子齒年長矣，家姓甚急，②性未有所奠，願吾子止圖之也。”③言游

【校注】

①“餓而死”，復旦吉大古文字專業研究生聯合讀書會曰：“‘餓而死’典籍習見，應當表示‘餓死’這一事實，而非餓而將死。……另一方面，‘餓而死焉’的‘焉’應當指代餓死的地點（如上揭《莊子》文之首陽山），若以簡1爲卷首，‘焉’便失其所指。……我們將此句與簡2末句連讀爲‘遂行，至宋衛之間，其一子道餓而死焉’。如此，則‘餓而死’者是言游的一個兒子，‘焉’則指代其死地‘宋衛之間’，整句話文意貫通，順理成章。”參見出土文獻與古文字研究中心網站2011年7月17日《上博八〈子道餓〉校讀》。

②“家姓甚急”，復旦吉大古文字專業研究生聯合讀書會曰：“‘家眚甚級’之‘眚’原整理者讀爲‘性’，然‘家性’之説無由，實不可信。楚文字‘眚’除讀爲性情之‘性’外也常常用作百姓之‘姓’，‘百眚（姓）’一詞於上博簡即有二十餘見，此不枚舉。我們認爲，簡1‘家眚’可讀爲‘家姓’。古書裏往往把子孫後人稱爲‘姓’（或‘生’），如《詩·周南·麟之趾》‘振振公姓’、《左傳·昭公四年》‘問其姓，對曰：“余子長矣”’、《儀禮·特牲饋食禮》‘子姓兄弟如主人之服’。王念孫、王引之論之已詳，此不具引。言游之門人因言游喪子而與其談及子孫後人的問題，是十分合理的。”據改。

“急”，復旦吉大古文字專業研究生聯合讀書會曰：“我們同意讀

‘級’爲‘急’，但認爲‘家姓甚急’的‘急’並不表示性急、心急等義，或當訓爲困難、窮迫，即《論語·雍也》‘君子周急不繼富’、《大戴禮記·五帝德》‘知民之急’、《管子·問》‘舉知人急’之‘急’。”參見出土文獻與古文字研究中心網站2011年7月17日《上博八〈子道餓〉校讀》。

③“止”，復旦吉大古文字專業研究生聯合讀書會曰：“簡1‘吾子之圖之’前一‘之’字原整理者亦誤釋爲‘止’。”參見出土文獻與古文字研究中心網站2011年7月17日《上博八〈子道餓〉校讀》。黄人二先生、趙思木先生曰：“前一‘止’字，整理者讀如本字，訓爲‘勸止、阻止’[1]。按照其下之文意，發現門人此言乃是建議其師尋找新的方向，以求‘生之所奠’，故而此‘止’若訓爲‘勸止’，則于義不通。止，或可讀爲‘知’，知，曉也，知、止兩字聲紐上古當同在端紐，止屬之部，知屬脂部，之脂通押，乃楚方言之特有現象；《管子·霸形》：‘楚取宋鄭，而不止之禁。’[2]此‘止’亦當讀爲‘知’，‘不止之禁’，謂‘不知禁之’也，此正‘止’‘知’可相通假之證。或可讀爲‘之’，作爲虚詞，置於主謂之間，取消句子獨立性[3]。此種句式並不少見，如《儀禮·士冠禮》：‘願吾子之教之也。’讀爲‘知’或‘之’皆能順應文意，較訓爲‘勸止、阻止’爲佳。”參見簡帛網2011年7月21日《讀〈上海博物館藏戰國楚竹書（八）·子道餓〉書後二則》。

“遂行”至‘圖之’，復旦吉大古文字專業研究生聯合讀書會曰：“‘遂行’至‘圖之’，意爲言游行至宋衛之間，他的一個兒子在路上餓死。門人於是進諫説：‘先生年齡已長，家中後代又十分窮困，您一生未曾安定，希望先生能考慮一下（自己的境遇）。’簡1‘圖之’之下，尚有以‘言游’起首的内容，當爲言游對門人諫言的回答，或已殘去，或被割裂而歸入它篇。”參見出土文獻與古文字研究中心網站2011年7月17日《上博八〈子道餓〉校讀》。

【第二簡】止也。①偃也修其德行，以受戰攻之，②食於子，

於偃僞於子，云："於是乎，可旅。"③遂行至宋衛之間，其一

【校注】

①"止"，復旦吉大古文字專業研究生聯合讀書會曰："首字原整理者誤釋爲'止'，而其字形顯然是'之'（簡1'吾子之圖之'前一'之'字原整理者亦誤釋爲"止"）。'之也'二字當與簡3連讀作'食而弗與爲禮，是戰攻畜之也。'"參見出土文獻與古文字研究中心網站2011年7月17日《上博八〈子道餓〉校讀》。

②"戰攻"，陳劍先生讀作"商工"，孟蓬生先生反對其說。何有祖先生曰："今按：孟蓬生先生所舉'某某畜之'諸例甚好，可解釋爲把某當做某某來畜養，可見'嘼攻'在這裏應該指一類人，所指當低于言游現有身份。'獸攻'，疑可讀作獸工，即制革工。《禮記・曲禮下》：'天子之六工曰：土工、金工、石工、木工、獸工、草工，典制六材。'鄭玄注：'獸工，函鮑鞾韋裘也。'獸工仍是靠勞動生活的人，身份爲庶人。《禮記・禮器》：'天子一食，諸侯再，大夫士三，食力無數。'鄭玄注：'……禮不下庶人，故無食數，飽即止也。'"參見簡帛網2011年7月24日《上博楚簡釋讀札記》。陳劍先生曰："'嘼攻'讀書會讀爲'戰攻'或'戰功'，從文意看不好。或疑讀爲'守攻'，不足辨。聯繫前引'豕交之''獸畜之''犬馬畜伋'以及它書'俳優畜之''倡優畜之'一類說法，'嘼攻'應爲一個名詞性結構，而且最可能是並列/聯合式的。楚文字'攻'及其異體'戏'字常用作'工'，據此可以斷定，其上'單'字應係'商'字之誤。……所謂'禮不下庶人'，'商工'更下於庶人一等，故不得與於禮。言游以爲，魯司寇爲禮而己不得與，是以商工畜己；於己實非商工而受商工之食，是爲僞；己爲修德行之儒，不能如司寇所畜之商生利、工生器，故於司寇爲損。"參見出土文獻與古文字研究中心網站2011年7月19日《〈上博（八）・子道餓〉補說》。

③"以受戰攻之食於子於偃僞於子云於是乎可旅"，復旦吉大古文字專業研究生聯合讀書會曰："'㺈'字二見，原整理者已正確地釋作言游之名'偃'，卻將'於是乎'之前的文字都看成叙事之辭，而與簡1

稱字的‘言游’連讀，殊誤。由言游自稱‘偃’可以看出，自簡3‘食而’至簡2‘何待’都應當是言游所説的話。‘以受戰攻之食於子，於偃僞，於子員（損），於是乎何侍（待）?’一句，原整理者釋爲‘以受戰攻之，食於子，於偃僞於子，員（云）:“於是乎，可旅。”’文意扞格。我們認爲‘以受戰攻之食於子’應作一讀，‘於偃僞’‘於子員’是對言關係，‘員’可讀爲‘損’。‘侍’字作，原整理者誤釋爲‘旅’，於形義皆不合。‘可侍’讀爲‘何待’，與‘於是乎’連讀。‘食而’至‘何待’是言游對司寇的回答，意爲：先生供養我，卻不以禮待之，而把我當作武夫（戰攻之人或有戰功之人）一般畜養。言偃修習德行，卻在先生處受到與武夫一樣的對待，這對言偃而言是欺僞，對先生而言則是損失，這樣的話我還等什麼呢?（遂行）”參見出土文獻與古文字研究中心網站2011年7月17日《上博八〈子道餓〉校讀》。

【第三簡】“……將焉往?”言游曰：“飤而弗與爲禮，是戰攻畜[①]

【校注】

①“將焉往言游曰飤而弗與爲禮是戰攻畜”，復旦吉大古文字專業研究生聯合讀書會曰：“此簡上半段殘去，簡首可從上補出一‘寇’字。據文意，殘斷處當有‘（司寇）遣人追及言游而問之’一類語句。‘司［寇］’至‘焉往’大意爲司寇遣人追及言游，問他將去向何方。”參見出土文獻與古文字研究中心網站2011年7月17日《上博八〈子道餓〉校讀》。

關於前三簡的編連，李鋭先生以爲“《子道餓》篇，所言似與孔子厄于陳蔡無關，因此拼聯組當有3、2、1：‘將焉往?言游曰：“食而弗與爲禮，是守攻畜之也。偃也修其德行以受守攻之食於子，於偃，偽（違?），於子，員（損?），於是乎何侍?”遂行，至宋、衛之間，其一子道餓而死焉。門人諫曰：“吾子齒年長矣，家眚甚急，生未有所定，願吾子之圖之也。”言游……’”，參見孔子2000網2011年7月18日《讀上博八札記（一）》。

【第四簡】魯司寇奇。[①] 言游於逡楚曰：[②]“荼乎！司寇……[③]

【校注】

①“奇”，陳劍先生曰：“魯司寇所行，應與射禮無關。鄉飲酒禮和公食大夫禮皆與宴飲有關，據此頗疑‘奇’字就應讀爲燕飲之‘燕’，字亦作‘宴’。‘奇’與‘燕/宴’韻部係歌元對轉（與‘奇’同從‘可’聲之‘笴’字即有歌部、元部兩讀），聲母亦近（同從‘奇’聲之‘猗’‘倚’‘輢’等字，跟‘燕/宴’一樣皆係影母字）。退一步説，‘奇’也可以看作‘燕/宴’之音近誤字。”“‘奇’所代表的，應該是‘禮’之一種。言游得知魯司寇將要舉行此禮，即等待司寇來至己處，此可與禮書所記主人爲禮而親自‘速賓’相聯繫：……言游認爲，魯司寇行‘奇’禮，按禮應當親自來邀請自己，故等待其至。結果司寇竟未至，言游遂以自己不與於禮事而去。”參見出土文獻與古文字研究中心網站2011年7月19日《〈上博（八）·子道餓〉補説》。鳲鳩先生曰：“該句的斷句與‘奇’字的釋讀，是學者們討論的焦點。……我們以爲‘奇’可讀‘過’。‘奇’‘過’古音同屬見紐歌部，按音理講，兩字通假殆無問題。‘過’於此訓爲‘至’或‘訪見、探望’義。……‘逡楚’讀書會‘疑爲地名’，可從，恐或古地名不傳於後世者，‘逡楚’應是言游身之時處。‘魯司寇（寇）奇畣（言）游於逡楚’是説魯司寇將至‘逡楚’這一地方訪於言游，是事件背景之鋪叙。”參見簡帛網2011年10月8日《〈上博八《子道餓》〉章句札記兩則》。

②“魯司寇奇言游於逡楚曰”，復旦吉大古文字專業研究生聯合讀書會曰：“‘奇’，用作動詞，讀法待考。原整理者在‘奇’下點斷，釋‘奇’爲‘怪異、反常’或‘魯司寇名’，皆不可靠。簡文自‘魯司寇’至‘言游去’大意爲：魯司寇‘奇’言游，言游認爲司寇理應身至其所，故命門人糞除以迎。不料門人打掃完畢，而司寇未至。言游以爲非

禮而去之。疏通了以上内容，對確定‘奇’所表示的詞當有所助益。‘逡楚’，疑爲地名。原整理者訓‘逡’爲‘退’，釋‘於逡楚曰’爲‘南退至楚國’‘感歎艱辛’，與‘於逡楚’的語序不合。”參見出土文獻與古文字研究中心網站2011年7月17日《上博八〈子道餓〉校讀》。楊坤先生曰：“奇者，倚任之也。逡楚者，《秋官》象胥、《周語》舌人也。鄭玄云：‘通夷狄之言者曰象。胥，其有才知者。此類之本名，東方曰寄，南方曰象，西方曰狄鞮，北方曰譯。’按賈公彦疏，四者所以相領解、還象傳、相敵知、换易解也。逡，復也。是知言游乃通知夷狄言語之士。此官于夷狄君長來朝，‘協其禮，與其辭，言傳之’。按《周語》云：‘戎狄則有體薦，其適來班貢，坐諸門外，而使舌人體委與之。’故文中及于門人。食者，禄也。獸攻者，夷狄事耳。畜之者，所以著司寇輕易之心。損其人事小，恐禍于魯，此言游所以爲憂而去。”參見簡帛網2011年7月22日《〈子道餓〉提要》。

“逡”，陳劍先生曰：“‘言游於逡楚（胥）’的‘逡’字，如將其看作地名，當然是最簡單省事的辦法。但此處出現一個具體地名，既覺突兀，又覺於文意實泛而不切。此處最好是一個諸如‘館’‘廷’‘門外’之類表示具體地點的詞。據此循音以求，疑‘逡’可讀爲‘術’，即所謂‘邑中道也’；字亦常作‘遂’，古書皆習見。此字原形是作從楚文字‘允’字繁形‘身’聲的，其與‘術/遂’音近可通，前討論清華簡時大家已有集中舉證。孔門既痛心於‘禮壞’，又多不見禮於諸侯名卿，故言游聞魯司寇將爲燕飲之禮，竟至不能於家/館中安坐待速而至於出於路中企望等待，其急切之情可見。”參見出土文獻與古文字研究中心網站2011年7月19日《〈上博（八）·子道餓〉補説》。

③“荼”，復旦吉大古文字專業研究生聯合讀書會《上博八〈子道餓〉校讀》曰：“‘荼’，讀爲糞除、掃除之‘除’。‘除唇（乎）！司寇將見我’即言游命門人糞除之辭（一説“唇”讀爲‘吾’，從下讀，而在‘除’下點斷）。於尊長到來之前先行糞除是古今常禮，《左傳·昭公三年》：‘自子之歸也，小人糞除先人之敝廬，曰：“子其將來。”’其情

形與本篇的司寇將見，門人糞除十分類似。”參見出土文獻與古文字研究中心網站 2011 年 7 月 17 日。

黄人二先生、趙思木先生曰：“此‘荼’在文中之意，似當是疲憊倦怠。此字可讀爲‘痡’，《爾雅·釋詁》[4]、《詩經·周南·卷耳》毛傳[5]、《説文·疒部》[6]皆訓‘痡，病也’，痡、荼二字韻部皆在魚部。《詩經·周南·卷耳》：‘我僕痡矣。’正與簡文所謂‘我門人既荼’的情狀十分相似，是在形容我門人因勞瘁飢餓而至於疾病的狀態。此字或可讀爲‘瘏’，瘏、荼二字上古音同爲定母魚部。‘瘏’者，《詩經·周南·卷耳》有‘我馬瘏矣’[7]、《豳風·鴟鴞》有‘予口卒瘏’[8]，毛傳皆曰：‘瘏，病也。’《楚辭·九嘆·思古》‘躬劬勞而瘏悴’，王逸章句：‘瘏，病也。’[9]皆謂人或動物勞累至於疾病。此處‘我門人既荼’亦謂我門人因圍困絶糧而至於疾病也。”參見簡帛網 2011 年 7 月 21 日《讀〈上海博物館藏戰國楚竹書（八）·子道餓〉書後二則》。

關於第四、五簡的編連，李鋭先生以爲“其外的簡 4、5，疑爲叙述故事的開始情況，簡 5 或可與簡 3 遥綴，大意是司寇追及而問子游‘【子】將焉往?’但因簡殘，有待研究”，參見孔子 2000 網 2011 年 7 月 18 日《讀上博八札記（一)》。

【第五簡】……左相，① 我門人既荼，而司寇不至，言游去。司

【校注】

①“左相”，復旦吉大古文字專業研究生聯合讀書會曰：“簡 4、5 相綴，斷口處可拼出一字（左圖)，與簡 3‘（將)’字對比，可知其亦爲‘牆’：簡 4（上半）簡 5（下半）簡 3。簡 5 右上角有一翹起的小片，將其下移即可拼合出‘牆’字下半。簡 4 上的筆劃殘損較多，但仍可看出其左側起首的折筆屬‘爿（牀)’旁，右側則是‘西’字上半的殘筆，其中看似兩點者當是斷開的横劃，對比簡 4 上一字‘寇’（）自明。此‘牆’讀爲‘將’。‘見’，原整理者誤釋爲‘相’。字作，下

方墨蹟並非筆劃。楚簡‘相’字亦未見作上下結構者。”參見出土文獻與古文字研究中心網站 2011 年 7 月 17 日《上博八〈子道餓〉校讀》。

【第六簡】……而止大難窾

二、《顏淵問於孔子》①

【校注】

①關於《顏淵問於孔子》，復旦吉大古文字專業研究生聯合讀書會曰：“此篇可調整出一個大的編聯組：1 +（12A + 2B）+（2A + 11 + 12B）+5 +6 +7 +9 +10，其他簡則單列。現給出新訂釋文，並出注加以説明。……□。（顏）囦（淵）䎽（問）於孔＝（孔子）曰：‘（敢）䎽（問）君子之内事也又（有）道𢁍（乎）?’孔＝（孔子）曰：‘又（有）。’（顏）囦（淵）：‘（敢）䎽（問）可（何）女（如）?’孔＝（孔子）曰：‘敬又（有）□②而【1】【先】又（有）司②，老＝（老老）而𢆶（慈）學（幼）②，豫②絞②而收貧②，录（禄）不足則青（請），又（有）余（餘）則𠭁（辭）②。【12A】敬②又（有）□，所吕（以）爲樂②也；先【2B】【又（有）】司②，所吕（以）【2A】（得）青（情）｛＝｝；②老＝（老老）而𢆶（慈）學（幼），所以凥（處）𢜩（仁）②也；豫②絞而收貧，所以取②【11】䜣（新—親）也；录（禄）不足則青（請），又（有）余（餘）【12B】則𠭁（辭），②所吕（以）□②信也。害（蓋）②君子之内事也女（如）此矣。’（顏）囦（淵）曰：‘君子之内事也，愇（回）既䎽（聞）命矣，（敢）䎽（問）【5】君子之内教也又（有）道𢁍（乎）?’孔＝（孔子）曰：‘又（有）。’（顏）囦（淵）：‘（敢）䎽（問）可（何）女（如）?’孔＝（孔子）曰：‘攸（修）身吕（以）先②，則民莫不從矣；𣥺（前）②【6】吕（以）専（博）㤅〈□—愛〉，則民莫遄（遺）䜣（新—親）矣；道（導）之吕（以）僉（儉），則民（知）足矣；𣥺（前）之吕（以）讓，則民不静（爭）矣。或迪而教【7】之，能＝（能能），戔（賤）不

梟（肖）而遠之，②則民（知）欽（禁）②矣。女（如）進者雚（勸）②行，退者（知）欽（禁），則丌（其）於教也不遠矣。'（顏）困（淵）曰：【9】'君子之内教也，悍（回）既䎽（聞）矣｛=｝②，（敢）䎽（問）至明〈名〉②。'孔=（孔子）曰：'悳（德）城（成）則名至矣，名至必俾（卑）身=（身，身）②紿（治）大則〈則大〉录（祿）【10】

□［君子讓］②而（得）之，少（小）人靜（爭）而遊（失）之。【8】

□示則斤，而母（毋）谷（欲）（得）安（焉）。②【14】

□屰（素?）②行而信，先凥（處）忠也，貧而安樂，先凥（處）【13】

□内矣。俑（庸）言之信，俑（庸）行之敬②【4】

□必不才（在）𢘅（茲）②之内矣。（顏）困（淵）西【3】。"參見出土文獻與古文字研究中心網站2011年7月17日《〈上博八·顏淵問於孔子〉校讀》。

陳偉先生曰："［釋文］顏淵問於孔子曰：'敢問君子之内（入）事（仕）也有道乎［1］?'孔子曰：'有。'顏淵：'敢問何如?'孔子曰：'敬（儆）有過而1【先】有司［2］，老老而慈幼，豫（捨）絞（饒）而收貧［3］，祿不足則請，有餘則辭。12A敬（儆）有過，所以爲緩也［4］；先2B【有】司，所以2A得青=（同情）［5］；老老而慈幼，所以凥（處）仁也；豫（捨）絞（饒）而收貧，所以取11新（親）也；祿不足則請，有餘12B則辭，所以昜（揚）信也［6］。害（蓋）君子之内（入）事（仕）也如此矣。'顏淵曰：'君子之内（入）事（仕）也，回既聞命矣，敢問5君子之内（入）教也有道乎［7］?'孔子曰：'有。'顏淵：'敢問何如?'孔子曰：'修身以先，則民莫不從矣；前6以尃（博）〈愛〉，則民莫遺新（親）矣；道（導）之以儉，則民知足矣；前之以讓，則民不靜（爭）矣；或（又）迪（由）而教7之能=（以能）［8］，戔（賤）不梟（肖）而遠之，則民知欽（禁）矣。如進者雚

（勸）行，退者知欽（禁），則其於教也不遠矣。’……10”參見簡帛網2011年7月22日《〈顏淵問於孔子〉内事、内教二章校讀》。

黄人二先生、趙思木先生曰：“此簡文復旦吉大聯合讀書會（以下簡稱讀書會）作出重新編連，新簡序爲：【1】+（【12A】+【2B】）+（【2A】+11+【12B】）+5+6+7+9+10，列【3】、【4】、【8】、【13】、【14】單列［1］。此種編連甚爲合理，陳偉先生曾根據編連後的簡文對‘内事’‘内教’二章加以校讀［2］。我們也同意并采用了這種編連方式。□顏淵問於孔子曰：‘敢問君子之内（入）事（仕）〈1〉也〈2〉有道乎？’孔子曰：‘有。’顏淵〔曰〕〈3〉：‘敢問何如？’孔子曰：‘敬（苟）〈4〉有荒〈5〉而【1】〔先〕〈6〉有司〈7〉，老老而慈幼〈8〉，豫（逸）絞（勞）〈9〉而收貧〈10〉，录（禄）不足則青（請），有餘則辭。【12a】敬（苟）〈11〉有荒，所以爲緩〈12〉也。先【2b】〔有〕〔司〕〈13〉，所以【2a】得其情〈14〉。老老而慈幼，所以凥（處）仁〈15〉也。〈豫，逸〉〈16〉絞（勞）而收貧，所以取〈17〉【11】新（親）也。录（禄）不足則青（請），有餘【12b】則辭〈18〉，所以取〈19〉信也。害（蓋）〈20〉君子之内（入）事（仕）也如此矣。’顏淵曰：‘君子之内（入）事（仕）也，回既聞命矣，敢問【5】君子之内教〈21〉也有道乎？’孔子曰：‘有。’顏淵〔曰〕：‘敢問何如？’孔子曰：‘修身以先〈22〉，則民莫不從矣。前〈23〉【6】〔之〕以専（博）㤅〈愛〉〈24〉，則民莫遺新（親）矣。道（導）之以僉（儉），則民智（知）足矣。前之以讓，則民不〈静，爭〉〈25〉矣。或（又）〈26〉迪〈27〉而教【7】之能＝（以能）〈28〉，戔（賤）不枲（肖）而遠之，則民知欽（禁）〈29〉矣。如進者藿（勸）〈30〉行，退者知欽（禁），則其於教也辛〈不〉〈31〉遠矣。’顏淵曰：【9】‘君子之内教也，回既聞矣＝（命矣）〈32〉，敢問至〈33〉明〈名〉〈34〉。’孔子曰：‘悳（德）城（成）則名至矣。名至必俾（卑）身＝（身，身）〈35〉紿（辭）大（泰）則录（禄）〈36〉。’【10】單列之竹簡：□〔君〕〔子〕〔讓〕〔而〕〈37〉得之，少（小）人静（爭）而佚

（失）之。【8】□□則斤，而母（毋）谷（欲）得安（焉）。【14】□屰〈干，諫〉〈38〉行而信，先尻（處）忠也。貧而安樂，先尻（處）〔仁〕〔也〕〈39〉□【13】□内矣。俑（庸）言之信，俑（庸）行之敬〈40〉。【4】□必不才慈〈41〉之内矣。顔淵西〈42〉。【3】”參見簡帛網 2011 年 7 月 26 日《讀〈上海博物館藏戰國楚竹書（八）顔淵問於孔子〉書後》。

黄傑先生曰：“《顔淵問於孔子》簡 2B + 2A + 11 + 12B + 5：敬又（有）佂，所㠯（以）爲樂也；先【又（有）】司，所㠯（以）（得）青（情）＝；老＝（老老）而悳（慈）幺（幼），所以尻悳（仁）也；豫絞而收貧，所以取新（新一親）也；录（禄）不足則青（請），又（有）余（餘）則𧦝（辭），所㠯（以）耑信也。”參見簡帛網 2011 年 7 月 19 日《初讀〈上海博物館藏戰國楚竹書（八）〉筆記》。

【第一簡】□顔淵問於孔子曰：“敢問君子之内事也有道乎？”①孔子曰：“有。”顔淵：②“敢問何如？”孔子曰：“敬有正，③而④

【校注】

①“内事”，陳偉先生曰：“内事，讀作‘入仕’。”參見簡帛網 2011 年 7 月 22 日《〈顔淵問於孔子〉内事、内教二章校讀》。

“也”，黄人二先生、趙思木先生曰：“也，我們以爲此句截止到‘也’字時，還不能算疑問句，這句話真正想問的，是‘君子之内事有道乎’，而不是問‘君子之内事’，故孔子回答‘有’即可。‘也’應是表示語氣上的停頓，而不是一個表示疑問語氣的詞，這個表示停頓的詞可以不加，也可以用‘者’來表示，都是有用例的。這個‘也’和段注認爲表示疑問語氣相當於‘邪’的‘也’不一樣。”參見簡帛網 2011 年 7 月 26 日《讀〈上海博物館藏戰國楚竹書（八）·顔淵問於孔子〉書後》。

②“顔淵”下，黄人二先生、趙思木先生曰：“‘顔淵’下擬補一

‘曰’字，否則語意不全，其字當爲書手所脱。”參見簡帛網2011年7月26日《讀〈上海博物館藏戰國楚竹書（八）·顔淵問於孔子〉書後》。

③“敬”，蘇建洲先生指出此字或爲“羞”字，單育辰先生説同，讀爲“羞”，黄傑先生讀爲“柔”。陳偉先生曰：“不過，‘有過’前有一‘敬’字，把‘有過’讀作‘宥過’很難説得過去。由此我們懷疑，‘敬’應讀爲‘儆’，警告、使戒懼的意思。《周禮·地官·州長》‘》‘以糾其過惡而戒之’，是類似的表述。”參見簡帛網2011年7月22日《〈顔淵問於孔子〉内事、内教二章校讀》。“敬”，黄人二先生、趙思木先生讀爲“苟”，曰：“此字從攴，從《説文》‘苟’之古文作‘’［7］者，正當隸定爲‘敬’，讀爲‘苟’，‘苟’有‘急’義，如《説文》：‘苟，自急敕也。’［8］《爾雅·釋詁》：‘疌、駿、肅、亟、遄，速也。’［9］《釋文》云：‘亟字又作苟，同，居力反，經典亦作棘，同。’［10］‘棘’‘革’‘亟’等字與‘苟’同音，彼諸字在經典中表示‘急’義之用例不鮮見也。此句之意，詳見下文。”參見簡帛網2011年7月26日《讀〈上海博物館藏戰國楚竹書（八）·顔淵問於孔子〉書後》。

“正”，陳偉先生曰：“今按：此字與上博簡《武王踐阼》8、9號簡三次出現的那個字上部相同。而《武王踐阼》中的那個字，有傳世本比看，釋‘禍’當可憑信。上文已説過，本篇‘内事（入仕）’章與《論語·子路》和《上博三·中弓》略同，《中弓》説到‘惑（宥）過赦罪’，《子路》説到‘赦小過’，也有助于説明此字釋‘過’的合理性。”參見簡帛網2011年7月22日《〈顔淵問於孔子〉内事、内教二章校讀》。何有祖先生曰：“孔子曰：敬又（有）而【1】【先】又（有）司《顔淵問於孔子》1、12A‘敬又’後一字，整理者釋爲‘征’，讀爲‘正’。蘇建洲先生指出［4］：應該是禍字，參《武王踐阼》09（從‘化’，從‘示’，上加二飾筆，劉洪濤先生説）。則前面一字或是羞，進也。今按：釋‘禍’很有可能，不過這裏可能讀作過。《顔淵問于孔子》1、12A‘敬有過而先有司，老老慈幼’，復旦吉大讀書會也提及與之對應的文句見于《仲弓》7號簡：老老慈幼，先有司，舉賢才，惑（宥）過赦

罪。《顔淵問于孔子》中的‘有過’疑讀作‘宥過’。”參見簡帛網2011年7月24日《上博楚簡釋讀札記》。黄人二先生、趙思木先生曰：“此字整理者隸定爲‘佂’，讀爲‘正’［11］；讀書會謂此説待考［12］；蘇建洲以爲當釋爲‘禍’，鄭公渡以爲可釋爲‘禍’，讀爲‘過’，讀此句爲‘敬宥過’［13］；後何有祖撰文亦主讀‘有禍’爲‘宥過’，與鄭説合［14］；陳偉同意‘過’之釋讀，以爲此句當讀爲‘儆有過’［15］；沈之傑以爲此字所從，‘示’之外的部份爲‘因’字的輪廓，從而認爲此字從示因省聲，讀爲‘禋’，讀此三字爲‘敬有禋’，以爲和祭祀的態度有關。按，此字‘示’旁之外，確有筆劃，尤其最下一筆，鮮見關注，沈之傑有所注目，可謂細心。然此字所從，並非一字之輪廓，最下一筆，蓋即後世之‘廴’。又《上博（三）·恒先》簡10有一‘㤺’字［16］，從‘㠩’從‘心’，其所從‘㠩’與簡文‘廴’外部份，除簡文‘亡’字形潦草訛誤外，十分相近。蓋簡文此字爲一從‘廴’從‘㠩’之字，讀爲‘荒’。連上二字可讀爲‘苟有荒’，意謂從速救濟遭受饑荒之民。”參見簡帛網2011年7月26日《讀〈上海博物館藏戰國楚竹書（八）·顔淵問於孔子〉書後》。

“正”，劉波先生曰：“蘇建洲先生指出此字與上部所從近，可從。而，劉洪濤説從化從示，上加兩飾筆，不確……由此網友小龍指出可能爲亓與祡的合文，②可從。則《顔淵問于孔子》中的亦有可能爲亓、化的合文，即、借筆合文。則簡文‘敬又’即敬又其化，當讀爲敬宥其過，關於‘敬’字，此字原簡作，讀書會指出此字與上一·性33中的‘’同，②單育辰認爲此字見於清一·皇3，爲羞字，在此可能爲敬之訛，上一·性33‘義，羞之方也’，郭·性39羞作敬，義爲謹，如簡4‘庸言之信，庸行之羞’，今本《周易·乾》作‘庸言之信，庸行之謹’，羞爲敬之訛，敬、謹義同。單育辰觀點可從。化以及從化之字與從咼之字楚簡文中多可相通，此不贅述。則‘敬宥其過’義爲謹慎地寬恕别人的過錯，蘇建洲先生已指出此可以《上博五·季康子問於孔子》之語來理解，即簡21—22季康子問於孔子‘大罪殺之，臧罪刑

之，小罪罰之’，而簡 20 孔子回答説：‘大罪則赦之以刑，臧罪則赦之以罰，小則貲之。’由此可知，要據過錯的輕重謹慎地採取赦免措施。”參見出土文獻與古文字研究中心網站 2012 年 4 月 15 日《上博八〈顏淵問於孔子〉札記二則》。

④“而”下，曹方向先生曰：“簡 1 殘斷處所存筆劃作，如果是文字筆劃，或即‘也’字之殘。例如本篇簡 2‘也’字作；簡 5 作；簡 9；簡 11，皆可參考。下面一句話‘顏淵問於孔子曰’是另外一段對話的開始。‘也’字結束上文，上文有可能是另外一段對話或者是下文對話的背景介紹。”參見簡帛網 2011 年 8 月 22 日《讀上博楚簡第八册瑣記》。

【第二簡】……〔有司〕①，先所以敬有正，所以爲退也。②

【校注】

①“有司”，復旦吉大古文字專業研究生聯合讀書會曰：“‘所’上一字殘，作，即‘司’之殘字。簡 2B＋2A 連讀爲‘先有司’（‘有司’見上文）。簡 2B＋2A 與簡 11 拼合後，近於完簡，且茬口密合，簡首僅缺一‘又’字，可據文例補出。典籍和出土文獻中屢見‘先有司’的説法，如《論語・子路》：‘仲弓爲季氏宰，問政。子曰：“先有司，赦小過，舉賢才。”’《上博三・中弓》：‘老老慈幼，先有司，舉賢才，宥過赦罪。’《論語集釋》引王肅曰：‘先有司，言爲政當先任有司，而後責其事。’（程樹德《論語集釋》，中華書局 1990 年，883 頁）。”參見出土文獻與古文字研究中心網站 2011 年 7 月 17 日《〈上博八・顏淵問於孔子〉校讀》。據補。

②“退”，復旦吉大古文字專業研究生聯合讀書會曰：“原整理者釋爲‘退’。（143 頁）今按：其説非是。此當爲‘樂’字。”參見出土文獻與古文字研究中心網站 2011 年 7 月 17 日《〈上博八・顏淵問於孔子〉校讀》。單育辰先生、蘇建洲先生釋爲“緩”，單育辰先生讀爲“寬”，蘇建洲先生讀如字。陳偉先生曰：“緩，由單育辰、蘇建洲先生釋出。單

先生讀爲‘寬’，蘇先生則以爲如字讀。今按：寬緩均可用之于政。《韓非子·五蠹》即有‘寬緩之政’。古書中，似‘寬政’更爲常見。”參見簡帛網 2011 年 7 月 22 日《〈顔淵問於孔子〉内事、内教二章校讀》。黄人二先生、趙思木先生曰：“此‘敬’字原爲簡【12A】末與簡【2B】首兩殘字，讀書會拼合二簡，據所拼合字形釋此字爲‘敬’［27］，其説是。〈12〉緩，整理者釋爲‘退’［28］，讀書會釋爲‘樂’［29］；單育辰、蘇建洲先後在讀書會所撰文後作出回覆，釋此字爲‘緩’，單又讀爲‘寬’，蘇讀如字，皆謂所指爲‘寬緩之政’［30］；陳偉根據古書辭例，更信從讀‘寬’之説。按，‘寬’之釋讀可從，‘寬’者，寬惠人民也，古書中統治者善待人民，減輕剥削之舉，常用‘寬’來表示……‘苟有荒，所以爲寬也’者，謂從速救濟遭受饑荒的民衆，正是寬惠爲政的表現。”參見簡帛網 2011 年 7 月 26 日《讀〈上海博物館藏戰國楚竹書（八）·顔淵問於孔子〉書後》。

王化平先生曰：“從字形上看，‘正’字還應存疑，讀作‘正’是不正確的。劉信芳先生讀作‘位’，舉包山 225 號簡爲證［3］。但比較兩字字形，差别還是很明顯的。原釋‘退’的字，單育辰先生以爲是‘緩’之訛變：‘對比包山簡 76、簡 96 之“緩”作“”“”，“”右上所從與它們右上之形基本相同，右下所從的“土”應即“又”之訛變。’［4］筆者認爲退字應從原釋，所謂退，就是讓。這兩句話是講‘敬’的，牽涉到禮讓，與爲政風格的關係略遠。從字形上來説，‘退’字下從‘止’字，與《上博楚竹書》（四）之《相邦之道》第 4 簡上的‘退’極爲接近：。”參見簡帛網 2011 年 9 月 20 日《讀〈上博八·顔淵問于孔子〉札記四則》。

【第三簡】……必不在戀之内矣。①顔淵西②

【校注】

①“戀”，復旦吉大古文字專業研究生聯合讀書會曰：“原整理者釋爲‘戀’，謂‘疑爲“戀”之異體’。（144 頁）今按：字當釋爲‘㦻’，

見上文。此處疑讀爲‘茲’。”參見出土文獻與古文字研究中心網站 2011 年 7 月 17 日《〈上博八·顔淵問於孔子〉校讀》。

黄人二先生、趙思木先生曰：“按，此字下有‘之’字，若讀爲‘茲’，則意嫌重復；姑且讀爲‘慈’。”參見簡帛網 2011 年 7 月 26 日《讀〈上海博物館藏戰國楚竹書（八）·顔淵問於孔子〉書後》。

②“西”，復旦吉大古文字專業研究生聯合讀書會曰：“原整理者引《孔子家語·賢君》‘顔淵將西游於宋’一節作爲參照。（144 頁）所謂‘西’字作。‘西’下似仍有筆劃痕跡，疑爲‘廼’字。簡文意爲顔淵聽完孔子的言論，廼有所行動。文義亦通。推測其下當有缺簡。”參見出土文獻與古文字研究中心網站 2011 年 7 月 17 日《〈上博八·顔淵問於孔子〉校讀》。李鋭先生説同，參見孔子 2000 網 2011 年 7 月 18 日《讀上博八札記（一）》。黄人二先生、趙思木先生曰：“我們以爲此字讀爲‘哂’或‘棲’，以文字有所殘佚，僅能作此猜測，待考。”參見簡帛網 2011 年 7 月 26 日《讀〈上海博物館藏戰國楚竹書（八）·顔淵問於孔子〉書後》。

【第四簡】……内矣。庸言之信，庸行之謹①

【校注】

①“謹”，復旦吉大古文字專業研究生聯合讀書會讀爲“敬（145 頁）”，參見出土文獻與古文字研究中心網站 2011 年 7 月 17 日《〈上博八·顔淵問於孔子〉校讀》。

【第五簡】則詠，①所以端信也奮。②君子之内事也如此矣。”顔淵曰：“君子之内事也，回既聞命矣。敢問

【校注】

①“詠”，復旦吉大古文字專業研究生聯合讀書會釋爲“訇（辭）”，參見出土文獻與古文字研究中心網站 2011 年 7 月 17 日《〈上博八·顔淵問於孔子〉校讀》。

②“端”，復旦吉大古文字專業研究生聯合讀書會曰：“原整理者誤釋爲‘耑’，讀爲‘瑞’。(145 頁) 今按：其説非是。‘□信’應是明信、取信、求信一類的意思。蘇建洲在一篇待刊稿中將這種寫法的字釋爲‘尋’。‘尋’有求義，然古書中常見‘求信’而似未見‘尋信’之例。又疑□或爲‘明’之訛寫。待考。”參見出土文獻與古文字研究中心網站 2011 年 7 月 17 日《〈上博八·顏淵問於孔子〉校讀》。黄傑先生曰：“我們在此擬對□字略作討論。整理者釋爲‘耑’，讀爲‘瑞’，又云或讀爲‘瑞’。[1] 此説無甚根據。據復旦吉大古文字專業研究生聯合讀書會(以下簡稱‘讀書會’) 所作《〈上博八·顏淵問於孔子〉校讀》，蘇建洲在一篇待刊稿中將這種寫法的字釋爲‘尋’。讀書會又疑□或爲‘明’之訛寫。[2] 這些説法似乎都不甚確當。今按：字似當釋爲‘期’，字上從‘日’，下部所從當是‘几’旁，即楚簡中‘期’字多所從的几。……此處的‘期信’如讀書會所説，解爲求信或取信。‘禄不足則請，有餘則辭’，换句話説，就是嚴格按照制度（俸禄制度）辦事，誠實無欺。這正是‘所以期（求、取）信也’。”參見簡帛網 2011 年 7 月 19 日《初讀〈上海博物館藏戰國楚竹書（八)〉筆記》。陳偉先生曰：“昜，劉云先生指出：或爲‘昜’的訛字。此讀爲‘揚’，彰顯之意[6]。宋華強先生進一步確認‘昜’字之釋，讀爲‘彰’[7]。今按，彰、揚義通。《淮南子·覽冥訓》：‘不彰其功，不揚其聲。’高誘注：‘彰、揚皆明也。’”參見簡帛網 2011 年 7 月 22 日《〈顏淵問於孔子〉内事、内教二章校讀》。黄人二先生、趙思木先生曰：“取，整理者釋爲‘耑’，讀爲‘瑞’[48]；讀書會認爲‘□信’應是明信、取信、求信一類的意思，并謂蘇建洲未刊稿中釋此字形爲‘尋’，又疑此字或爲‘明’之訛寫[49]；劉云認爲此字乃‘昜’之訛寫，讀爲‘揚’，意謂‘彰顯’[50]；黄傑以爲此字爲從日從几之字，釋讀爲‘期’，解‘期信’爲求信或取信[51]；Jiaguwen1899 從劉云説釋爲‘昜’，讀爲‘彰’[52]；陳偉從劉云、Jiaguwen1899 之説，釋爲‘昜’，謂‘揚’‘彰’義

通［53］；蘇建洲謂此字當釋爲‘尋’，讀爲‘申’［54］；按，此字上從日，下之所從，與‘需’下相近，當爲‘需’之異體，代‘需’之雨旁爲日旁耳。字可釋爲‘昷’，而讀爲‘取’，‘需’‘取’上古皆爲精系侯部字。‘取信’之意顯而易見。”參見簡帛網2011年7月26日《讀〈上海博物館藏戰國楚竹書（八）·顏淵問於孔子〉書後》。李鋭先生以爲“簡5‘端’字疑是‘易’字”，參見孔子2000網2011年7月18日《讀上博八札記（一）》。

“奮”，復旦吉大古文字專業研究生聯合讀書會曰：“原整理者釋爲‘奮’，屬上讀。今按：此字作，應爲‘害’字，讀爲發語之‘蓋’。包山楚簡122號有字，左旁所從‘害’中間已訛作‘羊’形，與此字相似。”參見出土文獻與古文字研究中心網站2011年7月17日《〈上博八·顏淵問於孔子〉校讀》。

【第六簡】君子之内教也有道乎？”[①]孔子曰：“有。”顏淵：“敢問何如？”孔子曰：“修身以尤，[②]則民莫不從矣；謙[③]

【校注】

①“内教”，陳偉先生曰：“教之分内外，似于古無聞。‘内教’疑讀作‘入教’。”參見簡帛網2011年7月22日《〈顏淵問於孔子〉内事、内教二章校讀》。王化平先生曰：“陳偉先生讀做‘入教’［5］，黄人二先生則認爲‘入教’不好理解，不如作‘内教’［6］。但‘内教’在典籍中有多種含義，且通常不單獨使用，往往與‘外教’或其它形式的事類相對應。而在此篇竹書的殘存竹簡中，看不到能與‘内教’形成對應關係的事類。所以，讀爲‘内教’也有不妥的地方。筆者揣測這個詞或許讀作‘立教’。從讀音上看，内是泥母物部字，立是來母緝部字。泥來旁紐，物緝通轉，兩字的讀音是相近的，只是在典籍中還找不到‘内’‘立’通假的例子。‘内教’也有可能本作‘立教’，因承上文‘内事’而誤。讀作‘立教’的話，與下文孔子所説‘修身以先’‘前以

博愛’‘道之以儉’‘前之以讓’‘迪而教之，能能賤不肖而遠之’等都是強調自立榜樣的做法是相契合的。”參見簡帛網 2011 年 9 月 20 日《讀〈上博八・顔淵問于孔子〉札記四則》。

②“尤”，復旦吉大古文字專業研究生聯合讀書會曰：“此字位置正當竹簡殘斷茬口，作，原整理者誤釋爲‘尤’。（146 頁）今按：兩截斷簡可遥綴，此字字形與簡 13 中的兩‘先’字（、）字形一致。‘修身以先，則民莫不從矣’一類的説法也見於其他古書，如《大戴禮記・子張問入官》：‘欲政之速行也者，莫若以身先之也；欲民之速服也者，莫若以道御之也。’（又見於《孔子家語・入官》）《禮記・大學》：‘欲齊其家者，先修其身。’”參見出土文獻與古文字研究中心網站 2011 年 7 月 17 日《〈上博八・顔淵問於孔子〉校讀》。

③“謙”，復旦吉大古文字專業研究生聯合讀書會曰：“‘前’，原整理者誤讀爲‘謙’。（146 頁）今按：此字無須破讀，‘前’義爲預先，在……之先，此言‘前以……’，簡 7 言‘前之以’，相當於古書中常見的‘先以’‘先之以’。”參見出土文獻與古文字研究中心網站 2011 年 7 月 17 日《〈上博八・顔淵問於孔子〉校讀》。

關於第六簡之後的文字，李鋭先生以爲“很多簡斷後存 9 至 10 字，因此可據補。如簡 6 下段末尾可補‘之’字，與下文‘導之’‘前之’相應，即是‘孔子曰：修身以先（?），則民莫不從矣。前【之】以專（撫?）忘（亡?），則民莫遺親矣。導之以儉，則民知足矣。前之以讓，則民不爭矣’。”參見孔子 2000 網 2011 年 7 月 18 日《讀上博八札記（一)》。

【第七簡】以匍匐，[①]則民莫遺親矣。導之以儉，則民知足矣。謙之以讓，則民不爭矣。[②]國迪而教[③]

【校注】

①“匍匐”，復旦吉大古文字專業研究生聯合讀書會釋爲“専㤅”，讀爲“博愛”，曰：“原整理者讀此二字爲‘匍匐’。今按：其説非是。《孝經・三才章》：‘先之以博愛，而民莫遺其親。陳之於德義，而民興

行。先之以敬讓，而民不爭。導之以禮樂，而民和睦。示之以好惡，而民知禁。'與簡 6 +7 相關文句密合。'俹'在楚文字中極爲少見，疑爲'□'之抄訛。"參見出土文獻與古文字研究中心網站 2011 年 7 月 17 日《〈上博八・顏淵問於孔子〉校讀》。

②"爭"，黄人二先生、趙思木先生曰："此''字當爲'靜'字之誤摹。'靜'從青、爭作，爭當作二手爭一'力'形，此字中之'爭'則訛一'手'爲'口'，本篇簡 8 亦有一字，當爲'靜'之正形，彼字作'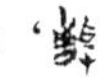'，'爭'未訛變。"參見簡帛網 2011 年 7 月 26 日《讀〈上海博物館藏戰國楚竹書（八）・顏淵問於孔子〉書後》。

③"國"，復旦吉大古文字專業研究生聯合讀書會曰："簡 9 首字僅餘末筆，疑爲'之'字。如此則簡 7 後當接簡 9。'或'，原整理者誤讀爲'國'。(148 頁) 今按：'或'表順承，相當於'又'，'或迪而教之'意爲'又啓導而教育之'。前言以身作則，後言教民導民，文從字順。"參見出土文獻與古文字研究中心網站 2011 年 7 月 17 日《〈上博八・顏淵問於孔子〉校讀》。

"迪"，陳偉先生曰："迪，讀爲'由'，因、從義。《國語・晉語四》：'天之道也，由是始之。'韋昭注：'由，從也。'《漢書・魏相傳》'未得所繇'，師古曰：'繇讀與由同。由，從也，因也。''由而'似猶'從而''因而'。在將'能 ='析讀作'以能'并係屬上句之後，我們更容易看出'迪（由）'用爲虚詞［8］。"參見簡帛網 2011 年 7 月 22 日《〈顏淵問於孔子〉内事、内教二章校讀》。黄人二先生、趙思木先生曰："迪，讀書會讀如字，訓爲'啟導'［67］；陳偉讀爲'由'，解爲因、從之義［68］；按，此'迪'與'教'中連以'而'字，當爲詞性相同、意思相近者，《説文》：'迪，道也。''道'即今'導'字，此訓于歷代《尚書》注解中亦極常見。'迪而教之'者，謂引導而教誨之。故今從讀書會之説，徑讀如字，訓爲'引導'。"參見簡帛網 2011 年 7 月 26 日《讀〈上海博物館藏戰國楚竹書（八）・顏淵問於孔子〉書後》。張峰先生曰："《顏淵》，整理者讀爲'迪'或'由'，讀書會讀爲迪，黄人

二、趙思木先生認爲‘迪而教之’者，謂引導而教誨之。［37］陳偉先生讀爲‘由’，訓爲因、從。［38］比較兩説，陳説較長。”參見簡帛網 2011 年 8 月 4 日《説上博八〈顔淵〉及〈成王既邦〉中的“豫”字》。

關於第七簡之後的文字，李鋭先生以爲“《顔淵問於孔子》篇，簡 7 或當與簡 9 相接，讀作‘或（又）迪而教之能，能察（?）不喿（肖）而遠之’”，參見孔子 2000 網 2011 年 7 月 18 日《讀上博八札記（一）》。

【第八簡】〔君子讓〕而得之，①小人爭而失之。②

【校注】

①“君子讓”，復旦吉大古文字專業研究生聯合讀書會曰：“據下文，此處缺文或可補‘君子讓’三字。”參見出土文獻與古文字研究中心網站 2011 年 7 月 17 日《〈上博八·顔淵問於孔子〉校讀》。據補。黄人二、趙思木曰：“〔君〕〔子〕〔讓〕〔而〕，讀書會謂據下文，此處缺文或可補‘君子讓’三字［85］；按，可補者，蓋還有一‘而’字。”參見簡帛網 2011 年 7 月 26 日《讀〈上海博物館藏戰國楚竹書（八）·顔淵問於孔子〉書後》。

②關於第八簡之後的文字，復旦吉大古文字專業研究生聯合讀書會曰：“據文義，簡 8 與簡 10 關係密切，主要内容是將如何獲得‘至名’的。簡 10‘孔子曰’起講的是獲得‘至名’的途徑和效果，而簡 8 講的是取得‘至名’的方法，也就是讓和不爭。……然而，由於簡 8 爲殘簡，無法確定能否與簡 10 拼合，故本文不直接拼合，暫將簡 8 列於簡 10 之後。”參見出土文獻與古文字研究中心網站 2011 年 7 月 17 日《〈上博八·顔淵問於孔子〉校讀》。

【第九簡】能，①能踐不躁而遠之，②則民知欽矣。③如進者觀行，④退者知欽，則其於教也不遠矣。”⑤顔淵曰：

【校注】

①“能”上，復旦吉大古文字專業研究生聯合讀書會曰：“簡 9 首

字僅餘末筆，疑爲‘之’字。”參見出土文獻與古文字研究中心網站2011年7月17日《〈上博八·顔淵問於孔子〉校讀》。鄧少平先生曰：“仔細看圖版，可知簡9的這個殘字並非‘之’字，而應該是‘以’字。……如此一來，這句話就應該連讀爲‘又迪而教以能＝’，其前後相關語句如下：修身以先，則民莫不從矣；前【6】以博愛，則民莫遺親矣；導之以儉，則民知足矣；前之以讓，則民不爭矣。又迪而教【7】以能＝。察不肖而遠之，則民知禁矣。‘教以能’猶‘教之以能’，‘之’字省略，如‘前以博愛’之例。陳偉將簡文將‘能’後的‘＝’看作合文符號，將‘能＝’析讀爲‘以能’，恐難信從。這裡的‘＝’應該就是句讀符號，同篇類似用法多見。整理者或以爲重文號或以爲合文號，聯合讀書會又認爲其中幾例‘＝’號爲誤衍，恐皆不可從。”參見出土文獻與古文字研究中心網站2011年7月22日《〈顔淵問於孔子〉九號簡殘字辨析——兼論文中的“＝”符》。

② “能能踐不躁而遠之”，復旦吉大古文字專業研究生聯合讀書會曰：“此句原整理者斷句釋讀爲：‘能＝（能，能）戔（踐）不喿（躁）而遠之。’（151頁）今改讀並重新斷句。‘能能’，意爲賞識有才能的人。‘賤不肖而遠之’，意爲輕視小人并疏遠之。”參見出土文獻與古文字研究中心網站2011年7月17日《〈上博八·顔淵問於孔子〉校讀》。陳偉先生曰：“能＝，析讀作‘以能’，屬上句。如此，此句句式與上文‘導之以儉’‘前之以讓’相同，是一組排比句。郭店楚竹書《尊德義》有‘教以藝’‘教以技’‘教以事’的説法，與‘教以能’類似。”參見簡帛網2011年7月22日《〈顔淵問於孔子〉内事、内教二章校讀》。黄人二先生、趙思木先生曰：“今按，讀書會謂‘禁’訓‘禁忌’，其説是也，然據此亦當知《孝經》之‘好惡’當爲一偏義復詞，偏指君子所惡者，作爲禁忌。如此，則‘能能’於《孝經》中實無對應字句。按，‘能’字上從‘以’，故二字可寫作合文，‘以能’所以屬上讀者，原因確如陳偉所述；另外，下文‘退者知禁’一句中，‘退者’所指當爲上文之‘民知禁矣’的情況，于教化人民，屬於‘民免而無恥’的消極狀

態，而前一句‘進者雚（勸）行’中之‘進者’，其所指則當爲經過‘修身以先’‘前以博愛’‘道之以儉’‘前之以讓’‘教之以能’一系列教化過程的情況，于教化人民，屬於‘民有恥且格’的積極狀態，‘教之以能’正是對應‘進者勸行’的一部份，故此合文不宜讀爲‘能能’。”參見簡帛網 2011 年 7 月 26 日《讀〈上海博物館藏戰國楚竹書（八）·顔淵問於孔子〉書後》。

③“欽”，復旦吉大古文字專業研究生聯合讀書會曰：“‘欽’，原整理者未括讀，解釋爲‘恭敬’。（151 頁）今按：當讀爲‘禁’，意爲禁忌。如《上博六·景公瘧》簡 8：‘舉邦爲欽（禁）。’前注引《孝經·三才章》‘示之以好惡，而民知禁’，亦可相印證。本簡下文‘欽’字同。”參見出土文獻與古文字研究中心網站 2011 年 7 月 17 日《〈上博八·顔淵問於孔子〉校讀》。

關於第十簡之後的文字，李鋭先生以爲“簡 10 末疑讀作‘名至必卑身，身治，大則禄【足，小則……】’，疑下與簡 11 相接，而簡 11 末尾結簡 12 下段，作‘所以聚親也，禄不足則情有餘’”，參見孔子 2000 網 2011 年 7 月 18 日《讀上博八札記（一）》。

④“觀”，復旦吉大古文字專業研究生聯合讀書會曰：“‘雚’，原整理者讀爲‘觀’，又云‘或讀爲勸’。（151 頁）今按：‘觀行’解爲‘觀禮行’迂曲，‘勸行’即敦行、篤行之義，於義爲長。”參見出土文獻與古文字研究中心網站 2011 年 7 月 17 日《〈上博八·顔淵問於孔子〉校讀》。

⑤“不”，黄人二先生、趙思木先生曰：“辛〈不〉，按，此‘辛’字當爲‘不’之誤摹。”參見簡帛網 2011 年 7 月 26 日《讀〈上海博物館藏戰國楚竹書（八）·顔淵問於孔子〉書後》。曹方向曰：“簡 9‘則其於教也不遠矣’，‘不’字作。同篇‘不’字數見，皆如同簡‘不喿（肖）’之‘不’作。此處‘不遠’之‘不’，寫法訛變，與‘辛’近似。”參見簡帛網 2011 年 8 月 22 日《讀上博楚簡第八册瑣記》。

【第十簡】“君子之内教也，回既聞矣已。[①]敢問至明？”[②]孔子曰：“德成則名至矣，名至必俾任，任治大則禄[③]

【校注】

①“矣已”，復旦吉大古文字專業研究生聯合讀書會曰：“原整理者將帶合文號的‘矣’解爲‘矣已’（按當爲‘已矣’，或排版之誤）。（152 頁）今按：簡 5 有‘回既聞命矣’，此處‘=’或衍。”參見出土文獻與古文字研究中心網站 2011 年 7 月 17 日《〈上博八·顔淵問於孔子〉校讀》。黄人二先生、趙思木先生曰：“矣=（命矣），整理者解爲‘矣已’［75］；讀書會以爲簡 5 有‘回既聞命矣’，此處‘=’或衍［76］；按，參照簡 5 中回應孔子内事之教的‘回既聞命矣’，可知此處顔淵回應内教之教亦當作‘回既聞命矣’，簡文少一‘命’字，多一‘=’符，此‘=’符蓋即代表‘命矣’。”參見簡帛網 2011 年 7 月 26 日《讀〈上海博物館藏戰國楚竹書（八）·顔淵問於孔子〉書後》。李鋭先生説同，參見孔子 2000 網 2011 年 7 月 18 日《讀上博八札記（一）》。

②“至”，黄人二先生、趙思木先生曰：“至，讀書會如字讀，謂一説讀爲‘致’，意謂‘招致’［77］；按，簡文下文稱‘德成而名至矣’，可見所謂‘至名’者，非謂‘極至之名’，《莊子·盜跖》‘以至德之隆者’成玄英疏：‘至，致也。’可見‘至’自可訓‘招致’，而不必破讀。”參見簡帛網 2011 年 7 月 26 日《讀〈上海博物館藏戰國楚竹書（八）·顔淵問於孔子〉書後》。

“明”，復旦吉大古文字專業研究生聯合讀書會曰：“‘至’下一字，原整理者徑釋爲‘明’。（152 頁）今按：從下文‘名至’看，此字當係‘名’字誤寫。”參見出土文獻與古文字研究中心網站 2011 年 7 月 17 日《〈上博八·顔淵問於孔子〉校讀》。

③“俾任任治大則禄”，復旦吉大古文字專業研究生聯合讀書會曰：“‘身’字，原整理者誤釋爲‘壬’，讀爲‘任’。（152 頁）今改釋。‘俾’當讀爲‘卑’。《荀子·儒效》‘君子隱而顯，微而明，辭讓而勝’（詳細引文參下文注），‘名至必卑身’與此義近。此外，一説簡 10 三處‘至’皆當讀爲‘致’，意爲‘招致’。‘身治大則禄’，‘大’‘則’二字疑爲抄手誤倒。”參見出土文獻與古文字研究中心網站 2011 年 7 月 17 日

《〈上博八·顔淵問於孔子〉校讀》。

【第十一簡】……得情薦，情薦而戀幽，①所以居惀也；②敓交而收貧，③所以聚④

【校注】

①“得情薦情薦而戀幽”，復旦吉大古文字專業研究生聯合讀書會《〈上博八·顔淵問於孔子〉校讀》曰：“此句原整理者釋讀爲‘青＝薦＝（情薦，情薦）𢇍（戀）而㘗（幽）’。（154頁）今按：從我們調整後的簡序看，‘得青＝’當讀爲‘得情’，‘青’下‘＝’係誤衍。此句意謂先任有司，則民情可得。”參見出土文獻與古文字研究中心網站2011年7月17日。

黄傑先生曰：“簡11的‘（得）青（情）＝’，原圖版作。讀書會以爲‘青’下‘＝’係誤衍。我們不同意這種推測。自一開始看到這里，筆者便産生一種想法，現在寫出來供大家參考。我們認爲，‘’是‘青（情）’與‘也’的合文，理由有二：一，這段文字句式十分齊整，書手在抄寫時，並没有多麽大的可能出錯，‘誤衍’之類的判斷，似乎並不太謹慎，也不一定符合實情；二，‘也’字上部從口，而‘青（情）’字下部從口，所以二字有組成合文的條件，只是需要將‘也’字的下半部省去。我們懷疑書手正式采用了這樣的辦法，以合文的形式書寫了‘青、也’兩個字。所以，相關釋文應作‘（得）青＝（情也）’。”參見簡帛網2011年7月19日《初讀〈上海博物館藏戰國楚竹書（八）〉筆記》。

陳偉先生曰：“‘青’字下重合文標識，讀書會以爲衍出。今按：楚簡文字‘青’字下部加‘口’形，寫得跟‘同’字一樣。此處或可看作‘同情’的合文，指同心、一心。《史記·吴王濞列傳》：‘同惡相助，同好相留，同情相成，同欲相趨。’《後漢書·劉虞公孫瓚等傳論》：‘若虞瓚無閒，同情共力……則古之休烈，何遠之有！’簡文是説‘先有司’

則可齊心協力。”參見簡帛網2011年7月22日《〈顔淵問於孔子〉内事、内教二章校讀》。

陳偉先生曰：“《顔淵問於孔子》篇2B+2A+11連讀，由復旦吉大古文字專業研究生聯合讀書會撰文指出。其中‘先【有】司，所以得青=’一句，目前有多種讀法。我們先前以爲‘青=’是‘同情’合文，終覺未安。今按：此字更可能是‘青丹’合文。其中‘青’讀爲‘靖’，安定、治理義。《書·盤庚上》‘自作弗靖’，陸德明釋文引馬云：‘靖，安也。’《國語·周語下》：‘天所崇之子孫，或在畎畝，由欲亂民也。畎畝之人，或在社稷，由欲靖民也。’韋昭注：‘靖，治也。’而‘丹’用爲‘旃’。”參見簡帛網2011年7月25日《上博八零識（二則）》。黄人二先生、趙思木先生曰：“按，此合文似可釋爲‘其情’二字合文，‘亓’字形與‘青’相近，故得以相合。情者，《論語·子路》‘上好信，則民莫敢不用情’朱熹集注：‘情，誠實也。’先有司所以得其情也者，所以得有司之實情而不致被蒙蔽。”參見簡帛網2011年7月26日《讀〈上海博物館藏戰國楚竹書（八）·顔淵問於孔子〉書後》。王化平曰：“讀書會以爲重文符號誤衍［2］，這是很有可能的。‘青’，可能讀作‘請’。這兩句話屬于‘入仕’部分，而“士”在春秋戰國時期是地位較低的貴族，只比庶人高。剛‘入仕’者只是低級的官吏，比如家宰一類。因此，‘先有司’對‘入仕’者來説，就是要求勤快一點。所謂‘得請’，也許指受到上司的賞識而被召見。”參見簡帛網2011年9月20日《讀〈上博八·顔淵問于孔子〉札記四則》。

②“惀”，復旦吉大古文字專業研究生聯合讀書會曰：“原整理者釋爲‘惀’。今按：非是。字作，實爲‘急’，讀爲‘仁’。”參見出土文獻與古文字研究中心網站2011年7月17日《〈上博八·顔淵問於孔子〉校讀》。

③“敓”，復旦吉大古文字專業研究生聯合讀書會曰：“原整理者釋爲‘敔’，讀爲‘敓’。（154頁）今按：字作，實爲‘豫’字。字爲簡12‘豫’字寫法之訛寫或省寫。”參見出土文獻與古文字研究中心網

站 2011 年 7 月 17 日《〈上博八・顔淵問於孔子〉校讀》。

王化平曰："豫，通序。《儀禮・鄉射禮》：'豫則鉤楹内。'鄭玄注云：'今言"豫"者，謂州學也……《周禮》作"序"。'［1］紋，見紐宵部，與'教'雙聲疊韻，應可通假。所以，'豫紋'或可讀爲'序教'，是説以序做爲教育青年和收養老年的地方。"參見簡帛網 2011 年 9 月 20 日《讀〈上博八・顔淵問于孔子〉札記四則》。

"敚交"，陳偉先生曰："豫（舍）紋，讀書會云：一説'豫紋'可讀爲'舍繳'，意爲免除賦税。今按：'豫'讀爲'捨'，適與'收'對應。'紋'疑當讀爲'饒'，富裕、豐足義，與'貧'相對。"參見簡帛網 2011 年 7 月 22 日《〈顔淵問於孔子〉内事、内教二章校讀》。

黄人二先生、趙思木先生曰："豫，整理者未隸定，讀爲'敚'［22］；讀書會以爲即'豫'字。紋，整理者讀爲'交'，讀書會隸定爲'紋'。讀書會讀'豫紋'爲'舍繳'，謂其意爲'免除賦税'［23］。陳偉以爲'豫'讀爲'捨'，適與'收'對應。'紋'疑當讀爲'饒'，富裕、豐足義，與'貧'相對［24］。孟蓬生讀'豫紋'爲'舉約'，認爲'舉約收貧'意謂'賑濟族中貧困者'。蕭旭讀'豫紋'爲'舒繳'［25］。按，'豫紋'可讀爲'逸勞'，謂使辛勞者得以休息，正與'收貧'相對爲文。收貧，讀書會據《管子》相關文句，謂與'老老''慈幼''豫紋'皆爲惠政［26］。蕭旭説'收貧'則引《漢書・王莽傳》'收贍名士''收贍不足者'、《廣雅・釋言》'收，振也'等爲例，以爲'收貧'意即救貧，又謂'收貧'相當於《周禮・地官・大司徒》之'恤貧'。按，蕭説可從。"參見簡帛網 2011 年 7 月 26 日《讀〈上海博物館藏戰國楚竹書（八）・顔淵問於孔子〉書後》。

劉波先生曰："筆者認爲收或可讀爲賙，文獻中賙或作周。……則收與周可通，簡文'收貧'即賙貧或作周貧，古書習見。……由此可以推斷，紋可能爲財帛一類，拿出（舍）紋這類財帛來周濟貧苦之人，則紋或疑當讀爲縞，絹帛之物，楚簡文交、高可通，如讀爲郊的字楚簡文常作高、蒿、鄗，但紋是否可讀爲縞有待推敲。'周貧'或'賙貧'一詞，傳世典籍出現較晚，簡文‘收貧’讀爲‘周貧’可爲此詞語出現時間溯前添一新證。”參見出土文獻與古文字研究中心網站 2012 年 4 月 15 日《上博八〈顏淵問於孔子〉札記二則》。

王輝先生曰：“按，‘絞’讀繳非是，繳納爲‘繳’之晚起義，且其賦税義項似並無明證。讀約則可從，絞、約韻部爲宵藥對轉，古書‘駁’與‘〇’通、‘□’與‘〇’通是其證［③］。貧、約均是窮困之義，常連用或對舉，如《左傳·昭公十年》‘國之貧約孤寡者’［③］、《上博（六）·競公瘧》簡 10‘貧苦約病’［③］、《鹽鐵論·地廣》‘處約樂貧’、《後漢書·第五倫傳》‘守約安貧’。‘豫’當讀爲舍，楚簡多見。‘舍’本指房舍，又用作動詞提供住宿，引申則有安置之義［③］。‘舍約’與‘收貧’意思相當，均指安撫窮困。上述諸家意見已經點出‘豫’和‘絞’的正確讀法，但由於對‘舍’的理解不當，導致‘豫絞而收貧’意思難以疏通。”參見出土文獻與古文字研究中心網站 2012 年 4 月 16 日《“豫絞而收貧”小札》。

④“聚”，復旦吉大古文字專業研究生聯合讀書會曰：“簡 12 實爲兩截斷簡拼合，但拼合有誤。簡 12B 當接於簡 11 之後。‘取親’，意爲取得（民衆）的親附，如《大戴禮記·子張問入官》：‘故非忠信，則无可以取亲于百姓矣。’原整理者讀‘取’爲‘聚’，然未將簡 11 與簡 12B 綴合。‘聚親’似亦可通，然‘聚親’似未見於傳世文獻。一説‘取’係‘爲’字下部寫得略訛者。”參見出土文獻與古文字研究中心網站 2011 年 7 月 17 日《〈上博八·顏淵問於孔子〉校讀》。

【第十二簡】□得情薦，①情薦而戀幽，②敓交而收貧。禄不足，則情有余，則詒禄薪也。禄不足，則情有余③

【校注】

①“得情”，復旦吉大古文字專業研究生聯合讀書會曰：“此二字，原整理者釋第一字爲‘得’，第二字則存原形未釋。（155 頁）今按：原簡作‘’，不難看出，當爲‘又（有）司’二字之略殘。”參見出土文獻與古

文字研究中心網站 2011 年 7 月 17 日《〈上博八・顏淵問於孔子〉校讀》。

②“得情薦情薦而戀幽”，復旦吉大古文字專業研究生聯合讀書會曰：“原整理者將上文有司與此句連讀，釋讀爲‘薦=（情薦，情薦）戀（戀）而學（幽）’。（155 頁）今按：所謂‘薦’作，實爲‘老’字。所謂‘戀’字作，實爲‘㷰’字。‘㷰’亦見於本篇簡 3 作，簡 3 又有‘才’字作。所謂‘戈’形，顯係‘才’。‘㷰’當讀爲‘慈’，如《上博四・內豊》簡 4：‘戀（慈）俤（弟）。’‘學’字原整理者讀爲‘幽’，非是，當讀爲‘幼’，如《郭店楚簡・成之聞之》簡 34‘讓而受學（幼）’。‘慈幼’爲古書常語。《上博二・中弓》簡 7、8 亦有‘老老慈幼’語。下文簡 11 相關文句同此。”參見出土文獻與古文字研究中心網站 2011 年 7 月 17 日《〈上博八・顏淵問於孔子〉校讀》。

③關於第十二簡的拼合，復旦吉大古文字專業研究生聯合讀書會曰：“簡 12 實爲兩截斷簡拼合，但拼合有誤。本文析爲 2A 和 2B 兩支。2B 當接在 12A 之後。2B 首字殘字作，12A 末字殘字作；拼合以後當爲‘敬’字。此字與本篇簡 1‘敬’作同。這種作‘□’形寫法的‘敬’字也見於上博簡《性情論》簡 33：、。”參見出土文獻與古文字研究中心網站 2011 年 7 月 17 日《〈上博八・顏淵問於孔子〉校讀》。

關於第十二簡之後的文字，李鋭先生以爲“《顏淵問於孔子》篇中，還有一些簡的文意相關，或可遥綴，如簡 13 與簡 4，簡 12 上段與簡 14 等”，參見孔子 2000 網 2011 年 7 月 18 日《讀上博八札記（一）》。

【第十三簡】……㐬行而信，[①]先居忠也。[②]貧而安樂，先居〔仁也〕。[③]

【校注】

①“㐬”，復旦吉大古文字專業研究生聯合讀書會曰：“原整理者釋爲‘㐬’，未括注。（156 頁）今按：據文義似可讀爲‘素’。”參見出土文獻與古文字研究中心網站 2011 年 7 月 17 日《〈上博八・顏淵問於孔

子〉校讀》。蘇建洲先生釋爲“干”，讀爲“遣”，或可讀爲“貫”。黄人二先生、趙思木先生曰：“屰〈干，諫〉，讀書會據文意推測可讀爲‘素’［86］；蘇建洲以爲‘干’‘屰’或誤釋，釋此字爲‘干’，一讀爲‘遣’，認爲‘遣行’有‘派遣發兵’之意；又以爲或可讀爲貫，貫者習也；按，此‘屰’字正如蘇説，係‘干’之誤摹，‘干’似可讀爲‘諫’，‘諫行’者，所諫之言被采納行使也，‘信’者，行使之結果信如所諫也。《孟子·離婁下》：‘諫行言聽，膏澤下于民。’［87］正所謂‘諫行而信’者。‘諫行而信’，正是忠於主上并有所建樹，故簡文謂之‘先凥忠也’，即屬於‘忠’德之較高層次，與‘貧而安樂’屬於‘仁’德之較高層次，故而稱‘先凥仁也（説見下文）’正相應。儒者以忠事人，爲求‘諫行而信’，往往在進諫之前確認查實其所諫，故子夏曰：‘君子信而後勞其民；未信，則以爲厲己也。信而後諫；未信，則以爲謗己也。’［88］”參見簡帛網2011年7月26日《讀〈上海博物館藏戰國楚竹書（八）·顏淵問於孔子〉書後》。

②“居”，復旦吉大古文字專業研究生聯合讀書會讀“凥（處）”，參見出土文獻與古文字研究中心網站2011年7月17日《〈上博八·顏淵問於孔子〉校讀》。

③“仁也”，黄人二先生、趙思木先生曰：“先凥（處）〔仁〕〔也〕，依前文‘先凥忠也’之文例擬補‘仁’‘也’二字。”參見簡帛網2011年7月26日《讀〈上海博物館藏戰國楚竹書（八）·顏淵問於孔子〉書後》。

關於第十三簡之後的文字，李鋭先生以爲“《顏淵問於孔子》篇中，還有一些簡的文意相關，或可遥綴，如簡13與簡4，簡12上段與簡14等”，參見孔子2000網2011年7月18日《讀上博八札記（一）》。

【第十四簡】……示則斤，而毋欲得焉。①

【校注】

①關於第十四簡的拼合，復旦吉大古文字專業研究生聯合讀書會曰：

“據文義，簡 14 也可能是求取‘至名’的語段的一部分。本文將之暫列於簡 8 之後，不做拼合處理。”參見出土文獻與古文字研究中心網站 2011 年 7 月 17 日《〈上博八·顔淵問於孔子〉校讀》。

《上海博物館藏戰國楚竹書》第九册

《史蒥問於夫子》

【第一簡】其□之。”史蒥曰：[①]“蒥也，故齊邦敝吏之子也，無如愭也。”[②]

【校注】

①“史蒥”，張峰先生曰：“簡 1‘史蒥’的史爲史官名，在楚簡中多見，如‘喜君司敗史善受幾’（包 54）、‘史丑’（天卜）等等。‘蒥’可直接釋寫爲留，《上一·緇 21》‘私惠不懷德，君子不自留焉’，‘留’原簡作‘蒥’。”參見簡帛網 2013 年 1 月 6 日《初讀〈上博九〉札記（一）》。

②“愭”，張峰先生曰：“‘愭’字楚簡多讀爲‘圖’，如‘公弗愭（圖），必害公身。’（上五·鮑 6）”參見簡帛網 2013 年 1 月 6 日《〈上博九·史蒥問於夫子〉初讀》。蘇建洲先生曰：“簡 1「亡女𢖳〔者/心〕，〔者/心〕應讀爲圖。讀爲‘無如圖也’。”參見簡帛網 2013 年 1 月 6 日《初讀〈上博九〉札記（一）》。

【第二簡】既之，[①]以其子，子其身之，惑也。[②]今使子師之，君之，擇之慎矣。□……

【校注】

①“既”，高佑仁先生曰：“簡 2：開頭‘既之’，首字不是‘既’字，左半從‘歹’，從文義來看，這個字跟死有關。”參見簡帛網 2013 年 1 月 8 日《〈上博九〉初讀》。

②“子其身之惑也”，蘇建洲先生曰：“簡 2‘子其身之，惑也。’似可讀爲‘子其信之，惑也。’”參見簡帛網 2013 年 1 月 6 日《初讀〈上博九〉札記（一）》。

【第三簡】必危其邦家，[①] 則能潰於禹湯，[②] 禹湯則學，[③] 自□……

【校注】

①“必”，高佑仁先生曰：“簡 3：開頭的‘必’字，原書隸定作提手旁，應是筆誤，實是從‘才’。”參見簡帛網 2013 年 1 月 8 日《〈上博九〉初讀》。

②“湯”，蘇建洲先生曰：“簡 3‘湯’作‘漮’可以看作‘湯’的異構。上博緇衣‘湯’作從水庚聲，施謝捷先生以爲是‘湯’的異構。康也從庚聲，故‘漮’可以看作‘湯’的異構。”參見簡帛網 2013 年 1 月 6 日《初讀〈上博九〉札記（一）》。

③“學”，原作“舉”，高佑仁先生曰：“簡 3：‘禹湯舉自’原釋所謂的‘舉’，下半明顯從‘子’，實爲‘學’字。”參見簡帛網 2013 年 1 月 8 日《〈上博九〉初讀》。據改。

“則能潰於禹湯禹湯則學”，張峰先生曰：“簡 3 的兩個‘則’字嚴格説來應爲訛書，楚簡的‘則’右側所從爲‘勿’，這兩個字右所從與《清壹・保》5 的‘易’字同（也可能是書手所加飾筆，但不管怎麽説，加了飾筆與‘易’混同了）。”參見簡帛網 2013 年 1 月 6 日《〈上博九・史留問於夫子〉初讀》。

【第四簡】恒啓同古，[①] 教與治乎在治，[②] 得何人而舉之？[③]

【校注】

①“恒敔”，蘇建洲先生曰：“簡 4 開頭二字整理者釋爲恒敔（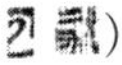），疑當釋爲‘極聽’，古書常見。所謂聽字寫作‘䎽’，也見於《孔子見季桓子》簡 6。‘極’字寫法見於《孔子見季桓子》簡 15。又本

篇簡文的字跡與《孔子見季桓子》相同，是同一位書手所寫。又簡 4 的‘㫚’，可以比對《孔子見季桓子》14。簡 5 的‘夫’，可以比對《孔子見季桓子》13 的大。常見的‘子’字寫法也相同。簡 4 的‘而’也相同，比如《孔子見季桓子》16 的‘而’。簡 07 （此），同於《孔子問季桓子》簡 15‘此民……’。”參見簡帛網 2013 年 1 月 6 日《初讀〈上博九〉札記（一）》。高佑仁先生曰：“簡 4 開頭的‘敀’，左半從‘耳’，右半不知。”參見簡帛網 2013 年 1 月 8 日《〈上博九〉初讀》。

②“乎在治”，張峰先生曰：“我們之所以在‘乎哉’下斷句，是因爲‘乎哉’連用文獻多見，如《禮記・檀弓下》：‘死者而用生者之器也，不殆於用殉乎哉！’”參見武漢大學簡帛研究中心《簡帛網》2013 年 1 月 5 日《〈上博九・史蒥問於夫子〉初讀》。

③“恒啓同古教與治乎在治得何人而舉之”，張峰先生曰：“簡 4：‘亘（亟?）攺同，故教於始乎哉? 始（?）得可人而與（舉?）之□’我們之所以在‘乎哉’下斷句，是因爲‘乎哉’連用文獻多見，如《禮記・檀弓下》：‘死者而用生者之器也，不殆於用殉乎哉！’簡 4 實際上可與《上六・孔》簡 9：‘仁爰人而進之，不仁人弗得進矣。始（?）得不可人其與’連讀。具體應爲簡 4 在前，簡 9 在後。簡 6 和簡 7 也許連讀，下所列正好‘八’。簡 7 下疑接簡 3。簡 7 舊釋爲易的字應爲‘此’，可參《上六・孔》簡 8 的‘此’［1］。”參見簡帛網 2013 年 1 月 5 日《〈上博九・史蒥問於夫子〉初讀》。

【第五簡】……莫之能豎也。子以是見之，不其難與言也，且夫□……①

【校注】

①關於第五簡的拼合，王凱博先生曰：“《史蒥問於夫子》字跡同於《孔子見季桓子》［1］，張峰先生已連讀一例［2］，下面也是一例。

《孔子見季桓子》25 尾端　衆之所植，莫之能廢也；衆之所……

《史蒥問於夫子》5 首端　……莫之能豎也

按，兩簡語意前後屬續，很是顯然。網友‘youren’疑簡 25 尾字爲與‘植’同位置之字，是可信的［3］。”參見簡帛網 2013 年 1 月 10 日《〈史蒥問於夫子〉綴合三例》。

【第六簡】也。”曰：“何謂八?”夫子曰：“納與賜，① 幽色與酒，大鐘鼎……

【校注】

①“賜”，高佑仁先生曰：“簡 6：‘納與賜’，原考釋者釋爲‘賜’訓作‘賭’，這個字楚簡常讀作‘貨’，《郭店·語叢三》‘内（納）賜（貨）也’，文例與此相近可參。［37］”參見簡帛網 2013 年 1 月 8 日《〈上博九〉初讀》。

【第七簡】美宗室，驅軝柱乘輿，獄訟易，所以失①

【校注】

①關於第七簡的釋讀，何有祖先生曰：“《史蒥問於夫子》簡 7 原釋文‘美宗室，驅軖（軝）畋[illegible]（乘）舉，獄訟易，所以失’，網友‘youren’把‘舉’‘易’分別屬下讀，當是。今按：‘易’字寫法與《孔子見季桓子》簡 8 的‘此’形同。此處當是‘此所以失’。‘畋’後一字即‘獵’字。‘舉獄訟’，獄訟之事，典籍記載常用動詞是‘理’‘斷’，如《周禮·地官·大司徒》：‘凡萬民之不服教而有獄訟者，與有地治者聽而斷之，其附於刑者歸於士。’鄭玄注：‘爭罪曰獄，爭財曰訟。’賈公彦疏：‘獄訟相對，故獄爲爭罪，訟爲爭財。若獄訟不相對，則爭財亦爲獄。’《漢書·兒寬傳》：‘寬既治民。勸農業，緩刑罰，理獄訟，卑體下士，務在於得人心。’意在平息爭端，此處似興起獄訟。可知上文所述諸項皆是弊政。”參見武漢大學簡帛研究中心《簡帛網》2013 年 1 月 6 日《讀〈上海博物館藏戰國楚竹書（九）〉札記》。高佑仁先生曰：“簡 7：所謂的‘軖’疑是從車、呈聲之字。該字下一字當爲‘畋’，原釋解作從‘主’聲，明顯字形兜不上。”參見簡帛網 2013 年 1 月 8 日《〈上博九〉初讀》。

關於第七簡的拼合，張峰先生曰："簡 6 和簡 7 也許連讀，下所列正好'八'。簡 7 下疑接簡 3。簡 7 舊釋爲易的字應爲'此'，可參《上六・孔》簡 8 的'此'。"參見武漢大學簡帛研究中心簡帛網 2013 年 1 月 6 日《〈上博九・史蒥問於夫子〉初讀》。

"美宗室驅軧柱乘輿獄訟易所以失"，程燕先生曰："《史蒥問于夫子》簡 7 有如下字：A B C 。原書釋文爲'區（驅）軳（軧）敊（柱）（乘）與（輿）'［1］已有學者將 A 改釋爲'軽'，B 改釋作'畋'。［2］按：A、B 二字改釋得非常正確。C 字構形奇特，未被辨識。我們懷疑此字應釋作'邋'，讀爲'獵'［3］。……簡文'區（驅）軽畋邋'，当讀爲'驅騁田獵'。'軽'，定紐耕部；'騁'，透紐耕部。定、透均屬舌音，韻部相同，可以相互通假。傳世典籍亦有相通之例：《莊子・山木》'未足以逞其能也。'"參見簡帛網 2013 年 1 月 7 日《讀〈上博九〉札記（二）》。

【第八簡】〔史蒥曰："何謂〕敬？"夫子曰："敬也者，信。人之顔色，①其爲之，②爲見其所欲，其……

【校注】

①"顔色"，原作"交見"，蘇建洲先生曰："簡 8 當是顔色的合文。整理者釋爲'覔'，不確。"參見簡帛網 2013 年 1 月 6 日《初讀〈上博九〉札記（一）》。據改。程燕先生曰："《史蒥問于夫子》簡 8 有如下一字：原考釋者釋作'交見'，分讀作'交，見'，'見'字略有形變。［4］蘇建洲先生認爲是'顔色'合文。［5］按：此字釋作'顔色'，甚確。上博五？鬼 8 巖（顔）字作：郭店・五行'顔色'合文作：均與形近，但上部略有不同。筆者試作如下推測：一種可能是：釋作'安色'，讀爲'顔色'。顔，疑紐元部；安，影紐元部。影、疑均爲喉音，唯深淺不同而已。故二者雙聲疊韻可通假。另一種可能是：從

‘色’，‘彦’省聲，讀作‘顔’。合文‘顔色’屬偏旁借用。簡文‘顔色’，面容、臉色。《論語·泰伯》：‘正顔色，斯近信矣。’《楚辭·漁夫》：‘屈原既放，游于江潭，行吟澤畔。顔色憔悴，形容枯槁。’”參見簡帛網2013年1月7日《讀〈上博九〉札記（二）》。今從。

②“其”，高佑仁先生曰：“簡8‘其爲之’的‘其’當是‘而’，簡末亦當改釋作‘見其所欲而’。［39］”參見簡帛網2013年1月8日《〈上博九〉初讀》。

【第九簡】“曷粗而不敬，[①]子亦是之惻。”史留曰：“何謂强？何謂□？”……[②]

【校注】

①“粗”，何有祖先生曰：“‘曷’後一字，原釋文讀作‘鹿（粗）’。今按：楚文字中‘鹿’‘廌’形體接近，這裏也有可能是‘廌’字，此種寫法也見於上博《容成氏》48號簡、《天子建州》甲8諸‘薦’字。‘廌’，讀作‘薦’。‘曷薦而不敬’，可參看《禮記？祭義》有‘其薦之也，敬以欲’。”參見武漢大學簡帛研究中心《簡帛網》2013年1月6日《讀〈上海博物館藏戰國楚竹書（九）〉札記》。張峰先生曰：“簡9‘曷鹿（粗）而不敬’，整理者已經指出‘鹿’可讀爲‘粗’，《説文》：‘行超遠也。’段注解釋爲引申之爲鲁莽之称，即今之‘粗’字。這個含義正適合簡文，《吕氏春秋·仲冬紀第十一·至忠》：‘何其暴而不敬也？’可以比觀。”參見簡帛網2013年1月6日《〈上博九·史留問於夫子〉初讀》。

②關於第九簡的拼合，王凱博先生曰：“簡9應該接綴簡8，接口綴爲‘敬’，簡8、9各有一‘敬’字，比對如下表。

9尾+8首

簡9

簡9

拼綴後相關文句如下：史留曰：‘何謂申（?），何謂【9】敬?’夫子曰：‘敬也者，瞻人之顔色而爲之爲，視其所欲而……’【8】很通暢，没有問題。私下考察長度、契口等，亦無疑問，此不詳述。另，整理者推測本篇編繩兩道，完簡約 37 釐米［4］，但本篇無一枚完簡，若‘簡9＋簡8’拼綴不誤，則本篇編繩應爲三道，完簡約 54cm（10＋17＋17＋10），《孔子見季桓子》完簡正爲 54cm 左右［5］，而兩篇爲一人所抄，也可爲佐證。”參見簡帛網 2013 年 1 月 10 日《〈史蒥問於夫子〉綴合三例》。

【第十簡】……□有民以來，未或能栽粒於地之上，抑或不免有滑否？①……

【校注】

①“抑”，何有祖先生曰：“原釋文讀作‘抑’或‘噫’。此字古文字常見，即‘一’字异構，可訓作‘甚’。‘一或’，與‘甚或’‘甚至’意義相近。”參見武漢大學簡帛研究中心《簡帛網》2013 年 1 月 6 日《讀〈上海博物館藏戰國楚竹書（九）〉札記》

【第十一簡】……不可以弗戒。子之事行，百姓得其利，邦家以遲；①子之事不行，百姓……

【校注】

①“遲”，蘇建洲先生曰：“簡 11‘邦家以’，整理者釋爲‘徲’，讀爲‘遲’。按：字形不似。此字是‘彳厚’，讀爲‘厚’，參孔子詩論 15 的厚字作，只是‘石’旁的‘口’省略而已。簡文讀爲‘邦家以厚’。［30］”參見簡帛網 2013 年 1 月 6 日《初讀〈上博九〉札記（一）》。

【第十二簡】“……聞子之言大懼，不志所爲。”夫子曰：“善哉！臨事而懼，夅不……”